제6판

유아기 언어교육

이론과 실제

제6판

유아기 언어교육

Mary Renck Jalongo 지음 | 권민균 옮김

이론과 실제

Σ 시그마프레스

유아기 언어교육: 이론과 실제, 제6판

발행일   2016년 5월 10일 1쇄 발행

지은이   Mary Renck Jalongo
옮긴이   권민균
발행인   강학경
발행처   ㈜시그마프레스
디자인   김경임
편집   이지선

등록번호   제10-2642호
주소   서울특별시 영등포구 양평로 22길 21 선유도코오롱디지털타워 A401~403호
전자우편   sigma@spress.co.kr
홈페이지   http://www.sigmapress.co.kr
전화   (02)323-4845, (02)2062-5184~8
팩스   (02)323-4197

ISBN   978-89-6866-674-2

Early Childhood Language Arts, sixth edition

＊ 책값은 책 뒤표지에 있습니다.

이 도서의 국립중앙도서관 출판예정도서목록(CIP)은 서지정보유통지원시스템 홈페이지(http://seoji.nl.go.kr)와 국가자료공동목록시스템(http://www.nl.go.kr/kolisnet)에서 이용하실 수 있습니다.(CIP제어번호 : CIP 2016011269)

역자
서문

유아기 언어교육: 이론과 실제, 제6판은 실제 유아교사로서 유아교실의 현실과 교사의 역할과 도전을 몸으로 체험한 Jalongo 박사의 저서이다. 따라서 그 내용이 현직 교사뿐만 아니라 예비 교사가 바로 유아기 언어교육에 적용할 수 있는 교실 실제와 관련된 활동에 대한 것이 많다. 뿐만 아니라 많은 실증 연구에 의하여 검증된 것으로 유아기 언어 지도에 효과적이라고 검증된 과학적 근거에 의한 교수법을 소개하고 있다. 또한 유아의 언어발달, 언어와 문화의 다양성, 언어교육, 평가 등과 관련한 구체적이고 실제적인 정보를 많이 제시하여 유아기 언어발달 및 교육의 현주소에 대한 이해를 돕고 있다. 이 책이 다른 유아기 언어교육 교재와 눈에 띄게 차별되는 점은 각 주제와 관련된 우수한 그림책을 소개하고 있을 뿐만 아니라 테크놀로지를 활용한 교수매체에 대한 정보를 풍부하게 제공하고 있다는 점이다.

이 책은 유아교실의 언어교육이 다른 영역의 교육과 통합되어야 한다는 것을 강조하고 있고 무엇보다도 학습자의 언어, 문화 그리고 능력의 다양성을 고려한 교육 방법과 실제가 강조되고 있다. 아직 미국사회만큼 학교 교실의 다문화 현상이 만연하지 않지만 우리나라도 점차 다문화적 다양성과 차이에 대한 민감성의 요구도가 증가하고 있으므로 우리 교실에의 적용에 유익한 정보를 준다. 또한 언어능력 발달의 가장 최적기가 유아기이므로 유아교사의 역할이 무척 중요하다는 인식 이외에도 이것이 교사만의 노력으로는 충분하지 않음을 제시하고 있다. 즉 한 유아의 상황을 호전시키고 최적의 발달과 성장을 지지하기 위하여 그의 부모와 가족, 지역사회의 전문가 및 다양한 자원을 통한 협력적 노력을 구체적 예로 제시하고 있다.

Jalongo 박사의 언어능력 혹은 문해능력에 대한 신념은 전통적으로 가지고 있던 개념을 넘어서 확장되고 있다. 이는 지식정보사회에서 넘쳐 나는 정보와 기술의 발달이 유아가 자신을 표현하는 양식뿐만 아니라 다른 사람이 표현한 상징에 대한 이해가 다중적으로 필요한 시대라는 인식에서 출발하고 있다. 따라서 Jalongo 박사는 언어능력이 말과 글을 청각 및 시각으로 처리하는 수준을 넘어서서 그림, 동영상, 기계, 몸짓과 같은 다양한 상징체계를 이해하고 산출하고 소통하는 미디어 문해능력으로 강조하고 있다. 이에 따라 유아의 문해학습에 도움이 될 수 있는 앱, 웹사이트, 컴퓨터 프로그램을 주제와 연령에 따라 구분하여 소개하고 있다. 이는 유아 스스로 할 수 있는 것도 있고 가정의 부모에게 도움을 받아서 할 수 있는 것도 있다. 또한 유아교사가 교실에서 유아의 언어학습을 도와주는 매체로서 활용할 수 있는 것들에 대한 정보도 많이 수록되어 있다. 미디어 혹은 테크놀로지의 활용은 교육기관과 가정, 지역사회와의 연계를 용이하게 하는 도구가 될 수 있다는 저자의 신념과 노력이 돋보인다.

이 책은 유아교사가 되고자 하는 예비 교사를 위한 학부과정뿐만 아니라 이미 현장에서 언어교육을 실행해 본 경험이 있는 현직 교사를 위한 재교육과정 혹은 대학원 과정의 교재로서 유익할 것이다.

이 책이 출간되기까지 여러모로 도움을 주고 지원해 주신 (주)시그마프레스에 감사드린다. 복잡한 편집과 교정과정을 꼼꼼하게 담당해 준 편집부의 이지선님을 비롯한 직원분들에게 감사드린다. 또한 번역에 시간을 쏟느라 함께 보내야 할 시간을 양보해 준 사랑하는 가족들의 희생과 배려에 고마운 마음을 전한다.

2016년 5월 계명동산에서
권민균

문해(literacy)는 이제 더 이상 글자를 읽고 쓰는 것으로 국한되지 않는다. Leu(1997, p. 62)가 말하였듯이 '정보 교류의 양식과 의사소통의 테크놀로지가 계속 변화하고 있기 때문에 문해를 한마디로 정의한다는 것은 마치 움직이는 대상을 과녁으로 삼고 있는 것'과 같다. 문해는 자신을 표현하고 소통하는 데 사용하는 몸짓, 말, 테크놀로지, 수학적 기호, 예술, 이미지 혹은 인공물도 포함되는 '다중모드'를 포함하는 것으로 확장되고 있다(Binder & Kotsopoulos, 2012). 또한 문해는 학교에서 정식으로 배우기 훨씬 전부터, 즉 출생의 순간부터 학습되는 것으로 이해되고 있다(Wasik & Herrmann, 2004a, 2004b). 어린 연령부터 나이가 많은 연령대까지 모든 세대는 학습을 위해서뿐만 아니라 즐기기 위하여, 설득하기 위하여, 취업하기 위하여 그리고 정보를 교환하기 위하여 어떤 형식에 의존하든 소통을 하고 있다(National Council of Teachers of English, 2010). 그런데 테크놀로지의 발달은 우리가 소통하는 방식뿐만 아니라 문해와 관련된 사회인지적 과정을 변화시키고 있다(MacArthur & Karchmer-Klein, 2010).

이러한 변화의 물결 속에서 유아교사가 변해야 할 필요성은 그 어느 때보다 강하다. 0세부터 8세까지 교육을 담당하는 유아교사는 과거보다 훨씬 많이 배워야 하고 전문 지식이 필요하다. 유아교사는 테크놀로지를 교수과정에서 활용해야 하며 가족, 지역사회 그리고 전문가와 협력해야 한다. 또한 연구에 의하여 검증된 과학적 방법에 근거하여 가르치고 일반아, 특수아, 다문화 유아들의 특징을 고려한 교육과정을 운영하며 학습과정에 대한 평가도 할 수 있어야 한다. 따라서 유아기 언어교육 지도서는 유아교육의 이러한 특징, 방향과 필요를 반영한 것이어야 한다. 점차 증가되고 있는 유아교사에 대한 기대 혹은 효율성, 그리고 그것의 유아발달에의 직접적 효과에 대한 요구에 부응하기 위하여 이 책의 제6판은 다음과 같은 변화를 시도했다.

제6판에 새로워진 점

유아기 언어교육: 이론과 실제, 제6판은 약 30%가 새로운 내용으로 개정되었다. 그림, 자료, 참고문헌 모두가 장마다 새롭게 추가되었다. 또한 웹 2.0 시대에 맞게 유아와 교사에게 유용한 미디어 자료가 소개되어 있다.

1. 웹 2.0. 웹 2.0은 월드와이드웹(World Wide Web)의 '차세대'를 지칭하는 표현으로 사용자에게 편리하고 상호작용이 가능한 것이 특징이다. 효과적인 학습을 위해 활용될 수 있는 앱과 웹사이트를 소개하였다.

2. 앱과 웹사이트. 유아에게 적절하면서도 무료 혹은 저렴한 가격에 이용할 수 있는 앱과 웹사이트를 간단한 설명을 곁들여 목록으로 제시하였다.

3. 집중탐구. 어린 유아, 유아, 독립적 읽기가 가능한 아동의 수준으로 나누어 언어학습에 효과적인 것으로 정평이 나 있는 앱 혹은 컴퓨터 프로그램을 집중적으로 소개하고 있다.

4. 최근 출판된 그림책. 최근에 출판된 좋은 그림책을 연령과 주제에 맞게 선별하여 그림책에 대한 개괄적 소개와 함께 목록을 제시하였다.

제6판에서 각 장의 주제와 관련된 사실 혹은 데이터가 완전히 업데이트 되어 소개되어 있다. 각종 통계청의 통계자료, 연구결과 등이 구체적 수치로 제시되어 있다.

이 책의 주안점

유아기 언어교육: 이론과 실제, 제6판을 저술하는 과정은 유아교육에 입문하는 예비교사 혹은 현

직교사들과의 만남에 의해 지속적으로 촉진되었다. 제6판을 저술하는 동안 "유아교사가 반드시 알아야 할 것은 무엇인가?", "유아교사가 반드시 해야 하는 것은 무엇인가?" 그리고 "효과적이면서도 열정적인 유아교사에게 필요한 것은 무엇인가?"라는 질문을 계속 스스로에게 하였다.

나의 제자인 미셸이 떠오른다. 유아교사가 된 지 얼마 안 된 미셸에게 교사로서 그녀의 계속적 화두는 언어적·문화적·인종적으로 다양한 배경의 유아였다. 졸업을 앞둔 교생실습 기간에는 농촌에 위치한 공립유치원에서 만난 자폐아를 보면서 발달상의 특수성이 한 유아의 발달 전반뿐만 아니라 언어발달에 미치는 영향이 얼마나 집요한가를 경험하였다. 5세 남아인 케빈은 학급의 아무와도 거의 소통을 하지 않고 입안에서만 소리를 웅얼거리면서 혼잣말만 하는 모습을 보였다. 케빈은 숫자, 글자, 지도, 장갑 등에만 집착적인 관심을 보였는데 미셸은 케빈의 읽기 수준이 또래에 비하여 꽤 앞서 있다는 것을 알고 깜짝 놀랐다.

미셸은 졸업 이후 첫 해를 기간제 교사로서 1학년 학급 담임을 맡았는데 이 반에는 전동 휠체어를 타고 전자 통신 보드가 장착된 말소리 합성기를 부착하고 있는 크리스탈이라는 여아가 있었다. 미셸은 크리스탈과 청각장애가 있는 매들린이 함께 노는 장면을 잊을 수가 없다. 크리스탈이 먼저 전자 통신 보드의 아이콘을 누르면 매들린은 이것을 보고 수화로서 대답을 하고 크리스탈은 다시 버튼을 눌러서 말소리 합성기에서 나오는 소리를 듣는다. 두 소녀는 다양한 의사소통 양식을 활용해 소통하며 다른 일반 유아들이 놀 때처럼 까르륵 웃었다.

그다음 해 미셸은 결혼을 하고 캘리포니아로 이사하여 도시에 있는 사립 어린이집에 취업하였다. 담임 학급의 유아를 만난 첫날 그녀는 내게 전화를 걸어 "우리 반 유아는 15명이고 이 애들이 사용하는 언어가 12개예요! 금년에는 제가 배울 것이 더 많을 것 같아요!"라고 말하였다.

위에 기술된 미셸의 교사로서의 경험은 유아기 언어발달과 교육을 위한 지원과 전략에 대한 지식이 교사들에게 얼마나 중요하고 필요한 것인지를 잘 설명해 준다. 미셸은 교사 경력 3년간 의사소통 장애, 다양한 언어와 능력을 가진 유아들이 있는 현장을 경험하였다. 미셸은 그 과정에서 자신이 담당한 유아들의 최적의 발달을 위해 열정을 가지고 헌신하였다. 미셸은 앞으로도 다양한 배경과 능력을 가진 유아들을 최선으로 지원하려는 헌신적인 노력을 계속할 것이며 이러한 과정을 통해 미셸은 분명 헌신적이고 유능한 교사로서 성장할 것이다. 유아교육과 교수로서 미셸이 이러한 교사가 되는 데는 그녀를 가르치고 준비시킨 교원양성기관의 질과 노력도 중요한 기여를 했다고 나는 자부한다.

미셸은 교실에서 만난 다양한 학습자들을 부담으로 여기지 않고 이들에 대한 전문적이고 효과적 지원을 위하여 유아의 부모, 도서관, 인터넷, 경력 교사, 특수교사, 전문가 협회, 지역사회 기관 등을 접촉하여 다양한 인력으로부터 도움을 구하고 자원을 활용하였다. 이 교사는 유아의 언어발달을 위한 촉진자라는 구호에 그치지 않고 자신의 신념을 관철시키기 위하여 행동을 실천에 옮겨 모든 유아가 의사소통자로서 능력을 발휘할 수 있도록 도왔다. 결과적으로 예비교사 혹은 초임교사가 유능한 경력교사가 되는 데 필요한 것을 담고자 노력한 결과물이 바로 이 책이다.

이 책의 전제

제1판부터 현재 제6판까지 이 책의 집필에서 강조한 점은 언어는 듣기, 말하기, 읽기와 쓰기를 통합하여 발달하고 학습하는 것뿐만 아니라 신체운동, 사회관계, 자연탐구, 표현생활의 영역과 통합되어 학습된다는 것이다. 유아기 언어교육(language arts)은 다양한 교과 영역과 통합되지 않으면 완성될 수 없다는 것이 저자의 신념이다. 또한 교실의 유아들은 다양한 경험, 지식과 능력을 가지고 있으므로 이들에게 필요한 최선의 교육과정은 단 하나일 수 없으며 오히려 다양한 교수-학습 전략이 요구된다는 것이다. 다음에 저자가 이 책을 저술하면서 전제하였던 믿음과 신념이 구체적으로 제시되어 있다.

- 유아기는 언어발달의 최적기이므로 유아교사의 역할이 특히 강조되어야 한다.
- 유아를 둘러싼 의사소통 환경이 급격히 변화하여 요즘의 유아들은 여러 유형의 상징체계를 이해하고 구사할 수 있어야 한다.
- 언어는 사회적 상호작용의 가장 기초적이고도 중요한 도구이다.
- 읽기와 쓰기능력은 저절로 학습되는 것이 아닌 노력이 필요한 영역이다. 따라서 유아의 관심과 흥미가 중요한데 유아의 흥미를 자극하는 것으로 문학만큼 좋은 것은 없다.
- 읽기와 쓰기발달은 듣기와 말하기 능력에 기초한다. 따라서 듣기와 말하기 교육에 충분한 시간이 안배되어야 한다.
- 읽기와 쓰기발달은 도제과정처럼 보고 따라 하는 롤모델이 필요하다.
- 현대사회는 계속적인 읽기와 쓰기발달이 요구되므로 유아뿐만 아니라 성인도 계속적으로 문해활동에 참여해야 한다.

- 유능한 유아교사는 다양한 요구에 잘 적응해야 한다. 따라서 교사는 자신의 행동과 결정이 어린 유아의 발달과 학습에 어떠한 영향을 주는지를 항상 돌아보고 살펴야 한다.
- 다양한 문화, 언어와 능력을 가지고 있는 여러 유아의 필요를 유아교사 혼자서 채워 줄 수 없다. 반드시 이들의 가족뿐만 아니라 지역사회의 전문가들과 협력하여야 한다.
- 개인의 문해능력은 그가 속한 사회로의 참여와 기여 정도에 영향을 미친다. 따라서 문해교육의 목표에는 개인의 영향력을 향상시키는 것도 포함되어야 한다.

이 책의 독자

이 책은 0~8세의 유아기 교사를 위한 책이다. 이 책은 4~5년제 교사양성 프로그램의 교재로서 적절하다. 또한 2~3년제 전문대학에서 제공하는 유아기 언어 및 발달 교재로도 적절하다. 또한 유아교사 전문 영역을 확장시키는 학위과정인 대학원 수업에 활용되어도 좋다.

각 장의 구조

이 책은 언어교육을 가르치는 교수자와 유아기 언어교육에 대한 지식과 기술을 습득하고자 하는 대학생 혹은 대학원생을 목표로 하여 각 장을 구성하였다.

사실 모음

각 장은 먼저 해당 주제와 관련된 통계청 자료 혹은 최신 연구들의 결과 데이터를 소개하면서 시작한다. 주제 관련 사실과 데이터는 독자가 가지고 있는 오개념 혹은 잘못된 지식을 바로잡는다.

핵심 주제의 정의

각 장의 초반에서는 가정문해, 이야기텍스트 혹은 정보텍스트 등 핵심 주제 혹은 개념에 대한 정의를 제시하면서 시작한다.

가족 및 지역사회와의 협력

각 장에는 교사가 유아의 가정 그리고 지역사회의 전문가와 협력해야 하는 당위성과 방법이 실제 사례로 제시되어 있다. 교사, 가정 그리고 지역사회 전문가와의 협력에 대한 실례는 독자의 사고의 수준을 높이고 토론을 촉진하다.

교사의 관심과 전략

각 장마다 언어교육 프로그램을 구성하면서 가질 수 있는 관심과 필요한 전략이 유아의 언어교육에 발달적으로 적합한 교수활동과 방법으로 소개되어 있다.

교실활동

각 장의 주제와 관련된 구체적인 교수활동이 제시되어 있다.

문해학습 전략

각 장은 연구와 실증적 경험을 통해 검증된 구체적이고 실용적인 내용으로 마무리되어 있다.

문학의 활용. 고전과 현대를 아우르는 다양한 장르의 아동문학이 소개되어 있다. 또한 전문가 집단의 웹사이트가 소개되어 독자는 최신 정보와 자료를 검색할 수 있다.

다문화 유아. 가정에서는 영어가 아닌 다른 언어를 사용하다가 어린이집 혹은 유치원에 입학하면서 영어로 교사, 친구들과 상호작용하고 영어로 읽기, 쓰기 혹은 과학학습을 하면서 영어를 배우게 되는 유아의 언어교육에 대한 과정과 방법이 소개되어 있다.

어떻게 할까요. 어휘학습 혹은 이해도 향상을 위한 학습 등 구체적인 학습목표를 성취하기 위해 단계별로 자세하게 교수-학습 방법이 소개되어 있다.

차 례

제2부　구두언어 : 듣기와 말하기 발달

제3장　유아기 언어발달에 대한 이해

제4장　듣기 지도

제5장　말하기 지도

제6장　이야기텍스트와 정보텍스트

제3부　문자언어 : 읽기와 쓰기 발달

제7장　출현적 문해교육

제11장　미디어와 테크놀로지

제5부　언어교사

제12장　언어 프로그램의 구성과 운영

제13장　언어학습 과정을 평가하고 기록하기

제 1 장

언어학습자의 다양성

Courtesy of Huachuan Wen and Ying Jiang

언어학습자의 다양성에 대한 사실

- 미국 내 5세 이하 인구가 7,450만 명이다. 즉 4명의 어린이 중 1명 이상의 어린이가 5세 이하이다 (Children's Defense Fund, 2011).
- 1959년 미국에서 인구조사를 시작한 이래 저소득층 가정의 비율이 가장 높게 차지하고 있다 (Cauchon & Hanse, 2011).
- 2008~2009년 학교에 재학하는 노숙자 가정의 어린이는 95만 명이 넘는다. 노숙자 인구의 반 이상이 미성년자이며 어린이 노숙자 중 절반 이상이 6세 이하이다(National Center on Family Homelessness, 2011).
- 유아교육기관의 유형과 수에서 많은 증가가 있는 것과 같이 기관에 재원하고 있는 유아의 문화적 · 언어적 배경의 다양성도 증가하고 있다(Garcia & Frede, 2010).
- 현재 미국 전체 어린이 중 약 44%를 차지하고 있는 유색인종 어린이들이 2019년에는 50%가 넘을 것이다(Children's Defense Fund, 2011).
- 백인 어린이의 31%, 흑인 어린이의 69%가 빈곤한 가정에서 태어나므로 백인 어린이에 비하여 흑인 어린이가 빈곤에 처할 가능성이 2.5배 높다. 빈곤 가정에 속한 흑인 어린이는 아동기 절반가량을 빈곤

한 상태에서 성장한다(Ratcliffe & McKernan, 2010). 저소득층 가정 어린이의 64%는 이민자 가정 출신이다(Chau, Kalyani, & Wigth, 2010).

- 학교에서 영어를 배우기 시작하는 미국 어린이가 현재는 9명 중 1명이나 2025년이 되면 4명 중 1명이 될 것으로 추산된다(Pew Hispanic Center, 2011). 학교에서 영어를 배우기 시작하는 어린이의 80%가 가정에서 스페인어를 사용한다(Fortuny, Hernandez, & Chaudry, 2010).

- 미국 공립학교에서 영어를 배우는 학생 수는 1997년에 비하여 2008년에 51%가 증가하였다(Education Week, 2013). 2009년 통계에 의하면 가정에서 영어를 쓰지 않아서 영어 소통능력에 어려움이 있는 학생 수 270만 명 중 약 73%가 스페인어 사용자이다(Aud et al., 2011).

- 지구촌의 많은 인구가 2개 혹은 그 이상의 언어를 사용함(Baker, 2006)에도 불구하고 미국 시민 대부분은 한 가지 언어만을 사용하는 경향이 있다. 이민자의 수가 늘면서 이러한 현상은 변하고 있다(August & Shanahan, 2008).

- 이중언어 사용은 4개의 요인과 관련이 있다. (1) 해당 언어의 사회적 지위, (2) 가정의 사회경제적 지위, (3) 각 언어의 경험 정도, (4) 어머니 혹은 주 양육자가 사용하는 언어(Dixon, Wu, & Daraghmeh, 2011).

- 미국을 비롯한 많은 나라에서 영어를 주로 사용하는데 영어는 사회적 지위, 교육, 부, 힘과 관련이 있다. 영어는 국제 통상 및 기술에서도 주로 사용되는 언어이다(Dixon et al., 2011).

- 가정의 사회경제적 지위는 소득, 부모의 학력, 직업의 사회적 가치 등으로 결정된다. 미국의 경우 이중언어 사용자의 학업성취는 가정의 사회경제적 지위와 관련이 있는 것으로 보고되었다(예 : August & Shanahan, 2008). 소득이 높으면 책, 기술, 문화적 경험, 사교육과 특별활동에 참여할 수 있다(Willingham, 2012).

- 가정에서 모국어가 아닌 영어를 사용하는 경우 모국어의 사용능력은 감소한다(Dixon et al., 2011). 모국어에 비하여 특정 언어가 우세하면 어린이의 가정에서 사용되는 모국어 사용능력을 유지하고 향상시킬 자원이 제공되어야 한다(Gathercole & Thomas, 2009; Scheele, Leseman, & Mayo, 2010).

- 미국 학교에서 영어를 배우는 어린이들이 사용하는 언어는 400종류가 있다. 그러나 이들의 80%가 저소득 가정이며 이들이 사용하는 언어는 스페인어이다. 그다음으로 많이 사용되는 언어는 베트남어, 몽어, 중국어(광둥어) 그리고 한국어이다(Kindler, 2002).

- 2003년 미국 공립학교에 재학 중인 어린이의 40%가 소수민족 출신으로 학생의 문화적 배경은 다양하다(Johnson, 2006). 그러나 약 10%의 교사만이 소수민족 출신이다(Snyder & Hoffman, 2003).

이상의 사실들에 놀랐나요? 무엇에 그리고 왜 놀랐나요? 유아를 교육하는 데 이러한 사실들을 어떻게 반영해야 할까요?

가정문해와 문화의 다양성은 무엇인가

교육표준과 교수

기관 입학을 시작으로 영어를 배우기 시작하는 어린 학습자들에게 도움이 되는 교수법에 대한 팁은 www.ncela. gwu.edu/files/uploads/9/ EarlyChildhoodShortReport.pdf 를 참고하라. 이 팁은 당신의 교수법에 도움이 되는가?

모든 집단 혹은 개인은 언어 사용에 대한 목적, 가치에 대한 신념이 있으며 언어 교수-학습에 대한 기대가 있다(Park & King, 2003). 유아가 속한 가정의 독특한 문해 환경은 학습맥락에 아주 영향력 있는 요인이다(Burgess, 2011; Weigel, Martin, & Bennett, 2006a, 2006b, 2006c). 가정문해 환경에 대한 정의는 다양하지만 이는 인쇄물 읽기와 쓰기능력을 획득하는 데 가정으로부터 받을 수 있는 지원의 정도라고 정의할 수 있다(Duursma et al., 2007; Hood, Conlon, & Andrews, 2008; Nutbrown, Hannon, & Morgan, 2005; Phillips & Lonigan, 2009). 자녀가 청각장애인 경우(Stobbart & Alant, 2008)와 부모와 가족이 시각장애인 경우(Murphy, Hatton, & Erickson, 2008) 자녀의 문해발달에 대한 부모의 역할과 기대의 차이는 가정문해 환경의 차이를 분명하게 드러낸다. 각 가정마다 직접적이고 간접적인 방식으로 자녀의 학습에 영향을 미친다(Melhuish et al., 2008).

자녀에게 소리 내어 책 읽어 주기 혹은 함께 지역 도서관 방문하기 등이 제일 먼저 생각나는 가정문해의 모습이지만 이외에도 상품 구입 목록 작성하기, 전자메일로 친지들과 연락하기, 동네잔치 준비하기(Starbuck & Olthof, 2008), 동네 마트 게시판에 게시된 동네행사 읽기 등 다양하다(McTavish, 2007). 각 가정마다 식구의 수 혹은 구성이 다양하듯이(Mui & Anderson, 2008), 각 가정에서 경험될 수 있는 대중매체, 책을 읽거나 텔레비전을 보는 시간, 학교에 입학하기 전 각 유아가 경험하는 언어경험의 내용과 양은 전부 다르다(Bracken & Fischel, 2008; Linebarger, Kosanic, Greenwood, & Doku, 2004; Sonnenschein & Munsterman, 2002).

가정에서의 활동 중 자녀의 학업에 유리한 것으로 알려진 것은 대화, 책 읽기와 토론, 쓰기자료의 제공, 문해활동이 포함된 놀이, 문해 기능의 경험, 문해활동을 긍정적으로 경험하기 등이다(Denton, Parker, & Jasbrouck, 2003). 만약 가정과 학교에서의 문해 관련 경험이 극단적으로 다르면 문해학습에 부정적인 것으로 알려져 있다.

그 어느 때보다 요즘 학급 내 어린이들의 문화, 사회, 학업 및 신체적 능력의 다양성은 극명하다. 미국 내 공립 3~4세* 유아교실 어린이 16명의 배경을 보면, 15명이 저소득 가정 출신으

---

* 역자 주 : 이 책에 표기된 나이는 모두 만 나이이다.

로 무료 급식을 받고 있으며, 7명이 가정에서 영어가 아닌 다른 언어를 사용하며 3명은 특수아로서 개별화 교육 프로그램(Individualized Education Program, IEP)에 참여하고 있다. 이 학급 유아의 가정에서 사용하는 언어는 스페인어, 아랍어, 누에르어, 딩카어, 오로모어, 티그리냐어, 스와힐리어, 키룬디어, 바주니어 그리고 수화이다. 이 중 몇 명의 유아들은 발달지체, 언어발달지체, 혹은 청각 혹은 주의집중장애를 앓고 있다(Howes, Downer, & Pianta, 2011). 따라서 이 학급의 교사는 이들이 가정에서 경험하는 것 혹은 그들 문화에서 경험하는 일상적인 것 이상을 고려할 수 있어야 한다(Bornstein, 2009; Christian, 2006; Gonzalez-Mena, 2008, 2009; Jones & Nimmo, 1999).

교사는 자신이 속한 집단의 가치관과 양식으로 사고하기 쉬우며 이에 기초하여 남을 평가하는 경향이 있다. 예를 들어, 아동보호기관에 있는 유아(Swick, 2007)에 대한 선입관은 해당 유아에 대한 교사의 판단을 흐리게 할 수 있으며 혹은 부모가 범죄에 연루되어 감옥에 있거나(Clopton & East, 2008a, 2008b), 부모가 동성애자이거나(Patterson, 2006), 조부모가 유아를 돌보고 있는 경우(Kenner, Ruby, Jessel, Gregory, & Arju, Ritter, 2007), 부모가 이제 막 이민을 와서 영어 사용능력이 아주 제한적인 경우(Moore & Ritter, 2008)에도 마찬가지이다. 교사가 가지고 있는 특정 신념은 유아와의 상호작용에서 호의적일 수도 있고 혹은 특정한 상호작용 혹은 문화적 전통을 가지고 있는 유아와 긴장관계에 놓일 수도 있다(Peyton & Jalongo, 2008). 그러나 학교 문화를 지배하는 중산층의 가치와 태도로 유아가 변화하기를 기대하기보다는 각 유아의 문화를 존중하여(Gay, 2000; Olsen & Fuller, 2007) 각 가정의 강점을 활용해야 한다(Carter, Chard, & Pool, 2009; González, Moll, & Amanti, 2005).

학급 구성원의 배경이 다양해지는 이유 중 하나는 공공 정책과 관련이 있다. 1930년대부터 1940년대까지 특수아는 가정에 남아 있었고 학교에 다니지 않았다. 1950년대부터 1960년대에 이들은 특수학급에 배치되어서 일반 또래로부터 완전히 격리되어 있었다. 특수아를 위한 교실은 학교 건물 중 외곽지역에 있거나 시설이 열악한 경우가 대부분이었다. 1970년대부터 1980년대까지는 특수아들이 하루 일과 중 일부분만 일반 학급에 와서 함께 활동하는 이른바 **주류화**(mainstreaming) 정책을 펼쳤다. 1990년대부터 21세기 초입에 들어서 특수아들은 일반아들과 전일로 함께 지내는 경험을 하게 된다. 이를 **통합**(inclusion)이라고 하는데(Hooper & Umansky, 2009; Mallory & Rous, 2009; Mogharreban & Bruns, 2009; Odom, Buysse, & Soukakou, 2011), 통합은 다음과 같은 뜻을 가진다.

유아의 학습력과 성장의 잠재력이 최대한 발휘되도록 하는 교육 환경과 발달적으로 적합한 교육을 말한다. 통합은 모든 유아의 개별적 필요에 따라 신중하게 고안되고 준비된 지원과 개입을 제공하는 것이다. (Parlakian, 2012, p. 71)

교육기관에 오는 유아들의 배경은 다양하여 언어적으로 무척 발달한 유아가 있는가 하면 언어적으로 심각한 장애가 있는 유아도 있다. 교사는 또래에 비하여 월등하게 발달한 유아가 알아서 잘할 것이라는 믿음과 발달이 현저하게 느린 유아는 평균만큼만 하기를 바라는 기대로 교실 수업을 운영하는 '중간치기' 전략을 사용해서는 안 된다. 학급의 다양성은 모든 유아가 학습할 권리와 능력이 있다는 믿음과 사명감, 즉 아동 권리에 대한 신념(child advocate)을 갖도록 한다. 통합교실이 성공하려면 분명한 철학, 교사의 지원, 유아 중심, 다양한 서비스 그리고 전문가 간의 협력이 요구된다(Sandall, Hemmeter, Smith, & McLean, 2005). 언어학습 공동체는 유아 간, 부모 간, 가족 간 그리고 전문가 간의 협력과 상호존중이 필요하다. 유아를 전체적으로 혹은 통합적으로 보는 프로그램이 수준 높은 유아 언어교육 프로그램이다. 즉 이러한 프로그램은 유아의 신체, 정서, 사회, 지능과 심미성 발달에 균등하게 관심을 둔다(Foundation for Child Development, 2008). 그림 1.1은 언어학습 공동체에 필요하고 강조되어야 하는 모습을 그려 본 것이다. 국가 교사양성기관 평가인증국(2013)의 지침에 따르면 인종, 민족, 장애 혹은 사회경제적 차이에 상관없이 모든 아동이 수준 높은 교육을 누릴 수 있고 그들의 교육에 성공적으로 감당할 수 있는 교사의 지식, 기술과 사명감을 강조하고 있다. 그림 1.2는 이러한 지침에 따라서 학교에서 영어를 배우는 아동을 위한 교수-학습 전략이 제시되어 있다.

다양한 배경을 가진 학습자의 필요를 충족시키는 것은 교사 혼자의 노력으로 성공할 수 없다. 이에는 유아와 그 가족을 돌보고 교육하며 지원하는 것에 헌신하는 전문가의 협력이 요구된다(Division for Early Childhood, 2007). 2명 이상의 교육 전문가가 학습자와 가족의 학습목표를 성취하기 위하여 협력하는 노력을 전문가 간 협력(interprofessional collaboration)이라고 한다. 이것의 성공은 바로 다양한 전문가들이 서로 공유하고 협력하는 것에 달려 있다(Anderson, 2013).

예를 들어, 학급의 유아가 구개 파열을 교정하는 수술을 받았다고 하자. 그러면 담임 선생님은 이 유아가 정확한 발음을 할 수 있도록 부모뿐만 아니라 다른 전문가들을 여러 차례 만나야 한다. 이뿐만 아니라 소아과 의사, 언어치료사를 만나서 다양한 전문가들의 전문성과 협력해야만 유아의 장애를 극복하는 데 기여할 수 있을 것이다.

그림 1.1 언어학습 공동체에 필요한 행동 지침과 강조점

부모, 가족, 전문가, 지역사회와 협력의 증거

교사는 부모, 가족과 유아의 교육에 대해 소통하기 위하여 그들의 기관 방문을 환영하고, 소통할 수 있도록 시간과 상황에 융통성 있게 대처하며 지역사회의 자원을 활용해야 한다.

필요 자료

이러한 것들은 게시판, 알림장, 소식지, 유아의 활동 결과물, 행사 알림장, 메모, 감사 편지, 초대장, 자원봉사자 일정 게시, 비디오 혹은 오디오 자료, 학급 구성원이 협동하여 만든 책 대여, 부모 교육 자료를 통해 드러난다.

출현적 문해를 지지하는 증거

교사가 유아들을 위한 자료뿐만 아니라 교사 개발에 필요한 전문 자료 등 다양한 자료를 열심히 읽으며 교실에는 인쇄물이 다양하고 좋은 그림책이 구비되어 있다.

필요 자료

혼자 읽기, 짝 읽기, 소리 내어 읽어 주기, 함께 읽기, 목소리 맞추어 노래하기, 랩, 운율 맞추기, 빅북 읽기, 노래 게시판, 이야기 짓기와 적기, 동시, 유아가 만든 책, 독자 극장, 오늘의 생각, 게시된 도우미 목록, 시각적 교수–학습 자료가 있다.

그림 그리기, 쓰기 그리고 맞춤법 향상을 위한 증거

교사는 유아가 인쇄물에 관심을 갖도록 돕고, 유아의 글쓰기 모델이 되며 유아들이 자주 사용하는 다양한 상징 표시에 대하여 자신도 열정을 보인다. 유아들이 그림, 쓰기, 맞춤법에 관심을 보일 때 지지하고 격려하며 유아가 컴퓨터 프로그램을 활용하여 그림 혹은 도표도 사용할 수 있도록 돕는다.

필요 자료

유아가 직접 쓴 쓰기물, 그림 혹은 편지를 전달할 수 있는 우편함, 그림이 그려진 이야기, 멀티미디어 프로젝트, 극놀이 대본, 그림책, 학급 이메일 혹은 웹페이지, 메시지 보드, 문서편집 소프트웨어, 인쇄물, 사인과 포스터, 또래 간 편집활동, 저널 쓰기, 학급 신문 등이 교실에 있다.

구두언어발달을 위한 증거

교사는 유아 혹은 가족과 대화할 때 상대방의 의견을 존중하고 유아 상호 간의 대화를 격려하고 놀이하면서 자유롭게 이야기할 분위기와 자료를 제공한다.

필요 자료

또래 간 자유로운 상호작용의 기회, 성인과 유아 간 연속적인 대화, 녹음된 책과 이를 들을 수 있는 장비, 악기, 놀이할 때 활용할 수 있는 문해 자료, 극놀이를 위한 소품, 봉제인형, 융판 동화, 생각과 대화를 촉진하는 동영상 자료, 컴퓨터 소프트웨어가 있다.

주 : 추가 자료는 Wohlwend(2008) 참조.

교사의 분명한 신념, 모든 유아에 대한 책임감, 교사에 대한 지원 그리고 가족과 전문가들 간의 협력을 통해 언어학습 공동체가 유지될 수 있다(Halgunseth, Peterson, Stark & Moodie, 2009). 언어학습 공동체에서 제일 중요한 신념은 구성원 하나하나를 존중하는 것이다(Batt, 2008). 다음에는 나의 학생이었지만 현재는 교사가 된 셰릴에 대한 이야기가 있다. 셰릴의 교사로서의 노력은 위에 제시한 지침의 구체적 예가 된다.

그림 1.2 학교에서 영어를 배우는 아동을 위한 조언

다문화 가정을 존중하라

다양한 문화와 언어, 전통을 소유한 다문화 가정과 가족 그리고 지역사회를 존중하고 수용하라. 유아를 이해하고 도울 수 있는 자원과 방법은 그 가족이 갖고 있음을 인정해야 한다. 다문화 가족 간에 소통하고 지지할 수 있도록 노력하라.

교사 자신의 신념과 태도를 성찰하라

특정한 문화 혹은 지역사회에 대한 고정관념 혹은 부정적 생각을 포기하라. 각 가정의 문화와 언어는 가치가 있다는 것을 믿어야 한다. 모든 가정이 유아를 가정 밖에서 교육시키거나 보호하는 행위가 자녀를 위하여 좋은 것이라고 믿는 것이 아님을 기억해야 한다.

다문화 관련 교수 – 학습에 대한 연수를 받으라

인종, 언어, 문화 그리고 다문화 간 의사소통 기술뿐만 아니라 다문화 유아의 평가 방법과 관련된 현직 교사 연수를 받으라.

다문화 가정과 소통하라

다문화 가정 유아의 언어학습 이력을 파악해야 한다. 가능하면 다문화 가정 유아의 언어를 사용하여 소통하려고 노력하라. 만남의 시간과 장소도 다문화 가정에게 편안한 방법으로 준비하고 지원한다. 예를 들어, 만남의 시간 중 자녀 돌봄, 교통편, 간식 등을 제공한다.

온 가족을 지원할 수 있는 방법을 찾는다

다문화 가정의 부모 혹은 가족들이 영어를 배울 수 있는 서비스를 제공하거나 가족 문해 서비스를 제공한다.

공동체 의식을 위하여 노력하라

학급 구성원과 그 가족을 따뜻하게 그리고 편하게 대하라. 유아의 다양한 문화적 배경과 자원을 활용하여 의미 있는 학습이 일어날 수 있도록 노력하라.

세심하게 관찰하라

유아가 자신의 언어를 사용하는 경우와 영어를 사용하는 경우를 관찰하고 기록한다. 이를 부모 상담 시간에 부모와 공유하고 언어발달 과정에서 흔히 나타나는 오류에 대하여 관대할 수 있도록 조언한다.

아동권리 운동가가 되라

다문화 가정의 필요를 지원하고 학습 향상을 위해 노력하는 기관과 기구의 정책을 지지하고 이들의 권리를 대변하는 리더를 지지하라.

출처 : Bouchard, 2001 ; Eihorn, 2001 ; Garcia, 2008 ; Harvey, 2001 ; Obiakor & Algozzine, 2001 ; Schwartz, 1996.

가족 및 지역사회와의 협력

셰릴 선생님은 캘리포니아 주 도시에 있는 공립학교 교사이다. 빅토리아는 베네수엘라에서 온 아이인데 스페인어로 주로 말하고 영어는 거의 못한다. 케이틀린은 근육퇴화증으로 인하여 현재 시력이 무척 좋지 않고 결국은 시력을 상실하는 병을 앓고 있다. 몽어와 영어를 말하는 메이는 부모가 대학원 학생이다. 셰릴 선생님은 언어적으로 다양한 배경과 능력을 가진 학급 유아

뇌와 언어

유아의 단기기억 능력에 대한 연구에 의하면 3~4세 유아도 정보를 재생하기 위하여 자신이 사용한 전략을 설명할 수 있다고 한다(Visu-Petra, Cheie, & Benga, 2008). 주로 이들은 말을 사용하여 그림을 기억하려고 한다. 그렇다면 교사는 이러한 전략을 어린 유아에게 어떻게 가르쳐야 할까? 뇌과학에 대하여 최신 정보를 더 얻고 싶으면 다나 기구의 웹사이트(www.dana.org)를 방문하라.

들의 언어발달을 위하여 여러 전략을 사용하면서도 이들이 학습 공동체의 일부라는 느낌을 가질 수 있도록 신경을 썼다.

셰릴 선생님은 빅토리아를 위하여 이중언어학습자를 위한 교수–학습 방법에 대하여 연구하면서 빅토리아의 가정배경을 살펴보니 미국에서 고등학교에 재학 중이며 미국에 거주한 지 꽤 오래된 고모가 있다는 것을 알게 되었다. 고등학교 수업이 일찍 끝나므로 매일 오후 2시 30분에서 3시 30분까지 이 고모가 셰릴 선생님의 교실에서 자원봉사 활동을 하도록 하였다. 빅토리아의 고모는 아동보육 프로그램을 이수하는 과정에 있으므로 자원봉사는 고모에게도 유익한 것이었다.

시각장애를 갖고 있는 케이틀린을 위하여 셰릴 선생님은 시각장애에 대한 정보를 수집하고 같은 교육청 내에 있는 특수교사와 연결하여 활동에 대한 조언을 받았다. 또한 시각장애인협회와 케이틀린 가족과 연결하여 케이틀린이 맹인안내견 서비스의 신청을 미리 하도록 하였다. 케이틀린의 시력은 점차 더 악화될 것이므로 전자책을 활용한 활동이 준비되어야 한다(Grammenos, Savidis, Georgalis, Bourdenas, & Stephanidis, 2009). 이렇게 장애아의 가족 그리고 지역사회 전문가와 협의하여 장애의 개인적 특수성에 맞게 계획하는 맞춤형 교육을 개별화 교육 프로그램(IEP)이라고 한다. 연방법은 장애아가 자유롭게 개인적 필요에 따라서 또래와 함께 교육받는 것을 권리로 명시하고 있다.

두 가지 언어를 모두 잘하는 메이는 학급에서 교사를 보조하는 역할을 맡아 이제 막 미국으로 이민 온 몽족 친구를 돕도록 하였다. 메이는 몽족어로 된 이야기를 영어로 번역하고 이를 녹음하는 작업에도 함께하였다. 메이가 녹음한 오디오 테이프와 자료는 학교 도서관에 비치되어 다른 친구들이 대출할 수 있도록 하였다. 셰릴 선생님은 메이가 인터넷을 검색하여 이중언어 사용 또래를 만날 수 있도록 도와주었다.

위와 같은 셰릴 선생님의 노력 덕분에 위 3명의 유아는 학교생활에 적응을 잘하였고 자신감이 향상되어 또래와의 상호작용도 잘하게 되었다.

기여와 결과

- 교사의 기여 : 다양한 배경을 가진 유아의 삶에 교사는 어떠한 역할을 하였는가?

- **가족의 기여** : 교사가 유아의 교육을 위하여 노력할 때 각 가정은 어떻게 참여하였는가?
- **전문가의 기여** : 다문화 가정 유아의 필요를 만족시키는 데 관여한 전문가는 누구인가?
- **협력의 결과** : 만약 교사, 부모, 지역사회의 전문가들이 다문화 유아의 교육을 위하여 협력하지 않았다면 유아에게는 어떠한 결과를 가져올 것인가?

셰릴 선생님은 다문화 가정 유아의 필요를 충족시키기 위하여 최선을 다하고 있음을 알 수 있다. 지금부터 유아교실의 다양한 문화적 · 언어적 배경을 갖는 유아를 도와주는 전략이 소개될 것이다. 그림 1.3에 다문화 가정 유아의 언어교육을 위한 전략이 간략하게 소개되어 있다.

다언어 유아의 필요를 채워 주기

미국은 다문화 사회임이 명백함에도 불구하고 다언어 혹은 다문화 가정 유아를 위한 교육 실천은 미흡하다. 1930년대 나의 어머니가 뉴욕의 공립학교에 다니던 시절에는 영어가 아닌 다른 언어를 사용하는 아동은 "학교에서는 영어만을 말하겠습니다."라는 반성문을 1,000번이나 쓰는 벌을 받았다고 한다. 어느 날 이탈리아에서 막 이민 온 아이가 자신의 교실이 어디에 있는지를 물어 우리 어머니가 이탈리아어로 대답했는데, 그것을 선생님께 들켰다. 어머니는 이제 받게 될 벌을 생각하며 벌벌 떨고 있었는데 선생님께서 "오, 펠리샤, 이탈리아어를 할 수 있구나. 다른 나라 말을 할 수 있는 것은 멋진 일이지. 특히 이탈리아어처럼 멋진 말의 경우에는 더더욱!"이라고 하셨다고 한다. 어린 펠리샤는 이 이야기를 자신의 어머니, 즉 우리 할머니께 전했고, 우리 할머니는 당신께서 직접 수를 놓으신 식탁보에 최고급 식기와 크리스털 컵으로 정말 맛있는 여섯 종류의 음식이 나오는 이탈리아 코스요리에 이 선생님을 초대하였다고 한다.

우리 어머니가 만난 선생님처럼 영어 이외의 언어에 대하여 호의적인 생각을 갖고 있던 선생님이 없었던 것은 아니지만 1960년대 이전 대부분의 선생님은 학교에서 영어 이외의 언어를 사용하는 것을 금기시하였다. 이러한 견해를 뒷받침하듯이 교육자들은 이중언어 사용 학생들이 2개의 언어를 혼동하여 사용하는 경향이 있음을 강조하였다. 예를 들어, 스페인어를 말하는 아이가 "나는 엘가토(스페인어로 고양이라는 말)를 좋아해요."같이 말하는 것이다. 이를 **코드스위치**(code switch)라고 하는데 이것은 모국어가 이민자 아동의 영어학습과 사용에서 방해가 된다는 주장의 근거로 인용되었다. 그러나 현재는 이와 같은 견해보다는 모국어에 대한 지식은 영어를 배우는 데 도움이 되거나 지원적 역할을 한다는 견해가 지배적이다(Conteh, 2007;

그림 1.3 다문화 혹은 다양한 능력을 가진 언어학습자 교육에 대한 제안

태도

학습자의 부족한 부분보다는 강점에 집중하여 "존은 영어를 잘 못해."라고 하는 것보다는 "존이 음성전환 장치(Vox)로 대화가 가능하니까 존에게 직접 물어보거라."가 낫다. 인내심을 가지고 또래들 간에도 이렇게 하도록 지도한다.

공정성

모든 사람을 단순히 똑같이 대하는 것이 공정한 것이 아님을 인지한다. 공정하려면 오히려 유아의 차이를 고려하는 것이 당연하다. 예를 들어, 조용히 이야기에 집중하여 들어야 하는 시간에 투렛증후군 유아에게 조용하지 않다고 비난할 수는 없다.

규칙

유아에게 기대되는 행동을 분명하게 하고 규칙은 최소화한다. 예를 들어, 친구 때리기, 물기, 발로 차기 혹은 밀기와 같이 건강과 안전에 관한 규칙은 영어로 분명하게 알려 준다.

절차에 관한 안내

언어 영역의 듣기활동에 관련한 교구 사용 혹은 기기 사용 방법과 절차를 구체적인 모델링을 통하여 알려 준다. 절차를 자세하고도 구체적으로 알려 주는 데 단순히 말로만 하는 것이 아니라 구체적 사용법을 모델링해 준다.

제시 방법

글자 쓰기에 필요한 직선, 곡선과 점을 연결하기 위하여 바로 연필로 쓰기보다는 핑거 페인팅, 모래에 쓰기, 마커, 분필, 레이저 포인터 혹은 OHP필름에 쓰는 것 등 다양한 감각을 활용할 수 있도록 지원한다.

시간

대집단 이야기 나누기는 한 번에 오랜 시간으로 운영하기보다는 오전에 10분, 오후에 10분 등으로 나누어 진행하는 것이 효과적이다. 개인 작업의 경우에도 유아가 작업을 완성하는 데 시간이 더 필요하면 수용한다.

융통성

유아 개인이 가지고 있는 능력과 흥미 등을 고려한다. 예를 들어, 쓰기를 싫어하거나 어려워하는 경우 자기 이름의 글자 몇 개만을 써 보게 할 수 있고 그렇지 않은 유아는 이름 전체를 다 쓸 수도 있다. 모든 유아가 성공감을 느낄 수 있도록 한다.

설명

특수아의 행동을 또래에게 말로 설명해 준다. 예를 들면 다음과 같다. "샤논이 함께 소꿉놀이를 하고 싶어 하는 구나. 저기 볼래? 샤논이 휠체어를 움직이고 있구나. 자, 샤논이 엄마 역할을 하려고 하는구나. 아기인형을 샤논에게 건네줄래?"

응원

"참 잘했어요.", "멋지구나."처럼 너무 일반화된 것보다는 "토니야, 오늘 자동차에 대한 책을 읽을 때 보니까 네가 트럭에 대하여 정말 많이 알고 있구나. 이 책을 빌려줄 테니 집에 가져가서 엄마하고 할머니께 한번 읽어드려 보렴. 내일은 비행기에 대하여 이야기 나눌 것인데 네가 참 좋아할 것 같구나."와 같이 아동이 다음 수준으로 이동할 수 있도록 격려한다.

아늑한 공간

유아들은 작고 아늑한 공간에서 책 읽는 것을 좋아한다. 쿠션, 편안한 의자, 낮은 서가로 준비된 조용한 공간은 유아가 다른 것에 신경이 분산되지 않고 집중하게 한다.

부모와 가족

특수아 혹은 다문화 가정의 부모는 자녀가 교실에서 소외되거나 자신감을 잃게 되는 것을 가장 염려한다. 아이가 시도한 것, 성취한 것 등에 대하여 부모에게 자주 알려 주어서 자녀가 기관에서 발전하고 있음을 확신할 수 있도록 한다.

전문가로부터의 협조

교사의 지식과 식견으로 부족한 상황과 문제에 대하여 도움을 구할 수 있는 전문가를 알고 있어야 한다. 교사의 노력으로 변화되지 않는 유아에 대하여 교사가 모든 책임과 좌절감을 가질 필요는 없다. 전문가의 도움을 구한다.

환호

사소한 것일지라도 의미를 발견하고 감사하고 환호한다. 예를 들어, 자폐아의 경우 "오늘 가브리엘이 질문에 답을 했어요! 빼기를 할 줄 알아요."라고 말할 수 있다.

Jalongo & Li, 2010).

특정 언어가 그 사회에서 지위가 높고 사회에서의 성공에 필수적인 것임을 어린 시절에 알

Katelyn Metzger/Merrill Education/Pearson Education

다양한 민족과 언어는 학습 공동체를 풍부하게 한다.

게 되면 자신의 모국어를 포기하는 경향이 있다(Fillmore, 1991; Gathercole & Thomas, 2009). 그런데 이러한 포기가 영어를 습득하기도 전에 이루어지면 모국어, 영어 2개의 언어 모두에서 하나의 언어만을 사용하는 유아에 비하여 오히려 유창성이 떨어진다. 모국어를 포기하는 것은 단순하게 언어만을 포기하는 결과를 낳는 것이 아니라 그 언어가 담고 있는 모국 문화를 포기하는 결과를 낳는다(Bunten, 2010; Fillmore, 1991; Ogbu, 1988). 현재 전 세계적으로 각 민족 혹은 문화 고유의 언어가 포기되는 경향이 있는데 어린 세대가 자신의 모국어를 일찌감치 포기하는 것은 안타까운 일이다(Cummins, 2003; Reyes & Azuara, 2008).

교사는 언어와 관련하여 자신의 선입견에 대하여 생각해 보아야 한다. 교사는 애팔래치아 지방에서 온 유아가 "나는 아무 것도 안 했어요(I didn't do anything)."라는 말을 "나는 전혀 안 했어요(I didn't do nothing)."라고 말하거나 히스패닉계 유아가 '초콜릿'을 '쇼콜랏'이라고 말하면 이마를 찡그리면서, 영국에서 온 유아가 '스케줄'을 '셰줄', 동부 지역의 유아가 '아이디어'를 '아이디얼'이라고 하면 왜 더 매력적으로 듣는 것일까? 이는 언어가 사용하는 사람의 사회적 지위와 관련이 있으므로 특정 언어는 다른 언어에 비하여 사회적 가치가 더 많은 것으로 취급되기 때문이다.

만약 당신이 위와 같은 편견이 없다고 자신한다면 대학 수업에서 영어가 모국어가 아닌 강사를 만났다고 가정해 보자. 학생들은 영어가 모국어가 아닌 강사의 발음에 대하여 알아듣기 어렵다는 등의 불만을 표시하거나 심지어 대놓고 무시할 수도 있다. 심지어 이 강사와의 의사 소통을 위하여 과외의 노력을 아예 포기하는 경우도 있으며 자신의 가족이 '미국에 더 먼저 왔기' 때문에 강사를 무시하거나 우월감을 느낄 수도 있다. 이처럼 언어에 대한 편견을 피해 갈 수 있는 사람은 거의 없다. 교사는 언어에 따른 차별에 민감해야 하고 가르치는 학생의 언어의 다름 혹은 다양성을 수용해야 한다(Batt, 2008; Murillo & Smith, 2011).

유아교사는 지역사회에서 그 언어가 사용되는 경우를 본 적이 없을지라도 유아의 모국어를 존중해야 한다(Nemeth, 2009, 2009b). 제2모국어 학습에 대한 좋은 자료가 웹 2.0과 앱과 웹사이트에 소개되어 있다.

유아 언어 사용 유형의 다양성

유아가 사용하는 언어는 능력, 언어의 종류, 방언 등 6개의 유형으로 나눌 수 있다.

자폐증

자폐증은 언어적 혹은 비언어적 의사소통뿐만 아니라 사회적 관계 형성에도 영향을 주는 장애이다(Branson, Vigil, & Bingham, 2008; Hyman & Tobin, 2007; Warren et al., 2010). 자폐증은 3세 이전에 증상이 나타나며 100명의 출생아 중 1명이 해당되는 신경계 질병이다(Centers for Disease Control and Prevention, 2010). 자폐증은 말을 전혀 사용할 수 없는 심한 수준에서부터 문법적으로는 맞게 말하나 사회적 의사소통에 장애가 있는 정도까지 그 정도가 다양하다(Hall, 2009; Zager, 2004). 자폐증 아동의 절반 정도가 전혀 말을 못하고 나머지는 말을 하지만 눈 맞추기와 같은 사회적 상호작용을 할 수 없다. 자폐증 아동은 과거의 정보와 현재의 정보 간의 관계를 분명하게 구분하지 않고 이야기를 하는 경향이 있어서 타인이 이들의 말을 이해하기 어렵다. 자폐증은 몸 흔들기, 손가락 흔들기와 같은 상동행동과 말소리 모방이라고 불리는 무의미한 언어를 반복적으로 사용한다. 또한 익숙한 환경 혹은 일상의 변화에 저항이 크며 감각 반응이 일반인보다 뛰어나기도 하다. 사회적 신호를 해석하는 능력이 떨어져서 부적절하게 반응한다. 자폐아 중 일부는 특정 교과에서 일반 또래보다 높은 수행능력을 보인다. 자폐증은 여러 가지 요인이 복잡하게 관계된 것으로 보이며 발생 빈도가 증가하고 있다. 미국자폐증협회(www.autism-society.org), 국립자폐증전문가센터(http://autismpdc.fpg.unc.edu)를 참고하면 부모와 교사에게 유익한 정보를 얻을 수 있다.

학교에서 영어를 배우는 학습자 혹은 다문화 가정 학습자

학교에서 영어를 배우는 학습자란 미국에 이민 온 가정의 아동으로 영어가 모국어가 아니고 가정에서 영어가 아닌 다른 언어를 사용하며 학교 입학과 동시에 영어를 배우는 경우를 의미한다. 대부분의 연구자들은 아동의 가정에서 사용하는 언어를 학습하고 사용능력을 유지하는 것이 영어를 배우는 데 더 효과적이라고 한다(Huennekens & Xu, 2010; Lugo-Neris, Jackson, & Goldstein, 2010). 편안한 분위기에서 소집단으로 그림책을 읽으면 유아의 두려움 해소에 도움이 된다(Howes, Downer, & Pianta, 2011).

언어영재

언어의 사용 또는 이해에 높은 능력을 보이는 아동은 또래보다 눈에 띈다. 이런 유아는 또래에 비하여 사용하는 어휘가 다양하며 표현이 독창적이다. 따라서 이런 유아를 위한 활동은 또래에 비하여 난이도가 높아야 한다. 보통 이런 유아는 글자와 소리의 관계를 일찍 깨우치고 호기심이 대단하며 기억력이 비상하고 언어 관련 과제에 집중력을 보이고 모국어가 아닌 다른 언어도 쉽게 습득한다. 9개월에 첫 단어를 말하기도 하며 4세 이전에 읽기를 깨우치고 고급 언어를 이해하기도 한다(McGee & Hughes, 2011). 그러나 언어에서는 영재성을 보이면서 대근육 활동에서는 조절력이 현저히 떨어지는 경우도 있다. 어느 언어영재는 뛰어남의 정도가 또래에 비하여 2배 높은 정도로 묘사되기도 한다(Feeney, Moravcik, & Nolte, 2012). 언어영재를 가르치는 것은 가족과의 연계가 중요하며 수준에 맞는 읽기 자료를 제시해 주고 이들의 보통 수준 이상의 흥미와 관심이 충족될 수 있도록 깊이 있는 대화가 필요하며 가끔은 나이가 더 많은 선배와 함께하는 활동을 경험하게 해 주는 것도 필요하다(McGee & Hughes, 2011). 영재협회(www.cectag.org) 혹은 국립영재위원회(www.nagc.org)를 방문하면 더 많은 정보를 얻을 수 있다.

언어장애

언어장애는 구어뿐만 아니라 문어 사용에서 어려움을 나타내는 것을 말한다. 글을 읽고 쓰는 것을 어려워하는 것은 학습장애가 이유일 수 있고 난청 혹은 청각장애와 같은 신체적 문제와 관련될 수도 있다. 난청이 있는 유아는 일반 유아에게 먼저 말을 걸거나 자신의 말을 이해시키는 데 어려움을 느끼며 대화가 끊겼을 때 어떻게 해야 할지 어려워한다(DeLuzio & Girolametto, 2011; Raver et al., 2012; Toe & Paatsch, 2010). 이런 유아를 위한 도움에는 두 가지 종류가 있다. 하나는 보정장구인데 난청유아가 소리를 잘 들을 수 있도록 해 주는 보조기이고, 다른 하나는 난청유아가 수화를 배우도록 도와주는 것이다(Kaczmarek, 2011). 수화 혹은 손가락 글쓰기는 청각장애자들 간의 의사소통 방법이다. 청각장애아가 일반 유아와 소통할 때는 태블릿 PC에 음성 합성기가 장착되어 버튼을 누르면 단어 혹은 문장으로 들을 수 있는 기기를 사용할 수 있다. 기기 혹은 시스템을 사용하여 의사소통의 효율성을 높여 주는 모든 방식을 **보완대체 의사소통**(augmentative communication)이라고 한다(Dell, Newton, & Petroff, 2011).

또 다른 언어장애는 집중력장애, 작동 기억에서 정보를 저장하는 능력의 부족 혹은 말의 뜻을 이해하지 못하는 것에 기인하기도 한다. 또한 아동학대와 같은 방치로 인해 극심한 스트레스를 받거나 혹은 정상적으로 언어에 노출되는 기회가 박탈되어 외부 세계와 소통하지 못하는 경우도 있다.

언어발달지체

영아기에서 가장 흔한 발달지체는 언어지체도 동반한다(Stockall & Dennis, 2012, p. 36). 이들은 또래보다 1년 혹은 그 이상으로 구어 사용능력이 떨어진다. 대개의 영아들은 약 12개월이 되면 알아들을 수 있는 말을 한다. 24개월이 되어서 다른 부분의 발달에는 크게 문제가 있어 보이지 않으나 아직 말을 하지 않는다면 주목해야 한다. 많은 경우 이런 현상은 중이염과 관계가 있을 수 있다. 중이염은 영아가 말소리를 듣고 따라 할 수 없게 만든다. 언어발달지체를 보이는 영아와는 다음과 같은 활동이 도움이 된다.

- 아기와 애착관계를 형성한다.
- 아기와 순서를 바꾸면서 상호작용하고 몸동작, 만지기 혹은 소리 내기와 같은 영아가 보내는 비언어적 신호에 반응한다.
- 생각이나 사실에 대하여 이야기해 준다.
- 다양한 어휘를 사용한다.
- 높은 소리, 반복 혹은 억양의 높낮이가 크게 차이가 나도록 하는 '엄마말(motherese)'을 사용한다.

Courtesy of C. Jennifer Tsai

일상의 대화와 활동은 언어발달에 필수적이다.

- 상호응시, 손가락으로 가리키기, 딸랑이 흔들기, 눈 크게 뜨기와 같은 방식으로 아기의 관심을 끈다.
- 아기가 아직 말을 하지 않더라도 질문을 하고 대답을 기다리듯이 시간을 준다.
- 목욕, 수유 그리고 놀이시간과 같은 일상생활에서 일 어나고 있는 일에 대하여 계속 이야기해 준다(Kovach & DaRos-Voseles, 2011; Stockall & Dennis, 2012)

> **영아와 어린 유아**
> 미국에 거주하고 있는 5세 이하 유아의 24%가 가난한 삶을 살고 있다. 이들 중 41.9%가 흑인 유아이고 35%가 히스패닉계이다(Children's Defense Fund, 2011). 캘리포니아에서 운영하는 여성, 영아 그리고 아동을 위한 영양지원 프로그램(www.wicworks. ca.gov)을 방문하여 프로그램의 목표를 보고 아기들에게 충분한 영양을 제공하는 것의 중요성에 대하여 살펴보라.

방언

방언이란 아프리카계 미국 흑인의 영어처럼(African American English) 한 언어 내에서 발음, 표현, 문법의 차이가 있는 것을 말한다. 예를 들면 'tooth'를 'toof', 'author'를 'aufor'와 같이 'th'를 'f' 소리로 말한다. "He sees it."을 "He see it." 혹은 "She is bringing it."을 "She be bringing it."과 같이 문법적으로 다르게 말하거나 'library'를 'liberry'로, 'especially'를 'exspecially'로 발음하는 것이다. 이외에도 지역에 따라서 다르게 말하는 것도 있는데 미국 남부

> ### 그림 1.4 언어장애, 발달장애 혹은 방언을 사용하는 유아를 도와주는 방법
>
> **2개의 언어를 학습하는 유아**
> - 유아의 문화 전통과 정체감을 존중하라.
> - 제2언어학습과정을 이해하라.
> - 외국에서 출생하여 입양된 유아가 경험할 언어장애를 최소화하라.
> - 2개의 언어 모두 계속적으로 일관되게 경험할 기회를 제공하라.
> - 학교에서 영어를 배우느라고 가정에서 배운 언어를 잊어버리지 않도록 하라.
> - 교육과정에 문화, 발달, 개인 차이를 충분히 반영하라.
>
> **언어발달 지체 혹은 장애유아**
> - 장애유아가 경험할 의사소통에서의 어려움을 배려하고 효과적인 소통 방법을 찾아라.
> - 장애아의 말 사용에서 전형적인 특징에 친숙해지라.
> - 말의 이해 혹은 산출에서의 심각성의 정도를 파악하라.
> - 개인차를 고려하여 교육과정을 계획하라.
> - 가족, 지역사회의 전문가와 협력하여 언어장애의 진단을 정확하게 하라.
> - 중재 혹은 참조가 적절하도록 하라.
> - 지역사회의 서비스를 최대한 활용할 수 있도록 가족과 협력하라.

지방 사람들은 다른 지역의 영어와 다르게 말하고 심지어 영국, 호주 영어와도 다르게 말한다.

그림 1.4는 이민자의 자녀, 언어장애, 발달장애 혹은 방언을 사용하는 유아의 교사에게 필요한 사항이 정리되어 있다(Paradis, Genesse, & Crago, 2011).

 ## 교사의 관심과 전략

아래는 3명의 교사가 담임하고 있는 유아들의 언어적 다양성 혹은 차이에 대한 기술이다.

저는 금년에 태아기 때 약물에 노출된 3세 유아를 돌보게 되었습니다. 이 유아는 현재 임시부모와 함께 지내고 있습니다. 이 아이가 처음 교실에 들어선 순간 다소 거친 행동을 보여 저는 바로 뒤로 돌아 교실을 도망 나가고 싶었습니다. 그런데 언어로 의사소통이 가능해지자 이 아이의 행동이 조금씩 진정되기 시작했습니다. 지금은 잘 적응해서 지내고 있는데 이 아이를 만난 초기에 잠 못 이루고 뒤척였던 생각을 하면 지금도 웃음이 납니다.

척추뼈 갈림증을 앓고 있는 4세 지저스는 말을 아직 못하고 배변 훈련도 안 된 상태였는데 이 아이가 제 반에 들어왔을 때 반 아이들에게 놀림감이 될까 봐 걱정이 되었습니다. 그러나 지저스는 오후에만 등원을 하였고 막 목욕을 하고 와서 향긋한 베이비 파우더 냄새를 풍겼지요. 특수교사가 도와주어서 지저스와 상호작용하는 방법을 익히자 저는 자신감을 얻었습니다. 지저스는 친구들에게 미소와 옹알이로 답하는데 친구들과 교사들 모두 이 아이를 무척 사랑한답니다.

금년에 저는 여름학교에서 자원봉사 활동을 했습니다. 제가 맡은 반에는 멕시코에서 이제 막 온 2명의 남자아이들이 있었는데 얘들은 영어를 전혀 할 줄 몰랐습니다. 어느 날은 두 소년이 스페인 말로 "저 노랑머리가 말하기를⋯."이라고 이야기하는 것을 엿듣게 되었습니다. 노랑머리는 저를 가리키는 말입니다. 그리고 보니 이 아이들한테 저를 소개조차 하지 않았던 것입니다. 그날 저녁 대학 때 배운 스페인어 책을 꺼내서 차 안에서 녹음된 스페인어를 듣고 텔레비전에서 영어 자막이 나오는 스페인어 방송도 보았습니다. 그리고 이 소년들이 이해할 수 있도록 시각 자료를 많이 사용하였습니다. 저는 스페인어를 대학 때 배웠음에도 불구하고 제가 스페인어를 배우는 것보다 이 소년들이 영어를 배우는 것이 더 빨랐습니다.

다음에 소개된 전략들은 유아 언어교육에 필요한 공동체 의식 형성에 도움이 될 것이다.

1. **다른 언어 혹은 문화를 배경으로 한 유아에 대한 자신의 태도 그리고 신념을 살펴보라.** 교사가 자신과 다른 언어를 사용하는 학습자를 수용하지 않으면 그 학생의 정체감을 부인하는 것과 같은 의미이다(Cummins, 2003). 모든 학생이 성공적인 학업성취의 기회를 균등하게 갖는다는 것은 배워야 할 것을 동등하게 배운다는 것뿐만 아니라 학습자가 가지고 있는 언어와 문화적 배경에 기초한 지식과 기술을 인정받는 것이다(Fillmore & Snow, 2002; Park & King, 2003). 영어가 아닌 다른 언어를 사용하는 사람이 주로 대도시에 있다고 가정하는 것은 옳지 않다. 교실에서 만나게 될 수 있는 다른 언어의 사례를 한번 상상해 보자. 다른 나라에서 입양된 유아일 수도 있고 미국으로 유학 온 학생의 자녀일 수도 있으며 미 대륙 원주민일 수도 있고 미국에서 태어났으나 외국에서 오래 거주하여 다른 언어를 더 유창하게 할 수도 있으며 유대교인 경우 히브리어를 유창하게 하는 경우도 있다. 이는 학급에서 만날 수 있는 다양한 언어와 문화의 예로서 빙산의 일각이며 교사는 이들을 지원해야 한다(Dixon, 2008).

2. **언어에 대한 편견을 직면하라.** 교사와 다른 언어 혹은 문화적 배경을 가진 유아를 진심으로 환영하고 그 가족을 존중하며 친절하게 그들의 욕구에 반응하지 않으면 이들은 학급의 일원으로 통합될 수 없다(Houck, 2005; Parker & Pardini, 2006). 교사는 언어에 대한 자신의 편견을 살펴보아야 한다(Bunten, 2010). 백인으로 중산층 출신의 교사는 소수민족 출신의 다른 언어를 사용하는 유아 혹은 그 가족을 학급에서 만나면 불편해하는 경향이 있다(Baghban, 2007a). 따라서 교사는 편견을 없애고 나와 다른 사람으로부터 배우고자 해야 한다.

3. 언어 간 차이를 이해하고 이를 배움에 노력하라. 제2외국어를 배우는 과정에서 학습자가 나타내는 행동이 학습장애에 따른 문제 때문인지 혹은 외국어 학습에 따른 자연스러운 과정인지를 구분할 수 있어야 한다. 그렇지 않으면 사실은 아닌데 학습장애로 잘못 판단하여 특수반에 유아를 배치할 수도 있다(Huennekens & Xu, 2010). 따라서 사용 언어가 다른 것을 문제 혹은 불편함으로 받아들이기보다는 긍정적으로 수용하라(Gregory, Long & Volk, 2008; Schmidt & Lazar, 2011).

4. 의사소통 방식의 차이에 대하여 유념하라. 교사는 유아들이 소통하기 위하여 노력한다는 것을 꼭 기억하고 모든 언어를 가치 있게 여기고 존중해야 한다. 유치부 어린이들은 간단한 내용은 수화를 사용하는 것을 즐긴다. "나는 과자를 좋아해요."를 자신을 가리키며 손바닥을 위로 향하여 팔을 앞으로 펼쳤다가 뭔가를 쥐는 모양으로 손을 잡고 가슴으로 끌어당기면서 왼손을 밀가루 반죽으로 대신하여 오른손으로 과자 모양을 찍어 내는 동작을 할 수 있다. 미국 수화를 해 보도록 하거나 그림판으로 이야기하거나 키보드로 메시지를 작성해 보는 것은 모두 다양한 방식의 의사소통을 경험하는 것이다. 그러나 누구나가 인터넷에 접근할 수 있다고 가정해서는 안 된다. 많은 유아가 조부모와 생활하는데 조부모는 컴퓨터 사용 비용 등의 이유로 보다 전통 방식의 의사소통을 선호할 것이다.

5. 의미 있는 언어 사용을 격려하는 환경을 조성하라. 책, 교구, 게시물, 신문, 안내문, 자료, 시설 등이 언어의 다양성에 대하여 긍정적 메시지를 선포하는지 살펴보라. 표준적인 영어 사용 모델뿐만 아니라 가정에서 사용하는 방언과 같은 영어의 변이 모델도 경험할 수 있도록 할 수 있다. 또래 간의 상호작용은 자연스럽고 자발적인 언어 사용을 하게 하므로 의미 있는 상호작용을 격려한다. 친구와 놀이 중 사용하는 언어는 다양하고 복잡하고 섬세하다.

6. 가족을 참여시키는 프로그램을 운영하라. 다양한 언어를 사용하는 유아 혹은 언어 사용능력의 차이가 있는 유아의 교육을 위하여 교사, 부모 그리고 지역사회의 전문가와의 협력을 최대한 활용하도록 한다. 부모가 가지고 있는 정보는 유아를 정확히 이해하는 데 도움이 되며 필요한 교육을 계획하는 데 가장 유용한 자원임을 기억해야 한다(Allen et al., 2002; Sandoval-Tayor, 2005).

7. 다양한 평가를 활용하라. 놀이하는 유아를 관찰하거나 또래와의 자유로운 대화 등 유아의 언어발달의 정도를 이해하기 위하여 다양한 유형의 평가를 활용한다.

웹 2.0 언어의 다양성에 유용한 검색엔진

Babylon 9

www.translation.babylon.com

24개의 언어를 번역할 수 있는 소프트웨어이다(120달러). 기관에 이 프로그램을 보유하고 있으면 다양한 언어를 사용하는 유아와 가족을 상대하는 데 유익하다. 무료로 사용할 수 있는 버전도 있는데 꽤 질이 괜찮은 것으로 평가받고 있다.

Defining Diversity

www.cyh.com/HealthTopics/HealthTopic DetailsKids.aspx?p=335& np=286&id=2345

이 사이트에는 유아들이 활용할 수 있는 자료와 문화적 다양성에 대한 좋은 정보가 있다.

e-TouchEnglishLearning Lite

스마트폰 앱으로 명사, 동사, 형용사 등의 여러 단어와 그림을 손으로 터치하면 원어민의 영어 발음을 들을 수 있다. 개별화 교육에 활용하면 좋다.

Google Translate

translate.google.com

집의 컴퓨터에서 무료로 활용할 수 있다. 그림책의 텍스트를 번역하여 유아에게 읽어 줄 수도 있고 가족에게 이 자원을 활용하도록 안내한다.

Instant Multilanguage Translator

www.freetranslation.com

다문화 가정에 통신문을 보낼 때 이 무료 번역기를 활용하라. 베트남어 등 해당 언어를 번역할 때 먼저 베트남어 원어민에게 번역의 정확성을 확인받도록 하라.

Proloquo2Go

영어를 잘 못하는 아동이 이 앱을 갖고 있으면 말로 문서 편집이 가능하고 텍스트를 읽어 주는 것도 들을 수 있다.

Smart Apps for Kids

www.smartappsforkids.com

이 앱은 최고의 100개의 앱, 편집자가 고른 최고의 10앱, 독자가 뽑은 최고의 10앱 등을 검색하는 것이 가능하다. 또한 걸음마쟁이, 유아 혹은 초등학생 등 연령에 맞는 앱을 검색할 수 있다.

Spanish Dictionary

www.spanishdict.com

영어를 스페인어로 번역할 수 있고 좋은 사전이 실려 있다. 원어민의 스페인어 발음을 듣고 연습할 수도 있으며 동영상도 볼 수 있다.

Teaching Tips for Working with ELLs

www.ncela.gwu.edu/files/uploads/ 17/ Accellerate4_2.pdf

이 웹에는 가정에서는 다른 언어를 사용하면서 기관 혹은 학교에서 영어를 배우는 유아들을 위한 교수법 연구 등에 의하여 효과가 검증된 자료가 많다.

다양한 언어학습자를 위한 교실활동

나는 _____ 할 수 있어요. "나는 10까지 영어와 스페인어로 셀 수 있어요.", "'~해 주세요', '고맙습니다'와 같은 말을 페르시아어, 중국어 그리고 몽어로 할 수 있어요.", "선생님의 이름을 아라비아어로 쓸 수 있어요.", "나는 수화를 할 수 있어요."처럼 유아들이 할 수 있는 것을 게시판에 게시하는 것이다. 다양한 언어로 표현된 것은 다양한 언어를 사용하는 가족과 소통할 수 있는 좋은 매개체가 된다(Lee, 2006). 이외에도 반대어 혹은 표현을 학습하고 있는 경우 교실에서는 하나의 표현을 적고 가정으로 가져가서 반대의 표현을 적어보는 것은 교실과 가정의 연계로서 좋은 예이다. 손자가 "내 머리는 짧아요."라고 적은 것에 대하여 할아버지는 "내 코는 길어요."와 같은 재치 있는 반응을 보인 경우도 있다.

어린이가 주인공인 책 읽기. A. Morris가 저술한 그림책 *Loving*과 *Shoe, Shoes, Shoes* 그리고 *Hats, Hats, Hats* 같은 작품은 모든 문화에서 볼 수 있는 보편적인 주제와 함께 개별 문화의 독특한 차이를 볼 수 있는 책이다. 마찬가지로 N. Dooley의 *Everybody Cooks Rice, Everybody Brings Noodles, Everybody Serves Soup*도 같은 유형의 책이다. 자신의 문화에서 일상적으로 경험하는 것이 다른 문화에도 보편적으로 있지만 약간의 차이가 있는 것에 대한 학습은 유아의 다문화적 민감성을 깨우는 데 유익하다. M. Lankford의 *Hopscotch around the World, Dominoes around the World, Birthdays around the World, Mazes around the World, Jacks around World*, B. Hollyer의 *Wake Up, World!, A Day in the Life of Children around the World, Let's Eat: What Children Eat around the World*, E. Baer의 *This Is the Way We Go to School, This Is the Way We Eat Our Lunch* 등도 같은 류의 책이다.

가족 혹은 친족의 명칭. 가족을 지칭하는 말은 언어에 따라 다르다. 예를 들어 '할아버지'는 언어에 따라서 '에뷸라', '파파', '마우마우', '그랜팝', '팝', '팝피', '팜팝' 등으로 불리는데 유아들과 함께 가정에서 할아버지를 지칭하는 말에 대하여 이야기 나눈다. 각자 지칭하는 말이 다른 것이 이상하지 않음을 강조하고 오히려 가족의 전통, 문화, 언어에 따라서 다른 것이 자연스러운 것임을 강조한다. Ajmera, Kinkade, 그리고 Pon(2010)의 *Our Grandparents: A Global Album*에서는 19개의 언어로 '할머니', '할아버지'의 명칭을 소개하고 있다. 이 책에서는 "우리 할아버지와 할머니는 우리를 많이 사랑하시죠. 우리의 손을 잡고 꼭 안아 주신답니다. 우리가 작은 목소리로 말해도 귀를 기울여 주세요. 그리고 항상 잘한다고 칭찬해 주세요."와 같은 내용이 있다. 이 책을 함께 읽고 난 후 자신이 사랑하는 가족과 친척에 대하여 적고 이를 책으로 엮어서 그들에게 선물로 줄 수 있다.

프로그램을 활용한 번역. 이 장의 웹 2.0에 소개된 프로그램을 활용하여 유아가 좋아하는 그림책을 스크린에 띄우고 이를 번역한다. 학급 유아 중 번역된 언어를 사용하는 유아에게 번역이 잘되었는지 확인하도록 한다. 번역된 텍스트를 영어로 된 텍스트에 붙여서 영어에 서툰 유아가 자신의 모국어와 영어로 함께 읽을 수 있도록 돕는다.

도우미 역할 기술하기. 교실에 필요한 도우미 역할에 대하여 이야기 나눈다. "교실의 애완동물을 돌보려면 무엇을 해야 하는가?", "식물을 돌보려면 어떻게 해야 하는가?", "모둠 대표의 역할은 무엇인가?", "이야기 만들기 과정에서 조장이 할 일은 무엇인가?" 등과 같이 교실의 모든 활동에 필요한 역할행동에 대하여 이야기 나눈다.

다양한 언어권의 알파벳 책을 구비하라. 아프리카 알파벳 책인 *Ashanti to Zulu*(Musgrove, 1992), 영국의 *The Queen's Progress: An Elizabeth an Alphabet*(Mannis, 2005), 아프리카계 미국의 *K is for Kwanzaa*(Ford, 2003), 미국 원주민의 *Many Nations: An Alphabet of Native America*(Bruchac, 2004), 스페인어와 영어 2개의 언어로 쓰인 *Gathering the Sun/Cosecha de Sol: An Alphabet in Spanish and English*(Ada, 2001), *F is for Fiesta*(Elya, 2006) 등의 책이 있다. 이런 류의 책은 다양한 언어의 알파벳을 체험할 수 있는 기회를 제공한다. 마찬가지로 숫자 세기 책도 유아의 경험을 확장시킨다. 예를 들어, *We All Went on Safari: A Counting Journey through Tanzania*(Krebs, 2004), *Mung, Mung: A Fold Out Book of Animal Sounds*(Park, 2004)는 언어마다 동물이 내는 소리의 표현이 다르다는 것을 경험하게 한다.

속담 모으기. 언어 지능이 발달하였거나 연령이 높은 아동은 이 활동을 꽤 즐긴다. 가족의 어른에게 속담, 격언, 좋은 말 등을 수집하게 한다. "이미 엎질러진 물", "한 가지 일에 모든 걸 걸지 마라.", "거지도 부지런하면 더운 밥을 얻어먹는다."와 같은 속담에 대한 의미를 가족과 이야기 나누고 아동이 이해한 것을 그림으로 표현하게 하라. 세계 여러 나라의 속담을 모아 놓은 웹사이트 www.famous-quotations.com/asp/origins.asp, http://creativeproverbs.com, http://

cogweb.ucla.edu/Discourse/Proverbs/index.html을 활용하면 도움이 된다.

 다양한 언어학습을 위한 앱과 웹사이트

123 Color HD(3~7세)
손가락 끝으로 팔레트의 색을 선택하여 유아가 칠을 한다. 칠이 끝나면 선택한 언어로 그림의 이름이 들린다. 일반 버전에는 영어, 스페인어, 독일어가 있고 고급 버전에는 프랑스어, 히브리어, 러시아어가 있다. 숫자 이름, 글자(소문자, 대문자), 색 이름, 노래 등도 있다. 영어를 잘 못하는 유아끼리 짝이 되어 영어를 배울 수 있다.

Chillola(모든 연령)
www.chillola.com

이 웹사이트에서는 영어, 스페인어, 프랑스어, 독일어, 이탈리아어를 배울 수 있다. 부모와 교사를 위한 자료실이 있고 아동의 결과물을 게시할 수도 있다.

First Words: Spanish(2~5세)
가격이 저렴하며 걸음마쟁이 등 이제 말을 배우기 시작한 유아에게 색, 동물, 모양, 교통기관, 가재 도구의 이름 등을 스페인어로 배울 수 있다.

Kids to Kids International(모든 연령)
www.ktki.org

세계 여러 나라 어린이들이 만든 이야기를 듣거나 자신이 만든 이야기를 올릴 수 있다.

Little Red Hen(2~8세)
영어, 스페인어, 광둥어로 빨간 암탉 이야기를 애니메이션 버전으로 감상할 수 있다.

Monster's Socks(5~8세)
귀여운 괴물이 잃어버린 양말을 찾아가는 과정의 이야기를 영어, 중국어, 체코어, 네덜란드어, 프랑스어, 독일어, 이탈리아어, 일본어, 한국어, 폴란드어, 포르투갈어, 러시아어, 스페인어, 스웨덴어, 터키어로 들을 수 있는 앱이다.

Picturebook(5~8세)
iPad용 앱으로 그림을 다운받아서 유아가 이야기를 영어와 스페인어로 만들 수 있는 앱이다. http://bit.ly/picturebookAppVid에서 데모 버전을 볼 수 있다.

Speech with Milo(2~7세)
www.speechwithmilo.com

iPad와 iPhone에서 사용되는 앱으로 생쥐 마일로가 스페인어 단어와 문장을 가르쳐 주고 음향도 곁들인 이야기도 해 준다. 스페인어에 지식이 있는 아동이 사용할 수 있다.

Toddler Flashcards(2~5세)
숫자, 글자, 색, 모양, 동물, 음식과 같은 기본 단어를 스페인어, 프랑스어, 중국어, 영어로 제공하는 앱이다.

기념일 혹은 명절에 대한 이해.　교사는 이민자가 이민 오기 전 모국 문화의 전통과 기념일을 전부 지킨다고 간주해서는 안 된다(Baghban, 2007a). 예를 들어, 멕시코에서 이민 왔다고 해서 망자의 날(A day of the dead celebration)을 모두 지키는 것은 아니다(Keep, 2008). 반대로 이민자라도 미국 주류 사회의 기념일, 예를 들어 생일파티 때 케이크를 먹거나 7월 4일 독립기념일에 가족소풍을 갈 수도 있다. 각 문화권의 전통과 명절에 대하여 이미 알고 있다고 간주하기보다는 각 유아에게 가정에서 지키는 명절과 그 방법에 대하여 질문하는 것이 필요하다.

결론

학교에서 사용되는 언어와 가정에서 사용되는 언어가 다른 다양한 배경의 학습자들과 함께하는 교사는 Boyer(1996)가 말하는 '언어의 중심성'이라는 개념을 기억해야 한다.

> 인간은 가장 정교한 상징체계인 언어를 사용하여 소통할 수 있는 놀라운 능력을 가지고 있다. 유아기 교육을 포함한 기초교육에서 가장 중요한 것은 단어, 수 그리고 예술적 표현이 엉켜 있는 언어를 이해하고 사용할 수 있는 기초를 만들어 주는 데 있다. (p. 6)

연구와 보고
학교 홈페이지를 방문해서 재학생들의 읽기 수준에 대한 보고 자료를 검색하라. 또한 www.edweek.org 웹사이트에 보고되어 있는 연령별 학업 수준과 비교하라. 당신의 주에 있는 학교들의 수행 수준은 다른 주의 읽기수행 수준과 비교하면 어떠한가?

문해학습 전략

테크놀로지를 이용하여 이야기 재화하기

유아는 특정 이야기를 반복해서 들으면 자신의 표현대로 다시 재화를 할 수 있다. 연구보고에 따르면 구두 문화 혹은 전통이 발달된 문화권의 아동에게 이야기 재화의 효과가 크다고 한다 (Au, 1993; Mason & Au, 1998). 재화는 같은 이야기도 유아에 따라 달라서 아주 간단하게 재화하는 것에서부터 아주 복잡하고 섬세하게 재화하는 것까지 유아의 발달 수준을 그대로 나타낸다(Riley & Burrell, 2007; Sadik, 2008). 재화는 기억력, 이야기 이해력, 이야기 구조에 대한 지식을 드러낸다. CD-ROM(Shamir & Korat, 2006, for selection guidelines 참조) 또는 교사가 만든 e-book(Rhodes & Milby, 2007) 등의 테크놀로지를 이용하여 재화된 이야기(Pearman, 2008)

를 저장, 재생할 수 있다. 웹사이트 http://en.childrenslibrary.org는 국제적으로 인정을 받은 다양한 언어로 된 책에 대한 목록을 얻을 수 있다. 워드프로세스를 사용하여 텍스트와 이미지를 만들어 유아의 상상력을 자극할 수도 있고 친구들과 협력하여 만든 이야기를 저장할 수 있다. 재화된 이야기를 www.reallygoodstuff.com에 게시할 수도 있고, www.louisianavoices.org/unit5/edu_unit5w_story_retelling.html에서는 재화된 이야기를 평가할 수 있는 지표도 있다.

책 읽기에 관심이 없는 유아를 위한 그림책

그림책 읽기에 관심이 없는 유아 혹은 자녀에 대하여 고민하는 교사 혹은 부모님이 있다. 놀잇감을 가지고 노는 것과 책 읽기를 연결시키려면 팝업북, 손으로 만져서 촉감을 느낄 수 있는 책, 책장의 일부를 들어 올릴 수 있는 장치가 있는 책처럼 유아가 상호작용을 할 수 있도록 고안된 책을 활용한다. *Tuck Me In!*(Hacohen & Scharschmidt, 2010)는 각 쪽마다 담요를 꺼내어 인물을 덮어 주는 활동을 할 수 있는 책이다. 이런 종류의 책을 만드는 작가는 D. Carter, E. Hill, S. Jenkins, D. Kundhardt, C. Murphy, J. Pienkowski, R. Sabuda이다. *Dear Zoo*(Campbell, 2007), *Open the Barn Door*(Santoro, 1993) *Pat the Bunny*(Kundhardt, 1994), *Ten Bright Eyes*(Hindley, 1998), *How Many Bugs in a Box?*(Carter, 2006), *Peek-a Who?*(Laden, 2000)는 책을 눈으로 보기만 하는 것이 아니라 손으로 책장의 일부를 조작할 수 있어서 어린 유아에게 흥미를 줄 수 있다. *ABC 3-D*(Bataille, 2008), *Gallop*(Seeder, 2007), *Doors*(Munro, 2004), *Tails*(Van Fleet, 2003)는 유아부터 초등학교 저학년 아동이 흥미를 보일 만한 책이다. Kaderavek과 Justice(2005)는 유아의 참여를 유도하는 그림책이 유아가 더 많이 질문하게 하고 긴 문장으로 표현한다고 보고하였다. 가정의 모국어가 영어가 아닌 유아에게 참여를 유도하는 그림책은 사물의 이름을 영어로 명명하게 할 뿐만 아니라 참여하는 과정에서의 행동을 영어로 말하게 하는 효과가 있다. 또한 독자의 참여를 유도하는 그림책들은 글 텍스트가 짧고 표현이 반복되어 예측이 쉬우며 운율이 있어 언어학습에 어려움이 있는 유아에게 효과가 있다. 잘 알려진 전래동화 혹은 동요는 언어학습장애 혹은 언어발달 지체가 있는 유아들에게 유익하다.

돌치 통글자 목록

통글자는 평소에 자주 사용하고 글자로 볼 수 있어서 유아들이 단어를 통째로 기억하고 읽을 수 있는 글자를 말한다. 평소에 읽는 그림책의 약 50~75%를 유아 독자들이 한눈에 알아보고 읽는다고 할 수 있다(Smith, 2006). 돌치 통글자(Dolch sight word) 목록은 영어 단어의 철자 테스트, 카드 등의 형식으로 주의집중장애 혹은 언어학습장애를 가진 아동이 학습할 수 있도록 만들어져 있다(Liebert, 1991). 이들이 통글자를 기억하고 읽을 수 있으려면 많은 시간과 노력을 들여 반복해서 연습해야 한다. 가정의 언어가 영어가 아닌 아동들에게도 돌치 통글자 목록의 단어를 사용해서 이들의 어휘력 학습을 도울 수 있다. 언어 지능이 뛰어난 아동들도 돌치 통글자 목록을 활용하면 긴 텍스트의 해독을 빠르게 숙달할 수도 있다. 돌치 통글자 목록을 활용한 활동은 www.mrsperkins.com/dolch.htm에서 워드 파일, pdf 파일 등의 형식으로 다운받아 사용할 수 있다. 또한 iPad에서 운용할 수 있는 앱인 Ace Writer에 통글자 목록이 있다.

집중탐구 : 국제 디지털 아동도서관

R. A. Hirsh 교수가 제공한 자료

국제 디지털 아동도서관(International children's Digital Library, ICDL)에는 64개 국가, 54개의 언어로 된 4,400개의 디지털 책이 보관되어 있다. 이 디지털 책은 iPhone 혹은 iPad에서 실행이 된다. ICDL은 앱 혹은 www.childrenslibrary.org 사이트로 방문이 가능하다. 가정의 모국어가 영어가 아닌 아동의 모국어로 된 그림책을 다운받을 수 있다. 가정의 모국어로 그림책을 볼 수 있는 아동은 읽기능력, 자신감이 증가하고 자신의 문화적 자부심을 증진시킨다.

어린 유아	유아	독립적 읽기가 가능한 아동
다문화 유아의 언어로 된 이야기를 ICDL에서 다운받아 가정에서 부모가 읽어 준다.	다문화 유아의 언어로 된 이야기를 ICDL에서 다운받아 읽어 본다.	다문화 유아의 언어로 된 이야기를 ICDL에서 다운받아 친구들에게 들려준다. 또한 외국어를 학습하고 있는 아동은 외국어로 된 이야기를 스스로 읽어 보고 번역해 본다.

문학의 활용
문화적 다양성과 아동문학

다문화 그림책

아동문학은 배경, 인물, 플롯, 주제를 통해 특정한 문화를 드러낸다. 또한 특정 문화, 민족 혹은 지역을 소개하는 그림책은 아동 독자에게 간접 경험의 기회를 준다. 따라서 그림책은 언어적·문화적 다양성을 소개하는 중요한 유아교육의 교수-학습 매체이다. 아래에 다문화, 다민족 혹은 국제 문학을 활용하는 데 있어 확인해야 할 것과 활용법이 제시되어 있다.

정확성

- 글 텍스트, 그림 모두 해당 문화를 정확하게 묘사하고 있는가?
- 해당 문화에 대한 정보가 지금과 현재에 대한 것인가?

인물

- 인물의 성격이 고정관념적 성격으로 묘사되어 있는가, 아니면 인물의 독특성이 살아 있는가?
- 인물이 하는 말과 표현, 행동이 그 문화의 맥락과 사회적 상황에 일치하는 것인가?
- 인물의 이름은 해당 문화의 이름이라고 볼 수 있는가?
- 인물의 삶은 해당 문화의 특징을 잘 드러내고 있는가?
- 인물은 문제를 해결하거나 사건을 주도할 수 있는 자질과 능력을 가지고 있는 것으로 묘사되는가?

언어

- 글 텍스트의 말과 표현이 상스럽거나 비하적이지 않은가?

관점

- 문화의 차이 혹은 다양성을 가치 있게 여기고 있는가?
- 목표를 성취하기 위하여 비주류 문화를 포기할 필요가 없음을 분명히 하고 있는가?
- 소수 문화 배경의 인물이 외부인이 아니라 미국 사회의 일원으로 묘사되고 있는가?

그림

- 고정관념 혹은 희화화된 모습이 아닌 해당 문화의 특징에 맞게 그림이 잘 표현되어 있는가?
- 그림에 해당 문화 인물의 외모 혹은 신체적 특징이 다양하게 묘사되고 있는가?
- 그림이 해당 문화의 일반적 모습으로 일관하기보다는 구체적이고 자세하게 그려져 있는가?

전체적 효과

- 그 문화의 구성원이 자부심을 갖도록 하는가?
- 다른 문화의 독자가 그림책을 읽었을 때 해당 문화에 대한 정보를 얻고 새로운 것을 배우게 하는가? 다른 문화의 독자가 공감할 만한 인물인가?
- 교훈을 주려기보다는 독자에 따라서 다양한 해석이 가능한가?
- 독자가 토론하고 반복해서 읽을 만한가?

출처 : Glazer & Giorgis, 2008; McName & Mercurio, 2007; Norton, 2008.

그림책을 활용한 다문화 교육

- 다문화 주제의 그림책은 세계 여러 나라와 같은 특정 주제에만 활용되는 것이 아니라 일 년 내내 활용되어야 한다.
- 다문화 주제의 그림책만 따로 제시하기보다는 다른 주제의 책과 함께 제시하라.
- 다른 언어를 말할 때 원어민의 도움을 받아서 정확하게 말하도록 노력하라.
- 방언으로 쓰인 책을 읽을 때 먼저 연습을 하고 읽어라.
- 특정 이야기, 작가, 삽화가의 지칭은 정확하게 하라.
- 그림책을 감상할 때 아동의 생각, 상상, 예측 등 그들의 표현을 존중하고 격려하라.
- 교실에서 읽어 준 책의 목록을 작성하여 주제가 편중되지 않도록 유의하라.

다문화 그림책 관련 자료

Akrofi, A., Swafford, J., Janisch, C., Liu, X., &

Durrington, V. (2008). Supporting immigrant students' understanding of U.S. culture through children's literature. *Childhood Education, 84*, 209-229.

Baghban, N. (2007). Immigration in childhood : Using picture books to cope. *Social Studies, 98*, 71-77.

Barr, C., & Gillespie, J. T. (2007). *Best books for children, Supplement to the eighth edition : Preschool through grade 6*. Englewood, CO : Libraries Unlimited.

Blaska, J. (2003). *Using children's literature to learn about disabilities and illness*. Moorhead, MN : Practical Press.

Carlson, A., & Carlson, M. (2005). *Flannelboard stories for infants and toddlers, Bilingual edition*. Chicago, IL : American Library Association.

Dyches, T. T., & Prater, M. A. (2008). *Teaching about disabilities through children's literature* (2nd ed.). Englewood, CO : Libraries Unlimited.

Freeman, J. (2006). *Books kids will sit still for 3 : A read-aloud guide*. Englewood, CO : Libraries Unlimited.

Glasgow, J. N., & Rice, L. J. (Eds.). (2007). *Exploring African life and literature*. Newark, DE : International Reading Association.

Hadaway, N. L., & McKenna, M. J. (2007). *Breaking boundaries with global literature*. Newark, DE : International Reading Association.

Harris, V. J. (2008). Selecting books that children will want to read. *The Reading Teacher, 61*(5), 426-430.

Hynes-Berry, M. (2012). *Don't leave the story in the book : Using literature to guide inquiry in early childhood classrooms*. New York, NY : Teachers College Press.

Levin, F. (2007). Encouraging ethical respect through multicultural literature. *The Reading Teacher, 61*(1), 101-104.

Lima, C. W., & Lima, J. A. (2008). *A to zoo : Subject Access to Children's Picture Books* (8th ed.). Westport, CT : Bowker.

MacMillan, K., & Kirker, C. (2012). *Multicultural storytime magic*. Chicago, IL : American Library Association.

McClellan, S., & Fields, M. E. (2004). Using African American children's literature to support literacy development. *Young Children, 59*(3), 50-54.

McClure, A. A., & Kristo, J. V. (2002). *Adventuring with books : A booklist for pre-K-grade 6*. Urbana, IL : National Council of Teachers of English.

Morrow, L., Freitag, E., & Gambrell, L. (2009). *Using children's literature in preschool to develop comprehension-Understanding and enjoying books*. Newark, DE : International Reading Association.

National Association for the Education of Young Children. (2001). *Books to grow on : African American literature for young children* (Brochure No. 568). Washington, DC : Author.

Norton, D. E. (2008). *Multicultural literature : Through the eyes of many children* (3rd ed.). Upper Saddle River, NJ : Prentice Hall.

Odean, K. (2002). *Great books for girls : More than 600 books to inspire today's girls and tomorrow's women*. New York, NY : Ballantine.

Quintero, E. P. (2004). Will I lose a tooth? Will I learn to read? Problem posing with multicultural children's literature. *Young Children, 59*(3), 56-62.

Rand, D., & Parker, T. T. (2001). *Black books galore! Guide to more great African American children's books*. New York, NY : John Wiley.

Schon, I. (2002). *Books to grow on : Latino literature for young children* (Brochure No. 581; Spanish version, Brochure No. 581S). Washington, DC : National Association for the Education of Young Children.

Silvey, A. (2005). *Best books for children : A parent's guide to making the right choices for your young reader, toddler to preteen*. Boston, MA : Mariner/HoughtonMifflin.

Steiner, S. F. (2001). *Promoting a global community through multicultural children's literature* (2nd ed.). Englewood, CO : Libraries Unlimited.

Trevino, R. Z. (2009). *Read me a rhyme in Spanish and English*. Chicago, IL : American Library Association.

Yokota, J. (Ed.). (2001). *Kaleidoscope : A multicultural booklist for grades K-8* (3rd ed.). Urbana, IL : National Council of Teachers of English.

Zambo, D., & Brozo, W. (2008). *Bright beginnings for boys : Engaging young boys in active literacy*. Newark, DE : International Reading Association.

Zbaracki, M. D. (2008). *Best books for boys : A resource for educators*. Englewood, CO : Libraries Unlimited.

다문화 그림책 인터넷 자료

Celebrating Cultural Diversity through Children's Literature
www.multiculturalchildrenslit.com
Children's Literature Reviews
www.childrenslit.com/childrenslit/home.html
International Books Online
http://en.childrenslibrary.org
International Children's Digital Library
www.icdlbooks.org
Oprah's List
www.oprah.com/packages/kid-reading-list.html

최근 출판된 다문화 그림책

이 책에는 소개되는 그림책과 함께 연령이 표기되었다. (영아는 1~2세, 유아는 3~5세, 유치부는 5~6세, 초등 1학년은 6~7세, 초등 2학년은 7~8세, 초등 3학년은 8~9세를 말한다.) 그러나 이러한 기준은 엄격한 것이 아니므로 해당 유아의 발달 수준, 언어능력 등을 고려하여 적정한 그림책을 선택하면 된다.

Aiello, P. (2008). *ASL tales: Rapunzel by Judy Hood.* **Created and performed in American Sign Language by Pinky Aiello. Calgary, AB: ASL Tales.**

DVD가 포함된 책으로 영어와 미국 수화가 함께 있어서 수화를 배우고 청각장애인들에 대한 것도 배울 수 있다. (초등 1~3학년)

Akin, S. (2010). *Three scoops and a fig.* **Atlanta, GA: Peachtree.**

부모가 운영하는 이탈리안 레스토랑에서 자신의 뜻과 다르게 실수를 하는 한 소녀의 이야기이다. 유아와 함께 읽으면서 '어리다'는 이유로 제외가 된 경험을 이야기 나눈다. (유아~초등 1학년)

Baker, K. (2011). *No two alike.* **San Diego, CA: Beach Lane Books.**

생명이 있는 것은 모두 나름의 독특함이 있음을 시적으로 표현하여 차이의 아름다움을 표현한 그림책이다. (모든 연령)

Beaumont, K. (2004). *I like myself.* **New York, NY: Scholastic. (Audio Book)**

사람의 가치는 외모에 있지 않으며 자신에게 있는 아름다움을 찾고 존중해야 함을 재미있게 풀어놓은 그림책이다. (유아~초등 2학년)

Bullard, L. (2006). *Marvelous me: Inside and out.* **Mankato, MN: Picture Window Books.**

사람들에게는 비슷한 부분도 있지만 우리 각자를 특별하게 하는 것이 모두에게 있다는 것을 알려 주는 그림책이다. 이 책을 읽고 자화상 그리기 활동을 연계하면 좋다. (유아~초등 2학년)

Chocolate, S. (2009). *El barrio.* **New York, NY: Henry Holt.**

누나의 15번째 생일을 축하하면서 동네 이웃들의 고마움을 알아 가는 한 소년에 대한 이야기이다. (초등 1~3학년)

Choung, E. (2008). *Minji's salon.* **La Jolla, CA: Kane/Miller.**

엄마랑 자주 가던 미용실을 흉내 내어 애완견과 미용실 놀이를 하는 한국 소녀의 이야기이다. '우리 동네'에 대한 주제로 극놀이를 할 때 이 그림책을 활용한다. (유아~초등 1학년)

Cooper, I. (2007). *The golden rule.* **New York, NY: Abrams.**

세계 각 문화에서 가치 있게 여겨지는 황금률을 보면서 다양한 관점과 가치에 대하여 이야기해 준다. (초등 1~3학년)

Falwell, C. (2005). *David's drawings.* **New York, NY: Lee and Low.**

그림을 그리면서 같은 반 친구들이 보는 것과 자신이 보는 것이 다르다는 것을 발견해 가는 한 소년의 이야기로 사람마다 관점이 다를 수 있음을 알게 해 주는 책이다. (유아~초등 2학년)

Fox, M. (2006). *Whoever you are.* **San Diego, CA: Voyager Books.**

출신 지역은 다르지만 비슷한 점이 많은 어린이들에 대하여 독특한 화법으로 그림을 그려 놓은 책이다. 이 책을 읽고 난 이후 관심, 애완동물, 생김새 등 어린이들의 공통점을 그래프 등으로 표기하는 활동을 할 수 있다. (초등 1~2학년)

Hull, B. (2002). *Peace in our land.* **Beverly Hills, CA: Dream a World/Kids Creative Classics. (Audio Book)**

각 사람이 다르다는 것과 동시에 공통점도 많다는 것을 아름다운 그림과 이야기로 풀어낸 그림책 수상작이다. (유치부~초등 2학년)

Isadora, R. (2010). *Say hello!* **New York, NY: Putnam's Sons**

다른 나라에서 온 사람들이 많이 모여 있는 동네에 사는 한 소녀의 이야기로, 이 소녀는 여러 나라 말로 이웃들에게 인사하는 법을 배워 간다는 이야기로 칼데콧 상을 받은 그림책이다. (유치부~초등 2학년)

Katz, P. (2006). *Can you say peace?* **New York, NY: Henry Holt.**

22개의 언어로 평화라는 말을 소개하는 책이다. '평화'가 무엇을 뜻하는지 혹은 평화를 어떻게 표현할 것인지에 대하여 어린이와 이야기 나눌 수 있다. (유아~초등 2학년)

Kerley, B. (2009). *One world, one day*. Washington, DC: National Geographic Children's Books.

사람은 지역, 기후, 문화가 서로 다른 곳에 살지만 새벽에서 시작되어 밤으로 끝나는 하루를 사는 것은 모두 같다는 이야기이다. 학급 유아들이 그림책을 함께 읽은 후 새벽에 하는 일과 저녁에 하는 일을 그림으로 그린 것을 모아 학급 그림책을 만들 수 있다. (유치부~초등 2학년)

Lin, G. (2010). *Thanking the moon: Celebrating the Mid-Autumn Festival*. New York, NY: Knopf.

중국의 보름달과 관련한 가을 축제에 관한 이야기이다. 각 문화의 축제에 대하여 어린이들과 이야기 나누고 도표 조직지로 그려 본다.

Manning, M. J. (2008). *Kitchen dance*. New York, NY: Clarion.

아침에 일어나니 아버지가 노래를 부르고 이에 맞추어 어머니가 춤을 추는 이야기이다. 스페인어의 다양한 표현을 알 수 있다.

Miller, J. P., & Shepard, M. G. (2001). *We all sing with the same voice*. New York, NY: HarperCollins.

PBS 방송의 세서미 스트리트에 나오는 다양한 언어로 된 노래 모음집이다. (모든 연령)

Mora, P. (2008). *Join hands! The ways we celebrate life*. Watertown, MA: Charlesbridge.

세계 여러 나라의 축제를 사진으로 보여 주고 있다. 유아 가정의 명절 혹은 축제에 대하여 이야기 나눈다.

(유치부~초등 3학년)

Nayer, N. (2009). *What should I make?* Toronto, ON: Tricycle Press.

요리사의 도움을 받아서 인디언의 전통 밀전병인 '차파티'를 만드는 남자아이의 이야기이다. (유아~초등 1학년)

Parr, T. (2009). *It's okay to be different*. New York, NY: Little Brown.

똑똑하거나 둔하거나 키가 크거나 작거나 재능이 많거나 적거나 이쁘거나 사람마다 외모, 능력, 성격이 다를지라도 모든 사람은 잘하는 것과 못하는 것이 있다는 이야기이다. (유치부~초등 2학년)

Rotner, S. (2010). *Shades of people*. New York, NY: Holiday House.

달리기 경주에 대한 이야기인데 다양한 피부색을 가진 인물이 나온다. 사후 활동으로 유아들 각자 자신의 피부색과 비슷하게 색칠하는 활동을 할 수 있다. (유아~초등 2학년)

Ruurs, M. (2005). *My librarian is a camel! How books are brought to children around the world*. Honesdale, PA: Boyds Mills Press.

각 나라마다 어린이가 접할 수 있는 책의 질 혹은 양이 전부 다를 수 있음을 사진으로 보여 준다. 물질적으로 풍부한 환경에 있는 어린이에게 어린이의 삶의 수준이 다양하다는 것을 보여 주는 이야기이다. (초등 1~3학년)

다문화 유아
기관 혹은 학교에서 영어를 배우는 아동

교사는 학급의 유아가 영어를 잘 못하는 경우에 "가정에서는 어떤 언어를 사용하는가?", "종교활동에 사용하는 언어는 무엇인가?", "이 유아가 듣기 혹은 말하기에 능숙한 언어는 무엇인가?", "모국어는 제대로 발달하였는가?"와 같은 질문을 해야 한다(Tabors, 2008). 이민자 가정의 유아를 보면 대개 미국에서 더 나은 삶을 위하여 이민을 왔을 것이라고 간주하나 꼭 그런 것은 아니다. 가정에서 영어를 사용하지 않는 아동의 인구가 약 1,000만 명이고 이들의 배경은 아주 다양하다. 영어 노출의 정도, 사용의 정도, 사회경제적 지위, 부모의 학력 등이 다양하다(Federal Interagency Forum on Child and Family Statistics, 2012). 어떤 아동은 태어나면서 동시에 영어에 노출되고 어떤 아동은 학교에 와서야 영어를 처음 접한다(Pena & Halle, 2011).

학교에서 영어를 배우기 시작하는 아동의 다양성의 예를 들어 보면, 입양아의 경우 모국어에 대한 경험이 아동마다 다를 수도 있고(Meacham, 2007), 모국어가 토속어와 공용어 두 가지 언어를 사용하는 경우도 있으며 부모가 다국적 기업, 과학계, 의학계 등에 취업이 되어 영어를 접하게 되는 아동도 있다. 어떤 아동은 일상 대화에 쓰는 언어와 종교활동에 쓰는 언어가 다를 수도 있다.

모국어가 유창한 아동

모국어를 유창하게 하는 아동은 이것이 기초가 되어 영어를 수월하게 배운다. 따라서 영어가 아닌 모국어는 아동의 가치 있는 자원으로 간주되어야 한다(Gathercole & Thomas, 2009). 이들은 영어 어휘를 습득할 수 있는 전략이 필요하다(Jalongo & Sobolak, 2010). 듣기, 말하기, 읽기와 쓰기가 통합적으로 경험되도록 한다(Vandergrift, 2006). 이중언어 사용자인 교사, 봉사자, 또래가 도와주면 아동이 두 언어 간 연결을 쉽게 할 수 있고(Parker & Pardini, 2006), 가정에서 2개의 언어로 그림책을 경험하는 것도 좋은 활동이 될 수 있다(Roberts, 2008).

모국어가 중간 정도로 유창한 아동

전쟁, 가난 혹은 고립 등으로 학교를 전혀 다니지 못한 아동은 모국어 사용능력도 제한될 수 있다. 아동은 학교의 규칙, 일과 등에 익숙해지는 시간이 필요하다. 제한된 모국어 사용능력은 영어를 배우는 데 있어서도 제한이 될 수 있다. 이런 아동에게는 동작 혹은 구체적 표상물을 가지고 배우는 것이 효과가 있다(Bruner, 2004).

예를 들어, 숟가락을 들고 수프를 먹는 장면을 실제로 동작으로 하면서 '숟가락', '먹다', '수프'를 나타내는 영어를 배운다. 과일 모형 혹은 사물의 사진 등을 가지고 해당되는 어휘를 배우도록 한다. 동작과 표상물을 통해서 아동은 글자, 단어, 수 그리고 다른 추상적 대상물에 대하여 배울 수 있다.

가정에서 영어를 전혀 사용하지 않는 아동

가정과 지역사회에서 영어를 전혀 사용하지 않고 오로지 학교에서만 영어를 경험하는 경우이다. 가족 구성원 중 영어를 사용하는 사람이 전혀 없으므로 이 아동이 오히려 가족을 대변하여 통역사 역할을 할 수도 있다. 아동의 모국어를 사용할 수 있는 봉사자가 교실에서 도와주는 것이 절대적으로 필요하다. 아동의 부모와 가족의 영어 사용능력을 향상시키는 가정문해 혹은 학업 적응도의 중요성에 대한 부모교육이 함께 진행되면 효과를 볼 수 있다(Saracho, 2008a). 핵심 어휘를 구체적으로 혹은 명시적으로 가르치는 교수법이 효과적이고(Collins, 2010), 정확한 질문 형식(Walsh, Rose, Sanchez, & Burnham, 2011), 함께 그림책 읽기(제7장 다문화 유아 참조) 등이 도움이 된다(Christ & Wang, 2010). Garcia와 Kleifgen(2010)을 보면 학교에서 영어를 배우는 아동을 위한 효과적인 교수-학습법이 많이 소개되어 있고 국립언어자원센터(www.nclrc.org)를 방문하면 유용한 자료가 많다.

학교에서 영어를 배우는 아동을 위한 온라인 자료

Michael Krauss
  www.lclark.edu/~krauss
Online Directory of ESL Resources
  www.cal.org/ericcll/ncbe/esldirectory
World Class Instructional Design and Assessment (WIDA) : A Resource Guide
  www.wida.us/standards/Resource_Guide_web.pdf

World Class Instructional Design and Assessment (WIDA) : CAN DO Descriptors www.wida.us/standards/CAN_DOs/index.aspx

학교에서 영어를 배우는 아동을 위한 인쇄 자료

Akhavan, N. L. (2006). *Help! My kids don't all speak English : How to set up a language workshop in your linguistically diverse classroom*. Portsmouth, NH : Heinemann.

Cary, S. (2004). *Going graphic : Comics at work in the multilingual classroom*. Portsmouth, NH : Heinemann.

Crawford, J. (2007). *Educating English learners : Language diversity in the classroom* (6th ed.). Los Angeles, CA : Bilingual Educational Services.

Freeman, Y., & Freeman, D. (2006). *Teaching reading and writing in Spanish and English in bilingual and dual language classrooms* (2nd ed.). Portsmouth, NH : Heinemann.

Menyuk, P., & Brisk, M. E. (2005). *Language development and education : Children with varying language experience*. Hampshire, UK : Palgrave Macmillan.

Nemeth, K. N. (2009). *Many languages, one classroom : Tips and techniques for teaching English language learners in preschool*. Beltsville, MD : Gryphon House.

Samway, K. D. (2006). *When English language learners write*. Portsmouth, NH : Heinemann.

Uribe, M., & Nathenson-Mejia, S. (2008). *Literacy essentials for English language learners : Successful transitions*. New York, NY : Teachers College Press.

Van Sluys, K. (2005). *What if and why? Literacy invitations in multilingual classrooms*. Portsmouth, NH : Heinemann.

Wasik, B. H. (2010). What can teachers do to promote preschoolers' vocabulary development? Strategies from effective language and literacy professional development coaching models. *The Reading Teacher*, 63(8), 621-633.

어떻게 할까요
인터넷을 활용한 좋은 그림책 검색

좋은 그림책은 교수-학습 자료로서 매우 훌륭한 자원이며 아동의 발달 수준에 맞게 선택되고 계획되어 사용될 수 있다(Dwyer & Neuman, 2008). 먼저 인종주의 혹은 성적 편견이 없는 그림책을 간단하게 체크하는 열 가지 방법을 참고하여 그림책을 선정할 필요가 있다. 양성평등을 위한 그림책 위원회(Council for Interracial Books for Children)에서 운영하는 사이트인 www.birchlane.davis.ca.us/library/10quick.htm을 참고하라.

다음과 같은 내용을 고려하여 그림책을 선택하라.

• 비슷한 주제 혹은 장르의 책과 비교하여 괜찮은 수준인가?
• 전문가에게 감수를 받았는가?

• 플롯, 주제, 인물, 스타일, 배경 등의 문학적 요소가 잘 표현되어 있는가?
• 그림과 글이 조화를 이루는가?
• 고정관념적으로 인종, 민족 혹은 성 역할이 묘사되어 있지 않은가?
• 아동의 발달 수준에 적합한가?
• 유아가 그림책에 흥미를 보이는가?
• 주제나 내용이 어린 유아에게 적합한 것인가?
• 교사 혹은 부모가 그림책에 흥미를 보이는가?

다음은 그림책의 그림에 대한 고려사항이다.

• 글과 그림은 상호보완적인가?
• 그림 색, 선, 형태, 배경 등이 이야기를 보완하는가?
• 그림의 세부적인 묘사가 글 텍스트와 일치하는가?

- 유아가 그림만 보고도 이야기의 기본적인 흐름을 이해할 수 있는가?
- 그림은 미적으로 아름다운가?
- 선, 색, 형태, 선명도 등의 인쇄 상태가 양호한가?
- 유아가 그림을 반복해서 볼수록 무언가를 찾아내는가?
- 대상 독자의 연령과 발달 수준에 적합하게 그림의 스타일과 정교성이 표현되어 있는가?(Huck, Kiefer, Hepler, & Hickman, 2003)

좋은 책 온라인 리스트

American Library Association Notable Books for Children
www.ala.org/booklist

Award-Winning Links
www.magickeys.com

Award-Winning Picture Books and Recommended Authors/Illustrators
http://childrensbooks.about.com/od/ages610learning toread/u/new_readers.htm#s3

Bank Street College of Education
www.bnkst.edu/bookcom

Best Children's Books by Age
www.parents.com/family-life/entertainment/childrens-books

Children's Literature Web Guide
www.acs.ucalgary.ca/~dkbrown

Classic Picture Books
www.kidsreads.com
http://childrenspicturebooks.info/picture_book_link.htm

International Reading Association "Children's Choices" and "Teacher's Choices"
www.reading.org

Kirkus Reviews
www.kirkusreviews.com/kirkusreviews/images/pdf/BestChildrens.pdf

National Association for the Education of Young Children
www.naeyc.org

National Education Association (NEA)
www.teachersfirst.com/100books.htm

New York Public Library
http://kids.nypl.org

New York Times
www.nytimes.com

Notable Books for a Global Society (International Reading Association)
www.csulb.edu/org/childrens-lit/proj/nbgs/intro-nbgs.html

Publishers Weekly Children's Bestseller List
www.bookwire.com

Teachers First
www.teachersfirst.com/100books.cfm

제 2 장

가정문해

Courtesy of Ka-Misyara Corbett

가정에 대한 사실

- 2012년 4인 가족 기준 최저생계비는 연 소득 2만 3,050달러이다. 정부로부터 지원을 받고도 하루에 2달러 미만을 사용하는 경우가 가장 빈곤한 수준으로 알려져 있다(U.S. Census Bureau, 2012; U.S. Department of Health and Human Services, 2012).

- 미 국민의 반이 저소득층이거나 아주 빈곤한 수준에 해당되며 이 수치는 과거 15년 전에 비하여 2배로 증가한 것이다(U.S. Census Bureau, 2012; U.S. Department of Health and Human Services, 2012).

- 미연방 아동가족통계(2012)에 따르면 0~17세 아동 인구의 65%가 양부모와 거주하고 27%는 한부모와 거주하며 4%는 부모와 함께 살지 않는다. 부모와 함께 거주하지 않는 아동의 절반은 조부모와 함께 산다.

- 0~8세 아동의 절반 정도는 양부모 중 1명이 이민자이며 이민 가정의 2/3는 캘리포니아, 뉴욕, 텍사스, 플로리다, 일리노이와 뉴저지 6개 주에 몰려 살고 있다(Golden & Fortuny, 2011).

- 가정에서 소통되는 언어는 영어, 스페인어, 중국어, 타갈로그, 프랑스어, 독일어, 베트남어 그리고 한국어의 순으로 많다(U.S. Census Bureau, 2012).

- 지역사회에서 스페인어와 같이 특정 언어를 사용하는 가정이 많으면 학교에서는 해당 언어로 교육을 제공할 가능성이 크다. 그러나 미국 가정에서 영어 이외 소통되는 언어가 수백 개이고 방언도 다양하므로 영어가 아닌 언어를 사용하는 아동이 지원을 받을 가능성은 희박하다(Espinosa, 2008).
- 읽기와 쓰기를 가치 있게 여기는 가정의 유아는 유치원에 입학하기 전 약 1,000~1,700시간의 읽기 혹은 쓰기와 관련된 경험을 가질 기회가 있는 반면 그렇지 않은 가정의 유아는 약 25시간 정도 문해경험을 갖고 유치원에 입학한다(Adams, 1990). 가정에서 문해를 경험한 유아는 글자인식이 앞서 있고 읽기수행 점수가 높다(Denton, West, & Walston, 2003).
- 가족의 삶은 문해발달에 크게 영향을 미친다(Grieshaber, Shield, Luke, & Macdonald, 2012; Paratore, Cassano & Schickedanz, 2011). 유아에게 식구들이 집에서 책을 읽어 주고 책 읽기를 모델링하며 가정에 문해 자료가 있고 유아가 질문을 하도록 하며 질문에 답하도록 격려하는 경우에 유아의 문해능력이 발달한다고 연구들은 보고하고 있다(Gillanders & Jiménez, 2004; Hood, Conlon, & Andrews, 2008; Huebner & Payne, 2010).
- 유치원에 입학하는 미국 유아의 1/3 이상이 언어능력 미달, 문해능력 미숙 그리고 학습동기 미흡의 상태이며 이들은 장기적으로 난독증에 놓일 가능성이 있다(Carter, Chard, & Pool, 2009; Neuman, 2006).
- 가족은 문해에 대한 태도, 가정의 물리적 환경과 문해 자료, 상호작용 방식을 통해 유아가 문해능력을 발달시키는 데 필요한 정서, 동기에 영향을 줄 수 있다(Braunger & Lewis, 2005; Lane & Wright, 2007; Neumann, Hood & Neumann, 2009; Swick, 2009).
- 테크놀로지는 긍정적인 부모-자녀 의사소통, 가정-학교 의사소통 그리고 부모 책무성 등에 초점을 맞춘다면 문해발달에 긍정적인 효과가 있다고 하버드 가정연구 프로젝트(2010)는 보고하고 있다.

이상의 사실들에 놀랐나요? 무엇에 그리고 왜 놀랐나요? 유아를 교육하는 데 이러한 사실들을 어떻게 반영해야 할까요?

유아교육기관, 가족, 지역사회와의 연계란 무엇인가

교육표준과 교수
미국 사친회에서는 가정과 학교의 연계와 관련하여 6개의 규준을 제시하고 있다. www.pta.org/national_standards.asp를 방문하여 학급의 부모와 협력하는 데 유익한 전략을 참고하라.

전통적으로 학부모 회의 혹은 아동 상담에 참여하거나 체험학습에 차량봉사를 하거나 학급 게임 진행 보조요원으로 봉사하는 것은 학부모가 할 바라고 생각되어 왔다. 그러나 이러한 학부모 참여는 현대적 관점에서 부적절한 측면이 있다.

그 이유는 이러한 유형의 학부모 참여 형식이나 기대는 전통적 가족 유형에 해당되기 때문이다(McBride & Rane, 1997; Saracho, 2008a, 2008b). 예를 들어, 엄마-딸 자녀간의 아침 모임 행사를 진행하면 임시보호소에 있는 아동이나 아버지와만 생활하고 있는 아동은 어떻게 할 것인가? 학부모 자원봉사가 종교적 행사, 예를 들어 부활절 관련 행사를 한다면 다른 종교를 가지고 있는 가정과 유아는 어떻게 할 것인가? 유아기 학부모 참여 혹은 가정 연계의 많은 프로그램은 백인, 여자, 중산층 혹은 기독교에 해당되는 집단의 관점과 가치를 반영하는 경향이 있다. 따라서 유아교육기관은 교실 안에서 공동체 의식을 교실 밖, 기관을 넘어서 전체 지역사회를 향한 공동체 의식을 가져야 한다(Knopf & Swick, 2008; Rule & Kyle, 2009; Scully & Howell, 2008).

유아교육에서 부모와 가정이 미치는 영향은 지대하다(McCarthey, 2000; Pena, 2000). 유아교육은 핵가족뿐만 아니라 조부모, 숙모, 삼촌, 사촌 혹은 임시보호 부모 등 유아의 성장에서 책임을 갖는 확대가족이 참여해야 한다. 이러한 노력은 "내가 하는 일은 이 아이의 성장과 교육에 의미가 있으며 나의 노력이 이 아이의 삶의 변화에 기여한다."(Cavaretta, 1998, p. 15)는 것을 전제하고 있다.

미국 사회에서 학부모가 영어 소통능력이 미약하거나 주변에 영어로 소통할 수 있도록 도와줄 수 있는 사람이 없는 경우에 교사는 이러한 학부모와 소통하기 위하여 각별히 노력해야 한다(Batalova, 2006; Cheatham & Ro, 2011). 한 가구당 14세 이상 된 사람으로 영어를 '잘하는 사람'이 전혀 없는 가족을 소외가족이라고 하는데 미국인구조사국(2012)에 따르면 미국 전체 가구의 12%가 소외가족이라고 한다. 다음에는 이러한 환경에 있는 유아의 언어발달을 위하여 교사로서 어떠한 지원을 할 수 있을지 고민해 봐야 할 내용이 제시되어 있다.

가족 및 지역사회와의 협력

헤드스타트 프로그램에서 4세 담임을 맡고 있는 린다 선생님은 가정방문을 한다. 선생님이 가정방문한 가정 중 사람이 있건 없건 TV가 꺼져 있는 가정은 없었다. 또한 가족이 함께 식사를 할 때도 거의 이야기를 나누지 않음을 관찰하였다. 가족이 식사를 할 때 어린 자녀는 조용히 있어야 하며 식사 중 시청하는 토크쇼, 드라마 등 프로그램 시청에 방해가 되지 않도록 자녀가 앉는 자리를 변경하기도 했다. 이러한 환경은 유아가 가정에서 듣기, 말하기 등 언어능력을 발달시키는 기회를 박탈한다.

린다 선생님은 학부모 회의에서 이러한 문제에 대해 이야기를 나누기로 하였다. 린다 선생님은 우선 TV 시청 시간을 줄일 것과 어린이를 위한 좋은 TV 프로그램을 소개하고 가정의 모국어로 TV를 시청하지만 영어자막이 있는 프로그램을 이용할 것을 강조하였다. 린다 선생님은 또한 신문사, 서점, 지역 도서관, 대학 자원봉사 학생 등 지역사회에서 활용 가능한 자원을 이용하여 너무 많은 시간의 TV 시청이 유아발달에 유해함(Erwin & Morton, 2008)을 알리는 포스터와 자료를 제작하였다.

린다 선생님은 위의 집단으로부터 재정과 재능을 기부받아서 꽤 근사하게 보이는 자료집을 만들었다. 이 자료집에는 'TV 괴물을 다스리는 법'이라는 주제로 *Fix-It*(McPhail, 1984), *Mouse TV*(Novak, 1994), *The Bionic Bunny Show*(Brown & Brown, 1984), *The Berenstain Bears and Too Much TV*(Berenstain & Berenstain, 1984) 같은 그림책 목록과 문해발달에 도움이 되는 TV 프로그램 목록이 포함되었다(Moses, 2009 참조). 또한 TV보다 더 좋은 자녀와 함께할 수 있는 100개의 활동 목록을 주위 부모 등으로부터 수집하여 제시하였다. 이 활동에는 자녀와 함께 책 읽기, 산책하기, 친구 방문하기, 요리하기 등과 같은 활동이 있었다. 가정에서 하는 문해활동이 유아의 문해발달에 얼마나 중요한지를 강조하는 통신문도 작성하여 자료집에 포함시켰다.

기여와 결과

- 교사의 기여 : 위와 같은 실행이 이루어지기까지 교사가 한 역할은 무엇인가?
- 가족의 기여 : 위와 같은 실행이 이루어지기까지 부모 혹은 가족이 한 역할은 무엇인가?
- 전문가의 기여 : 위와 같은 실행이 이루어지기까지 전문가가 한 역할은 무엇인가?
- 협력의 결과 : 만약 교사, 가족, 부모, 전문가, 지역사회가 위와 같이 협력하지 않았다면 그 결과는 어떠할까?

부모와 가족이 문해발달에 미치는 영향에 대한 개관

가족과 부모는 유아에게 생물학적 · 유전적 환경뿐만 아니라 유아가 경험하는 언어적 환경을 조성한다. 부모의 자녀 교육에 대한 열정, 부모가 사용하는 언어, 가정에서 제공하는 문해자료와 활동은 자녀의 언어발달에 상당한 영향을 준다(Burningham & Dever, 2005; Schaller,

Rocha, & Barshinger, 2007; Souto-Manning, 2007). Comer(1998)는 다음과 같이 말하였다.

> 경제적으로 주류권에 있지 못한 가정은 자녀가 사회의 일원으로서 자신감 있게 참여하고 성장하는 데 필요한 언어와 사회적 경험을 제공하지 못한다. 이 아이들은 학교에 입학하여 자신들이 가진 능력과 잠재력을 충분하게 드러내지 못하여 교사는 이들에 대한 기대 수준이 상대적으로 낮다. 이들은 필요한 기술, 자신감, 열정과 잠재력을 꽃피우지 못하고 낮은 성취를 보인다. 유아의 지능은 출생과 더불어 고정되는 것이 아니라 '개발이 안 되거나' 혹은 '다른 경로로 발달'하게 된다. (p. 12)

가정에서 자녀의 언어발달을 최적화하는 요인이 4개가 있다(DeBruin-Parecki, 2009). 이는 자녀를 민감하게 관찰하기, 언어발달에 유익한 환경을 만들어 주기, 언어발달에 도움이 되는 상호작용하기, 자녀의 노력을 동기화하고 격려하기인데, 이를 잘하는 부모와 가족은 자녀의 언어와 문해발달에 긍정적인 영향을 준다(Goodman & Goodman, 1979). 그림 2.1은 유아의 문해발달에 긍정적인 영향을 주는 부모, 가족, 지역사회의 역할이 제시되어 있다.

Annie Pickert Fuller/Pearson Education

유아 언어발달에 가정이 하는 역할은 매우 크다.

그림 2.1 유아 문해발달에 부모, 가족, 지역사회의 역할

청자의 역할

자녀가 문해능력을 나타낼 때 부모, 가족 그리고 지역사회 구성원이 들어주고 칭찬으로 반응을 해 준다. 유아가 공연하는 인형극에 부모가 청중으로 참여하거나 고등학교 검정고시에 합격한 부모의 졸업식에 가족 구성원이 축하해 주는 것 등을 예로 들 수 있다.

통역가로 참여하기

유아의 모국어와 영어를 모두 잘하는 부모, 가족 그리고 지역사회 구성원은 교실에서 해당 유아가 잘 읽고 쓸 수 있도록 유아의 모국어와 영어로 소통하며 도울 수 있다. 필리핀은 타갈로그어가 모국어이므로 영어와 타갈로그어 2개의 언어를 할 수 있는 성인이 유아를 도울 수 있다.

문해활동으로 돕기

부모, 가족과 지역사회 구성원은 유아가 문해활동을 하는 데 도움을 줄 수 있다. 이들은 유아가 말로 구술한 이야기를 받아 적어서 '출판'할 수 있도록 돕거나 종이에 적거나 컴퓨터에 적은 이야기를 편집하는 것을 도울 수 있다.

교사로서의 역할

부모, 가족과 지역사회 구성원은 가정 문해활동의 교사로서 역할을 할 수 있다. 잠자리에 들기 전 책을 읽어 주거나 책가방 프로그램에 참여하는 것이 그 예이다.

전문가로서의 역할

부모, 가족 그리고 지역사회 구성원이 특별 프로그램 연수를 받아 참여하는 것이다. 예를 들어, 문해학습 혹은 직업 훈련에 도움을 주는 튜터가 될 수 있도록 연수를 받아 참여한다.

의사결정자로서의 역할

부모, 가족 그리고 지역사회 구성원은 위원회 위원 혹은 자문위원으로 활약하는 것이다. 읽기 프로그램을 평가하는 위원, 교육 자료에 대한 민원 혹은 검열 위원회의 위원으로 참여하는 것이 그 예이다.

문해학습자

유아 문해발달을 돕기 위하여 부모, 가족 그리고 지역사회 구성원이 자신들의 문해학습을 향상시키는 것이다. 영어를 제2모국어로 배우기에 대한 수업, 자녀에게 책 읽어 주는 방법 혹은 독서토론 클럽에 참여하는 것이 그 예가 된다.

문해 자료 기증자

부모, 가족 그리고 지역사회 구성원은 문해 자료를 기증하는 역할을 할 수 있다. 자녀가 커서 읽기에 쉬운 책을 기증하거나 교육기부를 하는 기업의 물건을 사거나 정부지원을 얻기 위한 활동에 참여하는 것이 그 예가 된다.

자녀 관찰하기

부모가 자녀를 민감하게 관찰하면 자녀의 발달 상황을 이해하여 강점을 돈독히 하고 약점을 보강하여 자녀의 발달을 최적화할 수 있다. 다음은 29개월 아기와 녹음기를 매개로 상호작용하는 부모의 대화를 전사한 것이다. 조지아나의 욕구에 그 부모가 어떻게 반응하는가를 유념

해 보라.

> **조지아나** : 나는 아기. (노래 부르며) 메리는 양이 있어.
>
> **아버지** : 계속 하거라.
>
> **조지아나** : 어떻게 하는 것이에요? 네?
>
> **아버지** : 말하고 싶은 대로 말하면 된다. (마이크로 딸을 더 가까이 오게 한다.)
>
> **조지아나** : 싫어, 아니야. 이렇게 들고? 두 손으로. 엄마는 어떻게 말할래? (침묵) 엄마 안녕.
> 엄마 안녕. 내 친구들 이름이 뭐더라?
>
> **어머니** : 데비, 다나, 크리스티, 마티, 미셸, 타미.
>
> **아버지** : (조지아나에게) 또 누가 있지?
>
> **조지아나** : 응, 글렌.
>
> **아버지** : 또?
>
> **조지아나** : 누구?
>
> **아버지** : 우리 옆집 사는 애? (옆집을 가리킨다.)
>
> **조지아나** : 누구더라…. 하이디.
>
> **어머니** : 걔 동생은? 동생 이름이 뭐였지?
>
> **조지아나** : 아기 동생.

자녀가 할 수 있는 것을 읽을 수 있는 부모가 자녀에게 필요한 지원을 할 수 있고 자녀는 또한 자신감을 가지고 언어를 배우고 사용할 수 있다.

환경과 자원 제공하기

부모는 가정에 인쇄물을 충분히 제공하여 자녀의 문해발달에 기여할 수 있다(Schickedanz, 2008). 굳이 별도의 돈을 들여 이러한 자료를 제공하는 것이 아니라 도서관에서 빌려 온 책, 신문과 쓰기에 필요한 간단한 자료면 된다.

이제 막 가족 캠핑 여행을 마치고 온 가족에 대한 이야기를 하고자 한다. 캠핑에서 찍은 사진을 보며 친척의 이름과 관계, 그리고 함께 즐긴 활동에 대한 이야기를 나누고 있다. 칼의 어머니는 캠핑에 대한 책을 만들 것을 제안했는데 재활용 하드보드지를 풀로 견고하게 하여 책을 엮고 내용은 칼이 구술한 것으로 만들기로 한다. 오래지 않아 칼은 이 책의 글자를 스스로 전부 읽게 되었고 그의 아버지는 녹음 프로그램인 보이스 스레드를 무료로 다운받아 칼의 낭독을 녹음하여 친척들과 친구들에게 나누어 주었다. 칼의 부모는 칼에게 문해활동에 필요한 재료와 환경을 훌륭하게 제공하였다.

상호작용하기

자녀가 하고자 하는 이야기를 진지하게 들어주고 대화를 나누는 부모는 진정으로 자녀와 상호작용하고 있다고 할 수 있다. 다음은 4세인 데이비드와 저녁을 만들면서 대화를 나누고 있는 어머니의 상호작용을 전사한 것이다. 이 가족의 소득수준은 상당히 빈곤한 편이었지만 데이비드는 풍부한 언어자극을 받고 있다고 할 수 있다.

데이비드 : 나는 자라서 아빠처럼 될 거야.

어머니 : 아빠처럼 되는 게 어떤 거지?

데이비드 : 간단해. 털을 갈고(아빠처럼 몸에 털이 많이 난다는 뜻), 머리색도 까매지는 거야. 다리도 길어지고, 발도 커져.

어머니 : 아빠처럼 되면 무엇을 할 거지?

데이비드 : 고장 난 것 고치고, 엄마랑 놀아 줄 거야.

어머니 : 다른 것은?

데이비드 : 글루건을 가지고 물건 고치겠지.

어머니 : 애기도 낳을 거니?

데이비드 : 응.

어머니 : 남자애, 여자애?

데이비드 : 나는 자라서 그냥 스티브랑 놀 거야.

어머니 : 아빠가 되어서 스티브랑 논다구?

데이비드 : 스티브가 밉기도 하고 좋기도 해. (스티브는 데이비드보다 두 살 더 많은 이웃집 아이인데 데이비드를 '쪼다'라고 놀리고 있다.)

어머니 : 스티브가 밉기도 하고 좋기도 하구나. 그렇지, 친구란 게 그렇지? 아빠가 되면 또 뭐 할 거니?

데이비드 : 내가 아빠가 되면 엄마는 내 팔에 매달려야 할 걸.

위의 대화에서 보이듯이 어린 아이들은 자신을 상대해 줄 누군가가 필요하다. 그러나 부모는 자녀에게 퀴즈를 내거나, 학습지를 사 주거나, 디지털 학습 매체를 제공하는 것처럼 학교에서 하는 활동 이외에 자녀를 도와줄 수 있는 것이 별로 없다고 오해하는 경향이 있다. 그러나 차를 타고 가거나 장을 볼 때 등 일상에서 일어나는 것을 중심으로 자녀와 대화하면서 자녀에게 생각하고 말할 기회를 많이 줄 수 있다(Riedinger, 2012 참조).

동기를 주고 격려하기

부모는 유아의 흥미를 자극하고 자녀가 의사소통하도록 격려하며 반응하여 언어 사용에 대한 기능을 이해할 수 있도록 도울 수 있다. 아래는 3세 된 마조리가 고모와 함께 이웃에 사는 할머니댁을 방문했을 때의 이야기이다. 마조리는 할머니를 유심히 보더니 자신이 끼고 있던 미키마우스 선글라스를 고모에게 주며 "고모, 이것 좀 들고(hold) 있어."라고 말하며 건넨다. 고모는 선글라스를 접어서(fold) 무릎에 두었는데 아래의 이야기가 오고 갔다.

마조리: 아니, 접는 게(fold)아니라 들고(hold) 있으라구.

고모: 그래 들고 있잖아.

마조리: 아니, 저기 할머니처럼 들고 있으라구.

고모: 오, 할머니처럼 선글라스를 목에 걸고 싶구나?

이웃 할머니: 아가야, 얘들은 끈에 매달려 있단다. 보이지?(할머니가 목에 둘러진 끈을 들어 보이자 마조리는 이를 유심히 본다.)

마조리: 나도 선글라스를 저렇게 들게 끈이 있으면 좋겠다.

이후 마조리, 고모와 이웃 할머니가 함께 마트에 갔을 때, 할머니는 고모를 옆으로 살짝 불러내어 돈을 주며 다음과 같이 말했다. "할인마트에 가서 화려한 안경 체인 하나 사서 마조리에게 내가 선물로 주는 것이라고 해 주렴."

교사의 관심과 전략

1학년 담임 선생님인 낸시는 유아기 문해교육에 대하여 다음과 같이 말하였다.

> **영아와 어린 유아**
>
> 아기는 동작으로 소통을 많이 한다.
> Rowe와 Goldin-Meadow(2009)에
> 따르면 14개월 아기는 90분 동안 25개
> 의 의미가 담겨 있는 몸동작을 한다. 따
> 라서 어린 유아와 상호작용할 때 목소리
> 로 내는 소리뿐만 아니라 몸으로 표현하
> 는 것에 민감해야 한다.

제가 근무하는 학교는 교외의 부유한 지역에 있어서 사람들은 근무하기가 쉽다고들 생각하죠. 그런데 물질적으로 풍부하다고 해서 문제가 없는 것은 아닙니다. 부모가 의사, 변호사 직업을 가지고 있는 자녀들은 다른 종류의 문제가 있습니다. 가장 큰 문제는 어린 나이에 부모가 자녀에게 주는 압박입니다. 이 아이들은 과외활동이 너무 많고 매일 밤 구조화된 활동을 하도록 되어 있어요. 학교에 오는 아침 시간에 이미 아이들은 지쳐 있고 아이다움을 볼 수가 없죠.

자녀가 무한 경쟁사회에서 살아갈 것이라고 예견하는 부모는 자녀가 책임감을 배우도록 하고 빨리 성취하도록 압박하는 경향이 있다(Hills, 1987). 이런 경우에 다음과 같은 모습으로 압박을 줄 수 있다.

- 부모는 "읽기 점수가 1등이구나. 계속 이 성적을 유지해야 한다."라고 말하면서 항상 1등이기를 요구하고 항상 또래와 비교한다.
- 부모는 "네가 3학년 수준의 읽기능력을 갖고 있는데 네 동생은 3학년 수준을 다 읽을 수 있구나."라고 하면서 주위 사람과 비교를 즐긴다.
- 부모는 "이것도 읽을 줄 모르니? 이것을 잘 읽을 때까지 다른 것은 못한다."라고 말하면서 자녀를 비판하고 벌을 준다.
- 유치원생 자녀를 둔 부모가 "얘야, 엄마가 2학년이 읽는 책을 사 왔단다. 매일 밤 2쪽씩 읽으면 내년에는 친구들에 비하여 훨씬 앞설게다."라고 하면서 자녀의 발달 수준에 비하여 훨씬 높은 수준에서 아이의 수행을 압박한다.

위의 예처럼 부모가 자녀를 경쟁, 비교, 선행학습 등으로 압박하면 자신감을 가지고 필요한 기술, 지식과 태도를 습득하는 데 오히려 방해가 된다. 특히 언어는 '불안해하지 않으며 자유롭게 스스로가 시행착오를 경험할 때'(Shuy, 1981, p. 107) 학습과 발달이 이루어지기 때문에 부정적 영향을 크게 받을 수 있다.

션 선생님의 다음과 같은 발언은 교사들이 일반적으로 갖고 있는 실망과 근심을 드러낸다.

학부모 회의를 개최하고 나면 항상 실망하게 돼요. 부모들이 필요하다고 하여 열심히 준비해서 회의를 개최하면 막상 모임에는 2~3명의 학부모만 참여하니 무엇을 어떻게 해야 할지 모르겠어요.

부모를 위한 모임 혹은 활동을 계획할 때는 부모들의 특징, 여건을 신중하게 고려해야 한다. 교사는 담임 맡고 있는 유아의 부모 혹은 가족과의 소통과 참여를 생각할 때 교실과 유아와의 관계성에 국한하여 생각하는 경향이 있지만, 부모와 가족들은 현실에서 이외의 다양한 역할과 사정에 얽혀 있음을 기억해야 한다.

익명으로 답할 수 있는 부모 설문지를 활용하는 것도 필요하다. 설문지에서 부모가 필요로 하는 지식과 정보, 그들의 걱정거리, 필요로 하는 서비스와 지지, 유아교육기관에의 참여 및 봉사 의사, 선호하는 활동 등을 묻는다. 학기 초 혹은 가정방문을 하기 전에는 금년에 자녀를 위한 목표, 교사에게서 받고 싶은 도움, 의문사항이 있을 때 주말과 야간에 사용할 수 있는 전화번호가 필요한지 등에 대하여 부모의 의견을 물어야 한다. 여름 혹은 겨울 방학 중 부모들이 자녀와 함께할 수 있는 유익한 활동 목록, 그림책 목록 혹은 체험학습 등을 안내하면 부모들은 무척 좋아한다. 그림 2.2는 드니스 선생님과 미시 선생님이 유아와 가족을 지원하기 위하여 만든 활동의 예이다.

너무 바빠서 자녀와 함께 보내는 시간이 없는 부모가 유아교육기관의 학부모 모임에 나가기 위하여 자녀를 도우미에게 맡겨 가면서까지 참여할 부모가 많지 않을 수 있다. 따라서 이런 경우에는 기관에서 학부모 모임을 계획할 때 부모와 자녀가 함께 즐길 수 있는 활동을 준비하는 것이 필요하다. 또한 유아교사가 생각하는 유아교육의 '전문가'와 부모가 생각하는 '전문가'의 개념이 다를 수도 있다. 예를 들어, 유아교육 자격증과 학위를 가지고 있는 사람보다 많은 수의 자녀를 기른 경험이 있는 사람이 더 전문가라고 생각하는 부모도 있을 수 있다. 이런 경우를 대비하여 자녀를 훌륭하게 성장시킨 부모를 토론자로 선정할 수도 있다. 어찌되었든 자녀에게 도움이 될 것이라고 확신하면 부모들은 매우 열심히 참여할 것이므로 이들에게 유익한 내용과 방법이 되도록 준비하는 것이 필요하다.

유아교육자들은 무엇을 어떻게 하는 것이 유아에게 좋은 교육인가에 대한 합의를 부모와 함께 만들어야 한다.

가정문해를 지원하는 교실활동

도서관 활동. 도서관 사서들은 가정에서 책과 같은 문해 자료를 접하기 어려운 환경에 있는 유아들이 공공 도서관도 잘 이용하지 않는다는 것에 대하여 크게 걱정하고 있다(Gerbig, 2009;

그림 2.2 부모설문지의 예

2013년 1월 3일

학부모님께

학부모님 안녕하십니까? 2013년 1월 20일 저녁 6 : 30부터 7 : 30까지 유익하고 즐거운 모임을 갖고자 하오니 잘 기억해 주실 것을 부탁드립니다. 이 학부모 모임은 금년 1년간 재미있는 게임을 통해 자녀에게 가르칠 독서기술을 설명하는 자리가 될 것입니다. 이 게임은 개구리 게임이라고 하는데 게임을 하면서 독해, 발음, 어휘, 동의어, 반대말, 줄임말 등을 배울 수 있습니다.

이 게임은 자녀가 이번 학년도에 습득해야 할 독서기술과 지식놀이로 반복하여 스스로 익히게 되는 활동입니다. 이 모임에는 자녀를 동반하셔서 오시면 자녀와 함께 가족과 함께 놀이하면서 배우는 학습활동을 체험할 수 있습니다. 맛있는 간식도 준비되어 있으니 모임에 꼭 참여를 부탁드립니다.

안녕히 계십시오.

드니스 스키빈스키 교사, 미시 셰사 교사 드림.

참여 의사를 표시하셔서 2013년 1월 14일까지 자녀 편으로 회신하여 주십시오.

개구리 게임 모임에 참여합니다. ＿＿＿＿＿＿＿

우리 가족은 ＿＿＿＿＿ 명이 참여합니다.

그림 2.2 부모설문지의 예(계속)

학부모 참여 만족도 설문지

학부모님께,

오늘 자녀와 함께 개구리 게임과 놀이로 배우는 체험학습에 참여해 주셔서 감사합니다. 아래의 설문에 답해 주시면 앞으로 앞으로의 교육계획과 운영에 많은 도움이 될 것입니다.

자녀의 이름 _____케이티_____   학년 _____1_____

1. 오늘 자녀와 함께 놀이로 배우는 활동을 즐기셨습니까? 즐기거나 혹은 즐기지 않았다면 그 이유를 적어 주십시오.

   네! 재미있었습니다!

2. 이 게임으로 학습을 하면 자녀의 읽기기술과 지식 향상에 도움이 된다고 생각하십니까? 그렇거나 혹은 그렇지 않다고 생각한다면 그 이유를 적어 주십시오.

   네! 케이티는 체험학습에서 배운 기술을 이용해 카드를 읽었어요.

3. 교실에서 사용하는 이 게임을 가정에서 자녀와 함께 사용하기 위하여 빌려 갈 의사가 있습니까?

   네! 케이티는 이 게임에 큰 흥미를 보였어요.

4. 오늘 부모님과 함께 체험한 활동 중 자녀가 학습한 지식과 기술을 이곳에 적어 주세요.

   글자를 소리 내어 읽기

건의사항 혹은 제안이 있으시면 적어 주십시오.

   고맙습니다. 고맙습니다. 고맙습니다!

부모님 이름 _____   날짜 _____2013. 1. 20_____

부모는 자녀에게 최고의 선생님입니다!

웹 2.0 교수 자료 : 가족에게 추천할 만한 언어 게임

ABC Mouse

www.ABCmouse.com

자녀가 좋아하는 이야기를 다운하여 반복적으로 들을 수 있다.

Family Education

www.familyeducation.com

가족에게 유익한 정보가 많다. 또한 광고 없이 사용할 수 있다.

LearningPlanet

http://childparenting.about.com

3~10세 수준에 맞는 숫자 게임과 언어 게임이 있으며 무료이다.

Locating Children's Books

www.familyreading.org/i-recommended.htm

연령과 주제에 적합한 그림책을 검색할 수 있다.

On-the-Go Resources

www.walearning.com/resources/on-the-go

연방정부에서 지원하는 사이트이며 영어와 스페인어로 된 자료를 무료로 다운받을 수 있다.

PBS Kids

www.pbskids.org

PBS 방송에서 인기 있는 프로그램의 게임을 무료로 즐길 수 있다.

Reading as a Family

www.rif.org

'독서는 기본이다(Reading Is Fundamental, RIF)'에서 운영하는 사이트인데 가정에서 활용할 수 있는 독서 자료가 많다.

Reading Rockets

www.readingrockets.com

가족이 함께할 수 있는 독서 자료가 풍부하다.

Smith, 2008). 그림 2.3은 다양한 가족들의 도서관 이용 실태에 대한 내용과 교사들이 알아야 할 내용을 제시하고 있다(Becker, 2012; Blasi, 2005; Lance & Marks, 2008; Margolis, 2001; Martinez, 2008). 교사는 아래의 내용에 유념하여 지역의 공공 도서관을 이용할 수 있도록 부모와 유아를 격려하고 지원해야 한다.

일상적 대화. 자녀에게 좋은 자극과 경험을 주려고 노력하는 부모들도 일상생활에서 자연스럽게 일어나는 듣기, 말하기, 관찰하기 등의 위력을 무시하는 경우가 많다(Beals, 2001; Galinsky, 2010). 가족이 둘러앉아 함께 식사하는 자리는 어린 자녀의 언어 사용과 학습에 좋은

그림 2.3 가정문해를 지원하기 위하여 도서관 사서와 협력하기

연구 결과	도와주기
부모들은 공공 도서관 혹은 학교 도서관에서 이용할 수 있는 인쇄물 이외의 자료에 대한 지식이 거의 없다.	• 도서관에는 책 이외에 다양한 자료가 있으며 자녀의 흥미와 독서 수준에 맞는 자료를 찾을 수 있도록 사서가 친절하게 도와준다. • 인쇄물 이외의 DVD 자료, 오디오북, 음악도 도서관에서 대출이 가능함을 부모에게 알려 준다. • 사서와 협력하여 도서관에서 이용이 가능한 자료 목록을 부모에게 전달한다. 이는 영어뿐만 아니라 다른 언어로도 제작한다. • 학부모 모임에 사서도 함께 참석하여 자녀의 흥미와 수준에 맞는 다양한 자료가 도서관에 있음을 설명한다. • 자녀와 함께 책 읽는 방법을 동영상 자료로 제작하여 부모가 볼 수 있도록 한다.
부모들 중에는 도서관에서 이용하는 자료와 서비스가 무료임을 모르는 경우가 많다.	• 여름방학 중 도서관에서 제공하는 이야기 클럽 혹은 어린 유아를 위한 이야기 시간 등 서비스를 알려 준다. • 가정통신문 혹은 일상적 대화를 통하여 도서관에서 개최되는 특별 행사 등에 대하여 알려 준다. • 도서관, 대출 등에 대하여 익숙하지 않은 부모에게는 대출과 정시 반납에 대하여 설명해 준다. • 찾아가는 도서관 서비스 등을 부모에게 알려 준다.
부모들은 대출한 자료와 책을 파손하거나 분실하는 것을 걱정하여 도서관을 이용하지 않을 수 있다.	• 파손과 분실에 대한 도서관 운영 정책에 대하여 잘 설명한다. 대부분의 도서관은 파손과 분실에 대비한 비용을 따로 운영하고 있다. • 빌린 책과 자료를 조심히 다루는 방법을 유아에게 교육시킨다. 또한 도서관 운영 시간 이외에도 반납 박스를 통해 책을 반납할 수 있음을 부모에게 설명한다. • 도서 대출을 꺼리는 부모에게는 도서관을 직접 방문하여 책을 읽거나 다른 방법이 있음을 알려 준다.
이제 막 이민 온 부모들 중에는 자신의 불안한 법적 지위 때문에 도서관을 이용하지 않는 경우도 있다.	• 도서대출카드를 자신의 이름으로 만들기 꺼리는 부모에게는 자녀의 이름으로 만들 수 있음을 알려 준다. • 도서관은 이용자의 개인 정보를 보호할 의무가 있음을 부모에게 알려 준다. • 학교에도 도서관이 있음을 부모에게 알려 준다. • 학급에서 도서관을 운영하고 가정으로 책을 대출하는 프로그램을 운영한다.

기회가 될 수 있음을 부모에게 알려 준다. 예를 들어, 자신이 좋아하는 음식, 좋아하는 이유, 식기 관련 어휘, 음식 이름과 색, 식재료의 구매와 요리과정 등 어린 자녀와 함께 이야기 나눌 소재가 무궁무진하다는 것을 알려 준다.

상상도서관. 유명 가수 돌리 파튼은 사재를 털어서 상상도서관을 운영하고 있다(Conyers, 2012). 미국, 캐나다, 영국에 거주하는 어린이들은 자신의 수준에 맞는 책을 무료로 이용할 수 있다. 이 프로그램에 회원으로 등록하여 사용하는 방법을 부모에게 알려 준다.

TV 시청 제한. TV 시청 혹은 디지털 기기 사용을 너무 많이 하는 가족과 자녀를 위하여 그림 2.4의 내용을 활용한다.

이야기 만들기. '선생님이 먼저, 우리 같이, 그리고 내가 해 보기' 전략을 사용하여 이야기 만들기 활동을 한다. 우선 선생님이 먼저 글 없는 그림을 보고 이야기를 만든다. 그다음 학급 아이들이 소집단으로 모여 그림을 보고 이야기를 만든다. 마지막으로 유아 혼자서 그림의 한 장면을 간단하게 이야기로 만들어 본다. 학급 아이들에게 글 없는 그림에 이야기를 만들어 보게 한다. 결과물을 가정에 보내서 가정에서도 이러한 활동을 해 보도록 한다.

가족 일기. 가족들이 일상 속에서 일어난 일을 함께 기록한다. 가족 모임, 식사 준비, 애완견

그림 2.4 **자녀 TV 시청 혹은 디지털 기기 사용 지도에 관한 도움말**

컴퓨터 등 스마트 기기를 선택할 때 신중하라

컴퓨터 등 스마트 기기를 선택할 때 자녀의 연령과 발달에 적절한 것인가를 신중하게 검토한다(Clements, & Sarama, 2010). 앱, 웹사이트, 소프트웨어 등을 구입하기 전에 전문가 평을 참고하고 무료 버전을 시험적으로 사용해 본다. 커먼센스미디어 혹은 미국도서관협회 등에 게시된 평이 믿을 만하다. 대체로 광고 창이 많이 뜨거나 안전하지 않은 사이트 혹은 부적절한 콘텐츠를 가지고 있는 사이트는 피하고 벨 혹은 휘파람 소리 등 소리자극은 많으나 별 내용이 없는 앱도 피한다.

상호작용의 중요성을 인지하라

TV 혹은 스마트 기기를 자녀돌보미로 생각하면 안 된다. TV 시청 혹은 스마트 기기가 유익하게 작용하려면 부모 혹은 성인의 상호작용 혹은 기기를 매개로 한 대화를 해야 한다고 알려져 있다. 유아가 같은 이야기를 반복해서 듣는 것을 좋아한다 할지라도 자녀의 이해를 확장할 수 있도록 질문을 하거나 유아의 대답을 듣는 활동은 깊은 이해력을 길러 준다. 자녀에게 스마트폰 혹은 태블릿 PC를 주지 말아야 한다. 게임 혹은 학습 관련 앱이라도 스스로 사용하는 법을 모르면 금세 흥미를 잃거나 좌절감을 느껴서 학습에 도움이 되지 않는다. 따라서 부모가 자녀와 함께 스마트 기기를 사용해야 한다.

자녀의 경험과 연결시키라

그림책, 비디오 혹은 TV 프로그램과 같은 매체를 경험할 때는 자녀의 경험 혹은 흥미와 연관시켜야 오래 기억될 수 있다. 이야기의 등장인물이 소풍을 가는 장면에서 "지난번 사촌과 함께 소풍 갔던 것 기억나니?"와 같은 질문을 하여 책 읽기가 즐거운 경험이 되게 하고 새로운 어휘로 확장시킨다. 가족과 함께했던 시간을 찍은 사진 혹은 자녀가 그린 그림과 함께 그 경험을 자녀가 추억하며 언어로 표기하여 책을 만들 수도 있다. 아동이 그린 그림과 이야기가 글이 되어 책이 만들어지는 경험은 아동의 문해발달에 큰 영향을 준다.

(계속)

그림 2.4 자녀 TV 시청 혹은 디지털 기기 사용 지도에 관한 도움말(계속)

누가, 왜, 무엇을, 어떻게의 관점에서 보도록 하라

디지털 매체를 사용할 때는 누가 이 매체를 왜, 그리고 어떤 메시지를 내 자녀에게 주기 위하여 만들었는가를 생각해 보아야 한다. 교육적으로 가장 좋은 디지털 매체는 디지털 매체를 구동하는 데 필요한 환경에 대한 지식 뿐만 아니라 유아의 학습에 대한 지식을 가진 사람에 의하여 개발된다. 교육적으로 가치 있는 매체는 자녀가 부모에게 사달라고 조르도록 만들어진 것이 아니라 자녀의 발달에 도움이 되도록 만들어진 것이다. 미디어 매체가 전달하려고 하는 메시지가 어떤 방법으로 소통되는가에 대하여 생각해 본다. 스크린에 있는 것을 단순하게 마우스 혹은 손가락을 이용하여 선택하여 담는 식으로 작동하는 것은 '창의성 진작'과는 거리가 멀고 그저 감각적으로 전자 기기를 만지는 것에 불과하다. 마찬가지로 디지털로 된 작업지는 유아가 이미 알고 있는 것을 실행해 보는 것 이상의 의미는 없다. 앱, 웹사이트 그리고 게임을 자녀에게 허락하기 전 부모의 가치관과 일치하는지 검토하고 이것이 자녀의 실제 학습에 기여하는지를 살펴야 한다.

자녀의 롤 모델이 되라

부모가 뚜렷한 목적 없이 웹페이지를 넘기고 있거나 대근육을 이용한 활동 대신에 주로 앉아서 여러 기기를 동시에 만지작거리기에 바빠서 식구들과 교류가 없는 경우에는 자녀가 이러한 삶을 따라 하도록 강력한 영향을 준다(O'Hara, 2010; Rideout, Hamel, & Kaiser Family Foundation, 2006; Wallis, 2010). 미디어 혹은 디지털 기기 사용에 있어서 책임과 절제의 모습을 보여 주어야 한다(Carlsson-Paige, 2012). 가족이 함께 있는 시간 중 누구도 디지털 기기를 만지지 않고 가족 간에 서로 관심을 갖는 시간을 정하는 것도 필요하다(Gutnick, Robb, Takeuchi, & Kotler, 2011). 혹은 가족 중 누군가가 멀리 있다면 스카이프(Skype)를 이용해서 화상통화를 하는 시간을 마련하는 것도 좋다.

테크놀로지와 미디어의 한계를 인식하라

테크놀로지 혹은 미디어는 도구 혹은 자료일 뿐이지 만병통치약이 아니다. 유아는 가상현실보다 먼저 '실제 삶'에 충분하게 노출되어야 한다(Zack, Barr, Gerhardstein, Dickerson, & Meltzoff, 2009). 유아는 스마트폰 혹은 태블릿 PC를 이용하여 그림을 그리거나 글을 써 보기 전에 손가락에 물감을 묻혀서 그림을 그리거나 젖은 모래 위에 막대기로 그림을 그려 보는 경험을 해야 한다. 자녀의 듣기, 말하기, 읽기와 쓰기를 TV 시청 혹은 컴퓨터 혹은 최신 전자 기기로 대신할 수 없음을 명심해야 한다.

자녀의 학습에 가족의 역할의 중요성을 기억하라

유아가 지적인 존재로 성장하고 테크놀로지와 미디어를 지혜롭게 사용하게 되는 데는 상당 부분 가정의 영향이 크다는 것을 기억해야 한다(Collins & Halverson, 2009). 가정의 일상 삶에는 유아의 학습에 필요하고도 영향력 있는 다양한 물리적이고 실제적 매체와 자료가 있으며 유아가 똑똑해지고 지혜로워지는 경로는 학교 밖의 현실에서 비형식적으로 이루어짐을 기억해야 한다(McPake, Plowman, & Berch-Heyman, 2008; Plowman, McPake, & Stephen, 2008, 2010).

산책시키기 등에 대하여 이야기 나누고 적는다. 가족 일기에 대하여 더 알고 싶으면 Edwards, McMillon & Turner(2010)와 Harding(1996)을 참고하라.

게시판. 부모들에게 유익한 정보와 안내를 게시한다. 소아과 의사, 영양사, 놀이치료사 등 지역사회의 다양한 서비스에 대한 정보를 게시한다. 신뢰할 만한 웹사이트에서 유익한 정보를 다운로드하여 게시할 수도 있다. 게시물과 함께 달력을 첨부하여 지역에서 일어나는 흥미로운 행사를 표시할 수도 있다. 또한 기관과 교실에서 일어난 '기쁜 소식'을 게시하기도 한다. 부모들에게 게시하고 싶은 것을 물으면 부모들은 장난감, 옷, 아동용 가구 등을 교환하거나 분실물/습득물에 대한 정보를 게시하는 것을 원하기도 한다.

학교지원 모금. 지역의 기업 혹은 기관을 설득하여 학교에서 애쓰고 있는 것들, 예를 들어 문해 혹은 독서활동에 대한 홍보 등에 필요한 재원을 기부받도록 한다. 지역의 대형마트, 백화점 등의 포장지에 가족과 어린이의 문해활동을 격려하는 문구를 새겨 넣거나 혹은 재능기부 등을 격려하는 홍보물을 협찬받을 수도 있다.

재능기부 활동. 은퇴자, 고등학생, 일반인, 지역 구성원들에게서 책을 기부받거나 이들이 책과 관련한 활동에 재능을 기부하는 활동을 운영한다. 예를 들어, 도서 대출 관리, 어린이들에게 책을 읽어 주는 봉사활동을 운영한다.

카탈로그를 활용한 활동. 상품 카탈로그는 멋진 사진과 글이 많이 있다. 이 자료를 활용하여 그림사전을 만들 수도 있고 아이들이 만든 이야기에 덧붙이는 그림 자료를 얻을 수 있으며 색, 모양, 크기, 용도에 따라서 사진을 분류하는 게임을 할 수 있다. 계절에 따라서 의복, 놀이, 음식 등에 관하여 탐색하고 분류하는 교수-학습 매체로도 활용할 수 있다. Newman(1996~1997)에 보면 카탈로그를 활용한 다양한 활동이 제시되어 있다.

이외에도 Gonzalez-Mena(2009a, 2009b)에 다양한 배경의 가족과 소통할 수 있는 전략과 방

 유아를 위한 문해자원 앱과 웹사이트

Clifford's Be Big with Words(4~7세)
스콜래스틱 사에서 나온 앱으로 유명 캐릭터 클리포드가 단어 철자법에 대하여 가르쳐 준다.

Don't Wet the Bear(4~7세)

www.netrover.com/~jjrose/bear/bearintro.html

이 게임은 곰에게 물버킷을 주는 게임으로 날짜, 달, 색, 돌치글자, 수와 관련된 어휘를 학습할 수 있다.

Reading Eggs(3~8세)

http://readingeggs.com/?gclid=COiL1P6
3vK8CFUfc4Aodt38xlg

게임과 노래를 하면서 읽기를 하는 것인데 황금달걀이 상으로 주어져 어린이들이 관심을 가지고 참여할 수 있다.

Spell & Listen Cards(3~10세)
알파벳을 터치하여 철자에 맞게 단어를 맞추면 앱에서 해당 단어를 발음해 주고 단어의 뜻도 알려 준다. 총 550개의 단어가 있는데, 25개의 단어를 맞추면 별을 상으로 준다.

Super Kids

www.superkids.com

가족이 모여 함께 가로 세로 단어 맞추기를 할 수 있는 웹사이트이다.

Typing Adventure(6~10세)

www.typingadventure.com/index.php?mod=game

세상을 탐험하면서 타자 치는 연습을 할 수 있다.

법이 소개되어 있다.

결론

학교는 어린이를 교육하는 데 필요한 모든 정보와 지식을 가지고 있다는 가정을 쉽게 하는 경향이 있다. 그러나 비형식적 맥락에서 자연스럽게 이루어지는 학습에 대하여는 오히려 가정이 더 많이 알고 있다. 가정이 최선의 학습 환경임을 증명하는 이유는 다음의 다섯 가지로 정리될 수 있다(Tizard & Hughes, 1984).

1. 가정에는 다양한 유형과 종류의 일상적 활동뿐만 아니라 특별활동이 있다.
2. 부모와 어린이는 현재를 이어 주는 과거 그리고 앞으로 나아가는 미래의 삶을 공유하고 있다.
3. 가정에서는 주로 일대일 상호작용이 이루어진다.
4. 가정에서 일어나는 하루 일과는 어린이에게 개인적으로 큰 의미가 있다.
5. 부모와 어린이 사이의 관계는 사랑, 돌봄, 나눔 그리고 신뢰로 맺어져 있다.

어린이 교육과 관련하여 어떠한 활동을 하든 부모와 교사는 상호신뢰와 존경의 자세를 갖는 것이 중요하다. 부모는 교사가 자녀를 다른 또래 어린이와 비교하여 객관적으

> **연구와 보고**
> 비슷한 배경을 가진 부모를 인터뷰해 보라. 자녀의 연령이 같은 부모, 첫아이를 유치원에 입학 시킨 부모, 이제 막 이민 온 부모 등이 그 예가 될 수 있다. 또한 이들로부터 어린이의 언어와 문해 발달에 대하여 궁금해하는 것을 질문받는다. 이들의 질문에 대한 답을 이 책 혹은 다른 자료를 활용하여 작성하여 가정통신문, 부모교육 자료로 제시하거나 교실 게시판에 게시한다.

로 이해할 수 있는 위치에 있음을 인정해야 한다. 교사는 부모가 어린이의 성장에서 환경, 가치관, 물질, 교육 등 다양한 영역에서 절대적 영향을 미치는 존재임을 기억해야 한다. 부모와 교사는 한 어린이의 성장에서 각자의 기여와 역할로 최선을 다할 때 어린이를 위한 최선의 선택을 할 수 있을 것이다.

문해학습 전략

보건소에 어린이용 책 비치하기

읽기발달이 저조한 어린이는 흥미를 끄는 읽기 자료를 접하지 못해서 그런 경우가 많다(Krashen, 1997, 2001). 27개 국가의 7만 개의 사례에 대한 20년간의 연구에 의하면 가정에 어린이용 책이 많은 어린이들은 또래에 비하여 3년 정도 학업성취가 앞서 있다고 한다. 가정에 약 500권의 책을 보유하고 있는 것이 이상적이긴 하지만 20권 정도만 보유하고 있어도 교육적 효과는 크다(Evans, Kelley, Sikora, & Treiman, 2010).

보건소에 유아와 아동을 위한 도서를 비치하여 자녀의 연령에 맞는 그림책을 대출하는 방법이 효과적인 것으로 알려져 있다. 대표적인 프로그램이 '독서에 관심을(Reach Out and Read)'인데 정기검진 혹은 예방접종을 위해 보건소를 방문한 유아에게 책을 대출해 주거나 부모에게 유아에게 가정에서 책을 읽어 주는 것의 중요성과 의미를 설명해 준다. 또한 의사를 만나기 위하여 기다리는 대기실에서 봉사자가 유아에게 책을 읽어 주는 활동을 하기도 한다. 이런 프로그램의 효과는 아주 큰 것으로 조사되었다(Weitzman, Roy, Walls, & Tomlin, 2004).

가정에서 영어가 아닌 다른 언어를 사용하는 유아는 보건소에서 보는 책이 아마도 유일한 영어로 된 책일 가능성이 크다. 대출하는 것보다는 자신의 것으로 소유하는 경우가 책을 반복적으로 볼 가능성을 높이며 학교에서 배우게 될 문해 관련 기술과 지식에 준비될 가능성이 크다. 히스패닉계 가정을 대상으로 연구한 결과에 의하면 보건소에서 책을 대출하거나 부모가 보건소에서 자녀에게 책 읽어 주는 것에 대하여 교육받는 것의 효과는 자녀에게 최소 일주일에 3번 책을 읽어 줄 가능성이 그렇지 않은 가정에 비하여 10배는 된다고 한다(High, LaGasse, Becker, Ahlgren & Gardner, 2000).

독서파트너로 부모를 교육하기

모국어가 영어가 아닌 가정 출신의 어린이가 영어를 배우는 쉬운 방법은 그림책을 경험하는 것이다. 교사는 모든 부모가 자녀에게 책을 읽어 주는 것의 효과와 방법을 인지하고 있다고 간주해서는 안 된다(Strickland, 2004). 부모에게 책 읽어 주는 방법을 교육하면 그 효과가 무척크다고 알려져 있다(Annett, 2004; Barrett, 2012; Roberts, 2008; Sylva, Scott, Totsika, Ereky-Stevens, & Crook, 2008). 이런 교육에 참여한 부모는 가정에서 자녀와 함께 문해경험을 자주하고 책을 읽을 때 열린 질문을 하며 자녀와 번갈아 가며 읽는 등 자녀와 효과적으로 상호작용하는 방법을 안다. 부모들이 좋아하는 자료는 쉽게 쓰고 지울 수 있는 화이트보드, 부모용 핸드북, 전문 이야기 구연가가 읽어 주는 것을 체험하는 것, 온 가족이 함께할 수 있는 문해 관련게임, 자녀가 이야기를 많이 하도록 하는 동물원 방문 그리고 도서관 체험활동으로 조사되었다(Cook-Cottone, 2004). 엄마는 교육을 받으면서 자녀는 문해경험을 하는 프로그램(DiSanto, 2012), 점심시간에 가족이 참여하는 문해활동(Harper, Platt, & Pelletier, 2011), 수감자 어머니가 그림책을 읽는 것을 녹음하여 테이프와 함께 책을 자녀에게 선물로 주는 프로그램(Potok, 2012) 등이 긍정적 효과를 낳는 것으로 보고되었다. 그림 2.5에 가정에서 자녀와 함께 상호작용하는 독서 프로그램이 소개되어 있다. 교사들이 함께 이 과정을 역할극으로 녹음하여 부모교육 자료로 활용할 수 있다.

씨들링출판사에서 제공하는 자료와 전략을 활용하면 자녀들이 책 읽기를 즐기는 것에 도움이 된다(www.seedlingpub.com). 가정에 인터넷이 되거나 혹은 도서관의 컴퓨터를 활용할수 있는 부모는 이메일로 토론에 참여하거나 질문을 올리고 다양한 자료를 얻을 수 있다. 부모정보네트워크(National Parents' Information Network) 홈페이지에 가면 자녀가 책을 가까이 하고 책을 많이 읽도록 하는 전략뿐만 아니라 육아 지식도 얻을 수 있다. 또 전자스쿨하우스(Electronic Schoolhouse), 패밀리 빌리지(Family Village), 부모교사센터(Parents as Teachers National Center), 패어런츠 플레이스(Parents' Place), 패밀리 월드(Family World)를 참고하면 도움이 된다.

어휘습득에 효과적인 소리 내어 읽어 주기

6개월 미만의 아기들은 이야기에 집중할 수 없다고 주장하는 사람들도 있지만(Murkoff, Eisenberg, & Hathaway, 2003), 부모가 책을 읽어 주면 아기들도 책을 바라보고 인쇄물에 대한지식을 습득하며 어휘, 유창성 그리고 이해력이 발달한다(Armbruster, Lehr, & Osborn, 2003;

Manning, 2005). 2세 자녀를 둔 부모 수백 명을 연구한 결과 이들이 아는 단어는 50개부터 550개까지 개인차가 큰 것으로 보고되었다(Fenson et al., 1994).

부모가 읽어 주는 책을 듣는 것은 의미 있는 맥락에서 어휘를 습득할 수 있는 방법 중 하나이다. Justice, Meier와 Walpole(2005)는 학습장애가 있는 유치원생도 그림책을 보면서 어휘를 잘 배운다고 하였다. 책을 읽어 줄 때 단어의 뜻을 자세하게 풀이해 주면 어휘습득에 효과적이다. 또래에 비하여 어휘량이 적은 유아를 대상으로 책을 읽어 주면서 낯선 단어를 풀이해 주고 설명해 주면 이 유아의 어휘습득이 괄목하게 증가하는 것으로 관찰되었다. 그림 2.5는 VanKleeck(2003)이 연구를 통하여 제시한 것으로 자녀의 수준에 맞추어 어떻게 지원하는 것이 효과적인가를 구체적으로 보여 주고 있다.

그림 2.5 그림책 읽어 주기의 단계별 언어적 상호작용

관찰 및 연결하기	정보 더하기	요약과 추론하기	예측, 문제해결, 설명하기
• 사물을 가리키며 이름을 말해 준다(이것은 고양이야. 누구 집에 고양이가 있었지?). • 자녀가 사물의 이름을 말해 보도록 한다(이건 뭐지? 그래, 벌이란다. 벌을 본 적이 있었니?). • 자녀의 경험과 연결시킨다(그림 중에 어떤 것이 제일 좋아? 가리켜 볼래? 그것이 왜 제일 좋아?).	• 정보를 확장시킨다(아기 고양이를 새끼 야옹이라고 한단다. 오, 여기는 아기 개가 있네, 아기 개를 강아지라고 한단다. 고모네 집에도 강아지가 있었지, 기억나니?). • 정보를 정교화한다(어, 결혼식을 하고 있네. 우리는 언제 결혼식에 갔었지?).	• 요약을 모델링한다(이 책의 동물은 모두 아기들이네. 새끼들이 내는 소리를 한번 내 볼까?). • 그림책에서 보이지 않는 것에 대하여 생각해 보도록 한다(사자와 생쥐 중 누가 더 셀까? 그걸 어떻게 알지?).	• 자녀가 다음에 일어날 일을 예측하게 한다(눈사람이 햇빛에 오래 있으면 어떻게 될까?). • 자녀가 문제해결을 제시하게 한다(암탉이 여우에게서 어떻게 도망가지?). • 자녀가 설명해 보게 한다(엄마가 헷갈리네, 여왕이 착한 거야, 못된 거야?). • 이야기 등장인물의 동기 혹은 의도에 대하여 설명해 보도록 한다(세 마리 곰이 왜 금발머리 소녀를 쫓아갔을까?). • 자녀가 이야기 뒤를 상상해 보도록 한다(다음에 어떻게 될까?)

집중탐구 : 잠자기 전 책 읽어 주기

R. A. Hirsh 교수가 제공한 자료

잠들기 전 책(http://www.astorybeforebed.com) 웹사이트에는 부모가 잠자리에 들기 전 자녀에게 책을 읽어 주는 방법, 가정과 교육기관과의 연계 등에 관한 자료를 동영상으로 볼 수 있다. 또한 그림책의 그림과 텍스트를 스크린으로 볼 수 있다.

어린 유아	유아	독립적 읽기가 가능한 아동
부모가 잠들기 전 책 웹사이트에 자신의 목소리를 녹음할 수 있다. 부모가 녹음한 이야기를 유아교육기관의 낮잠 시간, 이야기 나누기 시간 등에 틀어 줄 수 있다.	잠들기 전 책 웹사이트에 유아의 목소리로 이야기를 녹음한다. 교사는 유아의 유창성 등을 평가하는 데 이것을 활용한다. 또한 교사는 이것을 이메일로 부모에게 보내 주어서 가정에서도 듣도록 한다.	스스로 독서가 가능한 상급생반 아이들은 잠들기 전 책 웹사이트에 글 읽는 것을 녹음하여 하급생반 동생에게 들려주는 버디독서 프로그램으로 활용한다. 영어뿐만 아니라 다른 언어가 유창한 아동은 2개의 언어로 녹음한다.

문학의 활용
다문화 책 꾸러미

책 꾸러미란 무엇인가

책 꾸러미란 소리 내어 읽어 주기에 적당한 책과 몇 가지 재료를 캔버스 백, 배낭, 비닐가방 등에 담는 것이다. 마치 작은 도서관처럼 이 꾸러미를 가정에 순서대로 빌려준다(Cohen, 1997; Creamer & Baker, 2000; Reeves, 1995; Richardson, Miller, Richardson, & Sacks, 2008). 가정에 책 꾸러미를 빌려주면 가정에서 부모와 자녀가 함께 좋은 책을 읽을 기회를 준다. 교사가 꾸러미에 담길 책과 활동 자료를 준비한다. 생활주제 혹은 교실에서 탐구하고 있는 주제에 맞추어 책과 활동지가 제공되면 교실과 가정이 연계되어 교육적 효과가 크다. 또한 가정에서는 책 꾸러미에 있는 책과 자료를 보고 자신들의 가정 환경에 구비하고 있는 아동문학, 자료의 수준에 대하여 꾸러미에 있는 것들과 비교하고 평가할 수 있는 기회를 준다.

책 꾸러미에는 무엇을 담는가

책 꾸러미에는 아래에 제시된 것들이 포함되도록 구성한다.

1. 책 꾸러미를 소개하는 알림장. 책 꾸러미의 주제와 이 주제의 목표, 주제와 유아의 문해발달과의 연관성 등을 분명하고 간결한 내용으로 하여 오타 등의 형식적 오류가 없도록 하여 부모와 유아가 가정에서 열심히 참여하기를 바라는 내용을 적는다.
2. 그림책. 스스로 글을 읽지 못하는 유아가 그림만 보고도 이야기를 만들 수 있는 글 없는 그림책부터 유아 스스로 읽어 보기를 시도할 수 있는 수준의 책 등 수준이 다양한 책을 넣는다. 영어뿐만 아니라 다른 언어로 된

책(Sneddon, 2008a, 2008b)도 넣는다.

3. 책 꾸러미 물품 목록. 꾸러미에 포함된 책과 자료를 한눈에 볼 수 있도록 한다.

4. 유아가 이야기를 만드는 데 필요한 소품. 꾸러미에 있는 그림책과 관련된 장난감 혹은 소품을 준비하여 유아가 그림책을 보는 것뿐만 아니라 장난감과 소품을 가지고 새로운 이야기를 만들거나 역할놀이를 할 수 있다.

5. 여분의 그림책과 자료들. 주제와 관련된 여분의 그림책 혹은 자료를 포함시킨다. Zeece와 Wallace(2009)에서 더 많은 정보를 얻을 수 있다.

책 꾸러미에는 기관에서 가정으로 보내는 자료 이외에 가정에서 기관으로 보내는 자료도 넣어 기관과 가정이 연계되도록 한다. Hughes와 Greenhough(2006)를 참고하면 더 많은 아이디어를 얻을 수 있다.

 최근 출판된 가정을 주제로 한 그림책

Berger, S. (2009). *Martha doesn't say sorry.* **Boston, MA : Little, Brown.**
수달이 마사라는 이름의 소녀로 의인화되어 등장한다. 가족에게 잘못을 하고도 미안하다고 말하지 않는 마사가 결국 미안하다고 말하는 것이 자신과 가족 모두에게 좋은 일을 가져온다는 것을 깨닫는 이야기이다. 그림과 플롯을 유아들이 무척 즐긴다. (유아~초등 1학년)

Brown-Johnson, T. (2010). *Diversity soup.* **Bloomington, IN : Xlibris Corporation.**
아들에게 사람은 있는 그대로 좋아하는 것이지 피부색에 따라서 다르게 대하는 것이 아니라는 것을 가르치고자 함께 수프 만들기 활동을 하는 어머니의 이야기이다. 이 책으로 교실에서 서로 다른 재료로 훌륭한 요리를 만드는 활동을 할 수 있다. (유치부~초등 2학년)

Cheng, A. (2003). *Grandfather counts.* **New York, NY : Lee and Low Books.**
소녀와 할아버지가 언어 장벽을 극복하는 이야기이다. (초등 1~2학년)

Garland, M. (2011). *Grandpa's tractor.* **Honesdale, PA : Boyds Mills Press.**
한때 가족의 농장이었지만 지금은 도시개발 중인 곳을 할아버지와 손자가 방문하여 가족이 함께 농사짓던 시절을 회상하는 이야기이다. (유치부~초등 1학년)

Look, L. (2006). *Uncle Peter's amazing Chinese wedding.* **New York, NY : Atheneum.**
중국 전통 혼례를 치루는 삼촌의 결혼식에 대한 이야기이다. (유치부~초등 2학년)

Pete, H. R., & Peete, R. F. (2010). *My brother Charlie.* **New York, NY : Scholastic.**
실화에 근거한 이야기로 서로 너무 다른 쌍둥이에 관한 것이다. 찰리는 자폐아이고 캘리는 일반아인데 장애가 있는 동생의 성장을 도와 온 가족이 극복해 나가는 감동적인 이야기이다. (유치부~초등 3학년)

Polacco, P. (2011). *Bun bun button.* **New York, NY : Putnam.**
할머니와 손녀 간의 사랑을 그린 이야기로 할머니가 만들어 준 토끼인형을 잊어버리고 다시 찾는 과정에서 둘 사이가 더욱 돈독해진다는 이야기이다. (영아~초등 1학년)

Rao, S. (2006). *My mother's sari.* **New York, NY : NorthSouth.**
인도 전통 옷 사리를 가지고 노는 어린이의 이야기이다. (영아~유치부)

Rocco, J. (2011). *Blackout.* **New York, NY : Hyperion.**
바쁘게 돌아가는 도시에 갑자기 대정전이 일어났다. 그러나 대재앙이라기보다는 가족과 이웃이 함께 모여 춤추고 노래하며 아이스크림이 녹기 전에 나누어 먹는 이야기이다. (유아~초등 2학년)

Roth, S. L., & Trumbore, C. (2011). *The mangrove tree : Planting trees to save families.* **New York, NY : Lee & Low.**
아프리카 마을에 사람과 동물이 먹을 것이 없는 위기

에 처하자 마을 사람과 과학자가 힘을 합쳐서 맹그로 브 나무를 심는 이야기로 지구촌에는 굶주리고 있는 친구와 이웃이 있음을 어린이들이 알게 된다. (초등 1~3학년)

Sierra, J. (2012). *Wild about you.* **New York, NY: Knopf.**

어린아이 하나 기르는 데 온 동네가 난리난다는 주제를 가지고 있다. 숲 속에 알이 동그라니 놓여 있어 이 알이 깨어날 수 있도록 숲의 온 동물이 사랑을 부어주

는 이야기이다. (유아~초등 1학년)

Tyler, M., & Csicsko, D. (2005). *The skin you live in.* **Chicago, IL: Chicago Children's Museum.**

받아들임, 우정, 다양성 등의 주제가 운율이 있는 텍스트로 전개된다. 외모는 다르지만 사람들은 비슷한 점이 있음을 알려 주며 우리는 서로 모두 다르지만 무엇인가로 연결될 수 있다는 것을 생각하게 하는 이야기이다. (유치부~초등 2학년)

다문화 유아

인쇄물 인식을 도와주는 인터넷 자료

부모가 자녀에게 책을 자주 읽어 주고 상호작용을 꾸준히 하면 자녀의 언어발달에 큰 도움이 된다(Barton, 2004). 자녀가 영아이거나 혹은 이제 유치원을 시작하였거나 이중언어 사용자 등 상황이 비슷한 부모들을 대상으로 다음 질문으로 면접을 해 보라.

질문

1. 유아교육기관과 소통하는 방법으로 면대면 대화, 전화 혹은 통신문 등 가장 선호하는 것은 무엇입니까?
2. 기관에서 개최하는 학부모 세미나, 발표회, 바자회 등 학부모교육 혹은 회의에 참석한 적이 있나요? 무엇이 참석 혹은 불참석을 결정하게 하였나요?
3. 자녀 문해발달을 돕기 위하여 기관에서 지원하는 활동은 무엇이 있나요?
4. 자녀의 언어 및 문해발달에 효과적인 물건, 만남, 행사 혹은 프로그램은 무엇인가요? 그것이 왜 도움이 되나요?
5. 가정과 기관 사이의 소통과 협력에 도움이 되는 것은 무엇이 있을까요?

6. 자녀의 언어발달에 대하여 궁금한 것이 있나요?

동료들에게 아래와 같은 질문으로 면접을 해 보라.

1. 유아 언어 혹은 문해발달에 대하여 부모들은 무엇을 궁금해하였나요?
2. 부모, 가정, 지역사회와 협력하기 위하여 당신은 어떠한 노력을 하고 있나요? 부모와 상호작용하기 위하여 자원해 본 활동이 있나요?
3. 부모와 함께하는 것에 대한 당신의 기대 혹은 목표는 무엇인가요? 이 과정에서 당신이 필요로 하는 지원은 무엇인가요?
4. 다양한 언어, 민족, 문화, 관습, 가치, 기념일 등을 이해하기 위하여 당신이 노력하는 것은 무엇인가요?
5. 부모와 가족을 지원해 본 경험이 있나요? 유아교사로서 당신이 자부하고 있는 것은 무엇인가요?

자녀의 언어발달 특히 듣기능력 향상에 효과

적인 방법에 대한 자료를 Lu(2000)와 C. Smith (2008)에서 참고하여 부모에게 제공하면 유익하다. 미국언어협회(www.asha.org), 미국유아교육협회(www.naeyc.org)에서 많은 자료를 얻을 수 있다. 교사는 이런 협회 웹사이트에 있는 자료를 매력적으로 편집하여 가정으로 보내 주면 상대적으로 자녀의 영어능력 향상과 학교 교육에 대한 자원과 정보의 활용이 제한된 가정에 큰 도움이 될 수 있다.

부모와 가족을 위한 웹사이트

신뢰할 만한 아래의 사이트는 부모에게 많은 도움이 될 것이다.

> ERIC 유아교육 자료
> www.ericeece.org
> ERIC 읽기, 영어와 의사소통
> www.indiana.edu
> 가정교육네트워크
> http://familyeducation.com
> 부모를 위하여!
> http://families.naeyc.org

어떻게 할까요
부모 상담

학기 초 모임

이 모임의 목적은 자녀가 배정된 새 학급을 보기 위하여, 새 담임선생님을 만나기 위하여, 기관의 교육 프로그램을 알기 위하여, 1년간 함께 보내기 위한 긍정적인 분위기를 만드는 데 있다. 어린 유아의 경우 부모와 유아가 함께 참여하여 새로운 환경과 일과에 익숙해지도록 프로그램을 운영한다.

친숙하고 편안한 분위기 조성

• 부모에게 전화나 혹은 통신문으로 모임을 알리고 영어를 유창하게 하지 않아도 참석할 수 있다고 안심시킨다.
• 교직원과 부모 모두의 이름표를 준비한다.
• 부모와 가족들이 교실을 둘러볼 기회를 준다. 유아의 작품을 게시하고 영역의 이름을 붙여 놓고 지난 1년간 유아들이 했던 활동물 혹은 신학기에 유아들이 참여할 활동을 간략

하게 게시한다.
• 기자재가 준비되어 있다면 프로젝터로 동영상을 보여 준다.
• 하루 일과, 주 단위 혹은 월 단위의 활동을 한눈에 볼 수 있는 그림 등을 게시한다.

집단 모임

• 환영하는 인사로 시작한다. 바쁜 와중에도 기관에 시간을 할애하여 참여한 것에 대하여 감사한다.
• 하루 일과와 1년의 활동계획을 소개한다. 교실활동의 전반적 특징을 잘 드러내는 짧은 동영상을 보여 주면 효과적이다.
• 안전, 결석, 규칙 등 일반적인 정책과 과정에 대하여 설명한다.
• 연락처, 준비물, 투약의뢰서 등 중요한 정보를 정리한 유인물을 준비한다. 기관의 정책을 설명할 때는 긍정적이고 지지하는 톤으로

하도록 유의한다. 특히 영어를 잘 듣지 못하는 부모에게는 통역을 하도록 한다.

- 질문 혹은 관심 있는 것은 언제든지 교사에게 연락할 수 있음을 강조하고 작은 불만을 키우지 않도록 한다.
- 기관과 가정의 소통의 중요성과 파트너십을 강조하며 긍정적이고 지원적인 분위기로 마무리한다.

일반적 도움말

- 복장, 자세, 매너 등 교사로서 품위를 잃지 않도록 하며 따뜻하고 친밀한 자세를 유지하는 것은 좋으나 부모와 교사가 너무 구분이 안 될 정도로 친하게 이야기하는 것은 삼간다.
- 발표 자료, 유인물, 유아 포트폴리오 등을 미리 잘 준비한다. 발표 연습을 하고 자료를 읽는 것은 삼간다.
- 대집단으로 발표를 시작하기 전 부모들 사이를 왔다 갔다 하면서 부모를 개인적으로 만나고 인사할 수 있는 기회를 가진다. 또한 골고루 부모를 만나도록 하며 특정 부모와 오랜 시간 이야기하는 것은 삼간다.
- 효과적인 발표를 위하여 특정한 손짓 혹은 제스처는 삼가고 열정과 자신감을 가지고 한다. 청중에게 가까이 서서 하고 유아의 발달과 학습을 위하여 당신이 헌신한다는 느낌과 신뢰를 주도록 한다. 또한 같은 목소리로 발표하는 것은 삼가고 유아의 이름을 불러 주며 이야기하도록 한다. 또한 프로젝터의 불이 나가거나 마이크가 작동이 안 되면 당황하지 않고 미소지으며 해결한다.

부모 개별 상담

개별 상담은 자녀의 여러 가지 발달 상황에 대하여 구체적으로 이야기 나누는 것이다. 교사와 부모 간 상담에 장애가 되는 것 중의 하나가 신입교사가 부모를 만나는 것을 두려워하는 것이다. 특히 교사 자신이 아직 부모가 되지 않았을 경우 더욱 그렇다(Cantin, Plante, Coutu, & Brunson, 2012). 신입교사 중에는 부모가 자신들에 대한 신뢰감이 적다는 것을 감지하기도 하고 자녀들에게 큰 도움이 되지 않는다고 부모가 생각하고 있다고 느끼는 경우도 있다. 한편 부모 중에는 마치 의사에게 느끼듯이 교사들의 지식 수준이 자신이 이해할 수 있는 범위 바깥에 있다고 생각하여 교육적 문제에 대한 의견을 교사에게 양도하는 경우도 있다. 이러한 견해는 교육은 교사와 부모의 동반적 관계에 의하여 이루어진다는 믿음을 저해한다(Ciabattari, 2010). 교사의 경력이 쌓여 가면 교사는 '조언을 주는 사람'이 되고 부모는 '조언을 받는 사람'의 관계를 취하는 경향이 있다(Cheatham & Ostrosky, 2011). 이러한 관계보다는 교사는 유아에 대하여 부모로부터 얻을 수 있는 정보가 많다고 생각해야 한다. 아래에 몇 가지 가이드라인이 있다.

- 유아의 문화적 배경을 파악한다. 그 문화권에서 존중을 나타내는 방법에 대하여 배워서 부모 상담을 할 때 표현해야 한다. 이제 막 이민 온 가정에게는 미국 사회의 여러 가지 특성에 대하여 이들이 이해할 수 있도록 다방면으로 돕는다(Petriwskyj & Grieshaber, 2011; Vesely & Ginsberg, 2011).
- 부모 상담을 준비할 때 유아를 참여시킨다. 가장 잘한 활동물을 유아와 함께 고르고 프로젝트 결과물을 진열하거나 안내문을 작성하거나 상담에도 함께하는 등으로 유아를 참여시킨다. 상담은 유아의 발달 상황에 대하여 교사와 부모가 함께 이야기 나누는 것임

을 설명하고 유아가 궁금한 것을 질문하거나 관심을 표현할 수 있는 기회를 준다.

- 부모에게 상담 전 미리 이야기 나누고 싶은 것에 대하여 생각하고 준비할 수 있도록 한다.
- 상담실을 시청각적으로 매력 있게 꾸민다. 자녀의 활동결과물을 게시하고 흥미 영역 등에 포스터 등을 게시하여 각 영역의 특징과 기능을 부모가 알 수 있도록 한다.
- 교사는 교사의자에 앉고 부모는 유아의자에 앉게 하는 실수를 하지 않도록 한다.
- 평소에 기록하였던 관찰 자료, 출결 기록, 발달 평가표 그리고 개별화 활동에 대한 자료를 준비한다.
- 유아교육기관의 여러 정책적 규칙을 잘 숙지하여 부모에게 잘 설명할 수 있도록 한다. 또한 부모가 "우리 아이가 또래 아이에 비하여 어떤가요?"와 같이 주로 하는 질문에 대한 답을 준비한다.
- 직장과 생계로 바쁘게 지내는 부모와 가정의 형편을 고려하여 상담 일정을 잡는다. 상담시간을 결정하는 데 있어서 1순위, 2순위, 3순위 등으로 선택할 기회를 부모에게 주고 상담시간은 각 부모당 20~30분 정도로 한다. 특정 부모와의 상담이 길어질 것 같으면 다음 상담시간을 다시 잡아서 뒤에서 기다리는 부모가 없도록 한다. 이야기가 길어지거나 까다로울 것 같은 상담은 맨 마지막 시간으로 일정을 잡아서 충분한 시간을 가지고 상담이 이루어질 수 있도록 안배한다. 방해받지 않고 상담이 진행되도록 교실 문앞에는 '상담 중입니다'라는 안내판을 부착한다.
- 입구에서 부모를 환영하며 맞이하고 인사할 때 편견으로 실수하지 않도록 유의한다. 예를 들어, 부모가 유아의 친부모일 것이라고

당연하게 표현한다거나 십대로 보인다고 유아의 언니로 대하거나 혹은 머리가 희끗하다고 하여 유아의 할아버지로 간주하지 않도록 한다.

- 시작 전 상담의 방향을 개략적으로 알려 주고 시작한다. 상담을 하는 당사자인 교사나 부모 모두 유아의 발달을 지원하는 것을 최우선으로 한다는 것을 항상 기억해야 한다. 민감하거나 곤란한 이야기를 나눌 때는 '샌드위치' 전략을 사용한다. 즉 상담을 시작할 때 긍정적이고 고무적인 이야기를 꺼내고 중간에 민감한 이야기에 초점을 맞추고 상담을 마칠 때는 고무적인 이야기로 마무리한다. 부모들이 자녀가 좋은 선생님과 함께 있음에 안심하고 돌아갈 수 있도록 한다.
- 교육학 전문용어 사용을 자제하고 유아의 행동 특징을 말할 때는 구체적인 표현을 사용해야 한다. 적극적으로 부모의 말을 듣고 그들의 감정과 느낌을 수용하고 부모의 의견을 확인한다. 자녀의 말하기·듣기발달과 읽기·쓰기능력은 일상생활 속에서 삶과 관련되어 경험되고 연습될 때 학습될 수 있음을 강조하고 이 과정에서 부모가 할 수 있는 일에 대하여 알려 주고 협력한다.
- 대화를 나눌 때는 몸을 앞으로 살짝 기울이고 미소 지으며 고개를 끄덕이는 등 긍정적인 보디랭귀지를 사용하고 부모가 불만으로 흥분하였을 때 변명하지 않도록 주의한다. 부모의 불만을 잘 듣고 판단은 삼간다. 상담이 끝나면 요약 정리하고 교실 밖으로 특정 부모의 이야기를 퍼뜨리지 않도록 한다. 유아의 발달 상황과 행동 특징은 부모에게만 알리고 다른 사람에게는 공개되지 않도록 주의한다.

상담 이후

- 상담 이후에는 이메일, 쪽지 보내기 혹은 전화 등으로 감사 인사를 하고 항상 소통의 끈이 끊어지지 않도록 한다. 상담일지는 잘 보관한다. 미리 계획하여 하는 상담뿐만 아니라 자녀를 등·하원시키는 순간의 대화도 잘 활용한다. 가정에서 자녀와 함께하는 요리를 준비하면서 사용하는 레시피, 냉장고에 붙여 놓은 글자 자석 등을 활용하여 부모가 가정의 일상생활에서 자녀의 문해발달을 도울 수 있는 부모교육도 계획해 본다.
- 다음 학년도에 부모가 관심을 가질 수 있도록 동료 교사와 협의하여 상급생반 방문의 기회를 주거나 초등학교 방문의 날 등을 운영한다.
- 가정에서 영어를 사용하지 않는 가족들을 위한 언어교육 혹은 문해교육 프로그램을 소개한다. 가족문해 프로그램은 가족 구성원 모두가 사회 구성원으로 적응하고 기여하기 위해서는 그 사회 언어를 유창하게 말하고 듣고 읽고 써야 한다는 가정하에 운영되고 지원되고 있다(Van Steensel, McElvany, Kurvers, & Herppich, 2011).

출처 : Brown & Jalongo, 1986; Ediger, 2008; Edwards, 2009; Neuman, Caperelli, & Kee, 1998; New Jersey Education Association, 1997; Swick, 2009

제 3 장

유아기 언어발달에 대한 이해

Courtesy of Huachuan Wen and Ying Jiang

언어발달에 대한 사실

- 미국 청각장애협회(2009)에 따르면 생후 초기 6개월이 언어발달에서 가장 결정적 시기이다.
- 태아는 사람의 목소리와 음악소리에 반응하며(Al-Qahtani, 2005), 주 양육자와 그렇지 않은 양육자의 목소리를 구분할 수 있다(Kisilevsky et al., 2003).
- 생후 6개월에 아기가 내는 소리는 모국어에 있는 소리만이 아니지만 생후 6개월이 넘어 내는 옹알이는 가정에서 듣는 말의 소리를 많이 닮아 있다(Trawick-Smith, 2009).
- 수화를 배우는 아기는 일반 아기가 하는 옹알이와 비슷한 단계로 동작으로 옹알이를 한다(Barnes, 2010).
- 생후 10개월, 2세 때 보여 주는 표현언어와 수용언어의 발달 정도는 이후 아동기 인지와 언어발달을 예견한다(Hohm, Jennen-Steinmetz, Schmidt, & Laucht, 2007; Marchman & Fernald, 2008).
- 2세가 되면 한 시간에 평균 338개로 알아들을 수 있는 말을 한다. 그러나 그 범위는 42~672개로 다양하다. 2세 아기는 한 시간에 대략 134개의 말을 하며 이것도 18~286개로 그 수의 범위가 크다 (Hart & Risley, 1995, 2003).
- 한 언어에 대한 지식은 다른 언어에 대한 이해의 기초가 된다. 즉 유아는 모국어(L1)에 대한 지식을 활

용하여 제2언어(L2)에 대하여 배운다(Parke & Drury, 2001). 2개의 언어가 가정에서 사용되는 경우 18개월 이상이 되면 2개 언어를 다 사용하게 되며 가족원들이 사용하는 언어에 대하여 구분할 수 있다. 이런 배경의 아기들은 2개 언어에서 사용하는 표현을 동시에 사용하는 경향이 있다. 예를 들어, 영어의 '플리즈'와 독어의 '비테'를 동시에 '비테플리즈'라고 한다(Trawick-Smith, 2009).

- 3세가 된 유아는 자신이 아는 단어를 연결하여 사물 혹은 사태에 대하여 이야기할 수 있다(예 : "엄마가 읽어."). 이는 '패스트 매핑'으로 설명된다(Boyd & Bee, 2010).
- 3세 유아는 하루에 6~10개의 새 단어를 습득한다(Spodek & Saracho, 1993).
- 성인은 약 수천 개의 단어를 듣거나 말한다(Hayes & Ahrens, 1998). 교육 수준이 높은 사람은 듣고 말하기에 사용하는 단어가 약 1만 개이고 읽고 쓰기에는 10만 개의 어휘를 사용한다(Byrnes & Wasik, 2009).
- 말하기에는 혀, 입술, 호흡 조절이 관여하므로 소근육발달과 언어발달은 관련이 있다(Singh & Singh, 2008).
- 언어는 인지발달뿐만 아니라 사회적 능력에도 영향을 준다(Chiat & Roy, 2008; Longori, Page, Hubbs-Tait, & Kennison, 2009; McCabe & Meller, 2004). 언어를 배우는 데 문제가 없고 친구들과 상호작용하는 유아는 학습기술과 문해기술을 더 잘 배운다. 의사소통에 문제가 있거나 문해기술을 학습하지 못하는 어린이는 이후 학교학습에서 실패하거나 사회적 능력 발달이 어려울 수 있다(Kostelnik, Gregory, Soderman, & Whiren, 2011).

이상의 사실들에 놀랐나요? 무엇에 그리고 왜 놀랐나요? 유아를 교육하는 데 이러한 사실들을 어떻게 반영해야 할까요?

언어란 무엇인가

언어는 우리가 이미 지나간 일들에 대하여 지칭할 수 있고 아직 일어나지 않은 것들에 대하여 기대할 수 있게 하며 실제 존재하지 않는 세계에 대하여 상상할 수 있도록 하므로 인간이 가진 여러 가지 특성 중 다른 생명체와 인간을 구분하는 가장 큰 차이 중 하나이다. 미국영어교사협의회와 국제읽기협회(1996)에서는 언어를 여러 가지 구조와 체계 그리고 기능과 형식을 가지고 있는 것이라고 정의하였다. 여기에는 구두언어, 문자언어뿐만 아니라 시각적 소통에 사용되는 다양한 문해능력도 포함된다. 그림 3.1에 언어의 다양한 구조와 형식이 제시되어 있다. 현대 어린이들은 '말과 문자로 의사소통하는 것뿐만 아니라 숫자, 이미지, 연극, TV, 라디오, 영화, 게임, 신문, 컴퓨터 미디어, 마트, 식당, 백화점' 모두 의미를 내포한 상징 혹은 사인을 내포한 환경에 둘

> **교육표준과 교수**
> 미국유아교육협회(NAEYC)에서 제시한 윤리 강령을 www.naeyc.org에서 보라. 이 강령이 유아교사로서 가르치는 데 어떻게 반영되어야 하는가?

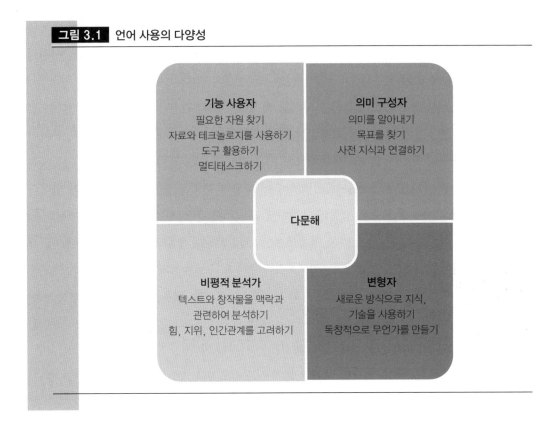

그림 3.1 언어 사용의 다양성

기능 사용자
필요한 자원 찾기
자료와 테크놀로지를 사용하기
도구 활용하기
멀티태스크하기

의미 구성자
의미를 알아내기
목표를 찾기
사전 지식과 연결하기

다문해

비평적 분석가
텍스트와 창작물을 맥락과
관련하여 분석하기
힘, 지위, 인간관계를 고려하기

변형자
새로운 방식으로 지식,
기술을 사용하기
독창적으로 무언가를 만들기

러싸여 있어서 이를 사용해야 한다(Berghoff, 1997, p. 316). 현대 어린이들은 어떠한 시대의 어린이들보다 상징을 소비하고 창출하여 다양한 상징체계를 자유자재로 사용할 수 있어야 한다(Leland & Harste, 1994).

어린이의 삶은 Genishi(1988)가 "언어는 개인의 정체감과 사회생활과 깊게 관련되어 있다. 내가 말하는 것을 듣는 청자는 나의 출생지, 직업 그리고 기분 상태 등에 대하여 알 수 있다." (p. 78)라고 하였듯이 언어 사용능력과 밀접하게 관련되어 있다.

따라서 언어를 학습한다는 것은 학업성취 이상을 의미한다. 언어는 사회적 도구이며 사실 언어만큼 사회적 상호작용에 의하여 학습되는 종류도 없다(Fillmore, 1997). 이는 고립, 유기 혹은 학대 등을 받은 어린이는 거의 말하기 능력을 배우지 못하는 것을 봐도 그렇다. 좁은 공간에 갇혀서 사람과 상호작용을 거의 경험하지 못한 지니를 그 예로 들 수 있다(Fromkin, Rodman, & Hyams, 2006). 평균 정도의 지능을 가진 지니가 구조된 이후 집중적으로 언어 지도를 받았지만 독립적으로 의사소통할 수 있도록 회복되지 못하였다. 인생 초기에 언어와 사회적 상호작용의 기회를 박탈당한 지니는 결국 요양원에서 지내야 하였다. 영화 *Nell*에 나오는 주인공과는 다르게 지니처럼 어린 시절에 언어경험을 박탈당한 경우에는 회복이 거의 어려워서 시설에서 생활하게 된다.

언어는 그 자체를 알아듣고 사용해야 하기도 하지만 언어가 다른 학습의 도구가 된다는 점이 언어를 숙달한다는 것의 어려움을 분명하게 한다(Egan-Robertson & Bloome, 1998). 유아기에 가장 빠른 속도로 언어발달이 이루어지므로 이 시기에 필요한 지원과 상호작용을 경험하지 못하면 되돌릴 수 없는 결과를 낳는다. 언어학습에 타고난 능력을 가지고 있는 유아라 하더라도 필요한 사회적 지원과 교육적 경험이 부재하면 그 결과는 비극적이다. 언어 사용에서의 어려움과 지체는 학업성취에서의 어려움 이상으로 유아의 발달에 영향을 미친다. 예를 들어, 자신의 불만을 언어로 표현할 수 없는 유아는 공격적 행동으로 표출하게 된다. 자신의 욕구를 충분하게 소통할 수 없는 유아는 침묵으로 응하기도 한다. 읽기를 배우는 것을 어려워하는 어린이는 다른 교육적 시도도 포기할 가능성이 크다. 이와 같은 이유로 유아교사는 발달 초기에 언어능력 발달이 최대한 이루어질 수 있도록 책임감을 가져야 한다.

다음은 모든 언어에서 공통적으로 보이는 특징을 정리하였다.

- 언어는 의사소통을 목적으로 한다. 언어는 메시지를 주고받게 한다. 메시지란 생각, 감정, 아이디어 그리고 가치가 말과 글에 의하여 담겨진 것이다.

- 언어는 추상적이다. 언어는 무엇인가를 소리, 글, 동작, 혹은 상징으로 나타낸 것이다. 이는 수화, 영어, 프랑스어, 한국어 모두 마찬가지이다. 언어가 추상적이기 때문에 이것이 사물, 사건 그리고 맥락을 가리키든 상관없이 현재, 과거 혹은 미래를 가리킬 수 있다.

- 언어는 규칙이 있다. 말의 순서, 뜻 그리고 조성에 있어서 모든 언어는 나름의 규칙을 가지고 있다.

- 언어는 사회적 상호작용을 위한 것이다. 아기가 말로 상호작용하기 전이라도 울음, 동작 그리고 다양한 소리로 타인과 상호작용을 한다. 언어는 다른 사람과 상호작용을 원활하게 한다.

- 언어는 가상적 상황에 대해서도 소통할 수 있다. 언어는 유한한 형식을 가지고 있지만 존재하지 않는 것에 대하여 무한하게 언급할 수 있다. 환상그림책 작가의 작품이 그 예가 될 수 있다.

이상에 언급된 언어의 특징에 대하여 잘 생각하면서 아래에 소개된 야곱의 사례를 보도록 하자.

가족 및 지역사회와의 협력

4세 담임인 콘웨이 선생님 반에는 태어날 때부터 장애로 인해 말을 못하는 야곱이 있다. 선생님은 야곱의 가족뿐만 아니라 언어치료사, 사회복지사 그리고 특수교사 총 3명의 전문가와 협력하여 야곱에게 필요한 지원을 제공하고자 하였다.

콘웨이 선생님은 가정방문을 하여 부모와 상담하고 가정 환경에서 야곱을 관찰하였다. 그 결과 야곱에게 바로 보조공학 기기를 지원해야 한다는 판단을 하게 되었다(Judge, 2006; Mistrett, Lane, & Ruffino, 2005). 보조공학 기기란 장애인의 기능을 향상시키기 위한 모든 종류의 도구를 말한다(Individuals with Disabilities Education Improvement Act, 2004). 보조공학 기기를 사용하면 혼자서는 어렵거나 불가능한 기능을 할 수 있다(Parette, Peterson-Karlan, Wojcik, & Bardi, 2007). 보조공학 기기는 연필을 잡는 데 도움이 되는 것과 같은 간단한 것에서부터 전동휠체어 같은 고급 테크놀로지의 기기까지 있다(Parette, Blum, & Boeckmann, 2009). 콘웨이 선생님 팀은 에이블넷(www.ablenetinc.com)의 가이드라인을 참고하여 유아의 언어발달을 보조하는 기기를 조사하였다(Center for Technology in Education Technology and Media Division, 2005; Watts, O'Brian, & Wojcik, 2004).

> **뇌와 언어**
>
> PBS 방송국에서 상영한 *The Brain* 에 의하면 체내에서 수정된 지 4주가 되면 뇌 세포는 매 분마다 약 25만 개가 생성된다. 뇌신경과 관련된 교육에 대하여 더 많은 정보를 얻고자 하면 Research Network on Early Experience and Brain Development(www.macbrain. org)를 참고하라.

야곱은 특수 컴퓨터를 활용하여 소리를 증폭시키고 전환하는 보조공학 기기가 필요하였다. 이는 키보드를 치며 합성기에 의하여 단어 혹은 문장이 소리로 나오게 된다. 이것이 가능한 시스템은 다양하므로 팀은 무엇이 최선인가를 결정해야 했다. 언어치료사가 몇 개의 보조기기를 가져와서 시험 사용을 보여 주었다. 가족이 특정 공학기기를 선택하였으나 이번에는 가격의 문제를 해결해야 했다. 학교에 근무하는 사회복지사가 이 기기를 개발한 대학 연구소에 연락하여 지원 방법을 문의하였다. 지역 청년상공회의소가 지원금 모금에 참여하여 야곱에게 기기가 전달되었다. 야곱은 특수교사의 개별 지도를 통해 이 기기로 의사소통하는 법을 배우게 된다.

미국 개별화 교육 프로그램(IEP)과 개별화 가족 프로그램(IFSP)에 의하여 야곱의 금년 교육 목표는 이 기기를 이용하여 의사소통하는 것이다. 이 목표를 달성하기 위하여 먼저 하나의 아이콘으로 소통하는 법을 배우고 그다음 2개의 아이콘을 연결, 조합하여 소통하는 법을 배운다. 결국에는 문장의 형식으로 소통하는 법을 배우게 될 것이다.

콘웨이 선생님은 "야곱에게 제공된 보조공학 기기가 세상을 바꿀 수 있다는 것을 알게 되었습니다. 이 기기는 야곱의 학업을 도울 뿐만 아니라 사회정서 발달에도 큰 역할을 합니다. 전문가, 지역사회와 협력하는 과정을 통해 저도 많이 성장하였습니다. 특수유아들에게 도움을 주기 위하여 앞으로도 열심히 노력할 것입니다."라고 하였다.

기여와 결과

- 교사의 기여 : 야곱을 지원하기 위하여 교사는 어떻게 기여하였는가?
- 가족의 기여 : 가족은 야곱을 어떻게 지원하였으며 야곱의 문해발달을 위하여 어떠한 참여를 하였는가?
- 전문가의 기여 : 야곱과 그 가족을 지원하기 위하여 전문가들은 어떻게 기여하였는가?
- 협력의 결과 : 여러 분야의 사람들이 서로 협력하지 않았다면 그 결과는 어떻게 되었겠는가?

유아는 의사소통을 어떻게 배우는가

유아는 의사소통하는 데 비언어적인 것과 언어적인 것 두 가지를 활용한다. 비언어적인 것을 준언어(paralinguistics)라고도 칭하는데 얼굴 표정, 몸짓, 손동작, 목소리 억양(Menyuk, 1988)이 그 예로 이것도 의사소통의 도구가 된다. 아직 언어적으로 의사소통할 수 있는 수준이 안 되었을 때 준언어는 유아의 언어발달에 중요한 역할을 한다. 예를 들어, TV 전원을 켜지 않도록 계속 교육을 받은 아기는 전원을 만지면서 장난기 어린 표정으로 어머니를 바라본다. 이때 어머니가 고개를 좌우로 흔들며 굳은 표정을 지으면 아기는 그 행위를 그만둔다. 어머니는 한 마디의 말도 하지 않았지만 어머니와 아기 사이에는 의사소통이 이루어졌다.

2세 케이티가 비언어와 언어 두 가지를 사용하여 의사소통하는 과정을 예로 들어 보자. 케이티는 세 마리의 펭귄이 건전지의 힘으로 계단을 올라가서 미끄러져 내려온 뒤 빽빽 소리를 내는 장난감을 보고 있다. 케이티는 펭귄 장난감을 손가락으로 가리키며 "새! 새!"라고 한다. 기대하는 목소리와 표정으로 "볼래?"라고 한다. 자신의 손 앞에 장난감이 놓여지자 "만져?"라고 한다. 케이티는 용하게 펭귄 한 마리를 들어 올려 자세히 관찰한 이후 다시 원래의 자리로 돌려놓는다. 케이티는 자신이 펭귄의 움직임을 멈추었다가 다시 작동시킨 것에 무척 만족해하며 손으로 자신의 가슴을 치며 "했어?"라고 한다.

위의 케이티의 행동은 생후 2년 동안 아기들이 보여 주는 언어발달의 놀라운 과정을 잘 드러낸다. 갓 출생한 아기는 울음으로만 의사소통하였던 수준을 생각하면 이 짧은 시간에 어떻게 이만큼의 발전을 이룰 수 있을까? 또한 케이티가 5세가 되었을 때의 의사소통 능력과 초등학교 2학년이 되었을 때의 능력을 상상하면 그 과정이 무척 신기하다.

의사소통은 발신자, 메시지, 메시지 발신의 도구, 수신자 그리고 메시지 맥락이 관여된다. 어린 유아는 이러한 요소를 구사하며 의사소통의 과정을 학습하게 된다. 3세 로렌이 부모님의 친구를 처음 만났을 때의 상황을 보자. 부모님의 친구들이 집을 방문했을 때 로렌은 먼저 커튼 뒤로 숨어 있다가 친구가 앉아 있는 의자 뒤로 숨었다. 로렌의 어머니는 "로렌은 낯선 사람 앞에서 부끄러움을 많이 타요. 그 행동을 다 이해할 수는 없어요."라고 하였다. 로렌은 의자 뒤에서 나오더니 친구의 목걸이를 부러운 듯한 눈으로 바라보다가 아주 완벽한 발음과 단호한 목소리로 "나 저것 하고 싶어."라고 하였다.

위의 예는 의사소통 과정을 잘 보여 준다. 로렌은 메시지 발신자이고 "나 저것 하고 싶어."가 메시지이며 말은 메시지의 도구이고 수신자는 어머니의 친구이며 거실은 물리적 맥락이고 처음 만난 부모의 친구가 사회적 맥락이다.

두 사람이 소통하고 있을 때 발신자는 메시지를 보내면서 수신자의 반응을 기대한다. 아기가 우는 것은 누군가가 와서 자신을 돌보아 주기를 바라기 때문이다. 종이컵 전화기를 가지고 이야기를 하는 유아는 컵의 저편에서 듣는 이가 응답해 주기를 기대한다. 조부모님께 문자메시지를 보낸 어린이는 조부모님으로부터 답이 오기를 기대한다. 따라서 인간 간의 의사소통은 "메시지 발신자는 누군가로부터의 응답을 바라는 것이다"(Johnson, 1972, p. 11).

언어는 인류만의 독특한 특징인가에 대하여 과학자들은 오랜 기간 동안 논쟁해 왔다. 동물들도 시각, 소리, 냄새, 맛, 접촉과 같은 감각적 방법으로 서로 소통한다는 것은 의심할 여지가 없다. 새가 아침에 울음으로 짝을 부르고 고양이 새끼는 냄새, 맛과 감촉으로 어미 고양이를 찾아낸다.

그러나 꽤 정교한 의사소통 체계를 가지고 있다고 하는 돌고래조차 인간과 같은 의사소통을 한다고 인정하기는 어렵다. 고릴라 코코는 미국 수화를 배웠고 어린이들이 좋아하는 그림책의 주인공 역할도 하였다. 코코는 매우 머리가 좋고 자신이 고양이를 만지고 싶다는 표시를 할 정도로 소통능력이 있었지만 인간에 비하면 코코의 언어 수준에는 한계가 있어서 가지고 있던 소통기술조차 사람이 계속 강화하지 않으면 상실하였다. 계속적으로 훈련을 받았음에도 코코의 의사소통 능력은 3세 유아의 수준에 훨씬 미치지 못하였다.

언어를 구성하는 요인

인간의 언어는 4개의 요인으로 구성되어 있다. 언어를 습득하는 것이 복잡하고 어려운 것은 이 4개의 요인에 동시에 주목해야 하기 때문이다. 그림 3.2에 4개의 구성요인이 제시되어 있다.

화용론

화용론은 언어의 사회적 맥락을 의미한다. 발화자가 청자에게 무엇에 대하여 무엇으로, 어떻게,

그림 3.2 인간 언어의 구성요인

요인/정의	행동
1. 화용론 • 언어의 상호작용 체계에 대한 이해 • 사회적 맥락에 맞는 언어 사용	언어의 사회적 의미에 대한 이해 • "도와주세요."는 위급상황에서 이목을 집중하고 도움을 얻을 수 있음을 앎 • "제발", "감사합니다." 등을 사용함
2. 의미론 • 언어의 의미체계에 대한 이해 • 의미가 있는 언어 산출	의미에 대한 이해 • "잘 가."는 헤어질 때 사용함 • '트럭'은 트럭이 지나갈 때 사용함
3. 구문론 • 언어의 문법체계에 대한 이해 • 형식에 맞는 언어 산출	구조에 대한 이해 • 2개 이상을 나타낼 때 '-들'을 사용함 • 질문을 할 때 "먹습니다."라고 말하는 것이 아니라 "먹습니까?"라고 함
4. 음운론 • 언어의 소리체계에 대한 이해 • 소리에 맞는 언어 산출	소리에 대한 이해 • '가방'과 '가위'의 차이를 앎

출처 : Levin, 1983.

언제, 어디서 말하느냐와 관련이 있다(Hymes, 1971). 공손하게 말하는 것 혹은 무례하게 말하는 것 그리고 대화 중의 순서, 침묵의 어색함 혹은 대화가 상호 간에 잘 이해되지 않을 때 이해될 수 있도록 반복하거나 교정하는 것이 모두 화용론을 의미한다. 영어에서는 구분이 되지 않으나 한국어에서는 '너'는 친숙한 사람에게 사용하고 '당신'은 형식적인 관계에서 사용한다. 대화자 상호 간의 물리적 거리에 대한 것도 화용론에 포함되는데 영어권에서는 사적 영역을 침범하여 말을 하는 것은 무례한 것으로 간주한다. 또한 대화 중 눈 맞춤은 정직이나 자신감을 나타내고 손가락으로 가리키거나 신체를 접촉하는 행동을 하는 데 적절한 맥락이 있고 그렇지 않은 맥락이 있음에 대한 이해도 화용론에 포함된다.

화용론의 예는 무언가 의견이 다름을 표현할 때 상대자가 직장 상사, 부모, 친구 혹은 유아인 경우 사용하는 언어가 달라지는 것에서도 찾을 수 있다. 유아는 또래와 상호작용할 때는 편안하게 말하지만 상대가 어른이 되면 좀 더 예를 갖춘 표현을 사용할 수 있어야 하는데 이것이 언어습득 과정의 어려운 점이다(Ehrlich, 2011).

언어의 사회적 측면에 대한 유아의 지식에 대한 평가는 그들이 놀이할 때 관찰을 통해 할 수 있다. 다음의 예는 2명의 여자 유아가 장난감을 가지고 노는 장면이다. 침실, 욕실, 부엌 등이 장치된 가정집 놀잇감과 책상과 의자 등 교실 놀잇감을 가지고 마리아는 선생님과 엄마의 역할을, 루안은 어린이의 역할을 하며 놀고 있다.

마리아 : (선생님 역할을 하며 권위적인 목소리로) 자, 얘들아 (다시 원래의 목소리로) 애들끼리 말하고 있다고 하자. 교실에서 껌을 씹으면 안 돼요!

루안 : (바보 같은 목소리로) 쩝, 쩝, 쩝! (인형 장난감을 들면서) 정말 재미있어요. 선생님, 지금 집에 가고 싶어요. 기분이 안 좋아요! (집으로 인형을 옮기며) 엄마, 엄마! (다시 학교로 옮기며) 다시 왔어요! 감기에 걸렸어요, 에취! (집으로 인형을 옮기며) 엄마, 다녀왔습니다!

마리아 : (엄마 역할로 바꾸며) 목욕하자!

루안 : (인형을 욕조에 넣으며) 엄마 다했어요! 에취, 에취, 에취! 감기로 3명이 결석했대요!

마리아 : (엄마 역할을 하며) 침대에 가만히 누워 있거라.

루안 : 그렇지만 엄마! 오, 엄마, 엄, 엄, 엄, … 엄마! (교사가 정리 시간임을 알린다.)

의미론

말과 글의 뜻에 관한 것이 의미론이다. 유아는 어른과 다르게 의미를 분류하고 구분한다(Carroll & Myers, 2011). 이는 같은 단어라도 사용되는 맥락에 따라서 의미가 다를 수도 있고 유아가 그 단어를 경험하는 상황이 다양하기 때문이다. 예를 들어, 3세 리의 경험을 보자. 저녁 밥상에 하얀 색의 삶은 감자가 있다. 맛은 담백하고 질감은 부드럽다. 아버지가 "감자의 맛은 어떠니?"라고 묻는다. 다음 날 온 가족이 식당에서 감자그라탕을 먹었다. 감자그라탕은 부드럽고 주황색 물질로 덮여 있다. 어머니가 리에게 "감자 맛있지?"라고 한다. 토요일에 마트에 가서 리는 한 아주머니가 흙이 묻고 동그랗게 생긴 물건을 짚으며 "감자 좀 사 가자."라고 말하는 것을 듣는다. 몇 주 후 리는 친척 집을 방문했는데 사촌들이 뜨거운 감자(Hot Potato)라는 게임을 하는 것을 본다. 고모가 오더니 "점심 먹자, TV 그만 보고 얘들아(couch potato)!"라고 하였다. 이렇듯 '감자'라는 하나의 단어는 여러 가지 상황에서 여러 가지 의미를 가지고 경험되기 때문에 언어의 의미를 습득하는 과정은 시간이 걸리며 그 과정에서 성인이 의미하는 것과 다르게 유아에게 경험될 수 있다.

유아가 보여 주는 언어의 의미습득의 오류는 크게 세 종류이다. 첫째 정확한 의미를 몰라서,

타인과 소통하는 법을 배우는 것은 유아기에 성취해야 하는 과제 중 하나이다.

둘째 단어의 중의적 의미를 몰라서, 셋째 단어의 뜻을 다른 단어와 혼동하는 것이다. 먼저 단어의 의미를 모르는 것의 예를 들어 보자. 집 마당에서 모래놀이를 하고 있던 안나가 큰 언니를 부른다. "언니, 언니, 여기 큰 벌레가 있어. 도와줘! 벌레가 나를 물 것 같아." 큰 언니는 "벌레는 물지 않으니까 걱정마.", "아니야, 시꺼먼 게 커다래. 머리도 크고, 나를 보고 있어."라고 안나가 대답한다. 큰 언니가 위에서 내려와 보았더니 30cm 길이의 뱀이다. 큰 언니는 소리를 지르고 동생을 데리고 안으로 들어간다. 안나는 뱀이라는 단어를 모르고 있었던 것이다.

중의적 의미를 몰라서 하는 오류란 중의적 혹은 **관용표현**을 잘 모르는 경우이다. 소파에 앉아 TV만 보는 사람을 카우치 포테이토라고 하는데 이 뜻을 몰라 이것이 감자를 뜻한다고 이해하는 것과 같다. 뜨거운 국물을 먹으며 "시원하다."라고 하는 것을 말 그대로 찬 음식인줄 알고 먹었다가 뜨거운 맛을 보고서 "왜 거짓말 하느냐?"라고 반응하는 것이 그 예가 된다.

단어의 뜻을 깨우쳐 가는 중 유아가 보이는 오류로서 다른 것과 혼동하는 것은 유아가 새로운 단어를 들을 때 나름 그 뜻을 이해해 보고자 하는 시도를 하기 때문이다. 이 과정에서 유아는 새로운 말을 만들기도 한다. 예를 들어, 가족 모임에서 코울슬로(cole slaw)*를 다 먹고 더 먹고 싶은 아니타는 "콜드 스롭(cold slop) 더 주세요."라고 한다. 아니타가 표현한 콜드 스롭이 어쩌면 코울슬로를 더 잘 표현한 것인지도 모른다. 유아들이 언어를 배우는 과정에서 새롭게 만들어 낸 단어를 **형태어**(idiomorphs)라고 하는데(Neuman & Neuman, 2012) 이렇게 독창적으로 창안하는 것은 어린이들이 적극적인 '의미 구성자'라는 것을 보여 준다(Wells, 2011).

구문론

구문론은 언어의 규칙 혹은 문법에 관한 것이다. 5세 미키는 언어의 규칙을 알고 있음을 다음의 예에서 드러내고 있다. 미키는 여러 개를 나타내는 말을 친구에게 "빅키, 있잖아, 많은 것을 나타낼 때, 1개 이상을 나타낼 때는 끝에 *s*를 붙이는 거야."라고 설명한다.

단어가 배치되는 순서도 구문론에 해당된다. 영어에서는 대개 명사가 동사 앞에 놓인다. 과거에 일어난 일을 이야기 할 때에는 *-ed*를 붙인다. 동사의 규칙 변화 이외에 불규칙 변화가 있다는 것도 알아야 한다. 즉 *go*는 *goed*가 아니라 *went*임을 알아 간다.

구문론에 대한 지식을 얻는 중 유아들은 **과잉 일반화**를 한다. 즉 규칙이 적용되지 않는 예외

---

* 역자 주 : 닭튀김을 먹을 때 곁들여 먹는 것으로 잘게 썬 양배추를 새콤달콤하게 양념한 것이다.

가 있음을 습득하기 전, 예를 들어 *foot*을 *feet*가 아닌 *foots*로, "She teached us animals."로 표현하는 것이다. 영어에는 불규칙이 많아서 습득에 어려움이 있는 것인데 어린 아이들이 이러한 것을 큰 노력 없이 습득해 가는 것이 놀랍기도 하다.

음운론

음운론은 글자와 말소리를 구성하는 소리의 단위에 대한 지식 그리고 소리와 그것을 표기하는 글자에 대한 지식을 말한다. 대부분의 아기들은 성인보다 말소리의 차이에 대하여 민감하다. 빨면 소리가 나는 인공젖꼭지를 아기에게 물릴 때 같은 소리가 계속 반복되면 아기들의 빠는 속도가 느려지다가 다른 소리로 바뀌면 빠는 속도가 빨라진다는 실험관찰 보고가 있다. 아기들의 이러한 행동은 아기가 익숙한 소리와 새로운 소리의 차이에 대하여 인식하였다는 것을 증명한다(Trawick-Smith, 2009).

유아가 제2언어를 배우면 모국어 악센트의 영향을 받지 않으나 성인은 그렇지 않다. 예를 들어, 일본어를 사용하는 성인은 영어의 *l*과 *r*의 발음 차이를 구분할 수 없지만 아기는 그렇지 않다.

유아는 언어를 배우면서 계속 모국어 발음을 탐색한다. 다음은 5세 마크가 블록놀이를 하면서 말소리 탐색을 하고 있는 예이다.

하나, 둘, 셋. (블록을 집으면서 수를 센다.) 이 위에 블록 3개를 더 얹으면 무너질까? (지붕 위에 블록을 더 얹고 있다. 하나를 더 얹자 블록이 무너진다.) 우우우우! 왜 무너지는 거야? (블록 얹기를 계속하는데 이번에 더 빨리 무너진다.) 이제 그만하자. (블록 얹기를 그만두고 장난감 자동차를 쥔다.) 자 달려 볼까? 부르르릉! (차를 달리면서 자동차 소리를 낸다.) 안녕, 샌디! 안녕, 빌! 아이스크림 사 먹으러 가자. 그래. 부르르릉, 자 다 왔어. 끼익! 자, 내리자. 나는 제일 큰 아이스크림을 먹을 거야! 그래. 아가씨, 다섯 숟가락만큼 주세요. 고마워요. 자, 샌디, 여기 있다. 나는 여섯 숟가락 주세요. 고마워요. 자, 이제 갑시다. 부릉! (주유소에 온 듯 주유를 한다. 좀 낮은 목소리로) 기름 좀 넣어 주세요, 아가씨. (여자 목소리로 바꾸면서) 알겠어요. 빌리, 기름 넣는 동안 껌 좀 사 주세요.

마크는 놀이를 하면서 사물이 내는 소리를 흉내 내고 어른이 하는 말을 흉내 내고 여자, 남자에 따라 목소리를 바꾼다. 또한 '우우우우' 혹은 '부르르릉' 같은 소리를 낼 때는 성대를 울리면서 떠는 소리를 낸다. 상대방에게 지시를 할 때와 스스로에게 말할 때는 서로 다른 톤으로 말한다. 또한 강조하고 싶을 때는 악센트를 주고 단어, 구 혹은 문장과 문장 사이에는 쉼을 준다. "좋아, 빌리, 내게 껌을 사 줘."라고 말할 때 빌리는 '껌'을 강조하면서 "좋아."라고 말한 뒤 잠깐의 쉼을 준다.

컴퓨터가 내는 말소리와 사람이 내는 말소리의 차이가 이런 점에 있다. 컴퓨터가 내는 말소리는 억양이 없어 현실감 있게 들리지 않고 의미 전달이 잘 되지 않는다. 마크는 성장하면서 자신의 말소리와 글자의 단위를 연결시키는 법도 배우게 될 것이다. 이 과정에서 마크가 어려워할 수 있는 부분은 '부르르릉'처럼 성대에서 나는 소리를 글자로 표현하는 것이다.

언어를 구성하는 네 가지 요소를 잘 이해하고 있는 교사가 유아의 언어발달을 도울 수 있다.

언어발달 과정의 개관

몇 세가 되어야 말을 한다고 할 수 있을까? 미국에서는 아기가 '마마' 혹은 '파파'라고 하기 시작하면 말을 한다고 인정한다. 미국에서는 대부분의 아기가 돌 무렵이 되면 이런 발화를 하기 시작한다. 아래에 단계별 언어발달의 과정이 기술되어 있다.

전언어기(prelinguistic speech)는 비언어적으로 소통을 하는 시기를 말한다. 5개월 아기는 모국어와 비슷한 음절의 발화를 한다. '어'와 같은 모음 위주로 목젖소리를 내고 자음과 모음이 연합된 '마', '타', '다'로 옹알이를 한다. 11개월 아기는 '마', '바', '타'와 같은 음절을 서로 연결하여 마치 단어로 말하는 듯하다. 이 소리는 영어처럼 들리지만 사실 실제 단어를 말하는 것은 아니다. 이처럼 말소리 비슷하게 아기가 내는 소리를 **표현용어**(expressive jargon)라고 한다.

그림 3.3에는 아기의 월령별 언어발달의 특징이 제시되어 있다(McCormick, Loeb, & Schiefelbusch, 2002). 언어발달의 일반적 특징에 대한 이해는 비전형적인 발달을 보이는 아기에 대한 이해를 도울 것이다. 주의할 점은 일반적 특징이 '평균 이상', '평균' 혹은 '평균 이하'의 기준으로 사용될 수 없다는 것이다. 교사의 역할은 특정한 월령에 준하여 아기의 능력을 평가하는 것이 아니라 아기가 가진 능력이 더 발현되도록 지지하는 데 있다.

13개월 된 아기가 여전히 옹알이와 같은 표현용어를 많이 사용한다 하더라도 이 중에는 '마마', '다다' 혹은 '키콧(키티 캣)', '부바(바틀)'와 같은 언어표현이 있을 수 있다. 한 단어로 아이디어를 표현하는 시기를 한단어기(holophrase)라고 한다. 13~15개월에는 대략 10개의 단어를 발화한다. 초기에 발화하는 단어는 주로 가족, 애완동물, 음식 그리고 장남감처럼 아기가 직접 경험하는 것들이다(Nelson, 2007). 사물뿐만 아니라 '위', '안녕'처럼 동작에 관한 단어도 있고

그림 3.3 영유아 언어발달 시간표

최초의 의사소통은 울음으로 한다.
울음의 강도, 쉼, 호흡의 길이에 따라서 의미가 다르다.

신생아기를 벗어나면 소리를 내고 몸짓을 한다. 입에서 "우우우", "아아아"를 낼 수 있다. 4~5개월이 되면 뒷 목젖을 사용하여 자음 소리를 낸다. 12개월에 자음과 모음을 연결하여 "마마마마" 같은 아기들만이 내는 특이한 소리를 낸다. 6~12개월 아기가 내는 소리는 절반이 울음소리이고 나머지는 이러한 소리이다.

12개월이 넘어선 걸음마기 아기는 자신이 낼 수 있는 말소리보다 이해하는 능력이 훨씬 앞선다. 한 단어로 타인이 알아들을 수 있는 발화를 한다.

돌부터 3세까지는 명사와 동사로만 연결하여 전신어를 주로한다. 발화하는 능력보다 이해하는 능력이 약 4배 정도 앞선다. 2세 아기는 물음에 답하는 것처럼 묻고 답하는 순서대로 대화를 할 수 있게 되나 2번 이상 순서를 바꾸어 대화할 수 있는 능력은 아직 없다.

출처 : McCormick, Loeb, & Schiefelbusch, 2002.

혹은 놀이 때 '까꿍'처럼 사회적 놀이에 관계된 것들도 포함된다. 또한 '나쁜', '예쁜'처럼 묘사어도 사용할 수 있고 '뭐야'처럼 정보를 얻는 데 사용하는 표현도 할 수 있다. 아기의 발음은 특이하여서 '민국'을 '꿍이'라고 하여 이것이 아기의 별명이 되기도 한다.

아기가 발화하는 단어의 수가 많아지면 아기들은 단어를 2개 이상씩 연결하여 말하기 시작한다. 2세와 3세가 함께 노는 것을 잘 들어 보면 "빌리 울어."라고 말하는데 이는 "선생님, 빌리가 울고 있어요. 도와주세요."라는 의미를 담고 있다. 혹은 "책을 읽어 주세요."라는 말을 "책 봐.", "지금 점심 먹을래요. 내 샌드위치 주세요."를 "포샤 새믹", "나도 밖에 나가서 형들과 놀래요."는 "나도 갈래."라고 표현한다. 이렇듯 전달하고자 하는 메시지의 핵심 단어로 말하는 것을 전신어(telegraphic speech)라고 한다. 이는 비용을 아끼기 위하여 최소한의 단어로 메시지를 전달하는 전보와 비슷하다. 혹은 휴대폰의 문자메시지도 최소한으로 표현하듯이 아기들도 자신의 뜻과 욕구를 전달하기 위하여 주로 명사와 동사를 사용하여 가장 간결하게 표현한다.

전신어는 보조 동사 혹은 동사 어미 변화 혹은 전치사, 대명사를 생략하는 것이다. 2세경이 되면 전신어 때는 생략되었던 문장 구성에 필요한 것들이 표현되기 시작한다. 예를 들어, 이웃의 어른이 함께 산책을 가겠냐고 두 살 아기에게 묻자 아기는 자기 엄마를 먼저 가리키고 그다음 자신을 가리키면서 "엄마가 락하면(My ask my mommy my'llowed)"라고 말한다.

아기는 나이를 먹어 가면서 어른이 말하는 것과 유사하게 말하게 된다. 문장을 표현하는 데 필요한 여러 가지 문장요소를 빠뜨리지 않고 불규칙한 접두사와 접미사도 사용하게 된다. 이런 중에도 시간을 나타내는 말(어제, 뒤, 그때), 이유를 나타내는 말(왜냐하면, ~하니까), 양(조금, 덜, 많은) 같은 논리적 관계를 지칭하는 말들을 사용하는 데 혼란과 오류를 보인다(McCormick et al., 2002). 아직 오지 않은 내일을 가리키면서 "어제 생일파티가 있죠?"와 같은 오류는 어린 유아들에게서 흔히 볼 수 있다.

그림 3.4는 출생부터 8세까지 단계별 언어발달의 특징을 기술하였다. 이 자료를 볼 때 주의할 점은 이것을 연령별 언어발달의 표준적 기준으로 삼아서는 안 된다는 것이다. 유아의 연령은 특정 유아의 언어발달을 이해하는 데 있어 하나의 정보이지 모든 정보는 아니라는 것을 기억해야 한다. 그림 3.5는 의사소통에 어려움을 보이는 자폐아를 지도하는 방법에 대하여 제시하고 있다.

연령별 언어행동은 특정 유아가 습득한 언어능력의 정도에 대하여는 알려 주지만 그러한 발달과 학습이 어떻게 왜 일어났는지에 대하여는 알려 주지 않는다. 이것이 많은 이론가들에게는 흥미로운 질문이 되어 왔다. 이에 대한 설명으로 유전을 강조하는 이론가도 있고 환경을 강조하는 이론가도 있으며 두 가지 간의 상호작용을 강조하는 이론가도 있다.

그림 3.4 언어발달의 단계별 특징

1단계(출생~11개월) : 전언어기 — 말소리와 비슷하나 단어는 아님	• 출생 : 울음으로 의사표현을 함 • 2주 : 울음은 감소하고 의미 없는 몸짓과 목젖소리를 냄 • 6주 : '꾸욱', '꺼억', '이이' 같은 목젖소리가 남 • 2개월 : 미소로 의사표시를 함 • 3~6개월 : '마', '다', '파'처럼 자음과 모음을 연결하여 옹알이함 • 6~9개월 : 말소리 비슷한 소리를 내기도 하지만 우연하게 내는 소리이며 '아-바-다'처럼 몇 개의 음절을 연결하여 반복하여 소리를 냄. 울음이 아닌 소리로 감정을 나타냄 • 9~11개월 : 소리를 의지적으로 따라 하고 단순한 지시를 알아듣기도 하며, 말소리를 따라 하는 옹알이 혹은 표현언어가 많이 나타남
2단계(1~2세) : 한단어기	• 12개월 : 한 단어로 메시지를 나타내고 약 3~6개의 단어를 발화함 • 12~18개월 : 말소리와 거의 흡사한 억양을 표현하며 명사를 많이 사용함 – 어휘량 : 약 3~50개 – 사회적 소통 : 자신의 말을 상대방이 못 알아들으면 짜증을 내지만 이해시키려고 하는 노력을 보이지 않음
3단계(2~3세) : 둘 이상의 단어를 조합	• 2세 : 이해능력이 현저하게 증가하고 전신어로 표현함 – 어휘량 : 50~200개 정도 – 사회적 소통 : 먼저 대화를 시작할 수 있고 물음에 답하는 대화를 할 수는 있으나 2번 이상으로 주고받지는 못함 • 3세 : 급격하게 발달이 이루어져서 매일 새 어휘를 습득 – 어휘량 : 200~300개 정도 – 사회적 소통 : 대화를 하려고 하는데 상대방이 자신을 이해하지 못하면 짜증을 냄. 익숙하지 않은 성인과 대화하는 능력이 향상됨
4단계(4~6세) : 완성된 문장을 사용	• 4세 : 발음이 정확해지고 문법적 표현도 향상됨 – 어휘량 : 1,400~1,600개 – 사회적 소통 : 상대가 자신을 잘 이해하지 못하면 새로운 정보를 추가하거나 다른 표현을 사용하여 이해시키려는 노력을 함. 또래와 갈등은 말로 해결할 수 있고 놀이에 초대하는 것으로도 해결됨 • 5~6세 : 복잡한 문장이라도 문법적으로도 바르게 말할 수 있음. 대명사, 과거, 현재, 미래 등의 표현이 가능하며 평균 문장에 약 6.8개의 단어를 사용함 – 어휘량 : 2,500개의 어휘를 표현할 수 있으며 이해할 수 있는 어휘는 6,000~25,000개임 – 사회적 소통 : 타인과 대화하는 방법을 잘 알고 있음
5단계(6세 이상) : 문자를 사용한 의사소통(읽고 쓰기)	• 6~7세 : 형용사를 사용해서 상태나 특징을 묘사할 수 있고 가정, 조건 등의 복잡한 문장표현이 가능하며 문장당 평균 7.6개의 단어가 사용됨 – 어휘량 : 약 3,000개 • 7~8세 – 사회적 소통 : 종속절, 꾸며 주는 절 등의 사용이 가능함

더 많은 정보가 필요하면 아동발달연구소의 언어발달 도표를 참고하라(http://childdevelopmentinfo. com/child-development/language_development.shtml).

출처 : Cruger, 2005; Dale, 1976; Loban, 1976; Maxim, 1989; McCormick, Loeb, & Schiefelbusch, 2002; Otto, 2008; Papalia, Olds, & Feldman, 2007; Tabors & Snow, 2001; Thal & Flores, 2001.

그림 3.5 자폐아 의사소통 부진의 일반적 특징

자폐증

자폐의 증상은 경증에서 중증까지 다양하나 공통적으로 의사소통, 사회적 상호작용에 문제가 있으며 상동행동을 보인다는 공통적인 특징이 있다. 자폐아 중에는 인지적으로 우수한 경우도 있으나 지능이 백분위 평균 55~75인 경우도 있으며 간질 증세를 보이는 경우도 있다. 1,000명 중 6명이 자폐 증세를 보이며 남아가 여아에 비하여 발병률이 4배가 높다(National Institute of Neurological Disorders and Stroke, National Institutes of Health, 2009). 자폐의 원인은 유전과 환경의 상호작용에 의한 것이라는 것 이외에는 정확하게 알지 못한다. 부모의 특정한 양육방식이 자폐의 '원인'이 되지는 않는다.

공통적인 자폐 증세

• 사람에게 관심이 없으며 눈 맞춤을 안한다.
• 신체적 접촉은 자극이 과하여 피한다.
• 시각, 청각, 촉각, 청각, 미각이 과도하게 예민하다.
• 익숙한 일과에 변화가 있으면 과도하게 싫어하고 폭발적인 불안감을 나타낸다.
• 몸을 가지고 같은 행동을 반복하고 물건을 같은 방식으로 진열하는 것을 반복한다.
• 혼자놀기를 좋아하고 가상놀이를 하지 않는다.

　자폐아는 여러 가지 영역에서 비정상 발달을 나타낸다. 언어발달에서는 말하기보다는 가리키기를 많이 사용하고 두 단어 연결은 또래에 비하여 늦게 시작하며 자신의 이름이 불려도 답하지 않고 자신을 가리킬 때 '나'라는 말이 아닌 자신의 이름을 사용한다. 또한 어떤 영역은 비상하게 발달하나 다른 영역에서는 발달이 현저하게 지체되어 영역 간 발달의 정도가 심하게 불균형하다.

　자폐아 부모는 아이가 18개월쯤부터 아이가 이상하다고 생각하다가 2세쯤 되면 도움을 찾기 시작한다. 어떤 자폐아의 경우는 1~2세까지는 별 문제가 없다가 발달이 갑자기 '퇴행'하여 언어 그리고 사회기술을 상실한다.

자폐아 진단의 지표

자폐아 진단은 여러 전문가의 협의에 의하여 아래의 지표에 근거하여 판정한다.

• 돌이 되도록 옹알이를 하지 않음
• 일반아의 14개월 정도에 나타나는 행동인 다른 사람의 주목을 끌기 위한 손가락으로 가리키기 행동이 없음
• 16개월이 되어도 한 단어 발화가 안 되거나 2세가 되어도 두 단어 연결이 안 됨
• 이름이 불려도 반응하지 않음
• 기술이 비정상적 순서로 습득됨
• 언어 혹은 사회기술의 상실
• 또래 친구 만들기가 어려움
• 다른 사람과 대화를 시작하거나 유지하기 어려움
• 특이한 표현 혹은 상투적인 표현을 반복 사용함
• 특정한 것에 대한 과도한 집중
• 위축 혹은 과도한 흥분
• 다른 사람이 보여 주는 친근감에 대해 무관심하거나 사람을 사물처럼 대함
• 다른 사람의 관점을 조망하거나 다른 사람의 동기를 이해하지 못함

자폐아의 언어 특징

• 대화를 시작하거나 유지하지 못함
• 말 대신에 몸짓에 과도하게 의존하여 소통함
• 언어발달이 느리거나 전혀 발달되지 않음
• 다른 사람이 보고 있는 사물을 자신의 관점이나 위치에서 조정해서 보지 않음
• 모방을 거의 하지 않음
• 자신을 가리키는 말을 혼동하여 사용함("나 물 줘."라는 말을 "너 물 줘."라고 함)
• 광고 문구 같은 것을 반복해서 말함
• 의미가 없는 말소리 반복을 함

(계속)

그림 3.5 자폐아 의사소통 부진의 일반적 특징(계속)

교사를 위한 제언

자폐아와 함께 있는 교사는 다음과 같은 노력이 필요하다.

• 자폐아는 반응이 느리기 때문에 질문을 한 이후에는 일반아보다 오래 기다려 준다.
• 자폐아는 언어능력이 떨어지고 반응도 느리기 때문에 설명을 하거나 지시를 할 때는 시각 자료 혹은 시범보이기를 한다.
• 또래와 상호작용을 어떻게 시작하고 답하는지에 대한 선생님의 모델링이 필요하다.
• 자폐아는 글을 읽을 때 의미는 모르고 해독은 정확히 할 수 있으므로 이해를 하고 있는지 자주 점검해야 한다.
• 자폐아는 장면, 소리, 옷 혹은 사소한 것에 의하여 쉽게 산만해지므로 시각적으로 상기시켜 주는 자료 등과 같은 주의집중에 도움이 될 수 있는 자료를 활용한다.
• 추상적인 것은 어려워하므로 그림책, 역할놀이, 인형 등과 같은 구체물을 사용하면 학습을 쉽게 할 수 있다.

참고문헌

National Institute of Neurological Disorders and Stroke. (2009). *Autism fact sheet* (NIH Publication No. 09 – 1877). Washington, DC : National Institutes of Health. Available at www.ninds.nih.gov/disorders/autism/detail_autism.htm.
National Medical Library (2013). *Autism*. http://www.ncbi.nlm.nih.gov/pubmedhealth/PMH0002494.

추가 자료

Autism National Committee, Autism Fact Sheet
  www.autcom.org
Autism Society of America
  www.autism-society.org
  www.autismspeaks.org

언어발달 이론

의식하고 있건 아니건 간에 유아교육자는 언어발달에 대한 나름의 이론을 이미 가지고 있다. "아기는 말하기를 주로 _____을 통해서 배우게 된다."에서 빈칸을 채워 문장을 완성시켜 보고 자신의 답을 아래의 것과 비교하여 보라.

1. 아기는 말하기를 주로 모방을 통해서 배운다. 아기가 특정한 소리를 낼 때 주위의 성인이 보상을 하면 아기는 이 소리를 다시 내게 된다.
2. 아기가 말하기를 배우게 되는 것은 유전에 의한 발달의 자연스러운 과정이다.
3. 인간의 뇌는 언어를 배우도록 프로래밍되어 있으므로 아기가 언어를 배우는 것은 자연스러운 일이다.
4. 아기가 가지고 있는 언어의 잠재적 능력이 경험과 만나면서 일어난다. 아기는 자신이 경

험하는 세계에 대하여 이해하느라고 크게 애를 쓴다.

5. 아기는 의사소통 욕구가 있기 때문에 말을 배우게 되는 것이다. 즉 정서 혹은 사회적 욕구가 말을 배우도록 한다.

6. 아기가 언어를 배우는 것은 그것이 문화의 일부이기 때문이다. 언어를 통해 배운 사회적 기준과 가치가 그들을 사회의 구성원이 되게 한다.

이상의 것 중 어느 것이 당신의 생각과 가장 근접한가? 혹 고르기가 어려운 경우도 있을 것이다. 위 진술문 중에는 이미 들어 봐서 친숙하게 느껴지는 것도 있을 것이다. 1번은 예상했듯이 행동주의 이론이고 2번은 성숙주의, 3번은 생득주의, 4번은 인지발달 이론이며 5~6번은 사회문화 이론이다.

행동주의 이론은 B. F. Skinner가 대표적인 학자로서, 언어발달에는 환경이 주요한 역할을 한다고 강조한다. 자극과 반응의 기제에 의하여 언어가 발달한다. 9개월 아기가 애완견을 쓰다듬으면서 "머-머-머"라고 하면 아버지는 신이 나서 "맞아! 그래 얘가 멍멍이야. 멍멍이라고 해 봐."라고 하며 옆방에 있는 식구들에게 "여보! 이리와 봐요. 엘리슨이 지금 멍멍이라고 말했어요!"라고 한다. 아기는 우연하게 여러 가지 소리를 내고 양육자가 비슷한 소리에 환호하고 미소를 짓는데 이 강화가 여러 번 누적이 되면 아기가 그 말소리를 내게 된다.

성숙주의 이론에 의하면 아기는 신체적 · 신경학적으로 성숙이 되면 '내재된 시간표'에 의하여 말을 하게 된다. 식물의 씨앗에서 싹이 나고 꽃을 피우는 것과 같이 모든 아기들은 때가 되면 말을 하게 된다. 그러나 모든 꽃망울이 같은 시간에 터지는 것이 아닌 것처럼 8개월에 말을 하기 시작하는 아기가 있는가 하면 20개월이 되어야 말을 시작하는 아기도 있다. 인생 초기에 개인 차이가 있더라도 약 4년 뒤 유치원과 학교 입학즈음이 되면 이들의 학업성취에는 크게 차이가 없다고 주장한다.

생득주의 이론은 인간의 뇌는 언어가 시스템으로 장착되어 있다고 주장한다. 언어의 종류와 관계없이 모든 아기는 동일한 순서와 모습으로 언어를 습득한다는 것이 그 증거이다. 즉 모든 아기는 목젖소리 내기, 옹알이, 표현용어, 한단어기, 전신어, 간단한 문장, 마지막으로 복잡한 문장을 구사하는 단계로 발달한다. 또한 이러한 발달과정은 4세 전에 완성이 되는데 그렇지 않은 경우는 언어발달에 문제가 있는 것으로 판단된다. 단계별 주요한 특징을 습득하는 데 발달의 속도가 개인마다 차이가 있을 수 있으나 순서는 거의 보편적이다(Chomsky, 1988).

지금까지 유전을 강조하는 생득주의 혹은 성숙주의 이론과 환경을 강조하는 행동주의 이론에 대하여 소개하였다. 지금부터는 유전과 환경의 상호작용을 강조하는 이론에 대하여 소개할 것이다.

인지발달 이론은 유아가 환경을 변화시키고 유아는 환경에 의하여 영향을 받는다. 언어발달은 일정한 단계로 진행된다. 인지발달 이론은 구성주의로도 불리는데 이는 유아가 단순하게 언어를 흡수하는 것이 아니라 주변 세계에 대하여 자신이 구성한 지식 혹은 정보에 준하여 언어를 구성한다고 주장한다.

12개월 된 마조리가 동화와 조절이라는 과정을 통하여 언어에 대한 지식을 어떻게 구성해 가는지 설명하고자 한다. 마조리는 엄마의 겨울 파카에 달려 있는 털, 흰 털로 된 강아지 인형 그리고 낡은 노란색 담요를 가리킬 때 "퍼-퍼"라고 말한다. 마조리가 사용하는 이 '퍼-퍼'는 '하얀 색 그리고 털로 된 것들' 모든 것을 가리키는 것이다. 동화는 존재하는 정신 구조에 새로운 사물 혹은 개념을 받아들이는 것이다. 따라서 마조리의 정신 구조는 마치 커다란 캐비닛에 정보가 종류 혹은 폴더로 구분되지 않고 파일을 저장하는 것과 같다. 반면에 조절은 새로운 인지 구조가 만들어지는 것이다. 조절을 한다는 것은 커다란 캐비닛에 파일을 담을 때 폴더 등으로 종류를 구분하여 담는 것이다.

마조리가 흰 털이 있는 말을 보고 '퍼-퍼'라고 하거나 혹은 '말'이라는 새로운 파일을 생성할 가능성 두 가지를 생각해 볼 수 있다. 결국에 마조리는 털이라는 특징에 집중하지 않고 말이라는 특징에 집중하여 '말'이라는 새로운 지식 구조를 만들 것이다. 언어는 이 과정에서 지식 구성의 도구로 사용되며 유아는 새로운 지식 구조를 구성하기 위하여 동화와 조절의 인지적 과정을 거친다.

사회문화 이론에서는 언어는 내면적 사고의 과정인 심리적인 면, 타인과 상호작용의 도구라는 사회적인 면과 이는 다양한 맥락에서 발생하는 문화적 측면에서의 도구로서 이해될 수 있다. 특정한 문화적 맥락에서의 사회적 상호작용은 언어학습이 일어나게 한다.

이 과정을 설명하기 위하여 다시 마조리의 예를 들어 보자. 어느날 아침 마조리가 부엌으로 아장아장 걸어가서 엄마에게 자신의 얼굴을 가리키면서 "엄마, 퍼-퍼"라고 말한다. 마조리의 얼굴이 하얀 색 그리고 털 범주와 무슨 관계가 있다는 걸까? 엄마는 이것이 무슨 뜻인지 잘 이해할 수 없다. 마조리는 타인과의 상호작용을 위하여 언어를 사용하고 있는 것이 분명해 보이나 정확한 뜻은 알 수가 없다. 그런데 결국 마조리에게 호흡기에 문제가 있어서 소아과 의사에게 보였더니 마조리 콧구멍에 담요 털 조각이 들어 있다는 것을 발견하게 되었다!

마조리는 명사 어휘 몇 개를 사용할 수 있는 수준이지만 알고 있는 어휘를 단순히 이름 부르기에만 사용하는 것이 아니라 사회적 상호작용의 도구로서 언어를 사용하고 있다는 것이 위 관찰 기록에 의해서도 알 수 있다. 어른들이 비록 그 뜻을 분명하게 알아듣지 못할지라도 마조리는 자신의 상황을 알리기 위하여 혹은 소통하기 위하여 최선을 다하고 있는 것이다. 또한 마조리는 무엇인가를 가리킨다는 것은 타인의 주의를 집중시키는 것이라는 문화적 지식이 있음을 알 수 있다. 즉 그녀는 제한된 어휘를 가지고 자신의 문제를 소통하기 위하여 동작을 결합하였다.

사회문화 이론은 인간이 언어를 학습하는 방법과 언어를 사용하는 방법을 강조하여 언어의 화용론 측면을 강조하고 있다. **화용론**은 언어를 사용하는 사람과 그 맥락의 다양성에 적절하게 사용하는 언어를 말한다.

언어를 사회적 현상으로 간주하는 이론은 최근에 큰 주목을 받고 있다. Vygotsky(1962)는 사고발달 및 학습에서 언어의 역할을 강조하였다. Piaget(1963)는 언어는 사고가 먼저 발달한 이후에 출현하는 것이라고 주장하였고, Vygotsky는 언어습득이 되어야만 이것을 도구로 하여 사고가 발달하게 된다고 하였다. 즉 언어는 '사고를 발달시키는 도구'이다(Bodrova & Leong, 2007). Vygotsky는 유아가 독립적으로 수행할 수 있는 수준과 사회적 지원을 받아 수행할 수 있는 수준 간의 차이를 근접발달영역(zone of proximal development)이라고 하였다. 사회적 지원은 성인 혹은 유능한 또래로부터 오는 것인데 이들의 도움은 언어를 통해 전달된다(Lee & Smagorinsky, 2000). Vygotsky는 언어는 단순히 지적 활동의 수준에서 그치는 것이 아니라 문화적 현상임을 강조하였다. 놀이는 언어습득에 주요한 수단이 된다(Gupta, 2009).

이론가마다 언어발달의 가장 큰 요인에 대한 견해에 차이가 있으나 유전과 환경이 모두 역할을 하고 있다는 것에는 동의하고 있다. Genishi(1988)는 이러한 과정을 "의사소통 그리고 사회적 경향성이라는 유전자와 환경 그리고 유아 자신의 사고능력 간의 상호작용에 의하여 언어발달이 이뤄진다."(p. 1)라고 잘 표현하고 있다.

그림 3.6은 초등학생 아동을 위한 수용언어와 표현언어 활동의 개관을 보여 준다.

그림 3.6 수용언어와 표현언어발달을 위한 활동

목표행동	교사 상호작용	교실활동
복잡한 문장으로 말한다.	"무슨 말인지 잘 이해가 안 되는데 다시 자세히 말해 주겠니?" "___로 시작하는 말을 해 줄래?" (단어 혹은 표현구를 유아에게 제공한다.) "이 뜻이니? 다시 말해 줄래?" (유아에게 반복해서 따라 할 수 있는 문장을 제공한다.)	• 사물과 사건을 묘사하는 문장과 복잡한 문장이 있는 그림책을 읽어 준다. • 어린이가 표현언어를 들을 수 있도록 함께 소리 내어 읽는 활동을 한다. 예를 들어, 동시를 소리 내어 읽기를 한다. 나이가 더 있는 어린이들은 P. Fleischman의 *Joyful noise: Poems for Two Voices*를 가지고 2명이 짝을 이루어 번갈아 읽는 활동을 하면 좋다. • 리듬에 맞추어 박수를 치며 노래를 하면 유창성에 도움이 된다.
사물을 이름, 관계어 혹은 소유격 등 구체적 어휘로 표현할 수 있다.	"선생님이 ___(장소, 때, 사람, 수량 등을 가리키며) 말했지요. ___(장소, 때, 사람, 수량 등)을 선생님께 말해 주겠니?" "그 사람이라고 했지? 그 사람이 누군지 이름을 말해 주겠니?" "그게 누구의 것이지? 영수의 것이니 아니면 미희의 것이니?"	• 역할놀이를 하면서 누구의 것인지 질문을 한다. • 궁금한 것들에 대한 질문을 만들어서 또래 혹은 부모에게 물어본다. 질문과 답을 기록하여 이후 함께 이야기 나눈다. • 누가, 무엇을, 언제, 어디서 등과 같은 것에 대하여 묻고 답할 수 있는 게임을 한다. • 이야기 나누기, 토론시간을 통해 대화를 하도록 한다. • 그림책을 읽으면서 누가, 무엇을, 왜, 어디서 등을 분석하는 활동을 한다. 어린 유아들의 경우는 선생님과 함께 한다. • 스무고개 놀이 : 비밀스러운 것들에 대하여 유아 혹은 선생님이 질문을 만들어서 그 대상을 찾아가는 놀이를 한다.
또래나 성인과 대화를 나눌 수 있다.	"___에게 가서 ___라고 전해 주거라." "네 모둠에 들어올 친구 이름을 말해 줄래?" "옆 반 선생님께서 ___을 궁금해하시더구나. 네가 그 부분에서 전문가이니 이 인형이 선생님이라고 생각하고 ___을 가르쳐 보렴."	• 대화를 이어가는 표현에 대하여 연습해 본다. "나는 미희랑 생각이 같아요. 왜냐하면….", "네가 말한 것 말고도 나는….." • 꾸민 이야기를 친구들에게 발표할 때 서로 질문하는 활동을 한다. • 모둠활동을 할 때 이끄는 사람, 기록하는 사람, 발표하는 사람, 사회 보는 사람 등의 역할에 대하여 알려 주고 유아들이 직접해 본다. • 반에 25명이 있는데 네 모둠으로 나누는 방법 등 수학문제 해결에 필요한 전략과 과정에 대하여 이야기 나눈다.
질문을 받으면 정보를 더하여 설명할 수 있다.	"네가 말한 것이 잘 이해가 안 되는구나. 다른 말로 다시 말해 주겠니?" "이것을 말하는 거니 아니면 저것을 말하는 거니?" ('네/아니요'로 대답할 수 있는 질문 혹은 문장으로 질문을 한다.)	• 반 이야기 나누기 혹은 책 토론시간에 질문하고 대답하는 활동을 한다. • 저널 혹은 반 일기 등에 질문 혹은 대답을 글로 하게 한다. 대답 혹은 자신의 생각을 적을 때 이유 등을 함께 제시하여 길게 이야기하거나 혹은 글을 쓸 수 있도록 한다. • 발표시간에 듣는 유아는 질문을 하고, 발표하는 유아는 대답한다.

(계속)

그림 3.6 수용언어와 표현언어발달을 위한 활동(계속)

목표행동	교사 상호작용	교실활동
대화하면서 차례로 이야기하기, 주제 관련하여 이야기하기, 친구가 말하고 있을 때 끼어들지 않기를 한다.	"지금부터 우리 동네 시장에 대하여 이야기 나눌 거란다. 동네 시장에는 무엇이 있지?" "자, 이제 미희가 말할 순서구나. 미희야, 동네 시장에서 무엇을 샀니?"	• 유아들이 순서 혹은 차례를 지켜서 말하기 위하여 '순서 봉'과 같은 것을 사용하여 말이 끝난 유아가 친구에게 봉을 건네게 한다. • 토의를 시작하기 전 모든 유아에게 각 3개의 토큰을 나누어 준다. 이야기 순서를 얻을 때마다 토큰을 사용하고 3개를 다 사용하면 이야기할 권리를 다 사용한 것이다. • 모둠활동을 통해 사회자, 기록자, 질문자 등 역할을 나누어 모든 유아가 참여한다. • 브레인스토밍을 할 때 모든 유아가 말할 수 있도록 출석부를 놓고 순차적으로 이름을 호명한다.

표현언어

목표행동	교사 상호작용	교실활동
이해가 잘 안 됨을 표현할 수 있다.	"도움이 필요하면 손들고 말해 보렴." "이해가 되었으면 손들고 말해 보렴." "하고 싶은 말을 다해 보거라. 잘 이해가 안 되면 선생님이 도와줄게."	• 유아를 앞 줄 혹은 선생님과 가깝게 앉힌다. 도움이 필요하다는 표시에 대하여 유아와 의논한다(예 : 선생님 신발을 두드리거나 혹은 자신의 귀를 만진다 등). • 지시사항을 유아가 다시 한 번 말해 보도록 한다. • 지시를 할 때 일부분을 생략하고 "더 무엇이 필요할까?"와 같은 질문을 한다. • 정보를 일부분만 주고 모둠활동을 통해서 필요한 정보를 친구들과 협력하여 찾는 활동을 한다.
질문을 받으면 그에 맞게 답을 할 수 있다.	"___라는 말이구나. 그런데 선생님은 ___을 자세히 알고 싶어. ___에 대하여 다시 답해 주겠니?" (질문에 답하는 것을 인정하지만 더 분명하게 말하도록 한다.) "그래 잘하고 있구나. 그런데 선생님은 ___을 더 알고 싶어. ___에 대하여 다시 답해 주겠니?" (질문에 답하려는 노력을 인정하지만 더 자세하게 말하도록 한다.) "그거 재미있구나. ___을 생각하고 말하고 있구나. 그런데 우리는 지금 ___에 대하여 이야기하고 있어. 다시 ___에 대하여 말해 주겠니?" (답이 질문과는 전혀 관련이 없는 것은 아니나 좀더 질문에 맞는 답을 하도록 한다.)	• 친구들에 대하여 알아보기 같은 활동으로 친구들에 하여 면접한다. • 유아가 쓴 일기에 교사가 코멘트를 적는다. • 마사라는 강아지가 알파벳 숲을 먹고 말하게 되는 이야기인 S. Meddaugh의 *Martha Speaks*를 읽고 유아들과 토의를 한다.
시각적 암시 도움 없이 혹은 반복하지 않아도 두 가지 이상의 지시를 이해할 수 있다.	"자 무엇을 해야 하는지 말해 보거라." "먼저 무엇을 해야 하는지 말해 보거라." (한 단계를 마치면 교사에게 표시를 보내도록 약속한다.) "잘 했어! 첫 단계를 끝냈구나. 자, 이제 ___을 해야 한단다. 이제 어떻게 할 것인지 말해 보거라." (첫 단계를 완성한 것에 대하여 칭찬하고 다음 단계에 해야 할 일을 유아가 말하도록 한다.)	• 이야기를 순서에 맞게 하도록 한다. 신발 끈 매기 혹은 종이접기의 과정을 유아가 설명하게 한다. • 학교 가기 혹은 샌드위치 만드는 법 등에 대하여 유아가 말한다. • "시몬 가라사대, 가슴을 치고 손을 흔들래요."와 같은 '시몬 가라사대' 게임을 하면서 유아가 지시를 하는 활동을 한다.

(계속)

그림 3.6	수용언어와 표현언어발달을 위한 활동(계속)	
목표행동	교사 상호작용	교실활동
익숙한 활동의 변화를 인지하고 적응할 수 있다.	"선생님이 오늘 보여 준 것에 다른 점이 무엇이지? 차이가 무엇일까?" "선생님이 조금 다르게 만들어 보았단다. 무엇이 다르지?" "오늘 손님이 오신대. 그래서 오늘 활동에 변화를 주어야 할 것 같은데 어떻게 할까?"	• 말이 아니라 종 치기, 음악 혹은 박수 치기로 전이시간을 알린다. • 학급 운영에 사용될 약속을 나타내는 방법을 정한다(예 : 교실이 시끄러우면 종을 울리거나 카드에 소음 감소 그림을 그린 것 등을 활용한다). • 사인 혹은 시각 자료를 이용하여 의사소통 한다.

출처 : Howard, S., Slaughnessy, A., Sanger, D., & Hux, K. (1998). Let's talk! Facilitating language in early elementary classrooms. *Young Children*, 53(3), 37-38. Reprinted with permission from the National Association for the Education of Young Children.

교사의 관심과 전략

교사들은 유아 말하기 교육에 대하여 유치원 교사 리사와 비슷한 다음과 같은 고민을 가지고 있다.

유아들은 계속 말하고 싶어 해요. 그래서 중간에 말을 끊고 싶지 않지만 그림책을 읽는 도중이어서 진도에 방해가 되기도 하고 다른 친구들이 산만해져서 어쩔 수 없어요. 이럴 때는 어떻게 해야 하나요?

영아와 어린 유아

아기는 동작으로 소통을 많이 한다. Rowe와 Goldin-Meadow(2009)이 50개 가족을 관찰하였더니 14개월 아기는 90분 동안 25개의 의미가 담겨 있는 몸동작을 하였다. 또한 3세 유아의 몸동작을 관찰하였더니 몸동작에 생각을 담아 표시하였다(Nyland, Ferris, & Dunn, 2008). 이것은 유아를 가르치는 데 어떻게 반영되어야 하는가?

끊임없이 이야기를 하는 유아를 방해하고 싶지 않다는 교사의 마음을 우리는 공감한다. 이럴 때는 유아에게 자신을 그렇게 신나게 만드는 사건 혹은 이야기를 그림으로 그려 보는 것이 어떻겠느냐고 제안을 할 수 있다. 나이가 더 있는 어린이에게는 "____는 정말 재미있는 경험을 했구나. 그 이야기를 저널에 적으면 좋겠구나." 혹은 "마지막이 어떻게 되었는지 지금 다 말하지 않아도 된단다. 지금은 비밀로 해 두었다가 오후에 적도록 하자."고 제안할 수 있다.

초등학교 3학년 담임선생님 찰스의 고민은 다음과 같다.

모든 아이들이 한꺼번에 이야기를 할 때 정말 당황스러워요. 저는 아이 하나하나를 존중하고 싶은데 이럴 때 어찌할 바를 모르겠어요. 교실 수업 중에는 말하고 싶은 사람은 손을 들라고 하지만, 버스를 기다리고 있을 때나 놀이터 혹은 식당에서는 누구에게 먼저 답을 해 주어야 할지 잘 모르겠어요.

수업이 아닌 비형식적인 대화 상황이 오히려 교사에게는 더 부담이 될 수 있다. 유아 개인과 단 둘이 대화하는 별도의 시간을 마련하는 방법으로 버스, 식당 혹은 놀이터에서 유아를 돌아가면서 도우미로 지정하여 집중된 관심을 그 유아에게 줄 수도 있다. 혹은 선착순 규칙을 가지고 유아가 한꺼번에 대화를 하고자 할 때 이 규칙을 상기시키는 방법도 있다.

수줍음이 많은 유아와 대화하는 것도 어느 교사에게는 도전이 될 수 있다. 유아반 밍 선생님은 다음과 같이 말하였다.

내 자신이 어릴 때 수줍음이 많았기 때문에 수줍음이 많은 유아에게 특별하게 신경이 쓰여요. 이런 유아의 표현력을 어떻게 길러 주어야 할까요?

수줍음이 많은 유아를 상대할 때 제일 먼저 기억해야 할 것은 그 유아에게 너무 많은 관심을 주지 않아야 한다는 것이다. 수줍음이 많은 유아는 우선 부모와 함께 만나는 시간을 마련하여 유아에게 흥미로울 만한 것에 대하여 유아에게 직접 말을 하는 것이 아니라 부모와 대화를 한

@ 웹 2.0 수준별 교수 자료

Songs for Teaching(3~7세)

　www.songsforteaching.com/phonics.htm

노래로 알파벳과 그 소리를 익힐 수 있다. 차트지에 단어를 적고 동시를 적는다.

Spinlight Studio(3~7세)
저렴한 앱으로 글자를 고르면 그 소리를 듣고 글자를 모아서 단어를 만들어 가는 앱이다.

Write My Name(4~6세)
대문자와 소문자 글자를 쓰는 획의 순서와 방법에 대하여 알 수 있다. 유아가 스스로 이름을 써서 명함을 만들 수 있다.

Vocabulary Can Be Fun(5~10세)

　www.vocabulary.co.il

게임으로 단어 뜻을 배울 수 있다.

Word Wagon(4~7세)

　http://itunes.apple.com/us/app/word-wagon-by-duck-duck-moose/id423629048?mt=8

글자 맞추기를 하면서 철자를 익힐 수 있다. 모짜렐라라는 쥐와 코코라는 이름의 새와 함께 다양한 어휘를 배운다.

다. 수줍음이 많은 유아라도 안정감이 생기고 관심 있는 것에 대한 것이라면 대화에 참여하게 된다. 이때 이들의 표현방식이 부모에게 속삭이는 것이라도 이것을 대화 참여로 인정해 주어야 한다. 수줍음이 많은 유아에게 "이 색깔이 무엇이니?", "네 이름을 적어 볼래?"와 같은 질문이나 "유치원에 다닐 준비가 되었나요?", "동생이 태어나니까 어때?"와 같은 질문은 너무 부담이 되므로 삼가는 것이 좋다. 이보다는 조용하게 충분히 기다려 주는 것이 좋다.

언어발달을 지원하는 교실활동

아기가 말을 배우려면 우선 아기에게 말을 걸어 주고 아기와 함께 말하는 상대가 필요하다.

아기에게 말하기. 어린 아기에게 말을 할 때는 문장은 짧게, 어휘의 수는 적게 그리고 지금 여기에 대하여 말해야 한다. 같은 말을 반복하는 것도 필요하다. 수유, 기저귀 갈기, 목욕시키기 등의 일과 중에 아기에게 말을 걸어 주는 것이 좋다. 아기에게 말을 할 때는 억양의 높낮이를 극적으로 변화시키고 얼굴 표정을 과장하면 아기가 반응을 잘한다.

말을 하면서 감각을 자극하기. Piaget의 감각운동기에 해당하는 아기는 감각자극에 예민하다. 아기를 안고 있을 때 음악을 틀고 리듬에 맞추어 부드럽게 흔들어 주거나 아기의 손가락 혹은 발가락을 다양한 질감의 천으로 부드럽게 만져 준다. 깍꿍놀이 등도 좋은 감각놀이 활동이다.

핑퐁 주고받기 놀이. 아기가 무언가 소리를 내거나 말 비슷한 소리를 내면 아기를 따라 한다. 그러면 아기도 양육자를 다시 따라 한다.

고맙습니다 놀이. 아기가 들고 있는 인형을 가리키며 "인형 내게 줄래?"라고 묻고 다시 돌려주면서 "고맙습니다."라고 말한다. 이는 아기에게 사회적 소통의 방법을 배우게 한다.

이름 불러 주기. 아기와 함께 무언가를 하면서 사물 혹은 하는 행위에 대하여 이름을 불러 준다. 예를 들어, 산책을 나가면서 "먼저 신발을 신자. 그리고 코트를 입는 거야. 여기 모자도 쓰자. 장갑 한짝 그리고 장갑 마지막 짝을 끼자." 등이다.

일상생활 중 단어 배우기. McMullen(1998)은 아기들은 일상 생활의 맥락에서 언어를 가장 잘 배울 수 있다고 하였다. 예를 들어, 음식과 관련된 단어는 식사를 하면서 이야기할 때 쉽게 배운다.

채워 넣기 놀이.   어른이 아이가 해야 할 말을 다 해 주는 것이 아니라 문장의 부분을 아이가 완성할 기회를 주는 것이다. "이것의 이름은…."이라고 하거나 혹은 아이가 필요한 단어를 생각할 수 있는 기회를 준다. 예를 들어, 아이와 함께 마트에 갔을 때 "엄마가 사려고 하는 것은 아침에 먹는 거야. 이것은 메이플시럽과 함께 먹는 건데…." 하면 아이가 생각하여 그 단어를 맞추게 한다.

걸음마쟁이를 위한 앱과 웹사이트

Nighty Night(2~4세)
아기가 동물들을 한곳에 모아서 불을 끄고 동물들을 잠을 재운다. 그림이 아름답고 상호작용을 할 수 있는 앱이다.

Pat the Bunny(1~3세)
걸음마쟁이 아기가 만지고 느낄 수 있도록 종이책으로 먼저 출판되었다. 앱 버전에서는 토끼의 꼬리털을 느낄 수 있도록 솜뭉치가 있고 아빠의 수염을 느낄 수 있도록 모래종이가 제시된다. 보고 만지고 넘기면서 탐구할 수 있도록 하는 앱이다.

Peekaboo Barn(2~4세)
아기가 헛간 문을 터치하면 동물이 나오고 동물 이름을 내레이터가 말해 준다. 모든 동물이 다 나오면 밤이 되고 다 잠이 든다.

Spot the Dot(2~5세)
'I Spy'류의 앱으로 점을 찾아보고 화려한 색으로 그려진 모양을 모아 여러 형태를 만들어 볼 수 있는 앱이다.

Swapsies(2~4세)
종이 인형놀이의 앱 버전이다. 옷, 모자, 신발 등을 경찰, 소방관, 의사에 맞게 선택하여 터치하고 끌어내려서 역할놀이 하듯이 놀 수 있다.

결론

"아이들은 말하기를 어른으로부터 배운다."는 말은 아이를 수동적인 존재로 취급하는 분위기를 풍긴다. 어린이는 단순히 어른으로부터 말을 전수받는 존재가 아니라 스스로 말을 배워 간다. 이때 어른들은 아이들을 초대하고 격려하고 지원하는 역할을 하지만 소통하려고 노력하는 주체는 바로 어린이이다.

연구와 보고
미국유아교육협회 사이트 www.naeyc.org를 방문하여 교사 혹은 학부모를 위한 주제를 선택하라. 관련 브로슈어 혹은 협회 진술문(position statement)을 출력하여 동료들과 토론하라.

문해학습 전략

음운인식과 운율인식

음운인식이란 말소리를 인식하고 조작하고 산출할 수 있는 능력을 말한다. 어린 유아에게는 말소리를 가지고 노는 능력이 강조되어야지 글자를 조작하는 능력이 강조되어서는 안 된다(Yopp & Yopp, 2009). 동시를 듣거나 많이 들은 동시의 일부분을 스스로 표현해 보는 활동이 음운인식을 높이는 대표적 활동이다(Byrne, Freebody & Gates, 1992; Neuman, 2004). 음운과 운율을 인식하는 능력은 글을 읽고 쓰는 능력의 기초능력으로 중요하다(Cunningham, 2011). 어린 유아를 종단연구한 자료에 의하면 운율에 민감한 아기가 이후 음운인식 능력이 뛰어나다고 하였다(Anthony & Lonigan, 2004). 227명 어린 유아의 IQ 점수와 음운인식 점수를 측정하여 1년 뒤에 이들의 읽기능력을 측정하였더니 음운인식 점수가 높은 아이 중 1명만이 읽기능력이 저조하였다(Heath & Hogben, 2004).

음운인식을 측정하는 방법은 짝을 이루는 2개의 단어로 할 수 있다. 예를 들어, '가지와 가방' 그리고 '가지와 토끼' 중 어느 짝이 말소리가 비슷한가를 고르게 하는 것이다. 말소리가 비슷한 단어의 짝을 카드에 적어서 유아가 소리 내어 따라 읽어 보게 한다(예 : 가지/가루, 택시/새색시 등).

유아의 음운인식을 높일 수 있는 다른 활동은 전래동요 혹은 동시를 읽으면서 연극놀이를 하는 것이다. 이 활동은 듣기, 말하기뿐만 아니라 유아의 표현력 향상에도 도움이 된다(Roush, 2005). 전래동요는 다른 문화권의 것도 경험할 수 있도록 하는데 되도록 원어 그대로 해야 반복, 운율, 리듬 등을 살릴 수 있다. 교사가 다른 언어로 된 전래동요를 하는 것이 어려우면 그 언어를 모국어로 사용하는 사람이 봉사자로 참여한다. 음운인식을 높이는 활동은 www.readinga-z.com/research/phonological.html을 방문하면 더 많은 아이디어가 있다.

환경글자 활용하기

환경글자란 교통 표지판, 상호 표시, 식재료 포장지 등 유아의 주변에서 흔히 볼 수 있는 글자 혹은 이미지를 말한다. 유아는 햄버거 가게 상호 표시, 마트 표시 등을 쉽게 알아본다. 환경글자를 활용한 활동은 유아 주변의 흔한 글자를 이용한 교육이다(Fingon, 2005). 환경글자를 활용한 활동은 어린 유아의 출현적 문해 지식 습득에 유용한 것으로 알려져 있다(Aldridge,

Kirkland, & Kuby, 2002). 환경글자를 이용하여 교사와 유아가 함께 콜라주, 게시판, 책 만들기 활동을 할 수 있다.

학교에서 영어를 배우는 아동에게는 영어뿐만 아니라 자신의 모국어 환경글자를 활용한 활동도 유익하다. 환경글자를 수집하는 것 이외에 이를 이용해 추측 게임을 하거나 이것을 알파벳 순서로 배열하는 활동을 할 수 있다(Rule, 2001). 교실의 한 영역을 환경글자를 활용하여 구성할 수 있다. 환경글자를 활용한 활동은 Xu와 Rutledge(2003)을 참고하라.

유아의 이름을 활용한 활동

유아의 이름에는 특별한 의미가 있다는 것은 모든 문화에서 보편적 현상이다. 문화마다 이름과 관련된 특별한 관행이 있어서 어느 문화권에서는 이름을 지으면서 특별한 행사를 갖기도 한다(Haney, 2002; Kim & Lee, 2011). 따라서 교사는 유아의 이름이 가지는 의미를 의식할 필요가 있고 바른 발음을 위하여 부모에게 확인할 필요가 있다.

유아는 무엇보다 자신의 이름을 먼저 읽거나 쓰게 된다. 유아가 자신의 이름에 있는 글자를 쓰거나 알아보기 시작하는 것이 문해발달의 의미있는 징표이다(de Vries & Bus, 2010; Green, 1998). 아기뿐만 아니라 유아는 노래와 이야기 속에 자신의 이름이 등장하는 것을 무척 좋아한다. 이름에 대한 이해를 기초로 유아는 글자의 기능, 말소리와 글자의 관계, 글자인식을 하게 되고 또 글자를 써 보고자 하는 의욕이 충만하게 된다(Gerde, Bingham, & Wasik, 2012; Kirk & Clark, 2005). 청각에 문제가 있는 어린 유아는 이름으로 시작하는 것이 효과적이다(Cabell, Justice, Zucker, & McGinty, 2009).

유아는 다른 사람의 이름을 알아보는 것에 많은 흥미를 가지고 있다. 학급 유아의 이름이 적힌 카드를 가지고 출석체크를 하는 활동도 유익하다. 교사는 이름이 적힌 카드를 들고 "이것은 누구의 이름인가요? 오늘 등원하였나요?" 등의 질문을 한다. 이 경험이 반복되면 유아는 이름의 첫 글자를 알아보거나 아니면 이름 전체의 모양을 보고 추측하는 능력이 생긴다. *My name is Yoon*(Recorvitz, 2003)을 읽어 보는 활동을 병행하면 효과가 있다. 유아가 이름을 통글자로 인식하게 되면 문장에 이름을 삽입하는 활동을 아래와 같은 방법으로 할 수 있다(Denton, Parker, & Jasbrouck, 2003).

1. 소개하기. 자신의 이름을 포함해서 유아가 읽을 수 있는 단어로 된 문장을 읽을 것임을 알린다.

2. 통글자 가르치기. *a, and, the, he, she, we, it, was, is* 등 유아가 많이 사용하는 말의 글자를 가르치는 데 선생님이 부드러운 목소리로 먼저 읽고 유아가 뒤따라 읽도록 한다. 유아가 스스로 읽을 수 있게 될 때까지 연습을 한 이후에 친구들의 이름을 넣어 만든 문장을 읽게 한다.

3. 문장 읽기. 유아가 읽을 수 있는 이름이 포함된 문장을 읽는 연습을 한다.

4. 평가하기. 1분간 읽을 수 있는 문장 수 혹은 단어 수를 체크한다. 틀리게 읽은 단어 수를 빼고 나머지 수를 기록한다(Denton et al., 2003).

유아가 친구의 이름을 읽고 적을 수 있게 되면 그림을 그리거나 편지 등에 친구의 이름을 적어 선물을 하거나 편지로 보낼 수 있다.

이름을 활용한 교수활동은 Haney(2002), McNair(2007)을 참고하라. 아래는 이름이 스토리의 주요 소재인 그림책 목록이다.

Bredsdorff, B. (2004). *The crow-girl*. New York, NY: FSG.

Catalanotto, P. (2002). *Matthew A. B. C.* New York, NY: Atheneum.

Recorvitz, H. (2003). *My name is Yoon*. New York, NY: FSG.

Root, P. (2003). *The name quilt*. New York, NY: FSG.

Wells, R. (2008). *Yoko writes her name*. New York, NY: Hyperion books for children.

 집중탐구 : 태블릿 PC 앱 활용

R. A. Hirsh 교수가 제공한 자료

유아는 놀이, 상호작용 그리고 기기를 이용해 언어를 배우게 된다. 태블릿 PC용 앱을 이용하여 알파벳, 글자의 소리, 문장 구성, 일기 쓰기 등 수준에 맞는 다양한 활동을 할 수 있다. IWriteWords, Wordventure!, MaxJournal은 재미를 느끼며 상호적인 방식으로 활용할 수 있는 앱이다.

어린 유아	유아	독립적 읽기가 가능한 아동
IWriteWords는 점을 따라서 그리면 글자가 되고 글자의 발음을 들을 수 있고 글자를 모아서 단어를 만드는 활동을 할 수 있다.	Wordventure!는 문법, 문장 구성에 대하여 배울 수 있다. 이용자가 단어 혹은 문장의 한 요소를 제시하면 이것이 조합되어 재미있는 이야기가 된다.	MaxJournal은 창작 글쓰기 혹은 스크랩을 할 수 있다. 일기를 꾸준하게 쓰면 언어발달에 도움이 된다.

Williams, K. L. (2009). *My name is Sangoel*. Grand Rapids, MI: Eerdmans.

다른 교과와 통합하여 이름을 활용한 다양한 활동은 www.kinderkorner.com/names.html을 참고하라.

문학의 활용
영아에게 맞는 책

영아에게 맞는 책

- 단순. 친숙한 사물에 관한 책(인형, 공, 고양이) 혹은 일상에 관한 책(목욕, 식사). 아기들은 그림이 단순하고 깔끔한 것을 좋아한다.
- 강한 대조. 형태가 분명하고 배경에서 형태가 튀어나온 듯 선명한 것. 흑백, 원색, 단순 기하형, 밝은 색채 그리고 사진이 강한 대조를 나타낸다.
- 내구성. 두꺼운 종이, 천 혹은 플라스틱 재료로 만들어진 책이 잘 해지지 않고 영아 스스로 책장을 넘기기에도 쉽다.
- 매력. 마트에 가기, 장난감과 놀기, 양육자와의 사랑 등의 이야기가 아기에게 매력적이다.
- 함께 볼 수 있는 것. 아기는 책을 혼자 보기보다는 부모 혹은 양육자와 함께 보므로 함께 볼 수 있도록 디자인된 것이 좋다.

영아에게 책을 읽어 주는 이유

- 감각. 그림책은 집중하기, 시선 따르기, 응시하기, 듣기, 만지기 등을 자극하여 아기의 감각발달에 좋다.
- 상상. 아기가 실제 경험한 것 이상으로 생각하고 상상하게 한다.
- 어휘. 사물에 대한 이해를 돕고 새로운 어휘를 알게 한다.
- 흥미. 책을 읽어 주는 양육자 혹은 선생님의 열정을 모방하게 되고 이들과의 친밀한 교감이 책 읽기에 대한 긍정적 태도를 갖게 한다.
- 읽기에 대한 준비. 책장 넘기는 법, 왼쪽에서 오른쪽 방향으로의 시선 움직임, 책의 앞 뒤에 대한 지식을 갖게 한다. 쪽, 표지, 저자, 그림, 글과 같은 용어를 알게 한다. 말과 글의 공통점과 차이점을 알게 한다. 구두점에 대하여 알게 된다. 배경, 인물, 플롯과 같은 이야기 구성요소에 대하여 알게 된다. 질문과 답의 형식에 익숙해진다(Butler, 1998; Kupetz & Green, 1997).

영아에게 맞는 주제 혹은 종류

Butler(1975)는 중복 장애아에 대한 사례연구를 통하여 영아~3세 아기에게 좋은 책의 네 가지 기준을 제시하였다. 이는 주제의 적합성, 자세하고도 구체적인 어휘의 사용, 단순한 플롯 그리고 만족스러운 결말이 이에 해당한다.

영아에게 맞는 책 목록

패어런츠 매거진 웹사이트(www.parents.com)에 아기와 걸음마쟁이에게 좋은 책 목록이 있다.

온라인

영아에게 책 읽어 주는 방법은 www.nea.org/ readacross/resources/infantsandtoddlers.html을 방문하면 유익하다.

최근 출판된 영아용 그림책 목록

Allen, J. (2008). *Baby signs*. New York, NY : Dial.
사인으로 의사소통하는 것을 가르칠 수 있는 책이다. (영아~유아)

Beaton, C. (2010). *Clare Beaton's action rhymes and Clare Beaton's nursery rhymes*. Cambridge, MA : Barefoot Books.
아기들이 잘 알고 있는 전래동요가 있고 천 콜라주가 있어 감각활동이 가능하다. (영아~유아)

Campbell, R. (2007). *Dear zoo: A lift-the-flap book*. New York, NY : Little Simon.
출판 25주년이 된 영아를 위한 고전적인 책으로 책 쪽의 창문을 열면 동물을 볼 수 있는 단단한 재질의 책이다. (영아~유아)

Fox, M. (2008). *Ten little fingers and ten little toes*. New York, NY : Houghton Mifflin.
세계 여러 나라의 아기들을 축복하는 작은 책이다. (영아~유아)

Gal, S. (2010). *Night lights*. New York, NY : Knopf.
잠 자리에 들기 전 아기가 어두움을 무서워하지 않도록 밤 동안 비추는 불빛에 관한 이야기이다. (영아~유치부)

Global Fund for Children. (2009). *Global babies*. Watertown, MA : Charlesbridge.
세계 여러 나라의 아기들의 모습이 사진으로 구성되어 있다. (영아~유아)

Macken, J. (2011). *Baby says "Moo."* New York, NY : Hyperioin Books.
동물이 내는 소리에 관한 책으로 아기들이 쉽게 따라 할 수 있는 책이다. (영아~유아)

Martin, B., Jr., & Sampson, M. (2012). *Chicka chicka 1, 2, 3*. New York, NY : Simon & Schuster.
하나, 둘, 셋 숫자 세기를 배울 수 있는 책이다. (영아~유아)

Patricelli, L. (2010). *No no yes yes*. Boston, MA : Candlewick.
아기가 해도 되는 것과 하면 안 되는 것을 재미있는 에피소드로 보여 주는 책이다. (영아~유아)

Rinder, S.D. (2011). *Goodnight, goodnight, construction site*. San Francisco, CA : Chronicle Books.
공사장에서 볼 수 있는 중장비가 의인화되어 밤에 잠자리에 드는 이야기이다. (영아~유아)

Sadler, J. A. (2011). *Reaching*. Tonawande, NY : Kids Can Press.
아기가 성장하는 과정과 이 과정을 함께하는 가족의 이야기이다. (영아~유아)

Sirett, D. (2008). *Animals*. New York, NY : DK Preschool.
질감으로 표현된 동물을 아기가 촉감으로 느낄 수 있는 책이다. (영아~유아)

Tafolla, C. (2010). *Fiesta babies*. New York, NY : Tricycle Press.
아기가 라틴계의 축제를 체험하고 휴식을 취하는 것에 관한 책이다. (영아~유아)

Tullet, H. (2011). *Press here*. San Francisco, CA : Chronicle Books.
아기가 원인과 결과를 탐험해 볼 수 있는 책이다. (영아~유아)

Verdick, F. (2009). *Sharing time*. Minneapolis, MN : Free Spirit Publishing.
아기가 친구들과 함께 있을 때 어떻게 노는 것이 유익한지를 알려 주는 책이다. (영아~유아)

다문화 유아

정서의 역할

제2언어 학습에서 정서는 중요한 역할을 한다. 다문화 가정 유아를 교육하는 교사가 유아를 친절하게 환영하고 이들 가정의 필요와 욕구를 존중하고 이들이 가지고 오는 문화의 다양성을 즐기면 다문화 가정의 유아들과 함께하기에 어려움이 없을 것이다(Houck, 2005; Parker & Pardini, 2006; Saracho & Spodek, 2007; Tabors, 2008). 다문화 가정의 유아를 대하는 교사가 풍기는 정서적 분위기는 다문화 가정 유아의 학교 적응과 언어를 배우는 데 큰 영향력을 행사한다(Coltrane, 2003; David et al., 2006; Krashen, 2003; Linquanti, 1999; Nieto, 2002). 교사가 유아의 말을 수정하려 하고 또래는 놀리는 듯한 분위기를 풍기면 유아는 자신을 표현하려고 하는 데 소극적이 되어 언어발달에 도움이 되지 않는다(Krashe, 2003 & Northwest Regional Educational Laboratory, 2003 참조).

미국에 거주하는 스페인계 유아에 대한 편견은 그들이 보여 주는 부족한 언어표현력에 기인하기보다는 유아 가정의 사회경제적 지위에서 기인한다. 스페인어가 모국어인 유아가 영어를 말하게 될 때 교사의 교정, 또래의 놀림으로 강화를 받게 되면 유아는 영어를 말하는 것에 대하여 부정적인 감정과 연결시켜 조건학습이 일어나게 된다.

이 과정을 뇌의 활성화 과정을 통해 설명해 보자. 교사가 다문화 유아가 친구들 앞에서 발표를 하도록 한 상황에서 이 유아는 공포와 두려움을 관장하는 소뇌의 편엽체가 활성화된다. 또한 친구들 앞에서 선택되어 말을 해야 하는 상황은 뇌의 피질을 자극한다. 걱정과 불안의 감정이 활성화되면서 뇌는 이 상황을 위협적으로 판단하게 된다. 이런 상황이 되면 유아의 집중력이 흩어지면서 단기기억과 장기기억 능력에 장해를 받게 된다. 두려운 감정과 두려운 감정을 통제하면서 말을 해야 한다는 과제는 유아의 작동 메모리 공간을 제한하게 되고 이것은 유아의 생각하고 말하는 능력을 제한하게 된다.

따라서 다문화 가정 유아는 교사뿐만 아니라 봉사자 그리고 또래로부터 도움과 지원이 필요하다(Parker & Pardini, 2006). 이 도움은 유아의 모국어 사용과 연계되어야 하므로 이중언어 사용자가 도우면 좋다(Thomas & Collier, 2002). 유아교육기관 내에 다문화 가정 유아의 모국어를 사용하는 사람이 없으면 지역사회의 인적 자원을 활용한다. 다문화 가정 유아의 모국어를 모르고 단일언어를 사용하는 또래와 짝을 지어 주는 것의 효과는 다문화 가정 유아의 제1언어와 제2언어 유창성의 정도, 과제의 성격 그리고 또래의 기술과 태도에 따라 좌우된다(Genesee, Lindholm-Leary, Saunders, & Christian, 2005). 짝이 된 또래가 다문화 유아를 부족하거나 모자르는 것으로 대하면 다문화 유아의 자존감을 저하시키고 이는 다문화 유아가 영어 혹은 제2언어를 배우고자 하는 의지와 태도에 부정적인 영향을 미친다. Lightbown(2000)이 아래에서 말했듯이 모든 다문화 유아를 위한 만병통치 프로그램은 없다.

새로운 아이디어, 자료 그리고 기술을 가지고 진행된 교육 방법일지라도 다문화 유아를 위한 교육적 적용에 보편적인 바로 하나의 그것은 없다. 적용하고자 하는 기관의 풍토, 교사의 능력, 유아의 발달 정도, 자원 그리고 그 유아에게 배정된 시간 등 모든 요인을 고려하여 적용되어야 한다. (p. 454)

어떻게 할까요

음운인식에 대한 교육

음운인식(phonological awareness)은 말소리에 대한 민감성으로(Yopp & Yopp, 2009) 글자에 대한 인식과는 다르다. 생후 4주 된 아기도 '그'와 '크' 소리를 구별할 수 있다(Richgels, 2001). 2세 아기도 '뜨거운'과 '따거운'을 구별할 수 있고 '밥'과 '밤'을 구별할 수 있다(Goswami, 2001). 단어 일부의 소리를 구분하다가 점차 단어 전체를 구성하는 소리를 분석할 수 있다. 즉 단어를 구성하는 소리의 묶음, 음절도 구분할 수 있다.

신생아
- 큰 소리 혹은 갑작스러운 소리에 놀란다.
- 심장박동 혹은 잔잔한 음악에 진정된다.
- 반복되던 소리가 바뀌면 흥미를 보인다.

영아
- 소리를 가지고 논다.
- 익숙한 운율에 반응을 보인다.
- 소리와 동작을 협응할 수 있다.
- 친숙한 사물이 나오는 그림책에 관심을 보인다.
- 그림으로 나타낸 사물의 이름을 말하거나 동물의 소리를 낸다.

말소리에 대한 구분능력은 단어 전체 소리를 구분하는 것에서 단어를 구성하는 각각의 소리를 구분하는 것으로 발달한다. 예를 들어, "개미(ant) 혹은 하마(hippopotamus) 중 어느 것이 더 큰 것이니?"라는 질문과 "개미(ant) 혹은 하마(hippopotamus)라는 말 중 어느 것의 소리가 더 길게 나니?"라는 질문의 차이를 알고 바르게 답할 수 있다. 또한 그림책에 나온 단어 중 '가지'와 '가방'의 첫소리가 같다는 것 등을 구분하게 된다. 그리고 글자를 보지 않고 소리만 듣고도 말소리의 차이를 구분할 수 있게 되고 '책방'이 '책'과 '방'의 음절로 이루어져 있음을 이해하게 되어 유치원에 입학할 즈음이면 자신의 이름 혹은 친구의 이름 글자 수에 맞추어 박수를 칠 수 있다.

어린 유아
- 노래, 이야기, 운율, 손유희를 좋아한다.
- 자기 이름을 안다.
- 같은 소리와 다른 소리를 구분할 수 있다.

유치부와 초등 1학년
- 소리와 글의 관계를 알 수 있다. "'유치원'의 첫 글자 '유'는 내 이름의 '유'와 같다."
- 음소와 음절을 합성하거나 분해할 수 있다.

음소인식(phonemic awareness)은 말소리를 구성하는 최소 단위(예 : 컵은 ㅋ/ㅓ/ㅂ)에 대한 인식이므로 말소리 인식보다 어렵다. 대개 시작하는 말소리와 끝소리 인식을 먼저 하고 중간 소리 인식이 제일 나중이다. 따라서 글쓰기를 배우고 있는 유아는 영어의 경우, 예를 들어 *picture*를 적을 때 먼저 *pr*을 적고 그다음 *pktr*을 적고 그다음 *picter*라고 쓰고 결국에는 *picture*를 적게 된다.

초등 1〜3학년

- 말소리를 분절하고 다른 소리로 대체할 수 있다(예 : *man*을 *fan*, *pan*으로 첫 음소를 다른 것으로 바꾸어 단어를 만든다).
- 말소리의 규칙을 이해하고 활용한다(예 : 2개의 모음이 같이 있을 때는 첫 모음의 소리만 내고 두 번째 모음은 묵음이 된다. *neat*, *please*)
- 음운인식 교수법에 대하여 더 많은 정보가 필요하면 Read/Write/Think(www.readwritethink.org/lessons/lesson_view.asp?id=120)에 있는 교육계획안을 활용하라.

제 4 장

듣기 지도

Courtesy of Jessica Dories

듣기에 대한 사실

- 듣기는 의사소통 중 가장 빈번히 일어나는 소통 방법이지만 언어교육 중 가장 무시되는 영역이다 (Miller, 2010; Smith, 2003a, 2003b; Tompkins, 2012).
- 듣기는 어휘발달뿐만 아니라 집중하는 기술을 가르치므로 영국의 교육에서는 유아의 듣기 지도를 강조하고 있다(Rose, 2006).
- 신생아는 큰 소리에 깜짝 놀라고 소리의 높고 낮음에 예민하다(Saffran & Griepentrog, 2001). 아기가 3개월 정도 되면 주변에서 나는 소리의 패턴을 인지하기 시작한다(Petersen, 2012).
- 생후 3년간은 청각 신경계 연결의 결정적 시기이다. 그러나 듣기능력은 15세까지 발달한다 (Robinshaw, 2007).
- 일반아, 청각장애아 모두 가상놀이와 말하기 능력에 정적 상관이 있다(Brown, Rickards, & Bortoli, 2001).
- 유아의 수용 어휘는 표현 어휘 수의 4배로 추정되고 있다. 글자의 소리를 구분하는 능력은 이후 철자에 대한 지식 정도와 관련이 있다(Lewis, Freebairn, & Tayor, 2002; Staehr, 2008).
- 듣기 이해력에 문제가 있는 유아는 학습에 어려움이 있으며 학교 교육이 진행될수록 또래와 차이는

더 벌어진다(Field, 2001; Mendelsohn & Rubin, 1995).

- 학생들은 교실에서 보내는 시간의 50~75%를 교사, 친구 그리고 오디오 매체를 듣는 것에 소비하고 (International Listening Association, 2008; Smith, 2008; Strother, 1987; 2000), 교실 밖에서 보내는 시간의 45%를 듣기에 소비하고 있다(Hunsaker, 1990). 따라서 전문가들은 교사가 듣기기술을 향상시켜야 한다고 강조한다(Nyland, 2005; Thompson, 2009).
- 초기 읽기발달의 어려움은 말소리의 구조를 이해하고 소리를 내고 사용하는 능력이 부족한 것에 기인한다 (Stojanovik & Riddell, 2008). 말소리 최소 단위를 분절하여 이것과 글자를 연결시키는 것을 어려워하면 읽기학습에 문제가 생길 수 있다(Lonigan, 2005).
- 학습장애가 있는 것으로 진단받은 아동의 56%와 일반 아동의 28%는 가정에서 숙제를 마치는 것을 어려워 하는 것으로 추정된다. 학습장애아들이 숙제하는 것을 어려워하는 이유는 숙제를 이해하는 수용언어능력에 문제가 있거나 숙제를 기억하는 능력에 문제가 있는 것으로 파악되고 있다(Bryan & Burstein, 2004).
- 듣기능력은 유아의 사회기술 발달에도 영향을 준다. 유아의 수용언어능력과 공격적 행동은 관계가 있는 것으로 알려져 있다(Estrem, 2005). 공격행동을 많이 보이는 남아는 듣기기술이 부족한 것으로 알려져 있다.
- 유아와 초등학생들은 대화할 때 어떤 행동이 잘 듣는 것인지에 대한 지식을 가지고 있다. 흥미롭게도 이들은 조부모가 가장 좋은 듣기행동을 보인다고 답하였다(Imhof, 2002).
- 청각장애가 아니라도 만성적 중이염 또는 듣고 말하기를 보여 주는 모델이 없는 경우, 학습장애, 주의집중 장애, 행동장애, 언어장애 혹은 학습에 관계된 언어를 이해하는 데 어려움이 있는 경우 듣기를 잘 못할 수 있다(Jalongo, 2008b).
- 교사가 말을 빨리 하거나 주변이 시끄럽거나 산만한 경우 그리고 교사 혹은 또래가 방언을 하는 경우 유아의 듣기에 부정적 영향을 준다(Jalongo, 2011).
- 의사소통장애가 있는 유아의 부모에게 자녀의 듣기기술을 향상시키는 데 도움이 되는 가정활동을 제공하면 부모의 태도와 자녀의 듣기기술 향상에 도움이 되는 것으로 알려졌다(Stevens, Watson, & Dodd, 2001).

이상의 사실들에 놀랐나요? 무엇에 그리고 왜 놀랐나요? 유아를 교육하는 데 이러한 사실들을 어떻게 반영해야 할까요?

잘 듣는다는 것은 무엇인가

교육표준과 교수
www.corestanding.org를 방문하면 각 주의 교육청이 명시한 유아에게 필요한 듣기기술의 핵심 기준이 있다.

우는 아기는 양육자가 부드러운 목소리로 자장가를 불러 주면 진정이 된다. 유아는 경쾌한 음악에 맞추어 얼굴에 미소를 띠고 손유희를 즐긴다. 초등학교 3학년 아동은 자신이 관심을 갖고 있는 야구에 관한 책을 누군가가 읽어 주면 한마디도 놓치지 않고 전부 들으려고 무척 애를 쓴다. 이 모든 행동은 듣는 소리를 의미로 전환해서 이해하려고 한다는 것을 의미한다. 듣기는 3개의 요소가 관련되어 있다.

1. 소리의 지각. 소리를 지각하는 감각기관에 자극이 인지되면 소리를 구분하고 분리하고 합성하여 소리를 기억한다.
2. 듣기. 소리에 집중하고 주목하고 들어야 할 말의 단서를 인지하는 것이다.
3. 이해하기. 청각 정보에 의미를 부여하는 인지적 행위를 말하는 것으로 이미 알고 있는 단어와 소리를 연결시키거나 조직, 상상 그리고 느끼는 것을 포함한다(Jalongo, 2008b).

초등 1학년생은 '잘 듣는다'는 말은 '이야기하지 않는 것'이라고 답하였고, 초등 3학년은 '잘못 듣는다'는 것은 '잘못 알아듣고 도움을 구하게 되는 것'이라고 답하였다(McDevitt, 1990). 잘 듣는 사람은 듣기에 방해가 되는 요소를 차단하고 집중하여 정보를 처리하여 맥락과 상관 있는 코멘트와 질문을 한다(Brent & Anderson, 1993).

잘 듣는다면 학습을 잘하게 되는데 많이 듣게 한다고 잘 듣게 되는 것은 아니므로 더 잘 듣도록 교육해야 한다(DeHaven, 1988). 유아의 신체적 상태 혹은 환경적 요인도 듣기에 영향을 주므로 이도 고려해야 한다.

가족 및 지역사회와의 협력

뇌와 언어

어릴 때 달팽이관 삽입은 난청아에게 도움이 된다(Hodges & Balkany, 2012). 뇌 신경 촬영에 따르면 달팽이관을 삽입한 아기와 일반아가 말소리를 처리하는 과정이 다르게 나타난다 할지라도 달팽이관을 삽입한 아기는 약 1년 내에 약 50%의 말소리 이해력이 증가하고 몇 개의 문장으로 제시되는 지시사항을 이해하고 기억하는 능력이 30% 증가한다(Lee, Huh, Jeung, & Lee, 2004).

2세 제라도는 과테말라에서 입양된 아이이다. 2세면 말을 하는 나이이나 제라도는 그렇지가 않았다. 입양부모는 걱정이 되었으나 가정에서 사랑을 듬뿍 주고 좋은 어린이집에 보내면 이내 말을 하게 될 것이라고 믿었다. 제라도가 말을 시작하기 전에도 계속 제라도에게 말을 시켰고 도서관에서 책을 빌려다가 매일 밤 잠들기 전에 책을 읽어 주었다. 제라도는 결국 말을 시작하였으나 알아듣기가 어려웠고 다른 사람이 자신의 말을 잘 알아듣지 못하면 짜증을 많이 내었다.

켈리 선생님은 제라도에게 신체적인 문제가 있을 수도 있다는 생각에 부모와 상의하여 언어치료 전문가와 상담을 하였다. 켈리 선생님은 평소에 제라도를 관찰 기록한 것, 말소리가 크고, 동화시간에 앞으로 다가오며, 노래를 따라 부르기 어려워한다는 것을 치료사에게 알려 주었다. 제라도 부모의 동의하에 청력 테스트를 한 결과 아기 때 앓은 중이염에 의하여 중이에 물이 차 있다는 것을 알게 되었다. 이비인후과 수술로 귀에 관을 넣어 물을 뺐다.

수술 이후 경과가 좋았고 제라도의 듣기는 눈에 띄게 좋아졌으며 말하는 것도 크게 향상되었다. 제라도가 말하기 시작하면서 자주 사용하는 단어는 '차시트'였는데 이는 가족의 외출과 관련하여 사용하였다. 제라도가 좋아하는 애플주스는 '애플슈쉬'라고 하였는데 이는 대부분의 사람들이 알아들을 수 있었다. 제라도는 농장동물이 등장하는 책 읽기를 좋아하여 뒷장부터 앞장의 방향으로 책을 보았다. 이는 제라도가 제일 먼저 맨 뒷장에 등장하는 돼지의 울음소리를 흉내 내는 것을 좋아했기 때문이다.

3세가 되어 제라도는 간단한 문장으로 말할 수 있게 되어서 공원에서 그네를 탈 때 "높게 타고, 낮게 타고."라고 할 수 있었다. 4세가 된 제라도는 가족과 함께 멕시코 음식점 앞을 지나게 되면 "아버지, 월급 받았나요?"라는 질문을 하였다. 이 유아는 우여곡절이 있었지만 부모, 선생님 그리고 지역사회 전문가가 협력하여 언어발달이 정상으로 이루어졌다.

기여와 결과

- 교사의 기여. 제라도의 경우 교사가 한 역할과 기여는 무엇인가?
- 가족의 기여. 제라도의 문제를 해결하는 과정에서 부모와 가족은 제라도에게 어떠한 지원을 하였는가?
- 전문가의 기여. 제라도와 그의 가족을 돕기 위하여 전문가가 한 역할과 기여는 무엇인가?
- 협력의 결과. 부모, 선생님 그리고 전문가 간 협력이 없었다면 제라도에게는 어떠한 결과가 생겼을 것인가?

듣기의 중요성

인간이 습득하는 다양한 언어기술 중 듣기는 가장 어릴 때부터 발달하기 시작하여 일생을 두고 사용하는 기술이다. 태어나기 전부터 청각 지각이 시작되고 말하기, 듣기 그리고 읽기, 쓰기가 가능하려면 어마어마한 양의 듣기경험이 축적되어야 한다. 태내에서 청각기관이 형성되면 바로 태아는 들을 수 있다. 신생아도 소리에 따라 반응이 다르다. 신생아는 엄마 자궁에서 들었던 비슷한 소리를 들으면 진정되고 다른 아기의 우는 소리에 같이 운다. 산소호흡기를 끼고 있는 신생아는 자장가보다는 배경음악으로 강한 박자의 음악에 맞추어 숨을 쉰다고 한다 (Bayless & Ramsey, 1990).

듣기는 청각에 문제가 없는 일반아의 읽기와 쓰기의 기초가 된다(Jalongo, 2008b). 유아가 말을 잘 안 하지만 집중하는 데 문제가 없어 보이면 일반인들은 '결국 말을 하게 될 것'이라고 생각한다. 그러나 언어학자들의 생각은 다르다. 유아가 언어를 습득하려면 '의미 있는 언어적 자극의 입력'이 필요하다고 한다. 예를 들어, 노래시간, 동화시간 혹은 손유희 시간에 조용히 있던 아기가 어느 날 갑자기 열정적으로 참여하게 되는 것은 먼저 듣기경험이 선행되었으므로 표현이 가능하다는 것을 보여 준다.

일반적 지혜에 따르면 "들으면 배운다."라고 하지만 얼마나 들어야 배우게 되는 걸까? 앞의 제라도처럼 듣기에 문제가 있는 유아는 결국 말하기에도 문제가 생기게 된다. 이 상태에서 학교 교육을 받을 때가 되면 학업성취에도 문제가 된다. 듣기에 문제가 있으면 교실에서 선생님이 가르치는 내용을 이해하지 못하고 자신의 생각, 궁금한 것, 이해하지 못한 것 등을 의사소통하지 못하기 때문에 학습에 어려움이 생긴다. 교실에서 선생님과 또래들 사이에 오고 가는 이야기를 이해하지 못하면 위축되거나 혹은 집중하지 않는 것으로 인식된다(Cruger, 2005).

이렇듯 듣기는 학교학습에서 중요한 의미를 갖지만 듣기에 대하여 가르치는 경우가 거의 없고 가르친다 하여도 잘 못 가르친다(C. B. Smith, 2003a). 듣기기술은 모델에 의하여 잘 배울 수 있는데, 즉 자신의 말을 잘 들어주는 상대를 통해서 듣기기술을 배운다. 듣기는 유아기 교육에서부터 잘 배워야 하는 기술이지만 실제로 유아교육 과정에서 무시되는 경향이 있다. 그 이유는 유아의 듣기기술 교수법에 대하여 교사가 미처 준비가 되어 있지 않거나 듣기 지도의 가치를 인식하는 교사일지라도 지도 방법이 적절하지 않을 수도 있다.

듣기는 일종의 상대방에 대한 존중을 주고받는 것과 같다. 유아가 또래의 말을 듣거나 선생님이 유아의 말을 듣거나 유아가 선생님의 말을 듣게 되면 그 교실의 동류의식은 시작된다. 한 유치원 교사는 청각장애아가 학급원이 되었을 때 이것을 체험하게 되었다. 청각장애아의 언어치료를 위하여 특수교사가 교실에 오게 되었을 때 반 아이들은 다음과 같은 질문을 하였다.

"언제부터 소리를 못 듣게 되었나요?"
"청각장애아가 말하는 것을 어떻게 알아듣나요?"

"이 친구는 말을 언제부터 하게 될까요?"

"청각장애아와 특수 선생님은 한 집에 사나요?"

함께 이야기 나눔으로써 유아들은 청각장애아 친구가 태어날 때부터 귀가 안 들렸다는 것, 청각장애아와 소통하는 방법이 여러 가지 있다는 것과 청각장애를 되돌릴 수 없다는 것을 알게 되었다. 교사와 일반아들은 청각장애아를 만남으로 인하여 그 상황을 궁금해하고 유심히 보고 관찰하면서 상호 간에 더 깊이 이해할 수 있었다. 교사는 유아들의 질문과 답을 통해서 교사로서 청각장애아를 지원하는 방법과 태도를 다시 점검하는 계기가 되었다.

듣기발달 과정의 개관

카티야와 샤이렐은 유아교실에서 함께 점토놀이를 하고 있다. 이들이 주고받는 대화를 잘 들어 보면 듣기는 소리를 지각하는 것에서 끝나는 것이 아니라 이해하는 정신적 과정을 포함하고 있다는 것이 분명하게 드러난다.

> **샤이렐** : 나 지금 파이를 만들고 있어.
>
> **카티야** : 더 줄까? (점토를 샤이렐에게 더 건넨다.)
>
> **샤이렐** : 그래, 이건 딱딱하네. (두 아이가 함께 점토가 담겨 있는 그릇에 손을 넣어 일정량을 떼어 내어 가지고 있던 점토에 더한다.) 자, 탁, 탁, 탁. (둘이 마주 보며 웃는다.)
>
> **카티야** : 나는 파이를 만들고 있어.
>
> **샤이렐** : 나도. 필요 없는 부분은 떼어 낼 거야. (플라스틱 칼을 가지고 파이의 둘레를 다듬는다.) 그리고 이것을 그릇에 담아. 자, 지금 파이를 만들고 있어.
>
> **카티야** : 어쨌든, 이제 어떻게 파이를 만들 거지?
>
> **샤이렐** : 자, 먼저 떼어 내서 굴려. 이렇게 하는 거야, 잘 굴려봐. 그리고 자르고, 자르고, 자르고, 자르고. 그리고 탁, 탁, 탁 두드리고 자, 파이가 다 됐다!

샤이렐은 소리를 가지고 놀고 있는데 이는 **음운인식**을 나타낸다. 샤이렐은 10개 정도의 알파벳은 알고 있지만 글을 읽지는 못한다. 음운인식은 말소리와 글의 관계에 대한 인식이 아니라 순수하게 소리에 대한 인식이다. 아기들도 같은 소리와 다른 소리를 구분하므로 음운인식이 있다고 할 수 있다.

듣기행동에는 여러 가지 요인이 관여되어 있다. 먼저 신체적 능력인 청각 민감도, 청각 지각력이 있다. 청각 민감도(auditory acuity)란 소리를 들을 수 있는 능력을 말하고 청각 지각력(auditory perception)이란 소리를 구분하거나 합성 혹은 소리를 기억하는 능력을 말한다. 내이, 청각 신경계 혹은 뉴런 연결통로에 질병 혹은 상해가 생기면 소리를 지각 못하거나 청각을 상실하게 된다. 보청기 혹은 투약, 수술로 이를 고칠 수 없다(McCormick, Loeb, & Schiefelbusch, 2002). 주의집중장애, 정서불안, 태내기 약물 중독, 언어 유창성 등이 듣기에 영향을 준다.

듣기에 영향을 주는 이상의 요인들에 대하여 교사가 할 수 있는 일은 크게 없다. 그러나 동기, 습관, 맥락적 특징 등은 교사가 통제하여 유아의 듣기행동에 영향을 줄 수 있다.

동기는 들어야 하는 이유 혹은 유아가 듣고자 하는 의도를 말한다. 들어야 할 이유가 있는가? 유아는 즉각적이고 구체적인 유익이 있다고 인식하면 들으려고 애를 쓴다. 예를 들어, 요리시간에는 잘 들으려고 하는데 이는 그 결과로 인해 먹을 것을 즐길 수 있기 때문이다. 작가의 의자(Author's chair)에 앉아서 자신의 이야기를 발표하는 데 반 친구들이 응대를 해 주면 그 친구 또한 친구들의 이야기를 잘 듣는다. 또한 구체적이고 흥미로운 과제를 하려면 잘 들어야 한다는 것을 유아가 알면 유아는 열심히 들으려고 한다.

습관 또한 듣기행동에 영향을 준다. 적절한 듣기행동을 지도받지 못한 유아는 지도를 통하여 변화될 수 있다. 잘 듣는 유아는 다음을 예측할 수 있고, 말하는 사람을 바라보며 이해하려고 노력하고 질문을 하며 주요 아이디어를 찾고 요약할 수 있다. 교사는 이러한 듣기행동을 습득해서 습관이 될 수 있도록 유아를 지도한다.

듣기 맥락도 듣기행동에 영향을 미친다. 예를 들어, 말을 잘 이해하지 못했을 때 명료한 이해를 위하여 질문을 할 수 있어야 하는데 말하는 사람이 유아보다 나이가 많거나 높은 지위에 있으면 질문을 못하게 된다.

그림 4.1은 Lerner, Lowenthal과 Egan(2003)이 제시한 유아의 듣기행동 발달표이다. 유치원에 입학할 즈음이면 말하는 사람이 듣는 사람에게 주는 표시를 이해하거나 그것에 반응할 수 있고, 보고 있는 것과 듣고 있는 것을 연결시킬 수 있으며 듣고 있는 것을 과거의 경험과 연결시킬 수 있도록 듣기행동이 발달한다. 또한 다른 사람이 자신의 말을 듣게 하는 방법을 알고 "그거 아세요?" 등과 같이 자신이 먼저 말을 시작하는 표현을 구사할 수 있다. 또한 "엄마, 전문가가 뭐예요?"와 같이 들은 말을 이해하지 못할 때 질문도 할 수 있다. '어', '그런데', '내 말은'과 같이 이제 막 말을 시작하기 전 자신이 말하겠다는 표시를 할 수 있다(Seifert &

그림 4.1 연령별 듣기능력 및 유의 사항

신생아~1세

큰 소리 혹은 이상한 소리에 깜짝 놀란다.

소리가 나는 방향으로 머리를 돌린다.

자장가 혹은 록음악 등 음악의 종류에 따라 다르게 반응한다.

음악 혹은 소리에 반응하여 옹알이를 한다.

말하는 사람을 바라본다.

'위', '아래', '여기' 등 제스처가 동반된 말을 이해하기 시작한다.

유의사항

큰 소리를 들어도 눈을 깜빡이거나, 눈을 크게 뜨거나, 울거나 놀라지 않는다.

4개월이 되어도 시선 범위가 넘은 곳에서 들리는 소리를 향하여 고개를 돌리지 않는다.

7개월이 되어도 방 저쪽에서 들리는 소리에 즉각적으로 고개를 돌리지 않는다.

9개월이 되어도 옹알이를 하지 않는다.

1~2세

자신의 이름을 안다.

제스처를 사용한다.

"책 가져오세요.", "컵을 주세요." 같은 간단한 말을 이해한다.

까꿍과 같은 놀이를 할 수 있다.

'안 돼', '안녕'과 같은 말을 이해한다.

눈, 코, 입과 같은 신체의 일부를 가리킬 수 있다.

동요를 듣고 따라 하려고 한다.

친숙한 사물이 나오는 그림책 보기를 즐기고 이야기를 듣는다.

"네 신발은 어디 있지?"라는 질문에 답을 할 수 있다.

이해하지 못하는 말이라도 부분적으로 발화할 수 있다(예 : 앵무새 → 무새)

'나', '너', '그', '우리' 등과 같은 대명사를 구분할 수 있다.

사물에는 종류가 있음을 이해하기 시작한다. 예를 들어, 색깔 이름에는 '빨강', '파랑' 등이 있음을 이해할 수 있다. 그러나 표현에서는 '빨강'으로 모든 색을 가리키기도 한다.

유의사항

12개월이 되어도 '안 돼' 혹은 '안녕'과 같은 간단한 말에도 반응을 보이지 않는다.

18개월이 되어도 말에 높낮이, 강조 등이 없이 크게, 부드럽게, 콧소리, 모노톤 중 한 가지 특징만 있다.

가족 이외의 사람은 아이의 말을 거의 이해할 수 없다. 말소리에 모음과 자음이 다양하지 않다.

"우유 더" 혹은 "엄마 가방"처럼 두 단어로 말하지 않는다.

간단한 지시에도 어려워한다. 경미한 듣기능력 장애의 경우 "가서 공을 가져와라."는 지시에 책을 가져오는 식으로 부분적인 오류 반응을 나타낸다.

2세가 되어 TV 혹은 라디오 소리의 세기를 높인다.

(계속)

Hoffnung, 1999). 또한 말하는 사람의 이야기를 잘 듣고 있다는 표시인 "네", "그렇지", "그런데", "네가 말한 대로", "내 생각에는"과 같은 표현을 할 수 있다.

듣기행동에는 청각자극과 시각자극을 연결시키는 것도 포함된다. 따라서 듣기활동에 실물, 사

그림 4.1 연령별 듣기능력 및 유의 사항(계속)

3~4세

"아빠 곰이 산책을 간다, 쿵쾅쿵쾅. 엄마 곰이 산책을 간다, 콩콩콩콩."에 동반되는 손유희를 따라하고 스스로 할 수 있다.

'크다', '작다', '어제', '오늘'와 같은 개념을 이해할 수 있다.

같은 이야기를 반복해서 듣는 것을 즐긴다.

동화를 감상한 후 앞에 나왔던 단어와 표현을 기억하고 토론에 참여할 수 있다.

여러 동물을 인식하고 이름을 안다.

한 번에 두 가지 지시를 이해한다(예 : "먼저 겉옷을 입거라. 그리고 모자를 쓰거라.").

드럼, 피아노, 피리 소리를 구분할 수 있다.

대화 중 질문을 이해하고 적절하게 반응한다.

"몇 살이니?"와 같은 질문에 손가락으로 정확히 답할 수 있다.

숟가락, 포크와 같은 도구의 이름과 기능을 이해한다(예 : "국을 먹으려면 무엇이 필요하지?").

비교를 이해한다(크다, 더 크다, 제일 크다).

조건문을 이해한다(~한다면, ~때문에 등).

'가짜로' 혹은 '진짜로'의 차이를 안다.

어제, 오늘, 내일과 같은 시간을 나타내는 말을 이해한다.

자신이 하는 것에 대하여 간단하게 말할 수 있다.

자신에게 중요한 어른의 말투를 흉내 낸다.

5~6세

기본 색과 모양의 이름을 안다.

'위', '아래', '가까이', '멀리' 등 공간관계를 이해할 수 있다.

높은 소리, 낮은 소리의 차이를 알고 이것을 공간개념과 관련시킬 수 있다.

컴퓨터 소프트웨어에 있는 지시사항을 듣고 작동할 수 있다.

긴 이야기를 듣고 등장인물과 사건을 알 수 있다.

모든 종류의 문장을 이해할 수 있고, 2개의 절로 된 복문장도 이해할 수 있다(예 : "먼저 밖으로 나갈 수는 있지만, 그 전에 코트를 입어야 해.").

여러 개의 정보를 순서대로 기억할 수 있다(예 : 긴 이야기를 순서대로 이야기한다).

유의사항

시끄러운 장소이거나 말하는 사람과 멀리 있으면 잘 듣지 못한다.

또래의 아이들이 흥미로워할 만한 진술문 혹은 질문에 반응하지 않는다(예 : "토끼에게 밥 주고 싶은 사람 누구지요?").

"뭐라고?", "네?"와 같은 말을 자주 한다.

말하는 사람의 얼굴을 못 보면 지시사항을 따르는 데 더 어렵다.

출처: Lerner, Lowenthal, & Egan, 2003.

진 혹은 그림, 글자가 함께 제시될 수 있다. 그림 4.2에 반대말을 듣고 하는 노래가 제시되어 있고 단어도 제시되어 있다. 또한 그림책 *Black? White! Day? Night! A Book of Opposites*(Seeger, 2006), *Opposnakes: A Lift the Flap Book About Opposites*(Yoon, 2009)가 있다.

유아가 기본적으로 습득해야 하는 듣기행동 중 하나는 듣고 있는 내용과 자신의 경험을 연결시키는 것이다. 이 능력은 전형적으로 이야기를 들으면서 어른과 토론을 할 때 배우게 된다. Nelson(1989)은 인형을 가지고 사건에 따라서 옷을 갈아입는 이야기인 'The Tailor'(Schimmel, 1978)를 유아에게 들려주었다. 이 이야기는 너무 바빠서 자신이 입을 옷을 만들어 입지 못하다가 결국 코트를 만들어 입은 양복장이의 이야기이다. 양복장이는 자신이 만든 코트를 자랑스

그림 4.2 반대말 노래

(2) ...곱슬거리는...쭉 뻗은,...일찍...늦게,...낮...밤,...왼쪽...오른쪽
(3) ...젊은...늙은,...뜨거운...차가운,...더러운...깨끗한,...좋은...나쁜
(4) ...아래...위,...엄마...아빠,...땅...하늘,...안녕...잘 가

(계속)

그림 4.2 반대말 노래(계속)

곱슬거리는	쭉 뻗은	일찍	늦게
낮	밤	왼쪽	오른쪽
젊은	늙은	뜨거운	차가운
더러운	깨끗한	좋은	나쁜
아래	위	엄마	아빠
땅	하늘	안녕	잘 가

출처: Mitzie Collins, 1982, from the recording and companion book *Sounds Like Fun*. Sampler Records, Ltd. www.samplerfolkmusic.com. Used with permission.

럽게 입고 다녔다. 그런데 코트가 낡아서 양복장이는 이 코트로 재킷을 만든다. 재킷의 소매가 낡자 양복장이는 이것으로 조끼를 만들어 입는다. 시간이 흘러 조끼가 낡았지만 코트, 재킷, 조끼로 입었던 것을 포기하고 싶지 않아서 조끼로 모자를 만든다. 모자도 낡자, 양복장이는 마지막으로 모자로 단추를 만든다. 양복장이는 단추를 볼 때마다 자신이 입었던 코트, 재킷, 조끼, 모자를 떠올린다는 이야기이다.

이 이야기를 유아에게 들려준 후 그림책 *Joseph Had a Little Overcoat*(Taback, 1999)를 보며 이야기를 나누며 자신의 경험과 스토리를 관련지어 본다.

교사의 관심과 전략

경력교사인 앨리스 선생님은 듣기와 관련하여 유아의 집중도를 유지시키기 어려운 상황을 다음과 같이 말하였다.

> 유치부에서는 토의 혹은 이야기 나누기 시간이 가장 어려워요. 제가 무언가를 가르치거나 혹은 동화를 읽어 줄 때 유아들은 대개 집중하여 듣습니다. 그런데 친구가 이야기 할 때는 집중하지 않아서 저는 계속 집중하라고 하거나 친구의 말에 귀를 기울여야 한다고 말해야 합니다. 이게 참 힘들어요.

영아와 어린 유아

아기는 말소리를 구성하는 가장 작은 단위인 음소를 구분할 수 있다. Soley와 Hannon(2010)은 6개월 아기는 말소리를 구성하는 최소 단위에 대한 구분이 되지 않았으나 12개월이 되면 자주 들은 말소리의 최소 단위에 대한 구분이 가능해짐을 관찰하였다. 이는 아기의 듣기 지도에 어떻게 적용될 수 있는가?

유아에게 집중하여 듣기를 가르치려면 먼저 교사 자신이 잘 듣는 모델을 보여 주어야 한다(Malaguzzi, 1994). Keat, Strickland와 Marinak(2009)의 이제 막 미국으로 이민 온 아동을 관찰 연구한 것에 의하면 교사가 이들과 일대일로 앉아서 관심과 사랑의 표정으로 아이에게 말을 걸고 아이에게 진정한 관심을 표현하면 아이들도 소통을 하려고 많은 노력을 한다. 그러나 교사가 한꺼번에 많은 말로 질문을 계속 쏟아부으면 아이들은 거의 아무 말도 하지 않는다. 한 경력교사가 말하기를, "교사로서 중요한 자질 중 하나는 아이들의 말을 듣는 것입니다. 아이들의 말을 들어주면 아이들은 자신이 존중받고 있다고 느끼죠. 이는 '아이들은 선생님이 자신들에게 진정한 관심이 있다는 것을 알기 전에는 선생님이 얼마나 많이 알고 있느냐에 대해서는 관심이 없다'는 말과 같죠."라고 하였다.

유아가 듣기에 잘 집중하게 한다는 것은 유아교육이 발달적으로 적합해야 한다는 것과 같은 말이다. 유아는 몸으로 움직이기를 더 좋아하고 다른 사람을 기다려야 하는 대집단활동에는 아직 익숙하지 않다. 따라서 이야기 나누기 집단 크기를 8~10명으로 제한하면 아이들의 집중력이 많이 높아진다. 선생님은 한 유아가 말하고 있으면 다른 유아는 그 유아의 말을 들으며 조용히 앉아 있는 '보이고-말하기(Show-and-Tell)' 형태로 토의시간을 운영하는 경향이 있으나 이보다는 '보이고-질문하기(Show-and-Ask)'의 형태가 유아들에게 집중력을 유지시키는 데 더 좋은 방법이 될 수 있다. 예를 들어, 간단한 사물 혹은 장난감을 한 유아가 소개하면 나머지 유아들은 그에 대한 질문을 하는 것이다. 이 활동에서 교사는 흥미를 가진 좋은 청중의 모델이 되어 질문을 한다. 질문과 코멘트는 차이가 있는데 질문은 질문자가 답을 모르는 것이고 코멘트는 말하는 사람이 이미 답을 알고 있는 것이다. 이런 것들의 차이를 교사가 모델링할 수도 있다.

데이비드 선생님은 듣기 지도와 관련하여 다음과 같은 말을 하였다.

4년간 2학년들을 가르쳐 왔는데 금년에 맡은 2학년들이 좀 유별난 것 같아요. 아이들보다 큰 소리로 말해야 하고 아이들을 조용히 시키느라 하루 일과가 끝날 즈음이면 제 목소리는 쉬어 있고 무척 피곤합니다. 아이들이 산만하거나 제일 많이 떠드는 때는 일과 시작 즈음, 쉬는 시간 후, 점심시간 그리고 체육시간입니다.

위의 데이비드 선생님 교실의 문제는 전이시간과 관련되어 있다. 자유로운 시간 이후에 아이들을 집중시키는 방법은 여러 가지가 있다. 선생님은 아이들이 마음을 정리하고 다시 집중하는 것을 일과의 일부로 운영한다.

- 아침 시작 전 출석표에 아동 스스로 표시하게 하고 아이들이 흥미에 따라서 활동을 선택할 수 있는 흥미 영역을 운영한다.
- 부드러운 차임벨 소리, 조명 조절, 건전지로 피우는 촛불 등을 가지고 자유시간에서 집중시간으로 전이를 돕는다.
- 아동들이 조용히 집중해야만 나오는 인형 혹은 마스코트를 활용한다.
- 오늘의 활동 목록을 눈에 띄는 색깔과 모양으로 전시한다.

이외에도 실물이나 노래, 한 목소리로 말하기, 동극, 재미있는 문제풀이 등으로 관심을 집중시킨다. 트레이시 선생님은 듣기 지도와 관련하여 다음과 같은 고민을 하였다.

저의 수업을 촬영해 보니 저는 지시를 1번이 아니라 3번, 4번, 심지어 이보다 더 많이 반복해서 말합니다. 제게 마술봉이 있으면 좋겠어요. 마술봉을 한번 휘두르면 아이들이 바로 듣고 따라 할 수 있게 말이죠.

유아가 지시를 잘 따르게 하려면 우선 지시사항을 분명하게 하는 것이다. 복잡하고 혼란스러운 지시사항에는 유아가 잘 집중하지 않는다. 수업 내용 혹은 지시사항을 검토하여 어렵거나 혼란스러운 부분이 없는지 검토해야 한다. 또한 지시에 대한 이야기는 한 번만 할 것임을 알리고 지시를 할 때는 각 단계에 맞는 시각 자료를 병행하는 것도 필요하다. 과제를 하는 데

웹 2.0을 활용한 동시 활동

Giggle Poetry

www.gigglepoetry.com

웃음이 묻어나는 동시와 관련된 활동 등이 많다.

Poetry Foundation

www.poetryfoundation.org

작가 인터뷰, 비디오 동시가 있으며 동시를 연령별, 종류별 검색할 수 있다. 동시 수업계획안이 있어서 교사에게 유익하다.

Poetry Interactivities

http://www.readwritethink.org/search/?resource_type=16&type=28

ReadWriteThink 웹사이트에 있는 섹션으로서 아크로스틱, 디아만테, 말놀이를 할 수 있도록 단계별로 안내되어 있다. 교사가 활용할 수 있는 수업계획안도 있다.

Poetry Splatter

www.rif.org/kids/readingplanet/gamestation/poetrysplatter.htm?

'독서는 기본이다(Reading Is Fundamental, RIF)'에서 운영하는 사이트로 연령별로 동시 주제를 선택하면 색깔이 칠해진 글자를 선택하여 동시를 지을 수 있다.

Poetry4Kids.com

http://www.poetry4kids.com

어린이들이 가장 재미있어 하는 동시에 점수를 매겨서 목록을 만들도록 되어 있다. 교사는 동시 수업에 활용할 동시를 쉽게 찾을 수 있고 어린이들 스스로 동시를 선택하고 읽고 기록하고 자신이 좋아하는 동시를 기록할 수 있다.

Writing with Writers: Poetry

http://teacher.scholastic.com/writewit/poetry

어린이들에게 잘 알려진 동시작가를 만나서 그들의 조언을 듣기도 하고 스스로 동시를 짓고 다른 친구들이 지은 동시도 볼 수 있다. 교사가 수업에 활용할 수 있는 자료도 있다.

여러 단계가 있는 경우에는 유아들이 그 과정을 잘 숙지하고 조직할 수 있도록 돕는다. 예를 들어, "오늘은 학급 신문을 모둠으로 만들 겁니다. 모든 모둠은 각자 4개의 할 일이 있어요." 라고 하고 아이들에게 "제일 먼저 해야 할 일을 설명할 수 있는 사람은 누구인가요?"를 통해 선생님이 한 말을 다시 말할 수 있도록 한다. 다음은 "선생님이 지금 말한 두 번째 과제에 대하여 질문 있나요?"처럼 질문을 하거나 혹은 "지금까지 이야기한 4개의 과정을 요약해서 말할 사람이 있나요?"처럼 요약할 수 있는 기회를 준다. 또한 "모둠으로 활동하는 중에 질문이 생기면 먼저 칠판에 적힌 내용을 보세요. 그리고 친구들과 의논하세요. 그래도 안 되면 선생님이 돌아다니는 동안 질문을 하세요."와 같이 한다. 선생님이 분명하게 이야기하고 유아의 이해 여부를 수시로 혹은 다양한 방법으로 체크하면 듣기에 대한 태도 혹은 이해를 향상시킬 수 있다.

듣기 지도에 유익한 교실활동

유아의 듣기능력을 향상시키는 노력은 한 번에 되는 것이 아니기 때문에 매일의 일과 속에서 지도되어야 한다.

수집물. 유아들로 하여금 주변의 돌, 조개껍질, 작은 장난감과 같은 사소한 물건을 모으게 한다. 자신이 수집한 것들을 친구에게 소개하면서 왜 이것을 수집하게 되었는지, 어떻게 수집하였는지, 왜 친구들에게 소개하고 싶은지 등을 이야기하게 한다. 교실에 유아의 수집물을 전시하고 *Sort It Out*(Mariconda, 2008) 책을 읽고 수집물을 다르게 조직하는 법에 대하여 이야기 나눈다. 가족 혹은 지역사회 인사들을 초청하여 그들의 수집물에 대하여 소개받는다(Plourde, 1989).

음률놀이. 음악을 듣는다는 것은 주의집중, 멈춤 없이 듣기, 말과 행동 연결시키기, 다음에 대한 예견, 중심 아이디어 생각하기, 자세한 부분 기억하기, 해석하기, 즐기기를 발달시키는 것인데 이것은 바로 듣기능력을 발달시킨다(Russell, Ousky, & Haynes, 1967). 마틴 선생님은 플루트 연주를 잘하는 자신의 동생을 교실로 초청하여 연주하게 하였다. 같은 곡을 플루트로 들었을 때와 전에 들었던 바이올린 연주와의 차이점에 대하여 유아들이 인지하고 그 차이점을 표현하였다. 또한 플루트 연주를 들으며 느낀 점을 말로 이야기한다. 여러 연주 중 자신이 가장 즐기거나 마음에 들었던 연주를 고르고 그 이유에 대하여 말로 하거나 적게 하였다. 이처럼 음률놀이는 유아의 듣기능력을 향상시킨다.

그림책과 음악의 통합.   전래동화와 음악이 통합되어 있는 책 혹은 *Inch by Inch: The Garden Song*(Mallet, 1977)을 읽으며 이야기의 배경에 음악이 들렸을 때 이야기 분위기와 어떠한 관련성이 있는가를 이야기 나눈다.

기능에 대하여 설명하기.   요리활동을 하면 유아들은 삶은 달걀 슬라이서, 오렌지 짜개, 뒤집개 등 요리 도구에 많은 흥미를 보인다. 먼저 도구의 기능, 사용법을 교사가 설명하기 전 유아가 먼저 도구의 기능과 사용법에 대하여 생각해 보게 한다. 다음에 교사가 사용법이나 용도를 이야기해 주고 유아들이 다른 사람에게 설명하는 활동을 한다.

몸동작 놀이.   고양이가 되어 보기 혹은 선물 포장 뜯기를 말 없이 몸짓으로 표현하는 놀이를 한다. 유아가 이 활동에 익숙해지면 특정한 상황을 상상하여 몸짓으로 표현하기를 해도 된다. 예를 들어, 동물주제에서 다음과 같은 놀이를 할 수 있다.

> 자, 상상을 해 보아요. 눈을 감고 지금 내 앞에 바구니가 있는데 그 바구니에는 귀여운 강아지가 있어요. 한 마리는 무척 활발하게 움직이고 있고 다른 한 마리는 졸고 있어요. 이제 눈을 뜨세요. 자, 이제 강아지를 어떻게 만져 주어야 할지 생각해 보세요. 강아지들은 매우 조그마해요. 먼저 놀고 있는 강아지를 봅시다. 이 강아지를 어떻게 만져 주어야 할까요? 조심하세요! 강아지가 킁킁대며 돌아다니네요. 얼굴을 핥네요. 강아지를 무릎에 올려놓았다고 생각하세요. 이제는 졸고 있는 강아지를 만진다고 생각하세요. 이 강아지는 아까 것보다 좀 크고 아직 잠이 덜 깨었어요. 강아지를 들어 보세요. 그런데 강아지가 더 자고 싶어 하네요. 어떻게 안아야 할까요? 어느 강아지가 더 좋으세요? 그 이유는요?

대화 테이블.   이곳에는 2~3명의 유아만이 참여할 수 있다. 테이블 위에 '자 ~에 대하여 대화를 나누어 봅시다'라는 표시를 붙여 놓는다. 이 외에도 인형, 그림책 혹은 쓰기 자료를 놔둘 수 있다(Bond & Wasik, 2009).

이야기 재화.   같은 이야기를 반복해서 들으면 유아는 자기식대로 이야기를 재화할 수 있다. 라미레즈 선생님의 1학년 아이들은 여러 이야기 주인공 미니어처로 장식된 망토를 입고 이야기 재화를 한다. 예를 들어, '세 마리 곰 이야기'에서는 작은 곰인형을 장식하고 '세 마리 아기 돼지 이야기'에서는 플라스틱 돼지인형으로 망토를 장식한다. 망토를 입고 이야기 재화를 마치면 녹음 영역에 가서 자신의 이야기를 녹음한다. 학기가 진행되면서 망토에 달린 장식 혹은 인형은 증가한다. 라미레즈 선생님은 매일 녹음테이프를 귀가하는 차 안에서 들으면서 반 아이들의 이해도를 체크한다. 이 테이프는 반에 듣기도서실에 보관되어 아이들이 원할 때마다 자신과 친구들의 녹음된 이야기를 듣기도 한다.

음향 효과 놀이. 셀로판지를 구기면서 불꽃놀이 효과를 내거나 과자 포장지를 찢으면서 천둥소리 효과를 낸다. 어린 유아들은 동물 울음소리를 내고 녹음해 본다.

경찰놀이. 전화기 2개, 세발 자전거, 경찰 모자를 준비한다. 유아들이 동그랗게 앉아 있으면 경찰 역할을 맡은 유아가 자전거를 타며 친구들 주위를 돈 뒤에 친구들이 볼 수 없는 곳으로 이동한다. 앉아 있던 유아 중 2명을 뽑아서 1명은 부모, 다른 1명은 어린이 역을 한다. 부모 역을 맡은 유아가 경찰에게 전화를 걸어서 어린이 역을 맡은 유아의 모습을 묘사한다. 경찰은 실종된 아이를 유아들 무리에서 찾아서 부모에게 알려 준다.

내가 말하는 대로 따라 하세요. 2명으로 짝을 지어서 1명은 찰흙을 쥐고 다른 1명은 짝에게 원하는 모양을 만들게 한다. 이 과정에서 유아가 말하는 것을 짝 유아는 잘 듣고 그대로 해야 한다. 즉 유아가 친숙한 집, 애완동물, 봉제인형, 교실의 장난감 등을 묘사하면 짝 유아는 찰흙으로 형태를 만들거나 그림을 그린다.

이야기 순서 짓기. 이야기를 듣고 이야기에서 일어난 사건 혹은 에피소드를 순서대로 배열하는 것이다. 이야기 몇 가지 사건 혹은 장면을 그림카드로 준비하면 유아가 빨랫줄에 순서대로 배열한다.

이야기 나라를 만들어요. 유아들이 좋아하는 그림책 혹은 전래동화를 전시하는 것이다. 각 이야기는 인형극, 앞치마 동화, 융판 동화 등으로 전시 코너에서 이야기를 소개하는 역할을 하는 유아가 있어서 코너를 방문한 유아에게 이야기를 들려준다.

비교와 대조. 유아들이 좋아하는 노래를 함께 부르고 노랫말과 책의 글을 비교한다.

정보의 요약. 정보그림책의 많은 정보를 요약하는 활동이다. *Ant Cities*(Dorros, 1987)에는 개미집이 어떻게 만들어지는지가 설명되어 있다. 그림책을 읽고 유아들이 그 과정을 요약한다. 혹은 손을 씻은 물이 하수구를 지나 하수처리장의 침사지, 미생물처리장, 최종 침전지 등을 통과하여 깨끗한 물이 되기까지의 과정을 요약한다.

이야기 지도. 이야기를 감상한 후 주인공이 겪은 사건을 지도형식으로 배열한다. 배경, 주인공의 문제 혹은 목표, 해결과정과 결말을 도식화한다.

참여하며 이야기 듣기. 아이들이 좋아하는 전래동화, 예를 들어 당신이 나의 엄마세요?나 잘 알려진 그림책의 이야기를 들려줄 때 기타 등을 연주하면서 들려준다. 장면마다 반복되는 표현 혹은 후렴구를 유아들이 한 목소리로 표현한다.

원인과 결과. 이야기 주인공의 행동의 원인과 결과에 대하여 분석하며 감상한다. 이를 통해 듣기 이해력이 향상된다.

녹음 듣기. 게임 방법 혹은 알아맞히기 게임 등이 녹음된 이야기를 듣는 활동은 유아들의 집중도를 높인다. 유아들 스스로가 게임 방법을 녹음하는 활동도 한다.

듣고 생각하기. 먼저 그림책 등 무언가를 듣기 전 질문과 토의로 준비한다. 그림책을 읽는다. 마지막으로 감상한 것에 대하여 토론하는 순서로 진행한다.

그림 4.3은 그림책 *Two Bad Ants*(Van Allsburg, 1988)를 감상하고 듣고 생각하기(Directed

---

그림 4.3 듣고 생각하기 활동(*Two Bad Ants*)

1. 질문과 토론으로 준비한다.
- 교사는 책을 읽어 주기 전 "오늘 선생님이 읽어 줄 이야기는 *Two Bad Ants*(Van Allsburg, 1988)예요. 개미들이 장난을 친다는 것이 어떤 것인지 궁금하네요. 여러분 생각은 어때요?", "이 책에는 수수께끼가 있어요. 왜냐하면 개미들이 보고 말하는 것이 사람들이 무언가를 보고 말하는 것과 다르거든요. 자, 그림을 보고 어떤 이야기인지 생각해 보도록 해요."라는 말로 시작하고 유아들이 적극적으로 반응하도록 격려한다.
- 이야기 감상의 목표를 구체적으로 알려 주어 집중해야 할 것이 무엇인지 알도록 한다. "이 이야기는 두 마리의 개미가 집을 떠나 모험을 하는 것이에요. 선생님이 읽어 주는 동안 개미들이 또 다른 모험을 하고 싶어 할지 생각해 보세요."

2. 책을 읽어 준다.
- 교사는 미리 책을 읽고 구연을 연습한다. 그림을 유아에게 보여 주면서 개미들이 묘사하고 있는 것을 사람이 한다면 어떻게 할지 유아들에게 질문한다. 유아들의 대답, 코멘트, 질문에 맞추어 적절하게 속도를 내어 읽어 준다.
- 앞에서 유아들이 생각하며 이야기를 듣도록, "개미들이 모험을 즐기고 있나요? 모험을 또 할까요?"와 같은 질문을 한다. 그림을 보여 주면서 유아들이 다음 장면을 예측하게 한다.

3. 사후 토론을 한다.
- "이 이야기의 제목이 왜 *Two Bad Ants*일까요? 개미들은 어떻게 하기로 했나요? 여러분이 개미였다면 어떻게 할 건가요?"와 같은 질문으로 토론을 유도한다.

Listening/Thinking Activity, DLTA) 활동을 제시하였다. 두 마리의 개미가 집을 떠나서 '개미의 관점'으로 누군가의 아침상을 탐험하는 재미있는 이야기인데 이를 이용한 듣고 생각하기 활동이다.

듣기를 향상시키는 앱과 웹사이트

ABC PocketPhonics(2~6세)
글자의 소리, 어휘 그리고 필체를 연습할 수 있다. 가격이 저렴한 앱이다(2.99달러).

Animal Show(2~4세)
31종의 동물이 내는 소리를 터치하며 듣는다. 기억력, 숫자 세기 게임도 할 수 있다.

Brain Connection(6세 이상)

www.brainconnection.com

어려운 수수께끼, 소리 구분, 기억력 게임을 하면서 듣기 연습을 할 수 있다.

Little Fox Music Box(4세 이상)
노래방 기능을 가지고 있어서 '런던 브리지', '올드 맥도날드', '이브닝 송'과 같은 클래식 동요를 영어와 독일어로 따라 부를 수 있다.

Phonics Tic Tac Toc(6세 이상)
게임을 하면서 발음을 연습할 수 있다.

Pre-K Letters and Numbers(3~10세)
알파벳 글자, 수, 발음을 연습할 수 있고 부모와 교사는 유아의 수준을 체크할 수 있는 앱이다.

Reading Remedies(6세 이상)
운율, 말소리 합성하기, 말소리 분절하기, 통글자, 유창성 등을 게임하듯이 연습할 수 있는 앱이다(99센트).

Sound Touch(2~4세)
동물, 교통기관, 악기, 가재도구 등의 사진 혹은 그림을 만지면 소리가 난다.

Starfall(4~9세)

www.starfall.com

발음, 말소리 지각 등 초보 읽기에 필요한 지식을 게임을 하면서 배울 수 있다.

Sound Literacy(6세 이상)
가격이 7달러인 앱으로 말소리를 가지고 단어 만들기를 좋아하는 아동이 즐겨 한다. 첫소리, 끝소리, 접미사, 접두사, 자음군, 모음군을 활용하여 단어를 만들고 아동이 소리를 내보고 터치하면 녹음된 소리를 들을 수 있다.

Wheels on the Bus(3~7세)
어린이들이 좋아하는 앱으로 유명한 '윌즈 온 더 버스' 노래를 하면서 스크린에 나온 바퀴를 터치하기도 하고 버스 와이퍼를 터치하면 와이퍼가 슥슥 움직이며 소리를 내고 버스 문을 작동시킬 수도 있다. 5개 언어로 노래를 하고 이것을 저장하여 다시 들을 수 있다.

결론

연구와 보고

미국 스피치협회(www.asha.org/topicindex.htm)를 방문하여 여러 정보를 검색하라. 여기서 얻은 정보를 가족과의 연계에 어떻게 활용하겠는가?

잘 들을 수 있는 태도, 능력과 기술은 자동적으로 얻어지는 것이 아니라 배워야 한다는 것과 듣기능력과 학습과는 밀접한 관련이 있다. 따라서 듣기에 대한 교육은 교육과정에 꼭 포함되어야 한다는 것을 많은 연구들이 증명하고 있다.

유아는 도전이 되고 의미 있는 활동을 함으로써 듣기능력이 발달하므로 '귀를 쫑긋하도록' 말로 지도해서는 크게 효과가 없다. 교사로서 자신은 잘 듣는가를 돌아보고 청자로서의 유아를 이해하고 하루 일과 중 그리고 모든 과목에서 듣기활동이 통합되어야 한다. 그래야 유아들이 잘 들을 수 있는 태도, 능력과 기술을 갖추게 될 것이다. 듣기는 언어발달의 기초이다. 따라서 듣기교육을 소홀히 하면 언어의 다른 영역의 발달을 기대할 수 없다.

문해학습 전략

오디오북과 플레이어웨이

오디오북은 녹음된 이야기를 말하는데 과거에는 테이프 혹은 시디에 저장되었으나 현재는 온라인으로 다운로드할 수 있다. 미국출판협회(2011) 자료에 따르면 오디오북 판매량이 690만 달러로 36.7%의 상승이 있었다. 플레이어웨이는 MP3 플레이어(Fellerer, 2009)와 같은 것으로 이야기를 다운로드하여 스피커에 연결하여 교실 전체가 들을 수 있는 장치다.

오디오북은 읽기에 대한 흥미를 높이고 유아가 독자적으로 문학을 즐길 수 있도록 하며 연습할 수 있는 기회를 준다(Grover & Hannegan, 2005). 오디오북의 남성과 여성 내레이터의 목소리, 발음, 구연은 유아들에게 좋은 모델이 될 수 있다(Mandell, 2010; Yokota & Martinez, 2004). 큰 어린이들은 자신이 좋아하는 이야기를 녹음하고 배경 음악 등을 넣는 것에 큰 흥미를 보인다.

오디오북은 시각장애 혹은 다른 신체장애가 있는 아동이 문학을 경험할 수 있는 기회를 준다(Holum & Gahala, 2001). 또한 유아 혹은 글을 스스로 읽지 못하는 아동은 자신의 수준보다 높은 단계의 텍스트를 경험할 기회를 준다. 가정에서 영어를 사용하지 않는 다문화 가정의 아동도 텍스트를 보며 들을 수 있어서 어휘와 유창성이 발달한다. 교수 매체로서 오디오북의 효과를 높이기 위해서는 유아 스스로 내레이션의 속도를 조절할 수 있어야 한다(Bergman, 2005). 주의집중장애아가 사용하는 오디오북에는 이들이 집중하여 들을 수 있도록 쪽을 넘기는 표시, 배경 혹은 효과 음악 그리고 작가 인터뷰도 녹음되어 있다(Mediatore, 2003).

무료 오디오북을 제공하는 인터넷 사이트는 이솝우화 온라인 콜렉션(www.aesopfables.com), 무료온라인책(www.techsupportalert.com/free-books-children), 키즈코너(http://www.wiredforbooks.org/kids.htm)가 있다. Grover와 Hannegan(2012)에 오디오북에 대한 정보가 많이 있다.

듣기 보조 장비

청각장애가 있으면 소리나 말 정보를 처리할 수 없다(Phelps Deily, 2009). 듣기 보조 장비는 스피커처럼 낮은 테크놀로지 장비부터 시작해서 파워포인트로 만든 발음 중심 교수법 작업지인 중간 정도의 테크놀로지와 달팽이관 이식과 같은 높은 수준의 테크놀로지로 가능한 장비가 있다. 미국스피치협회(www.asha.org)에는 청각장애아에게 도움이 될 수 있는 가장 최근의 장비에 대한 정보가 있다.

듣고 생각하기 활동과 토론 웹

들으면서 시각화하는 것은 유아의 독서 이해력과 기억력 향상에 도움이 된다(Harvey & Goudvis, 2007). Headley와 Dunston(2000)은 듣고 생각하기는 듣기뿐만 아니라 추론능력에도 도움이 된다고 하였다(Stauffer, 1975). 듣고 생각하기 활동을 토론 웹(Alvermann, 1991)과 함께 하면 생각을 하고, 말하고, 주장하고 의견을 나누는 데 도움이 된다. 이 전략은 아래와 같은 절차로 진행된다.

1. 소리 내어 책을 읽어 주기 전에 교사는 이야기의 주제 혹은 요점과 관련된 질문을 유아에게 하거나 혹은 적어서 유아들이 그 질문에 집중하여 들도록 한다. 교사는 요점 혹은 주요한 포인트 2~5군데에서 읽어 주기를 멈추고 유아들이 생각하고 예측을 하도록 한다.
2. 짝과 함께 앞 단계의 질문에 대한 답을 약 5분간 토의한다.
3. 4~8명의 집단이 모여 각 쌍에서 나온 이야기를 나눈다.
4. 각 집단의 대표가 자기 집단에서 나온 이야기를 발표하며 그렇게 의견이 모아진 이유 등을 설명한다.

5. 새로운 질문을 가지고 토론한다.

6. 질문에 대한 결과 혹은 이야기 결말에 대하여 비교하며 토의한다(Headley & Dunston, 2000).

 문학의 활용
듣기에 활용되는 문학

노래그림책

노래는 유아의 문해발달에 도움을 준다(Mo-ravcik, 2000; Wiggins, 2007). 노래그림책은 동요가 그림과 함께 제시되어 있다. 유아는 노래를 배우면서 언어를 배우기 때문에 노래그림책은 다문화 가정 아동 혹은 어린 유아의 언어발달을 촉진한다(Arnold & Colburn, 2005; Paquette & Rieg, 2008; Salmon, 2010).

초기 문해능력과 음악의 관련성

문해는 음악능력과 관련되어 있다. 읽기와 음악에 관계된 기술, 지식은 서로 비슷한 점이 많다. 읽기는 반복해서 보거나 들은 책은 텍스트가 익숙하기 때문에 읽는 척할 수 있다. 그림책의 그림과 텍스트를 연결짓는다. 그림책을 볼 때 왼쪽에서 오른쪽, 위에서 아래의 방향성이 있다. 글에는 관례적 표기가 있으며 친숙한 말 혹은 글자를 인식한다. 비슷한 소리를 내는 말 혹은 같은 글자로 시작되는 단어를 인식한다.

음악은 노래를 흥얼흥얼하는 것, 악기를 연주하는 듯하는 것, 음악을 할 때 몸 움직임이 연결된다. 악상, 오선 표기에 일정한 패턴이 있다. 빠르게, 느리게, 높게, 낮게, 크게, 작게 등과 같은 관례적 표현이 있다. 비슷한 멜로디를 인식한다. 소리의 조화 혹은 악기가 내는 소리를 구분한다(Allington & Walmsley, 2007; Jalongo & Stamp, 1997).

노래그림책의 가치

노래그림책은 즐거움을 주고 반복을 통해서 예측이 가능하며 동요를 통해 어휘를 습득하고 비평적 사고와 문제해결력을 길러 주고 창의적 표현력과 언어놀이를 가능하게 하므로 유아의 문해발달에 긍정적인 영향을 준다(Jalongo, 2004b; Jalong & Ribblett, 1997).

노래그림책은 McFerrin(2001)의 *Don't worry, Be happy*, Kubler(2002)의 *Head, Shoulers, Knees and Toes* 등이 있다.

최근 출판된 노래그림책

Child, L .M. (2011). *Over the river and through the woods.* Somerville, MA: Candlewick.
유명한 추수감사절 노래를 그림과 함께 제시하고 있다. (모든 연령)

Collins, J. (2010). *Over the rainbow.* Bournemouth, UK: Iamgine Publishing.
무지개 너머에 무엇이 있을지 상상하고 그림 그리고 말로 표현하거나 이에 대해 글을 써 본다. (모든 연령)

Davis, J. (2011). *You are my sunshine.* New York, NY: Cartwheel Books.
1940년대 유행한 노래에 맞추어 그림이 그려져 있다. (영아~유치부)

Guthrie, W. (2012). *Riding in my car.* New York, NY: LBKids.
강아지들이 가족을 이루어 마차를 타고 시골을 여행하는 이야기가 컨트리송에 맞추어 제시되어 있다. (영아~초등 1학년)

Henkes, K. (2012). *Penny and her song.* New York, NY: Greenwillow Books.
페니는 노래를 하고 싶지만 엄마는 아기 동생을 깨운다고 못하게 하는 이야기이다. 이 책을 읽으면서 청중의 환호를 받으며 자신의 재능을 사용하는 방법에 대하여 생각하게 한다. (유아~초등 2학년)

Jackson, J. & Miller, S. (2009). *Let there be peace on earth and let it begin with me.* New York, NY: Tricycle Press.
친구를 수용하고 서로 싸우지 않고 지내는 것의 중요성과 가치에 대한 것을 노래와 함께 경험할 수 있다. (초등 1~3학년)

Marley, B. & Marley, C. (2012). *Every little thing: Based on the song "Three Little Birds" by Bob Marley.* San Francisco, CA: Chronicle Books.
아무리 작은 것이라도 다 중요하다는 주제를 담고 있다. 반복되는 구절이 있어서 노래를 따라 부르기에 좋다. (모든 연령)

Marley, C. (2011). *One love.* San Francisco, CA: Chronicle Books.
B. Marley의 히트송 모음을 그림책으로 만든 것으로 작은 친절로 큰일을 할 수 있다는 주제의 책이다. (모든 연령)

Pinkney, J. (2011). *Twinkle, twinkle, little star.* New York, NY: Little Brown Books for Young Readers.
작은 별 노래에 맞추어 그림이 그려져 있어서 책을 보는 유아들이 마치 꿈속에 있다는 느낌을 준다. 동생이 있는 아동은 동생을 위한 자장가를 만들고 그림을 그리는 활동을 할 수 있다. (유아~초등 3학년)

Politi, L. (2009). *Song of the swallows.* Los Angeles, CA: J. Paul Getty Museum.
같은 사물이라도 어린이가 보는 것과 어른이 보는 것이 다르다는 것에 대하여 생각해 볼 수 있는 책이다. (초등 2~3학년)

Rodgers, Rl, & Hammerstein, O. (2001). *My favorite things.* New York, NY: HarperCollins.
사운드오브뮤직에 나오는 유명한 노래에 맞추어 자신이 좋아하는 것들을 이야기할 수 있는 책이다. (초등 1~3학년)

Salas, P. (2010). *Many creatures: A song about animal classifications.* Mankato, MN: Picture Window Books.
나의 사랑 클레멘타인 노래에 맞추어 동물의 종류를 분류할 수 있는 책이다. 유아들이 잘 아는 노래에 맞추어 개사활동을 할 수 있다. (초등 2~3학년)

Sayre, A. P. (2011). *If you're happy.* New York, NY: Greenwillow.
'행복하면 _____를 하세요' 노래에 맞추어 몸동작을 할 수 있는 그림책이다. 말, 리듬과 동작을 연결시킬 수 있다. (유아~초등 3학년)

Sedaka, N. (2010). *Waking up is hard to do.* Watertown, MA: Imagination/Charlesbridge.
유명한 팝송 'Breaking Up Is Hard to Do'를 패러디한 것으로 아침에 일어나기 어려워하는 것을 극복하도록 하는 이야기이다. 지각하지 않도록 학교 갈 준비를 하는 과정을 즐겁게 노래와 그림으로 함께 볼 수 있다. (초등 2~3학년)

집중탐구 : 보이스 스레드

보이스 스레드(voicethread.com)는 무료로 문서, 슬라이드 자료, 동영상, 사진 등을 올리고 독자로부터 피드백을 받을 수 있는 네트워크이다. 독자는 목소리, 웹카메라, 키보드, 혹은 전화로 피드백을 올릴 수 있다(EDUCAUSE, 2009). 보이스 스레드 디지털 라이브러리(http://ed.voicethread.com/about/library)에서 교수-학습 매체를 활용하는 다양한 방법에 대한 자료를 검색할 수 있다. 보이스 스레드는 아동이 만든 그림책을 탑재하면 독자가 이것에 대하여 댓글을 달아 상호작용할 수 있다. 교사들이 교수-학습 매체로 활용할 수 있는 자료는 http://voicethread4education.wikispaces.com에 많이 있다.

어린 유아	유아	독립적 읽기가 가능한 아동
아직 그림이나 글을 쓰지 못하는 어린 유아 교실에서는 보이스 스레드를 학급 프로젝트 혹은 자기 경험 나누기용으로 사용할 수 있다. 교사는 학급 활동사진을 올리고 유아들의 말을 코멘트로 올린다. 유아의 가족, 다른 반 교사 혹은 유아, 원장 등도 코멘트 혹은 답글을 올린다. 유아들은 원하는 만큼 올라온 자료와 독자들의 목소리를 들으면서 타인의 반응을 경험한다.	이제 막 그림 혹은 글에 의미를 담아 표현하게 된 유아들은 4~6명이 모둠이 되어 그림을 그리거나 혹은 창안적 글쓰기로 올릴 수 있다. 자신들이 적은 글에 대하여 목소리로 풀이하거나 설명을 하여 녹음한다. 모둠들은 그림 혹은 그림책에 대하여 코멘트 한다.	의미를 담아 독립적으로 그림을 그리거나 글을 쓰는 유아 혹은 아동은 자신들의 그림책을 만들어 싣는다. 학부모 상담의 날에 작품을 감상하며 코멘트를 받는다. 아동은 1년간 모은 자신의 글 혹은 그림책에 대하여 평가하여 스스로에게 가장 마음에 드는 것 혹은 가장 잘한 것을 골라서 자기 평가를 할 수 있다.

다문화 유아

다문화 유아를 위한 듣기 지도

어른에 비하여 유아는 듣고 있는 메시지가 불완전하거나 혼란스러울 때 그 간극을 메꾸는 능력이 미숙하다(Stelmachowicz, Hoover, Lewis, Kortekaas, & Pittman, 2000). 효율적인 듣기 여건을 판단할 때 우선 세 가지 고려사항이 있다. 이는 첫째, 청자의 듣기능력 정도, 둘째, 청각자극의 명료성 혹은 다른 소음의 정도, 셋째, 전달되는 메시지에 대한 청자의 친숙도이다(Nelson, Kohnert, Sabur, & Shaw, 2005). 학교에서 사용되는 언어가 아닌 다른 언어를 가정에서 먼저 배운 유아는 유아교육기관에 오게 되면 침묵을

하다가 어느 정도 시간이 지나면 영어를 말하기 시작한다(Ellis, 2007). 제2언어로 듣고 이해하는 것은 많은 도전을 필요로 한다(National Capital Language Resource Center, 2008). 듣기는 문해능력과 학업의 기초가 되기 때문에 듣기능력 혹은 듣기기술은 다문화 유아에게는 무척 중요하다(Jalongo & Li, 2010).

비어 있는 교실일지라도 냉난방기, 환기 시스템 혹은 실외 소음으로 인하여 듣기 관련한 물리적 조건이 완벽하다고 할 수 없다(Knecht, Nelson, Whitelaw, & Feth, 2002). 유아들이 등

원하여 활동이 시작되면 유아교실의 듣기 환경은 더 나빠져서 다문화 유아가 아니더라도 듣고 이해하는 것이 쉽지 않다(Rogers, Lister, Febo, Besing, & Abrams, 2006). 따라서 새로운 언어로 듣고 이해해야 하는 다문화 유아의 어려움은 더 커서 일반 유아에 비하여 '듣기에 더 불리한 상황'에 처해진다(Nelson et al., 2005, p. 219).

다문화 유아의 듣기에 불리한 여건을 개선시키기 위하여 교사는 다음과 같은 노력이 필요하다.

- 다문화 유아와 대화할 때는 더 천천히 말하고 시각 자료를 활용한다.
- 수업의 진행은 분명하고 간단하게 순서적으로 진행한다.
- 배경의 소음 혹은 방해를 최소화하기 위하여 노력한다.
- 구두로 전할 때 몸동작, 시범 혹은 유인물을 적극 활용한다.
- 유아가 질문을 하면 같은 말을 반복하기보다는 알아들을 수 있도록 수정해서 말한다.
- 또래가 도울 수 있도록 한다.

어떻게 할까요
두운과 각운 가르치기

말소리를 글자와 연결시키는 것은 오랜 시간이 필요하다(Froyen, Bonte, van Atteveldt, & Blomert, 2009). 두운과 각운을 이해하게 되면 이 과정이 쉬워진다. 두운이란 단어의 첫 시작 글자를 말한다. 예를 들어, 말소리 me를 만들려면 e 앞에 무엇이 오는지를 아는 지식이 두운에 대한 이해이다. e 앞에 m이 와서 me 소리가 되는 것을 안다면 he, she, we를 이해할 수 있다. 각운은 단어의 끝소리를 말한다. 단어의 끝소리가 op이면 앞에 오는 글자는 hop, top, cop이 될 수 있음을 알게 되면 말소리와 글자를 연결하는 발음학습이 가능하다.

Gunning(1995, p. 486)는 두운과 각운을 가르치는 5단계를 제시하고 있다.

1. 시작 글자를 찾아서 단어를 만든다. 칠판에 at를 먼저 적는다. at 앞에 s를 더하면 sat가 되고 b를 더하면 bat가 됨을 보여 준다. 또한 같은 과정으로 mat, fat, rat, cat, that가

됨을 보여 준다. 이 모든 단어를 유아와 함께 소리 내어 읽고 이 단어들의 공통점이 무엇인가를 찾아보게 한다. 즉 모든 단어는 at으로 끝남을 주목하게 하고 그것의 발음도 함께 소리 내어 말해 본다.

2. 각운을 더하여 단어를 만든다. 칠판에 s를 적는다. 함께 /s/ 발음을 해 본다. sat를 만들기 위하여 s에 어떤 글자를 더해야 할지 유아들이 답해 보도록 한다. s에 at를 더하여 sat를 같이 말해 본다.

3. 이와 같은 과정으로 해 볼 수 있는 단어를 찾는다(예 : mat 등).

4. 유아들이 스스로 할 수 있도록 지도한다.

5. 두운과 각운이 있는 단어를 찾아서 이러한 전략을 적용해 본다.

이러한 방법 이외에도 자석 글자를 가지고 시각, 촉각, 청각을 이용하여 두운과 각운에 대하여 학습할 수 있다. 교사는 and를 말해 본다. 자

석 글자로 *and* 단어를 조합한다. 교사가 이를 분해한 후 유아가 *and*를 만들어 소리 내어 읽는다. 유아가 이 과정을 쉽게 스스로 할 수 있을 때까지 해 본다. 이후 *and*에 *s*를 더하면 *sand*가 됨을 설명한다. 다시 *s*를 빼면 *and*가 됨을 보여 주면서 소리 내어 읽는다. 이러한 활동은 *hand, band* 단어를 가지고 한다(Gunning, 1995, p. 486). 유아는 이러한 과정을 게임처럼 할 수 있

다. 유아들이 두운과 각운에 대하여 지각하기 시작하면 새로운 단어를 보면 단어를 두운과 각운으로 해체하거나 조합할 수 있게 된다.

두운과 각운 학습을 위한 다양한 활동은 www.breakthroughtoliteracy.com과 www.songsforteaching.com/phonemicawareness.htm을 방문하면 무료로 자료를 다운받을 수 있다.

제 5 장

말하기 지도

Courtesy of Dr. Raphael Birya

말하기에 대한 사실

- 신생아의 울음은 모국어의 리듬과 비슷하게 변하고 양육자의 관심을 끌기 위하여 양육자의 말소리 특징을 모방하기도 한다(Wermke, Mampe, Friederici, & Christophe, 2009).
- 미국 교실 전체에서 매일 약 80개의 다양한 언어가 사용되고 있다(Wiles, 2004). 이 중 영어 다음으로 스페인어가 가장 많이 사용된다(U.S.Bureau of the Census, 2003, p. 4).
- 전 세계에 6,900개의 언어가 있으나 이 중 문자가 있는 언어는 153개에 불과하다(Gordon, 2005). 아프리카 대륙에만 1,000개의 부족 언어가 있다(Gollnick & Chin, 2008).
- 미국의 교실에서 영어 다음으로 빈번하게 사용되는 언어는 스페인어, 러시아어, 베트남어, 아랍어, 타갈로어, 크리올어, 나바호어, 몽어, 광둥어 그리고 한국어이다(Sundem, Krieger, & Pikiewicz, 2009).
- 영어는 약 4억 명의 인구가 사용하는 반면 어떤 언어는 수천만 명이 사용한다. 그러나 사용인구가 많다고 하여 그렇지 않은 언어에 비하여 우월한 것은 아니다(Fox, 1997; Office for Standards in Education, 2008).
- 영어는 모음과 자음으로 이루어져 있고 약 40개의 음운이 있다(McCormick, Loeb, & Schie-

felbusch, 2002). 영어는 문법과 형식에서는 게르만어로 분류되고, 어휘는 라틴어로 분류된다.

- 유아가 제2언어를 습득하는 속도는 동기, 노출, 연령, 성격과 관련된 것으로 조사되었다(Tabors & Snow, 2001). 유아의 말하기는 놀이와 같은 자연스러운 맥락에서 가장 잘 발달한다(Saracho & Spodek, 2007).
- 말하기에는 말의 의미를 이해하고 전달하는 능력과 어휘도 포함된다(Lonigan, 2005, p. 11).
- 이중언어 사용자가 되려면 노출의 정도에 의해 좌우된다(Gathercole & Thomas, 2009).
- 읽기발달은 음운적 지식을 포함한 말하기 능력에 의해 영향을 받는다(Durden & Rainer Dangel, 2008; Kalmer, 2008).
- 평균 혹은 그 이상으로 말하기가 발달하고 말소리에 대한 단기기억력은 읽기능력 발달에 큰 변인이다 (Mann & Foy, 2007; Nation & Snowling, 2004).
- 이중언어 사용은 언어 입력 혹은 사용의 양과 크게 관련된다. 즉 입력의 양이 많을수록 말하기, 어휘, 읽기, 쓰기를 잘한다(Duursma, Romero-Contreras, Szuber, Proctor, & Snow, 2007; Sheele, Leseman, & Mayo, 2010).
- 주의집중장애는 시간, 상황을 가리지 않고 계속 움직이거나 충동성이 강하고 집중력이 약하여 일상생활에 문제가 생긴다. 주의집중장애 아동은 몰두, 노력 혹은 자료 처리를 요구하는 구어발달에 어려움을 겪는 경향이 있다(McInnes, Humphries, Hogg-Johnson, & Tannock, 2003).
- 말하기 발달이 지체되면 어휘발달 혹은 단어인식능력 발달에도 영향을 주는 것으로 알려져 있다(Wise, Sevcil, Morris, Lovett, & Wolf, 2007).
- 교사의 언어적 상호작용이 지시와 단답을 요구하는 질문에 치중하게 되면 가정에서의 제한된 언어경험 상황을 보상할 수 없다(Barbarin et al., 2006; Gest, Holland-Coviello, Welsh, Eicher-Catt, & Gill, 2006; LaParo & Pianta, 2000; McClelland, Acock, & Morrison, 2006; Wasik, Bond, Hindman, & Jusczyk, 2007).

이상의 사실들에 놀랐나요? 무엇에 그리고 왜 놀랐나요? 유아를 교육하는 데 이러한 사실들을 어떻게 반영해야 할까요?

말하기에 긍정적 환경이란 무엇인가

전통적으로 성인은 어린아이의 말을 중요하게 여기지 않았다. 어린이의 말은 '실없는 소리'로 간주되거나 어린이는 '그 자리에서 조용히 있는 것'이 바람직한 것으로 여겨져 왔다. 또한 성인들은 어린이의 말은 부정확하거나 상상이 가미된 책임질 수 없는 것으로 여겨 왔다. 지금도 여전히 어떤 선생님과 행정가 중에는 교실 혹은 흥미 영역에서 말하는 것을 성가신 것으로 여기는 사람도 있다. O'Toole(2009)은 다음과 같이 말했다.

7세 혹은 8세쯤 되면 아이들은 다음과 같은 믿음을 갖게 된다. 말을 하면 일에 방해가 된다. 말하는 것은 과제와는 상관이 없다. 만약 말을 해도 되는 경우라면 그것은 과제가 중요한 것이 아니기 때문이다. 조용히 말한다는 전제하에만 교사는 우리가 말하는 것을 허락한다. 즉 아이들은 학교생활에서 말이란 크게 가치가 없다는 것을 믿게 된다. (p. 32)

위와 같은 전통적 신념과는 다르게 어린이가 또래 혹은 성인과 말을 하는 것은 언어발달의 핵심적 요소임을 많은 연구들이 주장하고 있다(Gjems, 2010; King & Saxton, 2010; Wasik, 2010; Zimmerman et al., 2009).

> **교육표준과 교수**
> 세계 교수법 디자인 웹사이트 www.wida.us를 방문해서 유아~초등 4학년 아동의 말하기 표준을 검토하고 이 표준이 유아 말하기 지도계획에 어떻게 반영될 것인가에 대하여 생각해 보라.

말하기 지도에 대하여 본격적으로 생각해 보기 전에 우선 어린이의 말에 대한 나의 태도와 신념은 어떠한지 살펴보아야 한다. "어린이의 말을 들으면서 즐거움을 느끼는가?", "아이들이 상상해서 말하는 것을 들을 때 즐거운가?", "모둠활동 중 말하는 것에 대한 나의 허용 수준은 어느 정도인가?", "집단으로 이야기 나누는 중 모든 아이들이 한 번에 말하려고 할 때 나는 어떻게 이를 조절하는가? 혹은 한 아이가 혼자 길게 말하려 할 때 나는 어떻게 반응하는가?"

이상의 이슈에 대한 교사의 신념과 행동은 유아교실의 문화에 광범위한 영향을 준다(Bradley & Reinking, 2011; Cunningham, Zibulsky, & Callahan, 2009; Dickinson, Darrow, Ngo, & D'Souza, 2009; Wilcox-Herzog & Ward, 2009).

어린 시절 자신의 경험을 회고해 보자. 아마 다음의 Gallas(1994)의 경험과 크게 차이가 없을 것이다.

학교에 다닐 때 내가 가장 필요한 것은 내 목소리, 내 생각, 내 마음에 떠돌지만 밖으로 나오지 않는 내 말을 들어주는 선생님이었다. 나는 자신감을 가지고 내 목소리를 밖으로 낼 수 있도록 지지해 주는 선생님이 필요했다. 또한 내 말이 정답이라서가 아니라 그저 내가 말하였기 때문에 내 말을 존중해 주는 선생님이 필요했다. (p. 14)

유아가 말하기에 긍정적인 환경을 제시하는 유아교사는 다음과 같은 특징을 갖는다.

• 모든 유아에게 진정으로 헌신하고 진지함을 표현한다.
• 언어적 메시지와 비언어적 메시지가 일치한다.
• 또래 혹은 선생님과 대화하는 것을 격려한다.
• 유아가 말하는 것을 유심히 듣는다.

- 유아의 관심을 기초로 하여 대화를 이어 나간다.
- 말에 유아를 존중한다는 것이 나타난다.
- 1명의 유아도 빠짐없이 대화할 수 있는 기회를 의도적으로 계획하거나 혹은 우연적인 기회를 잘 활용한다.
- 가치 판단적인 코멘트를 유아에게 직접 하거나 혹은 뒤에서 하는 것을 삼간다(Kostelnik, Whiren, Soderman, & Gregory, 2008; Meece & Soderman, 2010).

그림 5.1에 열린 질문의 유형과 전략이 제시되어 있다(McNeill & Fowler, 1996; Siemens, 1994). 다음은 체험학습을 나가기 전 열린 질문을 통해서 어린 유아와 대화를 이어 나가는 제이미 선생님의 사례가 제시되어 있다.

선생님 : 병원은 무엇을 하는 곳일까요?

미시 : 머리가 부서지듯이 아플 때 가는 곳이예요.

아담 : 귀가 아파도 가는 곳이예요.

제레드 : 내 심장이 바로 뛰고 있는지 알 수 있는 곳이예요.

아론 : 찢어진 곳을 꿰매고 깁스를 하는 곳이예요.

선생님 : 깁스가 뭐지요?

미시 : 물에 젖지 않도록 해서 잘 낫게 하는 거예요.

매튜 : 팔을 튼튼하게 하는 거죠.

선생님 : 병원에는 어떻게 가지요?

아반티 : 자동차를 타거나 자전거를 타고 가요.

켈렌 : 자동차를 타고 가서 기다릴 동안 아이스케키도 먹어요.

선생님 : 병원에서 누구를 볼 수 있나요?

미시 : 의사 선생님, 간호사 선생님, X-레이 찍는 기사님, 아기, 엄마, 아버지.

선생님 : 이 분들이 병원에서 하는 일은 뭐지요?

새미 : X-레이를 찍거나 아픈 주사를 놓아요.

아반티 : 혈압도 재요.

매튜 : 아, 생각났어요. 병원에서 휠체어도 타요.

선생님 : 병원에 가기 전에 기분이 어땠나요?

그림 5.1 열린 질문법

열린 질문이란

열린 질문은 '네' 혹은 '아니요'로 대답할 수 없는 질문이다.

- 닫힌 질문 : 골디락이 곰을 무서워했나요?
- 열린 질문 : 골디락이 도망갔죠. 왜 그랬나요?
- 닫힌 질문 : 빨간 암탉이 열심히 일했나요?
- 열린 질문 : 왜 모든 동물들이 '나 말고'가 아니라 '내가 할게'라고 대답을 바꾸었나요?
- 닫힌 질문 : 아기돼지들이 늑대를 믿었나요?
- 열린 질문 : 아기돼지들은 왜 늑대를 집에 들이지 않았나요?

열린 질문의 세 가지 유형

열린 질문에는 드러난 사실 혹은 정보에서 답을 찾을 수 있도록 하는 질문에서부터 사적인 경험과 연관되어야 답을 할 수 있는 질문까지 추론의 정도에 따라서 세 유형으로 구분할 수 있다.

1. **'여기, 바로' 유형의 질문** : 이야기 혹은 사건 자체의 정보를 찾아 답할 수 있는 질문이다. 예를 들어 "장갑을 잃어버린 아기 고양이는 몇 마리인가요?", "아기돼지 삼형제 중 누가 제일 튼튼한 집을 지었나요?"
2. **추론을 하도록 하는 질문** : 이야기 혹은 사건에 바로 드러난 것이 아니라 행간을 읽거나 추론을 통해서 답을 할 수 있는 질문이다. "다음에는 어떻게 될 것 같아요?", "빨간 모자는 왜 늑대를 할머니라고 생각했을까요?"
3. **사적 경험과 연결하도록 하는 질문** : 이야기 혹은 사건을 자신의 경험과 연결하도록 하는 질문이다. "소피처럼 여러분도 화가 무진장 난 적이 있나요?"(Froggy Learns to Swim, London, 1995).

열린 질문의 가치

- 선생님이 모든 유아 각자에게 관심을 가지고 있다는 것을 아이들은 느낀다.
- 유아가 진정한 대화를 나누도록 하고 더 많이 말 할 수 있도록 한다.
- 닫힌 질문보다 더 많이 말을 하도록 하고 완성된 문장 혹은 자세한 묘사가 있는 문장으로 표현하게 한다.

열린 질문이 적절한 맥락

- 유아가 사물 혹은 사건에 관심을 보일 때
- 유아와 함께 책을 읽을 때
- 가족이 함께 차를 타고 가거나 소수의 유아만이 등원한 아침시간, 놀이터에서 놀고 있을 때 등 편안한 상황 혹은 여건일 때

켈렌 : 슬프고 화가 났어요. 그런데 행복했어요.

아반티 : 무서웠어요!

매튜 : 끔찍했어요!

선생님 : 병원에서 볼 일이 다 끝났을 때는 어땠나요?

아반티 : 좋았고 기뻤어요. 훨씬 나아졌어요.

위의 제이미 선생님이 유아와 이야기하는 방식은 선생님의 생각을 전달하려고 하거나 선생님이 원하는 답을 아이들이 추측하는 것이 아니라 아이들 스스로가 느끼고 생각한 것을 말하

게 하는 것을 볼 수 있다. 유아교사는 모두 '언어가 풍부한' 교실이 되기를 원하고 "유아들이 또래와 혹은 선생님과 상호작용이 활발하고 성인의 반응이 많은 환경을 제공하기를 바란다" (Justice, 2004, p. 3).

가족 및 지역사회와의 협력

뇌와 언어

뇌에 대한 오개념 중 하나가 '결정기'를 지나면 어떠한 발달도 일어나지 않는다는 믿음이다. 그러나 뇌는 놀라울 정도로 가소성이 있어서 극단적인 상해가 없는 한 뇌는 열심히 일한다(Thomas, 2003). 뇌의 이러한 특징이 교육에 함의하는 바는 무엇인가?

버지니아 교외에 있는 유치원에 근무하는 도노반 선생님은 자신이 가르치는 유아의 가장 큰 특징은 언어, 문화, 민족의 다양성이라고 생각한다. 필리핀에서 이제 막 이민 온 여아가 있고 케냐에서 온 여아는 영어와 키샤힐리라는 부족어를 말한다. 또한 광둥어를 주로 말하면서 영어는 거의 말 못하는 유아도 있다.

광둥어를 말하는 리의 부모는 대학원생이므로 영어를 할 수는 있어도 가정에서는 거의 영어로 소통하지 않는다. 따라서 리는 미국에 와서 처음으로 영어에 노출되기 시작했으며 문화적 충격도 받았다. 도노반 선생님이 관찰한 바에 의하면 리는 "교실에서 너무나 조용하고 또래와도 상호작용이 거의 없다. 무리의 가에 서서 다른 친구들이 노는 것을 바라보고 있다. 몇몇의 아이들은 리가 '말을 할 줄 모른다'라고 결론짓고 상대를 하지 않는다. 통학버스를 기다리면서 손위 아이들이 리를 놀리고 무시하는 것을 알고 무척 화가 났다."라고 하였다.

도노반 선생님은 리가 영어를 습득하고 교실생활에 적응하기 위하여 누군가의 도움이 필요하다고 생각했지만 학교에는 광둥어를 말할 수 있는 사람이 아무도 없었다. 선생님은 리의 부모님을 만나서 그들도 리의 문제를 간절하게 해결하고 싶어 한다는 것을 알게 되었고 또한 이 가족은 중국 사람들과의 연대가 강하다는 것도 알게 되었다. 대학에서 유아교육을 전공하는 중국 학생이 있다는 것을 알고 도노반 선생님은 학생의 지도교수와 연결하여 이 학생이 리를 도우면서 실습을 할 수 있도록 하였다. 이제 리는 통역자가 있고, 영어를 개인 지도해 주는 튜터뿐만 아니라 통학버스에서 리를 놀리는 아이들로부터 리를 대변해 줄 수 있는 사람도 생기게 되었다.

기여와 결과

- 교사의 기여. 리를 돕기 위하여 교사가 한 역할은 무엇인가?

- 가족의 기여. 자녀를 돕는 과정에 부모는 어떻게 참여하였는가?

- 전문가의 기여. 리와 가족을 돕기 위하여 지역사회의 전문가는 어떻게 참여하고 협력하였는가?

- 협력의 결과. 리를 돕기 위하여 여러 어른들이 협력하지 않았다면 리의 적응은 어떻게 되었겠는가?

말하기의 정의

말하기는 언어의 **표현** 형식이고 듣기는 언어의 **수용** 형식이다. 구두언어에서 말은 의미를 전달하는 도구이다(Lerner, Lowenthal, & Egan, 2003). 말하기에 대한 정의는 이렇듯 간단하지만 말하는 능력을 갖는 것은 놀라운 성취의 과정이다(Fields, Groth, & Spangler, 2007). 일반적으로 많은 유아들이 유아교육기관에 올 즈음이면 어느 정도 말을 할 수 있기 때문에 말을 하게 되는 과정을 소홀히 하는 경향이 있다.

> 말을 하는 것은 호흡, 조성, 울림, 명료화라는 여러 가지 기능이 신체와 신경이 조합하고 협응한 결과이다. 호흡은 숨쉬기를 말하고 조성은 성대와 후두에서 나는 소리이며 울림은 말소리의 질을 좌우하는 떨림이고 명료화는 입술, 혀, 치아, 입천장이 활용되는 것이다. 폐에서 공기가 나와서 성대를 울리면서 입을 조절하여 말소리가 나온다. 말하기는 중추신경계, 뇌, 척추, 말초신경계 등에 의하여 계획되고 조절된다. 신경계는 신경세포가 모여 정보를 교환하는 복잡한 네트워크를 구성한다. (McCormick et al., 2002, p. 6)

어린이가 말하는 것은 특별한 문제가 없는 한 당연하게 여긴다. 1학년생 알랜은 말하기에 문제가 있어서 언어치료사의 도움을 받게 되었다. 그는 다른 사람이 말하는 것은 알아들으므로 수용언어에는 문제가 없었다. 그러나 발음이 이상해서 알아듣기가 어려운데, 어린 유아가 보여 주는 미숙한 발음과는 다른 특징을 보였다. 알랜의 어머니 말에 의하면 알랜은 말을 빨리 시작하였다고 한다. 그러나 알랜의 조부모를 만나고 나서야 문제의 실마리가 보이기 시작했다. 알랜은 조부모가 주로 돌보는데 조부모 모두가 치아에 문제가 많아서 말을 할 때 입을 거의 움직이지 않았다. 알랜은 조부모와 함께 많은 시간을 보내면서 그들의 말하기를 따라 하게 된 것이다. 또한 그는 사람들의 왕래가 별로 없는 곳에 살고 있으므로 말하기의 다른 모델을 경험할 기회도 거의 없었다. 그림 5.2는 유아 말하기 발달에 영향을 미치는 다양한 요인이 정리

그림 5.2 말하기 발달에 영향을 주는 요인

신경계 요인	구조 및 신체적 요인	환경적 요인

인지발달

말하기는 인지와 신경계의 성숙이 필요하다. 아무리 천재로 태어났다 할지라도 또래보다 말하기를 빨리 하지는 않는데 그 이유는 말을 하려면 그것에 상응하는 경험이 있어야 하기 때문이다. 말을 할 수 있다는 것은 말하고자 하는 것을 계획할 수 있어야 한다는 것이다.

정보처리 전략

말을 할 수 있기 위해서는 주의집중, 소리 분별력, 소리 기억력 등이 필요하다.

운동능력

말을 하려면 입술, 혀의 근육 그리고 성대의 소리가 잘 협응되어야 한다. 모국어를 유창하게 말하게 되면 이러한 근육들의 협응과정이 자동화되어서 의식을 하지 못하나 외국어를 하게 되거나 입 주변에 수술 등을 하게 되면 근육의 움직임에 많은 노력을 하게 된다.

사회정서 및 동기발달

언어는 타인과 상호작용의 도구이다. 따라서 신생아가 의사소통할 수 있는 도구가 울음일지라도 양육자의 반응을 얻기 위하여 혹은 반응하기 위하여 울음을 사용하며 점차 언어로 상호작용을 시도하게 된다.

감각 지각의 정확성

말하기는 듣기뿐만 아니라 모든 감각의 정확성 혹은 발달을 필요로 한다. 즉 시각으로 사물을 지각하지 못하면 다른 감각에 의지하여 사물을 지각하게 되므로 어휘습득에도 영향을 준다. 마찬가지로 맛보기, 촉감, 냄새 등을 통하여 얻은 감각, 생각과 느낌은 말하기에 영향을 준다.

입 근육 통제성

말을 하려면 입 주변, 성대, 목젖 등의 근육을 통제해야 한다. 의학적 이유로 입 근육 사용이 제한되면 말하기에도 문제가 있다.

말소리 전달체계

말은 호흡, 순환 등과도 관계가 있다. 예를 들어, 마취를 하게 되면 말하는 능력도 제한을 받게 된다.

사회문화적 변인

모든 가정에서는 말을 한다. 그러나 가정마다 말을 하는 목표 혹은 말에 부여하는 가치에 차이가 있을 수 있고, 이는 학교 환경에서의 말에 대한 태도 및 가치와 일치할 수도 있고 불일치할 수도 있다. 따라서 가정과 학교의 말 혹은 언어에 대한 가치와 실행의 일치 혹은 불일치는 해당 유아의 학교생활 적응에 큰 영향을 미친다.

경험

말하기는 양육자의 민감도 혹은 반응성에 의해 영향을 받는다. 따라서 양육자가 주는 언어적 입력이 중요하다.

물리적 맥락

말하기 대상, 애완동물, 장난감과 같은 사물, 그림책 등은 말하기를 촉진할 수 있다.

되어 있다.

다음은 유아들이 한 질문 혹은 코멘트를 선생님이 관찰하여 기록한 것이다.

더스티(3세) : (상체를 책상 위에 누여 움직이며) 나는 태풍처럼 움직일 수 있어요. 지난번 TV 에서 봤어요, 멋있었어요. (선생님 : 태풍이 사람들을 다치게 하고 집을 부수는 것을 보지 않았니?) 네, 봤어요. 그런데 태풍이 집을 무너뜨릴 때 그 안에 사람이 있다는 것을 몰랐겠죠, 그렇지요?

르네(3세) : 사람들은 왜 다리 밑에 항상 물을 받아 놓는 거예요?

테디(3세) : 비가와요, 해가 나와요, 그리고 무지개가 떠요.

휘트니(4세) : 내 손톱에 매니큐어 좀 보세요. 오늘 3시에 약속이 있다고 우리 엄마가 발라 주었어요.

브래들리(4세) : 오늘 저는 말을 만든 사람을 보았어요. 제가 도착했을 때 그 사람은 말의 발에 못을 박고 있었거든요.

언어발달은 들은 말소리를 모방하는 능력이 그 말소리의 의미에 대한 이해보다 앞서는 양상으로 이루어진다. 즉 아직 완벽하게 이해하고 있지 못하더라도 발화는 할 수 있다(Lovel, 1968). 모방, 발화 그리고 이해도의 차이를 이해하고 있으면 어린 유아와 상호작용하는 데 도움이 된다. 즉 유아가 말한 것이라도 이 아이가 어떠한 뜻으로 말한 것인지를 확인하는 것이 도움이 된다. 아래의 사례는 모방과 발화가 이해보다 먼저 발달한다는 것을 보여 준다.

가족이 시민운동장(Civic Arena)에서 열린 아이스하키 게임에 대하여 이야기하는 것을 3세 리즈베스가 듣게 되었다. 리즈베스는 시민운동장의 뜻을 이해하거나 스스로 소리를 다 낼 수 없었다. 리즈베스는 "시미눈동자(Civvie Carrena)"라고 말하였다.

4세 달린은 펜실베이니아 주에 살고 이모는 캘리포니아 주에 산다. 달린은 이모가 아주 먼 곳에서 산다는 것을 알고 있다. 달린네가 지금 사는 곳에서 약 24km 떨어진 다른 아파트로 이사 가게 되자 이웃이 어디로 가냐고 물었다. 달린은 "아주 멀리, 칼리파니아예요! 우린 이제 다시 못 볼 거예요." 달린은 들은 말소리를 단지 흉내를 내고 있는 것이 아니라 이미 알고 있는 캘리포니아 주의 이름을 스스로 산출하고 있는 것이다.

5세 스테판은 할아버지의 '말하는 차'를 타고 가게 되었다. 할아버지 차는 라이트가 켜져 있거나 차에 시동 열쇠를 꽂아 놓은 채로 내리면 녹음된 목소리가 이러한 내용을 알려 주는 장치가 되어 있다. 출발하려는데 차에서 "문이 열려 있어요(door ajar)."라는 소리가 나오자 스테판은 실망스러운 표정으로 다음과 같이 말하였다. "할아버지, 이 차 정말 바보예요. 문은 병이 아니잖아요!(A door is nor a jar)"라고 하였다. 스테판의 이러한 코멘트는 그가 비록 1개의 단어(ajar)를 2개의 단어(a, jar)로 잘못 이해했다 하더라도 말소리를 모방하고 산출하며 또한 그 뜻을 이해하고 있다는 것을 보여 준다.

말하기 발달과정의 개관

유아의 말하기는 크게 비소통적인 것과 소통적인 것으로 분류될 수 있다.

비소통적 말하기와 소통적 말하기

비소통적 말하기는 청중을 향한 것이 아니므로 대화가 아니다. 유아에게서 볼 수 있는 비소통적 말하기는 반복, 독백 혹은 집단적 독백(Piaget, 1959)이 있다.

반복은 감각적 즐거움을 위하여 소리를 가지고 노는 것을 말한다. 3세 여아는 배 모양의 장난감을 앞과 뒤로 움직이면서 "노를 저어라. 노, 노, 노, 노를 저어라. 노, 노, 노를 저어라. 노를 저어라. 노, 노, 노를 저어라. 노, 노, 노를 저어라."라고 반복한다.

독백은 혼잣말이라고도 하는데 이는 생각하는 바를 스스로에게 말하며 듣는 사람은 안중에 없는 것이다. 18개월 된 앤서니는 "강아지를 보세요. 강강강아지. 강아지가 보이네요. 야옹이는 강아지를 좋아해요."라며 가성의 목소리로 말하고 있다(Gardner, 1980). 5세가 되어도 혼잣말은 계속된다. 병원 견학을 마치고 돌아온 5세 남아는 그림을 그리면서 스스로에게 다음과 같이 말하였다.

"여기 우리가 탄 엘리베이터가 있지."
"할머니가 휠체어를 타고 계시네요."
"병원에서 우리에게 쿠키를 줬죠. 우리 엄마가 만들어 준 것보다 정말 커요."
"나는 병원에 다시 가고 싶지는 않아요. 그런데 그곳에 장난감이 많아서 놀고 싶어요."

유아가 하는 혼잣말을 가만히 살펴보면 어른들이 유아의 행동을 조절하거나 통제하기 위하여 사용한 말임을 알 수 있다. 유아들은 이것을 다시 자신을 조정하기 위해서 사용한다. 혼잣말에 대한 연구를 보면 혼잣말은 행동통제와 관계가 있는 것으로 조사되었다(Zaslow & Martinez-Beck, 2006).

집단적 독백은 타인과 함께 번갈아 말을 나누지만 서로 다른 주제에 대하여 각자 이야기를 하므로 진정한 대화라고 보기가 어렵다. 다음의 사례는 소꿉방에서 일어난 대화인데 2개의 다른 놀이주제가 진행되고 있음을 보여 준다. 멜리사는 여왕 역할을 하고 있지만 다른 유아들은 엄마아빠 놀이를 하고 있다.

멜리사 : 나는 여왕이다.

리샤 : 점심 먹을래?(캐롤린에게)

캐롤린 : 여기에 달걀이 있다.

리샤 : 어, 그건 그냥 거기에 둬!

캐롤린 : 소금과 후추가 필요한 사람은 이것을 사용해. (작은 용기를 들어올리며)

멜리사 : 앗, 이 왕관을 좀 손봐야겠는데.

리샤 : 자, 이제 잠자리에 들 시간이다. 아기가 졸린가 봐. 아기를 침대에 눕힐래?

캐롤린 : 저기 담요 줘 봐. 아기를 잘 덮어 주자.

리샤 : (모조 당근을 집어서 아기에게 권하며) 당근 먹을래?

캐롤린 : 아기들은 우유를 먹어야지. 당근은 먹으면 안 돼!

멜리사 : 왕국에는 여러 명의 여왕이 있어.

위의 예에서 멜리사는 비소통적 말하기를 하고 있다.

소통적 말하기 혹은 사회적 말하기란 청중을 의식하며 말을 하는 것이다. 유아가 놀이할 때 하는 말을 관찰하면 소통적 말하기의 여섯 가지 유형을 발견할 수 있다.

1. 가장된 말. 놀이하면서 자신이 아닌 다른 사람의 역할을 하며 말한다.
2. 협상의 말. 또래의 놀이에 참여하기 위해서 혹은 규칙을 세우기 위한 상황에서 말하는 것이다.
3. 배타의 말. 또래가 놀이 혹은 활동에 들어오는 것을 막기 위해서 하는 말이다.
4. 도전의 말. 다른 사람의 의견에 반대하거나 혹은 규칙에 다른 의견을 낼 때 하는 말이다.
5. 감정이입의 말. 또래의 문제 상황을 공감하며 지지하고자 할 때 하는 말이다.
6. 정보 혹은 이해의 말. 정보를 얻거나 특정 주제와 이슈에 대하여 질문할 때 하는 말이다(Kliewer, 1995).

위의 6개 소통적 말하기 유형은 다음의 5세 유치원 교실의 경찰놀이 상황에서 그 예를 볼 수 있다.

하이디 : 우리 경찰놀이 하자. 내가 경찰하고 너는 나쁜 사람 해라. (가장된 말 : 역할 정하기)

마이클 : 정말 나쁜 사람 해도 되니? 있지, 여기 총을 가지고 사람을 죽일 거야. (정보의 말, 가장된 말, 협상의 말)

하이디 : 안 돼, 그건 나빠. 그냥 은행털이 같은 걸로 하자. (배타의 말, 협상의 말)

마이클 : 나는 죽이는 사람 하고 싶어. 그거 안 하면 난 경찰놀이 안 할 거야. (도전의 말)

하이디 : 휴, 알았어. 자, 시작하자. 너의 아지트에 가서 내가 너를 잡는다. (가장된 말)

마이클 : 누구냐?

하이디 : 경찰이다!

마이클 : 용건이 뭐냐?

하이디 : 너를 체포하러 왔다. 손들고 나오라. 감옥에 가둘 테다. (가장된 말)

마이클 : 아니지, 나 도망갈 거야. 넌 여자잖아. (도전의 말)

하이디 : 잠깐, 그러면 안 돼. 내가 경찰이잖아. 도망가면 안 돼. (도전의 말)

마이클 : 에이, 너가 그러면 안 돼지. 너랑 안 놀래. (배타의 말)

하이디 : 우리 엄마아빠 놀이 하자. (감정이입의 말)

소통적 말하기를 하려면 화자와 청자 모두 다음과 같은 기술과 이해가 있어야 한다.

- 비언어적 행동에 대한 이해. 제스처 같은 몸짓 언어는 말을 대신하거나(예 : 엄지손가락을 세우는 것은 좋다) 혹은 말의 뜻을 강조하거나(예 : '네'라고 하면서 고개를 끄덕인다) 혹은 말의 뜻과 반대(예 : 농담을 하면서 심각한 표정을 짓는다)되는 역할을 한다.
- 대화 규칙에 대한 이해. 번갈아 말하기, 주제에 맞게 말하기, 잘못된 이해를 바로 고치기, 주제를 유지하며 말하기, 맞는 질문을 하기, 대화의 시작과 끝을 표시하기 등을 사용할 수 있어야 한다.
- 시간성에 대한 이해. 대화는 사건이 일어난 과거, 현재 그리고 미래에 대한 시간성에 대한 이해를 기초로 하여 진행된다.
- 메시지 해석능력. 타인과 대화를 하려면 먼저 화자의 상대가 자신임을 이해해야 한다. 교사가 "자, 장난감을 정리하자."라고 했을 때 어린 유아들은 이 말이 자신을 대상으로 한 것인지 이해하지 못할 수도 있다.
- 반응할 수 있는 능력. 대화를 할 때 듣는 사람은 적절한 반응을 할 수 있어야 한다.

5~7세 유아가 함께 놀이를 하는 다음의 예는 위의 대화기술을 전부 사용하고 있음을 볼 수 있다. 탱이 어머니는 미용실을 운영하고 있는데 탱이와 친구들은 미용실 지하층에서 함께 모여 자주 놀았다. 미용실과 관련한 지식과 경험이 많아 켈리와 헤더는 미용사 역할을 하고 탱이와

제니퍼는 손님의 역할을, 저스틴은 돈 받는 사람의 역할을 하며 놀이하고 있다.

켈리 : 편안하게 않으세요, 손님.

헤더 : 오늘 어떻게 해 드릴까요?

탱이 : 평소대로 커트와 파마를 해 주세요.

헤더 : 손님들 잘 오셨어요. 오늘 파마 특별세일을 합니다.

켈리 : 롤의 사이즈는 어떤 게 좋으세요?

헤더 : 파마를 다 하시겠어요, 아니면 부분만 하시겠어요?

탱이 : 나는 분홍색 롤이 좋고요, 머리 전체 다 해 주세요.

제니퍼 : 나는 노란 롤이 좋고요, 부분 파마로 해 주세요. 머리 위쪽만 해 주세요.

켈리 : 머리에 파마액을 바르는 동안 이 수건으로 눈을 덮어 주세요.

탱이 : 스타일을 내는 가격은 얼마인가요?

제니퍼 : 세일 가격에 포함된 건가요, 아니면 별도인가요?

헤더 : 세일에 포함된 거예요. 파마를 하시면 스타일링도 같이 해 드려요.

켈리 : 자, 이제 머리를 헹궈야 하니 롤을 푸셔야 합니다.

헤더 : 머리를 얼마만큼 자를까요?

탱이 : 머리끝만 살짝 다듬듯이 잘라 주세요.

제니퍼 : 고대기로 말을 수 있는 정도만 남기고 다 잘라 주세요.

켈리 : 어떻게 잘라 드릴까요?

탱이 : 내 얼굴에 어울리게 잘라 주세요.

켈리 : 자, 마음에 드시나요?

탱이 : 네, 마음에 들어요.

켈리 : 손님은요?

제니퍼 : 나도 마음에 들어요.

저스틴 : 손님 파마는 49.95달러이고요, 손님은 56.95달러입니다. 여기 거스름돈 있습니다. 안녕히 가세요.

탱이 : 고맙습니다. 제니퍼, 점심 먹으러 가는 것 어때요?

제니퍼 : 네, 좋아요. 자, 갑시다!

위의 관찰 기록에 보이듯이 화자와 청자 모두 순서를 바꾸어 가며 대화를 잘 이어 나가는 것을 볼 수 있다. 또한 대화의 내용과 방법은 놀이하고 있는 유아의 문화적 맥락이 반영되어 있음을 알 수 있다.

말하기 어려움에 대한 이해

다음과 같은 상황에 당신은 어떻게 반응하겠는가?

- 3세 로비는 자신의 이름을 '워비'라고 발음한다.
- 알래니아는 켄터키 주 여행을 다녀와서는 소들이 '풀원'에서 풀을 뜯고 있는 것을 보았다고 말한다.
- 5세 크레인은 "선생님이 벌써 가르텨(teached) 주셨어요."라고 말한다.
- 초등 1학년 스탠은 교장 선생님과 편안하게 이야기를 나누고 있다. 교장 선생님이 웃으며 농담을 하자 스탠은 "입 닥쳐."라고 말한다.

로비는 언어치료사에게 보내야 할까? 알래니아에게는 "세상에 풀원이 어디 있니?"라고 해야 할까? 크레인에게는 '가르텨(teached)'가 아니라 '가르쳐(taught)'라고 말해 주어야 할까? 스탠에게는 너무 예의가 없다고 말해야 할까? 이 아이들의 문제는 무엇인가?

위에 기술된 유아들이 보여 주는 말하기 실수 혹은 문제는 어린이들이 말을 배우는 과정에서 흔히 보이는 문제이다. 로비가 자신의 이름을 '워비'라고 하는데 /r/을 /w/로 발음하는 것은 성대기관이 아직 충분하게 성숙하지 않아서 나온 결과이므로 시간이 지나면 저절로 해결된다. 그림 5.3은 유아에게서 흔히 보이는 발음의 문제를 제시하고 있다.

알래니아가 '풀원'이라고 말한 것은 아마 '초원'이라는 말을 처음 듣고는 소가 풀을 뜯는 곳이 풀밭이라는 지식을 동원해서 풀밭과는 다른 새로운 어휘임을 표현하고자 풀원이라고 적용한 것으로 해석할 수 있다. 알래니아의 이러한 창의적 표현은 유아가 새로운 말을 들을 때 그냥 모방하는 것이 아니라 자신의 배경정보와 지식을 활용하여 적용하고 있다는 것을 보여 준다. 그림 5.4에 유아가 보여 주는 창의적 표현을 정리하여 제시하였다.

크레인의 문제는 문법은 예외가 있다는 것을 아직 다 습득하지 못해서이다. 영어는 접두사, 접미사 활용, 과거와 현재의 표현, 소유격, 비교 등과 관련한 문법 규칙이 있지만 예외적으로

그림 5.3 유아에게서 흔히 나타나는 발음문제

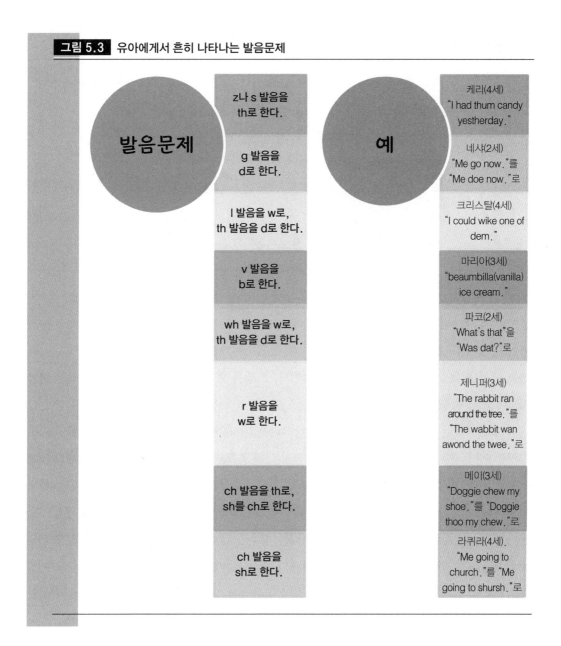

발음문제

| z나 s 발음을 th로 한다. |
| g 발음을 d로 한다. |
| l 발음을 w로, th 발음을 d로 한다. |
| v 발음을 b로 한다. |
| wh 발음을 w로, th 발음을 d로 한다. |
| r 발음을 w로 한다. |
| ch 발음을 th로, sh를 ch로 한다. |
| ch 발음을 sh로 한다. |

예

케리(4세)
"I had thum candy yestherday."

네샤(2세)
"Me go now."를 "Me doe now."로

크리스탈(4세)
"I could wike one of dem."

마리아(3세)
"beaumbilla(vanilla) ice cream."

파코(2세)
"What's that"을 "Was dat?"로

제니퍼(3세)
"The rabbit ran around the tree."를 "The wabbit wan awond the twee."로

메이(3세)
"Doggie chew my shoe."를 "Doggie thoo my chew."로

라퀴라(4세)
"Me going to church."를 "Me going to shursh."로

규칙을 따르지 않는 경우도 있다. 크레인은 과거에 일어난 사건을 지칭할 때는 일반적으로 -ed 를 붙이지만 예외 규칙을 미처 습득하지 못하여 이렇게 말한 것이다. 그림 5.5는 부정문에 대한 규칙습득이 연령별로 어떻게 발달해 가는지 보여 주고 있다.

스탠이 교장 선생님께 "입 닥쳐."라고 말한 것은 예의가 없는 것이 아니라 언어의 화용론 사

그림 5.4 창안된 어휘

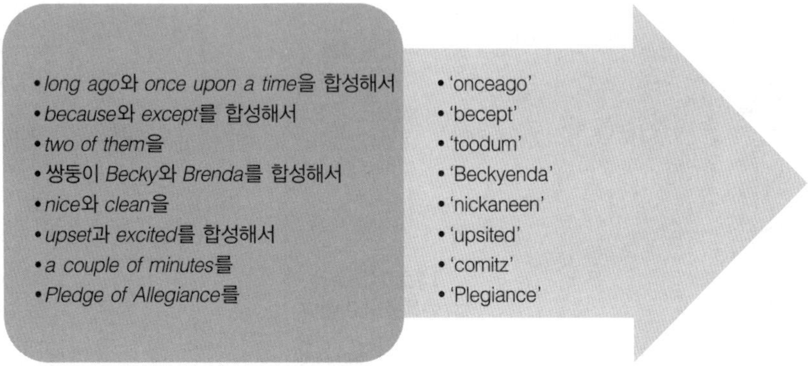

- *long ago*와 *once upon a time*을 합성해서 → • 'onceago'
- *because*와 *except*를 합성해서 → • 'becept'
- *two of them*을 → • 'toodum'
- 쌍둥이 *Becky*와 *Brenda*를 합성해서 → • 'Beckyenda'
- *nice*와 *clean*을 → • 'nickaneen'
- *upset*과 *excited*를 합성해서 → • 'upsited'
- *a couple of minutes*를 → • 'comitz'
- *Pledge of Allegiance*를 → • 'Plegiance'

용이 아직 미숙함을 보여 준다. 화용론은 화자와 청자의 연령, 지위 등 사회적 맥락에 따라서 표현 방법이 다르다는 것을 알고 활용하는 것을 말하는데, 스탠은 가족이나 친구들에게 사용하는 표현을 교장 선생님에게도 사용한 것이다. 스탠은 형식적 관계에서 사용해야 하는 화용 지식이 아직 덜 발달되어 있다.

위의 예처럼 유아의 언어발달 과정에서 나타나는 미성숙한 부분은 발달의 당연한 과정일 수 있지만 어떤 경우에는 이러한 문제를 극복하지 못하고 또래에 비하여 언어발달에 지체가 있는 경우도 있다. 즉 언어를 이해하고 언어정보를 처리하고 표현하는 데 어려움이 극복되지 못하는 경우도 있다. 그 이유는 그림 5.1에 제시된 대로 신체적 · 환경적 · 사회적 요인에 기인한다. 유아의 언어지체의 원인은 청각과 관련이 있는 경우가 많다. 중이염을 만성적으로 앓게 되면 소리자극을 인지하는 게 어려워 이해에 장해가 생긴다. 이해가 충분하지 않으면 발화도 어렵다. 또한 언어발달지체는 말을 할 수 있는 자극이 부족한 경우와 아기말(baby talk)을 강화하는 경우에도 발생한다.

말하기의 다른 장애 중 하나는 더듬기이다. 말을 더듬는다는 것은 소리, 음절 혹은 단어가 반복되거나 비정상적으로 느릿하게 말하는 것이다(Prasse & Kikano, 2008). 2~5세 유아의 약 5%가 말을 더듬는다(National Institute on Deafness and Other Communication Disorders, 2008, 2009). 어린 유아는 너무 흥분하거나 말이 미처 생각의 속도를 좇아가지 못할 때 말을 더듬는다. 이런 이유에 의해 말을 더듬는 경우는 혼을 내기보다는 마음을 진정시키는 법에 대하여 지

그림 5.5 부정문, 의문문의 발달과정

2세 : 부정어(*no*, *not*)를 문장 앞에 둔다.

- Not more.
- No can do it.

24~28개월 : 부정어(*no*, *not*)를 현재형으로만 쓰고 주어 등에 따라 활용은 못한다.

- Kitty no scratch.
- Mommy not go.

26~32개월 : 의문어(*what*, *where*)를 사용하지만 주로 끝을 올리는 것으로 의문문을 표시한다.

- He sad?
- What that?
- Where it go?

3세경 : *why*, *where*, *what*을 사용하나 *what*과 *why*의 사용을 혼동하며 대명사 사용이 정확하지 않다.

- Where the ball now?
- What he crying?
- Why she can't sit down?

4~5세 : 부정 의문문 사용이 정확해지기 시작한다. 의문문에서 "You know what?"을 사용하기 시작하며 과거 부정형의 사용도 정확해진다.

- Didn't she take a nap?
- You know what? Daddy isn't really sleeping.
- That park wasn't clean.

주 : Song & Fisher(2005)의 데이터에 기초함.

도하며 지원해 주어야 한다. 약 1%는 심각한 이유에 의해 말을 더듬는 것이므로 전문가의 도움을 받아야 한다. 말더듬이 치료는 심리치료뿐만 아니라 약물치료가 병행되기도 한다. 어쨌든 다양한 맥락에서 유아의 언어행동을 잘 관찰하여 문제의 원인을 찾아야 한다. 말하기 장애에 대하여 더 필요한 정보는 Panico, Daniels과 Claflin(2011)을 참고하거나 말더듬이협회 웹사이트

그림 5.6 제2언어발달 과정

제1언어 사용 단계	말을 안 하는 단계	한두 단어로 소통하는 단계	문장으로 소통하는 단계
가정에서 영어가 아닌 다른 언어를 사용하다가 영어로 소통하는 교실에 오면 교실에서 제1언어를 사용한다. **교사의 역할** : 제스처, 사진, 실물 등으로 의사소통하고 유아의 모국어 중 중요 어휘를 배워서 사용한다.	유아는 교실에서 자신의 모국어로 소통이 안 된다는 것을 바로 알게 된다. 거의 말을 안 하려고 하거나 제2언어를 받아들이기 시작한다. **교사의 역할** : 시각 자료 혹은 제스처 등으로 소통을 하고 '네/아니요', '도와주세요' 등 기본 어휘를 가르친다.	'안녕', '물', '아니' 혹은 '읽다' 등 단어나 간단한 표현으로 말하기 시작한다. **교사의 역할** : "네 이름은 뭐니?", "같이 놀자.", "잘 몰라." 등 친구들과 할 수 있는 말을 가르친다.	단어 혹은 표현할 수 있는 것이 많아지면서 문장으로 말할 수 있다. **교사의 역할** : 유아의 제1언어와 제2언어로 녹음된 그림책 등을 제공하여 제1언어는 계속 유지하면서 제2언어 표현력을 길러준다. 이중언어 사용이 가능한 봉사자가 돕도록 한다.

(www.stutteringhelp.org)를 방문하라.

　미국의 교사는 가정에서 영어가 아닌 언어를 사용하다가 학교기관에 오면서 영어를 배우기 시작하는 유아를 분명 만나게 된다. 따라서 유아의 제2언어발달 과정을 알고 있으면 이들을 지원하는 방법과 전략을 계획할 수 있다. 그림 5.6은 제2언어발달 과정을 요약하여 제시하고 있다(Tabors, 2008).

 ## 교사의 관심과 전략

교사는 유아와의 의사소통에 유익한 기본 원리를 숙지해야 한다(Faber & Mazlish, 1999).

감정을 거부하지 말고 말로 표현한다.　한 유아가 "선생님, 나는 ＿＿가 미워요."라고 말할 때, "그런 말은 좋은 말이 아니다."라고 답하는 경향이 있다. 이보다는 아이의 마음을 알아주고 그것을 언어로 표현하도록 한다. "＿＿가 네가 만든 블록을 쓰러뜨려서 화가 났구나."라고 말해준다.

혼을 내는 대신 정보를 준다.　"＿＿야, 햄스터를 다룰 때 조심해서 다루라고 선생님이 몇 번을 말했니? 햄스터를 그렇게 막 잡을 거면 이제 너는 더 이상 못 만지게 할 거다." 하는 것과

"___야, 햄스터는 아주 작은 동물이고 약해. 그래서 그렇게 꼭 잡으면 햄스터가 싫어한단다. 자, 보거라. 손을 이렇게 오므려서 컵 모양으로 하면 햄스터가 좋아할 거다." 하는 것이 있다. 이상과 같이 두 경우를 비교하면 첫 번째보다 두 번째 소통방식이 유아에게 더 잘 이해될 것이다.

> **영아와 어린 유아**
> 영아와 어린 유아가 말이 필요가 없는 활동에 집중하면 말이 적어짐이 관찰된다. 반면에 일상적 활동을 하는 경우에는 자연스럽게 말을 하는 것이 관찰된다(Wiener-Margulies & Rey-Barboza, 1996, p. 65). 이는 아기의 말하기 지도에 어떻게 적용될 수 있는가?

고백을 요구하기보다는 문제를 기술한다. "누가 이렇게 어질러 놓고 정리하지 않았지?"와 같은 명령조의 말투보다는 문제 상황을 기술해 주면 유아들이 자발적으로 문제를 해결하려고 한다. "여기 물이 쏟아져 있구나. 지금 치워야 미끄러져서 넘어지지 않을 것 같은데."라고 말할 경우 1명의 유아가 자원하면 대개 몇 명의 유아가 협력하여 돕는다. 그러나 아무도 자원하지 않으면 "지금 선생님이 치우는 것을 도와주면 바로 간식을 먹을 수 있단다."라고 하면 유아들은 협력을 하면 좋은 것이 온다는 것을 체험하게 된다.

지시하기보다는 선택할 수 있도록 한다. "여러분이 하고 싶은 것을 찾아서 하세요." 혹은 "융판에 적힌 새 낱말 쓰기를 하고 새 낱말이 들어간 문장을 적어 보세요."보다는 "함께 이 책을 읽은 다음에는 미술실로 가서 그리고 싶은 것을 그려도 돼요. 혹은 이야기를 혼자 듣고 만들기를 해도 되고 책을 계속 읽고 싶은 사람은 도서 영역으로 가서 짝과 함께 책 읽기를 하세요."라고 하는 것이 좋다.

길게 강의하는 것을 지양하고 간단하게 말한다. "___야, 이리로 와서 네가 가지고 논 퍼즐을 바로 퍼즐 보관대에 정리해라. 다 놀고 난 이후에는 원래 자리로 정리하는 것을 잘 알고 있지 않니? 애들아, 놀잇감을 놀고 난 이후에는 원래 자리로 정리하는 것을 알고 있죠. 그런데 몇몇 친구는 잘 모르고 있는 것 같아요."라고 하기보다는 "___야, 퍼즐은 이 보관대에 정리하는 거란다."라고 말하는 것이 유아가 생각할 수 있도록 한다. 어느 맥락에서는 길게 강연을 하기보다는 명료하고 간단하게 말하는 것이 좋다.

유아가 어려워하는 것을 강조하기보다는 성취에 더 집중한다. "___는 아직 자기 이름을 못 쓰는구나."와 "___야, 이름의 일부를 썼구나."를 보면 첫 번째는 유아가 자신의 부족한 능력에 실망하게 하지만 두 번째는 유아가 계속 도전하도록 격려한다. 유아의 성취는 되도록 자세하게 기술한다. "____야, 목소리가 진짜 마귀 목소리가 같구나. 인형도 마귀처럼 보이네."가 "멋지구나."라는 것보다는 한결 좋다.

때로는 말보다는 글로 소통하는 것이 더 효과적이다. 5세 반에서는 우체통을 매개로 소통하는 것도 가능하다. 재활용품을 활용하여 우체통을 만들어서 그림, 글 혹은 두 가지 형식을 모두 활용하여 교사와 유아 그리고 유아들 간에 편지를 주고받는다.

판단을 앞세우기보다는 함께 문제를 해결한다. 교실의 새로운 장난감 혹은 물건 때문에 유아들 사이에 갈등이 생길 때 다음과 같이 토론할 수 있다. 선생님이 "저 새 자전거의 좋은 점이 무엇이지?"라고 묻자 유아들은 "빨간색이예요.", "뒤에 수레를 달아서 끌고 다닐 수 있어요.", "우리 집에는 없는 거예요.", "지난번 것보다 좋아요."라고 답한다. 선생님이 다시 "그럼 이 자전거의 나쁜 점은 무엇이지?"라고 묻자, "우리들이 싸우게 되고, 가끔 미는 친구도 있어요.", "오래 놀고 싶지만 그럴 수 없어요.", "선생님이 말해 주시지 않으면 한 친구가 오래 타요."라고 답한다. 다시 선생님이 "우리가 할 수 있는 것은 무엇일까?"라고 묻자, "자전거를 더 많이 사요.", "모두 돌아가면서 써요.", "나누지 않는 친구가 있으면 선생님에게 말해요.", "마차를 달고 탈 때는 시간을 재요."라고 답한다. 이러한 토의는 유아들 간에 문제와 해결점을 같이 나

@ 웹 2.0을 활용한 말하기 학습

Audiovox(모든 연령)
교사가 주제 혹은 질문을 올리면 학생들은 말하기 연습을 하고 녹음하기도 하며 블로그를 이용해 다른 사람과 대화도 할 수 있다.

Dragon Dictation(모든 연령)

www.nuance.com

유료 소프트웨어로 iPad에 설치하여 말하거나 타자를 쳐서 텍스트를 만들 수 있다.

Learn to Talk(2~4세)
플래시카드를 이용해 시각정보를 보면서 어

휘를 배울 수 있다.

Speak It(6~9세)
텍스트를 넣으면 말로 들을 수 있는 앱으로 파일을 저장할 수 있다.

Voki(3~10세)

www.voki.com

아바타를 만들어서 유아가 아는 지식 혹은 어휘를 넣을 수 있다.

누게 하므로 구성원의 동의하에 문제가 해결될 수 있다.

말하기 지도에 유익한 교실활동

아래와 같은 활동으로 유아의 말하기 능력을 향상시킨다.

그림에 대하여 이야기하기. 이야기를 창작할 때 말을 할 수도 있고 자신의 그림에 대하여 이야기할 수도 있다. 그림 5.7은 카미(7세)가 자신의 그림에 대하여 이야기한 것이다.

토론. 유아들과 토론하는 것을 교사들은 어려워하는데 Hendrick과 Weissman(2009)은 토론에

그림 5.7 카미의 그림

이것은 우리 할아버지 농장인데 지난 생일에 갔었어요. (그림 여기저기를 가리키면서) 이것은 헛간이에요. 지붕은 더럽고 막 무너질 것 같아요. 얘들은 고양이고, 얘는 꼬리가 없어요. 할아버지는 얘를 '고집쟁이'라고 불러요. 얘는 소인데 냄새가 지독해요. 소에는 검은 점이 있어요. 얘들은 큰 까만 새인데 헛간 주변을 날아다녀요. 이것은 짚더미예요.

필요한 사항을 다음과 같이 제시하였다.

- 유아와 상호작용을 즐기고 열정적으로 임한다.
- 소집단으로 운영하는 것이 안정적이다.
- 분위기를 편안하게 하고 주변의 방해가 없도록 한다.
- 계획을 하지만 융통성 있게 운영한다.
- 유아들이 모이면 바로 시작한다.
- 속도의 완급을 다양하게 조절한다.
- 유아의 발화를 지지하여 참여를 유도한다.
- 열린 질문을 한다.
- 집중력이 떨어지기 시작하면 마무리를 한다.
- 소유물보다는 유아가 소통하고 싶어 하는 의도에 집중한다.
- 바람직한 토론행동을 모델링한다.
- 유아가 하는 말은 사실보다는 희망을 나타내는 경우가 많음을 기억한다.
- 교사가 주도하여 토론을 진행하기보다는 유아가 말하고 싶은 것에 대해 말할 기회를 주어 유아들이 토론을 주도할 수 있도록 한다.

유아의 나이가 어릴수록 집단의 크기를 작게 하고 시간도 짧게 한다. 나이가 어릴수록 대집단보다는 소집단이 더 효과적이다(Dailey, 2008). 둥그렇게 앉아 이야기 나누기를 하는 방법이 그림 5.8에 제시되어 있다.

면접활동. 면접활동은 유아가 질문을 미리 만들고 연습할 수 있는 기회를 준다. 기관의 원장, 기사, 서무교사, 조리사 등 교직원을 초대해서 그 역할에 대하여 알아본다. 부모 혹은 지역 인사를 초청해서 면접할 수 있다. 토마스 선생님의 유치반은 원장 선생님을 초대하여 면접을 하였는데 "선생님이 학교의 대장인가요?", "점심은 싸오시나요, 혹은 사 먹나요?" 등을 질문하였다. 이런 것이 왜 궁금하냐고 선생님이 묻자 유아는 "제가 길을 잃어버리면 원장 선생님께 연락하려고요!"라고 답하였다.

함께 놀기. 또래들이 역할놀이를 시작하는데 머뭇거리거나 금방 흥미를 잃은 것 같을 때 교사가 함께 놀이를 한다. "안녕하세요, 저는 우체부입니다. 이 집에 배달왔습니다." 혹은 "이곳

그림 5.8 이야기 나누기

개념

이야기 나누기는 4~8세 유아 4~5명을 최대 인원으로 하는 것이 적절하다. 이 활동의 목적은 참여 유아가 듣고 말하는 데 있다. 교사는 유아의 참여를 격려하고 토론할 만한 흥미로운 주제를 표면화하고 관찰하거나 평가하는 것이 아니라 유아의 흥미를 존중하는 것이다. 이야기 나누기를 진행하면서 왜 모여서 이야기하고 있는가에 대한 생각을 지속시켜 줄 수 있는 그림 자료 혹은 문제의 사물 등을 앞에 두고 있는 것이 좋다. 교사는 유아가 무엇인가를 얼마나 정확하게 알고 있는가를 유도하는 질문보다는 아이들 스스로 생각해서 말할 수 있는 질문, 즉 "__하면 어떻게 될까?" 혹은 "__하면 좋을 텐데." 같은 표현을 사용한다.

규칙

모든 아이들이 이야기 나누기에 참여할 것을 격려하지만 이것이 압력이 되어서는 안 된다. 교사는 이야기 나누기에서 말하기뿐만 아니라 듣기에서도 모델이 되어야 한다. 또한 '네' 혹은 '아니요' 대답이 나올 수 있는 질문, 예를 들어, "이것은 무엇이지? 이것의 색 이름은 무엇일까?" 등의 질문보다는 자신의 흥미를 따라 상상해 볼 수 있고 생각해 볼 수 있는 질문을 한다. 몸동작, 말 등에서 유아가 주도할 수 있도록 하고 유아의 말에 선생님의 생각도 보태고 유아의 생각과 아이디어를 반복해 주거나 확장한다(Typadi & Hayon, 2010).

시작하기

활동의 방법은 다양하다. 예를 들어, 유아에게 수성펜을 주고 각자 종이 위에 마음껏 끄적이도록 한다. 선생님은 각각의 형태가 무엇을 생각나게 하는지 먼저 말하고 유아들도 해 보도록 한다. 혹은 형태가 쉽게 바뀔 수 있는 콩 주머니 등을 가지고 코끼리 모양을 만든다. 이것을 유아가 돌아가면서 만져 볼 수 있도록 하고 "코끼리가 무엇을 하고 있을까?"라는 질문을 한다. 유아들은 인사하기, 눕기, 책상 밑에 숨기 등 다양한 상상력을 가지고 이야기할 수 있다. 유아의 반응은 종이 위에 그림으로 그리고 다시 이것을 가지고 이야기를 만들 수 있다. "옛날에, 코끼리가 살고 있었어요…." 혹은 유아들의 대화를 촉진시킬 만한 사물, 예를 들어 박스 안에 거울, 장난감, 자연물을 넣어서 이야기를 나눈다. 이런 활동이 반복되면 유아가 자신의 보물을 가지고 와서 이야기 나눌 수 있다.

유의점

- 흥미를 끌 만한 사물은 유아 손에 잡힐 만큼 작고 비싸지 않은 것이 좋다. 비싸거나 너무 큰 장난감은 이야기를 듣고 나누기보다는 물건 자체에 관심을 빼앗기게 되어 좋지 않다.
- 유아가 돌리기, 뒤집기 등의 행동을 할 수 있는 작은 장난감이 좋다. 유아가 너무 아끼는 장난감은 친구들과 나누기를 싫어할 수 있으므로 부적절하다.
- 보자기, 박스 등을 이용해 흥미로운 사물을 가려서 호기심을 최대화시킨다.
- 예쁜 조약돌, 조개껍데기, 낙엽 등과 같은 자연물, 열쇠, 자석, 전화기, 가짜 돈, 초대권 등도 좋고 생일축하 양초, 선물 포장지 등은 이야기를 촉진할 수 있는 사물이다.
- 모든 아이들이 장난감 혹은 사물을 한 번씩 만져 본 이후에는 사물을 게시할 수 있는 영역을 표시한다. 예를 들어, 훌라후프, 리본, 혹은 유리그릇 등을 이용해 사물이 놓인 자리에 경계를 두어서 유아들이 만지는 것에 집중하기보다는 생각을 하고 말하기, 듣기를 할 수 있도록 한다.

을 소방서라고 하자." 등으로 상상을 촉진하거나 사물을 다른 용도로 사용하는 예를 보여 준다. 혹은 "내 애완동물 예약하려면 이 동물병원에서는 어떻게 해야 하나요?"와 같이 새로운 어휘를 소개하기도 한다. 혹은 "저 사람들이 자전거로 너무 속도를 내는구나. 네가 경찰관이라고 하자. 속도를 내는 사람에게 벌금을 매기거나 아니면 교통표지판을 만들어 보자."라고 한다. "저는 지금 몹시 배가 고픕니다. 이 음식점에서는 무엇을 먹을 수 있나요?"처럼 질문을 통해 역할놀이를 촉진한다.

비밀 상자. 상자에 무언가를 넣어 시작한다. 유아들이 질문하고 교사가 답을 하면서 추론하게한다. 유아의 질문은 넓은 범위에서 시작된다. "장난감입니까?" 혹은 "먹는 것입니까?"와 같은 광범위한 질문보다는 "공입니까?", "트럭입니까?" 등의 질문은 비밀의 물건에 근접한 질문이될 수 있다. 이 활동은 유아가 주의 깊게 들을 수 있도록 한다. 왜냐하면 "장난감입니까?"라는 질문에 "아니요."라고 답을 들었는데 "장난감 트럭이죠?"라는 질문을 하는 것은 똑똑한 추론이 아니기 때문이다. Rule(2007)을 참고하면 유아들에게 도전적인 게임이 많이 소개되어 있다.

소리 내어 생각하기. 말 그대로 생각을 마음으로만 하는 것이 아니라 말을 하여 다른 사람이 그 생각을 알 수 있게 한다. 교사는 글을 쓰면서 "자, 재미있는 이야기가 무엇일까? 다른 사람이 읽고 재미있어 하면 좋겠는데. 우리 집에 새로 온 아기 고양이에 대하여 써야겠다. 사진을붙여서 읽는 사람이 흥미를 갖도록 해야겠다. 제목은 '1학년 담임 선생님의 아기 고양이'라고해야지. 이 아기 고양이는 엄마가 없어서 딱딱한 음식을 스스로 먹을 수 있을 때까지 내가 우유를 먹였어요…."처럼 말할 수 있다. 이와 같은 소리 내어 생각하기의 활동의 예는 Block과 Israel(2004), Oczkus(2009)를 참고하라.

안내된 역할놀이. "오늘이 정말 추운 날이라고 생각하자. 자, 지금 우리는 따뜻한 코코아를 먹으려고 해. 코코아가 바로 여기 있네. 조심해야 한단다. 무척 뜨거운 코코아가 컵 가득히 담겨있구나. 그리고 마시멜로가 위에 둥둥 떠 있네. 자, 지금부터 맛을 보는 거야." 유아는 이처럼 선생님이 제시한 상상적 상황에 맞추어서 행동을 할 것이다. 숟가락을 사용하는 유아가 있을수 있고 컵 위를 후후 불며 먹는 시늉을 내는 유아가 있을 수도 있으며 아니면 아예 컵을 그대로 두고 컵에 입을 대고 마시는 흉내를 내는 유아도 있을 수 있다. Tsao(2008)에 선생님이 놀이를 촉진하는 다양한 활동이 예시로 제시되어 있다.

인형놀이. 인형을 가지고 하는 활동은 유아의 언어적 배경에 크게 영향을 받지 않고 협력을하도록 하고 의사소통 기술을 향상시키며 교육과정을 통합하기 때문에 유익하다. 또한 인형을조작하게 되면 용기를 더 낼 수도 있고 재미를 느끼며 화를 더 낼 수도 있고 더 아름다울 수도있으며 더 예민하게 자신과 다른 다양한 캐릭터가 될 수 있다. 또한 위험, 슬픔, 비극의 상황에 처하기는 하지만 실제는 아니므로 유아의 경험을 풍부하게 한다(Rabiger, 2008, p. 175).

3~4세 유아들이 빨간 모자 인형극을 볼 때 늑대가 갑자기 관중석에 있는 유아들을 바라보며 음흉한 목소리로 "나는 지름길로 해서 할머니 집으로 갈 테다. 내가 먼저 할머니 집에 도착해서 빨간 모자가 도착하기를 기다려야지. 자, 너희들 빨간 모자에게는 비밀로 할 거지? 약속해?" 유아들은 "네"하고 대답은 하였으나 빨간 모자가 무대 위로 올라오자 "할머니 집에 가지마!", "도망가.", "늑대가 잡으러 올 거야!"라고 하였다. 이 유아들은 빨간 모자 이야기에 완전히 몰입하여 늑대와의 약속을 깨 가면서까지 빨간 모자를 도와주려고 큰 소리를 내어 도움의 말을 전한다. 빨간 모자 인형극을 본 이후에 유아들에게 그림책을 제시하여 유아들이 뒷이야기를 다시 지어서 인형극을 할 수도 있다. 인형은 꼭 정교하게 만들어진 것이 아니어도 된다. 그림 5.9에 간단하게 만들 수 있는 인형이 소개되어 있다. Crepeau와 Richards(2003), Hunt와 Renfro(1982), Minkel(2000), VanSchuvver(1993)에 인형을 교육과정에 활용하는 다양한 방법이 소개되어 있다. 인형을 활용한 활동을 소개하는 앱 혹은 웹사이트도 많다. 유아들과 인형활동을 할 때 아래와 같은 절차에 따른다.

- 유아들에게 잘 알려져 있는 간단한 이야기를 선택한다.
- 등장인물의 목록을 작성한다. 인형은 유아들과 만들 것인지 아니면 구입할 것인지 결정한다.
- 먼저 역할을 맡은 유아들이 이야기 순서에 따라서 한 줄로 서서 소리 내어 이야기를 읽는다. 자신의 대사가 나오면 한발 앞으로 나와서 인형을 조작하며 말한다. *Move Over, Rover*(Beaumont, 2006)는 인형극을 하기 좋은 이야기이다.
- 질문에 대하여 답을 하는 이야기를 대본으로 하여 즉흥적으로 답을 하는 것을 교사가 시범을 보인다. *Where Are You Going? To See My Friend*(Carle & Iwamura, 2003)가 활용하기 좋은 예이다.
- 유아에게 질문을 하여 유아가 답을 하도록 한다. *Baby Bear, Baby Bear, What Do You See?*(Martin, 2007)은 묻고 답하는 활동을 하기 적당하다.
- 점차 이야기 전체를 인형극으로 표현하게 한다. 유아들의 다시 말하기 실력이 향상된다. 이야기 다시 말하기 활동으로 Isbell(2010)을 참고한다.

구연 극장. 구연 극장은 아직 글을 못 읽는 유아들과 하기 적당하다. 구연 극장은 교사가 대본

그림 5.9 간단하게 만들 수 있는 인형

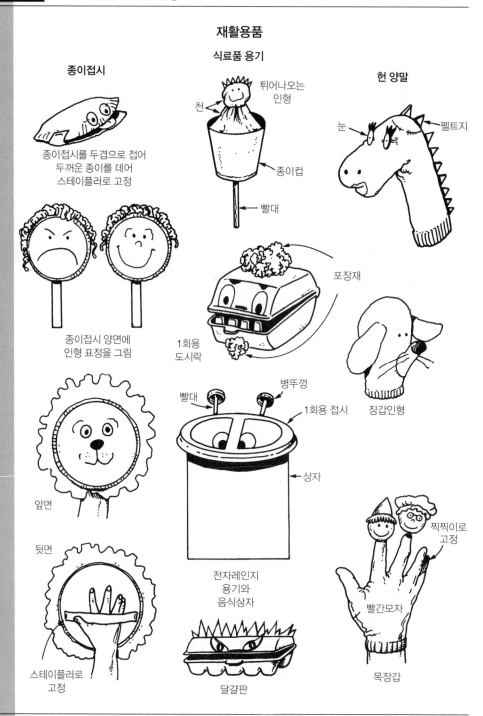

재활용품

식료품 용기

종이접시

튀어나오는 인형

천

종이컵

빨대

헌 양말

눈

펠트지

종이접시를 두겹으로 접어
두꺼운 종이를 데어
스테이플러로 고정

종이접시 양면에
인형 표정을 그림

포장재

1회용
도시락

장갑인형

앞면

병뚜껑

빨대

1회용 접시

상자

전자레인지
용기와
음식상자

뒷면

스테이플러로
고정

달걀판

찍찍이로
고정

빨간모자

목장갑

(계속)

그림 5.9 간단하게 만들 수 있는 인형(계속)

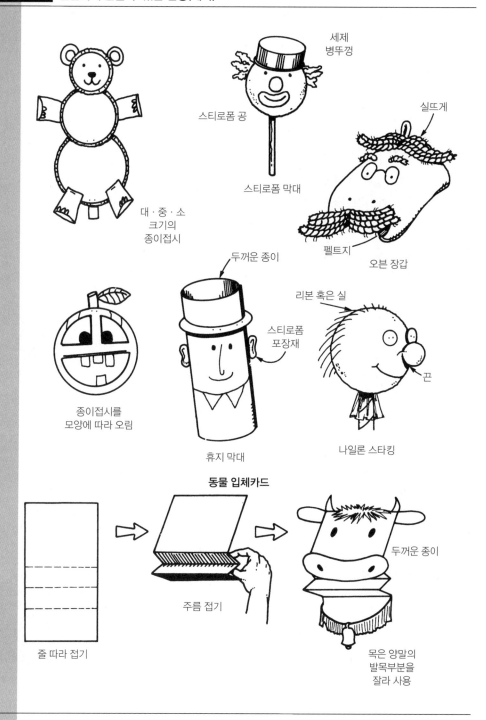

대·중·소
크기의
종이접시

세제
병뚜껑

스티로폼 공

스티로폼 막대

실뜨게

펠트지

오븐 장갑

두꺼운 종이

리본 혹은 실

스티로폼
포장재

끈

종이접시를
모양에 따라 오림

휴지 막대

나일론 스타킹

동물 입체카드

줄 따라 접기

주름 접기

두꺼운 종이

목은 양말의
발목부분을
잘라 사용

을 읽고 유아는 연기를 한다. 대본과 대사에 유아들이 익숙해지면 교사는 구연을 멈추고 유아 스스로 대사를 하도록 한다. 반복해서 나오는 대사는 유아들 전체가 한 목소리로 말하기도 한 다. 대본 전체를 큰 용지에 적어서 교실 벽에 게시하거나 빅북으로 만들어 언어 영역에서도 볼 수 있도록 한다. *Caps For Sale*(Slobodkina, 1940) 등의 책이 적당하다.

그림 5.10 '빨간 암탉' 상호 교수

이야기 다시 하는 사람

역할 : 이야기를 요약한다.

방법 : 이야기에 나온 사람, 이야기가 일어난 장소, 사건 그리고 이유에 대하여 요약하는 모델링 을 한다.

예시 : "빨간 암탉이 빵을 만드는데 농장 친구들에게 도와 달라고 했어요. 그런데 아무도 도와주 지 않았어요. 빵이 다 구워지자 친구들 모두가 먹고 싶어 했어요. 그러자 빨간 암탉이 말했어요. "아무도 안 줄 거야. 왜냐하면 빵 만드는 데 너희들이 도와주지 않았잖아!"라고 했대요.

요약하는 사람

역할 : 지금까지의 이야기를 요약한다.

방법 : 간단하게 메모할 수 있도록 지도한다. 빠른 요약을 위해 간단히 표기하는 방 법을 모델링한다.

예시 : "야오가 말했듯이 우리는 빵을 만들어 먹기보다는 다들 사 먹어요. 카를로스 는 빵 만드는 데 그렇게 오래 걸리는 것이 놀랍다고 했어요. 티시는 빨간 암탉이 씨 를 뿌리고 가꾸고 추수하여 밀가루로 가루를 내어 빵을 만들었다고 했어요. 컬럼은 가끔 친구를 도와주지 않는 사람이 있다고 말했어요."

질문하는 사람

역할 : 질문을 하는 역할이다.

방법 : "왜 그럴까요?" 등으로 질문한다. 질문은 이야기 이해력을 높인다.

예시 : "왜 동물 친구들이 싫다고 했을까요?", "빨간 암탉이 왜 빵을 친구들에게 나누어 주지 않았을까요?", "동물 친구들이 무엇을 깨달았을까요?", "이 이야기를 다르게 만든다면 어떻게 만들까요?"

예측하는 사람

역할 : 뒷이야기가 어떻게 될 것인지 예측하거나 혹은 인물에게 어떤 일이 일어날 것 인지 예측하는 역할이다.

방법 : "만약 ___라면 어떻게 될까요." 혹은 "다음에는 어떻게 될까요?", "그 이후에 는 어떻게 될까요?" 등을 모델링한다.

예시 : "___가 만약 빨간 암탉이라면 어떻게 할 건가요? 빨간 암탉은 다음에는 어떻 게 할까요?", "동물 친구들이 빨간 암탉을 돕게 하려면 어떻게 하면 될까요?", "빨간 암탉이 빵을 맛있게 먹는 것을 보면 동물 친구들은 다음에는 어떻게 할까요?" 등의 질문을 한다.

동극. 이는 큰 아동들과 활동하기에 적절하다. 먼저 다음의 기준에 따라 동극을 할 것인지를 결정한다.

- 대본과 대사가 아동의 읽기 수준에 적절한가?
- 동극을 하고자 하는 의지가 한 아동에 의하여 시작되었는가, 아니면 여러 아동에 의하여 시작되었는가?
- 동극 공연을 교실에서 하는 것인가, 아니면 강당과 같은 낯선 장소에서 하는 것인가?
- 이야기는 아동들이 만든 것인가, 아니면 이미 있는 것인가?

확성기. 유아의 목소리가 너무 작거나 아니면 기질상 큰 목소리로 이야기하는 것을 어려워하는 유아에게 확성기 등을 사용하는 것을 고려해 볼 만하다. 실제 확성기를 사용할 수도 있으나 우유 팩 등을 이용해서 확성기를 만들어서 이를 이용해 동극 연습을 하도록 한다. 점차 이것에 익숙해지면 자신감을 얻어 유아 스스로 자신의 목소리를 낼 수도 있다.

상호 교수. 이 활동은 4~5명의 유아를 소모둠으로 구성하여 이야기를 듣고 유아마다 역할을 정한다. 이야기 다시 하는 사람, 요약하는 사람, 질문하는 사람, 예측하는 사람 등의 역할이 있다. 그림 5.10에 빨간 암탉으로 하는 활동이 제시되어 있다.

말하기 활동을 향상시키는 앱과 웹사이트

DoodleCast(2~8세)
iPad 앱으로 유아가 그림을 그리고 그에 대하여 말한다. 터치로 파일을 지우거나 복원하기도 하며 유튜브에 올릴 수 있다.

Puppet Pals(3세 이상)
유료 앱으로 유아가 인형극을 만들 수 있다. 배경, 옷도 입히고 대사를 창작하여 저장할 수 있다.

Sock Puppets(3~9세)
대사 자막 필요 없이 인형이 말한 것을 동시에 말할 수 있다. 알려진 만화 캐릭터로 할 수도 있고 유아 스스로 인물을 창안해서 할 수 있다.

Talking Carl(2~6세)
유아가 말한 것을 강아지 칼이 소프라노 톤으로 그대로 말해 준다. 간지럼을 태우면 웃고, 꼬집으면 으르렁댄다. 수줍어서 말을 잘하지 않는 유아가 칼이 말하도록 하면 자연스럽게 말을 하게 된다.

___ 에 대하여 말해 봅시다. 　유아 혹은 초등 1학년에게 적절한 활동으로 특정한 사물에 대하여 표현을 아름답게 해 보는 활동이다. 예를 들어, 우주, 별 등에 대하여 "우주는 끝이 없어요.", "우주는 하나님이 쓰는 모자예요.", "별은 우주에 그려진 그림이예요."같이 표현한다 (Quintero & Rummel, 1996).

결론

유아기 말하기 교육은 가정에서 습득한 말하기 능력에 기초하면 유아는 자신감을 가지고 더 완성된 형태로 말하게 된다. 다양한 언어를 즐기고 언어의 의사소통 기능에 역점을 두어 활동을 하게 되면 유아의 말하기 발달에 교사는 큰 기여를 하게 될 것이다.

> **연구와 보고**
>
> 가까이에 있는 유아 중 말하기 능력 지체, 청각 손상, 말 더듬기와 같은 문제가 있는가 찾아본다. 미국스피치협회(www.asha.org)를 방문하여 전문가가 제시한 정보를 활용하여 그 가족과 이야기 나눈다. 가족의 반응을 보고서로 작성해 본다.

 ## 문해학습 전략

K-W-L 활동

K-W-L 활동이란 'Know', 'Want to Know', 'Learned'의 약자로 우리가 이미 알고 있는 것, 알고자 하는 것, 배운 것을 생각하고 정리하는 활동이다. 이 전략은 텍스트를 읽으면서 활용하면 정보를 조직하고 요약하는 데 유익하다(Ogle, 1986). 다음과 같은 순서로 활동한다.

1. 교사가 먼저 책을 훑어보면서 유아의 흥미를 끌 만한 주제를 정한다. 책을 읽으면서 설명이 더 필요하거나 보충되어야 하는 개념을 찾는다.

2. 주제에 대하여 유아들이 가지고 있는 배경지식을 점검한다. '우리가 알고 있는 것'이라는 제목 아래에 주제에 대하여 알고 있는 것을 브레인스토밍하듯이 적는다.

3. 유아들과 함께 생각하고 쓴 정보를 조직해 본다. 정보를 조직할 때 교사는 생각하며 말하기를 모델링하여 정보를 분류하는 것을 보여 준다. 예를 들어, 동물에 대한 주제를 하고 있을 때 생김새, 서식지 혹은 먹이 등으로 나눈다.

4. 관련 책 혹은 자료를 읽기 전에 '알고자 하는 것' 제목 아래에 궁금한 것을 함께 생각하며 적는다. 책을 보기 전에 미리 하면 책을 읽거나 들으면서 그에 대한 답을 찾게 될 것이다.

5. 교사가 소리를 내어 책을 읽어 주면 유아들은 궁금한 것에 대한 답을 찾아 '배운 것' 아래에 정리한다.

말을 텍스트로 전환하는 소프트웨어

이 소프트웨어는 말을 하면 글로 그 내용이 전환되는 일종의 '말하는 문서 편집기'라고 할 수 있다. 읽기를 배우는 데 어려움이 있는 아동이 이 프로그램을 사용하면 말이 글로 전환되는 과정을 체험할 수 있으므로 효과가 있다. 또한 스페인어, 독일어, 프랑스어, 이탈리아어로도 사용이 가능하여 언어학습의 도구로 사용 가능하다.

디지털 북

디지털 북은 글을 컴퓨터, 태블릿 PC, 인터넷 등으로 읽을 수 있는 책이다. 읽으면서 모르는 낱말은 클릭하여 뜻을 알 수도 있고 텍스트 배경지식도 쉽게 얻을 수 있다. 부모 등 성인이 책을 읽어 주는 것과 대체할 수 있는 정도는 아니지만 유아들이 발음, 억양, 이야기 등을 듣고 배울 수 있다. 다문화 가정 유아는 영어를 학교에서 배울 때 발음을 들을 수 있게 하고 유아가 스스로 읽으면서 잘 따라가지 못했던 부분을 기록할 수 있어서 교사가 평가할 수 있는 프로그램도 있다(Holum & Gahala, 2001). 검색 기능이 있는 책도 있어 주제, 단어 등을 검색이 가능하다. 디지털 북에 대한 정보는 Lunchbox Reviews, Digital Storytime, iPad Curriculum과 Teachers with Apps가 있다.

➡✕ 집중탐구 : 보키

R. A. Hirsh 교수가 제공한 자료

보키(Voki)는 www.voki.com에서 이용할 수 있는 무료 웹사이트로 유아가 캐릭터를 창조하고 자신의 목소리를 녹음할 수 있으므로 유아의 말하기와 표현력이 향상된다. 만들어진 보키 파일은 이메일 보내기, 탑재 등을 할 수 있다.

어린 유아	유아	독립적 읽기가 가능한 아동
간단하게 자기 캐릭터를 만들어 목소리를 녹음한다. 자신의 목소리로 말을 하는 캐릭터를 들으면서 자신의 말하기 스타일에 대하여 객관적으로 경험한다.	자신의 캐릭터를 만들어 목소리를 녹음하여 들어 보고 친구의 것도 들어 보고 서로 평가한다.	캐릭터를 만들어 설득하는 상황, 지시를 하는 상황 등 다양한 맥락의 말하기를 한다.

문학의 활용

동시 활용 활동

유아가 아름다운 언어를 사용하면 언어의 아름다움을 느끼고 사용하고 즐길 수 있다. 동시를 낭독하거나 동화를 구연하는 것이 좋은 방법이다.

- **노래와 랩.** 노래는 유아가 박자를 맞추어 말하거나 스스로 랩송을 창안할 수도 있다.
- **손유희.** 노래 혹은 동시를 낭송하면서 손유희를 한다.
- **몸동작.** 동시 낭송 혹은 노래를 하면서 몸 전체로 동작을 맞추어 한다.
- **메아리 낭송.** 한 사람이 소리 내어 낭송하면 모둠은 이를 한목소리로 따라한다.

- **한 줄씩 낭송하기.** 유아 1명이 동시 한 줄씩 낭송한다.
- **후렴.** 리더가 동시 대부분을 읽고 모둠은 반복해 나오는 후렴만 읽는다.
- **합창.** 한 사람이 동시를 낭송하면서 점차 1명씩 더 참여하여 소리가 점점 커지는 것이다. 반대로 큰 소리에서 작은 소리로 낭송을 할 수도 있다.

동시를 활용한 다양한 활동은 Elster(2010)과 McNair(2012)를 활용하라.

최근 출판된 동시 그림책

Bruno, E. K. (2008). *Punctuation celebration,* New York, NY: Henry Holt.
구두점으로 운율을 맞추는 동시이다. (초등 2~3학년)

Cullinan, B.E., & Wooten, D. (Eds.). (2009). *Another jar of tiny stars: Poems by more NCTE award-winning poets.* Honesdale, PA: Wordsong.
어린이들이 지은 동시를 모아 놓은 것으로 어린이와 어른이 좋아하는 동시 모음이다. (유치부~초등 3학년)

Florian, D. (2002). *Summersaults.* New York, NY: Greenwillow.
아동기에 좋아하는 놀이를 주제로 한 동시 모음집이다. (유치부~초등 3학년)

Giovanni, N. (2008). *Hip hop speaks to children.* Naperville, IL: Sourcebooks Jabberwocky.
그림, CD가 함께 있는 힙합과 랩으로 된 동시이다. 마

틴 루터킹이 소재가 된 시도 있고 다양한 종류의 가스펠과 리듬이 제시되어 있다. (초등 2~3학년)

Raczka, B. (2011). *Lemonade: And other poems squeezed from a single word.* New York, NY: Roaring Brook Press/Macmillan.
동시를 감상하면서 퍼즐을 푸는 것 같은 책이다. (초등 2~3학년)

Rosen, M. (2012). *Bananas in my ears: A collection of nonsense stories, poems, riddles, and rhymes.* Somerville, MA: Candlewick.
유머러스한 동시집이다. (초등 1~3학년)

Ruddell, D. (2008). *A whiff of pine, a hint of skunk: A forest of poems.* New York, NY: Margaret McElderry.
숲의 아름다움을 주제로 한 동시집이다. (초등 1~3학년)

Salas, L. P. (2011). *Book speak! Poems about books.* New York, NY: Clarion.

언어와 글에 대한 동시 모음집이다. (초등 1~3학년)

Singer, M. (2012). *A stick is an excellent thing: Poems celebrating outdoor play.* New York, NY: Clarion.

전기, 건전지, 돈이 없어도 자연물을 가지고 신나게 놀 수 있다는 것을 주제로 한 동시 모음집이다. (모든 연령)

Wardlaw, L. (2011). *Won Ton: A cat tale told in haiku.* New York, NY: Henry Holt.

일본 하이쿠 형식의 동시 모음집이다. (초등 2~3학년)

Yolen, J., & Peters, A. (2007). *Here's a little poem: A very first book of poetry.* Somerville, MA: Candlewick.

다양한 동시 모음집이다. (유아~초등 2학년)

다문화 유아
말하기에 대한 문화적 차이를 존중하기

각 민족과 문화의 언어는 비언어적 그리고 언어적 소통방식에 차이가 있다(Scollon & Scollon, 2000). 교사의 문화 혹은 언어와 다른 문화와 언어를 가지는 유아, 부모 그리고 지역사회의 인사와 소통할 때 교사는 이러한 문화적 차이를 인식하고 상호작용해야 한다.

비언어적 소통

눈 맞춤. 눈을 맞추는 것은 자신감 또는 정직을 뜻하는가, 아니면 반항을 뜻하는가? 미국 원주민, 아시아, 아프리카에서는 머리를 숙이는 것이 존중의 표시이다.

청자와의 거리. 화자와 청자의 거리는 얼마가 적당한가? 사적 공간의 영역이란 무엇인가? 미국인은 대화할 때 최소 45cm의 거리가 있어야 한다고 생각한다. 그러나 다른 문화권에서는 가까이서 이야기하는 것을 선호할 수 있다.

자세. 우리는 비밀스러운 이야기를 나눌 때 가까이 몸을 기울이는가? 일본에서는 이런 경우에는 허공을 바라보며 이야기한다.

제스처. 누군가를 내 앞으로 오게 할 때 우리가 사용하는 제스처는 무엇인가? 턱을 제끼면서 뒤로 물러나며 팔을 흔드는가? 우리 문화에서는 욕으로 보이는 제스처가 다른 문화에서는 아무 의미도 없을 수 있다.

신체 부딪힘. 가볍게 팔을 치는 것은 친근감의 표현인가, 아니면 과한 행동인가? 프랑스에서는 양 볼을 가볍게 부딪히는 것은 인사이지만 대부분의 미국 사람들은 이것을 불편해한다.

언어적 소통

양. 침묵에 대하여 우리는 불편해하는가? 어느 정도가 너무 많이 말하는 것인가? 어떤 문화권의 경우는 다른 문화권에 비하여 말을 많이 하는 경우도 있다.

대화하는 동기. 미국 중산층은 친해지는 방법으로 대화를 사용한다. 그러나 어느 문화권에서는 서로 알기 전에는 대화를 많이 하지 않는다.

대화하는 사람의 사회적 지위. 주로 말하는 사람은 지위가 높은 사람인가? 아니면 침묵하는 사람이 지위가 높은 사람인가?

화자의 노출 정도. 화자는 말하면서 자신의 최선의 것을 보이는 것을 중요하게 여기는가 아니면 청자가 알아서 발견하기를 바라는가? 어느 문화권에서는 후자로 자녀 교육을 시킨다.

누가 대화를 주도하는가. 미국 문화권에서는 먼저 이야기를 꺼낸 사람이 대화를 주도한다.

명시성. 화자는 될 수 있으면 정교하고 자세하게 말해야 하는가 아니면 청자가 알아서 그 간극을 메꾸어야 하는가? 미국 중산층들은 길고 자세하게 말하는 것을 잘 참지 못하는 경향이 있다.

예의에 대한 개념. 다른 사람이 말하는 중에 끼어드는 것은 예의가 없는 것으로 생각하나 이탈리아에서는 끼어드는 것을 나쁘게 여기지 않고 오히려 활발한 대화라고 생각한다.

사적 주제에 대한 생각. 미국인은 공중 매체를 통해 개인적이고 사적인 것도 개방적으로 이야기하는 경향이 있으나 어느 문화권에서는 그것이 부적절하다고 생각한다.

청자와 화자 역할 바꿈의 시간 정도. 대화가 너무 느리게 오고 간다고 느끼는 정도 혹은 시간의 분기점에 대한 생각은 사람마다 차이가 있을 수 있다. 어떤 사람은 말의 주고받음이 빨라야 한다고 생각하여 주고받음 간에 시간이 길면 잘 못 참을 수도 있다.

대화 끝내기에 대한 신호. 대화가 끝났다고 표시하는 방법은 언어에 따라서 차이가 있을 수 있다. 예를 들어, 전화로 이야기한 후 잘 있으라는 말도 없이 끊으면 상대편이 기분 나빠할 수도 있다.

어떻게 할까요
어린 유아와 길게 이야기하기

유아와 길게 대화를 이어 가려면 말을 하기보다는 주로 들어야 한다(Stephenson, 2009). 유아와 대화할 때 다음과 같은 주의점이 있다.

- 유아의 흥미 및 관심과 관점을 파악한다.
- 유아가 주도하여 이야기를 이끌어 가도록 하고 유아가 한 말에 기초하여 말한다.
- 유아가 자신의 생각에 따라서 말을 하는 과정을 지원한다.

위와 같은 것을 이루기 위한 구체적인 방법은 유아가 한 말을 반복하거나, 확장하거나, 수정하거나, 이름을 붙여 주거나 묘사하는 것이다(Goodson, Layzer, Simon, & Dwyer, 2009; McNeill & Fowler, 1996).

반복하기. 반복이란 유아가 한 말을 그대로 따라 하는 것이다. 예를 들어, 유아가 "강아지를 산책하는 일은 재미있어요!" 하면 어른은 "아, 강아지와 함께 산책하는 것이 재미있다는 말이구나. 나도 그렇단다!"처럼 말한다. 반복은 유아가 자신의 말이 존중되고 있다는 것을 느끼게 한다.

확장하기. 유아가 한 말에 살을 부쳐서 자세하게 말하는 것이다. 유아가 "책을 읽어 주세요."라고 하면 "그래, 네가 좋아하는 곰 책을 읽어 달라는 말이구나."처럼 말한다.

정보 덧붙이기. 유아가 "학교에 물고기가 온대요."라고 하면 "그래, 금붕어가 온다는 말을 나도 들었단다. 친구들이 돌아가면서 금붕어 밥을 주기로 했지."라고 말할 수 있다.

질문 명료화하기. 이는 유아가 한 말에 진정 관심이 있다는 표시가 된다. 질문은 성인이 유아에 비하여 잘 아는 것에 대하여 질문하는 것이 아니라 유아가 더 잘 알고 있는 것에 대하여 질문한다(Hendrick & Weissman, 2009). 예를 들어, "나는 줄넘기 아주 잘해요."라고 하면 "줄넘기할 때 노래도 같이 하니? 이따가 쉬는 시간에 보고 싶구나!"와 같이 말할 수 있다.

질문에 답하기. "언제 책을 읽어 주나요?"라고 유아가 물었을 때 이에 대하여 간단히 답할 수도 있다. 그러나 되도록 유아의 질문에 답할 때 유아가 진정 알고 싶어 하는 속뜻에 답하도록 한다. 예를 들어, "선생님은 왜 이렇게 배가 나왔어요? 혹시 아기가 있나요?"라는 질문은 선생님을 놀리려고 하는 것이 아니라 진정한 호기심일 가능성이 크다.

묘사하기. 유아가 어떤 행동을 할 때 그것을 묘사한다. 예를 들어, 그림을 그리고 있으면 "그래, 초록색 크레용으로 공룡을 칠하는구나. 티라노사우루스의 이는 노란색으로 칠하고…."라고 묘사한다.

다음의 방법을 따라서 유아와 대화를 해 보고 나의 대화기술을 한 번 확인해 본다.

1. 말하기가 어느 정도 되는 유아(3~8세)와 길게 대화하는 시간을 마련한다.
2. 유아와 말을 길게 주고받는 것이 목적이므로 어느 정도 친근감이 있는 유아를 선택한다. 또한 대화를 녹음할 수 있도록 부모의 동의를 얻는다.
3. 유아의 흥미를 끌 만한 그림 혹은 책을 준비한다.
4. 유아에게 좋아하는 것들에 대하여 이야기를 나눌 것이라고 말한다. 유아가 좋아하는 그림을 고르게 해서 대화를 시작한다.
5. 유아가 한 말이나 질문과 관련되는 코멘트, 답을 하도록 한다.
6. 위에 소개된 반복하기, 확장하기, 정보 덧붙이기, 질문 명료화하기, 묘사하기 등을 사용한다.
7. 유아와의 대화를 전사하여 사용한 전략 등을 표기한다.
8. 이것을 가지고 동료 교사와 함께 이야기 나누어 본다.

제 6 장

이야기텍스트와 정보텍스트

Courtesy of Talena Horton

이야기텍스트와 정보텍스트에 대한 사실

- 자신에게 일어난 사건 혹은 경험에 대한 기억인 자서전 기억(autobiographical memory)으로 우리는 자신의 삶에 대한 이야기를 만든다(Fivush, 2011). 뇌신경을 이미지로 볼 수 있는 기술을 이용하여 자서전 기억을 연구한다(Viard, Desgranges, Eustache, & Piolino, 2012).

- 유아는 자신에게 중요한 사건에 대하여 이야기할 때 자서전 기억이 발달한다. 따라서 자신 혹은 가족이 경험하는 것에 대하여 함께 이야기 나눌 상대가 없을 경우, 자서전 기억발달이 제한된다(Nelson, 1999, 2007).

- 미국의 다양한 민족은 각 문화 집단마다 이야기를 전수하는 방식에 독특한 전통이 있다(Gardner-Neblett, Pungello, & Iruka, 2011; Heath, 1983). 말로 전달되는 이야기는 글로 전달되는 것과는 다른 방식으로 독특한 문화와 전통을 전수한다. 이야기를 말로 전할 때는 의식, 예술, 춤 등이 동반된다(Gomez & Grant, 1990; McKeough et al., 2008).

- 타 문화에 대한 존중을 표현하는 방식 중 하나는 그 문화권의 이야기 전통을 교육과정에 포함시키는 것이다(Hare, 2011; Lotherington, Holland, Sotoudeh, & Zentena, 2008; McKeough et al., 2008; Meesook, 2003; Park & King, 2003; Riojas-Cortez, Flores, Smith, & Clark, 2003).

- 유럽계 미국인들의 이야기는 하나의 주제를 중심으로 시작, 중간, 끝의 형식으로 전개된다. 아프리카계 미국인들의 이야기는 하나 이상의 주제에 대한 엄격한 형식이 없이 이 주제, 저 주제에 대하여 자유롭게 이야기하며 개인적인 의미와 경험이 강조된다(Bliss & McCabe, 2008; Bloome, Champion, Katz, Morton, & Muldrow, 2001; Hale-Benson, 1986). 안타깝게도 이들과 다른 잘된 이야기에 대한 전제 혹은 기대를 가진 교사는 아프리카계 아이의 구연을 산만하거나 잘 조직되지 않은 이야기로 평가하는 경향이 있다(Cheatham & Jimenez-Silva, 2012).
- 낙제아동방지법(No Child Left Behind Act, www.ed.gov/policy/elsec/leg/esea02/index.htm)이 2002년부터 시작되어 사실과 정보를 다루는 정보텍스트를 이해하고 표현할 수 있는 능력이 강조되고 있다(Snow, Griffin, & Burns, 2005).
- 정보텍스트를 상호적으로 제공하는 교사의 능력이 중요한데(Mantzicopoulos & Patrik, 2011), 특히 영어를 학교에서 배우는 어린이들에게 이것의 중요도가 크다(Lefebvre, Trudeau, & Sutton, 2011; McGee & Morrow, 2005; Ranker, 2009). 사실적 정보가 담긴 텍스트는 아동의 어휘발달과 이해력 향상에 도움이 된다(Read, Reutzel, & Fawson, 2008; Yopp & Yopp, 2012).

이상의 사실들에 놀랐나요? 무엇에 그리고 왜 놀랐나요? 유아를 교육하는 데 이러한 사실들을 어떻게 반영해야 할까요?

이야기텍스트와 정보텍스트란 무엇인가

교육표준과 교수

매년 사회교육협의회에서는 유아기부터 초등학생 연령에 적절한 사회교육 관련 좋은 도서 목록을 발표한다. www.socialstudies.org/notable을 방문하면 목록을 무료로 다운받을 수 있다.

이야기(story)란 사건이 인과관계로 엮여 있는 서사(narrative)이다(Engle, 1995). 이야기는 전기처럼 실제 일어난 것일 수도 있고 전래동화처럼 허구적인 것일 수도 있다. 이외에도 개인이 최근에 경험한 연속된 사건도 이야기이다. "이야기를 구성하는 것은 과거에 일어난 사건을 구조화하여 언어로 표현하는 능력이 요구된다"(Massey, 2012, p. 125).

반면 정보텍스트는 플롯 혹은 사건의 연속과는 관련이 없으므로 이야기와는 완전히 다른 장르이다. 정보텍스트는 설명하고 묘사하며 주장을 논리적으로 제공하는 것이다. 도서관 혹은 서점에 가면 요리서, 자기개발서, 수리·수선 관련 도서, 스포츠 도서의 내용은 정보텍스트의 구조로 제시되어 있다.

이야기텍스트와 정보텍스트의 차이를 이해하기 위하여 강아지에 대한 책을 비교해 보자. *"Let's Get a Pup!" Said Kate*(Graham, 2003)는 유기동물 보호소를 방문하여 강아지를 입양하는 한 가정에 대한 이야기이다. 이 책은 사건이 원인과 결과로 연이어져 있으므로 이야기 장르이다. 반면 건강한 강아지를 고르는 방법이나 강아지를 훈련시키는 방법에 관한 정보가 필요하면 정보텍스트 장르의 책을 보아야 한다. 그림 6.1에 다문화를 주제로 한 이야기텍스트와 정보텍스트로 그림책을 비교하여 제시하였다.

교사가 다양한 정보텍스트를 이용하여 활동을 하면 사실 혹은 정보 자료에 대한 유아의 이해력을 향상시킬 수 있다(Williams & Pao, 2011). 유아기에 정보텍스트에 대한 이해력을 가지고 있으면 정보로 이루어진 교과서가 많이 제공되는 초등학교 3~4학년 교육과정에 적응을 쉽게 한다(Best, Floyd, & McNamara, 2008; Kraemer, McCabe, & Sinatra, 2012). 따라서 유아 교사는 이야기텍스트뿐만 아니라 정보텍스트를 유아에게 읽어 주어야 하고 텍스트의 특성과 차이에 대하여 유아들이 인식할 수 있도록 도와야 한다(Duke, Pearson, Strachan, & Billman, 2011).

정보텍스트의 일차적 목표는 정보를 제공하는 데 있지만 정보를 제공하더라도 이야기텍스트의 형식을 빌리는 경우가 많다. 예를 들어, 신기한 스쿨버스 시리즈는 프리즐 선생님과 함께 현장견학을 하면서 과학 개념과 지식을 제공하는데 딱딱한 과학 정보와 사실들이 이야기텍스트로 구성되어 제시되어 있다. 이 장에 어떻게 할까요에서 정보책을 선택하고 활용하는 데 필요한 도움말이 제시되어 있다.

이야기는 어린이의 삶에서 중요하다. 세상의 모든 문화권과 언어에서 어린이들은 "재미있는 이야기해 주세요."라는 말을 자주 한다. 어린이들은 왜 이야기를 좋아하는 것일까?

이야기는 그 자체로 존재한다. 이야기는 우리의 경험과 삶을 연결시키고 불을 환하게 밝히며 지식의 창고이다. 의미와 상징은 우리의 이미지와 상상을 새롭게 하여 우리를 성장하게 하고 우리의 주변을 변화시킨다. (Hughes, 1988, pp. 34-35)

이야기는 우리가 삶에 대하여 생각하고 조직하며 소통하도록 한다(Jensen, 2006; Nelson, 2007). 이야기는 어린이의 삶과 언어발달에 큰 기여를 한다. 어린이는 왜 이야기를 해 달라고 조르는 걸까? 아래는 어린이가 이야기를 통해 느끼고 배우는 것을 상상하여 적은 것이다.

넓은 세상을 여행할 수 있도록 이야기를 들려주세요. 보이지 않는 것들을 마음에 그릴 수 있도록 이야기를 들려주세요. 내가 생각하고 마음속에 품어 언젠가는 나의 이야기를 만들 수 있도록 이야기를 들려주세요. (Terry, 1989, p. 49)
진짜 작가가 글을 어떻게 쓰는지 알 수 있게 책을 읽어야겠어요. 이야기가 만들어지는 신기한

그림 6.1 이야기텍스트와 정보텍스트의 비교

이야기텍스트	정보텍스트
말과 글로 사건을 엮은 구조	말과 글로 정보와 사실을 설명하는 구조
특징	**특징**
등장인물과 시간의 흐름이 있음	사건 혹은 사물의 특징에 대한 진술, 도형, 표 등, 질문-대답, 원인-결과, 비교-대조, 문제-해결 등의 형식
예	**예**
위인 전기, 옛이야기 등	'_____에 대한 모든 것', '_____하는 법', '_____이 작동하는 법' 등의 제목

이야기텍스트와 정보텍스트 다문화 도서

인종

Black Is Brown Is Tan(Adoff, 1997, 2002). 피부색이 다른 가족이 행복하게 사는 이야기 동시집

All The Colors We Are: The Story of How We Get Our Skin Color(Kissinger, 1997). 피부색은 멜라닌 색소와 관련 있음을 설명하는 책

예술

Marianthe's Story: Painted Words and Spoken Memories(Aliki, 1998). 이민 온 어린이가 친구들과 사귀면서 영어를 배우게 되는 이야기

The Art Book for Children(Ruggi, 2005). 명화를 따라 그리는 과정을 소개하는 책

직조

Abuela's Weave(Castaneda, 1995). 과테말라 어린이가 할머니로부터 실뜨기를 배우면서 가족의 사랑을 알아 가는 이야기

Songs from the Loom: A Navajo Girl Learns to Weave(Roessel, 1995). 나바호족의 담요를 짜는 과정을 사진으로 보여 주는 책

피나타

A Piñata in a Pine Tree: A Latino twelve days of Christmas(Mora, 2009). 스페인어 숫자를 운율에 맞춘 동시집

Piñata!(Emberley, 2004). 피나타에 관한 정보를 주는 책

종이접기

The Origame Master(Lachenmeyer, 2008). 종이접기를 통해 친구를 사귀게 되는 일본인 이야기

Magic Windows(Ventanas Mágicas)(Garza, 1999). 티슈를 이용하여 여러 모양을 접을 수 있는 방법을 소개하는 책

세계 여러 나라의 인형

The Magic Nesting Doll(Ogburn, 2005). 러시아 전통 인형이 요술 램프처럼 3개의 소원을 이루어 주는 이야기

Cornhusk, Silk and Wish-Bones: A Book of Dolls from Around the World(Markell, 2000). 세계 여러 나라에서 찾아볼 수 있는 다양한 모양과 재료로 만들어진 26개의 인형이 소개된 책

흙 놀이

Gugu's House(Stock, 2001). 초가지붕에 진흙으로 된 집에 사는 짐바브웨 어린이에 대한 이야기

Big Messy Art Book(Kohl, 2000). 그림과 도예를 소개하는 책

과정을 알기 위해 생각을 나누어야겠어요. 또 내가 작가가 될 수 있도록 이야기를 적을 거예요. 창작의 기쁨을 나누기 위하여 내 이야기를 들려주고 싶어요. (Terry, 1989, p. 56)

다양한 이야기를 경험하면 유아도 독자를 염두에 두고 자신의 이야기를 어떻게 구성해야 하는지 알게 된다. 일상생활 대화에서 '이야기'라는 말을 다양한 상황에 사용하는 경향이 있지만 아동문학을 염두에 둔 '이야기'라는 말은 '허구성(nonliterality)'과 '변화(change)'라는 2개의 요소를 내포한다. 먼저 '허구성'이란 실제 인간의 삶에서 일어날 수 있는 것 이상을 의미한다. 이야기의 인물이 자신의 목표를 추구하는 과정에서 사건의 '변화'가 일어나지 않는다면 이는 이야기로 성립되지 않는다. "이야기란 독자가 관심을 갖게 된 사람에게 일어난 사건 혹은 무언가를 말한다. … 주제가 무엇이든 간에 모든 이야기에는 변화가 있다"(Shulevitz, 1985, pp.7, 47). 이야기텍스트인 옛이야기 혹은 정보텍스트인 '정원을 가꾸는 법'에 관한 책은 어린 독자가 텍스트를 읽고 이해하고 자신의 텍스트를 산출하게 한다는 점에서는 기능이 같다.

가족 및 지역사회와의 협력

뇌와 언어

뇌발달, 언어습득과 인지는 서로 관련되어 있다(Wasserman, 2007). 뇌 연구에 따르면 인지적 자극을 충분하게 공급받지 못하는 환경에 있는 유아는 즉각적 맥락, 구체적인 시각 이미지, 신체활동에 의존하여 의사소통하는 경향이 있다. 인지적 경험이 충분하지 않은 유아에게 이야기텍스트와 인형극, 구연 혹은 창의적 극놀이 등이 어떻게 활용되어야 하는가?

크레이그 선생님은 지역의 문화센터에서 초등학교 아동을 위하여 방과 후 프로그램을 운영하고 있다. 그는 이야기텍스트와 정보텍스트를 활용하는 프로젝트를 계획하였다.

첫 시간에 크레이그 선생님은 아동들과 함께 (1) 텍스트의 종류, (2) 사람들은 왜 이야기를 좋아하는지, (3) 이야기를 전달하는 방법 등에 대하여 이야기를 나누었다. 크레이그 선생님은 이 프로젝트를 위하여 지역사회에서 활용할 수 있는 자원을 적극적으로 활용하고자 하였다. 먼저 지역 도서관에 있는 수화 구연가, 일반 구연가, 구연하는 유아교육과 교수, 할머니 구연가, 다문화적 관점에서 이야기를 연구한 석사 학생 등 다양한 사람을 만났다. 또한 선생님은 *Teaching Young Children Using Themes*(Kostelnik, 1991), *Stories in the Classroom: Storytelling, Reading-Aloud, and Role Playing with Children*(Barton & Booth, 1990), 구연가 웹사이트(http://42explore.com/story.htm)를 통해 자료를 모았다.

크레이그 선생님은 아동들이 하고 싶거나 더 알고 싶은 것에 대한 주제를 생각해 보게 하였다. 아동들은 야구, 케이크 굽기, 식물 재배, 모래에서 자전거 타기 등을 생각하였다. 크레이그 선생님은 도서관 사서의 도움을 받아서 필요한 책을 구하였다. 아동의 가족들도 주제와 관련한 물건을 가져오거나 사물에 대한 이야기를 들려주거나 적어 주었다. 가정에서 지원된 물건은 복도에 게시하고 이름을 적은 카드를 부착하거나 가족들이 이 물건이 그 가정에 어떠한 의미를 가지는지를 설명해 주었다.

이 프로젝트를 하면서 크레이그 선생님은 "이야기텍스트와 정보텍스트의 공통점과 차이점을 충분히 경험할 수 있었고, 아동들은 주제 탐구를 하면서 서로 힘을 모았으며 이 과정에서 두 종류의 텍스트를 읽고 쓰게 되었다."라고 하였다.

기여와 결과

- 교사의 기여. 이 프로젝트에서 교사가 한 역할은 무엇인가?
- 가족의 기여. 이 프로젝트에 가족들은 어떻게 참여하였는가?
- 전문가의 기여. 지역사회의 전문가는 이 프로젝트에 어떻게 참여하고 협력하였는가?
- 협력의 결과. 이 프로젝트에 여러 어른들이 협력하지 않았다면 이 프로젝트는 어떻게 되었겠는가?

이야기텍스트와 정보텍스트 구사력의 발달

유아는 실제와 상상의 경계가 뚜렷하지 않아서 이들의 이야기는 상상으로 꾸민 이야기일 수도 있고 실제 일어난 것일 수도 있다. 상상하여 만든 인물뿐만 아니라 실재하는 행동과 사건을 묘사하기도 하고 느낌을 표현할 수 있으며 사실과 허구를 혼합하기도 한다(Kangas, Kultima, & Roukamo, 2011). 이야기를 만들려면 떠오른 아이디어를 잘 유지하여 뇌에서 작동 기억에 있는 관련 정보와 심상과 연결시켜야 한다. 일반적으로 유아는 성장하면서 작동 기억량이 증가하는 반면 주의력장애 혹은 언어장애가 있는 유아는 그렇지 않다(Kasper, Alderson, & Hudec, 2012; Wolfe & Woodwyk, 2010). 이야기를 스스로 말하거나 쓰게 될 때 응집, 연결, 정보, 정교라고 하는 4개의 요소가 필요하다(Applebee, 1978; Bliss & McCabe, 2008). 그림 6.2에 4개의 요소가 소개되어 있다.

3~4세가 되면 대부분의 유아는 자신의 이야기를 말하기 시작한다. 유아가 구성한 이야기는

유아의 상위 인지과정뿐만 아니라 자아개념, 과제에 대한 이해 그리고 청자에 대한 이해 정도 등을 알려 준다(Engle, 1995; Nelson, 2007; Nelson, Aksu-Koc, & Johnson, 2001). 유아의 이야기는 가정에서 시작되어 점차 가정 밖으로 확장된다(Applebee, 1978). 어린 유아의 이야기는 집과 가족에 대한 것이 주를 이룬다. 다음은 3세 니콜라스가 들려주는 고양이에 대한 이야기이다.

우리 집에는 새미라는 고양이가 있어요. 아빠는 '탑캣'이라고 이름을 짓고 싶어 했지만 저는 새미라는 이름이 더 좋아요. 엄마도 새미라는 이름이 더 좋대요.

다음은 4세 사라가 집에서 기르는 강아지에 대하여 한 이야기이다.

우리 집에 새 강아지가 왔어요. 엄마, 아빠가 사 주셨어요. 우리 가족 모두 모여 강아지 이름을 지으려고 했고 음, 러스티라고 부르기로 했어요. 강아지가 새로 깐 카펫에 오줌을 싸서 엄마가 화가 많이 났어요. 그렇지만 나는 강아지랑 놀아요. 내가 공을 던지고, 강아지는 내 신발을 물어 뜯어요.

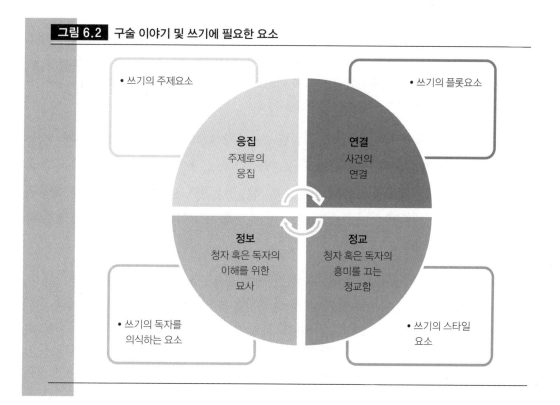

그림 6.2 구술 이야기 및 쓰기에 필요한 요소

어릴 때부터 이야기를 듣고 즐기기 때문에 스스로 이야기를 만드는 것은 꽤 어릴 때부터 시작되어 5세가 되면 이야기에 필요한 기본 요소를 가지고 이야기를 할 수 있다.

- 이야기에 제목을 부친다.
- '옛날에 저 먼 곳에…'와 같은 시작을 하고 '끝'과 같은 마무리 형식을 나타낸다.
- 과거형으로 이야기를 묘사한다.
- 청중이 몰입할 수 있도록 목소리에 변화를 준다.
- 극적 반전과 같은 요소를 사용할 수 있다.

유아가 만드는 이야기의 등장인물도 발달적 변화를 보인다(Nicolopoulou & Richner, 2007). 첫 단계에서 등장인물은 신체를 이용한 행위를 위주로 묘사되어 끝이 나지 않을 것 같은 모험을 묘사하기도 한다(Gardner, 1980).

다음 단계에서 인물은 정신 상태가 언급되어 행위를 하는 것으로 묘사된다. 5~6세가 넘으면 인물의 생각, 의도, 감정이 묘사되기 시작한다. 다음에 6세 여아가 구술한 오리를 주인공으로 한 이야기가 제시되어 있다.

> 옛날에 어린 소년이 오리와 함께 살고 있었어요. 오리의 이름은 꽥꽥이고 소년의 이름은 타미였어요. 매일 아침과 저녁으로 타미는 꽥꽥이에게 밥을 주었어요. 어느 날 아침 꽥꽥이가 남자 둘, 여자 하나로 아기 세 마리를 낳았어요. 남자 아기 오리 이름은 마이크이고, 여자 아기 이름은 신디였어요. 다른 여자 아기 이름은 베타니입니다. 끝.

유치원 혹은 초등학교 저학년이 되면 일관된 주제를 중심으로 사건을 연결하여 언제, 왜 등의 요소가 포함된 이야기를 구성한다(Stadler & Ward, 2005). 배경은 가정을 넘어서 학교, 동물원 그리고 박물관으로 확장되고 심지어 숲, 우주 혹은 정글처럼 경계가 없는 장소까지 확장된다. 다음에 6세 저스틴이 말한 자신이 경험한 수술에 대한 이야기가 제시되어 있다. 그림 6.3은 저스틴이 그린 그림이다.

> 분홍 색 가운을 입고 위아래로 움직이는 침대 위에 누웠어요. 팔목에 링거 주사를 꼽았어요. 어느 날 간호사가 들어와서 말하기를, "애야, 네 사진을 찍을 거란다."라고 했어요. 사진은 신문에 나왔어요. 엄마가 제게 새 장난감 트랙터를 사 주었어요. 나는 정말 아팠고 어지러웠어요. 열이 펄펄 나는 감기였어요. 나는 아이스케키를 정말 많이 먹었어요. 겁이 나지는 않았고 그저 아팠던 거예요! 25명의 의사선생님이 계셨고 저는 그곳에 3일간 있었어요. 그곳에서 다리가 부러

그림 6.3 병원 입원을 그린 저스틴의 그림

져서 휠체어를 탄 남자도 보았어요. 병원에서 제 피를 뽑았어요. 정말 큰 바늘을 가져와서 제 팔에 꽂았어요. 아빠가 옆에 계셨고, 저는 하나도 안 아팠어요.

유아가 하는 이야기는 결론이 없이 끝나기도 한다. 다음은 6세 미셸이 지은 이야기이다.

체스터와 요정

코네티컷에 비가 많이 내린 날, 체스터는 길을 걸어가고 있었어요. 그때 갑자기 커다란 무지개를 보았어요. 체스터는 무지개에 누가 있을까 궁금해서 껑충 무지개 위로 뛰어 올랐어요. 그곳에는 검정색으로 된 커다란 냄비가 있었어요. 냄비 안에는 초록색 옷을 입고 세 잎 클로버가 달린 모자를 쓴 작은 요정이 있었어요. 체스터는 터커가 말해 준 작은 요정에 대하여 생각이 났어요.

초등학교 2~3학년이 되면 주제 혹은 하나의 아이디어를 중심으로 사건을 연결시킬 수 있다 (Applebee, 1978). 또한 인물들의 대화가 직접적으로 표현되기도 한다. 또한 이야기의 끝은 급작스럽게 하는 것이 아니라 자연스러운 결말을 표시할 수 있다. 그림 6.4는 3학년 질리안이 이야기와 함께 그린 것이고 다음에 그녀의 이야기가 제시되어 있다.

프레디와 풍선

프레디라고 하는 열기구가 있었어요. 프레디는 하와이에 살았지만 프레디를 아래로 내릴 수가 없어서 아무도 프레디와 그의 친구들을 좋아하지 않았어요. 모든 사람들이 프레디를 타는 것을 무서워했어요. 어느 날, 시장이 말하기를 "얘들은 아무 소용이 없어!"라고 했어요. 프레디는 울면서, "제발 나를 버리지 마세요. 나는 여러분에게 도움이 되고 싶어요."라고 빌었어요. 그러나 아무 소용이 없이 프레디는 친구들과 헤어져 뉴욕으로 보내졌어요. 10년이 지난 후에 어떤 지혜로운 사람이 프레디를 발견했어요. "이건 쓸모가 있는데."라고 그가 말했어요. "모래 주머니만 있으면 되겠어."라고 했어요. 프레디는 너무 신이 나서 껑충껑충 뛰었어요. 프레디는 위로 위로 올라갔고 그 이후로 프레디를 본 친구는 잭뿐이었어요.

　　사람들은 프레디가 달에 착륙했다고 합니다. 밤에 자세히 보면 프레디가 미소 짓고 있는 것을 볼 수 있어요. 누구든 풍선을 만지거나 해하려 하면 프레디가 막아서는 영원히 돌아오지 못할 곳으로 보낸답니다.

그림 6.5에 어린이가 이야기의 요소를 알 수 있도록 하는 활동과 그림책이 소개되어 있다.

그림 6.4 프레디 풍선을 그린 질리안의 그림

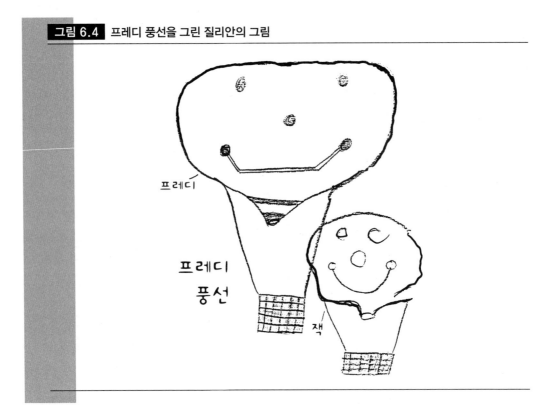

그림 6.5 전통적인 이야기 요소

배경 : 이야기가 일어난 장소

활동

- 배경 막을 활용한다.
- 신발 상자 등을 이용하여 디오드라마 배경을 만든다.
- 이야기의 배경을 바꿔 본다(예 : 동요 '박첨지네 밭 있어'를 '박첨지네 아파트'로 바꾸어 본다).
- 배경이 바뀐다면 어떤 일이 일어날 것인가를 상상해 본다(예 : '눈사람'에서 마지막 장면에 해가 나는 것이 아니라 눈보라가 친다면 어떻게 될까?).

등장인물 : 이야기에 나오는 인물

활동

- 착한 인물과 나쁜 인물에 대하여 이야기 나눈다.
- 인물의 성격을 바꿔 본다(예 : '난 토마토 절대 안 먹어'의 로라를 아무 음식이든 잘 먹는 성격으로 바꿔 본다).
- 인물의 얼굴 가면을 만든다.

플롯 : 사건

활동

- 인물이 경험한 사건을 지도로 그려 본다.
- 앞 이야기와 뒷이야기를 지어 본다.
- 인물이 한 행동을 도표로 표현한다.

주제 : 이야기의 메시지

활동

- 옛이야기의 교훈을 다른 것으로 바꿔 본다(예 : '팥죽할멈과 호랑이'의 주제를 바꿔 본다).
- 음악 혹은 그림으로 이야기의 주제 혹은 메시지를 표현한다.

스타일 : 작가 특유의 언어와 그림

활동

- 작가의 그림, 글에 나타난 독특한 표현을 찾아본다.
- 작가의 표현양식에서 독특함을 찾아본다.
- 비슷한 스타일의 작가를 찾아본다.

교사의 관심과 전략

영아와 어린 유아

아기 혹은 어린 유아를 돌보면서 이야기를 들려줄 때는 구연만으로 하는 것보다 그림 자료를 활용하고 이야기를 아기의 경험과 관련시킨다(Bus, 2001). "어, 여기 보니 아기도 차시트에 앉아 있네. 우리 아기도 차시트에 앉아서 차를 타고 가지. 오늘 어디 갔었지?"와 같은 상호작용이 필요하다. 당신은 아기에게 책을 읽어 준 경험이 있는가? 그 경험은 어떠하였는가?

교사는 유아들을 대상으로 하는 정보텍스트를 이용한 활동에 어려움을 토로하기도 한다. 1학년을 맡고 있는 젬마 선생님은 "어린이들에게 주로 이야기를 읽어 주어요. 저는 어린아이들이 정보로 가득 찬 책을 좋아하는지 잘 모르겠어요."라고 말한다.

아이들을 위한 책을 선별할 때 자신의 과거 경험 혹은 개인적 취향만큼 유아들의 관심도 고려해야 한다. 옛이야기에 크게 관심을 보이지 않던 아이가 나무집 짓는 방법에 대한 정보를 주는 책에 완전 몰입할 수도 있다. 교사의 성별도 책 선정에 영향을 주는데 유아교사들 대부분이 여성이어서 책 선정에서 남자아이들의 관심과 흥미가 미처 고려되지 못할 수도 있다.

헤드스타트 교사 테케라는 "책이 있는데 구연을 배워야 하는 이유는 무엇인가요?"라는 질문을 하였다. 이야기를 나누는 원초적 방법은 구연이었다. 구연은 문화의 일부이므로 어린 유아는 먼저 구연을 경험해야 한다고 주장하는 사람도 있다. 유아를 대상으로 하는 구연은 크게 어려운 일은 아니다(Bauer, 1983, 1987, 1993; Sawyer, 1998). 사실 우리들은 책에 의존하지 않고도 유아들에게 들려줄 이야기를 많이 가지고 있다. 해님과 달님, 아기돼지 삼형제, 팥죽할멈과 호랑이 등은 어려서부터 많이 들어서 알고 있다. 또한 '박첨지네 밭 있어' 혹은 '꼬부랑 할머니' 등도 책 없이도 유아에게 들려줄 수 있는 동요 혹은 이야기이다.

전문 구연가가 녹음한 이야기를 체험학습 등을 위해 이동하는 차 안에서 혹은 조용한 활동으로 전이하는 시간에 들려줄 수 있다. 또한 전문 구연가의 동영상 혹은 실제 구연을 관람하는 것은 목소리뿐만 아니라 표정과 몸동작을 볼 수 있으므로 훨씬 실감 나는 감상이 될 수 있다. 물론 유아 자신이 구연자가 될 수 있다. 이야기를 구연할 때는 다음과 같은 사항이 고려되어야 한다.

- 적합성 : 교사와 유아의 흥미, 발달적 수준 등을 고려한다.
- 질적 수준 : 플롯이 분명하고 주제가 있으며 인물의 성격이 드러나고 재미있는 표현과 대사가 있어야 한다. 비슷한 말 혹은 운율이 있으며 의성어 혹은 의태어처럼 재미있는 표현이 반복된다. 또한 결말이 있어야 한다(Glazer & Giorgis, 2008; Ollila & Mayfield, 1992).
- 구연 : 이야기 시작부에 유아의 흥미와 관심을 끌 수 있도록 한다. 필요하면 이야기의 길이 등을 조정하고 적절한 속도를 유지하다가 빠르게 혹은 느리게 등을 융통성 있게 조절한

 웹 2.0 유아를 위한 정보 검색 엔진

Ask Kids(5~10세)

　www.askkids.com

"빙하는 어떻게 만들어지는가?" 혹은 "딸꾹질은 왜 하는가?"처럼 어린이가 궁금해하는 질문에 대한 정보를 검색할 수 있는 사이트이다.

Fact Monster(5~10세)

　www.factmonster.com

어린이에게 유익한 정보를 많이 가지고 있고

상을 받은 사이트이다.

Kids Click(5~10세)

　www.kidsclick.org

미국 도서관협회에서 만든 것으로 과학부터 건강, 대중적 자료까지 어린이에게 유익한 정보를 많이 얻을 수 있고 링크 사이트도 비상업적이고 비폭력적이다.

다. 목소리의 높낮이, 굵기 등을 다양하게 하고 얼굴 표정과 몸동작도 곁들여 실감 나게 전달한다.

- 상호작용 : 유아 청중이 참여할 수 있는 부분을 고려한다. 예를 들어, 반복되는 표현 "나는 하나도 무섭지 않아요!"에 유아가 함께할 수 있도록 한다.
- 연습 : 구연자가 이야기를 전부 기억할 수 있도록 반복하여 연습한다.

잘 아는 이야기를 실감나게 구연하는 어린이도 구연가가 될 수 있다.

 ## 이야기텍스트와 정보텍스트 학습 교실활동

교사는 이야기텍스트와 정보텍스트를 균형 있게 안배하여 유아가 다양한 텍스트 유형을 학습하도록 한다.

동화와 면담. 안데르센의 동화 미운 오리 새끼를 읽은 후 등장인물에게 가상 면담을 한다.

교사 : 엄마 오리님, 당신은 아기 오리 걱정을 많이 하였나요?

유아 : 화가 났지 걱정을 하지는 않았어요.

교사 : 미운 오리 새끼님, 아름다운 백조가 돼서 기분이 어떤가요?

유아 : 나를 미운 오리라 놀렸던 곳으로 가서 내가 이렇게 아름답게 되었다고 보여 주고 싶어요.

교사 : 백조가 되니까 주변 오리들이 어떻게 대하는가요?

유아 : 미안하다고 하면서 더 이상 놀리지 않았어요.

정보텍스트를 읽고 나서 전문가 면담 활동을 할 수 있다. 예를 들어, 물의 순환에 관한 책을 읽고 빗물을 전문으로 연구하는 학자를 만나 면담을 한다.

소품을 활용한 구연. 동화에 나오는 인물인형 혹은 사물을 이용하여 구연의 효과를 상승시킬 수 있다(Cliatt & Shaw, 1988). 아기돼지 삼형제 구연을 하면서 봉제 돼지인형과 늑대인형을 사용한다.

텔레비전 동화. 텔레비전으로 볼 수 있도록 동영상 자료가 동반된 정보그림책을 활용한다. 예를 들어, 어린이 요리책이면서 요리과정을 동영상으로 볼 수 있는 것을 활용한다.

앞치마 동화. 주머니가 달린 앞치마에 동화에 등장하는 인물 혹은 소품을 두고 구연을 하면서 제시한다. 배고픈 애벌레 구연을 하면서 애벌레가 먹는 음식, 번데기와 나비로 변해 가는 모습, 사진 혹은 실물을 주머니에서 등장시키면서 구연을 한다.

칠판 동화 혹은 종이인형 동화. 동화를 구연하면서 칠판에 분필로 그림을 그리거나 동화의 인물 혹은 소품을 종이에 그린 것을 보여 주면서 구연을 한다. 씨앗에서 호박으로 성장하는 과정에 대한 정보그림책의 동화도 종이인형으로 구연할 수 있다.

유아와 함께하는 구연. 구연동화 중 유아가 구연 혹은 행위로 동화에 참여한다(Schwartz & Bone, 1995; Stewig, 1994). *The Fat Cat*(Kent, 1972)은 길에서 만나는 사람을 다 꿀꺽 삼키는데 고양이 뱃속에 갇힌 사람들이 나무꾼의 도끼로 구조되는 덴마크 전래동화이다. 고양이 얼굴을 큰 종이에 그려서 막대기에 붙여 밑부분을 천으로 덮는다. 등장인물이 차례대로 고양이에 먹히면서 고양이 아랫부분의 천 속으로 들어가면서 몸집이 부풀어지도록 한다. 나무꾼이 등장하면 고양이 배 속에 있는 등장 유아들이 하나씩 빠져나가면서 고양이의 배가 다시 홀쭉해지는 연기를 한다. 마지막으로 찢어진 고양이 배를 종이조각으로 봉합 수술하는 연기를 한다.

인형을 이용한 구연. 배고픈 애벌레 동화를 이용한 구연을 할 때 작은 애벌레, 몸집이 커진 애벌레, 고치 그리고 나비 등을 인형으로 제작하여 구연한다.

인물 복장 구연. A. Lobel(1980)의 *Fables*에 나오는 '옷을 좋아하는 곰과 까마귀' 이야기는 멋진 옷을 입고 뽐내기를 좋아하는 곰에 대한 이야기이다. 사람들에게 자랑을 하러 가는 길에 곰은 까마귀를 만나는데 까마귀는 곰이 입은 옷이 완전 구식이라고 말한다. 이 장면에서 구연자는 까마귀가 곰에게 제안한 대로 머리에는 프라이팬을 쓰고 다리에는 종이 가방을 입고 허리에는 침대보를 두르면서 곰 연기를 한다. 이 복장으로 곰이 마을 중심에 도착하자 주위 사람들은 곰의 모습을 보고 깔깔 웃으며 놀린다. 곰이 까마귀에게 "까마귀, 너, 나에게 진실을 말하지 않았잖아!"라고 말하자 "내가 너에게 많은 이야기를 했지만, 한 가지를 안 한 것은 진실이야!" (p. 16)*라고 말하면서 까마귀는 나무로 날아가 버린다. 이 이야기는 어린 유아가 주제를 이해하기에는 다소 추상적일 수 있으나 "무언가를 원하는 것이 너무 강하면 물불 가리지 않는다." 라는 주제를 가지고 있다고 할 수 있다.

---

* Copyright ⓒ 1980 by Arnold Lobel. Used by permission of HarperCollins Publishers.

융판 동화. 세 마리 아기 염소 혹은 빨간 모자 동화를 부직포로 오린 인형으로 융판에 배치하면서 구연한다.

장난감 구연. 숲 속에 떨어진 장갑에 숲 속 동물들이 몸을 따뜻하게 하려고 한 마리씩 장갑으로 들어가는 이야기인 *The Mitten*(Brett, 1989)을 가지고 동물인형 등을 이용하여 구연을 한다. 부직포 혹은 천으로 장갑 모양을 오려서 일회용 접착제로 붙인 장갑을 준비하여 구연을 시작한다. 봉제 동물인형을 한 마리씩 등장시켜서 장갑 안으로 집어넣으면서 구연을 하다가 마침내 장갑 솔기가 툭 터지는 장면을 연기한다.

구연, 동화, 노래 그리고 동영상. 도서관 사서인 멜리사 선생님은 캠핑을 주제로 구연, 동화, 노래 그리고 영화를 통합하여 경험할 수 있는 활동을 준비하였다. 먼저 질긴 종이로 막대 모양을 접어서 횃불 모양을 만든다. 유아들이 오면 캠프파이어를 하듯이 유아들을 둥그렇게 앉힌다. 캠핑이 무엇인지, 캠핑을 경험한 적이 있는지, 캠핑할 때 무엇을 하는지 등 유아에게 질문을 하여 유아들의 캠핑 관련 사전 경험을 나눈다.

다음으로 막내인 베일리는 형과 누나가 캠핑을 가도 자신은 집에 남아 있는 *Bailey Goes Camping*(Henkes, 1985)을 읽어 준다. 베일리의 부모는 집에서 베일리가 캠핑을 하는 것처럼 활동을 한다. 핫도그를 먹고, 곰 사냥을 하고, 실내에 설치한 놓은 텐트에서 잠을 자고 욕실 욕조에서 수영과 낚시를 하고 무서운 이야기를 듣고 마시멜로를 불에 구워 먹는 이야기이다.

책 읽기가 끝나면 '곰 사냥을 떠나자' 노래를 하고 유아들이 즐길 만한 괴물 혹은 귀신이야기를 들려준다. 유아들은 이야기를 듣고 나면 자신이 경험한 무서운 이야기를 흥분하여 나누기를 원할 것이다. 이 활동은 캠핑 사진 혹은 캠핑 장면이 나오는 동영상을 보면서 함께하면 더욱 좋다.

구연과 감각경험. 이야기 혹은 정보텍스트를 함께 경험한 후 내용과 관련하여 냄새 혹은 맛보기, 듣기, 보기 그리고 만져 보기 활동을 할 수 있다. 필리핀의 옛이야기인 *A Crocodile's Tale*(Aruego, 1972)는 원숭이가 강 건너의 바나나를 얻기 위하여 악어를 그럴듯한 말로 속여 악어 등을 타고 강을 건너는 이야기이다. 이 이야기를 감상한 이후 유아는 바나나 튀김을 만드는 활동을 하면 5개의 감각경험과 연계할 수 있다.

위인전과 창작극. 실존한 사람의 인생을 다룬 위인전을 읽고 그 사람 인생의 주요한 사건 혹은 장면을 재창작하는 활동을 한다. 이 활동은 한 사람 인생의 의미와 기여 등을 평가하게 한다.

구연자 소품. 구연할 때 장식을 한 막대기 등을 이용해 구연할 사람을 정할 수 있다. 막대기를 들고 있는 사람만이 말을 하거나 구연을 하고 다른 사람들은 집중하고 이야기를 듣는다. 이 활동은 유아들이 협력하여 이야기를 만들 때 사용하면 유용하다. 먼저 교사가 한 문장을 말하고 막대기를 다음 유아에게 넘기며 이야기를 만든다.

대사 창작. 질문을 하고 답을 하는 기본적인 대사를 유아가 창작하는 연습을 할 수 있다. 예를 들어, *Baby Bear, Baby Bear, What Do You See?*(Martin, 2007)를 읽으면서 질문하고 답하는 연습을 한다. 이런 종류의 책으로 충분히 연습한 이후 유아들이 질문하고 답하는 대사를 창작한다.

 이야기텍스트와 정보텍스트 관련 앱과 웹사이트

Penzu(5~10세)

  http://penzu.com

아동이 만든 저널을 또래와 이메일로 교류할 수 있다. 다양한 자료를 무료로 사용할 수 있고 교사는 아동이 만든 저널을 평가 자료로 활용할 수 있다.

Prezi(7~10세)

  http://prezi.com

'보여 주고 말하기' 활동에서 동물, 식물, 건강, 동네 등 아동이 탐구한 자료를 이 멋진 프리젠테이션 툴을 사용하여 발표할 수 있다.

ToonDoo(7~10세)

  www.toondoo.com

아동은 이 사이트를 이용해 만화 혹은 만화책을 만들 수 있다.

결론

문해에는 이야기텍스트와 정보텍스트의 형식, 내용을 아는 것도 포함된다. 현대사회는 지식정보사회이므로 인터넷 사이트를 통해 정보를 얻을 때 유익하고 신뢰할 만한 정보를 구분할 수 있어야 한다. 아동은 안내된 내용을 읽을 수 있어야 하고 스스로 타인을 위한 안내문도 작성할 수 있어야 한다. 또한 현대사회는 컴퓨터 설치, 장보기 목록 작성 혹은 은행계좌 개설 등 스스로 정보를 취득하여 일상생활의 문제를 해결하지 않으면 안 된다. 이는 정보를 이해하는 능력을 요구하며 지금의 어린이들이 삶을 주도할 미래사회에서는 자신이 타인을 위하여 정보를 안내할 수 있어야 한다.

정보텍스트와는 구조, 내용에서 차이가 있는 이야기텍스트는 고대로부터 나이, 성, 사회적 지위, 민족 등에 따라서 내용과 구조가 다른 이야기를 생산하고 소비하는 문화적 산물이며 행위이다. 오래전부터 잘 알려진 이야기는 회자되며 현재의 관심과 가치에 의해서 다시 각색되며 주위 사람들과 공유된다(Dyson, 1993, p. 393). 어린이는 이야기를 들으면서 인간이란 무엇인가, 인간에게 필요한 것은 무엇인가, 왜 그러한 행동을 하는가와 같은 질문에 답을 얻는다(Lukens, 2006).

구연은 인간 존재의 근간을 이루어서 이야기는 '서사 구조의 저장고'(Shafer, 1981)라고 할 수 있다. 이야기 또한 인간 삶의 기초로서 "우리가 아는 세상은 언어로 만들어지고 인생의 노력과 투쟁의 끝은 결국 이야기로 남는다."(Rouse, 1978, p. 187)로 표현될 수 있다. 아동이 이야기 혹은 정보텍스트를 이해하고 구성하는 능력은 오래전부터 이어져 온 이야기와 자신을 연결시킬 뿐만 아니라 21세기 정보사회를 살아가는 데 필수적인 능력이므로 교사의 지지가 큰 영향을 미친다.

> **연구와 보고**
> 그림책에 첨부된 구연 동영상이 담긴 CD를 도서관에서 대출하거나 실제 구연을 감상한다. 구연가의 표정, 말투, 몸짓 등을 참고하여 교사로서 따라할 만한 것이 있는가 살펴본다.

문해학습 전략

구연 드라마

구연 드라마는 유아가 만든 이야기를 극화하는 것이다. 유치원 교사인 Paley(1991)에 의해 최초로 소개되었다. 그림 6.6에 방법과 과정이 자세하게 소개되어 있다.

자막이 있는 동영상

대부분의 TV 프로그램과 DVD 동영상은 자막을 제공하고 있다. 자막은 글을 읽을 수 있는 청각장애인들에게 동영상을 더 잘 이해할 수 있도록 한다(Lewis & Jackson, 2001). TV 드라마 혹은 DVD 자막은 유아가 말이 글로 표시되는 것을 인식할 수 있도록 하고 자신의 모국어가 아닌 언어가 자신의 모국어로 표기된 자막 때문에 이해를 쉽게 할 수 있다. 교실에서 자막이 있는

그림 6.6 구연 드라마

정의

구연 드라마는 유아가 만든 이야기에 기초하여 극을 하는 것이다. 유아가 말하거나 쓴 이야기에 근거하여 교사의 도움을 받아 반 친구들 앞에서 극을 하는 것으로 형식적인 대본이나 소품은 크게 필요하지 않다.

효과

유아의 이야기를 극화하면 말하기에 자신감을 주고 어휘습득에 도움이 되며 자기 조절력도 키워 주고 교실 친구들과 공동체 의식을 갖게 하며 재미있는 새로운 이야기를 만들어 보고자 하는 의욕을 향상시킨다 (Cooper, 2009; Nichopolou & Cole, 2010; Typadi & Hayon, 2012; Wright, Deiner, & Kemp, in press).

유의사항

구연 드라마는 유아의 일상적 이야기를 극화하는 것이므로 어린 유아 혹은 다문화 유아가 참여하기 좋다. 예를 들어, 3~4세 유아가 "아기가 울었어요."와 같은 간단한 내용을 가지고 아기인형을 가지고 교사는 구연을 하고 유아가 극화를 한다. 또 영어가 아직 유창하지 않은 다문화 유아가 "나 그리고 사촌이 밖에서 놀았어요."라는 내용을 교사가 구연을 하면 반 친구와 함께 연기를 한다. 점차 익숙해지면 이야기가 정교해지고 이를 선생님, 자원봉사자 혹은 상급반 유아가 받아 적어 극화활동을 한다.

교사의 역할

유아가 말하는 이야기를 교사는 받아 적고 등장인물 이름에 줄을 쳐서 극화하기 쉽도록 돕는다. 무대로 사용할 공간이 여의치 않으면 바닥에 테이프로 표시를 하고 극화를 할 차례가 된 유아는 교사 옆에서 대기한다.

규칙

청중뿐만 아니라 극화 역을 하는 유아들과 지켜야 할 약속을 정한다. 예를 들어, 초대된 사람만이 무대 위에 오를 수 있음, 무대 위에 있는 사람을 만지지 않기, 싸움과 같은 행위는 실제로 하는 것이 아니라 가상적으로 연기하기, 청중은 집중하여 듣기 등이다. 이야기를 제공한 유아는 본인이 연기를 하거나 연기를 할 친구를 선택하고 자신은 연출을 해도 된다. 구연 드라마를 하는 데 필요한 규칙은 교사가 먼저 시범을 보여야 한다.

운영

구연 드라마를 하다 보면 유아들의 생각과 기대의 차이로 갈등이 있을 수 있다. 예를 들어, 남자아이가 엄마역을 할 수 있는지 혹은 조용한 아이가 시끄러운 역을 할 수 있는지 등이다. 혹은 2명의 유아가 같은 역을 하고 싶어 할 때도 협상의 과정을 모델링할 필요가 있다. 교사는 "괴물이 걷는 모습은 어떨까?" 혹은 "슈퍼맨이 싸우는 것을 연기하지만 다치지 않도록 연기하려면 어떻게 해야 할까?" 등의 질문으로 유아들 스스로 문제해결을 하도록 하는 것도 필요하다. 혹은 역을 하겠다고 자원하거나 혹은 선택이 되었지만 친구들 앞에서 연기하는 것을 꺼리는 경우가 있으면 "괜찮아. 잘 들어주는 청중 역할을 하면 된단다."라고 말하는 것도 필요하다. 일반적으로 자신의 경험을 이야기로 제시하여 드라마가 될 때 많은 유아들은 역할을 해 줄 인물을 선택하는 특권을 누리게 된다. 자원자에게 역을 줄 수도 있고, 유아가 선택할 수도 있다. 모든 유아가 한 번은 참여할 기회를 가질 수 있도록 교사는 세심하게 배려한다. 유아 저자는 자신이 결정하고 선택할 수 있다는 것을 무척 즐기고 이 과정에서 서로 협상하고 배려하는 데 놀라운 능력을 발휘한다. 연기자가 어떻게 연기해야 할지 몰라 하면, 유아 저자에게 안을 내 줄 것을 묻기도 한다. 드라마가 다 끝나면 "지금까지 ____ 의 이야기였습니다."라고 교사가 마무리해 준다.

동영상을 함께 시청하려면 시청이 시작되기 전 관련 배경지식을 연결시키고 예측을 하여 흥미를 불러일으키는 등의 방법으로 그 효과를 극대화 시킨다. 자막이 있는 동영상을 효과적으로 활용하는 것에 대하여 더 많이 알고 싶으면 Koskinen, Wilson, Gambrell과 Neuman(1993)을 참고하라.

집중탐구 : 스토리키트 앱

R. A. Hirsh 교수가 제공한 자료

테크놀로지를 활용하여 이야기를 만들거나 쓰는 것을 쉽고 재미있게 할 수 있다(Bond & Wasik, 2009; Dunn & Finleny, 2010; Good, 2005-2006; Madej, 2003; Zhou, 2008). 유아는 스스로 무엇을 만들고 조작하는 것에 큰 관심을 보이는데 스토리키트는 iPhone, iPod, iPad 등에서 사용할 수 있는 무료 앱이다. 이야기를 텍스트로 적고 그림, 사진 등의 이미지뿐만 아니라 소리도 첨부할 수 있다. 어린 유아도 사용이 가능할 뿐만 아니라 초·중등학생과 성인도 사용이 가능하다.

어린 유아	유아	독립적 읽기가 가능한 아동
'금발머리 소녀와 세 마리의 곰' 혹은 '아기돼지 삼형제'를 읽어 주고 유아가 다시 말하기를 하도록 하여 이를 iPhone에 저장한다. 학급 유아의 이야기를 교사는 '북셀프' 메뉴에 저장한다.	스스로 이야기를 만들어서 학급의 '북셀프'에 저장한다. 또한 '저자 소개'란에 자신에 대하여 적도록 한다. 유아 2명이 한 사람은 저자, 한 사람은 일러스트레이터 역을 하게 하거나 혹은 다문화 유아와 일반 유아를 짝으로 하여 협력하여 2개의 언어로 된 이야기와 책 만드는 활동으로 지도한다.	이 단계에서는 그래픽 혹은 정보로 된 책을 만들어 본다. 혹은 졸업을 앞두고 있으면 추억할 만한 것들을 모아서 책을 만들거나 잘 알려진 이야기를 다르게 지어 보는 활동을 하고 저장한다.

도표 조직지

도표 조직지는 정보를 도표 혹은 도형을 이용하여 정리하여 아이디어와 생각을 눈으로 보도록 도와준다. 이는 개념도 혹은 거미망이라고도 불리는데 정보를 구조화하여 개념의 핵심을 눈으로 볼 수 있게 하며 언어화할 수 있도록 한다(Birbili, 2006; Parks & Black, 1992). 가장 자주 쓰이는 조직도는 개념지도인데 이는 핵심용어를 중심으로 자세한 내용을 뻗어 나오게 한 것이다. 또한 순서도는 과정을 하나하나 볼 수 있게 하며 벤다이어그램 조직도는 2개 이상의 대상의 특징을 비교하거나 대조할 수 있게 한다. 이해도를 높이고 주제를 통합하는 데 유익한 도표 조직도에 대하여는 많은 연구가 진행되었다(Harvey & Goudvis, 2007; Isenberg & Jalongo, 2013; Yopp & Yopp, 2006). 도표 조직지는 다음과 같은 상황에 사용될 때 가장 효과가 있다. 교사가 소수의 것을 꾸준하게 사용할 때, 중요한 개념의 이름을 명료하게 명명하여 상호 간의 관계성을 보여 줄 때, 수업의 시작, 중간 그리고 마무리에 사용할 때, 숙제 혹은 복습에 사용할 때, 그림에 언어가 동반될 때, 짝 혹은 모둠활동에 사용될 때이다(Baxendell, 2003; Bradley & Donovan, 2010; Nyberg, 1996). 다양한 도표 혹은 도형을 학습에 활용하는 데 더 많은 자료가 필요하면 www.enchantedlearning.com 혹은 mindmeister.com을 참고하라.

문학의 활용
옛이야기

정의

옛이야기는 구전되어 온 것으로 각 문화 혹은 지역의 전통적 가치를 담고 있다. 미국의 전형적인 옛이야기는 금발머리 소녀와 세 마리의 곰, 빨간 모자 등이다.

특징

옛이야기는 신념, 행동, 동기 혹은 현실을 반영하므로 어른과 아이의 상호작용에 적절하다(Ratner & Olver, 1998). 옛이야기는 특정 문화와 지역의 정신과 문화를 담고 있으므로 다문화교육 자원으로 활용하기에 좋다(Norton, 2008; Temple, Martinez, Yokota, & Naylor, 2001).

옛이야기는 사물의 기원과 그 이유에 대한 것을 문화마다 비슷하게 혹은 다르게 다루고 있다. 이런 종류의 책을 '왜(pourquoi)' 이야기라고 한다. 또한 옛이야기에는 "옛날에…", "그 이후 행복하게 오래 오래 살았습니다."와 같은 형식과 권선징악의 주제, 고정관념적 인물 등이 나오는 특징이 있다(Glazer & Giorgis, 2008).

가치

1. 옛이야기는 오랜 시간을 두고 전승되어 온 것이므로 언어 혹은 형식이 거의 완벽하다.
2. 옛이야기는 결말이 단순하여 독자가 만족할 수 있다.
3. 옛이야기는 유아의 상상력을 자극하고 재미

를 준다.
4. 옛이야기는 인물의 의도가 분명하므로 도덕적 가치에 대하여 생각하게 한다.
5. 옛이야기는 내가 속하지 않은 문화권의 가치를 경험하게 하므로 문화적 다양성에 대한 인식을 높인다(Glazer & Giorgis, 2008; Viguers, 1974).

재화

재화는 이야기 이해도를 평가하는 데 좋은 방법이다(Brown & Cambourne, 1990). 유아의 재화를 평가할 때 아래와 같은 방법으로 한다.

1. 말하기가 어느 정도 가능한 3~8세 유아를 대상으로 한다.
2. 유아가 잘 알거나 혹은 좋아하는 이야기를 말해 보도록 한다.
3. 유아가 재화하는 것을 녹음한다.
4. 재화 혹은 다시 말하기가 끝나면 다음과 같은 내용으로 유아에게 질문한다.

누가 이야기를 해 주었니?
어느 부분을 가장 좋아하니?
이야기 말하기를 어떻게 배웠니?
더 말해 줄 다른 이야기가 있니?
다른 사람이 이야기를 해 주는 것을 좋아하니? 좋아한다면 혹은 좋아하지 않는다면 그 이유는 무엇이니?

최근 출판된 정보그림책

Charbonnel-Bojman, S.(2012). *My picturebook of animals.* Towanda, NY: Firefly Books.
동물의 실제 사진과 함께 동물의 행동을 보여 주는 책이다. (영아~유아)

Jenkins, S., & Page, R.(2013). *My first day.* Boston, MA: Houghton Mifflin.
22종류의 동물이 갓 태어난 모습과 행동을 보여 준다. 사람 아기와 달리 동물 아기는 태어나자마자 걷고 뛸 수 있음을 보고 놀란다. (유아~초등 2학년)

Jenkins, S., & Page, R.(2011). *How to clean a hippopotamus.* Boston, MA: Houghton Mifflin.
동물의 공생관계에 대하여 자세한 정보를 주는 책이다. (유치부~초등 2학년)

Kelly, I. (2011). *Even an octopus needs a home.* New York, NY: Holiday House.
여러 동물의 집을 보여 주면서 동물의 서식지에 대한 정보를 주고 있다. (유치부~초등 3학년)

Maze, S. (2011). *Healthy foods from A to Z.* Bethesda, MD: Moonstone Press.
A부터 Z까지 우리 몸에 좋은 음식을 소개하고 있다. (유아~초등 2학년)

McCarthy, M. (2011). *Pop! The invention of bubble gum.* New York, NY: Simon & Schuster.
풍선껌이 발명된 이야기이다. (초등 2~3학년)

McElroy, J.(2011). *It's harvest time!* New York, NY: Simon & Schuster.
5종류의 과일과 채소가 씨앗에서부터 음식이 되기까지의 과정을 사진으로 보여 주는 책이다. (영아~유아)

Munro, R.(2011). *Hatch!* Tarrytown, NY: Marshall Cavendish.
알을 낳은 새를 알아맞힐 수 있도록 힌트를 주고 각 새에 대한 정보가 제공되어 있다. (유치부~초등 2학년)

Newman, M. (2011). *Polar bears.* New York, NY: Macmillan.
북극곰 사진과 함께 멸종 위기에 놓인 종에 대한 사실과 보존에 대한 책이다. (유치부~초등 2학년)

Peterson, C. (2012). *Seed, soil, sun: Earth's recipe for food.* Honesdale, PA: Boyds Mills Press.
식물이 성장하는 데 필요한 것들에 대한 책이다. (유치부~초등 2학년)

Sill, C. (2011). *About hummingbirds: A guide for children.* Atlanta, GA: Peachtree Publishers.
귀엽고 작은 벌새에 대한 정보가 교사 혹은 어린이들 모두의 흥미를 끈다. (초등 2~3학년)

다문화 유아
다문화 유아를 위한 어휘 지도

특정 어휘에 대한 개념은 어린이나 성인이나 시간을 두고 점차적으로 경험이 축적되어 습득되는 것으로 알려져 있다(Nelson, 2007). 어휘발달의 과정은 제1언어, 제2언어가 비슷한 발달 양상을 보인다. 모국어가 하나인 경우 초등학교 입학 즈음이면 5,000~7,000개의 어휘를 습득하지만, 기관에 입학하여 영어를 배우기 시작하는 유아의 어휘 수는 이에 훨씬 못 미친다(Biemiller & Slonim, 2001). 따라서 기관에 입학하면서 영어를 배우기 시작한 유아와 가정에서부터 영어를 모국어로 사용하면서 학교에 입학한 유아 사이에 습득한 어휘 수의 차이는 무척 크고 꽤 오랜 시간 그 차이가 지속된다. Hutchinson, Whiteley, Smith와 Connors(2003)가 43명의 다문화 유아를 연구하였는데 어휘습득의 격차는 3년이 되어도 크게 줄어들지 않았다.

듣기는 학교생활 적응에 필수적이고 듣기 이해력은 어휘력과 관련이 있다(Gersten et al., 2007). 가정에서 영어를 사용할 기회가 적으면 당연히 영어 이해력과 표현력이 제한된다. 유창하게 읽고 쓸 수 있으려면 학교에서 어휘를 자주 경험하도록 도와야 한다. 즉 일상적 대화만으로는 학업성취에 필요한 어휘습득에 충분하지 않다(Kucan, 2012; Neuman, 2011; Silverman & Crandell, 2010). 어휘에 대하여 구체적으로 배우는 시간이 필요하다(Neuman & Dwyer, 2009).

다문화 유아의 어휘습득에 관한 연구의 단점은 대부분의 연구가 언어장애를 가진 경우와 그렇지 않은 경우를 구분하지 않는다는 것이다. 이러한 연구법은 제2언어 습득과정에 대한 이해와 일반적 언어발달 과정에 대한 이해를 혼란스럽게 하는 경향이 있다(Genesee, Lindhom-Leary, Saunders, & Christian, 2005; Lovett et al., 2008).

유아의 어휘발달은 교사가 의도적으로 어휘를 가르치면 크게 영향을 받는다(Jalongo & Sobolak, 2011; Justice, Mashburn, Hamre, & Pianta, 2008; Nemeth, 2012; Neuman & Dwyer, 2009; Wasik, 2010). 어린이가 1년 동안 약 400개의 어휘를 습득한다 할지라도 다문화 유아가 한 번에 4개 혹은 5개의 어휘를 학습하는 것은 쉽지 않다. 하나의 어휘를 습득하기까지 약 8~10회의 반복이 필요하므로 다양한 맥락에서 반복적으로 어휘를 사용하는 과정이 필요하다(Harris, Golinkoff, & Hirsh-Pasek, 2011; Marulis & Neuman, 2010). 놀이 상황(Massey, 2012), 동화시간(Hindman, Wasik, & Erhart, 2012; Kindle, 2010)은 말과 행위 그리고 그림을 연결지을 수 있기 때문에 새 어휘습득에 좋은 방법이다.

어떻게 할까요
정보그림책을 활용한 교수

유아교사는 유아들에게 정보그림책에 비하여 이야기그림책을 더 자주 읽어 주는 것으로 알려져 있다(Dreher, 2003; Duke, 2004; R. Yopp & H. Yopp, 2006, 2012). 정보그림책은 유아가 의미를 구성하는 과정에 적극적으로 참여하게 하고 독해 전략을 사용하게 하며 상호적으로 의미를 구성하게 한다(Duke, 2007; Hall, Sabey, & McClellan, 2005; Pentimonti, Zucker, Justice, & Kaderavek, 2010; Pilonieta, 2011; Smolkin & Donovan, 2000).

정보그림책 선택에서의 기준

1. 저자의 전문성

2. 내용의 정확성

3. 유아에 대한 적절성

4. 언어의 예술성

5. 책 전체가 풍기는 심미성

정보그림책의 용어, 정보 그리고 원리

Kostelnik(1991)은 정보그림책을 읽을 때 용어, 정보 그리고 원리를 마음에 두면 이해를 쉽게 한다고 하였다. 정보그림책은 다루고 있는 주제 관련 용어가 있고 정확한 정보가 있으며 원리가 있다. 예를 들어, 집에 대한 정보그림책에는 거주지 혹은 서식지라는 용어를 보게 된다. 또한 사람과 동물 모두 집이 필요하다는 정보와 사실을 알게 되고 사람이 사는 집은 기후, 재료 혹은 문화와 관련이 있다는 원리를 배우게 된다.

따라서 정보그림책을 교실에서 읽을 때는 특정 용어를 사용하거나 이유, 과정 혹은 절차를 지칭하는 표현을 사용하도록 어린이들을 격려하는 것이 중요하다.

정보그림책 읽기에서 예측

먼저 어린이들에게 책의 표지를 보여 주고,

- 이 그림은 무엇일까?
- 이 책에는 어떤 내용이 있을까?
- 왜 그렇게 생각하는가?
- 이 책에서 무엇을 알게 될까?

위와 같은 질문으로 예측 및 추측을 하도록 격려한다.

정보그림책 읽기

정보그림책을 어린이와 함께 읽을 때 다음과 같은 질문이 필요하다.

- 이 그림은 무엇을 나타낼까?
- 내용을 이해하는 데 도움이 된 것은 어떤 그림인가?(클로즈 업 사진, 도표, 지도 등)
- 이번에 알게 된 새 단어는 무엇인가?

정보그림책과 이야기그림책

정보그림책과 이야기그림책을 동시에 제시하고 다음과 같은 질문을 한다.

- 이 책은 서로 무엇이 다른가?(크기, 모양, 주제, 텍스트의 목적, 그림의 목적 등)
- 정보그림책과 이야기그림책을 읽는 방법은 같은가 혹은 다른가?
- 허구적 이야기책과 사실적 정보그림책으로 알고 있는 것이 있는가?

정보그림책으로 하는 활동

- 종이 등 물건이 만들어지는 과정에 대한 글을 쓰고 그림 혹은 사진을 덧붙인다.
- Steck-Vaughn(www.steck-vaughn.com)과 같은 프로그램을 이용하여 정보그림책과 이야기그림책을 짝지어 만들어 본다.
- 정보그림책의 작가를 연구해 본다.
- 정보 혹은 사실을 엮어서 a~z 알파벳 책을 만든다.
- 고양이의 성장, 북극곰의 성장과정을 설명하는 정보그림책을 빅북으로 만든다.
- 수학시간 측정 주제를 학습할 때 사물의 실제 크기에 대한 정보그림책을 만든다. 이때 *Prehistoric Actual Size*(Jenkins, 2005)를 모델로 참고한다.
- 어린이들이 관심을 가질 만한 주제로 연대기에 관한 정보그림책을 만든다. 예를 들어, *From Rags to Riches: A History of Girls' Clothing in America*(Sillis, 2005)를 참고한다.

주의력결핍 과잉행동장애 아동을 위한 정보그림책의 활용

주의력결핍 과잉행동장애(ADHD) 어린이는 정보그림책의 정보를 이해하거나 기억하거나 추론하는 것을 어려워하는 것으로 알려져 있다(McInnes, Humphries, Hogg-Johnson, & Tannock, 2003).

주의력결핍 과잉행동장애 어린이에게 정보그림책을 읽어 줄 때는 아래와 같은 방법이 도움이 된다.

1. 한 번에 다 읽지 않고 절로 나누어 읽는다.
2. 각 절을 읽기 전 새로운 어휘 3개 정도를 미리 소개한다.
3. 책을 읽으면서 미리 소개한 어휘가 나올 때마

다 해당 텍스트 혹은 그림을 가리키면서 주목할 수 있도록 한다.

4. 내용을 기억하는 것에 대한 질문을 2개 정도 하고, 추론과 관계된 질문은 1개 정도 한다.

5. 다시 해당 절을 읽으면서 공부한 어휘를 강조한다.

6. 읽은 내용을 기억하도록 격려하고 자신의 경험과 연결시키고 자신의 말로 어휘의 뜻을 표현하도록 한다(Hickman, Pollard-Durodola, & Vaughn, 2004).

제 7 장

출현적 문해교육

Courtesy of Nikki Brochet

출현적 문해에 대한 사실

- 고대 그리스에서도 어린이가 알파벳을 나뭇가지 등으로 따라 그리도록 하였다. 1678년에는 동물의 각 질로 덧댄 나무판인 혼북에 어린이가 알파벳을 쓰도록 가르쳤다. 1727년부터 1830년까지는 '뉴잉글랜 드 입문서(New England Primer)'를 가지고 어린이에게 운율, 두 글자 음절 등을 가르쳤다. 1700년 대에 살았던 독일의 교육학자 Basedow는 생강빵에 알파벳을 새겨서 어린이에게 글자를 가르쳤다 (Putnam, 1995).

- 1985년에 발표된 '독서국가로 성장하기(Becoming a Nation of Readers)' 국가보고서에는 "부모 가 자녀를 잘 기르고, 교사가 잘 가르치고, 학교가 좋은 경험을 제공할수록 어린이들이 독서자가 될 확률은 높아진다."(Anderson, Hiebert, Scott, & Wilkinson, 1985, p. 117)고 적혀 있다. 최근의 연구들도 이러한 보고를 지지하고 있다(Bennett-Armistead, Duke, & Moses, 2006; Collins & Svenson, 2008; Dikinson & Neuman, 2006; Israel, 2008).

- 이중언어를 사용하는 유아를 연구한 Reyes와 Azuara(2008)의 결과에 의하면 2개의 언어 모두에서 동시적으로 읽고 쓰기에 대한 지식이 발달한다.

- 청각장애가 있는 유아는 글자인식에서는 일반아와 같은 수준으로 발달하지만 음운인식에서 어려움을

경험하는 것으로 알려져 있다.

- 음운인식, 음운 기억력과 말소리에 대한 자동적 기억력은 학교 입학 이후의 문해발달과 관련되어 있다 (Anthony, Williams, McDonald, & Francis, 2007).
- 초등학교 2학년이 되면 읽기에 대한 기초교육은 줄어들고 각 교과의 내용을 독립적으로 읽을 수 있는 수준 이 되어야 하므로, 유아기에 읽기에 대한 기초능력을 갖추는 것이 중요하다(Kainz & Vernon-Feagans, 2007).
- 유치원에 입학할 즈음이면 3명 중 2명의 유아는 알파벳 이름을 알고, 3명 중의 1명의 유아가 단어 첫 글자 가 내는 소리를 인지하게 되며, 5명 중 1명은 단어 끝 글자가 내는 소리를 안다. 단어 전체를 읽거나 문장을 읽을 수 있는 유치원생은 거의 없다(National Center for Education Statistics, 2001).
- 유아기 문해발달에 가장 도움이 되는 방법은 그림책을 소리 내어 읽어 주는 것이며, 이는 특히 장애가 있는 유아에게 더 효과가 있다(Agapitou & Andreou, 2008). 어린 시기에 책에 노출된 아이들은 글자에 소리 가 있고 뜻이 있다는 것을 빨리 깨닫는다(Rashid, Morris, & Sevcik, 2005).
- 사회경제적 배경에 관계없이 읽기에 대한 어린아이들의 관심은 크나, 부모가 읽기에 대해 부과하는 가치 에는 차이가 있다. 읽기를 즐거움의 원천으로 접근하는 것이 아니라 기술 혹은 도구적 관점으로 접근하는 부모는 자녀의 읽기에 대한 동기에 부정적 영향을 줄 수 있다(Baker & Scher, 2002; Sonnenschein, Baker, Serpell, & Schmidt, 2000).
- 읽기장애는 예방이 교정 혹은 치료보다 효율적이고 비용도 덜 든다(Coyne, Kame'enui, & Harn, 2004; Snow, Burns, & Griffin, 1998; Torgesen, 2002). 따라서 유아기는 읽기장애를 예방하는 최적기이다 (Erickson & Hatton, 2007; Hyson, 2008; Johnston, McDonnell, & Hawken, 2008).
- 국립문해연구소에 따르면 유아의 문해발달에 가장 중요한 부분은 듣기와 말하기를 기초로 말소리에 집중하 게 하거나 그림책을 읽어 주며 글자를 가르치는 것이다(Armbruster, Lehr, & Osborn, 2003, p. 9).
- 미국 가정의 99% 이상이 집에 TV를 가지고 있으므로 '세사미 스트리트'처럼 TV 프로그램을 이용한 문해 교육을 활용할 필요가 있다(Linebarger, Kosanic, Greenwood, & Doku, 2004).

이상의 사실들에 놀랐나요? 무엇에 그리고 왜 놀랐나요? 유아를 교육하는 데 이러한 사실들을 어 떻게 반영해야 할까요?

출현적 문해란 무엇인가

교육표준과 교수
아래의 웹사이트에서 전미유아교육협회 와 국제읽기협회에서 공동으로 발표한 유아기 읽기와 쓰기에 대한 규준을 확 인하라(www.naeyc.org/about/ positions/psread0.asp).

역사적으로 유아가 언제부터 읽기를 배우게 되느냐는 의 견이 분분해 왔다. 읽기 준비도(reading readiness)란 용어는 1940년대에 시작된 개념이다.

1960년에 이르러 M. Clay는 교과서를 통한 형식적인 학교 교육을 받으면서 아이들이 읽기를 하게 된다는 관점에 의문을 제기하였다. Clay(1975)는 아이들은 교과서를 통해 형식적인 읽기교육을 받기 전 이미 무수히 많은 읽기학습이 이루어진다고 주장하였다. 예를 들어, 종이에 표시된 검은 점과 선이 무엇인가 뜻이 있다는 것을 아는 것조차 읽기에 대한 학습으로 간주되어야 한다는 것이다(Erickson & Hatton, 2007). 어린아이들은 부모 혹은 교사가 책을 읽어 주는 것을 초기에는 무엇인가 마법적인 능력을 가지고 하는 것이라고 생각하다가 글이 아닌 그림을 보고 이야기를 들려주는 것이라고 생각한다. 이러한 어린 유아의 인식은 그들이 그림을 보며 마치 읽는 것과 같은 흉내를 내는 것에서 확인될 수 있다.

출현적 문해란 '관례적으로 글자를 읽거나 쓰지는 않으나 유아가 가지고 있는 읽기 혹은 쓰기에 대한 지식과 행동'으로 정의된다(Justice & Kaderavek, 2002, p. 8). 미국언어협회(ASHA)는 출현적 문해를 다음과 같이 정의하고 있다.

> 어린이들은 출생과 동시에 언어를 배우기 시작한다. 이들의 말하기와 같은 언어능력은 점점 복잡해져서 자신의 생각, 감정을 표현하거나 다른 사람과 소통하기 위하여 언어를 사용한다. 말하기와 듣기와 같은 구어는 출현적 문해인 어린이의 읽기와 쓰기발달에 기초가 되며 이는 출생부터 시작되어 유아기에 계속 발달한다. (Roth, Paul, & Pierotti, 2006, para. 1)

그림 7.1은 유아문해연구단(2002)과 Justice(2006)가 제시한 문해발달에 주요한 개념을 그림으로 나타낸 것이다. 다음은 출현적 문해 지식과 행동을 정리한 것이다.

- 말의 뜻과 구조(예 : 어휘 순서 등)를 탐색하며 말소리를 탐색한다.
- 환경에서 발견하는 상징의 의미를 찾는다(예 : 정지 표시, 식료품 상표, 패스트푸드 간판 등).
- 쓰기 도구(예 : 마커, 크레파스, 연필 등), 혹은 자연물(예 : 젖은 땅에 나뭇가지로 글쓰기, 습기 찬 유리창에 손가락으로 표시하기 등) 혹은 기기(예 : 태블릿 컴퓨터 등)로 글자 비슷한 표시 혹은 글자를 적으려고 한다.
- 신문을 읽는 모습 혹은 신용카드에 사인을 하는 것과 같은 어른의 문해행동을 흉내 낸다.
- 노래를 부르면서 함께하는 율동처럼 특정 동작을 완벽하게 습득할 때까지 반복한다.
- 말소리에 해당하는 글자를 연결시키기 시작한다(예 : "Y-e-s는 yes, n-o는 no이지.") (Braunger & Lewis, 2005).

그림 7.1 성공적 읽기와 쓰기능력 발달요인

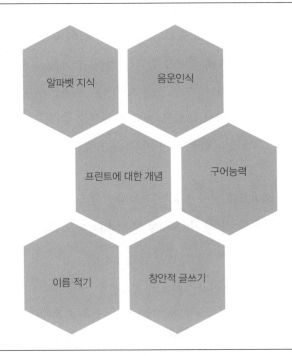

출처 : The National Early Literacy Panel, 2002 ; Justice, 2006.

그림 7.2 관찰 가능한 출현적 읽기행동

다음과 같은 행동이 출현적 읽기행동이다.

1. 말로 표현되는 전달문을 귀로 듣고 이해하며 반응한다.

2. 좋아하는 책을 읽는 행동을 보이고 노래를 부르며 운율을 따라 한다.

3. 그림과 글을 병행하여 소통하려고 하고 자신이 쓴 내용을 다른 사람은 그 뜻을 알지 못하지만 자신은 읽을 수 있다.

4. 글을 읽는 방향이 위에서 아래, 왼쪽에서 오른쪽임을 안다.

5. 문장을 시작하는 첫 단어, 단어의 첫 글자 등의 위치를 가리킬 수 있다.

6. 자기 이름, 친구 이름, 부모의 이름 등 친숙한 이름을 읽을 수 있고 주변 환경에서 볼 수 있는 글자를 읽을 수 있다.

7. 첫소리 혹은 끝소리가 같은 소리를 내는 단어들을 인지하고 자발적인 말놀이를 한다.

8. '가' 등으로 시작하는 단어를 안다.

9. 읽기란 글자의 소리를 내는 것임을 안다.

10. 자신이 어떻게 글자를 읽는가를 설명할 수 있다.

출처: Allington & Walmsley, 2007 ; Dickinson & Snow, 1987 ; Torrance & Olson, 1985.

가족 및 지역사회와의 협력

> **뇌와 언어**
>
> 주의집중장애가 있는 어린이는 작동기억 사용에 문제가 있어서 읽기를 배우는 데 많은 도움이 필요하다. 글자만을 읽게 하는 것보다는 도표, 그림 등과 같은 시각 정보 자료를 활용하면 도움이 많이 된다(McInnes, Humphries, Hogg-Johnson, & Tannock, 2003).

케이틀린은 시골에 있는 작은 학교의 유치원 교사이다. 학급 유아 중에는 가정에서 그림책을 읽어 본 경험이 없는 아이도 있다. 케이틀린 선생님은 시험 등으로 유아들을 평가해야 하는데 이들 중 몇몇 유아는 이미 학업성취 미달로 평가되어 있다. 학교에서는 이 유아들이 학교 수업에 준비될 때까지 유급시키라고 압박을 하지만 케이틀린 선생님은 이것이 최선은 아닌 것 같다. 케이틀린 선생님은 이 유아들의 가정은 문해발달을 위한 최적의 환경이 아닌데 왜 이 아이들을 유급을 시켜서 학교에서 배울 기회를 박탈하려고 하는지 이해가 되지 않았다.

케이틀린 선생님은 먼저 유아들과 면담을 하여 가정에서 이들이 경험하는 문해활동에 대하여 알아보았다. 그 결과 이들은 잠자기 전 그림책을 읽는 것은 안 하지만 다른 문해행동을 하고 있는 것으로 조사되었다. 예를 들어, 한 유아의 가정에서는 교회의 주간소식지를 제작하는 봉사를 하는데 이 과정에 자녀가 참여하고 있으며, 다른 가정에서는 아버지가 오토바이 수리공이어서 집에 관련 잡지가 넘쳐 나고 매일 함께 웹사이트를 검색하여 이 유아는 오토바이의 종류를 거의 다 알고 있었다. 또한 조부모가 바로 옆집에 살고 있는 유아는 일주일에 3~4번 조부모와 함께 악기를 연주하며 노래를 하는데 악보를 볼 수 있다는 것이다.

케이틀린 선생님은 이러한 결과를 교무실 동료들에게 알리고 학교 도서관 사서의 도움을 받아서 각 유아와 그 가정에서 흥미를 가질 만한 책을 찾아서 가정으로 대출하였다. 선생님은 포스트잇에 각 유아가 관심을 가질 만한 내용을 적어 대출 책에 부착하고 가정에서 함께 책을 읽은 후 자녀가 보인 흥미 등을 부모가 메모하여 돌려줄 것을 부탁하는 메모를 보냈다.

기여와 결과

- 교사의 기여. 케이틀린 선생님이 각 가정이 자녀의 문해경험을 지원하는 다양한 방식에 대하여 보여준 존중은 무엇인가?
- 가족의 기여. 유아의 문해발달을 위하여 각 가정에서 노력하고 있는 것은 무엇인가?
- 전문가의 기여. 케이틀린 선생님의 열정에 동참한 전문가의 도움은 무엇인가?

- 협력의 결과. 만약 케이틀린 선생님이 가정에서 잠들기 전 책 읽기 습관이 없는 유아들이 읽기능력이 부족하고 이들을 자신의 재임용 평가에 불리하다고 유급시켰다면 어떤 결과가 나왔을 것인가?

출현적 문해 발달 개관

5세 브랜든이 아기돼지 삼형제를 읽고 있다. 책장을 넘기며 자신의 술래잡기놀이 경험에 근거하여 늑대의 대사를 개작하고 있다.

> 아기돼지 세 마리는 엄마 집에서 나왔어요. 한 마리는 활발하고, 또 한 마리는 행복하고 나머지 한 마리는 똑똑했어요. 길을 가다가 남자를 만나서 돼지는 집을 짓게 나무를 얻으려 했고 다른 돼지는 볏짚을 얻으려 했어요. 똑똑한 돼지는 나무나 볏짚이 마음에 들지 않아 벽돌을 얻으려 했어요. 나쁜 늑대는 "자, 이제 나오너라. 잘 안 보인다. 이제 나오지 않으면 훅 콧김으로 날려 보낼 테다."라고 하였어요.

브랜든이 책을 보면서 위와 같이 말하는 것을 보면 유아기에 읽는다는 것은 무엇이며 언제 어떻게 이들이 읽을 수 있도록 가르쳐야 하는가에 대한 질문을 하게 된다.

유아가 글을 읽게 되는 것은 몇 가지 단계를 거쳐 발달한다(Doake, 1986; Holdaway, 1979; Snow & Ninio, 1986; Sulzby, 1985). 그림 7.3에는 가정에서 부모가 유아의 읽기발달을 도울 수 있는 방법이 소개되어 있다. 이 방법은 가정에서 유아가 책을 정규적으로 볼 수 있다는 것을 전제로 한 것이므로 만약 가정에 이러한 지원이 없다면 같은 효과가 보장되지 않을 수 있음을 기억해야 한다.

그림책에 대한 이해

영아기가 지나면서 아기들은 장난감과 책이 서로 다르다는 것을 안다. 친숙하게 알고 있는 사물이 밝고 선명하게 그림으로 표현되어 있는 것을 관심 있게 본다. 다음은 책에 대한 아기의 반응이다.

> 두 살 된 한나에게 엄마가 어떻게 책을 읽어 주느냐고 물으니, 그림책을 손으로 한 장 한 장 넘기면서 자신이 글을 읽는 듯한 흉내를 낸다. 한나가 말하는 소리를 다 알아들을 수는 없지만 소리를 높게 내기도 하고 낮게 내기도 하였다.

그림 7.3 가정에서 출현적 문해발달을 돕는 방법

일반적 지침
- 글자의 모양과 쓰임에 대하여 자녀의 관심을 주목시키고 설명한다.
- 그림책을 읽어 줄 때 이야기의 사건과 자녀의 경험과 연관 짓는다.
- 이야기에 대한 자녀의 생각을 자유롭게 표현할 기회를 주고 질문할 수 있도록 한다.
- 자녀의 해석과 설명 등에 부모는 피드백을 준다.

구체적 지침
- 자녀의 수준에 맞고 흥미로운 읽기 자료를 지원한다.
- 자녀가 얼마나 알고 있는가를 시험하듯이 읽어 주는 것은 삼가고 재미있게 읽어 준다.
- 부모 스스로가 책 읽기를 좋아함을 보여 준다.
- 자녀가 도서관 혹은 학교에서 빌려 온 책에 관심을 가지고 함께 읽는다.
- TV를 끄고 조용하게 책을 읽을 수 있는 환경을 마련한다.
- 책, 쓰기 도구 등 자녀의 소유물을 제공하고 인정한다.
- 자녀의 읽기능력이 또래보다 떨어진다고 하여도 부모의 불안감을 노출시키지 않는다.
- 자녀의 변화성취를 인정해 주고 아이가 할 수 있다는 것에 신뢰감을 갖는다.
- 읽기능력은 단지 읽기에만 영향을 주는 것이 아니라 다른 교과목에도 영향을 준다는 것을 기억한다.
- 읽기능력이 떨어지는 자녀가 "상관없어!"라고 말한다 하여도 실제로는 신경을 많이 쓰고 있다는 표현임을 기억한다.

출처 : Bond, Tinker, Wasson, & Wasson, 1994; Hiebert & Raphael, 1998.

다시 한나에게 책을 어떻게 읽는지 보여 달라고 요청하자 처음에는 책을 거꾸로 들고 읽으려고 하다가 그림이 거꾸로 보이는 것을 인지한 이후 책을 바로잡고는 그림의 아기가 하는 행동을 따라 하고 사과 같은 사물이 나오면 페이지를 그냥 넘긴다.

이 또래의 아기들과 같이 한나는 책을 앞에서부터 뒤의 방향으로 넘기며, 페이지를 열고 응시하고 다시 뒷장으로 넘기는 행동을 반복한다.

이 또래 아기들은 이제 막 책을 다루는 방식을 알게 되었으므로 글을 읽게 되기까지는 성인이 책을 읽어 주는 장면을 수없이 많이 보아야 한다.

그림책의 기능에 대한 이해

2~3세가 되면 그림책의 기능에 대하여 이해하기 시작한다. 그림책을 바른 방향으로 잡고 페이지를 넘기고 다른 장난감을 가지고 노는 것과는 다른 방식으로 가지고 논다(Snow & Ninio, 1986). 책에 있는 그림을 보고 '가리키고-말하고-연결시키는' 반응을 주로 보이는데, 이는 그림의 사물을 가리키고 이것의 이름을 말하고 자신의 경험과 연결시키는 것을 말한다.

다음은 두 살 반 된 아기와 엄마의 상호작용이다.

엄마 : 누구야? (남자아이를 가리키면서)

후야 : 후야.

엄마 : 이건 누구야? (여자아이와 강아지를 가리키면서)

후야 : 르네(여동생)! 코코(애완 강아지)!

　　(벌의 그림을 보고) 윙-윙! 꿀을 만들어. 벌이 나를 쏘았어, 아파.

아기는 *Ten, Nine, Eight*(Bang, 1983)처럼 간단한 이야기나 *Where does the Brown Bear Go?*(Weiss, 1990)처럼 운율이 반복되는 이야기를 좋아한다.

이야기 청중이 되어 참여하기

유아기에 들어서면서 그림책 시간에 청중의 역할을 하게 되고 이 시간의 주 초점은 책(book)임을 이해한다. 또한 어른이 읽어 주는 이야기를 들으면서 말도 많이 하는데 주로 자신의 경험과 관련 짓거나 혹은 이해가 잘되지 않는 것에 대한 질문이다.

이 시기의 유아는 같은 이야기를 반복하여 듣는 것을 좋아하고 일부 표현을 따라 한다. 같은 이야기를 반복해서 읽는 것을 어른은 지루해하지만 이야기에 나오는 모든 단어를 기억할 때까지 반복해서 듣는 것은 읽기발달에 필수적 과정임이 연구에 의해 강조되고 있다(McGee & Schickendanz, 2007). 많은 연구들이 같은 이야기를 반복해서 읽어 줄 때 질문과 대답과 같은 상호작용이 유아들의 출현적 문해 지식 습득에 큰 역할을 하는 것임을 보여 주고 있다(Anderson, Anderson, Lynch, Shapiro, & Eun Kim, 2011; Beauchat, Blamey, & Walpole, 2009; Blewitt, Rump, Shealy, & Cook, 2009; Cabell, Justice, Vukelich, Buell, & Han, 2008; Hindman, Connor, Jewkes, & Morrison, 2008; Mol, Bus, & de Jong, 2009; Pentimonti & Justice, 2010; van Kleeck, Vander Woude, & Hammett, 2006; Wiseman, 2012). 그림 7.4에는 반복적으로 읽어 줄 때 발생하는 상호작용의 효과에 대하여 제시되어 있다. 즉 이 시기의 유아는 물리적 성질을 가진 책을 다루는 방법을 알고 스스로 책을 볼 수 있다. 또한 여러 번 본 책은 그림을 보면서 마치 책을 읽는 듯이 혼자 읽을 수 있다.

이 시기의 유아는 책을 다루는 법을 알아 스스로 그림책을 넘기며 볼 수 있다. 많이 읽은 책은 그림을 보며 마치 읽는 것처럼 말 할 수 있다. 39개월 맨디는 *Hand, Hand, Fingers, Thumb*(Perkins, 1969)의 각 쪽을 보며 그림책의 표현을 기억하며 다음과 같이 말하였다.

그림 7.4 반복 읽기의 가치

가치

- 반복 읽기를 하면 이해력과 어휘가 향상된다.
- 반복 읽기는 읽기 전략과 자신감을 키운다.
- 읽기를 좋아하지 않거나 스스로 읽지 못하는 유아는 반복적으로 읽기를 좋아한다.
- 반복 읽기는 책에 대한 흥미를 키운다.
- 성인이 반복해서 같은 책을 읽으며 상호작용을 하면 유아는 이야기가 전개되는 방식을 이해하고 질문 혹은 코멘트 등 표현을 많이 하게 된다. 또한 반복해서 읽으면 내용을 훤히 이해하게 되어 스스로가 읽는 흉내도 내게 된다.
- 반복해서 읽으면 유아의 질문은 표면적인 것보다는 더 복잡하거나 원인과 결과의 관계와 같은 추론적 질문을 하게 된다. 3번쯤 읽으면 이야기에 대한 이해가 깊어진다.

함의

성인이 책을 읽어 줄 때는 질문을 다양하게 하여 유아가 말을 많이 할 수 있도록 한다.

이것은 무엇이지?
다음에 어떤 일이 있었지?
왜 ___이 일어났을까?
___을 보면 다음에 어떻게 될까?
이것들이 같은 점은 무엇이니? 이것들이 다른 점은 무엇이니? 그것을 어떻게 알 수 있을까?
이야기의 주인공이 한 ___을 너도 한 적이 있니?
___이 한 일이 좋은 것일까, 나쁜 것일까?
너는 ___가 왜 좋으니?

함의

반복 읽기를 계속하려면 다음과 같은 노력이 필요하다.
잠들기 전 책을 읽어 줄 때는 유아 자신이 읽고 싶어 하는 책으로 한다.
도서관의 책 읽어 주기 활동에 참여하고 좋아하는 책을 대여한다.
기관에서 책 읽어 주기 활동에 자원하여 봉사한다.
유아가 좋아하는 책의 이야기를 녹음한다.
그림책과 관련 활동을 한 묶음으로 하여 책가방을 만들어 대여하는 활동을 한다.
융판동화, 장난감 혹은 극놀이 소품 등을 활용하여 유아가 다시 말하기를 할 수 있도록 지원한다.

출처 : Dickinson & Neuman, 2006; Fields, Groth, & Spangler, 2007; Kaderavek & Justice, 2005; Ratner & Olver, 1998; Roser & Martinez, 1995; Yaden, 1988.

손가락, 손가락, 엄지손가락. 엄지손가락으로 드럼을 친다. 손, 손으로 드럼을 친다. 덤-디-디, 덤, 덤, 덤. 코를 풀어라. 양손을 흔들어라. 안녕, 안녕.

그림을 보며 이야기 만들기

이 단계에는 이미 어른과 함께 책을 읽는 경험이 충분히 쌓여서 그림책을 읽는 것을 즐기게 되어 선호하는 책이 생긴다. 이는 '스스로 책을 선택하고 읽는' 단계(Doake, 1986)로 글을 읽는 것은 아니더라도 마치 글을 읽는 것처럼 책 읽기를 하고 실제 텍스트에 표현된 단어와 어절을 인용하여 책을 읽는다.

다음은 3세 반 된 유아가 Seuss(1954)의 *Horton Hears a Who*를 읽는 것을 전사한 것이다. 이는 앞의 어린 연령의 유아보다는 훨씬 책을 읽는 것과 같다.

> 그는 정글에 있는 연못에 있었어요. 거기서 후의 소리를 들었어요. 알갱이가 너무 작아서 눈으로 볼 수가 없었어요. "문제가 정말 심각해."라고 말하면서 바로 연못으로 뛰어들려고 했지만, 코끼리가 "아니야, 내 친구를 구해야 해."라고 말했어요. 그래서 그는 친구를 구하기 위해 빨리 달려갔어요. 연못으로 바로 달려가서는 친구를 구했어요.

이 단계에서는 글자를 그대로 읽는 것보다는 의미와 맥락에 초점을 맞추어 읽는다.

안나와 스코트의 경우를 보면 사전지식이 읽기학습에 어떠한 역할을 하는지를 잘 알 수 있다. 5세 안나는 TV에서 방송되는 로또 당첨 프로그램에 동반되는 배경음악을 듣자 바로 TV 앞으로 달려와서 "2, 우우우, 4, 7."이라고 말하였다. 방송이 다 끝나자 안나는 TV 앞을 떠나면서 "나 저 프로그램 좋아해."라고 말하며 다시 마당에 나가서 놀았다. 안나에게 이 프로그램은 우연에 의하여 특정 숫자가 당첨되는 도박성 로또와 관련하여 인식되기보다는 유아용 방송으로 숫자 등과 같은 기본 개념을 가르쳐 주는 세사미 스트리트 프로그램과 같은 것으로 인식하는 것으로 풀이될 수 있다. 반면 로또에 당첨된 경험이 있는 7세 스코트의 인식은 안나에 비하여 훨씬 정교하다. 그림 7.5는 블레어가 그린 그림에 스코트가 컴퓨터 키보드로 쓴 글을 보면 이를 알 수 있다. 다음은 5세 유아가 생강빵 소년(Schmidt, 1985)을 읽는 것을 재화한 것이다. 책에는 할머니가 "자, 이제 오븐을 잘 보거라. 그리고 생강빵이 익는 냄새가 나면 할머니를 부르거라. 오븐의 문은 열면 안 된다."*라고 말하는 것으로 나온다. 그러나 아래의 유아는 자신이 경험한 오븐과 이야기를 연결하여 이야기를 만들고 있다.

> 옛날에 할아버지와 할머니 그리고 소년이 살고 있었어요. 어느 날 할머니가 생강빵을 만들어 준다고 했어요. 빵을 만들고 할머니가 말했어요. "자, 이것이 울리고, 알람이 띵하고 울리면 그래도 문을 열지 말고 할머니를 부르거라." 하고 말하고 자리를 떠났어요. 빵 익는 냄새가 나자 소년은 문을 조금 열고 살짝 안을 들여다보았어요. 그러자 생강빵이 문틈으로 도망 나와서, 소년이 잡으려고 했어요. 문을 닫으려고 했지만 생강빵이 너무 빨라서 놓치고 말았어요.

---

* Reprinted by permission of Scholastic.

그림 7.5 스코트의 로또 담청 이야기

그 아저씨가 가지고 있던 표의 번호와 내 것이 같아서 공룡 표가 뽑혔어요. 나와 엄마와 아빠와 동생이 함께 비행기를 탔는데 내 동생은 아래의 자동차가 아주 작다고 말했어요. 그다음에 그곳에 일등으로 도착해서 브로토소시스를 보고 타드틀을 보고 스타가소이스를 보고 다음에 트리세우탑스를 보고 마침내 티라노소로스를 보았어요.

※ 원문

I won a ticket to dinusr world I won it because I had the same nubrs on my ticket as the ticket the man had. me and my mom and dad and sisdr went on a jet my sisdr said the cars look so little. Then we wor ther frist we saw brotosois then we saw tardtl then we saw stagasosis then we saw tri sau tops and the we saw it, tryanasres.

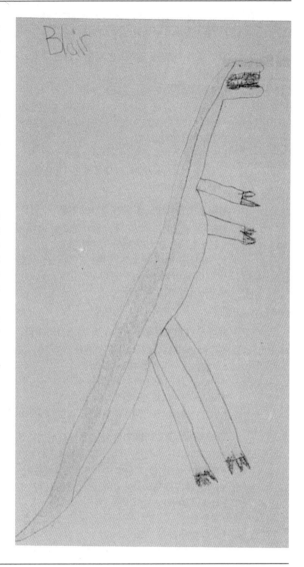

유아는 자신의 집에 있는 오븐에 알람이 있다는 것을 이야기 재화에 연결하고 있다. 만약 오븐을 전혀 경험하지 못했다면 완전히 다른 이야기가 되었을 수도 있다.

그림 7.6은 유아기 읽기와 쓰기 발달을 요약하고 있다.

그림 7.6 유아기 읽기와 쓰기 발달 요약표

유의 : 아래의 발달 요약표는 단계에 따라 대략적으로 제시한 것이지 단계별 발달 특징 모두를 포함한 것은 아니다. 특정 단계에 있는 유아라도 그 아래 단계 혹은 위 단계의 연속선상에 있을 수 있다.

유아 초기 : 환경을 탐색하면서 읽기와 쓰기의 기초를 마련한다.
- 이야기를 듣고 토론하는 것을 즐긴다.
- 글을 통해 이야기가 전달됨을 이해한다.
- 읽거나 쓰기를 하려고 한다.
- 환경에서 볼 수 있는 간단한 글자와 사인을 읽는다.
- 말놀이 게임을 즐긴다.
- 몇몇 글자의 이름을 알고 글자와 소리를 연결시킬 수 있다.
- 자신의 이름, '사랑해요'와 같은 표현하고자 하는 것을 자신이 알고 있는 글자를 최대 활용하거나 어떤 표시를 가지고 나타낸다.

유아 초기 문해발달을 위한 교사의 역할
- 빅북을 포함하여 다양한 책을 읽어 주고 읽기행동을 모델링한다.
- 글자의 이름과 소리에 대하여 말해 준다.
- 문해 자료의 비치 등 풍부한 문해 환경을 조성한다.
- 유아가 좋아하는 책을 반복해서 읽어 준다.
- 놀면서 문해를 사용할 수 있도록 한다.
- 유아가 쓰기를 실험할 기회를 준다.

유아 초기 문해발달을 위한 부모 및 가정의 역할
- 자녀와 대화를 나누고 사물의 이름을 알려 주고 자녀가 하는 말에 흥미를 보인다.
- 책을 자주 그리고 반복해서 읽어 준다.
- 지나간 경험에 대하여 다시 말하도록 격려하고 생각이나 사건을 이야기하도록 지원한다.
- 자녀와 함께 도서관을 규칙적으로 방문한다.
- 마커, 크래용, 연필 등으로 그림을 그리거나 표시를 할 기회를 많이 준다.

유아 후기 : 글에 대한 기초 개념을 가지게 되고 읽기와 쓰기를 가지고 하는 탐색활동에 적극적이다.
- 성인이 읽어 주는 것을 듣는 것을 즐기면서 스스로도 이야기 혹은 정보를 말하기를 즐긴다.
- 무엇인가를 설명하고 탐색하기 위해 언어를 사용한다.
- 글자의 이름을 알아보며 글자의 소리를 낼 수 있다.
- 운율을 알아보고 말의 첫소리를 알아본다.
- 글은 위에서 아래로, 왼쪽에서 오른쪽으로 읽는다는 것을 안다.
- 글과 말을 연결시키려고 한다.
- 아는 글자뿐만 아니라 많이 사용하는 말을 적으려고 한다.

유아 후기 문해발달을 위한 교사의 역할
- 유아가 읽기와 쓰기 경험에 대하여 말할 기회를 준다.
- 의미 있는 맥락 안에서 글자와 소리의 관계를 탐색할 기회를 많이 준다.
- 말의 소리 단위를 분절하거나 소리를 모아 하나의 단어를 만드는 활동을 한다.
- 흥미롭고 개념이 풍부한 책을 자주 읽어 준다.
- 매일 쓰기를 할 기회를 제공한다.
- 통글자를 익힐 수 있도록 지원한다.
- 유아 스스로 읽거나 쓸 수 있도록 문해 자료 등을 풍부하게 준비한다.

(계속)

그림 7.6 유아기 읽기와 쓰기 발달 요약표(계속)

유아 후기 문해발달을 위한 부모 및 가정의 역할
- 매일 자녀에게 이야기 혹은 정보 책을 읽어 준다.
- 자녀가 읽거나 쓰려고 하는 시도를 격려한다.
- 가정 일 중 읽기나 쓰기 활동에 자녀를 참여시킨다(예 : 구매 목록 작성하기, 요리 레시피 읽기 등).
- 게임 방법이 적혀 있는 메모를 읽고 게임을 한다.
- 식사시간 혹은 매일의 일과 중 자주 자녀와 이야기를 나눈다.

출처 : International Reading Association and the National Association for the Education of Young Children. Learning to read and write: Developmentally appropriate practices for young children. *Reading Teacher: A Journal of the International Reading Association*, 52(2), pp. 200–201. Copyright 1998 by the International Reading Association. Reproduced with permission of the International Reading Association via Copyright Clearance Center.

교사의 관심과 전략

영아와 어린 유아

1~2세 정도가 되면 사물의 이름을 폭발적으로 습득한다 (Goswami, 2001). 이들은 자신에게 친숙하거나 중요한 가족의 이름, 음식의 이름 혹은 장난감 등의 이름을 습득한다 (Morrow, 2001 ; Nelson, 2007). 언어발달의 이러한 특징을 참고하여 영아반 언어활동으로 무엇을 어떻게 하겠는가?

어른들은 자신이 어렸을 때 읽기를 배우는 과정을 거의 다 망각하여 그때의 어려움이 잘 기억나지 않지만 사실 읽기를 배워 가는 과정은 어렵다. 다음은 사립유아원 케이트 선생님의 이야기이다.

가정에 경제적으로 여유가 있는 이 지역 부모들은 자녀의 학습에 대한 압박을 크게 느낍니다. 부모님들은 이 사립유아원에 입학하자마자 자녀들이 금방 읽기를 할 수 있기를 바랍니다. 그 기대에 못 미치면 바로 자녀를 퇴원시키기 때문에 기관 운영의 입장에서는 아이들이 빨리 읽도록 압박하는 수밖에 없어요. 대부분 부모님이 직업적으로 성공한 경우라서 "왜 하는데 안 되지?" 같은 태도를 가지고 있습니다.

그러나 읽기를 빨리 배우도록 유아를 압박하는 것은 효과가 없으며, 모든 유아가 같은 과정과 속도로 읽기를 배우는 것도 아니다. 교사는 자녀의 읽기학습에 도움이 되는 것과 방해가 되는 것을 분명하게 이해시킬 수 있어야 한다. 그림 7.7에 출현적 문해에 도움이 되는 것과 방해가 되는 것을 정리하여 놓았다.

교사는 먼저 자신이 가지고 있는 문해발달에 대한 지식과 신념을 평가할 필요가 있다. 실습교사 제니퍼는 다음과 같이 말하였다.

그림 7.7 출현적 문해에 도움이 되는 것과 방해가 되는 것

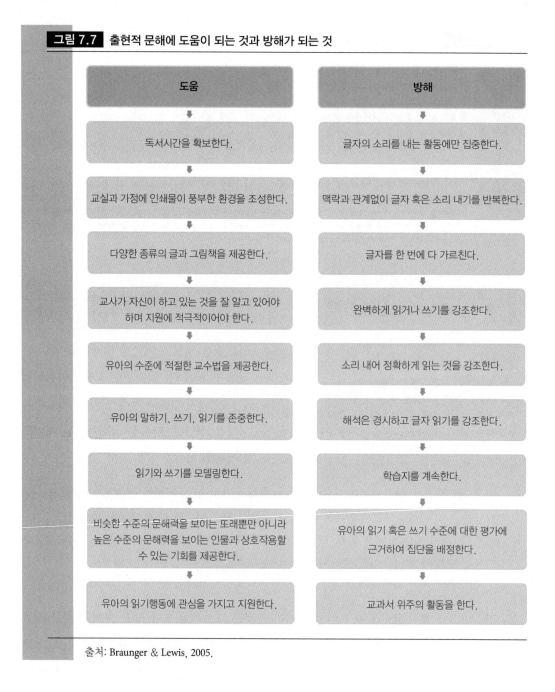

도움	방해
독서시간을 확보한다.	글자의 소리를 내는 활동에만 집중한다.
교실과 가정에 인쇄물이 풍부한 환경을 조성한다.	맥락과 관계없이 글자 혹은 소리 내기를 반복한다.
다양한 종류의 글과 그림책을 제공한다.	글자를 한 번에 다 가르친다.
교사가 자신이 하고 있는 것을 잘 알고 있어야 하며 지원에 적극적이어야 한다.	완벽하게 읽거나 쓰기를 강조한다.
유아의 수준에 적절한 교수법을 제공한다.	소리 내어 정확하게 읽는 것을 강조한다.
유아의 말하기, 쓰기, 읽기를 존중한다.	해석은 경시하고 글자 읽기를 강조한다.
읽기와 쓰기를 모델링한다.	학습지를 계속한다.
비슷한 수준의 문해력을 보이는 또래뿐만 아니라 높은 수준의 문해력을 보이는 인물과 상호작용할 수 있는 기회를 제공한다.	유아의 읽기 혹은 쓰기 수준에 대한 평가에 근거하여 집단을 배정한다.
유아의 읽기행동에 관심을 가지고 지원한다.	교과서 위주의 활동을 한다.

출처: Braunger & Lewis, 2005.

저는 5세 유치반에 배정될 예정인데, 저는 사실 5세 유아의 읽기나 쓰기 수준에 대하여 아는 게 별로 없어요.

그림 7.8에는 5세 유아의 문해능력을 쉽고도 간단하게 평가할 수 있는 체크리스트가 있다.

그림 7.8 5세 유아의 문해 수준 체크리스트

말하기

- 말로 전달되는 지시를 이해하고 이에 맞게 행동한다.
- 새로 배운 단어를 말할 때 사용하고 긴 문장으로도 말한다.
- 말의 첫 소리를 구분할 수 있고 같은 소리를 안다.
- 그림책을 읽어 주면 집중하여 듣는다.

읽기

- 그림책과 읽기에 흥미를 보인다.
- 스스로 읽으려고 하고 이러한 자신에 대하여 자랑스러워 한다("봐, 나도 책을 읽을 수 있어!").
- 이야기의 사건을 이해한다.
- 이야기의 사건과 자신의 경험과 지식을 연결한다.
- 이야기에 대하여 질문을 하거나 코멘트를 한다.

글자

- 그림과 글자를 구분하고 글자에 의미가 있음을 안다.
- 환경글자 몇 개를 읽을 수 있다.
- 글자에 이름이 있다는 것을 안다.
- 글자를 최소 10개 정도 아는데 자신의 이름에 나오는 글자를 우선으로 안다.
- 끄적임, 그림, 몇 개의 아는 글자를 가지고 메시지를 만들 수 있다.

출처 : Armbruster, Lehr, & Osborn, 2003.

어린이집에 근무하는 지오프 선생님은 다음과 같이 말하였다.

자녀의 읽기 지도에 관심이 많은 학부모들과 오늘 상담이 예정되어 있는데, 무엇을 준비해야 할지 잘 모르겠어요.

그림 7.9를 참고하여 학부모들이 자녀의 문해교육과 관련하여 궁금해할 만한 것들을 미리 예상하고 이에 대한 적절한 답변이 있는 유인물을 만드는 것도 도움이 된다.

그림 7.9 부모에게 나누어 줄 유아 문해발달과 교육에 대한 유인물

아이에게 책을 읽어 주는 것이 중요하다고 하는데 그 이유는 무엇인가요?

부모가 책을 읽어 주면 자녀는 이를 통해 책을 읽는 데 필요한 지식, 기술 그리고 태도를 배울 수 있습니다. 많은 연구들이 매일 부모가 가정에서 책을 읽어 주는 유아는 말하기, 글자 지식, 복잡한 문장으로 말하기, 이해력뿐만 아니라 읽기에 대하여 긍정적인 태도를 갖는다는 것을 증명하고 있습니다.

아이가 몇 살때부터 책을 읽어 주어야 하나요?

부모님이 갓 태어난 아기를 안고 자장가를 불러 주거나 아이를 흔들면서 리듬에 맞추어 노래를 불러 주거나 그림책의 그림을 아기가 손가락으로 가리키며 이름을 말하게 하는 것 모두가 이미 아기에게 책을 읽어 주는 것입니다. 갓 태어난 아기도 노래를 들을 수 있고 아장아장 걷는 아기가 그림을 보고 이름을 말할 수 있으며 어린 유아도 간단한 이야기를 이해하고 즐길 수 있습니다.

아이가 글을 읽을 수 있으려면 준비되어야 할 것이 무엇인가요?

예전에는 아이가 책을 읽으려면 기초적 능력이 준비되어야 한다는 견해가 지배적이었죠. 그러나 이러한 읽기 준비도 개념은 이제 더 이상 설득력이 없습니다. 읽기발달은 아기가 걷게 되는 과정과 비슷하다고 이해하는 것이 도움이 될 것 같습니다. 아기가 첫발을 디딜 때까지 부모는 아기 옆에 앉아 가만히 기다리는 것이 아니라 아기를 이끌고 지원하고 할 수 있다고 격려하며 아기가 도전하도록 합니다. 마찬가지로 자녀가 읽기능력을 갖추게 되는 것도 이와 같습니다.

학교에 입학하기 전부터 읽기를 가르치는 것이 필요할까요?

학교에서 정식으로 읽기를 배우기 전부터 읽기 시작한 자녀의 부모에게 물어보면 대부분의 부모는 "저는 아이에게 읽기를 가르쳐 본 적이 없어요. 아이와 함께 책을 읽곤 했더니 아이가 스스로 읽게 되었어요."라는 답을 하는 경우가 많습니다. 따라서 편안하고 일상적으로 읽기에 노출된 아이는 힘겹게 읽기를 배우게 하지 않아도 자연스럽게 읽기를 하게 됩니다. 이는 마치 아이가 초기에 노래를 흥얼거릴 때 음정과 박자를 틀리게 하며 나름 탐색적으로 놀이를 할 경우 이를 보고 부모가 아이가 영영 음치가 되는 것이 아닌가 하여 긴장하거나 크게 불안해하지 않는 것처럼 자녀의 초기 읽기행동도 이러한 시각으로 보는 것이 필요합니다.

책을 읽어 달라고 해서 읽어 주면 아이가 계속 질문을 하여 산만해지는데 그 이유가 무엇인가요?

책을 읽는다는 것은 텍스트의 의미를 찾아가는 과정입니다. 부모와 자녀 간의 가장 좋은 읽기 모습은 놀이하듯이 토론을 하는 것입니다. 책 읽어 주기에 노련한 어른이 책을 읽어 줄 때 일어난 발화의 약 80%가 그림 혹은 텍스트에 대한 것이라고 합니다. 책을 읽어 주면서 아이가 잘 이해하고 있는가를 확인하는 듯한 상호작용보다는 오히려 아이가 질문을 하면서 주도하게 하십시오. 또한 "이 강아지가 어떻게 행동할지 궁금한데…."처럼 부모님의 생각을 소리 내어 들려주거나 "아, 해리가 너무 더러워서 아무도 몰라보는구나."와 같은 코멘트를 합니다. 자녀와 함께 읽기는 부모님이나 자녀 모두가 만족한 기분으로 종료해야 합니다.

(계속)

그림 7.9 부모에게 나누어 줄 유아 문해발달과 교육에 대한 유인물(계속)

우리 아이가 좋아할 책은 어떻게 고르나요?

많은 아이들이 좋아하는 책이 있지만 우리 아이가 이 책을 좋아할 것이라고 확신하기는 쉽지 않습니다. 매년 유아용 그림책 수천 권이 새롭게 출판되므로 자녀가 재미없어 하는 책을 붙들고 있을 필요는 없습니다. 사서의 도움을 받아서 몇 권의 책을 고르고 다시 아이가 읽고 싶은 책을 스스로 고를 기회를 줍니다. 혹은 유아교사에게 도움을 받아 그림책 목록을 받아도 되고 아이가 교실에서 즐겨 읽는 책의 종류를 알아봅니다. 또한 부모님 스스로가 그림책의 내용과 수준이 자녀의 발달 수준에 적절한지, 그림의 질이 우수해 보이는지 등의 기준으로 책을 선별합니다.

아이가 같은 책을 자꾸 반복해서 읽어 달라고 하는데요.

좋은 그림책일수록 자꾸자꾸 보게 됩니다. 이는 마치 좋아하는 피서지를 반복해서 가는 것과 같습니다. 어른은 같은 책을 반복해서 읽는 것을 지루해하지만 아이들은 반복을 통해 많은 것을 배웁니다. 아이는 그림책에 나오는 표현언어를 다 외우게 되고 이야기의 발단과 결과를 추론하고 예측하게 되는데 이러한 과정이 바로 반복적으로 읽기를 통해 습득됩니다. 반복해서 읽은 책을 부모님이 내용을 생략하거나 다르게 읽으면 자녀가 바로 정정을 하기도 합니다. 따라서 자녀가 반복해서 읽어 달라고 하는 것을 존중해 주시기 바랍니다.

우리 아이는 글자를 상당히 알아요. 그러면 이제 스스로 읽을 수 있게 준비된 것인가요?

유아가 알파벳 송을 부르는 것을 자세히 들어 보면 초기에는 알파벳 소리를 묶어서 마치 하나의 단어처럼 외우고 있다는 것을 발견하게 됩니다. 즉 유아는 l-m-n-o-p를 elemenopea로 부릅니다. 이것은 아직 자녀가 더 많은 언어경험이 필요하다는 것을 말하는 것입니다. 따라서 자녀에게 책을 읽어 주면서 대화하기, 쓰기 도구를 가지고 탐색해 보기, 블록, 점토, 모래, 물과 같은 자료를 가지고 창의적으로 놀아 보기 등을 경험할 기회를 충분히 줘야 합니다. 창의적 놀이가 가능한 이러한 재료는 유아가 형상화한 것을 이름을 붙여 주는 것과 같은 상징화를 가능하게 하므로 상징물인 글자의 의미를 아는 데 도움이 됩니다. 이는 읽기란 글이 상징하는 것을 찾아가는 것이기 때문입니다.

언제까지 아이에게 책을 읽어 주어야 하나요?

대부분의 부모님은 자녀가 스스로 글을 읽게 되면 책을 읽어 주는 것을 멈춥니다. 그런데 아직 스스로 유창하게 읽기에는 긴 글이나 어려운 표현이 있는 것을 부모가 읽어 주면 자녀에게 많은 도움이 됩니다. 따라서 아이가 "엄마, 저 혼자 읽을게요."라고 말할 때가 부모가 읽어 주는 것을 그만두는 때입니다. 또한 아이가 스스로 책을 읽었다 할지라도 그 책에 대하여 함께 이야기 나누고 평가하는 것은 읽기 발달에 크게 도움이 됩니다.

웹 2.0 유아를 위한 정보 검색 엔진

ABC Fast Phonics(2~5세)

www.abcfastphonics.com

교사, 학부모, 유아 모두 알파벳과 발음을 공부할 수 있다.

ABC Food(2~8세)

알파벳을 배울 수 있는 앱이다. 엄지손톱 모양에 음식 그림이 그려져 있고 음식의 알파벳과 연결되어 있다. 손톱을 터치하면 큰 사진 혹은 동영상이 나온다. 예를 들어 *C*와 같은 알파벳은 유아가 흔히 보게 되는 *corn*(옥수수) 또는 흔히 볼 수 없는 *coconut*(코코넛)과 *croissant*(크루아상)을 볼 수 있다.

Get Set for Kindergarten(2~6세)

http://getset4k.org

영아부터 유치원 입학 전까지의 유아에게 필요한 개념과 기술을 알려주는 사이트이다. 다양한 학습활동을 할 수 있는 책 목록과 웹사이트가 제시되어 있다.

Letter Reflex(3~10세)

*b*와 *d*와 같이 거꾸로 된 글자를 인식하도록 돕는 앱이다.

VivaKids'(4~8세)

26개의 영어 알파벳을 만화 동영상으로 배울 수 있다.

 ## 문해학습 지원을 위한 교실활동

환경글자 책 만들기. 유아가 읽을 수 있는 글자를 모아서 포스터지에 붙이거나 클리어파일에 모은다. 장난감, 만화의 인물, 패스트푸드 로고 등으로 모은 환경글자를 가지고 이야기를 만든다. 예를 들어, "옛날에 _____ 가 _____에 갔어요. _____는 _____을 먹기로 했어요. 다 먹고 난 후 그곳에서 친구 _____를 만났어요. _____와 _____는 _____을 가지고 놀았어요. 정말 재미있었어요!"(Enz, Prior, Gerard, & Han, 2008).

상상활동. 학급 유아에게 책을 읽어 주기 전 책의 내용과 관계된 상상을 하게 한다(Moline, 1995; Mandell, 1987). 예를 들어, N. Tafuri(1988)의 *Junglewalk*를 읽기 전, 마음으로 정글의 모습을 상상하게 하고 자신이 상상한 정글의 모습에 대하여 이야기 나눈다. 그리고 책을 읽어 주기 시작한다. 이 책의 첫 페이지는 한 소년이 책을 막 읽고선 불을 끄고 잠을 청하는 장면이다. 선생님은 "이 소년이 읽은 책이 무엇이었는지 궁금하군요. 이곳에 정글의 세계라고 적혀 있네요. 여러분도 눈을 감고 이 소년이 무엇을 보았을까를 한번 상상해 보세요."라고 말한다. 또한 책을 읽으면서 중간에 이야기가 어떻게 끝날 것인지 상상해 보게 한다. 책을 다 읽고 난 후 유아들은 모둠으로 뒷이야기를 함께 지어 보고 친구들 앞에서 발표한다. 또한 유아들은 자신이 자기 전에 읽고 싶은 이야기가 무엇인지 투표를 하여 재미있는 책을 선정할 수도 있다.

가족 문해활동 지원. 유아의 읽기와 쓰기발달에서 부모와 가족이 미치는 영향은 절대적이다. 그러나 몇몇 가정에는 자녀가 흥미를 느낄 만한 문해 자료가 없기도 하다(Krashen, 2004). 이런 경우 학교나 동네 도서관을 활용하거나 학교에서 책 교환 행사를 주최하거나 교회 등 종교 기관으로부터 책 기증을 받는다. 이외에도 부모가 자녀를 가르칠 만큼 충분한 문해기술을 갖지 못하는 경우도 있다. 혹은 책을 읽어 주는 방식이 수업을 하듯이 읽어 주면서 자녀의 오류를 수정하거나 혹은 책의 양이 너무 많거나 어려운 자료를 선택하는 경우도 있다. 이런 경우 유아교육기관에서 부모교육 시간을 마련하여 어린 자녀에게 효과적으로 책을 읽어 주는 방법을 교육하거나 주말 동안 여러 그림책이 들어 있는 책가방을 가정에 대여하는 활동을 한다. 재능기부 등의 활동으로 대학생 등이 가정을 방문하여 유아에게 책을 읽어주거나 책 읽어 주는 방법을 부모 앞에서 모델링한다.

문해 극놀이. 읽기와 쓰기발달은 유아가 적극적으로 참여하도록 돕는 것에 달려 있다 (McVicker, 2007). 그림책을 읽으면서 장난감 혹은 소품을 이용한 극놀이는 유아의 문해발달을 돕는다(Saracho & Spodek, 2006; Welsch, 2008). 예를 들어, 유기견에 관한 책을 읽고 난 이후 강아지 인형, 강아지 목줄, 먹이 그릇, 박스로 만든 강아지 집 등을 가지고 강아지놀이를 하면 유아는 이야기를 재화하거나 혹은 자신만의 새로운 이야기를 만들 수 있다. 그림책을 읽고 극화 활동을 하면 언어, 그림과 상상력을 연결시키고 유아의 이야기에 대한 이해 정도를 파악할 수 있게 한다. 과학 개념 혹은 정보를 주는 책을 읽고 관련된 활동을 하면 유아의 어휘력과 과학 지식 습득에 도움이 되는 것으로 알려져 있다(McGee & Schickendanz, 2007).

 출현적 문해관련 앱과 웹사이트

Between the Lions(영아~5세)

  http://pbskids.org/lions

이 웹사이트에는 유아, 교사 그리고 부모에게

도움이 되는 이야기, 동영상, 게임이 있어서 유아들은 재미있게 놀이를 하고 어른들은 유아의 학습에 도움이 되는 자료를 인쇄하거나 정보를 얻을 수 있다.

Eyejot(4~10세)

http://corp.eyejot.com

결석한 친구에게 비디오 메일을 보내거나 교실에서 한 행사를 웹사이트에 올릴 수 있다. 또한 비디오 메일의 형식으로 국제 펜팔을 할 수도 있다.

Hubbard's Cupboard(2~6세)

www.hubbardscupboard.org

홈스쿨링을 하거나 기독교 신념에서 교육하는 학교에게 적절한 무료 사이트이다. 교사가 제작한 것을 바로 인쇄하여(Kim's Books) 사용할 수도 있고 또래 어린이가 만든 것도 활용할 수 있다.

Leading to Reading(2~4세)

http://leading2reading.org

유아 수준에 맞는 그림책 목록이 있다.

Noodle Word(4~7세)

달리기(running), 반짝이기(sparkling), 끌어올리기(pumping)와 같은 행위와 관련된 어휘를 학습할 수 있는 iPad용 앱이다.

PBS Kids Story Scramble(4~8세)

http://pbskids.org/arthur/games/storyscramble/scramble.html

Mac Brown의 아서 시리즈의 이야기를 모티브로 한 것이다. 이야기의 장면을 순서대로 맞추는 활동을 한다. 교사 혹은 부모는 이를 활용한 확장활동의 아이디어를 얻을 수 있다.

결론

유아가 형식적인 읽기교육을 받을 수 있게 준비되기를 기다리기보다는 부모와 교사는 유아가 글자를 일상 속에서 흥미롭고 의미 있게 경험할 수 있도록 해야 한다. 많은 어린이들이 글을 읽을 수는 있지만 글을 읽는 것을 즐겨하지 않는 어른으로 성장하는 경우가 많다. 어린이를 위한 읽기교육은 이들이 유창한 독서자가 되는 것뿐만 아니라 이를 위한 노력이 가치 있는 것임을 실감하도록 해야 한다.

연구와 보고

난독장애(dyslexia)는 글자의 이름을 읽거나 소리를 합성하거나 혹은 같은 소리를 찾아내는 것을 어려워한다. 이들은 글을 해독할 때 매우 느리며 정확하지 않고 철자도 많이 틀린다. 또한 이들은 읽은 것의 내용을 기억하는 것도 어려워한다. 국제 난독장애 협회(www.interdys.org/FAQ.htm#) 사이트에 가 보면 난독장애아 가정을 지원하는 방법 등이 게시되어 있다.

문해학습 전략

단어 벽과 단어 분류

단어 벽(word wall)은 유아가 일상적으로 많이 사용하는 단어 혹은 생활주제에 따라 많이 사용되는 단어를 모으는 것이다(Mackey & White, 2004, p. 31). 이 활동은 글자 읽기를 자동화할 수 있게 한다(Lonigan, 2005). 예를 들어, '네', '아니요', '정지', '나', '엄마', '사랑', '고양이', '강아지', '유치원'과 같은 단어는 유아가 일상적으로 많이 사용하는 단어이다. 동물주제에서는 '먹이', '수의사', '기린', '사자', '호랑이' 같은 단어가 많이 사용될 것이고 '가'로 시작하는 단어로 '가방', '가지', '가위' 등의 단어를 유아에게 충분히 보게 하면 단어 통째로 그 모양과 소리를 익히게 할 수 있다.

단어 벽 활동은 유아들과 함께 일정 기간 동안 단어를 모으고 일과 중 관련 단어를 자주 언급하고 상호작용 중 이 단어에 집중하게 하면 효과가 있다(Lynch, 2005).

또한 단어와 그림을 함께 벽에 제시하여 단어를 모아 문장을 만들거나 저널을 작성하도록 한다. 또한 컴퓨터를 이용해 유아들이 단어 분류(e-sorts)를 할 수도 있다(Zucker & Invernizzi, 2008).

해독 지원 프로그램

어린이들이 글을 해독하는 것을 연습할 수 있게 하는 프로그램이 있다. 즉 유아가 글을 읽기도 하고 필요한 경우 내레이터가 글을 읽는 것을 들을 수 있어서 운율인식, 단어 인지, 유창성, 발음에 도움을 받을 수 있다.

이 학습 자료를 사용하는 데 있어서 하나의 문제점은 내레이터가 읽는 속도이다. Bergman (2005)에 따르면 1학년 어린이는 1분에 약 53개의 단어를 읽는데 내레이터는 약 90~120개의 단어를 읽어서 어린이가 읽는 속도보다 많이 빠르다. 내레이터의 소리를 들으며 글을 해독하려는 어린이에게 이것은 너무 빠른 속도이어서 좌절감을 느끼게 한다. 따라서 해독 지원 프로그램의 핵심 속성은 내레이터의 읽기 속도를 어린이가 조절할 수 있도록 하는 것이다. 이 프로그램은 아동의 해독력뿐만 아니라 읽기에 대한 긍정적인 태도를 형성하는 데 도움이 되는 것으로 알려져 있다.

듣기 프로젝트(Project Listen)는 어린이가 글을 읽을 때 실수가 있으면 내레이터가 정확하게 읽어 주고 여러 가지 도움을 얻을 수 있는 컴퓨터 프로그램이다. www.cs.cmu.edu/%7Elisten에 가면 관련 정보를 얻을 수 있다.

대화적 읽기

어린이들에게 책을 읽어 줄 때 상호작용을 하면 더 효과적이다(DeBruin-Parecki, 2009; McGee & Schickedanz, 2007; Mol, Bus, DeJong, & Smeets, 2008; Santoro, Chard, Howard, & Baker, 2008). 대화적 읽기란 교사가 읽어 주고 다시 읽고 소집단의 아이들과 토론을 하는 것이다 (Fisher, Flood, Lapp, & Frey, 2004). 먼저 읽기 시작하기 전 혹은 읽으면서 질문을 하거나, 그림을 보면서 어떤 일이 일어나고 있는지 질문을 하거나, 그림 혹은 단어 등을 유아의 경험과 연결시키거나, 중요한 단어의 뜻을 아이들의 관점에서 풀이한다(U.S. Department of Education, 2006). 십수 년의 연구 결과에 의하면 이러한 대화적 읽기는 유아의 말하기와 듣기발달에 효과가 있으며(Morgan & Meier, 2008), 대화적 읽기를 잘하는 교사는 읽어 줄 그림책의 내용이 정서적 반응이 가능한 것을 고른다고 한다. 대화적 읽기를 하면서 유아의 사회-정서학습을 통합하는 것에 관심이 있으면 Doyle과 Bramwell(2006)을 참고하라.

→※← 집중탐구 : 잎사귀 프로그램

R. A. Hirsh 교수가 제공한 자료

출현적 문해능력은 다양한 경험을 통해 배경지식을 많이 쌓을수록 발달된다. 과학, 사회, 수학 등 다양한 영역의 경험은 유아의 어휘발달에 도움이 된다(Hirsch, 2004). 태블릿 PC에서 작동되는 앱인 잎사귀 프로그램(Leaf Snap)은 다양한 잎사귀를 쉽게 분류할 수 있는 것이다. 유아들이 실외에서 수집한 잎사귀를 하얀 종이를 배경으로 하여 태블릿으로 사진을 찍으면 컬럼비아나대학교에서 지원하는 데이터베이스에서 검색하여 잎사귀의 이름을 알려 준다. 이뿐만 아니라 잎사귀와 관련된 나무껍질, 씨앗, 꽃, 열매에 관련한 정보도 검색할 수 있다.

어린 유아	유아	독립적 읽기가 가능한 아동
이 앱을 이용하여 잎사귀의 이름을 알고 분류하고 수집한다.	이 앱을 이용하여 잎사귀 이름뿐만 아니라 잎사귀의 껍질, 씨앗, 꽃과 열매에 대한 정보도 검색한다. 앱을 통해 얻은 정보를 기초로 잎사귀 모음 책을 만들고 다양한 어휘를 습득한다.	이 앱을 이용하여 잎사귀에 대한 검색을 확대, 심화하여 나무와 식물에 대한 지식을 습득한다.

문학의 활용

빅북으로 함께 읽기

함께 읽기란 무엇인가

유아를 독서의 세계로 안내할 때 교사는 읽기 과정을 모델링한다. Holdaway(1979)가 먼저 이를 함께 책 경험하기라고 명명하였는데, 최근에는 함께 읽기라는 용어가 많이 쓰인다(Ediger, 2011; Fisher, Frey, & Lapp, 2008; Piasta, Justice, McGinty, & Kaderavek, 2012; Zucker, Justice & Piasta, 2009). 그림 혹은 숫자, 요일 등이 순서대로 나오거나 사건 전개에 대한 예측이 가능한 그림책을 유아들도 그림과 글을 볼 수 있게 하여 빅북 혹은 스크린으로 함께 읽는다.

왜 빅북인가

- 교사가 빅북을 읽어 주면 유아는 그림과 글을 보면서 이야기를 귀로 듣고 이해하게 된다. 글이 어떻게 교사의 말로 전환되는가를 눈으로 볼 수 있으므로 빅북은 유아의 문해 발달에 도움이 된다.

어떻게 빅북을 활용하는가

- 먼저 소리 내어 빅북을 읽어 준다.
- 글자를 손으로 가리키며 읽어 준다.
- 유아가 따라 읽도록 한다.
- 극화활동을 한다.
- 여러 번 읽은 빅북의 경우 한 문장에서 한 단어 혹은 마지막 단어는 교사가 읽지 않고 유아가 읽도록 한다. 이는 단어의 단위, 글과 소리의 관계를 알도록 도와준다.
- 같은 이야기를 스크린, 칠판 혹은 유인물의 형식으로 경험할 기회를 준다.
- "여기에서 제일 먼저 시작한 글은 무엇이니?" 등과 같은 질문을 하여 글자, 단어, 어구 등의 단위에 대하여 주목할 수 있는 기회를 준다.
- 빅북과 비슷한 패턴으로 유아들이 이야기를 만들어 보도록 한다(Fisher & Medvic, 2000).

최근 출판된 반복을 모티브로 하는 그림책

Aylesworth, J. (2010). *The mitten*. New York, NY: Scholastic.
숲에 떨어진 장갑 한 짝에 숲 속 동물들이 추위를 피하기 위하여 한 마리씩 장갑 안으로 들어가는 옛이야기이다. (유아~초등 1학년)

Beaumont, K. (2011). *No sleep for the sheep!* Chicago, IL: Harcourt.
유아들에게 친숙한 농장 동물이 내는 소리와 반복 후렴구를 말하다 보면 글자를 학습할 수 있는 그림책이다. (영아~초등 1학년)

Emberlery, R., & Emberley, E. (2012). *If you're a monster and you know it*. New York, NY: Scholastic.
'만약 행복하다는 것을 안다면 박수를 치세요' 노래와 비슷한 형식으로 괴물이 훌쩍이고, 으르렁거리고, 꽥꽥대고, 쿵쾅거리고, 울부짖는 내용의 이야기이다.

Fox, M. (2012). *Two little monkeys*. San Diego, CA: Beach Lane Books.
표범에 쫓기는 원숭이들에 대한 긴장감 있는 이야기로 반복되는 표현과 후렴구로 글자를 학습할 수 있는 그림책이다. (영아~초등 1학년)

Litwin, E. (2012). *Pete the cat: Rocking in my school shoes.* New York, NY: HarperCollins.
*Pete the Cat: I Love My White Shoes*의 후속으로 이야기 반, 노래 반이다. 잘 생긴 고양이가 'It's all good'을 반복하여 말하므로 유아들이 쉽게 따라하는 그림책이다. (유치부~초등 2학년)

Menchin, S. (2007). *Taking a bath with the dog and other things that make my happy.* Boston, MA: Candlewick.
주인공 스위트 피는 처음에 기분이 안 좋았지만 자신

을 행복하게 하는 20개를 찾으면서 행복해진다는 이야기이다. 각 쪽을 보며 동반되는 표현을 기억해 보는 활동을 하거나 유아를 행복하게 하는 것을 그리거나 적어서 책을 만들어 보는 활동을 할 수 있다. (영아~유치부)

Stevens, J., & Crummel, S. S. (2012). *The little red pen.* Chicago, IL: Harcourt.
잘 알려진 빨간 암탉을 알면 따라 읽기가 쉬운 책으로 숙제를 고치려고 하는데 아무도 도와주지 않는다는 이야기이다. (유아~초등 2학년)

다문화 유아

다문화 유아와 함께 읽기

언어장애가 있지 않은 한 대부분의 유아가 듣기와 말하기를 습득하지만, 유창하게 읽고 쓰는 것은 모든 유아에게 보장되어 있지 않다는 사실은 구어와 문어가 많이 다른 언어체계임을 보여 준다(Schultz, 2003). 2개의 언어를 사용하는 유아의 말하기와 듣기능력은 2개 언어의 읽기능력을 예측한다(Geva & Yaghoub-Zadeh, 2006; Lindsey, Manis, & Bailey, 2003; Nakamoto, Lindsey, & Manis, 2008; and Proctor, August, Carlo, & Snow, 2006, for a discussion). 다문화 유아의 영어학습에는 책 읽어 주기가 도움이 된다. 이를 위하여 Gillanders와 Castro(2011)은 다

음과 같이 제안하고 있다.

다문화 유아에게 책 읽어 주기

1. 숫자 세기, 요일 등 예측이 가능한 사건등을 주제로 한 그림책을 영어와 다른 언어로 쓰여진 책을 선정한다.
2. 책을 훑어보면서 핵심 어휘를 살펴본다.
3. 반복되는 말, 표현 등을 같이 해 본다.
4. 먼저 유아의 모국어로 읽어 주고 영어로 읽어 준다.
5. 소품을 제공하여 유아가 극화활동을 하거나 다시 말하기 활동을 한다.

어떻게 할까요

새로운 어휘의 소개

새로 만난 어휘 100개 중 실제 뜻을 알고 가는 어휘는 5~15개 정도이다(Beck, McKeown, & Kucan, 2002). 6년에 10,000개의 어휘를 습득하려면 매년 2,000개 정도의 어휘를 습득해야 하고 이

는 다시 일주일에 38개 그리고 하루에 5~6개의 어휘를 습득해야 한다(Byrnes & Wasik, 2009, p. 107). 그림 혹은 행동으로 쉽게 이해되지 않는 어휘는 다양한 맥락에서 여러 번 경험되어야

그 뜻을 이해할 수 있다(Baumann, Kaméenui, & Ash, 2003; Stahl, 2003). 유아가 새 어휘를 이해하고 습득할 수 있는 방법 중 하나는 그림책 감상이다. 교사가 책을 읽어 주며 하는 상호작용은 유아의 어휘습득에 효과적인 방법으로 알려져 있다(Bradham & Brown, 2002). 다음에 소개하는 상호작용이 도움이 된다.

글자의 소리로 시작한다.

단어의 소리를 알게 한다. 많이 쓰는 낱자의 소리를 가르쳐 주기 위하여 글자를 적어서 보여 준다. "선생님이 가리키는 글자를 보세요. 선생님이 내는 글자의 소리를 잘 들어 보세요." 그리고 "선생님과 함께 소리 내어 보세요."와 같은 과정을 반복한다. 이후 유아 혼자 글자를 만지면서 소리를 내게 한다. 이 과정을 반복하면서 다른 낱자의 소리도 연습할 수 있도록 한다. 유아가 아는 글자의 소리가 많아지면 유아 스스로 단어가 내는 소리를 추정하여 내 보도록 한다.

단어의 소리를 내어 본다.

유아가 소리 낼 수 있는 낱자의 수가 어느 정도 되면 낱자의 조합으로 된 단어의 소리를 내어 보도록 한다. 낱자 혹은 단어의 소리가 예외적인 경우는 시각글자 혹은 통글자의 형식으로 가르치는 것이 더 효과적이다.

단어 읽기는 '가지'와 같은 단어를 읽어 보고 '가'를 빼고 같은 자리에 '바'를 넣었을 때 어떤 소리가 되는지를 연습하며 익힌다.

새 어휘습득은 먼저 유아에게 친숙한 어휘로 시작하고 유아의 경험 혹은 배경지식을 연결하여 어휘의 뜻을 소개하고 다양한 맥락에서 그 뜻을 반복하여 경험하도록 한다(Wasik, 2010).

출처 : Beck et al., 2002; Carnine, Silbert, Kame'enui & Tarver 2010; Denton, Parker, & Jasbrouck, 2003.

부록 7.1 멜과 토드 : 읽기학습에 대한 모의 체험

멜과 토드

읽기학습에 대한 모의 체험

모의 체험 사용 방법

1. 먼저 발명글자 어휘의 뜻을 빠르게 본다. 이후 글을 읽을 때 오른쪽 편의 글을 가리고 읽는다.
2. 학생 혼자서 한 쪽씩 읽는다. 처음에 소개된 어휘를 다시 본다거나 답을 먼저 본다거나 친구에게 질문을 하지 않도록 한다.
3. 다른 학생의 속도에 비하여 당신이 늦게 읽고 있다면 기분이 어떠한가? 발명글자를 못 읽게 되었을 때 어떤 기분이 드는가?

발명글자 어휘

ө	나	∏ ¥	그래서
±µ€	멜	Çшө∏	이것
Ç¥ß	토드	€ µ Ç' ∏	~하자
€¥ ¥≠	보다	ÐНЪ	달리다
£¥ ± µ	오다	∏Ωөß	말하였다
ΩÇ	~에	ш Ω ɳµ	가지다
Ω ±	~이다		

Ç¥ß 토드   ±µ€ 멜

"€ µ Ç'∏   ÐНЪ, ±µ€!"
∏Ωөß Ç¥ß.

"멜, 달리자!" 토드가 말했습니다.

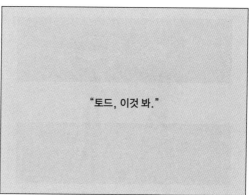

"토드, 이것 봐."

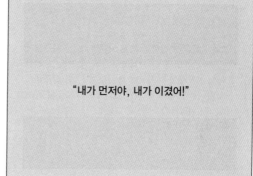

"내가 먼저야, 내가 이겼어!"

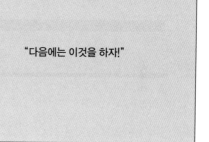

"다음에는 이것을 하자!"

ç Ш μ   μ Ъß

끝

또 다른 혼란의 원천 : 읽기와 관련된 용어

글을 읽을 때 어려운 이유는 글자의 의미를 알아내는 것뿐만 아니라 교사가 언급하는 독서 혹은 읽기와 관련된 용어도 있기 때문이다. 당신이 유아라고 가정하고 선생님이 다음과 같이 수업을 하고 있다고 상상해 보라.

"오늘 새로운 프리플을 배울 거예요. 모든 프리플에는 엘르 쉬마크가 있을 거예요. 자, 첫 번째 프리플입니다. 다 같이 쉬마크해 봅시다. 자, 이 프리플을 펀치패터로 만들어 볼 사람 있나요? 이 프리플을 보세요. 자 쉬마크가 어때요? 그렇죠, 그거예요. 이 단어의 엘르 쉬마크는 끝에 있어요."

아래의 것을 알아내기 전에는 옆의 말은 거의 알아들을 수 없다.

• 프리플 = 단어
• 엘르 = 알파벳 I
• 쉬마크 = 들리다
• 펀치패터 = 문장

읽기학습에 대한 성찰

• 멜과 토드의 말을 이해하기 위해 당신이 사용한 전략은 무엇인가? 읽기에는 어떤 기술이 필요한가?

• 발명글자를 못 읽거나 선생님의 말을 이해 못할 때 기분이 어떠했는가?

• 글자 읽기에 능숙하지 않은 유아를 보며 속으로 '얘야, 이렇게 쉬운 것도 못 읽니?'라는 생각을 한 적이 있는가? 모의 체험 이후 당신의 생각은 어떻게 바뀌었는가? 그 이유는 무엇인가?

• 말은 자연스럽게 배우게 되는데, 읽기를 배우는 것은 이와 다를까? 읽기를 배우는 데 필요한 능력은 무엇일까?

• 동일한 텍스트를 반복하여 연습하면 어떤 이점이 있을까?

• 매번 새로운 단어가 나오는 텍스트를 당신이 읽어야 한다고 가정해 보자. 이러한 경험이 반복되면 읽기와 학교에 대한 태도는 어떻게 될까? 혹은 자아개념에는 어떠한 영향을 줄까?

제 8 장

초기 및 독립적 읽기교육

Courtesy of Dr. Kate Silvis

초기 및 독립적 읽기에 대한 사실

- 1800년대에 출간된 읽기교재(예 : *Webb Readers, Noah Webster's Blue Back Speller*)는 알파벳과 발음 익히기로 구성되어 있다(Putnam, 1995). 1940년대에는 최소한의 단어로 이루어진 문장 혹은 한 단어가 반복되는 형식의 문장(예 : 강아지를 보아라)으로 된 기본 읽기교재(Basal readers)가 소개되기 시작하였다. 가장 유명한 기본 읽기교재는 연습지가 첨부된 *Fun with Dick and Jane* 으로 1970년대까지 널리 사용되었다.
- 미국은 학생에게 배당된 비용이 산업국가 중 1위를 차지하나 학생들의 읽기 수준은 17위에 그친다(Children's Defense Fund, 2011). 2012년 전국의 4학년에게 시행된 읽기 학력진단평가에서 38%가 기초 이하 수준, 31%가 유창, 7%가 탁월이고 24%가 기초 수준으로 나왔다.
- 교육통계센터(National Center for Education Statistics, 2001)에 의하면 가정에서 일주일에 3~4회 책을 읽어 준 유치원 입학 유아의 26%가 알파벳을 모두 읽을 수 있는가 하면 가정에서 책 읽기를 이보다 덜한 유치원 입학 유아는 약 14%가 알파벳을 읽을 수 있다.
- 3학년 때의 읽기능력은 성인이 되었을 때의 문해력과 크게 상관이 있다(Annie E. Casey Foundaton, 2010; Brown, 2010; Dickinson & Porche, 2011; Hermandez, 2011).

- 읽기는 단순히 인지적 능력만이 관계되는 것이 아니다. 자기조절력과 사회적 기술이 능한 어린이가 이후 유능한 독서자가 될 가능성이 크다(Smith, Borkowski, & Whitman, 2008).
- 유아의 발달 수준에 적합하고 흥미로운 읽기교재는 읽기능력 발달에 도움이 된다. 예를 들어, 가정에 재미있는 그림책이 10권 이상이 있는 어린이는 10권 이하의 그림책이 있는 어린이에 비하여 읽기 점수가 86점이 높다(National Education Association, 2007).
- 낙오학생방지법(2002)에 의해 유치원부터 초등학교 3학년들의 읽기능력을 지원하는 '읽기 우선(Reading First)' 프로그램에 9억 달러가 투자되었다(National Early Literacy Panel, 2009). 연방정부 재정에 의한 이 프로그램은 실증적 결과에 의해 지지되는 읽기 프로그램을 실행하도록 되어 있다.
- 초등학교 3학년이 될 즈음에는 약 80,000개의 어휘를 알아야 한다(Byrnes & Wasik, 2009; Juel & Minden-Cupp, 2000).
- 스스로 글을 읽고 이해하는 것은 언어뿐만 아니라 시각·공간 기억력과 관계가 있다(McInnes, Humphries, Hogg-Johnson, & Tannock, 2003).
- 글자를 소리 내어 읽을 수 있다고 하여 그 뜻을 이해하는 것은 아니다. 읽기 평가에서 소리내어 읽기에서는 높은 점수를 받는다 하더라도 문장 이해력은 이에 미치지 못할 수 있다(Perfetti, 2007). 그 이유는 글을 이해하는 과정에는 보다 복잡한 기술과 과정이 필요하기 때문이다(DeBruin-Parecki & Squibb, 2011; McMunn Dooley & Matthews, 2009; van Kleeck, 2008).
- 읽기와 관계된 지식과 기술을 습득하는 것에는 읽기에 대한 흥미도 관여한다. 이는 읽기기술 습득에 어려움을 겪는 어린이에게 동기적 부분을 강조하는 것이 도움이 될 수 있음을 시사한다(Guthrie, 2011; Morgan & Fuchs, 2007; Paris, 2011).
- 미국 전 인구의 약 15%가 난독증인 것으로 추정된다. 그러나 난독증이라고 해서 구어 사용에 문제가 있는 것은 아니다(Cruger, 2005). 글자를 시각적으로 처리하는 데 있어서 어려움을 갖는 난독증은 지능 혹은 구어적 의사소통 능력과는 크게 관계가 없다(Katzir et al., 2006).

이상의 사실들에 놀랐나요? 무엇에 그리고 왜 놀랐나요? 유아를 교육하는 데 이러한 사실들을 어떻게 반영해야 할까요?

초기 읽기 혹은 독립적 읽기란 무엇인가

교육표준과 교수

특수교육법에는 장애아 무상교육의 권리와 의무가 보장되어 있다. 학습장애센터(www.ncld.org) 웹페이지에 게시되어 있는 장애아 교육의 표준과 교수 실행 등을 참고하라.

유아기 읽기와 관련된 요인을 생각해 보라고 하면 대개의 사람들은 책, 종이, 학습지와 같은 재료, 교실 혹은 도서실과 같은 맥락, 부모 무릎, 책 읽어 주기 혹은 혼자 읽기 등을 생각한다. 물론 이 모든 것이 유아기 읽기와 관련이 있지만 무엇보다 읽기란 발달적 과정임을 기억해야 한다

(Dougherty Stahl, 2011; Fellowes & Oakley, 2010; Paris, 2011).

유아기 읽기에 대한 선구자적 연구자인 M. Clay(1992)는 읽기를 아래와 같이 정의하였다.

읽기란 메시지를 얻고 문제해결이 관여되는 과정이므로 숙련될수록 기술과 융통성이 증가한다. 읽기는 작가가 주는 메시지를 완벽하게 이해하기 위하여 청각과 시각 정보를 통합적으로 처리하여 의미를 추출하는 과정이다. (p. 6)

따라서 읽기를 배우는 과정은 텍스트로부터 의미를 얻기 위하여 의미를 연관시키는 것이다. Au(1993)는 문해란 "특정한 사회적 맥락의 요구에 맞게 텍스트로부터 의미를 추출하는 읽기와 쓰기과정이다."(p. 20)라고 정의하였다. 그림 8.1에 지난 세월 동안 문해에 대한 정의가 어떻게 변화되어 왔는지가 제시되어 있다. 이를 보면 알 수 있듯이 시간이 진행될수록 문해 혹은 읽기에 대한 기대가 계속 확장되고 있다.

그렇다면 어떻게 이렇게 복잡한 기술 혹은 행위가 습득되는 것일까? 많은 전문가들은 이는 아래에 제시된 요인들의 복잡한 상호작용에 의한 것이라고 한다.

1. 독자의 배경, 텍스트에 대한 선행경험, 숙련된 독자에 대한 관찰 기회, 주제에 대한 지식, 텍스트에 대한 적극적 토의경험(Smith, 2006)
2. 독자가 가지고 있는 가치관, 태도, 흥미, 동기, 집중력 등(Turner, 1997 참조)
3. 독자의 발달 수준, 지각능력, 인지 처리 능력, 언어 지능, 시각적 정보를 처리하는 능력과 같은 독자 내적 요인
4. 텍스트 접근성, 독서를 할 수 있는 시간, 주위 성인의 지지, 또래의 가치관, 교사 혹은 또래와 함께 텍스트에 대한 토의의 기회 등과 같은 환경적 요인(Nielsen & Monson, 1996)

우리가 유아에게 무언가를 읽으라고 요청할 때 진정 무엇을 원하는 것일까? 독서위원회는 초기 읽기 및 독립적 읽기와 관계된 핵심 기술 5개를 소개하고 있다.

1. 음운인식. 말소리를 듣고 구분할 수 있는 능력을 뜻한다. 말의 가장 작은 단위를 구분하거나 글자가 내는 소리를 구분하거나 발화할 수 있다.
2. 발음. 단어를 구성하는 말소리를 분해하거나 처음 듣는 단어일지라도 말소리가 합성될 때 나는 소리를 아는 것이다. 발음 교육은 낱자와 소리를 합하여 글을 읽거나 쓸 수 있도록 한다(Bear, Invernizzi, Templeton, Johnston, 2007; Cunningham, 2008 참조).

그림 8.1 문해에 대한 정의의 변천

1600~1700년대

서명 문해 : 자신의 이름을 적거나 읽는 것

사회역사적 맥락 : 사회적 계약 혹은 활동에 있어서 개인은 최소한 자신을 나타내는 표시를 해야 한다. 1600년대 영국에서는 성경의 한 구절이라도 읽을 수 있으면 사형에 해당하는 중죄인도 낙인을 찍는 것과 같은 정도로 형량이 감해질 수 있었다.

1800년대 중반

낭독 문해 : 텍스트를 외어서 구술하는 것

사회역사적 맥락 : 문해의 기본적 기능은 종교 교리를 배우는 데 있었다. 식민지 미국에서의 문해교육은 종교적 · 도덕적 교훈을 습득하는 도구로 사용되었다.

1900년대 초반

해독 혹은 분석적 문해 : 처음 보는 텍스트라도 해독할 수 있는 것

사회역사적 맥락 : 산업혁명의 도래와 함께 이민자를 포함하여 많은 사람들이 산업현장에 취업이 되었다. 1900년 미국인구조사국의 문해 관련 질문 "당신은 읽고 쓸 수 있나요?"에 "예" 혹은 "아니요"로 답하게 되어 있다. 1930년 인구조사국의 문해 관련 진술문은 영어를 사용하지 않는 이민자들을 의식하여 '하나의 언어에서라도 읽거나 쓸 수 있는 능력을 가진 10세 이상'이라는 표현을 사용하고 있다.

1900년대 중반

시험 문해 : 읽기 시험에 통과하는 것

사회역사적 맥락 : 제2차 세계대전 중이라 미국 군대에 입대할 수 있는 기준은 초등학교 4학년 수준의 시험에 통과하는 것이었다. 1950년 유네스코에서는 문해력이 있는 사람을 '일상에 필요한 간단하고 짧은 문장을 읽고 쓸 수 있는 자'라고 정의하였다.

1900년대 후반

학교 문해 : 학교 교육을 일정 기간 받은 사람에게 요구되는 능력. 텍스트와 관련된 문해 이상의 개념으로 확장됨

사회역사적 맥락 : 1960년 미국인구조사국에서는 문해를 정의할 때 '형식적 교육을 받은 25세 이상의 사람'을 대상으로 하였고, 1962년 유네스코에서는 문해란 '개인이 속한 집단에서 성공적으로 기능하는 데 필요한 기초적인 지식과 기술이며 읽기, 쓰기와 수학적 기술을 사용하여 자신뿐만 아니라 지역사회의 발전에 기여하는 데 필요한 능력'이라고 하였다. 1988년 유네스코는 다시 "일상생활에 필요한 읽기와 쓰기 기술과 능력의 부재는 개인의 경제 및 사회생활에 방해가 된다. 또한 이는 배우고, 알고, 소통할 수 있는 개인의 기본 권리에 심각한 장애를 준다."라고 하였다.

　　이 시기에 읽기를 글의 의미를 있는 그대로 해독하는 모델에서 독자와 글과의 상호작용의 과정으로 보는 모델로 전이되기 시작하였다. 독자는 글의 사전적 의미에만 집중하는 것이 아니라 자신이 가지고 있는 지식과 경험을 연결하여 의미를 구성한다. 또한 읽기는 교사와 학생간의 상호작용, 읽기의 목적과 맥락에 따라서 영향을 받는다.

2000년대 초반

비평 혹은 해석 문해 : 텍스트를 요약, 분석, 평가하는 능력과 추론하고 비판적으로 생각하고 문제를 해결할 수 있는 능력

사회역사적 맥락 : 많은 사람이 지식을 다루거나 사람을 지원하는 직업에 종사하는 정보사회에서 직업을 유지하기 위해서는 효과적으로 추론하고 평생 배워야 하며 협력의 기술이 요구된다. 문해법령(1991)에서는 문해를 "읽고 쓸 수 있는 능력과 직업을 유지하는 데 필요한 수준에서 문제를 해결하고 자신의 잠재력을 실현하는 것."이라고 하였다. 현대사회에서 문해능력이 있다는 것은 구어와 텍스트를 사용하는 데 적극적이고 분석적이며 창의적일뿐만 아니라 영화, TV, 광고, 사진, 정치적 홍보물에 대한 비평능력이 있다는 것을 의미한다(NCTE & IRA, 1996, p. 5).

출처 : Newman & Beverstock, 1990.

3. 유창성. 문장을 자연스럽고 일관적인 속도로 읽을 수 있는 능력이다. 유창하게 글을 읽는다는 것은 정확하게 읽기뿐만 아니라 글이 가지고 있는 리듬과 높낮이를 적절하게 맞출 수 있는 능력도 포함된다.

4. 어휘. 의미의 최소단위로서 해독한 것의 의미를 이해하려면 어휘를 알아야 한다(Juel & Minden-Cupp, 2000).

5. 이해. 해독한 글자의 의미를 아는 것이다(Duke, Pearson, Strachan, & Billman, 2011).

독서자가 되기 위해 필요한 것

Mackey와 White(2004)는 "우리는 텍스트, 글, 책 그리고 생각이 넘치는 세상에서 일하고 휴식을 취한다. 따라서 읽기를 배우는 것은 필수이다."(p. 30)라고 하였다. 아래에 읽기를 습득하는 데 필요한 것들이 제시되어 있다.

- 읽고 학습하는 시간
- 다양한 종류의 텍스트에 대한 접근성
- 미숙부터 능숙의 수준까지 여러 단계의 읽기능력을 가진 타인과의 상호작용의 기회
- 발달적 수준에 맞는 전략으로 배울 수 있는 기회
- 읽는 사람과 쓰는 사람을 관찰할 기회
- 자신의 읽기과정에 대한 의식(Braunger & Lewis, 2005)

가족 및 지역사회와의 협력

1학년 담임을 맡고 있는 리에브만 선생님 반에 미첼과 지니가 전학을 왔다. 미첼은 꼭 어른처럼 말하고 학업에 대한 집중력이 높으며 또래보다 훨씬 앞서 있는 것으로 보인다. 미첼은 교실에 있는 글자를 술술 읽고 심지어 선생님 책상 위에 놓여 있는 책도 읽을 수 있다. 미첼은 반의 아이들보다 읽기학습을 더 높은 수준으로 해야 할 것으로 보인다.

검사결과 미첼은 거의 천재 수준으로 평가되었다. 리에브만 선생님은 미첼의 부모, 학교 상담사 등과 회의를 열어 미첼의 교육방향에 대하여 의논하였다. 미첼은 주로 언어 영역에서 영재성을 보이므로 6학년 버디 선배와 함께 일주일에 3번 책을 읽고 일주일에 2번은 성인 자원봉

뇌와 언어

뇌의 세포가 활성화되면 뇌전도(elec-troencephalogram)에 감지된다. 뇌전도 테크놀로지를 통한 언어발달 과정을 보면 언어발달은 점진적으로 일어나는 것이 아니라 폭발적으로 일어난다는 것이 관찰된다(Richmond & Nelson, 2007). 폭발적 변화는 지지적 교사 혹은 부모에 의해 이루어진다. 하버드대학교 K. Fischer가 연구한 동영상이 www.uknow.gse.harvard.edu/learning/index.html에 게시되어 있다. 이 동영상이 유아교사에게 시사하는 바는 무엇인가?

사자와 책을 읽기로 하였다.

한편 지니는 1학년 수준의 과제도 어려워하는데, 선생님이 관찰해 보니 눈을 자주 비비고 책과 종이를 눈에 바짝 대고 보아서 안과검진을 받도록 하였다. 그 결과, 지니는 안경을 써야 할 정도의 근시인 것으로 진단되었다.

교장 선생님은 지니의 엄마, 아버지, 사회복지사와 담임 선생님과 회의를 주재하였다. 부모님은 지니에게 안경을 쓰게 하거나 정규적인 안과검진을 받기를 희망했지만 지니의 아버지는 장애인이고 이 가정의 유일한 소득자가 지니의 어머니여서 경제적으로 어려운 상황이었다. 지역 라이온스클럽의 도움을 받아서 클럽 회원 중 안과 의사가 지니의 눈을 검진하고 안경을 쓸 수 있도록 지원하였다. 그러나 지니는 읽기과제를 하는 데 여전히 어려워하여 M. Clay(1992)가 개발한 읽기 중재 프로그램인 리딩리커버리(Reading Recovery) 프로그램에 참여하였다. 이 프로그램은 12~16주 동안 매일 30분 동안 특수교사에게 일대일 교육을 받는 것이다. 지니의 부모님은 "이 학교의 지원 프로그램은 전에 다니던 학교보다 훨씬 좋습니다. 우리 가족 누구도 읽기에 능숙하지 않은데, 지니가 학교에서 이런 도움을 받게 되어 정말 기뻐요."라고 하였다.

기여와 결과

- **교사의 기여.** 리에브만 선생님이 각 유아가 보여 준 읽기능력 관련한 문제를 해결하는 데 제공한 지원은 무엇인가?
- **가족의 기여.** 유아의 읽기발달을 위하여 각 가정에서는 어떠한 역할을 하였는가?
- **전문가의 기여.** 두 유아의 문제해결을 위하여 동참한 전문가의 도움은 무엇인가?
- **협력의 결과.** 만약 선생님, 부모, 전문가들이 협력하지 않았다면 이 유아들에게는 어떤 결과가 나왔을 것인가?

초기 읽기 및 독립적 읽기발달 개관

이 절에서는 읽기발달의 전반적 과정을 개관한다.

글과 의미에 집중하기

유아는 책은 글에 의해 의미가 전달된다는 것을 결국 알게 된다. 따라서 무언가 글을 읽거나 책을 읽을 때 글에 더 집중하려고 한다. 그림 8.2에 제시되어 있듯이 유아는 단어 지식이 발달함에 따라 자신의 오류를 스스로 수정하게 된다. 예를 들어, 5세 에이미가 *A Pocket for Corduroy*(Freeman, 1968)에서 원문은 '종이(sheets)'가 아니라 '수건(washclothes)'으로 되어 있는 것을 "코듀로이가 타월과 '종이(sheets)'를 보았어요."라고 읽다가 바로 "아니지! 종이가 아니라 '수건'이지."라고 말한다. 에이미는 수건이라는 낯선 단어를 보고 뜻이 통하도록 종이로 대체하여 우선 읽었으나, 원래의 단어가 *w*로 시작하는 것을 인식하자마자, *s*로 시작하는 *sheets*를 포기하고 *w*로 시작하는 단어로 다시 읽는 것이다.

글자의 모양 혹은 글자와 소리의 관계에 집중하기

이 단계에서 알파벳 글자의 이름과 소리, 단어의 발음과 소리를 아는 지식을 활용하여 글을 읽

그림 8.2 단어 지식의 발달 단계

1단계 : 통글자 단계
- 유아 전기
- 환경에서 쉽게 그리고 자주 볼 수 있는 글자에 관심을 갖게 한다.
- 과자 상표, 광고문, 간판 등의 글자를 모아 책을 만든다.

2단계 : 알파벳 단계
- 유아 후기
- 낱글자의 이름과 그것이 내는 소리에 관심을 갖게 한다.
- 알파벳 책, 블록, 자석 글자를 가지고 놀 수 있도록 한다.

3단계 : 맞춤법의 단계
- 초등 전기
- 같은 소리가 나는 글자와 같은 글자를 사용하는 단어를 모아 보게 한다.
- '가'로 시작하는 단어 모아 보기, 끝말 잇기, '약국에서 받침을 빼면 무엇이 되나요'와 같은 말놀이 게임을 한다.

으려고 한다. 즉 읽기란 글자가 내는 소리를 정확하게 읽는 것이라는 것을 알기 때문에 읽는 척하는 흉내 내기를 거부하기도 한다. 글자가 내는 소리에 집중하므로 뜻과 의미에 대한 고려가 아예 없기도 하다. 즉 6세 비비안은 호랑이의 *stripes*(줄무늬)를 읽어야 하는 곳에서 이를 *stop*이라고 읽는다.

유아들은 초성, 중성, 종성을 알거나 단어의 길이, 모양 그리고 전체적인 형태에 대한 지식을 활용하여 글을 읽으려고 시도하고 심지어 몇 개의 아는 글자에 근거하여 단어를 읽으려는 시도를 하기도 한다. 즉 글자의 음성학적 지식을 최대한 활용하고 이에 집중하여 5세 유아는 *vanilla*(바닐라)를 *vanlah*라고 읽기도 한다.

부모나 교사는 대개 5~6세 유아가 보여 주는 이 단계의 읽기 행동이 유창성에서 퇴행한 듯 보여 걱정을 하기도 하지만 Sulzby(1985)는 유치원 시기에 종종 보이는 이런 행동이 읽기발달 과정에서 무척 중요한 단계라고 하였다. 결국 유아는 자신들이 아는 모든 지식을 활용하고 통합하여 유창하고 관례적으로 읽을 수 있는 수준으로 발달한다(Doake, 1986).

글과 이야기에 대한 지식을 통합하기

초등학교 1~2학년 정도가 되면 이 단계가 된다. 이 시기의 유아는 지금까지 자신이 경험하고 알게 된 글자의 발음, 의미, 문법, 변용 등의 모든 지식을 활용한다.

영어는 글자의 소리가 정확하게 일치하는 언어는 아니다. 즉 말소리와 글이 정확하게 일치되는 경우보다는 아닌 경우가 더 많아서 영어 읽기를 배울 때는 개별 단어의 발음을 하나씩 기억할 필요가 있다. 그림 8.3에 새로운 영어 단어를 읽어야 하는 어린이를 도울 때 사용하는 발문들이 제시되어 있다.

이 시기의 어린이는 특정 단어의 철자를 반복해서 외우고 읽어 보기도 하면서 새 단어를 읽어 보려고 한다. 이러한 과정이 반복, 누적되어 독립적 독서자로 발전해 간다. 그림 8.4에 초기 읽기 및 독립적 읽기와 쓰기발달 과정이 정리되어 있다. 또한 그림 8.5에는 자폐아의 읽기교육에 도움이 될 것이 제시되어 있다.

그림 8.3 소리 내어 읽기 어려운 글자에 대한 지도 방법

"지금까지 읽은 내용을 말해 보세요."

"이 글자를 다시 한 번 읽어 보세요."

"그림을 보고 어떤 글자일지 생각해 보세요. _____로 시작하는데…."

"_____라고 읽던데, 여기 다시 보세요. 이 글자가 맞을까요?"

"이것은 _____과 앞소리가 같아요."

"이 글자를 못 읽는 거니?"

"처음 보는 글자라서 못 읽는 거니, 아니면 전에 보았는데 기억이 안 나는 거니?"

"다시 천천히 읽어 보렴."

"이 글자는 네가 아는 건데. _____와 비슷하게 생겼지."

"이 글자를 없는 듯이 여기고, 이 글의 전체 뜻이 무엇인지 한번 생각해 보렴."

"어느 부분을 못 읽겠는지 가리켜 보렴. 짝에게 도움을 청해 보았니?"

"뒷 문장 1~2개를 먼저 읽어 보렴. 그러면 이 단어가 무엇인지 생각날 수도 있단다."

그림 8.4 초기 읽기와 쓰기발달의 단계

초기 읽기와 쓰기의 단계 : 유치부~초등 1학년의 목표
간단한 이야기를 읽고 친숙한 주제에 대하여 쓸 수 있다.

유치원~초등 1학년 수준
• 여러 번 읽은 글을 스스로 읽을 수 있고 다시 말할 수 있다.
• 반복해서 읽기, 예측하기, 질문하기, 맥락에 따라 추론하기와 같은 텍스트 이해에 필요한 전략을 사용할 수 있다.
• 스스로의 목적을 위하여 글을 읽거나 쓸 수 있다.
• 적당한 속도 혹은 유창하게 글을 읽을 수 있다.
• 글자와 발음, 글자의 소리에 대한 지식을 활용하여 처음 본 글자를 읽을 수 있다.
• 아는 통글자가 많다.
• 처음 본 글자를 읽어 보려고 소리를 낸다.
• 구두점 등도 표기하려고 한다.

교사의 역할
• 매일 동화를 읽어 주고, 유아가 하는 말을 관찰하여 기록한다.
• 처음 보는 글자를 읽는 방법과 전략을 모델링한다.
• 유아 스스로 읽거나 적어 보는 시간을 준다.
• 동시, 이야기, 정보 등 다양한 장르의 글을 읽고 쓰고 이야기 나눈다.
• 소리나는 대로 글을 써 볼 수 있도록 한다.
• 글의 이해를 도울 수 있는 전략을 모델링한다.

부모와 가족의 역할
• 자녀가 좋아하는 책에 대하여 이야기 나눈다.
• 자녀에게 책을 읽어 주고 자녀가 부모에게 책을 읽어 달라고 요청할 수 있도록 격려한다.
• 친구와 친척에게 카드 혹은 편지를 쓰도록 격려한다.
• 가정에서 자녀가 읽고 쓴 흔적들을 교사 상담 시간에 가져간다.
• 자녀가 학교에서 배운 것을 가족과 소개하고 나눌 수 있도록 격려한다.

(계속)

그림 8.4 초기 읽기와 쓰기 발달의 단계(계속)

전이 단계의 읽기와 쓰기 : 초등 2학년의 목표
유창하게 읽을 수 있으며 복잡한 문장구조로 다양한 장르의 글을 쓸 수 있다.

초등 2학년 수준
- 읽는 속도가 빨라지고 문장의 특징을 살려서 읽을 수 있다.
- 이해를 돕는 전략인 다시 읽기, 질문하기 등을 효과적으로 사용할 수 있다.
- 처음 보는 글자를 읽을 경우 이미 알고 있는 지식을 활용하는 데 적극적이다.
- 다양한 독자를 대상으로 한 글쓰기가 발달한다.
- 맞춤법이 정확해진다.
- 구두점 사용이 정확해진다.

교사의 역할
- 분석, 평가, 추론 등의 사고 전략을 사용할 수 있도록 한다.
- 이야기, 정보, 동시 등 다양한 장르의 글을 쓰게 한다.
- 다양한 장르의 글을 읽도록 한다.
- 수정하기, 편집하기, 교정하기 등을 모델링한다.
- 철자가 어려운 글자를 읽고 쓸 수 있는 전략을 모델링한다.
- 독서는 즐거운 것임을 모델링한다.

부모와 가족의 역할
- 자녀에게 책을 읽어 주고 자녀가 부모에게 책을 읽어 주기를 요청하도록 격려한다.
- 독서와 글쓰기가 필요한 활동을 격려한다.
- 학교활동에 적극적으로 참여한다.
- 자녀가 쓴 글을 게시하여 존중의 마음을 표현한다.
- 자녀와 함께 도서관을 정규적으로 방문한다.
- 자녀가 관심을 갖는 주제와 취미에 관심을 보이고 지원한다.

독립적 읽기와 쓰기 : 초등 3학년의 목표
읽기능력이 정교해지고 다양한 독자를 대상으로 하는 글을 쓸 수 있다.

초등 3학년 수준
- 유창하게 읽으며 독서를 즐긴다.
- 글을 이해하는 데 필요한 전략을 다양하게 사용할 수 있다.
- 처음 보는 단어를 자동적으로 해독하거나 혹은 필요한 전략을 사용하여 읽을 수 있다.
- 글의 구조를 이루는 요소를 찾아낼 수 있고 이에 대하여 토론할 수 있다.
- 글과 글 사이의 관계에 대하여 비평할 수 있다.
- 이야기, 동시, 보고서 등 다양한 형식의 글을 자세하게 쓸 수 있다.
- 글의 형식에 따라서 어휘와 문장을 다르게 사용할 수 있다.
- 글을 적으면서 혹은 적기를 마친 이후 수정과 편집을 할 수 있다.
- 자신의 글의 최종 편집 단계에서 철자 등을 정확하게 수정할 수 있다.

교사의 역할
- 매일 독서할 시간을 주고 이야기텍스트와 정보텍스트를 비평적으로 읽을 기회를 준다.
- 비평적 읽기와 사적 반응의 기회를 준다.
- 글의 아이디어를 검토하는 방법을 가르친다.
- 생각과 학습의 도구로서 쓰기를 활용하도록 가르친다.
- 어법에 맞게 하는 글쓰기에 대한 지식과 기술을 가르친다.
- 철자의 정확성을 강조한다.
- 학습 공동체로서 모든 아이들이 참여할 수 있는 분위기를 조성한다.

(계속)

그림 8.4 초기 읽기와 쓰기 발달의 단계(계속)

부모와 가족의 역할

- 자녀와 함께 도서관과 서점을 방문하여 자녀의 독서에 대한 관심과 능력을 키워 준다.
- 자녀의 읽기와 쓰기능력의 변화를 알아준다.
- 교사와 정규적으로 대화 혹은 면담을 통하여 자녀의 읽기와 쓰기의 발달과정에 대한 정보를 얻는다.
- 요리법, 안내문, 게임과 운동과 같은 일상의 활동에서 글자를 활용하도록 한다.
- 언어가 가진 형식의 아름다움을 알아볼 수 있도록 돕고 대화에 참여할 수 있도록 격려한다.

출처 : International Reading Association and National Association for the Education of Young Children. Learning to read and write: Developmentally appropriate practices for young children. *Reading Teacher: A Journal of the International Reading Association, 52*(2), pp. 200–201. Copyright 1998 by the International Reading Association. Reproduced with permission of the International Reading Association via Copyright Clearance Center.

그림 8.5 자폐아의 읽기교육

읽기에 대한 집중력 유지

글과 그림의 자세한 부분 모두에 집중하느라 압도되지 않도록 읽기의 목표가 무엇인지를 분명하게 해 준다. 손으로 질감을 느낄 수 있는 독특한 재료로 된 책, 팝업북 혹은 구멍에서 찾거나 끼우는 것과 같은 책처럼 유아가 감각적으로 경험할 수 있는 책을 제공한다. 유아가 흥미를 보이는 부분에 집중하여 확장한다.

이야기에 나오는 인물의 동기와 의도를 이해하기

감정을 나타내는 얼굴 표정을 카드에 표시하여 이야기를 읽으면서 해당되는 감정표현을 고르게 한다. 예를 들어, "지미는 자전거 타는 것을 좋아해요. 그런데 지미의 자전거를 누군가가 부수어 놓았어요. 지미는 지금 어떤 기분일까요?"라고 하여 '기쁨', '슬픔', '두려움'과 같은 표정의 카드 중에서 맞는 것을 고르게 한다. 이야기 인물 중 좋은 사람, 나쁜 사람처럼 성격이 분명한 것을 고르게 한다. 또한 책을 다 읽고 이야기에 나오는 인물을 보여 주며 이들이 느끼는 감정과 생각을 말풍선 등에 적어 보도록 한다.

추상적 의미를 이해하기

'친절'과 같은 사람의 특질을 나타내면서 추상적인 것을 자폐아가 이해할 수 있도록 돕는다. 관련 특징이 드러난 책을 읽어 주고 추상적 단어의 뜻을 이해시키기 위하여 유아의 일상적 경험과 연결시켜서 "트리샤가 크레파스를 너에게 빌려주었어. 트리샤는 친절한 친구이지."라고 말해 준다.

선행 지식과 연결시키기

읽고 있는 내용과 관련된 유아의 일상적 경험과 지식을 연결시킬 수 있도록 한다. "지난번 체험학습 때 공룡의 뼈에 대해서 보았지?", "바깥놀이를 좋아하는 친구가 누가 또 있지?"와 같은 질문을 하거나 "오, 그렇지…." "여기 ~이 있네." 혹은 "나는 ~가 좋은데."와 같은 말의 시작이 되는 표현을 사용하는 모델링을 한다.

예측 및 원인과 결과 관계에 대한 추론을 도와주기

여러 번 반복해서 읽은 책의 내용에 대하여 예측 혹은 원인에 대하여 생각할 수 있도록, "원숭이가 침대에서 뛰고 나니 어떤 일이 일어났지?", "엄마가 그만 뛰라고 한 이유는 무엇일까?"와 같은 질문을 하여 예측과 추론을 할 수 있도록 돕는다. 추론의 과정을 소리 내어 생각한다. 예를 들어, "그들은 ~할 것 같은데." 혹은 "다음에 무슨 일이 일어날지 궁금한데."처럼 예측 혹은 추론적 사고를 소리 내어 하여 사고과정에 대한 시범을 보인다. 혹은 원인과 결과의 관계를 그림 혹은 도표로 그려 보게 한다.

이야기의 핵심을 이해하기

간단하고 명확한 그림이 동반된 책을 활용한다. *The House that Jack Built*처럼 비슷한 사건이 반복되는 형식의 책을 가지고 이야기의 핵심을 이해하거나 사건의 순서를 이해할 수 있도록 한다. 이야기의 사건 전개도를 그리거나 중요한 장면을 극화한다. 그림을 보면서 이야기를 재화하는 활동을 한다.

교사의 관심과 전략

영아와 어린 유아

그림책을 보는 행위는 뇌의 모든 영역을 활성화시킨다. 먼저 유아는 책을 들고 책장을 넘기기 위하여 운동능력을 사용하고, 글과 그림을 보기 위하여 시각을 사용하며 글과 그림의 뜻을 해석하기 위하여 사고하며 동작 혹은 말로 반응을 한다(Sorgen, 1999). 카드에 간단하게 그려진 그림을 보는 것으로 일관한다면 이후 유아의 책 읽기능력에 어떠한 영향을 줄 것이라고 생각하는가?

유아가 책을 읽도록 동기화하는 것은 교사로서 중요한 능력이다. 3학년 담임교사 마리스카는 다음과 같이 말하였다.

> 제 반에 몇몇 아이들은 책을 읽는 것에 전혀 관심이 없어요. 이 아이들에게 책을 읽으라고 계속 상기시키고 과제를 끝내라고 계속 이야기하지만, 아이가 책을 읽도록 하는 것이 저에게는 큰 도전입니다.

동기는 읽기활동에 몰입하는 데 필수적이다(Jalongo, 2007).

유아가 읽기활동에 몰입하도록 하는 데는 다음과 같은 사항이 고려되어야 한다.

• 유아는 자신이 독서자라는 인식을 해야 하고 유아 주변의 사람들도 그렇게 인식해 주어야 한다.

• 읽기는 개인적 의미가 있음을 경험해야 한다.

• 읽기에 대한 부담이 적어야 하며 할 수 있다는 자신감이 필요하다.

• 읽기를 배우고 있는 유아에게는 다른 독서자들과의 연대 의식이 도움이 된다.

• 적절한 수준의 도전으로 성취감을 만끽할 수 있도록 한다(Cambourne, 1995; Lonigan, 2005).

그림 8.6에 읽기에 대한 동기와 관련된 연구 결과가 제시되어 있다.

그림 8.6 어린이의 질문을 통해서 알아본 읽기에 대한 동기

질문 : 읽기란 무엇인가?

• 출현적 문해기에 있는 유아들은 문해력을 갖는다는 것에 대하여 불완전한 이해를 하고 있다(예 : Bissex, 1980).

• 유아는 초기에는 성인이 책장을 넘기거나 그림을 보고 하는 코멘트와 같은 외현적 행동에 집중하여 이 행동을 모방하며 스스로가 읽는다고 생각한다(Strommen & Maters, 1997).

• 점차 유아는 읽는다는 것은 무언가 계열화되고 의미 있는 설명과 관련되어 있다고 생각하며 이것을 그림과 관련하여 생각하다가 이것이 글에 근거한다는 깨달음을 갖게 된다. 초기의 읽기는 글을 해독하는 것에 집중하고 이 능력은 무언가 마법적인 요소가 있다고 생각한다(Strommen & Maters, 1997).

• 마침내 읽기란 이해와 해석이란 것을 깨닫게 되고 이를 위해 다양한 전략과 기술이 필요하다는 것을 알게 된다(Strommen & Maters, 1997).

(계속)

그림 8.6 어린이의 질문을 통해서 알아본 읽기에 대한 동기(계속)

교수법에 대한 시사점

- 빅북을 이용하여 읽기 모델링을 한다.
- 소리 내어 생각하기와 같은 방법으로 읽기와 관련한 사고과정을 모델링한다.
- 책의 내용을 외우는 것은 읽기발달에 도움이 된다는 것을 어린이, 부모에게 이해시킨다.
- 어린이가 이해하는 읽기에 대하여 파악하기 위한 면접을 정기적으로 실시한다(Hudson-Ross, Cleary, & Casey, 1993).

질문 : 내가 이것을 할 수 있을까?

- 성인들조차 자신의 성공확률이 50%가 안 된다면 시도조차 안 할 것이다.
- 유아의 읽기에 대한 동기는 많은 부분이 자신의 능력에 대한 믿음과 관련이 있다.
- 현재까지 읽기와 관련된 성공 혹은 실패의 경험은 읽기에 대한 집중력 혹은 몰입과 관련이 있다 (Wigfield & McCann, 1996/1997).

교수법에 대한 시사점

- 읽기과제와 맥락이 유아가 성공감을 경험할 수 있도록 한다.
- 열린 구조로 된 과제를 제시하고 점차 난이도를 높여서 유아가 자신감을 갖도록 한다. 또한 자신의 도전과 노력의 결과에 대하여 평가할 기회를 준다.
- 단어 혹은 표현이 반복되어 예측 가능한 텍스트를 제공한다.
- 부모가 자녀 앞에서 자녀의 읽기에 대한 미숙함을 언급하지 않도록 교육시킨다.

질문 : 이것을 내가 해야 하는 것일까?

- 일반적으로 외부적인 강화 혹은 보상의 효과는 오래 가지 않고 강화가 없어지거나 강화가 학습자에게 매력적이지 않으면 효력이 없어진다.
- 따라서 교사는 외부적인 상과 벌로 학습자를 동기화하기보다는 내면적 흥미와 관심을 격려해야 한다.

교수법에 대한 시사점

- 유아의 흥미와 관심을 면밀하게 관찰하고 의식한다.
- 다양한 주제의 읽기 자료를 준비한다.
- 현대의 컴퓨터, 인터넷 혹은 스마트폰과 같은 하이테크로 인해 읽기의 정의와 의미가 어떻게 변화되었는가를 생각해 본다(Levy, 2009).
- 유아가 좋아하는 장르, 작가, 주제의 그림책을 제공한다.
- 교사가 읽기에 대한 열정을 갖는다.
- 영화, 컴퓨터, 소프트웨어 등 다양한 매체를 접목한 읽기경험을 제공한다.

주 : 읽기동기에 대한 추가 자료는 Wilford(2008) 참조.

웹 2.0 교사를 위한 정보 검색 엔진

Classroom 2.0

www.classroom2.0.com

첨단 테크놀로지를 전부 이해하고 따라가는 것은 쉬운 일이 아니다. 이 사이트에서는 웹 2.0 전문가들의 블로그 혹은 세미나를 통해 최신 정보를 얻을 수 있다.

Digital-Storytime

www.digital-storytime.com

부모와 교사가 선정한 어린이용 e-북 리스트를 제공한다. 교사는 어린이의 나이, 특징, 가격, 언어에 따라 적절한 책을 검색할 수 있다.

Fun Educational Apps

www.funeducationalapps.com

어린이용으로 좋은 앱에 대한 리뷰 정보가 있고 연령별로 구분되어 있다. 무료 혹은 가격인하된 앱에 대한 정보를 최신으로 알려 준다.

Good Reads

www.goodreads.com

독서 애호가들의 네트워크이다. 유아기, 동요, 그림책, 초등학생 등 수준에 맞는 책을 검색할 수 있다.

Lunch Box Reviews

www.lunchboxreviews.com

안드로이드 운영체제 스마트 폰에서 가능하며 연령, 주제 등으로 구분된 앱을 소개한다. 모두 교육적인 앱만 있는 것이 아니라 흥미 위주의 앱도 소개되어 있으므로 선정에 신중을 기해야 한다. 학교의 운용체계와 호환이 되는가를 스마트폰으로 확인할 수 있다.

Ning

www.ning.com

선생님이 회원의 자격을 통제할 수 있다는 것 이외에는 페이스북과 같이 포럼, 블로그 등을 만들어서 선생님과 학생이 함께 아이디어 등을 공유할 수 있다. 기본 버전은 25달러이다.

Squidoo

www.squido.com

교사들에게 유익한 사이트 '톱 10'을 매일 업데이트한다.

Teachers with Apps

http://teacherswithapps.com

어린이에게 좋은 앱 10 혹은 'Teaching Appz', 'We Are Teachers', 'Special Needs'와 같은 앱을 소개한다.

Teacher Tube

www.teachertube.com

유튜브의 교사 버전으로 다양한 교수법, 프로젝트 동영상 혹은 교수-학습 자료를 얻을 수 있다.

We Are Teachers

www.weareteachers.com

교사들이 리뷰한 앱과 톱 10 등의 앱이 소개되어 있다. 이외에도 교사에게 유익한 자료, 지원금에 대한 정보가 있으며 다른 교사들과 포럼에 참여할 수 있다.

독립적 읽기를 향상시키는 교실활동

기본 읽기교재 시리즈. 기본 읽기교재 시리즈(basal reading series)는 미국 교실의 85% 이상이 사용하는 읽기 교과서, 학습지 혹은 문제지이며 미국에서 가장 많이 사용되는 읽기 프로그램이다. 대부분의 유치원부터 초등학교 고학년까지 학교 혹은 지역청에서 선정한 기본 읽기교재 시리즈를 사용한다.

이 시리즈의 기본 개념은 교사가 가르쳐야 할 가장 기본적인 것을 중심으로 난이도를 위계적으로 제시한다는 것이다. 그러나 실제 현실은 이 시리즈에 포함된 자료와 내용이 많아서 교사가 기본 읽기교재 시리즈에만 의존한다면 다른 것은 거의 할 수 없다는 것이다.

버디 리딩. 학습자가 짝을 이루어 서로에게 읽어주는 것은 독립적 읽기발달에 도움이 된다(Friedland & Truesdell, 2004). 짝을 이루는 방법은 읽기가 발달한 또래와 미숙한 또래와 짝을 짓거나, 비슷한 실력을 가진 상대와 짝을 지어서 한 줄씩 순서대로 읽게 할 수 있다. 또한 입과 귀를 각각 그린카드를 각자가 들고 역할을 인지하도록 하는 것도 방법이다. 즉 귀 그림카드를 들고 있는 어린이는 듣는 역할을 하고, 입 그림카드를 들고 있는 어린이가 읽기 역할을 한다. 그림카드도 바꾸어 가면서 역할을 바꾸도록 한다(Zaslow & Martinez-Beck, 2006).

유아 면접. 어린이가 읽기에 대하여 어떠한 인식과 이해를 가지고 있는가를 알아보는 것은 교수–학습계획에 도움이 된다. 5세에게 읽기란 무엇인가를 물었더니 "책을 읽는 것이예요.", "글자가 있는 거예요.", "소리 없이 무언가를 말하는 방법이예요."라고 답하였다. 사람들이 읽는 이유가 무엇인가를 물었더니, "나이가 들어서 스스로 읽을 수 있기 위해서예요.", "어른들은 긴 글을 읽고 신문을 읽어요.", "사람들이 글을 안 읽으면 나에게 밤에 누가 책을 읽어 주나요?", "배우고 정보를 얻기 위해서 읽는 거예요."와 같이 답하였다.

책갈피 혹은 포인터. 어린이는 책을 읽을 때 자신이 읽던 위치를 혼동하는 경향이 있다. 따라서 책갈피 혹은 자와 같은 것을 가지고 시선이 가야 할 곳을 표시할 수 있도록 하면 도움이 된다. 대집단으로 빅북을 읽거나 동시를 함께 읽을 때도 포인터를 가지고 읽는 부분을 정확하게 가리키며 읽으면 어린이들에게 도움이 된다.

질문. 읽기는 질문을 통해 더 잘 배운다. 텍스트 표면에 드러나 있는 것에 대한 질문과 추론이 필요한 질문 모두 중요하다(Massey, Pence, Justice & Bowles, 2008; Zucker, Justice, Piasta, & Kaderavek, 2010). Raths, Wassermann, Jonas와 Rothstein(1986)은 다음과 같은 질문이 도움이 된다고 하였다.

- 관찰, 정보 수집과 조직화. 지금 보고 있는 것을 주의 깊게 관찰하고 묘사하게 한다. 이를 통해 자신의 생각을 지지할 근거를 찾게 하거나 수집한 정보를 가지고 조직화하도록 한다.
- 비교와 분류. 같은 것과 다른 것을 찾아보고 자신이 이미 알고 있는 것과 지금 알게 된 것을 관련시켜 보게 한다.
- 요약과 해석. 지금까지 읽어서 알게 된 것을 요약하거나 자신의 관점에서 설명하게 한다.
- 전제 찾기와 가설 정립. 자신이 가정하고 있는 것을 생각해 볼 수 있게 한다.
- 상상과 창의. 머릿속으로 지금 듣고 보고 있는 것을 장면으로 그려 보게 한다.

어린이와 책을 읽을 때 유익한 질문에 대하여 더 알고 싶으면 Hynes-Berry(2012), Walsh & Blewitt(2006)을 참고하라.

언어경험 접근법. 언어경험 접근법(language experience approach)은 VanAllen(1976)에 의해 시작되었는데 유아가 자신의 경험을 이야기하면 선생님이 이를 받아 적어 다시 이를 읽기 자료로 활용하는 것이다. 이는 글과 관련된 규칙을 알게 도와주고 유아의 사회적 상호작용을 격려하며 무엇보다도 말이 글로 전환하는 것을 경험하게 하는 데 의의가 있다. 교사와 유아간 일대일로 할 수도 있으나 집단으로도 이 활동이 가능하다. 유아 1명씩 돌아가면서 한 문장씩 말하면 교사가 이를 차트지에 받아 적어 하나의 이야기를 만들어 간다. 예를 들어, 특정한 게임을 하는 방법과 과정에 대한 것을 함께 적어 나갈 수 있는데, 이때 유아들의 함께한 것을 이야기하면 더 효과적이다. 언어경험 접근법에 근거한 활동은 다음과 같이 진행할 수 있다.

- 반 유아들이 함께 만든 이야기를 하나의 문장을 띠지로 만들어 섞어서 이야기의 순서대로 배열하는 활동을 한다.
- 한 단어를 포스트잇으로 가리고 문장 안에 들어갈 단어를 생각해 보도록 한다.
- 우리 반의 이야기를 옆반에 소개하여 반응을 나눈다.
- 운율이 맞는 단어에 주목할 수 있도록 마커 등으로 표시한다.
- 사진, 그림 등도 함께 활용한다.

독서시간. 일과 중 특정 시간 동안 오로지 책 읽기만 하는 시간을 배정한다. 어린 영아반이라도 스스로 책을 골라 보는 시간으로 활동할 수 있다. 이 시간에는 교사는 물론, 자원봉사자 및 교직원도 동참하여 책 읽기의 가치를 행동으로 보여 준다.

메모하기. 종이책뿐만 아니라 e-북을 읽으면서 스스로의 이해도를 표시하는 것은 독립적 독서자로 발달해 가는 데 필수적인 전략이다. 그림 8.7에 유아도 활용할 수 있는 메모 전략이 소개되어 있다. 스스로 책을 보거나 읽으면서 질문, 코멘트 등을 간단하게 표시하도록 하면 교사는 이를 개별 유아 평가에 활용할 수 있다.

그림 8.7 이해력 자기 평가를 위한 메모 전략

출처 : Harvey & Goudvis, 2007과 Lacina & Matthews, 2012.

어린 독자를 위한 앱과 웹사이트

Animal Crosswords(5~9세)

동물과 관계된 어휘로 56단계의 수준으로 구분된 십자말풀이를 할 수 있는 iPad용 앱이다. 어휘의 뜻과 철자를 배우는 데 도움이 되며 보여 주기/숨기 등의 기능이 있어서 십자말풀이 힌트를 얻을 수 있다. 친구 혹은 부모님과 함께할 수도 있다.

BiteSize—Reading, Writing, Grammar
(5세 이상)

www.bbc.co.uk/schools/ks2bitesize/
english/reading

BBC가 제공하는 것으로 읽기, 쓰기, 철자, 문법을 게임을 하면서 연습할 수 있다.

Bluster! (6세 이상)

발음이 같은 글자 혹은 접두사 혹은 접미사 등에 대한 앱으로 학년 별로 짝과 함께 연습할 수 있는 무료 앱이다.

Sentence Clubhouse(5~8세)

www.harcourtschool.com

명령문, 감탄문, 의문문, 평서문등의 다양한 문장 구조와 동반되는 구두점 등을 연습할 수 있다.

Sight Words List(5세 이상)

교사가 선정한 통글자 목록을 가지고 글자 읽기를 연습할 수 있는 무료 앱이다. 퀴즈 형식으로 되어 있어서 어린이가 답을 클릭하면 정답을 맞추면 크레딧이 쌓인다.

Vocabulary Spelling City(5~8세)

www.spellingcity.com

이야기를 읽으면서 철자 및 어휘를 확인한다. 문장 내에 있는 어휘를 소리로 들려주므로 듣기 연습이 가능하다.

Word BINGO(5~9세)

매력적인 카드에 자주 볼 수 있는 통글자가 제시된다. 먼저 소리를 듣고 해당되는 단어 카드를 찾아 터치한다.

Word Pig(4~7세)

모음이 포함된 3개의 글자를 가지고 단어를 만든다. 더 높은 수준으로 소리를 듣고 단어를 만드는 것이다.

결론

유아읽기발달센터(2001)는 초기 읽기교육에 대하여 다음과 같은 선언문을 발표하였다.

어린이를 위한 효과적인 읽기교육은 일관성을 가진 잘 조직된 프로그램으로 구성되어야 한다. 교사는 유아들이 일상적으로 경험하는 대상을 가리키는 글자와 말소리의 관계에 대한 교육을 해야 한다. 또한 교사는 유아가 읽기를 하면서 자신의 이해 정도를 스스로 모니터링할 수 있도록 예측, 추론, 명료화, 요약 등의 전략을 사용할 수 있도록 가르쳐야 한다. 이는 반복 읽기, 안내된 읽기와 쓰기, 소리 내어 읽기, 토론하기 등의 방법이 해당된다.

유아기 읽기교육을 담당하는 교사는 유아가 글로부터 의미를 찾아낼 수 있도록 돕고 이들이 즐겁게 할 수 있도록 해야 함을 명심해야 한다.

> **연구와 보고**
>
> 여름방학이 되면 어린이들의 읽기 수준이 퇴행하는 현상이 있다. 이를 '여름방학 퇴행'이라고도 한다(Allington & McGill-Franzen, 2003; Malach & Rutter, 2003; Viadero, 2004). 반면 인종, 사회경제적 지위 혹은 지난 학기 성적과 상관없이 방학 중 가정에서 책 읽기 활동을 꾸준하게 하거나 무언가에 대하여 글을 쓰거나(Kim, 2004) 하면 가을에 치른 읽기 검사에서 향상된 점수를 보인다. 또한 여름방학 중 읽기 프로그램에 참여한 어린이가 그렇지 않은 어린이에 비하여 읽기 실력이 향상된다. 이는 비용이 드는 문제이므로(McCombs et al., 2011) 이 문제에 대하여 더 탐구해야 한다. 여름방학 퇴행을 예방하기 위하여 학습장애위원회에서 www.pueblo.gsa.gov에 게시한 '방학 중 읽기 퇴행을 막기 위한 방안(Keeping Literacy Alive over the Summer)'이라는 제목의 논문을 참고하라.

문해학습 전략

자유시간 읽기

자유시간 읽기(free voluntary reading)란 쉬는 시간 혹은 자유선택활동 시간에 읽기를 선택하는 것을 의미한다(Allington & McGill-Franzen, 2003; Padak & Rasinski, 2007). 자유시간 읽기는 이해도, 어휘, 읽기 속도에 긍정적인 예측변인으로 알려져 있다. 이외에도 쓰기, 철자, 문법 발달에도 도움이 된다. 새 어휘에 한 번 노출되어 이 어휘를 습득할 기회는 약 5~20%로 알려져 있다. 이는 새 어휘를 습득하고 유창한 독서자가 되기 위해서는 해당 자료를 반복적으로 여러 번 경험해야 함을 뜻한다(Krashen, 2004). 1년에 1,000개의 어휘를 습득하려면 약 1백만 개의 어휘에 노출되어야 한다. 따라서 자유시간 읽기에 유아들이 많이 참여할 수 있도록 독려해야 한다. 이에는 유아의 수준에 적합한 읽기 자료를 제공하는 것, 또래와 함께 읽은 내용에 대하여 이야기 나눌 기회를 주는 것, 다양한 읽기 자료를 교실에 비치해 두는 것 등이 도움이 되는 것으로 알려져 있다. 자유시간 읽기의 구체적 운영은 아래의 사항을 고려한다.

- 매일 일정 시간 독서시간을 운영한다. 자신이 읽은 책을 기록하고 토론할 기회를 준다. 유치부에서는 하루 15분 정도가 적당하며 학년이 오를수록 시간을 늘린다.
- 교사도 모든 것을 내려놓고 읽기에 몰입하는 모델링을 한다. 다른 행정 업무, 준비물 챙기기 등의 유혹을 이겨 낸다.

- 교실에 신문, 잡지, 안내 책자 등 다양한 읽기 자료를 비치해 둔다.
- 도서관 대출카드를 개별로 발급받게 하고 도서관 체험학습, 대출활동을 한다.

독자 극장

독자 극장(reader's theater)이란 2~3인이 소리 내어 함께 연기하듯이 읽어 청중이 마치 연극을 보는 듯하게 하는 활동이다(Kirkland & Patterson, 2005). 이는 분장, 소품이 필요한 연극이 아니라 읽기활동이다. 읽어야 할 자료를 복사하여 어린이에게 나누어 주고 각 어린이는 자신이 읽어야 할 부분을 마커 등으로 표시하여 자신의 차례를 놓치지 않도록 한다. 교사와 어린이는 함께 대본을 만들 수도 있지만 www.aaronshep.com/rt/index.html 혹은 http://literacyconnections.com/ReadersTheater.html에 가면 바로 인쇄하여 쓸 수 있는 대본이 많이 게시되어 있다. 해설보다는 대화가 많은 그림책이 독자 극장의 대본으로 활용하기에 아주 좋다. 읽기 수준이 높은 아이는 읽어야 할 양이 많은 해설을 읽도록 하고, 아직 읽기가 능숙하지 않거나 영어가 서툰 다문화 아이는 같은 표현이 반복되는 것을 읽으면서 읽기 실력을 향상시킬 수 있다.

반복 읽기

반복하여 교사가 유아와 함께 읽으면 추론, 설명, 요약, 예측과 같은 이해에 필요한 전략에 대하여 모델링을 하거나 어휘의 뜻과 개념을 이해하는 데 도움이 된다. 같은 그림책을 3번 읽어 주는데 읽을 때마다 유아가 분석하거나 이해할 수 있는 데 도움이 되도록 상호작용한다. 첫 번째 읽을 때는 이야기의 문제 등에 대하여 요약하거나 코멘트를 하고 유아의 생각을 촉진하기 위하여 '왜'와 같은 질문을 한다. 두 번째 읽을 때는 어휘의 뜻에 대하여 설명하거나 원인과 결과에 대하여 생각할 수 있는 질문을 한다. 세 번째 읽을 때는 이야기가 일어난 순서, 전후, 원인과 결과에 대하여 유아 스스로가 말해 볼 수 있도록 격려한다(Schickedanz, 2012). 이러한 방식의 반복 읽기 효과를 연구한 결과 초등학교 3학년 어린이들의 읽기 수준이 크게 향상되었다(Reutzel, Jones, Fawson, & Smith, 2008).

집중탐구 : 마이 스토리메이커

R. A. Hirsh 교수가 제공한 자료

피츠버그 시에 있는 카네기 도서관은 마이 스토리메이커를 운영하는데 이는 어린 독자와 저자를 위한 사이트이다. http://www.clpgh.org/kids/storymaker를 이용하여 어린이들 스스로가 자신의 이야기를 만들고 올리고 저장할 수 있다. 어린이들은 주인공, 주요 사건과 배경을 선택하고 주인공의 행동을 조작할 수 있다. 그러면 화면에 주인공의 행동이 글로 나오면서 내레이터가 그것을 읽어 준다. 어린이의 쓰기 실력이 충분하면 스스로가 글을 적어 이야기를 창작하기도 한다. 자신이 만든 이야기는 저장이 가능하고 다른 사람들과 공유할 수 있게 게시할 수 있다.

어린 유아	유아	독립적 읽기가 가능한 아동
어린 유아는 마이 스토리메이커에서 그림을 선택하여 이야기를 만들 수 있다. 유아가 주인공의 행동을 선택하면 내레이터가 그것을 말로 해 주고 텍스트도 나온다.	유아는 텍스트 양식 등을 선택할 수 있고 주인공의 행동을 조작한다. 자신이 만든 이야기를 다른 사람에게 읽어 줄 수 있다.	이 수준의 어린이는 더 복잡하고 어려운 수준의 이야기를 만들 수 있고 다른 어린이가 만든 스토리를 읽을 수 있다.

문학의 활용
읽기 쉬운 자료와 읽기학습

이제 글을 읽기 시작한 유아에게는 예측이 쉬운 스토리를 제공하여 자신의 읽기 시도에 대한 성취감을 느끼도록 하는 게 좋다. 다음과 같은 특징을 가진 책이 초기 독서자에게 좋다.

초기 독서자를 위한 책

1. 글과 그림이 일치하여서 글을 읽다가 막히면 그림에서 힌트를 얻을 수 있다.
2. 글자 간의 간격이 넓고, 글자 크기가 크며, 페이지마다 글의 양이 적고 짧은 문장으로 되어 있다.
3. 일상적 언어에서 자주 사용되는 어휘가 주로 쓰여 있다.
4. 관용구 혹은 상징적 표현보다는 사실적 어휘 등이 사용되어 있다.
5. 운율, 요일, 숫자, 반복표현 등 쉽게 예측할 수 있는 형식으로 되어 있다.

예측이 되어 쉬운 책 : 오래된 것, 새로운 것

The Adventures of Max and Pinky, Best Buds (Eaton, 2008); *Brown Bear, Brown Bear, What Do You See?* (Martin, 1967); *Car Wash* (Steen & Steen, 2001); *Dog and Bear: Two Friends, Three Stories* (Seeger, 2007); *The First Day of Winter* (Fleming, 2006); *First the Egg* (Seeger, 2007); *Go Dog Go* (Eastman, 1961); *Green Eggs and Ham* (Seuss, 1960); *Hop on Pop* (Seuss, 1963); *How Do Dinosaurs Say Goodnight?* (Yolen & Teague, 2000); *Mommies Say Shhh!* (Polacco, 2005); *My Beak, Your Beak* (Walsh, 2002); *My Friend Is Sad: An Elephant and Piggie Book* (Willems, 2007); *Oh, Look* (Polacco,

2004); *One Fish, Two Fish, Red Fish, Blue Fish* (Seuss, 1960); *Orange Pear Apple Bear* (Gravett, 2007); *Put Me in the Zoo* (Lopshire, 1960); *Someone Bigger* (Emmett, 2005); *Thank You Bear* (Foley, 2007); *This Is the Teacher* (Greene, 2005).

쉬운 책 : 시리즈 물

Aladdin Paperbacks Ready-to-Read

Bantam/Bank Street Ready-to-Read

HarperCollins: My First I Can Read Series, Fancy Nancy Series

Harper Trophy I Can Read Books

Houghton Mifflin: The Sheep Series (Shaw, 1995)

Puffin Easy-to-Read

Random House Step into Reading

Scholastic Hello Reader

School Zone Start to Read

The Wright Group (The Story Box and Sunshine at Home)

쉬운 책에 대한 정보를 주는 문헌

Gunning, T. G. (2007). *Creating literacy instruction for all students*. Boston, MA: Allyn & Bacon.

Riggle, J., Molnar, L. M., & Barston, B. (2007). *Beyond picture books: Subject access to best books for beginning readers* (3rd ed.). Englewood, CO: Libraries Unlimited.

읽기 학습 혹은 도서관 활용을 주제로 하는 그림책

Amber on the Mountain (Johnston, 1994). 외진 농촌 지역에 사는 소녀가 읽기와 쓰기를 통해 우정을 만들어 간다는 이야기이다.

Anno's Twice Told Tales (Grimm, Grimm, & Anno, 1993). 전래동화에 등장하는 여우 주인공이 글을 읽는다는 것을 이야기의 사람 아버지가 읽어 주는 것으로 읽기란 무엇인가에 대한 이야기이다.

Aunt Chip and Great Triple Creek Dam Affair (Polacco, 1996). TV만 보고 도서관을 이용하지 않는 마을이 댐을 건설하기 위하여 책을 읽기 시작한다는 것으로 읽기의 중요성을 알게 되는 한 아이와 마을 사람에 대한 이야기이다.

The Bee Tree (Polacco, 1993). 주인공 메리가 책읽기를 지루해하자 할아버지는 벌을 잡으러 가자고 제안하여 꿀을 얻기까지 여러 인물을 만나게 되면서 독서의 즐거움을 발견하게 되는 이야기이다.

But Excuse Me That Is My Book (Child, 2007). 찰리와 로라가 등장하는 시리즈물로서 로라가 아끼는 책의 행방이 묘연해졌으나 결국 다른 사람이 빌려 갔다는 이야기이다.

Come Back, Jack! (Anholt & Anholt, 1994). 책을 싫어하는 소녀가 책에 완전히 몰입되어 상상의 세계에 빠져든 오빠를 보며 무언가를 느끼는 이야기이다.

The Day of Ahmed's Secret (Heide & Gilliland, 1990). 카이로에 있는 시장에서 집으로 돌아가는 아흐메드의 비밀이 밝혀지는데, 그 비밀은 바로 아흐메드가 글을 읽게 되는 것이다.

Dog Loves Books (Yates, 2010) & *Dog Loves Drawing* (Yates, 2012). 책 읽기를 무척 좋아하는 하얀 강아지가 서점을 여는 이야기로 후속편에서는 백지에 상상을 동원하여 그림을 그리는 이야기이다. (일어 번역본도 있음)

Dream Peddler (Haley, 1993). 1700년대에 생존한 존 채프먼의 실화로 방문 서점을 운영한 채프먼의 이름을 따서 그가 판 책을 '챕북'이라 사람들이 이름 지어 준 이야기이다. 돈을 많이 번 채프먼은 이후에도 사람들에게 책의 가치를 많이 알려 주었다고 한다.

Good Books! Good Times! (Hopkins, 1990). 독서와 책에 대한 동시 14개가 실려 있다.

Harriet Reads Signs and More Signs (Maestro & Maestro, 1981). 환경글자를 읽는 것을 재미있게 풀어낸 이야기이다.

Hey! I'm Reading! A How-To-Read Book for Beginners (Miles, 1995). 수채 그림과 운율이 반복되는 텍스트로 읽기 초보자에게 자신감을 주는 책이다.

I Can Read Signs (Hoban, 1983) & *I Can Read Symbols* (Hobas, 1983). 학교에서 정식으로 읽기 수업을 받기 전 일상의 환경을 통해 어떻게 글을 읽게 되었는가에 대한 이야기이다.

I Like Books (Browne, 1989). 침팬지가 자신이 좋아하는 여러 책에 대하여 소개한다.

I Took My Frog to the Library (Kimmel, 1990). 어린이와 함께 애완동물을 데리고 도서관에 가면서 일어나는 재미있고 기발한 이야기이다.

It's a Book (Smith, 2010). 비디오 게임 등에 익숙한 주인공이 종이책을 보고 "커서는 어떻게 움직이는가?" 혹은 "인물끼리 싸우게 할 수 있는가?"와 같은 질문을 하는 이야기이다.

Just Juice (Hesse, 1999). 9세 주스는 문맹인 아버지가 집의 재산을 지키기 위하여 고군분투하는 것을 보며 읽기와 쓰기의 가치를 알게 된다.

Library Lil (Williams, 1997). 정전이 되자 거인 도서관 사서가 사람들에게 독서의 중요성을 재미있는 표현으로 알려 준다.

Library Mouse (Kirk, 2007). 도서관에 사는 생쥐는 책 읽기를 좋아해서 마침내 자신의 책을 만들어 서가에 진열하자 사람들이 이를 빌려 가는 이야기이다.

Miss Brooks Loves Books (and I Don't) (Bottner, 2010). 어떤 책에도 흥미를 보이지 않는 아이가 흥미를 보일 만한 책을 찾으려고 노력하는 도서관 사서에 관한 이야기

이다.

More than Anything Else (Brady, 1995). 스스로 읽기를 배우려는 워싱턴의 꿈이 이루어지는 이야기이다.

Mr. George Baker (Hest, 2005). 유아와 이웃에 있는 할아버지가 같은 꿈인 읽기를 배우는 이야기이다.

Olaf Reads (Lexau, 1961). 처음에는 읽기를 싫어하는 아이가 마침내 '암호 해독하기'를 알게 되는 이야기이다.

Our Library (Bunting, 2008). 미스 거위의 도서관이 재정적 위기에 처하자 동물들이 이를 구제하기 위하여 힘쓰는 이야기이다.

Please Bury Me in the Library (Lewis, 2005). 독서와 도서관에 대한 우스꽝스러운 동시 모음집이다.

Poppleton (Rylant, 1997). 매주 월요일에 도서관에 머물면서 책을 읽는 돼지가 경험하는 다양한 느낌에 대한 이야기이다.

Reading Is Everywhere (Wright Group, 1988). 환경으로부터 찾아 읽을 수 있는 글자에 대한 이야기이다.

Reading Makes You Feel Good (Parr, 2010). 독서의 유익함에 대하여 화려한 그림과 함께 제시한 책이다.

Richard Wright and the Library Card (Miller, 1999). 테네시 멤피스 공립 도서관에 있는 자신이 저술한 책을 대출할 수 없는 흑인에 대한 이야기로 인종차별에 대한 책이다.

Running the Road to ABC (Lauture, 1996). 아름다운 시골에 사는 하이티 어린이들이 학교에 가면서 글자, 발음 그리고 단어를 배우게 되는 이야기이다.

The Signmaker's Assistant (Arnold, 1992). 소년이 장난삼아 만든 표시가 한 마을을 혼란에 빠지게 하는 이야기로, 사인의 기능을 재미있게 풀어냈다.

Something Queer at the Library (Levy, 1977). 도서관에 갇혀 탈출하기 위해 여러 문제를 풀어가는 이야기이다.

Thank You, Mr. Falker (Polacco, 1998). 5학년이 되도록 글을 못 읽는 소년을 도와주는 선생님의 이야기이다.

That Book Woman (Henson, 2008). 아팔라치안 산맥 시골 지역을 말에 책을 싣고 다니는 사서에 대한 이야기로 처음에는 책에 전혀 관심이 없는 아이가 책을 좋아하게 된다.

Tomás and the Library Lady (Mora, 1992). 유명한 저자 토마스 리베라에 대한 실화로 농장이민자 가정에서 태어나 도서관의 책으로 마음의 안식과 지적 자극을 받은 어린 시절의 이야기이다.

We Are in a Book! (Willems, 2012). 코끼리와 돼지 듀오가 자신들이 책 안의 등장인물로 어린이들이 자신의 행동을 읽고 있다는 것을 깨닫고, 독자들이 자신들이 한 말을 따라 하게 한다는 이야기이다.

The Wednesday Surprise (Bunting, 1989). 할머니에게 글 읽는 법을 가르치는 딸로 인해 온 가족이 놀라는 이야기이다.

When Will I Read? (Cohen, 1977). 1학년 짐이 학교생활을 하면서 자신이 스스로 언제 읽게 되는가라는 질문에 답을 찾아가는 이야기이다.

Yasmin's Hammer (Malaspina, 2010). 방글라데시에서는 아이도 먹고 살기 위해 일을 해야 하는데 야스민은 학교에서 공부를 하고 싶어 하여 온 가족이 야스민이 학교에 다닐 수 있는 방법을 찾아가는 이야기이다.

You Read to Me, I'll Read to You (Ciardi, 1982). 1학년 수준의 동시로 어른이 한 번 읽고 어린이가 차례로 읽을 수 있는 책이다.

You Read to Me, I'll Read to You: Very Short Stories to Read Together (Hoberman, 2012). 두 사람이 번갈아 읽을 수 있도록 만든 책이다.

최근 출판된 시리즈 그림책

Knuffle bunny로 유명한 **Mo Willems**의 **Elephant and Piggie** 시리즈.

A. Lobel의 **Frog and Toad** 시리즈.

Mo Willems의 **Pigeon** 시리즈.

다문화 유아
문해능력 격차

문해능력 격차는 민족, 사회경제적 지위 혹은 언어의 차이에 따른 집단 간 문해능력의 차이를 뜻한다(Teale, Paciga, & Hoffman, 2007). 스페인어를 하는 어린이들 집단이 백인 혹은 중산층 집단에 비하여 문해능력 평균이 낮다(Foster & Miller, 2007). 이에 대한 원인은 간단하지 않지만 스페인어를 모국어로 하는 어린이들은 저소득층 이민자일 가능성이 높고 학교에 입학하면서 영어를 배우게 된다는 사실과 관련된 것으로 해석된다. 문해능력은 학업능력과도 연관이 있고 문해능력이 낮은 학생은 고등학교 중퇴 혹은 고졸로 학력을 마감할 가능성이 크다.

유아교육자는 스페인어를 하는 어린이들이 문해능력이 낮은 것은 언어능력보다는 사회경제적 지위와 더 관계가 있음을 인식해야 한다(Laosa & Ainsworth, 2007; Saracho & Spodek, 2010). 캐나다의 다문화 교실 어린이들은 주로 중산층 출신으로 프랑스어와 영어를 배우고 있어서, 캐나다는 이중언어교육을 하나를 포기하고 다른 것을 습득하는 개념이 아닌 두 언어를 모두 습득하는 강화의 관점으로 접근한다(Lovett et al., 2008). 영국은 파키스탄과 방글라데시 출신 어린이들의 문해능력이 낮은데 이들의 대부분은 낮은 사회경제적 가정 출신이고 모국어 습득에 대한 지원이 미비하지만 그렇다고 해서 영어습득에 대한 지원이 많은 것도 아

니다(Genesee, Lindholm-Leary, Saunders, & Christian, 2007; Hutchinson, Whiteley, Smith & Connors, 2003). 이러한 국제적 사례를 고려해 보아도 다문화 출신의 유아가 문해능력이 떨어지는 것은 단순히 제2언어 습득만의 문제가 아니라 빈곤, 영양 결핍, 열악한 주거 환경, 건강, 안전과 문화적 편견과 같은 더 포괄적인 문제와 관련이 있다고 보아야 한다(Freeman & Freeman, 2002; Garcia, 2008).

따라서 교육자는 다문화 유아에게 효과적인 프로그램을 적용하는 것에 그치는 것이 아니라 빈곤한 가정의 유아에게 효과적인 프로그램을 적용해야 한다. 빈곤한 가정의 유아에게 효과적인 프로그램은 다음과 같은 특징이 있다(Neuman, 2009).

- 학습자의 발달 단계에 시의적절한 개입
- 지원의 강도를 강화
- 교사교육
- 다른 전문가와의 협력
- 학습할 시간을 넉넉하게 제공
- 신중한 평가와 모니터링을 통한 목표치 달성

초등학교 고학년이 되어 학습장애로 진단받는 어린이의 숫자를 최소화하는 데 모든 노력을 경주해야 한다(Foster & Miller, 2007; Magnuson & Waldfogel, 2005).

어떻게 할까요
안내된 읽기교육

한때 새로운 어휘를 가르치기 위하여 학습자의 수준을 상, 중, 하로 나누어 수준별로 가르치고 어린이들은 자신의 자리로 돌아가서 혼자 조용히 책을 읽거나 작업지를 하는 것이 일반적이었다. 그러나 이러한 방법은 학생들을 낙인찍는 결과를 낳고 또 학생들에게 필요한 지원을 충분히 하지 못한다고 비판을 받기 시작하였다(Morrow, 2001). 안내된 읽기는 다음과 같이 진행된다.

1. **텍스트 선정하기**. 학습의 사고 수준을 고려하여 적당히 도전이 되면서 심화학습이 가능한 것으로 고른다.
2. **텍스트 소개하기**. 제목, 저자를 언급하고 관련된 배경지식을 상기시키며 연관된 읽기물에 생각해 보게 하고 새로운 어휘 등을 알려 준다. 그림을 보면서 예측과 상상을 하게 하고

문제 등을 정의하게 한다. 언어가 문학적 장치를 위해 어떻게 사용되었는지에 대하여 언급하고 주요 인물과 장면에 주목하게 한다.
3. **책 읽기**. 소집단 속에서 각자 소리 내어 읽을 때 교사는 관찰하고 학습자의 질문에 답을 한다.
4. **토의**. 학습자들의 생각과 아이디어를 나눈다.
5. **확장**. 이야기 구조, 사건, 인물, 플롯 등에 대하여 학습자들과 함께 분석한다.
6. **어휘활동**. 교사가 한 번에 하나씩 핵심 어휘를 적는다. 어린이들이 뜻을 맞추면 어휘를 지우고 새로운 것을 적는다. 이를 반복한다. 안내된 읽기에 대한 추가 자료는 Ferguson과 Wilson(2009), Ford와 Optiz(2008), Fountas와 Pinnell(1996), Mackey와 White(2004), Schwartz(2005)를 참고하라. Fisher(2008)는 어린이의 반응을 기록하는 체계를 제공한다.

제 9 장

문학으로의 초대

Courtesy of Rae Ann Hirsh

아동문학에 대한 사실

- 1600년 전에는 아동을 위한 책은 없었다. 1657년 코메니우스가 저술한 '오비스 픽터스', 즉 *The world in pictures*(그림으로 보는 세상)가 아동을 위한 최초의 책이다. 미국영어교사협회는 아동을 위한 논픽션 출판물에 오비스 픽터스 상을 시상하고 있다. 2012년에는 약 20,000개의 아동을 위한 책이 출판되었다(Bogart, 2013).
- 아동을 위한 초기의 책은 도덕교육 혹은 교훈을 목적으로 만들어졌다. 1744년 뉴베리가 저술한 *A Pretty Little Pocket-Book*은 순전히 즐거움을 위한 책이었다. 현재 뉴베리 상은 훌륭한 아동문학에 수여되는 상이 되었다.
- 1928년에 출판된 Gág의 '백만 마리 고양이'는 흑백 잉크로 스케치한 것이었으나 지금은 인쇄술의 발달로 총천연색으로 상호작용이 가능한 형식의 책이 출판되고 있다(Lima & Lima, 2008).
- 소수민족 주인공이 나오는 그림책이 칼데콧 상을 받은 것은 1962년이 처음이었다. 이것은 지금은 고전이 된 E. J. Keats의 '눈 오는 날'이다.
- 인간의 두뇌는 정보가 이야기 형식으로 경험될 때 훨씬 잘 기억한다(Bruer, 1993; Michael & Sengers, 2002; Newman, 2005). 따라서 스토리는 유아의 문해발달에 중요한 매체가 된다

(Lehman, 2007; Sipe, 2008).

- 가정에서 책을 읽어 주는 실천과 관련된 변인은 교육에 대한 신념, 읽기의 목적에 대한 관점, 읽기 방법에 대한 관점과 부모의 문해행동이다(Bus, 2001).
- 아버지의 39%가 자녀에게 한 번도 책을 읽어 준 적이 없는 것으로 조사되었다(National Center for Fathering, 2009).
- 저소득 가정의 40%가 가정에 유아를 위한 책 10권 정도를 보유하고 있고, 가정에서 자녀와 함께 책을 읽는 경우는 39%에 불과하다(High, LaGasse, Becker, Ahlgren, & Gardner, 2000).
- 가정에서 어린 자녀에게 책을 읽어 주는 것은 언어발달뿐만 아니라 학교에 입학한 이후의 읽기 이해력과 학업성취와 관련이 있다(Agapitou & Andreou, 2008; Dickinson, Griffith, Golinkoff & Hirsh-Pashek, 2012; Hogan, Bridges, Justice & Cain, 2011; Morrow, Freitag, & Gambrell, 2009; Temple, MaKinster, Logue, Buchmann, Mrvova, 2005).
- 학습 내용과 과정을 반영한 그림책은 유아가 배우고 있는 새로운 개념을 이해하는 데 도움이 된다(Morrow, Tracey, & Renner Del Nero, 2011). 따라서 교사와 부모는 어떤 책을 유아에게 제공하느냐를 결정할 때 긴밀하게 협력해야 한다(Zeece, Harris, & Hayes, 2006).

이상의 사실들에 놀랐나요? 무엇에 그리고 왜 놀랐나요? 유아를 교육하는 데 이러한 사실들이 어떻게 반영되어야 할까요?

유아를 위한 문학이란 무엇인가

누군가가 유아에게 멋진 선물을 한다고 가정해 보면,

- 가격은 크게 비싸지 않고 견고하며
- 전기 혹은 배터리가 필요 없으며
- 유아의 호기심과 관심을 붙들며
- 듣기, 말하기, 읽기와 쓰기에 긍정적인 영향을 주는 그것!

> **교육표준과 교수**
> 미국도서관협회(2013)는 유아에게 좋은 책이란 상상, 사실적 정보, 동시를 흥미롭게 모험적이고 창의적으로 제시하면서 아름다움을 느끼게 하는 것이라고 하였다. 이러한 기준의 유아에게 맞는 그림책 목록은 www.ala.org를 방문하여 참고하라.

그 선물은 바로 그림책이다. 문학은 우리의 일상을 상상력으로 엮어 언어라는 형식과 구조로 나타낸 것이다(Huck, Kiefer, Hepler, & Hickman, 2003). 유아를 위한 문학은 책에만 국한되지 않고 노래, 리듬, 동시, 자장가도 포함된다. 문학을 존중하는 문화에서는 무엇인가를 쓰고 이것을 다양한 형식으로 표현한다. 이 장에서는 문학의 종이 버전뿐만 아니라 디지털 버전도 다룰 것이다.

만약 당신이 재미있고 아름다운 유아용 그림책에 대한 경험이 없다면 이제부터 만나게 되는 유아용 그림책을 보고 놀라게 될 것이다. 먼저 그림책과 관련한 당신의 경험과 인식의 정도를 그림 9.1에 제시된 체크리스트로 확인해 보라.

가족 및 지역사회와의 협력

마리아 선생님은 자신이 돌보고 있는 영아에게 책 읽어 주는 봉사를 할 수 있는가를 부모에게 문의하였더니 2명의 어머니가 답을 보내 왔다. 마리아 선생님은 부모들이 너

뇌와 언어

신경과학에 의하면 현재에 하는 학습은 미래의 학습경험이 가능하도록 뇌를 준비시키며 특정한 생각, 아이디어 혹은 경험은 기억을 강화시킨다고 한다(Jensen, 2006). 이 연구 결과를 근거로 "같은 이야기를 계속 읽어 주어야 하는 것이 너무 지루해요."라고 말하는 부모에게 해 줄 말을 준비해 보라.

그림 9.1 그림책에 대한 나의 경험

어린 시절 당신이 좋아한 자장가, 이야기, 책, 작가는 누구였는가? 제목과 이름이 정확하게 기억이 나지 않더라도 생각나는 대로 기술해 보라. 당신이 다문화 배경을 가지고 있다면 이것을 당신의 문학적 배경을 알려 주는 기회로 삼아 보라. 아래 주인공의 이름 중 아는 이름에 체크하라.

- ☐ 클리포드(덩치가 큰 붉은색 개)
- ☐ 꼬마기차
- ☐ 프랜시스(오소리 가족)
- ☐ 번스타인(곰 가족)
- ☐ 미끈이와 프레드릭(붕어와 쥐)
- ☐ 호톤(알을 낳는 새)
- ☐ 로지(로지의 산책)
- ☐ 빨간 암탉(빵 굽는 빨간 암탉)
- ☐ 윌버와 샬롯(돼지와 거미이야기)
- ☐ 핀커톤(말썽 부리는 큰 개)
- ☐ 금발머리 소녀(세 마리 곰집을 침입한 소녀)
- ☐ 곰돌이 푸와 티거(곰돌이 푸에 나오는 인물)
- ☐ 매들린(어린 프랑스 소녀)
- ☐ 호기심 많은 조지(장난꾸러기 원숭이)
- ☐ 페르디난도(스페인의 평화주의자 황소)
- ☐ 피트니아(바보스러운 거위)
- ☐ 헤롤드(보라색 크레용으로 그림 그리는 소년)

- ☐ 배고픈 애벌레
- ☐ 그린치(크리스마스를 훔침)
- ☐ 백만 마리의 고양이(마을을 돌아다님)
- ☐ 미운 오리 새끼(나중에 백조가 됨)
- ☐ 샐(블루베리를 따러 다니다가 곰을 만남)
- ☐ 토끼(버려진 장난감)
- ☐ 라푼젤(긴 노랑 머리 소녀)
- ☐ 생강빵 소년(도망가다가 여우에게 잡힘)
- ☐ 더러운 강아지 해리(주인도 몰라봄)
- ☐ 모자 장수(모자를 팔러 가다가 원숭이를 만남)
- ☐ 오리 가족에게 길을 비켜 주세요(이사하는 오리들에게 도시의 차들이 길을 비켜 줌)
- ☐ 빨간 모자(할머니 집에 가는 길에 늑대를 만나는 소녀)
- ☐ 실베스터(마법의 조약돌을 줍는 당나귀)
- ☐ 스트레가 노나(마법의 솥에서 스파게티를 요리)
- ☐ 잭(콩나무를 타고 하늘에 올라감)
- ☐ 피터 래빗(장난꾸러기)
- ☐ 미녀(야수와 결혼)
- ☐ 맥스(늑대 옷을 입고 괴물의 나라에 감)
- ☐ 아기돼지 삼형제
- ☐ 세 마리의 염소(다리를 건너다가 난장이 괴물을 만남)
- ☐ 메리(아기 양을 가짐)

무 관심이 없다고 생각하였으나 개인적으로 부모님과 이야기를 나눈 후 깜짝 놀랐다. 그들은 "이렇게 어린아이들에게 책을 읽어 줘야 하나요?", "우리 아들은 이야기가 끝날 때까지 가만히 앉아 있지를 않아요.", "우리 아이는 책을 보는 것이 아니라 찢어요."와 같은 반응을 보였다.

마리아 선생님은 어린 아기들에게 이야기와 그림책이 얼마나 필요하고 중요한지(제3장 문학의 활용 참조)에 대한 내용을 영어와 스페인어로 된 통신문을 만들었다. 또한 지역대학의 영상학과 학생들의 도움을 받아서 아기에게 책을 읽어 주는 부모의 모습을 비디오로 녹화하고 선생님이 해설을 하였다. 이를 통해 어린 아기에게 어떻게 책을 읽어 주어야 하는지에 대한 모델링을 부모에게 할 수 있을 것으로 기대하였다. 또한 지역 도서관 사서의 도움을 받아서 어린 아기들에게 적당한 그림책 목록을 얻고 또한 도서관 운영위원회 회의에 참석하여 도서관에 영아들을 위한 책을 더 준비하도록 그들을 설득하였다.

마리아 선생님 반 부모들은 통신문을 읽고 동영상을 보고서 어린 자녀에게 그림책을 읽어 준 후 큰 성취감을 맛보았고 이들은 자신들의 모습을 동영상으로 촬영하여 도서관에서 다른 부모에게 대출하는 것에 동의하였다. 이러한 프로젝트를 실행한 후 마리아 선생님은 "부모들에게 영아에게도 책을 읽어 주는 것이 필요하고 유익한 것이라는 것을 충분히 이해시켰고 이 부모님들이 다른 부모님에게 좋은 영향을 주게 되어 무척 기쁩니다."라고 하였다.

기여와 결과

- **교사의 기여.** 이 프로젝트가 성공할 수 있도록 마리아 선생님이 한 역할은 무엇인가?
- **가족의 기여.** 부모들은 이 프로젝트의 성격을 이해한 이후 어떻게 참여하고 기여하였는가?
- **전문가의 기여.** 이 프로젝트에 참여한 전문가의 도움은 무엇인가?
- **협력의 결과.** 만약 마리아 선생님, 부모들, 도서관 사람들이 협력하지 않았다면 어떤 결과가 나왔을 것인가?

아동문학에 대한 개관

생각하는 능력과 상상하는 힘을 자극하는 아동문학은 좋은 교육 매체이다. 좋은 그림책은 종이로 되어 있건 디지털로 되어 있건 다음과 같은 특징을 갖는다.

- **재미있다.** 언어가 기발하고 흥미로운 방식으로 표현되어 있어 아동에게 즐거움을 준다.

- 스카홀딩을 한다. 스토리의 언어를 자꾸 사용하고 싶어지게 만들어 결국 그 표현이 사용되는 맥락과 뜻을 이해하게 된다.
- 경험을 확장시킨다. 이미 아동이 경험한 것에 근거하여 경험을 확장시킨다.
- 문해행동의 모델을 제시한다. 성인과 함께 경험하는 문학은 아동에게 모델링이 된다.
- 어휘, 이해력과 사고력을 길러 준다. 그림과 맥락과 함께 제시되므로 새로운 어휘 및 사건에 대한 이해력을 쉽게 하고 질문하고 답을 탐색하는 능력을 길러 준다.
- 직관력을 길러 준다. 인물이 느끼는 감정, 동기 내적 상태에 대한 직관을 준다.
- 상상력을 자극한다. 실제로 경험할 수 없는 환상의 세계를 상상하도록 한다.
- 사회적 가치를 제시한다. 인간의 가치 혹은 다양한 삶의 모습에 대한 이해를 가능하게 한다.
- 점차적으로 추상성을 알게 된다. 초기에는 그림을 통해 의미를 받아들이고 성인이 읽어 주는 말을 통해 의미를 알다가 결국 글이라는 텍스트에 집중하게 된다.
- 책에 대한 관심의 기초를 제공한다. 성인이 읽어 주는 그림책을 보면서 책에 대한 관심과 읽기에 대한 흥미를 갖게 한다. 평생 책을 읽고 즐기는 사람이 되기 위해서 어린 시절에 경험한 그림책과 관련된 경험이 필수적이다.
- 어휘력과 사고력을 길러 준다. 책은 지금, 이곳을 넘어서 과거와 미래를 다루고 있다. 책에 사용된 언어는 일상적 언어에서 경험하지 못한 것을 경험하게 한다.

아동문학 활용에 고려해야 할 요인

만족스럽고 즐거운 책 읽기 모습을 상상해 보면 유아들이 선생님 곁에 모여 앉아서 집중하여 이야기를 들으며 자신들의 생각과 느낌을 자유롭게 나누는 모습일 것이다. 그러나 이러한 진지하고 평화로운 모습은 거저 얻어지는 것이 아니다. 유아에게 책을 읽어 주며 만족한 시간을 갖기 위해서는 그림책의 질, 선택, 장르 그리고 제시하는 방법 등의 요인이 관여된다.

아동문학의 질

어떤 책이 좋은 책일까?

좋은 그림책은 그저 귀여운 것 이상이어야 한다. 아동문학가 J. Aiken(1982)은 어린이를 위한 좋은 책을 다음과 같이 정의하였다. "어린이를 위한 책이라고 해서 대충, 지루하게 혹은 유치한 것을 담아서는 안 된다. 또한 어른이 가르치고자 하는 것을 교묘하게 숨겨서 연설을 해도 안 되고 도덕적 교훈을 전달하려고 해서도 안 된다"(p. 31).

동네 도서관에 가보면 아동을 위한 책은 수백 권이나 되는데 어느 것을 골라야 할지 난감하다. 제1장에 좋은 아동도서 선정 기준에 대하여 제시하였으니 참고하라.

그림책의 그림은 무언가 정서적 자극을 주어 독자 스스로 상상할 여지가 있는가를 살피고 우리가 살고 있는 세계와 인간의 삶에 대한 생각거리를 주는가도 고려해야 한다(Ciancolo, 1984, p. 847). 선, 색, 질감, 형태 혹은 배치 등의 예술적 요소들이 이야기 전개의 일부가 되고 있는가를 살핀다. 그림작가에 따라서 가는 선으로 세밀하게 표현하기도 하고 굵고 검은 선으로 경계를 표현한다. 파스텔로 질감을 부드럽게 혹은 거칠게 나타낼 수도 있다. 형태는 또렷할 수도 있고 특징만을 잡아서 표현되기도 한다. 그림이 한쪽에만 배치되기도 하나 양쪽 펼침면으로 표현되기도 한다. 색, 선, 형태, 질감, 배치 등을 보는 것도 문학을 경험하는 방법 중 하나이므로 아동이 이러한 부분을 읽을 수 있도록 하는 것도 교사의 몫이다.

아동문학의 선택

특정한 유아 혹은 유아 집단에게 맞는 책을 어떻게 골라야 하느냐는 쉽지 않다.

그림 9.2에 연령에 적절한 그림책 선정 기준이 제시되어 있다. 그림책 자체에 대상 연령이 표기되어 있으므로 이를 참고하고 도서관 사서, 경력 교사 혹은 교수의 의견도 참고한다. *Booklinks, School Library Journal, Young Children, Childhood Education*과 같은 정기간행물에 실린 아동문학 서평 등을 참고한다.

아동문학 선정에 자신이 붙으면 크리스 선생님처럼 책을 선정할 수 있다. 그녀는 아기돼지 삼형제를 검색하였더니 몇 가지 책을 볼 수 있었다. 첫 번째 책은 가장 잘 알려진 버전으로 늑대가 두 마리의 돼지를 잡아먹고, 막내 돼지가 늑대에게 복수하는 내용이다(Zemach, 1988). 칼데콧 상을 받은 D. Weisner(2001)의 아기돼지 삼형제는 모두에게 익숙한 아기돼지 삼형제 이야기에서 바깥으로 돼지 세 마리가 비행기를 타고 도망나오는 내용이다. 또한 J. Scieszka(1989)의 늑대가 들려주는 아기돼지 삼형제는 늑대는 돼지를 잡아먹을 의도가 전혀 없었지만 어쩔 수 없이 그렇게 되어 억울하다는 이야기이다. 크리스 선생님은 반 아이들에게 먼저

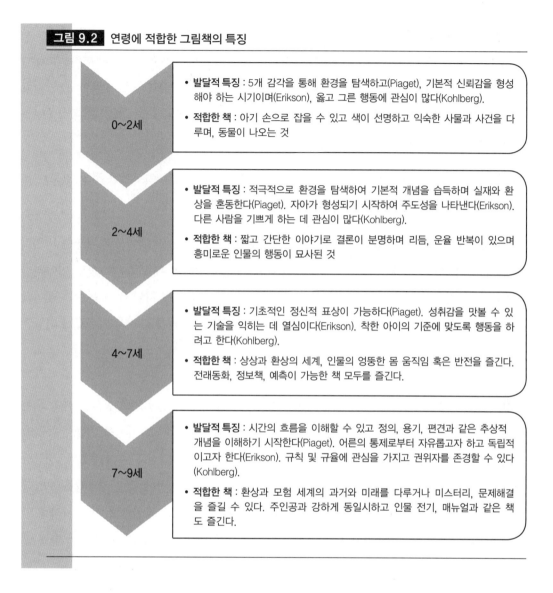

그림 9.2 연령에 적합한 그림책의 특징

0~2세
- **발달적 특징** : 5개 감각을 통해 환경을 탐색하고(Piaget), 기본적 신뢰감을 형성해야 하는 시기이며(Erikson), 옳고 그른 행동에 관심이 많다(Kohlberg).
- **적합한 책** : 아기 손으로 잡을 수 있고 색이 선명하고 익숙한 사물과 사건을 다루며, 동물이 나오는 것

2~4세
- **발달적 특징** : 적극적으로 환경을 탐색하여 기본적 개념을 습득하며 실재와 환상을 혼동한다(Piaget). 자아가 형성되기 시작하여 주도성을 나타낸다(Erikson). 다른 사람을 기쁘게 하는 데 관심이 많다(Kohlberg).
- **적합한 책** : 짧고 간단한 이야기로 결론이 분명하며 리듬, 운율 반복이 있으며 흥미로운 인물의 행동이 묘사된 것

4~7세
- **발달적 특징** : 기초적인 정신적 표상이 가능하다(Piaget). 성취감을 맛볼 수 있는 기술을 익히는 데 열심이다(Erikson). 착한 아이의 기준에 맞도록 행동을 하려고 한다(Kohlberg).
- **적합한 책** : 상상과 환상의 세계, 인물의 엉뚱한 몸 움직임 혹은 반전을 즐긴다. 전래동화, 정보책, 예측이 가능한 책 모두를 즐긴다.

7~9세
- **발달적 특징** : 시간의 흐름을 이해할 수 있고 정의, 용기, 편견과 같은 추상적 개념을 이해하기 시작한다(Piaget). 어른의 통제로부터 자유롭고자 하고 독립적이고자 한다(Erikson). 규칙 및 규율에 관심을 가지고 권위자를 존경할 수 있다(Kohlberg).
- **적합한 책** : 환상과 모험 세계의 과거와 미래를 다루거나 미스터리, 문제해결을 즐길 수 있다. 주인공과 강하게 동일시하고 인물 전기, 매뉴얼과 같은 책도 즐긴다.

전형적인 아기돼지 삼형제를 읽어 주고 아이들이 이 이야기에 익숙해지면 다른 버전을 읽어 주기로 결정한다.

아동문학의 장르

그림책은 그림과 글이 같은 비중을 가지고 의미를 내포하고 있다(Schulevitz, 1989).

전래동요. 어린아이를 위한 것으로 독특한 리듬, 운율과 높낮이가 있다. 전통적인 전래동요 (nursery rhymes)를 담고 있는 것은 Morris(2011)의 *The Cat and the Fiddle: A Treasury of Nursery Rhymes*이다. 영아반에서 아기를 달래고 재울 때 전래동요를 불러 주는 것은 중요하다. 아기들은 선생님이 들려주는 전래동요를 들으면서 옹알이를 하기도 하고 눈을 떼지 않고 선생님을 바라본다.

동시집. 아기보다 큰 유아에게 적합하며 1개의 동시와 그림만으로 이루어진 것도 있고 여러 개의 동시가 실린 동시집(poetry)도 있다(제5장 문학의 활용 참조).

전래동화. 생강빵 소년(Galdone, 1975)처럼 오래전부터 말로 전해지던 것이므로 다양한 버전이 있다(제6장 참조). 3~4세반 교사인 한손 선생님은 자신의 집안에 대대로 내려오던 이야기를 기억한다. 그것은 그의 고조할머니가 콜로라도 주 시골에서 학교에 다닐 적에 듣던 팬케이크 소년의 이야기이다. 이야기를 다 들으면 아이들은 종이에 동그라미를 그려서 가위로 오려놓은 것을 열린 창문으로 바람이 들어와 종이 팬케이크가 날아가서 이야기의 사건이 실제로 일어나는 것이다!

한손 선생님 반 아이들은 직접 생강을 갈아서 생강빵을 만들고 건포도로 장식을 하여 오븐에 구웠다. 생강빵이 익을 동안 생강빵 소년의 동시 버전을 듣고 종이로 가면을 만들어 동극을 하였다. 익은 생강빵을 찾으러 가니, 조리사가 생강빵 소년이 도망갔다고 말해 주었다. 생강빵 소년을 찾아 나선 유아들이 도중에 수위 아저씨를 만나 물으니, 쟁반에 담긴 생강빵을 보았다고 말하면서 이 사건을 교장 선생님께 말씀드리라고 제안하였다. 교장실로 갔더니 비서를 만나서 비서가 유아들을 교장 선생님께 안내해 주었다. 교장 선생님은 이들을 반기면서 하는 말이 생강빵을 만나긴 했다고 하면서, 생강빵에게 다시 교실로 가는 게 어떻겠느냐고 제안하였다고 말하였다. 유아들은 학교를 다니면서 많은 직원을 만나고 교실로 돌아오니 생강빵이 우유와 함께 그들의 간식이 될 준비가 되어 있음을 알게 되었다.

신화와 전설. 이는 초자연적인 방법으로 세상이 만들어지게 된 기원에 관한 이야기이다. *The Beautiful Stories of Life: Six Greek Myths, Retold*(Rylant, 2009), *Max and Ruby in Pandora's Box*(Rosemary, 1998)는 어린이를 위한 신화이다. *The Legend of the Poinsettia*(dePaola, 1994)는 크리스마스 꽃인 포인세티아의 기원에 관한 멕시코의 이야기이다.

우화. 이는 이솝우화처럼 짧지만 교훈을 주는 이야기이다. 사자와 생쥐(Pinkney, 2009)는 작은 친절이 이후 큰 도움으로 돌아온다는 교훈을 준다.

요정동화. 여러 세대에 걸쳐서 구전되어 온 환상적 이야기이다. 충성심, 고난을 딛고 얻는 성취, 악하고 못생긴 야수, 못생긴 외모이지만 내면의 아름다움, 선이 악을 이김과 같은 주제가 뚜렷하다(Bettelheim, 1976).

장난감 책 혹은 팝업북. 이런 류의 책은 만지고, 소리를 듣고, 자르고, 열고, 냄새를 맡는 것과 같은 참여가 가능한 책이다.

개념책. 색, 모양, 글자, 숫자, 반대말 등의 간단한 개념을 전달하는 책을 말한다.

정보책. 설명적 텍스트 형식을 가지고 허구적인 것이 아닌 사실적 정보를 준다. 실재하는 사람, 장소, 물건 등을 주로 다룬다.

삽화책 혹은 챕터북. 혼자서 글을 읽을 수 있는 수준의 아동을 위한 것으로 그림은 적고 글이 많다. 대표적인 것으로 샬롯의 거미줄(White, 1953)을 들 수 있다. 교사는 매일 한 챕터씩 대집단으로 책을 읽어 주기도 한다.

노래책. 동요를 모아 놓은 책이므로 글을 못 읽는 수준이라도 한목소리로 노래를 할 수 있다. 따라서 노래책은 표현 혹은 예술교육을 위한 것뿐만 아니라 읽기 교수 자료로도 활용될 수 있다.

패러디. 잘 알려진 이야기의 관점, 인물, 결론 등에 변화를 준 것이다. *Goldilocks and the Three Bears*는 *The Three Snow Bears*(Brett, 2007)에서 에스키모 소녀가 세 마리 북극곰의 이글루를 탐색하는 이야기이다.

아동문학을 제시하는 방법

아동에게 어떻게 책을 읽어 주는 것이 좋을까?

바로 책을 읽어 주기보다는 교사가 먼저 읽고 익숙해져야 한다. 책을 읽어 줄 때 교사의 역할을 아래에 제시하였다. 그림 9.3에 실감 나게 그림책을 읽어 주는 방법도 제시되어 있다.

그림 9.3 실감 나게 읽어 주는 방법

긴 호흡으로 감정과 사건에 맞게 목소리의 효과를 낸다.	쉼표, 마침표 등에 유의한다.	감정을 표현한다.
사건의 성격에 맞게 속도를 조절한다.	모두가 보이는 곳에 자리를 잡고 구연한다.	관중이 볼 수 있도록 책의 전면을 보여 준다.
미리 책을 읽어서 내용을 파악하여 되도록이면 청중과 눈을 맞추도록 한다.	사건이 끝날 때마다 멈춤을 주어 청중이 음미할 기회를 준다.	소리 내어 읽어 주기에 대하여 더 많은 정보를 얻고자 하면 Shedd(2008)를 참고하라.

1. 해석 제공. 부모 혹은 교사는 책을 읽어 주면서 유아의 경험과 이야기의 내용을 연결시켜 준다. 예를 들면, "너처럼 동생이 있네." 혹은 "우리 함께 공원에 갔던 기억나니?"와 같은 질문을 한다.

2. 함께 반응. 부모 혹은 교사는 자신의 느낌과 생각을 나타내고 유아의 반응을 격려한다 (Roser & Martinez, 1995). 예를 들어, "흠, 강아지가 베니의 생일 케이크에 관심이 있는가 보구나. 다음에 어떤 일이 생길지 궁금한데?"(Rice, 1993)처럼 말할 수 있다. 유아는 여러 번 읽은 책과 이야기에 대한 토론에 적극적으로 참여하고 주도권을 갖는다(Bus, 2001).

3. 모니터링. 부모나 교사는 유아의 반응을 요약하고 추가적으로 정보를 제공하는 역할을 한다. "착한 요정도 마법을 할 수 있는 것 같아."와 같은 코멘트가 그 예가 된다.

4. 연출. 이야기의 시작과 끝을 제공하는 부모나 교사는 일종의 연출가이다. 유아의 책경험은 이를 전달해 주는 성인의 방식 혹은 그 상호작용의 질에 의해 영향을 받는다. 부모가 자녀와 함께 책을 읽으면서 하는 상호작용은 부모의 어린 시절의 경험에 의해 영향을 받는다(Bus, 2001).

위에 소개된 역할은 일대일로 책을 읽어 주거나 집단으로 읽어 주거나 상관없이 발휘될 수 있는 특징이다. 현실적 제약으로 교사는 대집단으로 책을 읽어 주는 것을 주로 할 수 있으나 일대일로 책 읽어 주기를 경시해서는 안 된다. 조부모 혹은 학생 봉사자, 또래 등을 활용하여 반 유아에게 일대일로 책을 읽어 주는 기회를 가져야 한다. 그림 9.4는 반에서 책을 읽어 주는

그림 9.4 책 읽어 주는 봉사자를 위한 팁

책 선정
- 자세히 읽기 전 그림만 보며 책을 훑어본다.
- 책을 읽어 주기 전 먼저 읽어 보아 교사와 유아가 흥미로워할 부분을 파악한다.
- 도서관에 책을 고르러 갈 때 유아도 함께 가서 선정하도록 한다.
- 보기보다 내용이 재미없으면 텍스트는 무시하고 그림만을 보고 이야기를 만든다.

사전 탐색
- 제목 혹은 표지 그림만을 보면서 이야기 나눈다.
- 텍스트를 읽기 전 유아와 함께 먼저 그림을 보며 훑어본다.
- 유아에게 친숙한 것들을 찾아본다.

시간
- 하던 것을 정리하고 책 읽기에 몰입할 수 있는 시간을 확보한다.
- 동화시간은 정규 시간으로 한다.
- 유아들의 집중력이 떨어지면 읽기를 멈추거나 마무리한다.

읽어 주기
- 목소리에 감정을 싣고 얼굴 표정을 살리며 몸동작을 통해 실감 있게 읽어 준다.
- 이야기 속 인물의 성격과 특징에 맞는 목소리를 낸다.
- 열정을 담아 책을 읽어 주어 유아에게 모델이 된다.

참여 초대
- 유아가 아는 것과 느낌을 표현하는 것을 존중한다.
- 유아의 질문을 존중하고 다음 장면이 어떻게 될지 예측하도록 한다.
- 어려운 어휘를 설명해 준다.
- 옳고 그름의 답을 묻는 것보다는 유아의 생각과 느낌을 표현할 수 있는 질문을 한다.
- 유아가 읽을 수 있는 부분은 읽을 수 있는 기회를 준다.

재방문
- 이야기가 끝난 후 느낌과 생각을 나누고 인상에 남는 장면을 다시 본다.
- 일어난 사건에 대하여 이야기 나누고 인물이 느꼈을 기분에 대하여 이야기 나눈다.
- 다시 읽어 달라는 요구는 칭찬으로 간주한다.

봉사자가 알면 좋을 정보이다.

동화시간은 그저 책을 계속 읽어 주는 것이 아니라 동화시간 운영에 대한 계획을 가지고 하면 유아의 관심과 몰입을 유지할 수 있다. 유아교육과 학생 디는 실습기간 중 어린이집에서 소집단으로 어린 유아에게 책을 읽어 주고자 하였다. 가을에 어린이집 마당에 다람쥐가 돌아다니는 것을 관찰한 유아들은 "다람쥐를 잡고 싶어."라고 한 유아가 말하자 다른 유아는 "만지고 싶어."라고 하면서 "그런데 가까이 가면 새처럼 바로 도망가."라고 말하였다.

디는 "우리 친구들이 다람쥐를 참 좋아하는 것 같아서 다람쥐를 가까이 볼 수 있도록 책을 가져왔단다. 이 책에는 다람쥐 사진이 있는데, 아기 다람쥐가 다람쥐 집에 웅크리고 있는 이 사진이 선생님은 가장 마음에 들어."라고 말하며 책을 읽어 주기 시작하였다. 유아들은 책을 한 장 한 장 보면서 자신의 생각을 말한다. 디는 "내가 가져온 다람쥐는 죽은 거야. 죽은 다람쥐의 피부를 떼어서 그 속을 채운 거야. 이것은 다람쥐 인형 같아. 선생님이 대학 친구에게서 이것을 빌려 왔는데, 우리 친구들 중 살아 있는 동물을 본 사람이 있나요?"라고 하자 한 유아가 "우리 아빠가 사슴 머리를 가져와서 거실에 걸려고 했어요. 그런데 엄마가 못 걸게 해서 지하에 갖다 놨어요."라고 하고 다른 유아는 "나는 늑대를 봤어요. 박물관에 있는 거."라고 한다.

디는 다시 "이 다람쥐를 한 번 만져도 된단다."라고 하자 유아들은 처음에는 조심스럽게 만지다가 점차 자신감을 가지고 충분하게 시간을 두고 만지면서 "눈은 무엇으로 만든 거예요?"라고 묻자 디는 "유리구슬로 만든 것이란다."라고 답을 해 준다. 다른 유아는 "나는 꼬리가 좋아. 푹신해서 좋아."라고 한다. 디는 다시 "이 책의 표지를 보렴. 이것은 다람쥐하고 좀 다르게 생겼지? 뭐가 다른 것 같아요?"라고 유아에게 질문하고 유아들이 하는 말을 차트에 받아 적는다. 그리고 "만일 여러분이 다람쥐처럼 작다면, 지금은 할 수 없는 것들을 많이 할 수 있을 거야. 이 책 *Chipmunk's Song*(Ryder, 1987)는 라이더라는 분이 지은 건데 어떤 아이가 다람쥐 크기로 작아져서 나무속 혹은 땅속의 다람쥐 집에서 다람쥐 친구들과 놀이하는 이야기란다. 이제부터 잘 들어보렴."이라고 말한다. 디는 다람쥐가 하는 동면에 대하여 더 탐구하기 위하여 *Over and Under the Snow*(Messner, 2011)를 읽어 주고 곰처럼 동면하는 동물에 대하여 더 탐구할 수 있도록 한다. 이렇듯 동화시간은 서가에 꽂혀 있는 동화책을 손에 닿는 대로 꺼

영아와 어린 유아

책을 매개로 한 성인과 유아의 대화는 언어발달과 읽기능력에 긍정적인 영향을 미치는 것으로 많은 연구들이 밝히고 있다(Hogan et al., 2011). 영아를 대상으로 한 스토리텔링이 지역 도서관에서 많이 제공되니 어떤 종류의 책을 읽어 주고 있는지 탐색해 보라. 교사로서 지역 도서관 사서와 어떻게 협력할 수 있는지 생각해 보고 부모들에게 어떤 정보를 줄 것인지 고민해 보라.

내서 읽어 주는 것이 아니라 유아의 흥미와 탐구에 적절하게 책을 선정하여 제공하는 것이다. 이 장은 아동문학의 질적 경험을 위한 사전 준비, 활동의 과정에 대한 팁이 많이 소개되어 있다.

교사의 관심과 전략

루스 선생님은 시골에서 1학년 학급의 담임을 맡고 있는 3년차 교사이다. 매일 동화시간을 운영하고 있으나 이외에는 아동도서를 활용하지 않는다.

> 금년에 노령의 선생님들이 은퇴하면서 젊은 선생님들이 새로 오셨어요. 이 분들은 아동문학을 다양하게 활용하는 데 능숙해요. 저도 이 선생님들 덕에 아동문학에 대하여 더 많이 공부하고 싶어요.

아동문학을 다양하게 교육과정에 활용하기 위해서는 아동문학에 대한 이해뿐만 아니라 교육과정의 일부로 어떻게 활용해야 하는지에 대하여도 연구해야 한다(McGee, 2007). 그림 9.5에 효율적인 아동문학 활용에 대하여 제시하였다.

그림 9.5 효율적인 아동문학 활용

삼가야 할 것
- 퀴즈시간과 같은 질문
- 정보를 암기하게 하는 것
- 형식적인 토의
- 교사의 해석과 아이디어를 우선시하는 것

자주 해야 할 것
- 문학을 경험할 기회를 자주 주고 가능성을 탐색하도록 하는 것
- 유아가 표현하는 인상과 아이디어를 기초로 하여 더 깊게 넓게 확장해 갈 것
- 편안한 분위기에서 유아의 생각과 표현을 드러낼 수 있게 하고 다른 사람의 이야기를 경청하는 것을 모델링함
- 유아가 한 말을 잘 듣고 그들의 생각을 따라가며 유아가 자신의 생각을 정교화하고 확장시킬 수 있도록 도움

웹 2.0 아동문학을 위한 정보 검색 엔진

Blackwell's Best

www.vickiblackwell.com/childrenlit.html

Blackwell이 운영하는 사이트로 아동문학, 칼데콧 상 홈페이지, 작가 홈페이지 링크가 있다.

Capitol Choice: Noteworthy Books for Children and Teens

www.capitolchoices.org

최근에 출판된 그림책에 대한 전문가의 서평이 실려 있고 좋은 평가를 받은 그림책 목록이 있다.

Carol Hurst's Children's Literature Site

www.carolhurst.com

교사에게 필요한 아동문학에 대한 정보가 많다. 내용, 주제, 연령, 저자에 따른 아동문학 검색이 가능하다.

The Children's Book Review

www.thechildrensbookreview.com

모든 연령에 맞는 좋은 책을 쉽게 검색할 수 있다. 또한 무료로 얻을 수 있는 책, 여름방학 책, 베스트셀러와 신간에 대한 검색이 쉽다.

Children's Books Reviews—The New York Times Book Review

http://topics.nytimes.com/topics/reference/timestopics/subjects/c/childrens_books/index.html

뉴욕타임스가 리뷰한 아동문학 리스트가 있다.

Children's Literature Network

www.childrensliteraturenetwork.org/index.php

아동문학 비디오, 회원 추천 그림책, 신임 작가에 대한 정보를 얻을 수 있고 *Radar*라고 하는 소식지도 무료로 받을 수 있다.

Grades K-2 Children's Literature

www.literacy.uconn.edu/k2chilit.htm

코네티컷대학교에서 운영하는 사이트인데 아동문학 작가 웹사이트, 활동계획안, 테크놀로지와의 접목 등에 대한 정보가 있다.

The Guardian

www.guardian.co.uk

아동들이 평가한 그림책 목록이 있다. '7세 이하를 위한 책' 메뉴를 클릭하면 서평과 녹음 자료가 있고 그림책에 대한 토론을 할 수 있다.

Reading Rockets/Interviews with Authors

www.readingrockets.org/books/interviews

아동들이 좋아하는 작가 및 일러스트레이터의 인터뷰 자료를 통해 작가의 삶에 대한 정보를 얻을 수 있어서 작가 탐구 프로젝트에 활용하기 좋다.

The Reading Tub

www.thereadingtub.com

가정문해를 지원하는 사이트로 '가정 서가' 메뉴에는 다른 가족들이 자녀에게 읽어 주는 책목록을 볼 수 있다.

Storia

　www.scholastic.com/storia

스콜래스틱 사에서 제공하는 앱으로 수준별 그림책을 선별할 수 있고 아동이 서평을 달 수도 있다. 안드로이드 운영체제 폰에서 7달 러를 지불하면 사용할 수 있다. 아동이 책을

읽은 시간, 읽은 페이지 수 등이 기록된다. 스콜래스틱 사의 북클럽과 연계되어 교사로서 많은 자료를 얻을 수 있다.

Through the Looking Glass Book Review

　http://lookingglassreview.com/books

상업적이긴 하나 다양한 서평이 있고 작가에 대한 정보, 편집자가 선정한 책을 연령 및 주제별로 검색할 수 있다.

 문학활동을 지원하는 교실활동

작가/일러스트레이터 프로필. 아동이 좋아하는 작가와 일러스트레이터를 탐구한다. 다음과 같이 진행한다.

1. 좋아하는 작가, 일러스트레이터를 정한다.
2. 생일, 태어난 곳, 성장기, 작품, 흥미로운 점 등에 대한 정보를 수집한다.
3. 좋아하는 작가의 작품을 읽거나 듣는다.
4. 수집한 자료를 전시한다. 게시판, TV 동화, 포스터, 팸플릿 등의 형식으로 만든다.

북톡. 영화 혹은 새 드라마를 TV에서 미리 보여 주는 것처럼 책의 요약본을 말한다. 청중이 흥미를 가질 만한 자료와 장면을 보여 준다. 북톡은 스콜래스틱 사에서 운영하는 www.scholastic.com/librarians/ab/booktalks.htm 사이트에 가면 많은 예를 볼 수 있다. 혹은 도서관 협회에서 운영하는 www.ala.org/ala/mgrps/divs/yalsa/profdev/booktalking.cfm 사이트에도 있다.

작가/일러스트레이터 연구. 작가 연구는 온라인 인터뷰를 하거나 작가가 교실을 방문하도록 하여 작가의 삶에 대하여 탐구한다. *Make Way for Ducklings*의 작가 McCloskey(1941)가 이 책을 쓰기 전 실제 오리를 집에 들여 이들이 욕실에서 수영하는 것을 관찰하였다는 내용을 알게 될 수도 있다. 대부분의 작가는 자신의 홈페이지를 운영하므로 이를 활용하면 된다. 배고픈

애벌레의 작가인 E. Carle에 대한 많은 내용이 스콜래스틱 사의 www2.scholastic.com/browse/article.jsp?id=3234에 있다.

동화 주인공의 날. 할로윈데이 대신에 동화 주인공 복장을 하는 날이다.

동화의 날. 특정한 날 동화의 날, 독서의 날 등을 정하여 포스터 등을 만들고 게시한다.

다문화 책의 날. 학기 초 다문화 가정과 문화의 역사 혹은 문화를 보여 주는 책을 수집한다. 또한 한부모 가정, 확대 가정, 입양 가정에 대한 책도 수집할 수 있다. 도서관 사서의 도움을 받아 다문화 주제 목록을 얻어 수집된 책을 전시하기도 한다. 또한 각 가정에서 가져온 책을 친구 유아들에게 소개하는 시간도 갖는다.

소품 박스. 동화책에 나오는 소품, 배경음악 등 다양한 소품을 바구니 혹은 박스에 모아 역할극에 활용한다. 역할극과 연계한 문학활동은 Baker와 Schiffer(2007), Miller(2004)를 참고하라.

결론

> **연구와 보고**
>
> 여러 버전으로 존재하는 그림책을 가지고 비교하고 다른 해석이 가능한가를 검토한다. 그림 9.2를 참고하여 버전에 따라 어떤 연령에 맞는지를 생각해 보라.

문학은 경험과 생각을 언어로 전환한 상상물이다. 아동문학은 전래동요, 이야기, 동시, 연극이 전부 해당된다. 현대 아동문학의 가장 큰 형식은 그림책이다. 그림책의 종류와 장르는 다양하고 양적으로도 수천, 수만 권에 달한다. 교사는 아동문학 혹은 그림책에 대해 많이 알아야 하고 유아의 연령, 관심, 탐구주제에 맞게 책을 선정할 수 있어야 하며, 이를 교육과정과 연계하여 운영하여 유아의 반응도 평가할 수 있어야 한다.

 문해학습 전략

동물 친구와 책 읽기

많은 연구들이 사람과 동물의 관계가 아동발달에 미치는 긍정적인 효과를 보고하고 있다 (Jalongo, 2004a; Melson, 2003). 아동이 친구 혹은 선생님 앞에서 소리 내어 읽을 때 긴장으로 맥박이 상승한다(Lynch, 2000). 그러나 강아지 앞에서 읽으면 맥박이 상승하지 않고 긴장하였다는 신체 증상이 없다(Friedmann, Thomas, & Eddy, 2000).

도서관 사서 혹은 교사들은 잘 훈련된 강아지를 데려와서 아동의 읽기를 동기화하는 데 활용하기 시작하였다(Friesen & Delisle, 2012). 이때 강아지의 역할은 무조건 들어주는 청중이고 강아지를 다루는 사람의 역할은 멘토이다. 이런 역할을 하는 강아지는 구조견의 역할과는 다르게 스트레스를 감소시키므로 치료견이라고도 할 수 있다. 치료견은 가정의 애완견과 다르게 복종에 대한 훈련이 잘되어 치료견협회에 등록이 되어 있다. 관심이 있으면 독서보조견협회에 연락하거나 www.therapyanimals.org/read/about.html을 방문하여 도움을 받을 수 있다.

공유된 응시 및 텍스트 설명

문해교육에 효과적인 방법은 부모와 교사가 글과 그림에 관심을 집중하여 적극적으로 상호작용하는 공유된 응시이다. 또한 텍스트에 대하여 구체적인 설명을 하는 텍스트 참조는 문해교육에 아주 효과적인 것으로 알려져 있다(Aram & Levin, 2002; Justice, Kaderavek, Xitao, Sofka, & Hunt, 2009; Rudd, Cain, & Saxon, 2008). 책을 읽어 줄 때 글자 모양에 관심 가지기, 글자가 내는 소리를 설명해 주는 것 등은 책에 대한 경험이 많지 않은 유아에게 더욱 효과적인 방법이라고 한다(Aram & Biron, 2004; Phillips et al., 2008; Rudd et al., 2008; Sylva, Scott, Totsika, Ereky-Stevens, & Crook, 2008).

환경에 대한 확인

언어는 들은 내용을 이해하게 될 때 학습이 된다(Krashen, 2003). 이해를 도와주기 위해서는 유아가 먼저 메시지를 들었는지를 확인해야 하고 더불어 교실의 듣기 환경이 어떠한지를 체크해야 한다. 일과 중 학급의 1/3은 알레르기, 소음, 이명 등으로 잘 듣지 못한다고 한다(Crandell, Flexer, & Smaldino, 2004). 다문화 유아는 이런 이유 이외에도 모국어가 아닌 언어를 듣는 데 어려움을 느낀다(Cole & Flexer, 2007). 전문가들은 확성기 사용을 추천하거나 책상 다리가 끌리면서 나는 소음을 방지하기 위하여 흡음재 부착 등을 추천한다.

유아의 듣기를 돕는 두 번째 방법은 말을 하면서 동작을 동반하고 그림, 실물, 사진과 같은 자료를 함께 제시하는 것이다(Bruner, 2004). 말, 동작, 실물, 사진 등이 함께 제시되면 새로운 어휘와 개념을 이해하는 데 도움이 된다(Rothenberg & Fisher, 2007).

유치원에 입학하면서 영어를 배우는 다문화 출신 유아는 일반 유아에 비하여 영어에 대한 경험이 4~5년 정도 부족하다(Hutchinson, Whiteley, Smith, & Connors, 2003). 동화시간은 집중력이 요구되고 내용을 이해하기 위해서는 배경지식과 경험을 적극적으로 관계시켜야 그 내용을 이해할 수 있으므로 다문화 유아에게 동화시간은 꽤 어려운 시간이 될 수 있다. 따라서 다문화 유아들에게는 스토리를 간단하게 제시해 주는 것 외에도 동작, 반복, 이해를 체크하는 방법을 같이 해 주면 이해력이 많이 향상된다(Cabrera & Martinez, 2001).

E-북을 위한 앱과 웹사이트

Alice for the iPad(6~8세)
이상한 나라의 앨리스 e-북으로 독자가 그림을 편집할 수 있고 그림이 움직이고 배경 음악이 있어서 이야기가 실제처럼 느껴진다. 8달러로 구입할 수 있다.

Benjamin Bunny(4~7세)
B. Potter의 피터 래빗 이야기를 단추를 눌러서 유아가 스토리를 들을 수도 있고 성인이 읽어 줄 수도 있다.

The Cat in the Hat(3~8세)
Dr. Seuss의 *The Cat in the Hat*의 디지털 버전으로 그림을 터치하면 글이 나온다. 저렴한 가격으로 구입할 수 있다.

Cinderella(3~12세)
페이지를 넘기면서 관현악으로 연주되는 배경음악이 나오며 그림이 환상적이다. 내레이터의 목소리로 이야기를 들을 수 있다. 인물을 터치하면 대사가 나오고 신데렐라의 행동을 독자가 조작할 수 있다. 다른 버전인 *The Salmon Princes: An Alaska Cinderella Story*(Dwyer, 2004)와 비교하는 활동을 할 수 있다.

Don't Let the Pigeon Run This App!(4~8세)
M. Willems의 캐릭터 비둘기가 나오는 것으로 아동이 스토리를 만들거나 그림을 그릴 수 있다. 운전을 하거나 늦게까지 잠을 자지 않는 등 비둘기가 할 수 없는 것을 자꾸 하려고 하는데 아동은 여기에 목록을 더 추가할 수 있다. 저자의 목소리로 스토리를 들을 수도 있고 아동의 목소리를 녹음하여 들을 수도 있다.

Five Little Monkeys Go Shopping(3~6세)
잘 알려진 'Five Little Monkeys Jumping on the Bed'의 새 버전이다. 프로젝터로 확대해서 보면 대집단으로 함께 합창을 하며 볼 수 있다.

Go Away, Big Green Monster!(3~6세)
잘 알려진 그림책을 iPad 앱으로 경험할 수 있는데 어린이 독자가 무섭지 않은 괴물로 인물의 성격을 만들 수 있다. 어린이 내레이터, 저자와 함께 읽을 수도 있고, 함께 노래를 따라 부를 수 있다.

The Going to Bed Book(3~6세)
어린이들이 좋아하는 만화가 S. Boynton의 잠들기 전 읽는 책의 앱 버전으로 내레이터가 읽어 주는 것을 들을 수도 있고 스스로 소리 내어 읽을 수도 있다.

Martha Speaks!(3~8세)

말하는 강아지에 대한 것으로 어휘학습에 대한 연구를 많이 한 I. Beck의 연구 결과를 기초로 하여 만들어진 앱이다.

My Dad Drives a Roller Coaster Car(5~8세)

놀이동산에서 다양한 놀이기구를 타는 가족에 대한 것으로 앱을 만지면서 독자가 놀이기구를 타는 듯한 느낌을 가질 수 있다.

Story Time(3~5세)

어린 독자들이 주인공, 기쁜 이야기 혹은 슬픈 이야기 등 선택하여 이야기를 만들 수 있다.

Wild about Books(5~8세)

J. Sierra의 책을 배달하는 재미있는 이야기에 기초한 앱으로 동물원의 동물처럼 책을 읽을 것 같지 않은 독자에게 책을 배달하는 것과 같이 독자가 이야기를 창작할 수 있다.

다문화 유아

다문화 유아를 위한 문학

1개 이상의 언어를 배우는 유아를 위하여 2개의 언어로 쓰여진 문학은 제1언어로 습득한 읽기 지식이 제2언어 읽기로 전환될 수 있도록 돕는다. 또한 2개의 언어를 비교, 대조할 수 있게 하고 주변의 1개 언어만을 배우는 또래에게 자신의 언어를 가르쳐 줄 수도 있는 이점이 있다.

→×← 집중탐구 : 드림위버

C. F. DiBuono 교사가 제공한 자료

드림위버(Dreamweaver)는 어도비사의 웹 디자인 툴로 무료이다. 드림위버는 웹디자인에 대한 전문 지식이 없어도 워드프로세서를 사용하듯이 일반인도 쉽게 웹사이트를 만들 수 있는데 어린 학습자도 이용 가능하다. 사진을 선택하고 제목을 붙이고 텍스트를 입력하여 자신의 이야기를 만들어 웹에 로딩할 수 있다. 요즘의 아동들은 디지털을 이용한 의사소통에 익숙하여(Mills, 2011), 테크놀로지를 사용한 읽기와 쓰기활동을 할 기회를 제공하는 것은 당연하다.

어린 유아	유아	독립적 읽기가 가능한 아동
아직 스스로 읽거나 쓸 수 있는 수준이 아니더라도 자신들의 이야기가 디지털로 저장되는 것을 관찰할 수 있다. 가정에서 있었던 일, 견학을 가서 경험한 것, 그림책에서 보았던 이야기를 자신의 표현으로 이미지를 덧붙이는 과정을 선생님, 부모, 또래와 함께 할 수 있다(Wright, Bacigalupa, Black, & Burton, 2008; Xu et al., 2011).	목소리 녹음, 사진, 텍스트 등을 활용하여 자신의 이야기를 만들어 저장하고 친구들과 공유한다. 자신의 생각을 가장 잘 나타낼 수 있는 글, 그림과 사진에 대하여 신중하게 생각하여 구성할 수 있다.	이 수준에서는 또래와 협력하여 자신들의 프리젠테이션을 만들고 교육과정과 관련된 프로젝트 결과를 게시할 수도 있다. 교사는 드림위버를 이용해 만든 학생들의 스토리를 평가에 활용할 수 있다.

문학의 활용

문학 동아리

문학을 경험하는 방법 중 하나가 토의이다. 문학 동아리는 소집단으로 모여 책을 고르고 책을 읽고 자신의 생각과 느낌을 나누는 토의를 한다. 문학을 활용한 토의는 아동의 수준 혹은 교육과정 주제에 따라 다양할 수 있다(Daniels, 2002). 유아들은 주로 그림책을 중심으로 토의를 하고 초등학생들은 그림책, 동시뿐만 아니라 그림이 적고 글이 많은 챕터북을 활용할 수 있다.

소집단 토의는 다음과 같은 절차로 진행된다.

- 제목, 표지, 그림 등을 보면서 내용에 대하여 예측하는 등 살펴보는 시간을 갖는다.
- 책을 읽으면서 자신의 궁금점, 떠오르는 생각 등을 나눈다.
- 그림 혹은 짧은 글로 자신의 생각과 느낌을 표현한다.
- 각자 표현한 결과물을 가지고 친구들에게 보여 준다.
- 이외 동극활동, 동시 짓기 등으로 반응을 확장시킨다.
- 이 그림책을 통해 무엇을 배우고 느꼈는지 정리하며 마친다(Dugan, 1997).

문학동아리는 다음과 같은 이점이 있다.

1. 아동이 문학을 경험하도록 한다.
2. 상위 사고기술을 연마시킨다.
3. 협력학습을 할 수 있다.

문학동아리는 다음과 같은 특징을 갖는다.

- 4~6명의 소집단으로 구성된다.
- 모든 구성원은 책을 듣거나 읽어야 한다.
- 토론을 위한 책은 아동들이 직접 선택한다.
- 모든 구성원은 자신의 생각과 느낌을 또래와 나눈다.
- 모든 구성원의 말은 동등하게 존중되어야 하며 책임도 나눈다.

문학동아리의 운영은 먼저 교사가 지도하면서 모델링하는 과정이 필요하다. 처음부터 책의 첫장부터 마지막까지 토의하기보다는 한 장면을 놓고 토의하고 유아들은 10~15분의 시간이 적당하다.

문학 동아리에서 질문은 중요하다. 질문은 다양한 답이 가능한 열린 질문이 좋다. 예를 들어, 다음과 같은 질문이 적당하다.

- 이 이야기에 대하여 어떻게 생각하나요?
- 이야기의 누구와 이야기 나누고 싶은가요? 그 이유는 무엇인가요? 그와 무엇을 이야기 나누고 싶은가요?
- ＿＿＿가 무엇을 더 할 수 있을까요?
- 이야기에 나오는 사람 중 여러분과 비슷한 사람은 누구인가요? 그 이유는 무엇인가요?
- 이야기를 바꾸고 싶은가요? 바꾼다면 어떻게 바꿀 것이며 이유는 무엇인가요?
- 앞 이야기 혹은 뒷이야기를 짓는다면 어떻게 지을 것인가요?
- 저자와 이야기할 수 있다면 무슨 이야기를 하고 싶나요?
- 이야기 중 가장 마음에 드는 부문은 무엇이며 그 이유는 무엇인가요?

최근 출판된 미국 흑인에 대한 그림책

Asim, J. (2006). *Whose knees are these?* New York, NY: LB Kids.
운율이 있는 이야기로 아장아장 걷는 아기의 탐색적 질문에 답을 하는 이야기이다. 비슷한 류의 책으로 *Girl of Mine*과 *Boy of Mine*(Asim, 2010)이 있다. (영아)

Baicker, K. (2003). *I can do it too!* San Francisco, CA: Chronicle.
아기가 일상 속에서 주스 따르기, 단추 끼기 등을 배워 가는 이야기이다. 서툴지만 포기하지 않고 스스로 해 보면서 자신감을 얻어 가는 이야기이다. (영아)

Farris, C.K. (2008). *March on: The day my brother Martin changed the world.* New York, NY: Scholastic.
어린이 주인공이 미국인권운동에 대하여 소개하는 책이다. (초등 2~3학년)

Harris, T. E. (2011). *Summer Jackson: Grown up.* New York, NY: Katherine Tegen Books.
신문 읽기, 어린이에게 지시하기 등 어른들이 하는 것을 따라 하고 싶어 하는 7세 어린이에 대한 이야기이다. (초등 2~3학년)

Hoffman, M. (2008). *Princess Grace.* New York, NY: Dial.
학교 연극에서 주인공 역할을 하고 싶어 하고 학교 폭력에도 맞서려는 통통 튀는 성격을 가진 흑인 소녀에 대한 이야기로 그림책 버전과 챕터북 버전으로 시리즈가 있다. (초등 1~3학년)

Hughes, L. (2013). *Lullaby for a black mother.* Boston, MA: Harcourt.
유명한 시인 L. Hughes의 시가 S. Qualls의 그림으로 청각과 시각으로 아름답게 전달되는 책이다. (모든 연령)

Isadora, R. (2008). *Peakaboo bedtime.* New York, NY: Putnam.
Peakaboo Morning(Isadora, 2002)의 후속편으로 흑인 아기가 까꿍놀이를 한다. (영아)

Johnson, A. (2007). *Lily Brown's paintings.* New York, NY: Orchard Books.
주인공 릴리가 상상으로 그림을 그리면서 신세계를 만들어 간다. (유치부~초등 2학년)

Kir, D. (2008). *Keisha Ann can!* New York, NY: Putnam's Sons.
학교에서 자신이 하는 모든 것에 자부심을 느끼는 케이샤 앤에 대한 이야기로 문장이 질문과 대답의 형식이다. 어린 독자들이 질문과 대답의 형식으로 자신의 이야기를 창작할 수 있다. (유치부~초등 1학년)

McQuinn, A. (2010). *Lola loves stories.* Watertown, MA: Charlesbridge.
매일 '좋은 책'을 도서관에서 빌려서 롤라에게 책을 읽어 주는 부모가 있다. 잠들기 전에 자녀와 함께 책을 읽는 것의 가치와 즐거움을 느낄 수 있다. 비슷한 류의 책으로는 *Lola at the Library*(McQuinn, 2006)와 *Lola Reads to Leo*(McQuinn, 2012)가 있다. (유아부~초등 1학년)

Nolen, J. (2013). *Hewitt Anderson's great big life.* New York, NY: Simon & Schuster.
화목한 가정을 주제로 체구가 작은 아기가 몸집이 아주 큰 부모에게 태어난 이야기이다. (초등 2~3학년)

Ransome, L. C. (2011). *Words set me free.* New York, NY: Simon & Schuster.
F. Douglass의 삶에 대한 이야기로 어린 독자들이 문해능력의 힘과 가치에 대하여 깨닫게 되는 이야기이다. (초등 2~3학년)

Reynolds, A. (2009). *Back of the bus.* New York, NY: Philomel.
알라바마 몽고메리에서 버스에 탄 흑인을 차별한 사건을 어린아이의 관점에서 들려주는 이야기로서 F. Cooper의 유채 그림으로 아름답게 표현되어 있다. (초등 1~3학년)

Turner-Denstaedt, M. (2009). *The hat that wore Clara B.* New York, NY: Farrar Straus Giroux.
할머니의 낡은 모자를 쓰고 주일에 교회를 가려는 소녀가 모자를 상하게 하여 수선의 노력이 수포로 돌아가자 모자를 제자리에 돌려놓으면서 용서의 편지를 남긴다는 이야기이다. (초등 1~3학년)

어떻게 할까요

책 안내서

책 안내서는 교사가 그림책을 활용한 통합 교육과정을 운영하기 위한 교수 매체이다. 교사는 먼저 최근 5년에 출판된 것 중 문학상을 받을 정도의 수준 있는 책을 선정하여 그 책에 대하여 다음과 같은 내용을 정리한다.

- 그림책에 대한 개요
- 선정 동기
- 비평적 사고와 토의를 이끄는 질문
- 아동의 반응을 자극할 만한 질문
- 책을 활용하여 다른 영역과 통합될 수 있는 활동 목록
- 책과 관련된 차트 혹은 웹망

이야기 요약

A Wolf's Chicken Stew(Kasza, 1987)로 책 안내서를 구성해 보자.

저녁밥으로 치킨 스튜를 먹으려던 계획을 잠시 멈추어, 치킨을 더 살찌운 뒤에 잡아먹으려는 늑대에 대한 이야기이다. 늑대는 매일 밤 암탉 우리 앞에 몰래 암탉이 먹을 거리를 놔두었다. 먼저 100개의 팬케이크, 그다음 100개의 도넛, 마지막으로 100개의 케이크를 만들어 암탉 우리 앞에 두었다. 이제 스튜를 만들려고 우리 문을 열자 100마리의 병아리가 쏟아져 나오면서 늑대에게 감사의 키스를 퍼부었다. 암탉이 고마움의 표시로 늑대에게 맛있는 저녁을 대접하자 늑대는 암탉으로 스튜를 만들려는 계획을 포기하고 오히려 병아리들에게 "맛있는 쿠키 100개를 만들어 주어야겠다."라는 마지막 말을 하며 이야기는 끝난다.

이야기 소개

먼저 고양이와 쥐, 새와 벌레, 사자와 영양, 늑대와 토끼, 여우와 닭처럼 천적관계를 나타내는 동물 그림카드를 보여 주며 동물의 먹이관계에 대한 이야기를 나눈다. 그리고 난 이후 "이제부터 읽으려는 이야기는 늑대와 닭에 관한 것이에요. 표지를 보니 어떤가요? 제목은 *A Wolf's Chicken Stew*인데, 어떤 이야기 같나요?"라고 질문하고 유아들의 반응을 적는다. "선생님이 읽어 주는 것 잘 들어 보세요. 늑대와 암탉이 친구가 되는지 적이 되는지 잘 생각하며 들어 보세요."라며 이야기를 읽어 주면서 유아들의 예측이 어떻게 맞아 들어가는지 혹은 안 맞는지에 대하여 멈춰 가며 읽어 준다.[*]

수학

늑대는 100개의 팬케이크를 만드는데, 100개는 얼마일지에 대하여 이야기를 나누어 본다. 이때 *One Hundred Hungry Ants*(Princzes, 1999)를 읽어 주어도 좋다. 열 손가락에 낄 수 있는 병아리 인형을 골판지로 만들고 100개를 만들려면 몇 명의 유아가 필요한지에 대하여 이야기 나눈다.

과학

진짜 살아 있는 늑대에 대하여 알아본다. 늑대 그림과 사진을 비교해 보고 사람들은 왜 늑대를 무서워하는지에 대하여 이야기 나눈다. 또한 늑대와 애완견과의 차이에 대하여 생각해 본다. 이

병아리들이 늑대에게 안겨
뽀뽀를 하였어요.
"늑대 삼촌, 고마워요!
삼촌은 이 세상에서
제일 멋진 요리사예요!"

출처 : The Wolf's Chicken Stew by Keiko Kasza, copyright ⓒ 1987 by Keiko Kasza. Used by permission of G.P. Putnam's Sons, A Division of Penguin Group (USA) Inc.

때 J. Brett(1988)의 *The First Dog*를 읽어도 좋다.

문학

빨간 모자, 늑대들(Gravett, 2006) 등 늑대가 나오는 다른 이야기를 읽어 본다.

음악, 예술, 동극

유아들과 함께 늑대의 귀, 꼬리, 얼굴 등을 만들어서 장면을 연기한다. 혹은 암탉과 병아리가 되어서 매일 맛있는 간식이 집 앞에 놓였을 때의 느낌과 생각을 연기해 본다. 혹은 암탉과 병아리가 좋아할 케이크를 만들어 본다. 혹은 늑대가 좋아할 만한 것을 만들어 주고 싶은 병아리가 되어 본다. 이때 늑대는 사람과 다르다는 것을 상기시키며 늑대가 좋아할 만한 것을 만들도록 한다. 혹은 100마리의 병아리와 함께 사는 암탉의 집을 구성하거나 늑대의 집을 구성해 본다.

요리

조리법에 따라 유아들과 팬케이크를 만든다. 초콜릿 쿠키를 만들면서 쿠키 1개에 초콜릿 칩 5개를 세면서 올린다. 100개의 쿠키를 만들려면 초콜릿 칩이 몇 개 필요할지 계산해 본다.

글쓰기

늑대의 팬케이크, 도넛을 만드는 레시피를 유아들이 적게 한다. 혹은 짝을 지어 이야기가 일어난 순서대로 짝에게 말하고 적는다. 이런 활동이 익숙하지 않은 유아에게는 이야기 지도를 만들어 주고 빈칸에 적어 보는 활동을 한다.

비평적 사고

만약 주인공 늑대의 친구가 암탉을 잡아 스튜를 만들려고 한다면 주인공 늑대는 무엇이라고 말할지 이야기 나누어 본다. 혹은 이 늑대가 100마리의 병아리를 도와주기 위해서 어떤 행동을 할지 생각해 보도록 한다. 혹은 어떻게 하여 이 늑대가 이렇게 좋은 품성으로 자랄 수 있었는지 그의 어린 시절에 대한 이야기를 지어 보거나 혹은 100마리의 병아리가 자라서 늑대와 어떻게 되었을지에 대하여 이야기 나누어 본다.

제 10 장

그리기와 쓰기

Courtesy of Heather L. Jackson

그리기와 쓰기에 대한 사실

- 유아의 그림을 존중하고 의미를 담고 있는 것으로 반응해 주고 일상의 일부로서 매일 유아가 경험하게 하면 유아는 그림을 의사소통 수단 중 하나로 인식하게 된다(Ouellette & Sénéchal, 2008; Ring, 2006).
- 어린 유아는 그림을 통해 그리기와 그릴 수 있는 도구를 가지고 글쓰기를 배우게 된다(Baghban, 2007b; Mayer, 2007; Perlmutter, Folger, & Holt, 2009). 유아는 글쓰기를 글로서 인식하기 전에 그림을 그림으로 간주하는데 이는 그림을 의사소통의 과정으로 인식한다는 것을 나타낸다(Levin & Bus, 2003).
- 글쓰기를 습득하는 것은 발달적 변화를 거친다(Puranik & Lonigan, 2011). 3세가 이름을 표시하기 위하여 끄적인 것은 그림을 그리기 위하여 끄적인 것과 다르다(Haney, 2002).
- 전통적으로 왼손잡이는 장애로 인식되어 여러 가지 방법으로 오른손으로 쓰도록 강제되었다(Martin & Porac, 2007). 그러나 왼손잡이라고 해서 글쓰는 데 장애가 되는 것은 아니며 편안한 방향으로 적게 하는 것이 좋다(Bonoti, Vlachos, & Metallidou, 2005).
- 글쓰기 학습은 사회적 과정이다. 먼저 선, 점, 동그라미 등 여러 가지 형태로 표시하다가 점차 글자를

표시하기 시작한다. 이때 이러한 시도를 존중하는 것이 중요하다(Kissel, 2008a, 2008b).

- 글쓰기를 배우기 전 읽기를 습득해야 한다는 것은 잘못된 생각이다. 읽기와 쓰기는 동시에 발달한다(Shea, 2011). 유아에게는 자신이 쓴 글을 읽는 것이 더 쉽다.
- 초등학생 아동은 학교생활의 30~60%를 글쓰기와 같은 소근육 활동으로 보내고 있으므로 손으로 글을 쓰는 것을 힘들어하는 아동은 학업성취에 큰 어려움을 겪을 가능성이 있고 낮은 자존감으로 고통받을 수 있다(Feder & Majnemer, 2007).
- 글쓰기를 잘 못하는 학습장애가 있는데 남아가 여아보다 2~3배로 이 장애에 걸릴 가능성이 높다(Katrusic, 2009).
- 청각장애아가 일반아보다 글로서 소통하는 능력이 더 빨리 발달할 수 있다(Ruiz, 1995).
- 창의적 철자는 말소리를 들리는 대로 표기하는 유아들의 독특한 철자인데 이는 정확한 철자습득 과정에서 중요한 역할을 한다(Ouellette & Sénéchal, 2008). 적혀 있는 대로 따라 쓰는 것보다 스스로가 말소리에 따라서 글자를 적는 것은 인지적으로 훨씬 수준이 높은 활동이다(Richgels, 2008).
- 영어와 스페인어 2개의 언어를 하는 100명의 유아에 대한 연구 결과에 따르면 두 언어에 공통으로 있는 글자를 동시에 쓰거나 하나의 문장에서 2개의 언어를 적기도 한다. 이중언어 학습자를 가르치는 선생님은 이들이 2개의 언어를 동시에 사용할 기회를 자주 주어서 2개의 언어를 사용하는 것이 큰 이익이 된다는 것을 느끼도록 해야 한다(Rubin & Carlan, 2005).
- 글자의 형태를 적어 보는 것도 언어 지도의 기본 목표에 포함되어야 함을 많은 전문가들이 주장하고 있다.

이상의 사실들에 놀랐나요? 무엇에 그리고 왜 놀랐나요? 유아를 교육하는 데 이러한 사실들을 어떻게 반영해야 할까요?

그리기와 쓰기 사이에는 어떤 관계가 있는가

교육표준과 교수

영어교사협회는 유아기 쓰기교육에 대하여 www.ncte.org/writing/aboutearlygrades에 게시하였다(2006). 이를 보고 유아 글쓰기 교육과정에 대한 함의를 논의하라.

역할놀이 영역에서 3명의 유아가 햄버거, 프렌치프라이, 음료수, 아이스크림 등을 그려서 벽에 게시하였다. 극놀이 영역 입구에는 가전제품 포장박스를 오려서 '맥도날드'라고 적어서 붙여 놓았다. 아이들은 작은 테이블을 카운터로 사용하며 옆에는 자동차를 탄 채로 주문하는 창문으로 활용하기 위하여 박스를 세워 놓았다. 캐시는 주문받는 사람, 조쉬는 매니저, 아만다는 요리사이다.

캐시 : 버스가 오고 있어! (주문장에 무언가를 급히 적으며) 햄버거 30개, 프라이 50개, 빅맥 20개, 콜라 70개!

조쉬 : 그래요. 그런데 기다려야 해요.

아만다 : (눈을 굴리면서 이마의 땀을 닦으며) 자, 이제 그만할래요. 조쉬.

조쉬 : 그만두면 안 돼요. 계속 햄버거를 만드세요.

위의 장면을 보면 유아들이 놀이 중에 어떤 표상을 하는지 알 수 있다. 이들은 상징을 이용하여 생각하는 것을 배워 가고 있으며 그림과 글로 자신의 생각을 표시하고 있다(Schickedanz & Casbergue, 2009).

유아들은 생각과 감정을 표현하기 위하여 그림과 글을 동시에 사용한다. Wright(2011)는 "유아들은 자신의 내적 세계를 표시하기 위하여 그림을 사용하는데 이는 의사소통에서 가장 효과적인 표시가 될 수도 있다."(p. 157)라고 하였다. 유아가 그린 것은 시각 이미지를 즐기는 것보다는 아이디어를 소통하는 것이 더 강조되기도 하므로(Hipple, 1985) 전문가는 글과 마찬가지로 그림도 똑같이 창작의 과정으로 본다(Baghban, 2007b; Narey, 2008). 그리기와 쓰기는 생각을 표현하는 수단으로 똑같이 중요하다.

그림 10.1은 4세 제레미가 어젯밤 꿈꾼 괴물에 대하여 그린 것이다. 이것을 보면 그림도 글

그림 10.1 제레미(4세)가 그린 꿈

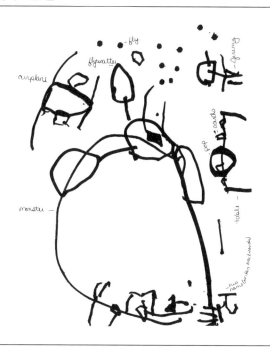

처럼 소통의 과정임을 분명하게 보여 준다.

> **제레미** : 어젯밤 괴물 꿈을 꾸었어요.
>
> **선생님** : 무서웠겠네?
>
> **제레미** : 아니에요, 우리는 카드 게임을 하면서 같이 논 친구였어요.
>
> **선생님** : 괴물을 그려 볼래?
>
> **제레미** : 네. 여기가 크고 뚱뚱한 괴물의 배예요. 이건 머리고요. 이건 다리, 그리고 머리카락
> 이예요. 그리고 아주 아주 큰 귀가 있어요.
>
> **선생님** : 너는 어디 있니?
>
> **제레미** : 여기 탁자 아래에 있어요. 여기서 카드 게임을 했어요. 여기 카드 보이죠? 이건 괴물
> 이 쓰는 카드고요, 이것은 사람이 쓰는 카드예요.
>
> **선생님** : 이것 말고 또 뭐했니?
>
> **제레미** : 유리잔에 주스도 마셨어요.
>
> **선생님** : 다른 것은 또 뭐했니?
>
> **제레미** : 흔들의자에 앉았어요.

제레미는 그림을 그리고 또한 그림에 대한 이야기를 하면서 자신의 꿈을 재구성하고 있다. 제레미가 하는 말은 지금은 교사가 받아 적고 있지만, 이후에는 제레미 스스로 적을 수 있을 것이다. 이 활동이 가정에서 일어나건(Levin & Bus, 2003) 학교에서 일어나건 그림과 글은 다음과 같은 중요한 특징이 있다.

그리기와 쓰기에는 심리운동 기술을 필요로 한다. 그림 그리기와 글쓰기는 소근육 운동과 조절력을 요구한다. 예를 들어, 2세 유아에게 그림을 그려 보라 하면 종이에 끄적이고 글을 써 보라 해도 끄적인다. 6세 빅토리아는 처음 포장을 뜯은 크레용 사용에 매우 신이 났는데 이유는 '끝이 뾰족하기' 때문이다. 그림 10.2는 빅토리아가 그린 강아지인데 다음은 그녀가 그림을 그리면서 한 말이다.

> **빅토리아** : 얘 이름은 소피인데 페키니즈예요. 털이 많아서 여름에는 무척 더워해요. 여기 털
> 이 보이지요. 말로 하기 어려우니 그려서 보여 줄게요. (크레용으로 종이에 끄적이더니
> 맨 위에 '덥다'라는 단어를 적는다.) 얘 털은 진짜 길어서 내 머리보다 길어요. 내 이름
> 도 적을게요. 이것이 내 이름에 들어가는 C예요. 내가 매일 소피를 산책시키기 때문에

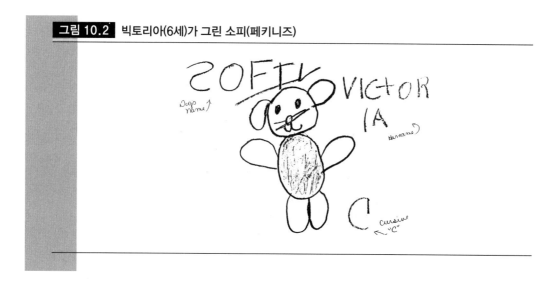

그림 10.2 빅토리아(6세)가 그린 소피(페키니즈)

소피를 이렇게 세워서 그리는 것이 좋아요.

그리기와 쓰기는 인지능력이 요구된다. 4세 베스의 경우는 인지-그리기-쓰기의 관계를 잘 보여 준다. 베스는 자기가 잘 아는 사물에 대하여 그림을 그리고 이것의 이름을 적는다. Clay(1975)는 이것을 지식의 목록화라고 하였다. 그림 10.3이 이를 보여 주고 있다.

그리기와 쓰기는 표현예술이다. 어린 유아도 그림과 글의 표현적 기능을 잘 알고 있다. 3세 알리사는 그림(그림 10.4 참조)과 글을 써 달라고 요청을 받았을 때 A 글자를 왼쪽 아래편에 적고 "이것은 알리사예요."라고 말하였다. 다음 네모를 그리면서 그 위에 몇 개의 점을 찍고 손을 입으로 가져가면서 "음, 정말 맛있어요. 이것은 바나나예요."라고 말한다. 즉 그림과 글이 모두 자신을 나타내는 수단이다.

그리기와 쓰기는 발달적 과정을 거쳐 변화한다. 그림과 글쓰기는 각 유아 개인이 가지고 있는 발달 시간표와 스타일에 따라 발달한다. 즉 그림과 글은 각 유아의 세계에 대한 이해의 정도를 드러낸다. 그림 10.5는 Brittain(1979)과 Fields, Groth, Sprangler(2007) 그리고 Lamme(1984)이 제공한 그림과 글의 수준에 따른 유아의 이해의 정도를 정리한 것이다.

그리기와 쓰기에는 특정한 기능이 있다. 그림 그리기와 글쓰기는 다음과 같은 네 가지 기능이 있다(Mosenthal, 1983).

그림 10.3 베스(4세)가 그린 지식의 자발적 목록

1. 실용적 기능. 글자와 같은 도식은 문화의 기준과 기능을 전수한다.

2. 인지적 기능. 그림과 글쓰기는 인지발달과 평생학습의 도구이다.

그림 10.4 알리사(3세)가 그린 꿈

그림 10.5 그림과 글의 이해 수준 및 단계

이해 수준	글쓰기 단계	그림의 단계
비관례적 • 매체 탐색 • 형태의 정교화 • 상징의 문화적 의미에 대한 인식	**글자 전 수준** • 비선형적 끄적임 • 선형적 끄적임, 반복된 디자인 • 글자 같은 모양이 나타남	**표상 전 수준** • 무작위적 끄적임 • 통제된 끄적임 • 이름을 말하면서 끄적임
관례적 • 그림과 글의 형식에 대한 이해가 시작됨 • 규칙의 과도한 일반화 • 형식적 구조	**글자 단계** • 무작위적인 글자, 글자와 숫자 덩어리로 단어를 나타내려고 함 • 이름, 목록, 창의적 철자, 글자 크기와 모양이 비일관적이고 곡선을 표현하고자 함 • 대문자와 소문자를 구분함	**표상 수준** • 나타내고자 하는 대상이 있음 • 사전 계획 없이 나타냄 • 그리기에 앞서 계획을 함

출처 : Brittain, 1979; Fields, Groth, & Spangler, 2007; Lamme, 1984.

3. 평등적 기능. 예술과 글은 자신을 표현할 수 있게 하며 평등을 보장한다.

4. 자아기능. 그림과 글쓰기를 통해 자율성과 자아존중감을 얻는다(Mosenthal, 1983).

그림 10.6에 제시된 4세 유아 사만다의 그림은 위의 네 가지 기능을 보여 준다. 사만다는 마치 말이 자신의 행동을 인도하는 것처럼 다음과 같은 말을 하면서 이 그림과 글을 적었다.

> **사만다** : 나는 큰 호박을 그릴 거야. 머리는 파랗게, 약간 초록 빛이 나도록 하고. 이름은 샘이라고 할 거야. 샘은 호박이 모이는 곳에 가야 하기 때문에 다리가 아주 많이 있어야 해. 걸어갈 거야. 머리로도 걸을 수 있어. 이건 내 이름이야. 우리 엄마가 이렇게 쓰라고 가르쳐 주었어.

사만다의 위와 같은 행동은 그림과 글쓰기가 문화적으로 존중받고 있음을 그녀가 알고 있음을 나타낸다. 사만다가 다니는 어린이집 교실에서 또래들과 함께 활동을 하는 것을 관찰하면 친구들은 그녀에게 질문을 하고 그 결과물에 대하여 그들의 생각을 표현한다. 사만다가 호박은 둥근 모양이고 아래에 다리가 많이 달려 있으면 빨리 걸을 수 있다는 지식도 그림과 글에서 드러난다. 또한 사만다가 그림 그리기를 마치고 마지막으로 자신의 이름을 적으면서 얼굴에 자부심이 가득한 것을 보면 그림과 글쓰기가 분명 자아개념을 강화시킨다는 것을 확인시켜 준다. 그림 10.7에 유아가 그림을 그리면서 자신을 어떻게 표현하는지를 제시하였다(Dyson, 1988; Salinger, 1995).

그림 10.6 사만다(4세)가 그린 의인화된 호박

그림 10.7 그림 및 글과 유아의 자아개념과의 관계

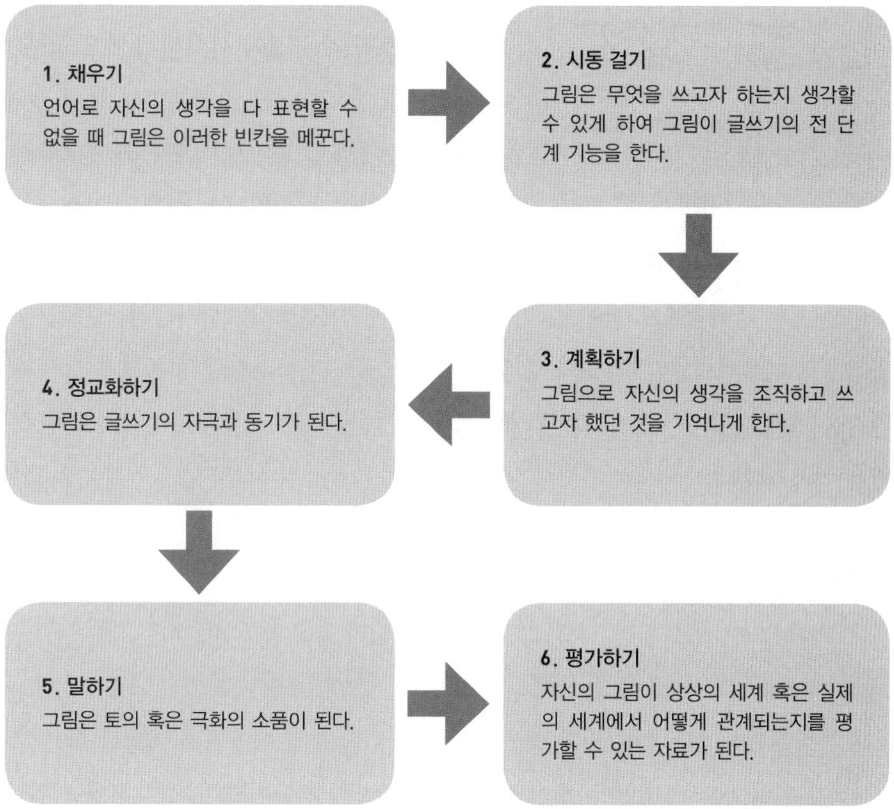

1. 채우기
언어로 자신의 생각을 다 표현할 수 없을 때 그림은 이러한 빈칸을 메꾼다.

2. 시동 걸기
그림은 무엇을 쓰고자 하는지 생각할 수 있게 하여 그림이 글쓰기의 전 단계 기능을 한다.

4. 정교화하기
그림은 글쓰기의 자극과 동기가 된다.

3. 계획하기
그림으로 자신의 생각을 조직하고 쓰고자 했던 것을 기억나게 한다.

5. 말하기
그림은 토의 혹은 극화의 소품이 된다.

6. 평가하기
자신의 그림이 상상의 세계 혹은 실제의 세계에서 어떻게 관계되는지를 평가할 수 있는 자료가 된다.

가족 및 지역사회와의 협력

데트윌러 선생님은 2년 동안 시골에 있는 초등학교에서 가르쳐 왔다. 처음에 왔을 때 선임 선생님들은 학교의 행사에 학부모를 참여시키려는 데트윌러 선생님의 노력이 헛수고라고 하였다. 데트윌러 선생님은 학교에 관심이 없다고 인식된 부모들은 관심이 없어서가 아니라 교통수단, 동생을 맡길 곳 혹은 의복 등 현실적으로 여건이 되지 않아 그런 것이라고 생각했다.

시골에서 부모들이 쉽게 만날 수 있는 장소는 은행 주차장인데 이곳은 주말마다 농부들이 농사지은 식재료를 트럭에서 판매하는 시장이 열린다. 데트윌러 선생님은 언어교육을 생활주제를 중심으로 통합하는 활동으로 구성하고 음악과 미술 선생님의 도움을 받아 학생들의 결과

물을 토요일 아침 은행 주차장에 전시하였다.

이 행사를 위하여 은행 매니저의 양해를 구했더니 은행에서 큰 텐트를 주차장에 설치해 주어서 학생들의 글과 그림을 전시할 수 있었다. 지역대학의 봉사 동아리, 지역의 대형마트 등에서 찬조를 얻어 팝콘과 음료수도 팔았다. 또한 시각장애협회가 후원하여 학생들 시력 측정 부스도 설치하였다. 행사 시작시간은 농부들의 시장이 파하는 시간인 오전 11시 30분으로 하였다.

이 행사는 결과적으로 학부모, 가족, 학교와 지역사회의 많은 사람과 기관들이 참여하여 성공적으로 마무리되었다. 학교와 단절되어 있다고 느낀 학부모들은 학교가 그들과 협력하려는 진심을 가지고 있다는 것을 확신하게 되었고 자녀들의 학습 결과물에 대하여 만족해하고 자신감을 얻게 되었다.

기여와 결과

- 교사의 기여. 데트월러 선생님은 아동의 그림과 글쓰기를 지원하는 데 어떠한 역할을 하였는가?
- 가족의 기여. 아동의 그림과 글쓰기 발달을 위하여 각 가정에서 지원한 것은 무엇인가?
- 전문가의 기여. 데트월러 선생님의 열정에 동참한 전문가의 도움은 무엇인가?
- 협력의 결과. 만약 성인들의 협력이 없었다면 어떤 결과가 나왔을 것인가?

그리기와 쓰기 발달 개관

글쓰기에 대한 유아의 이해를 다음에 제시하였다. 연령에 따라 어떠한 차이가 있는지 주목하라.

제이슨(4세) : 종이에 있는 표시예요.

데스몬드(5세) : 쓰기란 글자와 단어를 적는 거예요.

카밀(7세) : 할머니 생신에 축하카드 같은 것을 보낼 수 있도록 배우는 거예요. 그건 선생님이 우리에게 잘했다, 못했다라고 하는 거예요. 집에 엄마가 안 계실 때 우리 아빠가 엄마한테 할 이야기를 적는 거예요.

사람들은 "왜 글을 쓸까?"라고 하는 질문에 대하여 유아들은 다음과 같이 답하였다.

> 라켈(5세) : 우리 엄마는 사무실에서 일하는데, 일하려고 글을 적어요. 우리 아빠는 운전하면
> 서 표지판을 봐야 하기 때문에 읽어요.
> 유키토(8세) : 전화를 하는 대신에 편지를 쓰는 거죠.
> 네네(7세) : 보관을 위해서 적어요. 그리고 사람들에게 알리려고 적죠.
> 브라이언(8세) : 사람들은 할 말이 있을 때 말로 안 하고 적어요.

그림(Brittain, 1979)과 글(Lamme, 1984)의 발달적 단계를 다음에 제시하였다.

알파벳 전 단계와 비표상적 그림

알파벳 전 단계란 글자가 전혀 보이지 않는 단계이다. 또한 그림은 대상을 나타내지 않고 끄적여 놓은 것이다. 이 단계도 의사소통을 위하여 표시를 한 것이다.

무작위적 끄적이기. 뚜렷한 목적이 없이 무작위적으로 끄적인 것이지만 쓰기 도구를 가지고 무언가 표시를 한 것이다. 17개월 된 크리스가 표시한 것이 그림 10.8에 있다.

조절된 끄적이기. 도구에 대한 의지적 통제가 있어서 선, 형태 등에 무엇인가 의도가 있는 듯이 보인다. 3세 래시드의 것이 그림 10.9에 있다.

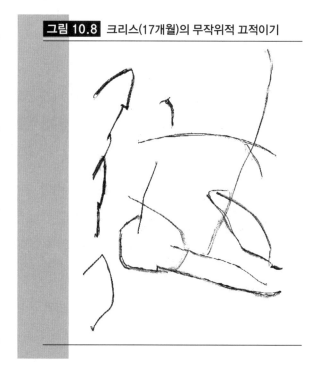

그림 10.8 크리스(17개월)의 무작위적 끄적이기

이름을 붙이며 끄적이기. 끄적인 것에 이름을 짓거나 선과 형태를 가지고 자신의 생각, 대상 혹은 표시에 대하여 설명을 한다. 그림 10.10은 3.5세 케이티의 것인데 그녀는 왼쪽 윗편을 "안녕이예요."라고 설명하고 "이건 우리 집 개예요."라고 설명한다.

알파벳 단계와 표상적 그림

의도한 대상의 형태가 나타나며 남이 알아

그림 10.9 래시드(3세)의 조절된 끄적이기

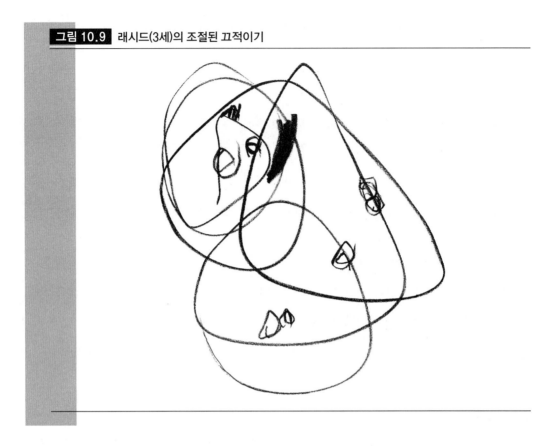

볼 수 있는 글자를 쓴다.

초기 표상 그림과 흉내 글자. 유아 자신에게 중요한 대상과 사물을 그린다. 그림마다 표현하고자 하는 대상이 있다. 4세 빅터는 그림을 그리면서 말로 자신의 노력을 설명하고 있다. 크레용으로 그림을 그리다가 이름을 쓸 때는 연필로 바꾼다(그림 10.11). 빅터는 그림에 대해 이렇게 설명한다.

> **빅터** : 지금 말을 그리고 있어요. 말, 신발, 말, 신발. 꼬리는 이렇게 안으로 넣었다가 다시 돌려서 그리는 거예요. 그다음 여우를 그리고 있어요. 이건 말이 아니예요. 이건 새예요. 여기 점찍은 곳에 말을 그릴 거예요. (여우를 그리기 시작하면서) 노란색은 제가 좋아하는 색이예요. 내가 미국에서 제일 좋아하는 색이예요.

그림 10.12는 3.5세 만디가 그린 그림과 흉내글자이다. 글자 같은 형태와 모양이 보이는데 이를 반복하여 표시한다.

그림 10.10 케이티(3.5세)의 이름을 붙이며 끄적이기

그림 10.11 빅터(4세)의 그림 그리기와 쓰기

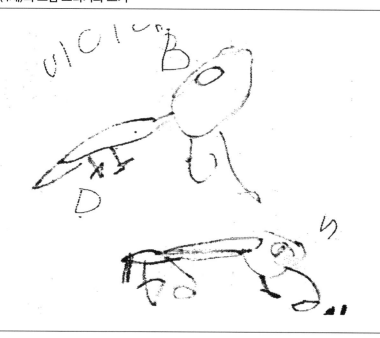

그림 10.12 만디(3.5세)의 그림 그리기와 쓰기

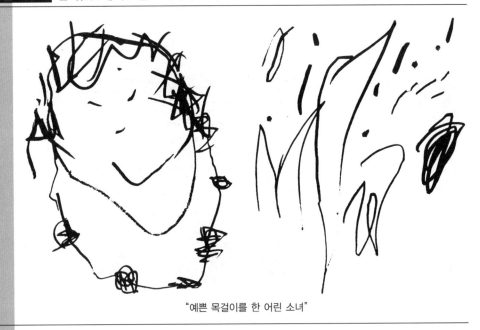

"예쁜 목걸이를 한 어린 소녀"

선생님 : 만디야 그림 좀 그려 볼래?

만디 : 눈, 코, 입을 그릴 수 있어요. 여기에 예쁜 목걸이를 그리고요. 머리카락도 아주 많아요. 얘는 여자아이고요, 학교에 다닌답니다.

선생님 : 글을 쓸 줄 아니? 한번 써 볼래?

만디 : 그럼요, 글자를 쓸 줄 알아요. 여기 큰 글자도 쓸 수 있어요. 우리 엄마가 가르쳐 주었어요. 나는 한 살때부터 글을 썼어요. 엄마라는 글자도 쓸 수 있어요. 정말 잘 쓰죠? 내가 제일 잘 쓴다고요. D는 큰 글자고요. (자신의 이름에 있는 i의 점을 가리키며) 점도 쓸 수 있어요. Mandi. 끝!

그림 10.13 제니(3세)의 줄 모양으로 늘어놓고 쓴 글자

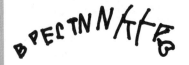

"이것은 도나 고모라고 쓴 것이예요."

그림 10.13은 3세 제니가 글자 비슷한 것을 한 줄로 써 놓은 것인데 이 시기의 유아는 글자 혹은 숫자를 무작위적으로 줄 모양으로 적는다. 그림 10. 14는 5세 엘리자베스가 적은 것이다.

그림 10.14 엘리자베스(5세)가 글자와 숫자를 줄 모양으로 늘어놓아서 씀

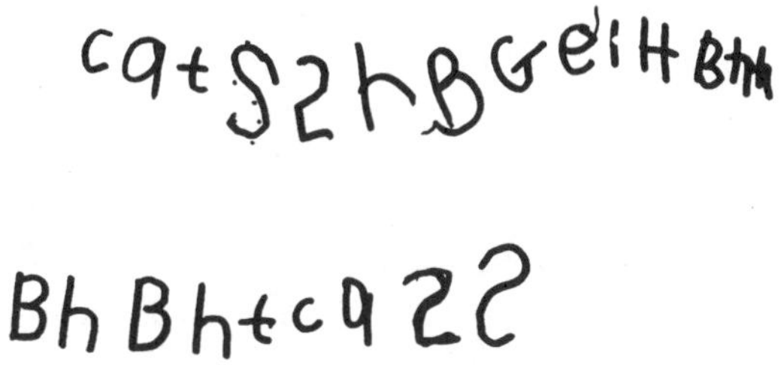

cqtS2hBGeiHB₥

BhBhtcq2Ƨ

도식 전 단계의 그림 및 완성되지 않은 관례적 글자. 5세가 되면 자신이 그리고자 하는 것에 대한 조절력이 발달한다. 사람의 모습을 그리는 자신의 방식이 정착될 때까지 유아들은 실험과 연습을 한다. 이때 동그라미, 세모, 네모 등이 나타난다.

글자와 숫자는 하나의 단어 혹은 문장을 의미하려고 뭉쳐서 쓰지만 글자의 크기는 일정하지 않다. 그림 10.15에 이것이 잘 나타나 있다. 점차 글자와 소리를 연합시키면서 소리나는 대로 글자를 적는다. 이 시기에 적은 글자가 사전에 나오는 글자와 같은 철자는 아니지만 무엇을 쓴 것인지는 독자가 알아볼 수 있는 정도가 점점 증가한다(Scharer & Zutell, 2003).

도식 단계의 그림 및 관례적 글자. 초등학교에 입학할 즈음이 된 유아의 그림은 좀 더 계획적이고 자세한 관찰이 나타난다. 글자의 크기도 일정해지고 거꾸로 쓴 글자나 숫자도 줄어들며 곡선을 정교하게 표시하게 된다. 다음의 8세 데이비드는

그림 10.15 6세가 쓴 글자로 글자 크기가 일정하지 않음

상대방인 리안의 관점을 고려하여 그림과 글을 쓴다. 데이비드는 말과 글 모두를 사용하여 리안을 즐겁게 하려는 가작행동을 한다.

데이비드 : 내가 모양을 그려볼게. 나는 *circle*을 어떻게 쓰는지 알아. 먼저 다이아몬드 모양, 멈추고, 음음음, 그다음 무엇이지? 이것은 달걀형이야. 밑에 있는 것들은 모양은 다르지만 색은 다 같아. (턱을 손에 받치고 앞을 보면서 생각하는 듯이) 이제, 나무를 그릴 거야. 나무는 내가 잘 그려. 이건 땅이고, 여

그림 10.16 데이비드(8세)가 그린 그림과 글

그림 10.17 맞춤법 발달 단계

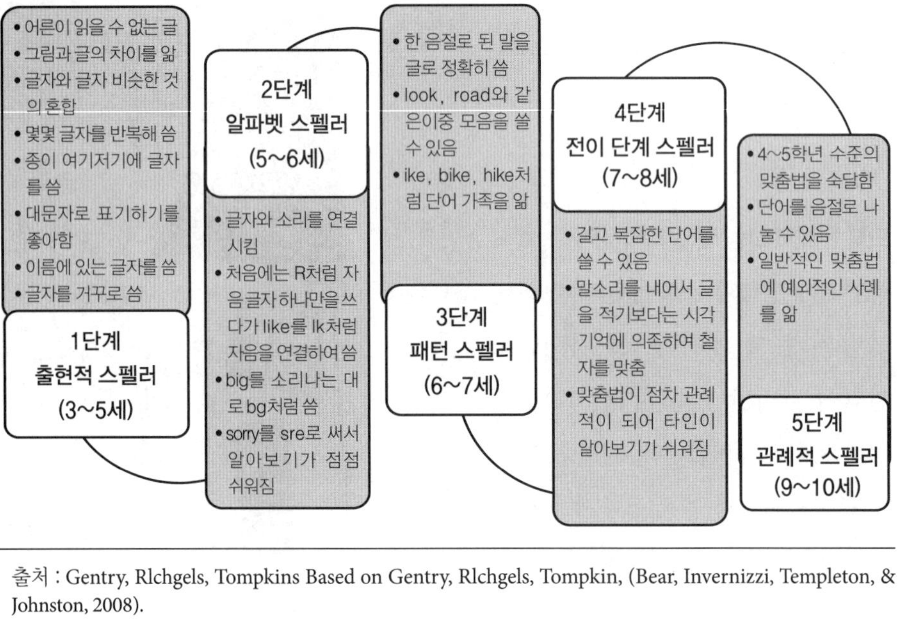

- 어른이 읽을 수 없는 글
- 그림과 글의 차이를 앎
- 글자와 글자 비슷한 것의 혼합
- 몇몇 글자를 반복해 씀
- 종이 여기저기에 글자를 씀
- 대문자로 표기하기를 좋아함
- 이름에 있는 글자를 씀
- 글자를 거꾸로 씀

1단계 출현적 스펠러 (3~5세)

2단계 알파벳 스펠러 (5~6세)
- 글자와 소리를 연결시킴
- 처음에는 R처럼 자음글자 하나만을 쓰다가 like를 lk처럼 자음을 연결하여 씀
- big를 소리나는 대로 bg처럼 씀
- sorry를 sre로 써서 알아보기가 점점 쉬워짐

- 한 음절로 된 말을 글로 정확히 씀
- look, road와 같은 이중 모음을 쓸 수 있음
- ike, bike, hike처럼 단어 가족을 앎

3단계 패턴 스펠러 (6~7세)

4단계 전이 단계 스펠러 (7~8세)
- 길고 복잡한 단어를 쓸 수 있음
- 말소리를 내어서 글을 적기보다는 시각기억에 의존하여 철자를 맞춤
- 맞춤법이 점차 관례적이 되어 타인이 알아보기가 쉬워짐

- 4~5학년 수준의 맞춤법을 숙달함
- 단어를 음절로 나눌 수 있음
- 일반적인 맞춤법에 예외적인 사례를 앎

5단계 관례적 스펠러 (9~10세)

출처 : Gentry, Rlchgels, Tompkins Based on Gentry, Rlchgels, Tompkin, (Bear, Invernizzi, Templeton, & Johnston, 2008).

그림 10.18 글쓰기 과정 접근법의 원리

1. 시간

하루 일과뿐만 아니라 연간계획에 글쓰기 시간이 계획되어 있다(Moutray & Snell, 2003). 글쓰기 활동은 계획, 수정, 인쇄와 발표 등의 과정이 포함된다(Cappello, 2006).

2. 선택

그림 혹은 글쓰기의 주제는 선생님이 제시하는 것이 아니라 아동 스스로가 선택한다(Love, Burns, & Buell, 2007).

3. 모델링

아동은 누군가 글을 쓰는 과정 혹은 자신의 글에 대하여 설명하는 것을 관찰할 기회가 있다(Schulze, 2006).

4. 반응

아동은 자신의 글을 또래, 가족 그리고 학교 및 지역사회 구성원과 나눌 기회가 있다(Kissel, 2009b).

5. 구조

아동이 자신의 작품을 포트폴리오 형식으로 보관하고 평가하며 듣기, 말하기, 읽기와 쓰기의 통합성을 이해할 수 있도록 교사가 돕는다(Schulze, 2006).

6. 공동체

아동은 그림 혹은 글을 산출하고자 하는 모임의 일원이 되어서 상호작용할 기회를 갖는다 : 구성원 간의 상호작용은 사고를 자극하고 자신의 노력을 인지하고 새로운 시도를 할 수 있도록 격려한다(Cleaveland & Ray, 2004; Martin & Thacker, 2009).

기 내가 있어. 나는 바지를 입고 있어. 이 옆이 너야. 네 그림 아래에는 '크다'라고 적고 내 그림 아래에는 '작다'라고 적을게. 내 머리는 우습게 삐져 나와 있어. 내가 나무를 오르면서 머리가 나무에 엉켰어. 네 머리도 나무에 엉켜 있어. 연필이 필요해.

초등학생이 되면 맞춤법, 필기, 작문에 대한 지식이 더 많아진다. 그림 10.17에 맞춤법의 발달을 단계적으로 제시하였다. 맞춤법은 누군가가 아동에게 설명해 주어서 습득하는 것이 아니라 아동 스스로 행위를 통해서 배운다(Feder & Majnemer, 2007). Graves(1994)의 글쓰기 과정 접근법(process approach to writing)은 작문 지도에 많이 사용되는 프로그램으로 그림 10.18에 원리, 방법, 전략 등이 소개되어 있다.

글쓰기 교육에 효과적인 방법으로 6개의 특징 모델(six traits model)이 사용되었는데 최근 1개의 특징이 추가되어 7개의 모델로 불린다. 그림 10.19에 7개의 특징을 그림책과 관련지어 설명해 놓았다. 효과적이고 잘 쓴 글에 있는 7개의 특징과 관련된 그림책 목록은 Culham(2005), Paquette(2007)과 Spandel(2008)이 제공하였다.

그림 10.19 잘 쓴 글에 있는 7개의 특징을 가지고 있는 그림책

1. 아이디어 : 글의 내용과 메시지
- *Chicken Big* (Graves , 2010); *Knuffle Bunny: A Cautionary Tale* (Willems, 2004); *Jamberry* (Degan, 1995); *ILove You the Purplest* (Joosse,1966); *Not a Box* (Portis, 2006); *The Rainbow Fish* (Pfister, 1992); *The Story of Ferdinand* (rev. ed., Leaf,2000); *Nothing Ever Happens on 90th Street* (Schotter, 1999); *The Secret Knowledge of Grown-Ups* (Wisniewski, 2001)

2. 조직 : 글의 구조와 논리적 흐름
- *Wombat Walkabout* (Shields, 2010); *Verdi* (Cannon, 1997); *The Important Book* (Brown, 1990); *If You Give a Mouse a Cookie* (Numeroff, 1985); *The Napping House* (Wood, 1991); *The Story Blanket* (Wolf & Savitz, 2009); *Stuck in the Mud* (Clarke, 2008)

3. 어조 : 생각과 감정을 드러내는 작가 특유의 표현 스타일
- *My Friend Rabbit* (Rohmann, 2007); *Kitten's First Full Moon* (Henkes, 2004); *Voices in the Park* (Browne, 2001); *Oh, How I Wish I Could Read!* (Gile, 1995); *Alexander and the Terrible, Horrible, No Good, Very Bad Day* (Viorst, 1987); *Kiss! Kiss! Yuck! Yuck!* (Mewburn, 2008); *A Story with Pictures* (Kanninen, 2007)

4. 어휘 : 독자의 마음을 움직이는 어휘와 표현
- *Miss Alainesus: A Vocabulary Disaster* (Frasier, 2007); *Max's Words* (Banks, 2006); *The Boy Who Cried Wolf* (Hartman, 2002); *Hairy, Scary and Ordinary: What Is an Adjective?* (Cleary, 2001); *Calling the Doves: El Canto de las Palomas* (Herrera, 2001); *Bark Park* (Ruelle, 2008); *Muddy as a Duck Puddle and Other American Similes* (Lawlor, 2011)

5. 문장 : 말소리의 흐름이 귀를 울리는 것
- *Llama, Llama Red Pajama* (Dewdney, 2005); *The Sign of the Seahorse* (Base, 1992); *Guess How Much I Love You?* (McBratney, 1994); *Chicka Chicka Boom Boom* (anniversary ed., Martin & Archambault, 2009); *The Little Engine that Could* (rev. ed., Piper, 1990); *Tikki Tikk Tembo* (rev. ed., Mosel, 2007)

6. 정확성 : 문법, 구두점, 철자 등 관례의 준수
- *A Lime, a Mime, a Pool of Slime: More about Nouns* (Cleary, 2008); *Punctuation Takes a Vacation* (Pulver, 2004); *Nouns and Verbs Have a Field Day* (Pulver, 2007); *Eats, Shoots and Leaves: Why, Commas Really Do Make a Difference!* (Truss, 2006); *Alphie and Apostrophe* (Donohue, 2006)

7. 표현 : 전체적인 느낌
- *The Problem with Chickens* (McMillan, 2005); *Polar Express* (anniversary ed., Van Allsburg, 2005); *Owl Moon* (anniversary ed., Yolen, 2007); *Night in the Country* (Rylant, 1991); *Cloud Dance* (Locker, 2003); *Grandfather's Journey* (Say, 1993).

손글씨 교육

과거에는 왼손으로 글을 적으면 이를 못하게 하는 경향이 있었으나 요즈음은 왼손잡이가 의지의 문제가 아니라 뇌의 문제라는 것을 알게 되어서 강제적으로 오른손으로 글을 쓰게 하지 않는다.

미국의 손글씨(handwriting)교육은 유치원과 1학년부터 이루어진다. 인쇄체가 아닌 필기체를 쓰는 교육은 초등학교 2학년때부터 시작한다. 그림 10.20은 영어 알파벳의 인쇄체와 필기체의 예를 보여 준다. 필기체보다 인쇄체를 먼저 시작하는 이유는 다음과 같다.

그림 10.20 영어 알파벳 인쇄체와 필기체

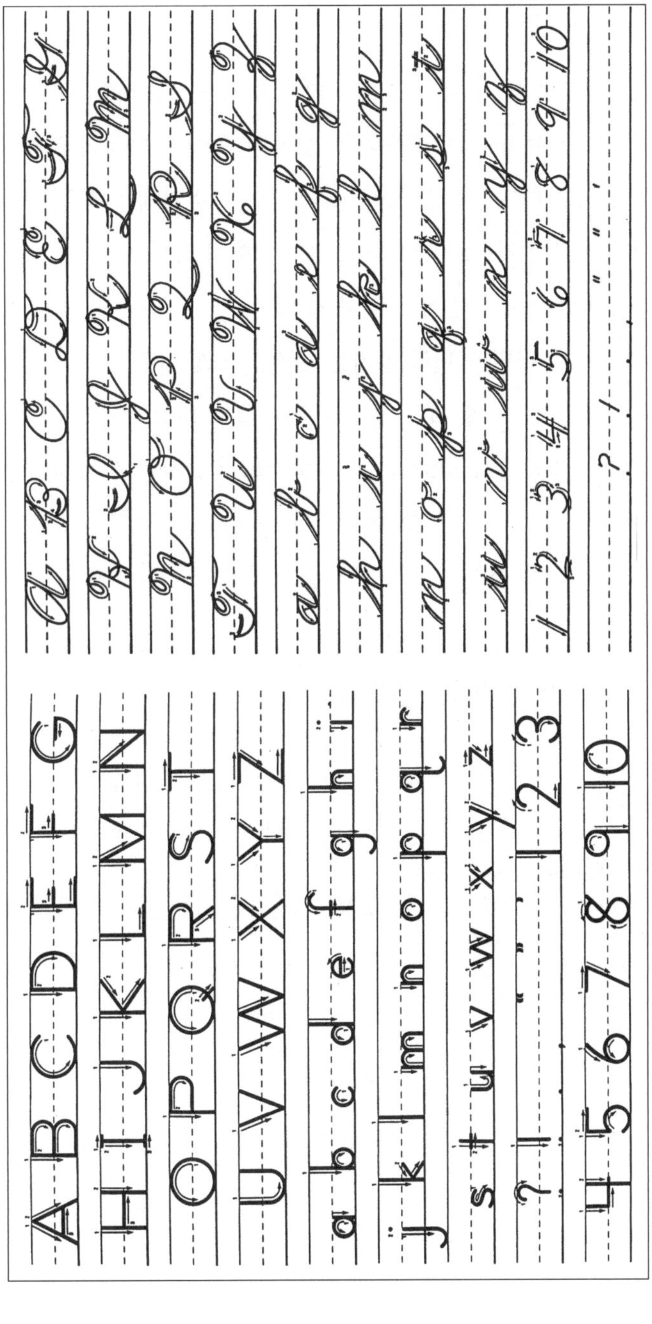

1. 인쇄체는 직선과 곡선으로 쓴다.

2. 아동이 먼저 읽게 되는 글씨체는 인쇄체이다.

3. 필기체보다 인쇄체가 알아보기 쉬워서 글자 연습도 필기체보다 인쇄체로 먼저 시작한다.

아동이 필기교육을 받을 때 종이를 어떻게 놓느냐도 고려해야 한다. 인쇄체를 적을 때는 종이가 똑바로 놓여져야 하나 필기체를 적을 때는 종이가 아동이 사용하는 손의 반대 방향으로 약간 기울여 놓여야 한다. 즉 오른손잡이의 아이가 필기체를 적고 있을 때 교사가 어깨 위에서 보고 있다면 종이가 왼편으로 약간 기울어져 있어야 한다. 왼손잡이는 그 반대로 놓는다. 만약 왼손잡이 아동에게 종이의 방향을 잘못 놓으면 그 아동은 자신의 손을 과도하게 꺾어서 글씨를 쓰게 되어 불편할 뿐만 아니라 날리는 글씨를 쓰게 된다.

필기교육은 대집단으로 할 수도 있으나 일대일 혹은 소집단으로 하면 개인에게 피드백을 줄 수 있어 효과적이다(Koenke, 1988). 교사는 반드시 글자를 쓰는 획순을 시범을 보이고 아동이 자신이 쓴 것과 비교할 수 있도록 해야 한다. 미리 쓰인 글자를 선을 따라 베껴 쓰거나 공중에 써 보는 것보다는 아동 스스로 글자 모양을 만들어 보는 것이 더 효과적이다(Mayer, 2007).

 ## 교사의 관심과 전략

> **영아와 어린 유아**
>
> 2세라도 자신의 끄적인 그림과 끄적인 글자를 구분할 수 있는 아이가 있다. 즉 종이에 그려진 그림과 글을 가리켜 보라고 하면 구분하여 가리킨다(Morrow, 2001). 어린아이의 끄적임 혹은 글쓰기 시도를 지원하기 위하여 어떤 자료와 방법을 사용할 것인가?

그림과 글이라는 2개의 상징을 유아가 탐구하고 실험할 때 교사는 다음과 같은 사항을 유념해야 한다.

목적. 교사의 교수계획, 주제, 형식으로 활동을 진행하면 모든 유아의 결과물은 동일하다. 그러므로 유아 개인이 스스로 선택하여 성취할 기회를 준다. 유아가 그림과 글을 연습할 기회를 준다.

칭찬. 유아 스스로가 한 시도와 결과물을 존중한다(Dyson, 2006). 유아는 자신이 만든 오류를 스스로도 잘 알고 있다. 유치원생에게 잘못 적은 글자를 빨간 펜으로 표시하게 하는 것은 별로 좋지 않다.

다양한 활동. 유아가 산출과정과 결과물에 지루해하는 것은 교사가 지루한 활동을 제공해

그림 10.21 상호작용적 글쓰기

글을 쓰는 것은 결국 글로 뜻을 전하는 것이다. 글쓰기 교육은 '선생님 먼저, 우리 함께 그리고 나 스스로'라는 순서로 교육한다. 먼저 선생님이 글쓰기의 시범을 보이고 함께 글을 쓰고 마지막에 아동이 소집단, 짝 혹은 혼자 글을 적는다.

1. 구체적 경험 : 책 읽기, 비디오 보기, 인형극 보기, 현장학습, 요리활동, 음악활동 등 구체적 경험은 글쓰기의 자료가 된다.

2. 생각을 모음 : "__ 을 어떻게 생각하니?", "__ 에서 가장 좋은 것이 무엇이었니?", "__ 에 대하여 무엇이라고 말하고 싶니?", "__ 을 다른 사람에게 어떻게 소개하고 싶니?" 등으로 생각할 기회를 준다.

3. 소리 내어 생각하기 : 소리 내어 생각하기의 시범을 보여 준다. 예를 들어, "이 이야기에 나온 괴물은 정말 크다고 했지. 크다는 것을 나타내는 다른 말은 무엇일까?"처럼 생각의 과정을 소리 내어 보여 준다.

4. 함께 쓰기 : 학급 유아들과 함께 이야기를 만들어 갈 때 유아가 참여할 기회를 준다. 예를 들어, "우리는 '아기 동물을 좋아해요'라는 말을 정말로 강조하고 싶을 때 느낌표를 쓰죠. 느낌표는 정말 우리가 이것을 크게 느낀다는 것을 표시해요. 누가 나와서 느낌표를 적어 볼까요?"라고 말한다.

5. 명시적 가르침 : 예를 들어, "우리가 여기에 *book*이라고 적었죠. 이제 *look*을 적어야 하는데 이는 *book*과 한 글자만 달라요."처럼 구체적이고 명시적으로 가르친다.

6. 다시 읽기 : 저자는 글을 한번에 완성하는 것이 아니라 쓴 글을 다시 읽으며 정교화하는 것임을 보여 준다.

7. 다른 사람에게 보여 주기 : 글은 결국 타인과 소통하기 위하여 쓴다는 것을 이해시킨다. 유아가 그린 그림 혹은 글을 부모님, 옆반 친구, 선생님 등이 읽거나 웹페이지 등에 게시하여 다른 사람이 읽을 기회를 준다.

서 그런 것이다. 유아 스스로가 그림과 글을 탐색할 기회를 주어야 한다. 유아 스스로 자신의 가설에 의하여 언어를 가지고 연습하고 놀 수 있는 기회를 준다. 유아와 교사는 목록을 만들고 포스터를 만들고 벽화를 그리고 이야기를 만들고 노래 가사를 만들고 편지를 주고받는다(Armington, 1997 참조). 유아의 작품은 교사만을 독자로 하는 것이 아니라 친구, 부모, 다른 교실의 친구, 상급반, 하급반, 원장 선생님 등 독자층이 다양해야 한다.

구체적이고 기능적인 활동. 유아의 말을 글로 전환하는 글쓰기는 특히 유아의 실제 경험과 관련되어야 한다. 유아는 자신의 글에 대하여 이야기할 기회가 주어지거나 그림을 그리면서 글을 적거나 이야기를 만들 때 더욱 열정적으로 글을 쓴다. 그림 10. 21에 상호작용적 글쓰기가 제시되어 있다.

수월성 추구의 기회 제공. 그림 혹은 글은 실제 독자에 의한 피드백이 있고 재차 수정할 기회가 있으면 훨씬 훌륭한 결과물이 나오게 된다. 책 만들기를 하면 천으로 표지를 만들거나 색지로 꾸미며 결과물이 아름답게 되도록 유아들을 격려한다.

웹 2.0 그림 그리기와 글쓰기 도구

Doodle Text(6~10세)

그림과 글을 적고 다른 사람들과 공유할 수 있는 앱이다. 체험학습 사진을 교사가 올리면 어린이들이 풍선글의 형식으로 댓글을 달 수 있다.

Exploratree(6세 이상)

www.exploratree.org.uk

아이디어 맵, 문제 해결, 탐색, 분석, 관점 5개의 영역으로 '생각의 안내'라는 활동을 할 수 있다. 교사가 인쇄하여 작업지 형식으로 학습 자료로 활용하거나 온라인으로 직접 입력하여 사용할 수 있다.

iWrite Words(4세 이상)

소근육을 사용하여 글자를 연습할 수 있는 저렴한 앱으로 미스터 크랩이 적는 것을 어린이가 손가락으로 따라 그린다.

Lazoo(2~8세)

스티커, 분필, 케첩과 같은 다양한 자료를 선택해서 그림을 그리고 확인 버튼을 누르면 그림이 완성된다. 결과물을 저장, 인쇄가 가능하고 다른 사람에게 이메일로 전송할 수 있는 앱이다.

Letter School(3~7세)

서체를 공부할 수 있는 iPad용 앱으로 미국 학교에서 많이 사용되는 D'Nealian, Zaner-Bloser, HWT를 획순에 유의하면서 글자를 적을 수 있다.

Princess Fairy Tale Maker(3~8세)

그림을 그리거나 스티커를 사용하여 공주를 주제로 하여 이야기를 저장할 수 있는 iPhone과 iPad용 앱이다. 공주를 성별에 구애받지 않고 만들 수 있으므로 성역할 고정관념을 막을 수 있다.

School Writing(4~9세)

교사가 글자, 숫자 수업을 준비할 수 있도록 여러 이미지, 안내문, 음향 효과 등을 만들 수 있는 앱이다.

Smories(4~9세)

www.smories.com

아동이 창작한 글을 올리면 다른 또래들이 듣거나 읽고 새로운 이야기를 올린다.

Storybird(6세 이상)

http://storybird.com

짧은 이야기를 그림 등을 첨부하여 만들어 저장, 인쇄, 공유가 가능하다. 어린이가 만든 그림을 수채화로 변형이 가능하다.

Story Online(3~8세)

www.storylineonline.net

유아들이 좋아하는 스토리를 배우의 목소리로 들려준다.

Storynory(4~7세)

http://storynory.com

전문 구연가 나타샤가 녹음한 이야기가 매주 새롭게 올라온다. 전문 구연가의 말소리, 유창한 발음, 표현 등을 따라 할 수 있다.

그리기와 쓰기 지원을 위한 교실활동

유아를 위한 그림 혹은 글쓰기 활동은 유일한 답을 찾는 과정이 아닌 다양한 과정과 결과를 낳는 것이어야 한다. 정형의 형태로 몇 안 되는 종류의 색체가 칠해져 있는 그림이 교실 벽에 장식되는 것은 이제 과거로 끝나야 한다. 이러한 모습은 유아들이 그림, 글 등의 상징체계를 어떻게 탐색하고 배워 가는지에 대한 것을 전혀 반영하지 않은 것이다. 아래에 제시된 활동은 유아의 자발적 탐구심, 실험 정신, 언어에 대한 적극적 지식 구성과정을 격려하는 것이다.

핑거페인팅. 핑거페인팅 혹은 점토 등을 단순히 미술활동이라고 생각하는 경우가 있지만 이것은 엄연히 유아의 초기 글쓰기 혹은 그림 그리기를 자극하는 것이 될 수 있다. 핑거페인팅은 종이에 표시를 하면서 유아가 무엇인가를 나타내도록 한다. 손가락 모양, 손 혹은 팔의 움직임을 조절하고 연습하도록 하는데 이는 글쓰기에 필요한 과정이다. 핑거페인팅은 종이 이외에도 접시에 담긴 색모래 혹은 밀가루 등에 하면 유아가 다양한 질감을 탐색할 뿐만 아니라 모양과 형태를 자유롭게 표현하는 시도를 할 수 있다.

요술 주머니. 견고한 지퍼백에 토마토 케첩 혹은 머스타드 소스를 몇 숟갈 넣고 입구를 풀로 단단히 붙인다. 유아들에게 뾰족한 물체로 케첩백을 찌르면 안 된다는 주의를 주고 유아가 지퍼백을 손으로 펴서 판판하게 만들도록 한다. 평평한 바닥에 이 주머니를 놓고 유아가 원하는 대로 손과 손가락을 이용하여 그림을 그리거나 글씨를 쓰도록 한다. 질감이 부드럽고 재미있어서 유아에게 자신감과 흥미를 준다. 케첩백을 냉장고에 보관하면 꽤 오랜 기간 사용할 수 있다.

재활용 크레파스. 이제 막 종이에 무엇인가를 표시하기 시작한 어린 유아들이 재미있게 사용할 수 있도록 다 쓴 크레파스를 재활용한다. 다음과 같은 절차로 만든다.

1. 오븐을 약 섭씨 150도로 예열한다.
2. 몽당 크레파스에 붙어 있는 종이를 제거한다.
3. 알루미늄 호일 머핀 컵에 크레파스를 반 정도 채운다.
4. 오븐의 전원을 끄고 머핀 컵을 오븐에 넣는다.
5. 식은 머핀 컵을 꺼내어 원통 모양의 크레파스를 꺼내어 유아들이 사용한다.

색연필. 색연필 두 자루를 고무줄로 묶으면 축하카드 등을 멋드러진 글자로 쓰고자 할 때 활용할 수 있다. 두 가지 이상의 색이 한 번의 쓰기에 나타나기 때문에 필기체 연습에도 효과가 있다.

다양한 질감의 종이. 인쇄지, 이면지 혹은 다양한 질감을 느낄 수 있는 종이에 그림을 그리거나 큰 글씨, 벽화, 포스터 혹은 만화를 그릴 수 있다.

말 풍선. 유아가 좋아하는 캐릭터가 나오는 만화의 형식에 대하여 소개하고 활용하는 활동이다. 만화 주인공의 말은 말 풍선에 표시한다는 것을 소개하고 유아들이 꾸민 만화에서도 활용한다. 또한 만화는 장면마다 프레임이 있다는 것도 탐색한다.

글쓰기 상자. 뚜껑이 있는 상자에 다양한 질감의 종이, 다양한 쓰기 도구, 이야기 주인공 그림, 그림책의 잘 알려진 장면의 복사본 등을 넣어 주말마다 유아의 가정에 대여한다(Wrobleski, 1990). 다양하고 흥미로운 쓰기 자료는 유아의 쓰고자 하는 욕구를 자극한다.

누적 이야기 만들기. 인물의 행동 혹은 사건이 차례대로 하나씩 첨가되어 이야기가 누적되게 만든다. '오늘은 월요일'은 매일 자신들이 좋아하는 음식을 나열하거나 첨가하는 노래이다. 초등학교 1학년 아동들이 요일마다 자신들이 좋아하는 음식을 나열하고 이를 기초로 노래와 포스터를 만들었다.

> 오늘은 월요일, 오늘은 월요일.
> 월요일은 쌀케이크.
> 배고픈 어린이들 모두 모여라!

알파벳 책. 출판된 알파벳 책을 충분히 경험하고 탐색한 이후 아동들이 알파벳 책을 만든다. 알파벳을 쓸 때 필기구뿐만 아니라 실로 적을 수도 있고 각 알파벳으로 시작하는 사물 등을 적을 수 있다.

인터뷰. 인터뷰 활동은 글쓰기를 발달시킬 수 있는 좋은 기회이다(Haley & Hobson, 1980). 아동은 인터뷰 질문을 만들어야 하고 인터뷰 대상자에게 연락을 취해야 하며 수집된 자료를 정리하고, 이후 인터뷰 대상자에게 감사편지를 보내면서 많은 글쓰기가 일어난다. 산촌에 있는 작은 초등학교 운동장에 어린 곰이 출현하여 쓰레기통을 뒤지는 사건이 일어났다. 동물관리원이 와서 안정제를 쏘아 곰을 포획하는 과정을 아동들이 목격하게 되었다. 이후 아동들은 동물 관리원에게 궁금한 것이 많아져 다음과 같은 질문을 하였다.

안정제는 곰을 다치게 하는 것이 아닌가요?

곰이 깨어나려면 얼마나 걸리나요?

이제 곰은 어떻게 되는가요?

곰이 잠에서 깨어나면 동물관리원을 헤치지는 않나요?

이러한 질문에 대하여 인터뷰를 하고 이후 몇몇 아동은 곰에 대한 관심이 깊어져서 책을 더 찾아 곰에 대한 정보를 수집하고 보고서를 썼고 어떤 아동은 친척에게 이 사건을 알리는 편지를 보내기도 하였다.

대화 저널. 대화 저널은 글쓰기를 동기화할 수 있는 좋은 활동이다. 대화 저널은 아동이 하고 싶은 이야기를 적으면 교사 혹은 또래가 이에 대한 반응을 적는다. 다음과 같은 과정으로 활동을 전개한다(Hipple, 1985).

1. 월~금요일까지 사용할 수 있도록 5장의 종이를 묶어 아동 각자의 사물함에 준비한다.
2. 매일 30분 정도 저널 쓰는 활동을 한다. 조용한 목소리로 또래 간 대화를 할 수 있다. 교사는 한 번에 소집단으로 만나서 각 아동이 쓴 저널에 대하여 이야기를 나누고 아동이 원하는 경우에는 아동이 하는 말을 교사가 받아 적기도 한다.
3. 매일 2명은 반 전체에서 자신의 저널을 발표한다. 듣는 아동에게 긍정적인 피드백과 '무엇', '어떻게', '왜'와 같은 질문은 자제하고 열린 질문을 할 수 있도록 지도한다.
4. 교사뿐만 아니라 또래 간에 활발하게 댓글 달기가 일어날 수 있도록 지도한다.

3-2-1 전략. 이것은 들은 이야기 혹은 읽은 이야기를 요약하는 전략이다(Zygouris-coe et al., 2004). 먼저 발견한 것 3개를 적는다. 다음 흥미로운 것 2개를 적는다. 마지막으로 질문 1개를 적는다. 이것은 듣기 혹은 이해도를 평가하는 데 좋다.

그리기와 쓰기용 앱과 웹사이트

Book Creator for iPad(5세 이상)
어른과 어린이 모두 이 앱을 이용해 그림, 텍스트, 음악을 이용하여 전문가가 만든 듯한 iBook을 만들 수 있다.

Bookemon(5세 이상)

www.bookemon.com/create-book

사진, 도표와 글로 책을 만들어 다른 사람들과 공유가 가능하며 인쇄하면 종이책을 만들 수 있다.

Draw and Tell(2세 이상)
iPad 혹은 iPhone을 이용해서 22개 종류의 종이 중 선택해서 마이크에 대고 그리고 싶은 것을 말하면 저장이 된다.

FizzBrain(3~7세)
면도 크림 혹은 과자 가루 같은 재료로 곡선이 많은 필기체 글자를 손가락으로 스크린에 그릴 수 있는 앱으로 소근육 조절력을 길러 준다.

Free Draw (모든 연령)
www.nickjr.com
90가지 색의 색연필, 수성펜, 분필, 스프레이, 반짝이를 이용해 다양한 색과 질감으로 형태를 만들 수 있다.

Ready to Print(2~8세)
www.ReadytoPrintApp.com
소문자와 대문자 영어 알파벳을 종이와 연필이 아닌 터치로 연습할 수 있는 앱이다.

ZooBurst(4세 이상)
www.zooburst.com
유아의 목소리를 인물에 더빙하여 이야기를 만들고 이를 탑재할 수 있다. 1만 개의 이미지와 다양한 자료를 활용할 수 있다.

결론

연구와 보고
교사자격증을 가지고 있지는 않으나 유아교실에서 자원봉사하는 봉사자의 역할을 과소평가하면 안 된다. 많은 실증 연구에 따르면 자원봉사자로부터 개인지도를 받은 경우 글자 읽기, 유창성 등에서 그렇지 않은 또래보다 높은 점수를 받는 것으로 조사되었다(Ritter, Barnett, Denny, & Albin, 2009, p. 20). 유아교실의 봉사자가 되거나 혹은 봉사자를 활용하는 방법을 모색하라(Chagnon, 2004; Craft Al-Hazza & Gupta, 2006; Denton, Parker & Jasbrouck, 2003).

그림과 글쓰기는 다른 영역이면서도 의사소통의 기능을 공유하는 영역이다. 형태 혹은 그림으로 상징화하는 그림 그리기는 글쓰기와 비슷한 부분이 있음을 기억해야 한다.

유아교사는 그림과 글이 가지는 소통의 기능을 중시하여 유아가 현대 사회의 다중상징체계를 터득할 수 있도록 지원하고 도전하고 자극해야 한다.

문해학습 전략

말과 그림 그리기

이 활동은 사전 지식과 새롭게 배운 지식의 차이를 잘 드러내면서 지식의 습득이 그림을 더욱 정교하게 만든다는 것을 확인해 준다(McConnell, 1993). 예를 들어, 소집단 혹은 짝과 함께 탐구하는 주제 혹은 대상이 오징어라고 하면 이에 대하여 아는 바를 그림으로 그리고 이것에 이름을 붙인다. 이후 주제 관련 도서를 읽고 그림을 그린다. 이제 이 그림은 새롭게 알게 된 정보와 지식 그리고 용어가 첨가되며 그림도 훨씬 정교해진다. 즉 오징어의 실제 모습과 훨씬 가까워지고 오징어 다리에 있는 빨판의 모양도 훨씬 정교하게 묘사될 수 있다. 사전 그림과 사후 그림을 비교하면서 아동 스스로 평가를 할 수 있다.

멀티미디어 글쓰기

소프트웨어를 이용하면 그림, 글쓰기, 소리 그리고 영상까지 포함하는 다중적 문해활동이 가능하다(Kara-Soteriou, Zawilinski, & Henry, 2007). 파워포인트 프로그램을 이용해서 글을 쓰거나 그림을 그려서 e-북을 만들 수도 있다.

글쓰기에서 성별의 특징

대중매체(Genishi & Dyson, 2009) 혹은 또래 집단(Coates, 2002)이 그림 그리기와 글쓰기에 대한 성차별적 메시지를 준다는 것에는 의심의 여지가 없다. 아동이 그리는 그림과 글은 경험, 가정과 또래와 나눈 이야기, 캐릭터, 이미지 혹은 미디어로부터 알게 된 내용과 관련이 있다(Coates & Coates, 2011). 대중매체에 잘 알려진 캐릭터를 그릴 때 여자아이는 여자 캐릭터, 남자아이는 남자 캐릭터를 선호하고 성 역할 고정관념이 그들의 그림에 그대로 반영되는 경향이 있다(Yeoman, 1999). 그림을 그리거나 글을 쓸 때 남녀 간에 활성화되는 뇌 부위에 차이가 있다. 남자는 시각운동 연결부위를 활성화하는 반면 여자는 공간주의력과 작동기억에 주로 의존한다(Clements-Stephens, Rimrodt, & Cutting, 2009).

남아와 여아가 그림을 그리거나 글을 쓸 때 보여 주는 차이는 다음과 같다.

- 아동들이 정서적으로 몰입하여 놀이하는 세계는 행복, 두려움, 보살핌, 공격, 흥분과 재미가 포함된다. 여아는 두려움과 행복을 주제로 놀이 세계를 구성하고 남아는 보살핌, 공

격, 경쟁을 주제로 놀이 세계를 구성한다. 또한 흥분과 재미는 남녀아 모두에게 공통으로 나타나는 주제이다(Kangas, Kultima, & Ruokamo, 2011).

• 초등학생의 글쓰기에 나타나는 인물은 남아는 적극적이고 여아는 의존적인 것으로 묘사되어 고정적 성 역할을 나타낸다(Trepanier-Street & Romatowski, 1999).

• 초등학생 여아가 남아보다 더 길고 복잡한 문장을 쓰고 다양한 동사와 형용사를 사용한다(Kanaris, 1999).

• 여아는 어떤 주제를 쓰느냐에 상관없이 집, 어린이, 꽃으로 장식하는 경향이 있다(Millard & Marsh, 2001).

• 여아의 내러티브는 자신 어머니의 글쓰기 스타일의 길이, 응집, 정교화, 일관성, 내용을 모방하는 경향이 있다(Peterson & Roberts, 2003).

• 남아는 글에서 주요한 사건과 행위를 그림으로 그려서 글의 내용을 강화한다(Millard & Marsh, 2001).

→✕← 집중탐구 : 마이스토리

R. A. Hirsh 교수가 제공한 자료

글쓰기는 테크놀로지의 도움을 받으면 훨씬 흥미롭게 할 수 있다(Leeuwen & Gabriel, 2007). 마이스토리는 손가락 혹은 터치펜으로 그림을 그리거나 글을 적을 수 있는 앱이다. 그림과 글을 엮어 책을 만들 수도 있다. 완성된 글은 터치하면서 읽거나 자신의 목소리로 녹음된 이야기를 들을 수 있다.

어린 유아	유아	독립적 읽기가 가능한 어린이
손가락 혹은 터치펜으로 그림을 그리고 자신의 그림을 이야기하여 녹음한다.	손가락 혹은 터치펜으로 그림을 그리거나 텍스트를 타이핑하거나 텍스트를 읽는 자신의 목소리를 저장한다. 교사는 완성된 작품으로 유창성, 음운 지식, 문장 구조 등을 평가할 수 있다.	또래와 함께 이야기를 편집하거나 친구의 작품에 코멘트한다. 영어 이외의 언어로 이야기를 만들 수 있다. 교사는 유창성, 구두점, 문법, 편집기술에 대하여 평가할 수 있다.

문학의 활용

그리기와 쓰기에 도움을 줄 그림책

어린이에게 책이 만들어지는 과정에 대한 정보를 주고 그림과 글쓰기의 세계를 소개하는 책이 많다.

글쓰기, 책 만들기, 인쇄과정에 대한 자료

Brewster, J. (1997). Teaching young children to make picture books. *Early Childhood Education Journal, 25*(2), 113–118.

Bromley, K. (2011). Best practices in teaching writing. In L. M. Morrow & L. Gambrell (Eds.), *Best practices in literacy instruction* (4th ed., pp. 295–318). New York, NY: Guilford.

Cappello, M. (2006). Under construction: Voice and identity development in writing workshop. *Language Arts, 83*(6), 482–491.

Chapman, G., & Robson, P. (1995). *Making shaped books.* Brookfield, CT: Millbrook Press.

Cummings, P. (1992, 1995). *Talking with artists* and *Talking with artists II.* New York, NY: Simon & Schuster.

Ives, R. (2009). *Paper engineering and pop-ups for dummies.* New York: For Dummies.

Jacobson, J. (2010). *No more: "I'm done!": Fostering independent writers in the primary grades.* Portland, ME: Stenhouse Publishers.

Johnson, P. (1992). *A book of one's own: Developing literacy through making books.* Portsmouth, NH: Heinemann.

Johnson, P. (1993). *Literacy through the book arts.* Portsmouth, NH: Heinemann.

Johnson, P. (1997). *Pictures and words together.* Portsmouth, NH: Heinemann.

Kissel, B. T. (2009). Beyond the page: Peers influence prekindergarten writing through image, movement, and talk. *Childhood Education, 85*(3), 160–166.

Levin, I., & Bus, A. G. (2003). How is emergent writing based on drawing? Analyses of children's products and their sorting by children and mothers. *Developmental Psychology, 39,* 891–905.

Love, A., Burns, M. S., & Buell, M. J. (2007). Writing: Empowering literacy. *Young Children, 62*(1), 12–19.

Moutray, C. L., & Snell, C. A. (2003). Three teachers' quest: Providing daily writing activities for kindergartners. *Young Children, 58*(2), 24–28.

Nemeth, K. (2009). *Many languages, one classroom: Tips and techniques for teaching English language learners in preschool.* Beltsville, MD: Gryphon House.

Ray, K., & Glover, M. (2008). *Already ready: Nurturing writers in preschool and kindergarten.* Portsmouth, NH: Heinemann.

Schickedanz, J. A., & Casbergue, R. M. (2004). *Writing in preschool: Learning to orchestrate meaning and marks.* Newark, DE: International Reading Association.

Schulze, A. C. (2006). *Helping children become readers through writing: A guide to writing workshop in kindergarten.* Newark, DE: International Reading Association.

Shagoury, R. (2009). Nurturing writing development in multilingual classrooms. *Young Children, 64*(2), 52–57.

Society of Illustrators. (1993). *The very best of children's book illustration.* Cincinnati, OH: North Light Books.

Swain, G. (1995). *Bookworks: Making books by hand.* Minneapolis, MN: Carolrhoda.

Tunks, K. W., & Giles, R. M. (2007). *Write now! Publishing with young authors, preK-grade 2.* Portsmouth, NH: Heinemann.

Tunks, K. W., & Giles, R. M. (2009). Writing their words: Strategies for supporting young authors. *Young Children, 64*(1), 22–25.

Watanabe, L. M., & Hall-Kenyon, K. M. (2011). Improving young children's writing: The influence of story structure on kindergartners' writing complexity. *Literacy Research and Instruction, 50*(4), 272–293.

비텍스트 미디어

Get to know Lois Ehlert [video]. (1994). New York, NY: Harcourt.

그림과 글쓰기에 영감을 줄 수 있는 아동문학과 활동

Are you my mother? (2nd ed.) (Eastman, 1993). (유아~유치부). 아기 새가 엄마를 찾아가는 이야기로서 같은 문장이 반복된다. 질문과 대답의 문장 형식으로 유아에게 익숙한 소재를 가지고 책을 만들 수 있다.

The art lesson (dePaola, 1989). (초등학생 이상). 주인공 토

미의 가족은 예술가이다. 예술이란 지시에 따라서 하는 것이 아님을 토미가 배워 간다. 교실에서 '예술이란…'을 제목으로 함께 책을 만드는 활동을 할 수 있다.

The big bug book (Facklam, 1998). (모든 연령). 곤충을 어린이들에게 익숙한 사물과 비유하여 설명하여 동물의 크기에 대하여 현실적 이해를 돕는다. 이 책이 저자와 저자의 아들이 협력하여 만든 것임을 알게 된 어린 독자들도 책 만들기의 협력적 과정에 대한 영감을 줄 수 있다.

A birthday basket for Tia (Mora, 1992). (영아~유아). 주인공 세실리아가 사랑하는 사람과 관련 있는 사물을 바구니에 담는 이야기로 독자들이 자신이 사랑하는 사람과 관계된 사물을 그리거나 이야기를 만들어 보는 활동을 할 수 있다.

Brava, Strega Nona! (dePaola, 2008). (유아~초등학생). 이 탈리아 할머니가 보여 주는 마법에 사로잡힌 팬은 이 책의 팝업에 재미를 느낄 수 있다. 어린 독자들은 이 책을 보고 입체감이 있는 책을 만들어 볼 수 있다.

Captain Abdul's pirate school (McNaughton, 1994). (유아~초등학생). 아들이 좀더 강해지기를 바라는 아버지가 아들을 해적학교로 보낸다. 독자들은 자신들이 가고 싶은 학교에 대하여 상상해 보고 모둠으로 나뉘어 책을 만든다.

Counting kisses (Katz, 2003). (영아~유아). 잠에 들기까지의 과정에 대하여 자신의 경험과 연관시켜 볼 수 있는 책이다.

Diary of a fly (Cronin, 2007). (초등 저학년). 파리의 관점에서 삶을 보는 재미있는 이야기로 *Diary of a Worm*(Cronin, 2003), *Diary of a Spider*(Cronin, 2005)와 연계하여 감상한 후 다른 사물의 관점에서 환경과 삶을 관조하는 활동을 할 수 있다.

The dot (Reynolds, 2003). (유아~초등 저학년). 무엇을 그려야 할지 모를 때 어떻게 하나? 이 책은 이에 대한 답으로 먼저 '점'을 찍으라고 충고한다.

Emma (Kesselman, 1980). (유치부~초등 저학년). 마을의 모습을 기억하고자 70세에 그림을 그리기 시작한 미술가에 대한 실화이다. 이 책을 감상한 이후 체험학습을 통해 받은 첫 인상을 그림으로 그려 보는 활동을 할 수 있다.

The history of making books (Krensky, 1996). (초등 저학년). 책이 만드는 다양한 사람과 과정을 보여 주어 어린이들의 저작권에 대한 이해를 돕는다.

I went walking (Williams, 1992). (유아~유치부). "나는 산책을 갔어요."라는 질문에 "무엇을 보았나요?"라는 답의 형식으로 이루어져 있다. 질문과 대답의 형식으로 어린이들이 책을 직접 만들 수 있다.

I wish I were a butterfly (Howe, 1987). (유아~초등 저학년). 다른 생명체가 된다면 세상이 어떻게 경험될 수 있는지에 대하여 알게 하는 책이다. 어린이가 되고 싶은 동물로 한 쪽씩 이야기를 만들어 이것을 모아 책 만들기 활동을 한다.

Just look (Hoban, 1996). (유아~초등 저학년). 구멍으로 보면서 알아맞히기 게임을 할 수 있고 어린이들이 책을 만들 때 독특한 형식에 대한 영감을 갖게 하는 책이다. Eric Carle의 배고픈 애벌레와 연계하여 활동하면 좋다.

The kissing band (Penn, 2007). (영아~초등 저학년). 학교에 입학하기 전 느끼는 두려움에 대한 이야기이다.

The letters are lost (Ernst, 1996). (유아~초등 저학년). 사라진 알파벳을 찾아가는 이야기로 후속편인 *The Numbers Are Lost*와 연계하여 활동할 수 있다.

Library lion (Knudsen, 2006). (유아~유치부). 책 읽기를 좋아하는 사자가 도선관에 자주 나타난다고 상상해 보자. *Book! Book! Book!*(Bruss, 2001)과 *Don't Let the Pigeon Drive the Bus!*(Willems, 2003)처럼 학교에 다니고 싶어 하는 동물에 관한 이야기와 연계하여 활동한다.

Lucy's picture (Moon, 1995). (유아). 시각장애 할아버지가 그림을 볼 수 있는 방법에 대하여 고민하다가 입체감이 있는 콜라주를 만든다.

My grandma, my pen pal (Koutsky, 2003). (유치부~초등 저학년). 손녀와 할머니 사이에 주고받은 편지를 스크랩 형식으로 모아 놓은 것으로 두 사람 간의 사랑과 애착을 표현한 이야기이다.

Open wide: Tooth school inside (Keller, 2003). (유치부~초등 저학년). 치아학교가 무엇일까? 어린이들이 그린 그림으로 구성된 책으로 독자들에게 상상과 새로운 관점으로 사물을 보는 것에 대한 영감을 주는 이야기이다.

What do illustrators do? (Christelow, 2007). (유치부~초등 저학년). 그림책이 만들어지는 과정에 대한 이야기이다.

온라인 자료

그림으로 이야기 말하기 : 그림책의 예술

www.decordova.org/decordova/exhibit/1997/stories/Default.htm

그림책 그림작가들 작품을 전시한 웹사이트

www.writingfix.com

어린이들에게 글쓰기에 대하여 조언을 주는 웹사이트

www.makebeliefscomix.com

최근 출판된 그림 그리기와 글쓰기 관련 그림책

Auch, M. J. (2008). *The plot chickens.* **New York, NY: Holiday House.**

닭들이 글을 쓰는 과정이 재미있게 전개된다. 아동은 주인공 닭이 한 일을 순서대로 배열하거나 다른 동물 집단이 글을 어떻게 쓰게 되는가에 대한 이야기를 창작해 볼 수 있다.

Kohl, M. (2003). *Storybook art: Hands-on art for children in the styles of 100 great picture book illustrators.* **Bellingham, WA: Bright Ring Publishing.**

어린이들이 자신의 그림책을 위한 그림을 그릴 때 영감을 얻을 수 있는 그림이 수록되어 있다. (초등 1~4학년)

Llanas, S. (2011). *Picture yourself writing fiction, using photos to inspire writing.* **Bloomington, MN: Capstone Press.**

이야기를 창작하는 데 사진이 하는 역할이 크다. 이야기를 구성하는 요소에 대하여 배운 후 사진과 글을 가지고 이야기를 만들어 본다. (초등 3~4학년)

Milbourne, A. (2007). *Under the sea.* **London: Usborne Books.**

독자를 바다의 이곳저곳으로 안내해 주는데 어린 독자들이 자신이 그림을 그린다면 어떻게 그릴 것인가에 대해 생각하게 하는 책이다. 그림책의 그림에 어린이의 생각과 이야기를 적을 수도 있다. (영아~초등 2학년)

Milbourne, A. (2007). *The windy day.* **London: Usborne Books.**

유아들은 바람에 호기심이 많다. 낙엽이 날리고 나무가 흔들리는 것을 보면 그 이유에 대하여 궁금해한다. 이 그림책을 본 이후에 유아들도 바람을 불게 하는 것에 대하여 자신의 이야기를 만들어 본다. (유아~초등 2학년)

Portis, A. (2010). *Kindergarten diary.* **New York, NY: Harper.**

유치원에 가기를 두려워하던 유아가 적응하게 된 후 그동안 일어난 일들에 대해 적은 것이다. 유아에게 일지를 어떻게 쓰는지에 대하여 쉽게 경험시킬 수 있다. (유아~초등 1학년)

Ray, D. K. (2008). *Wanda Gág: The girl who loved to draw.* **New York, NY: Viking.**

이 책은 최초의 그림책 *Millions of Cats*의 작가가 재능을 어떻게 활용하여 이 책을 그리게 되었는가에 대한 이야기이다. 그림책 작가의 전기인 *A Caldecott Celebration: Seven Artists and Their Paths to the Caldecott Medal*(Marcus, 2008)과 *Ashley Bryan: Words to My Life's Song*(Bryan, 2009)과 연계하여 활동한다. (초등 1~3학년)

다문화 유아

다문화 유아의 초인지 전략

초인지란 생각에 대하여 생각하는 과정으로 학습에 중요한 역할을 한다(Goh & Taib, 2006). 초인지 전략은 텍스트를 경험하기 이전, 경험할 때, 경험 이후로 나누어 볼 수 있다.

텍스트 경험 이전

텍스트 경험 이전의 초인지 전략은 활동의 목표에 대하여 미리 생각하고 계획하는 것이다. 제목 혹은 표지를 보고 이야기가 어떤 것일지 예측해보거나 K-W-L(What we Know, What we Want to know, What we have Learned, 제5장 참조) 활동이 포함된다. 이외에 관련 지식을 연관시키거나 지도, 도표 그리기 등도 해당된다(Rothenberg, & Fisher, 2007). 학급 유아들이 함께 주요용어에 대하여 그림으로 사전을 만들거나 씨앗에 대한 책을 읽기 전 실제 씨앗을 심어 보는 체험활동을 하는 것 등이 해당된다.

텍스트 경험 당시

텍스트를 읽으면서 할 수 있는 초인지 전략은 먼저 예측하여 그린 그림과 글에 대하여 생각해 보거나 수정하는 것이다. 등장인물의 성격과 행위를 목록으로 정리하거나 새 어휘를 모아 본다. 혹은 정보텍스트를 경험할 때는 대상들의 차이와 공통점에 대하여 비교하는 활동이다. 이런 전략은 텍스트를 잘 이해할 수 있도록 돕는 점검 전략이라 할 수 있다.

텍스트 경험 이후

텍스트를 경험한 이후 소집단으로 이야기 뒷이야기를 그림으로 그리거나 쓰고, 짝과 함께 일어난 사건의 순서를 그림으로 그리거나 글을 쓰는 것이다. 혹은 새 어휘를 자신의 모국어로 사전처럼 목록화한다. 이것은 텍스트를 경험한 이후 그림을 그리거나 글을 쓰면서 텍스트를 이해하였는가를 점검할 수 있는 전략이다.

어떻게 할까요
구술한 이야기를 글로 적는 활동

유아는 스스로 글을 쓰기 전 자신의 이야기는 말로 충분히 할 수 있다(Gadzikowski, 2007). 언어경험 접근법(language experience approach)에 기초하여 교사 혹은 자원봉사자는 유아가 잘 아는 내용 혹은 체험한 것을 구술하는 것을 받아 적어 준다. 이 활동에서 테크놀로지를 활용할 수 있다.

- 먼저 교사와 유아는 특정한 활동 혹은 경험 및 장소를 정한다.
- 유아가 활동에 참여하고 있을 때 교사가 디지털 카메라로 사진을 찍는다.
- 사진을 보고 당시의 상황을 기억하며 자신의 체험과 경험을 이야기한다.
- 교사는 사진을 순서대로 배열하고 유아가 구술한 내용을 타이핑한다.
- 교사 혹은 컴퓨터 프로그램을 통해 타이핑한 내용을 읽는다.
- 유아는 내용을 듣고 자신이 의도한 이야기인지를 확인한다.
- 필요한 경우 음악, 소리 효과를 배경으로 넣을 수 있다.
- 교사는 유아의 이야기를 인쇄하여 유아가 직접 읽어 볼 수 있도록 한다.

www.readingonline.org/electronic/elec_index.asp?HREF=kindergarten/index.html에는 언어경험 접근법에 기초하여 만들어진 유아들의 이야기가 저장되어 있으니 참고하라.

제 11 장

미디어와 테크놀로지

Courtesy of Colleen DiBuono

미디어와 테크놀로지에 대한 사실

- 미연방의회가 2000년에 아동인터넷보호법을 통과시켜서 학교는 인터넷 포르노그래피 혹은 외설물로 부터 아동을 보호해야 한다. 그렇지 않으면 학교의 통신 혹은 테크놀로지 운영비 지원을 받을 수 없다 (Phelps Deily, 2009, p. 19).
- 미국의 아이들은 매일 평균 7시간을 TV, 컴퓨터, 휴대전화, 게임기 등 전자 기기를 사용한다(American Academy of Pediatrics, 2012).
- 여름방학 중 아동의 TV 시청시간은 150%가 증가한다(Smart Television Alliance, 2009).
- 2세 미만의 아기가 TV를 보는 것은 바람직하지 않지만, 59%의 아기는 이미 6개월부터 TV를 본다 (Ofcom, 2008).
- 테크놀로지를 이용한 읽기에 자신감을 가지고 있던 유아가 학교에 입학하여 전형적인 읽기과제를 하면서 이 자신감이 감소하기 시작한다. 따라서 교육자들은 멀티미디어 혹은 테크놀로지를 적극적으로 사용하여 읽기를 가르쳐야 한다(Levy, 2009).
- 5~6세 아동 27%가 매일 50분가량 컴퓨터를 이용한다(Vandewater et al., 2007). TV와 게임 등에 소비하는 시간과 합하면 이는 과한 것이다.

- 일상생활에서는 순간적으로 눈으로 처리하는 이미지와 정보가 많은 데 비하여 학교의 읽기과제는 오랜 시간 종이에 있는 정지된 텍스트를 보는 활동의 비중이 크다(Knobel & Lankshear, 2003; Marsh et al., 2005). 따라서 학교 읽기교육은 컴퓨터 게임처럼 시각 훈련, 개별화, 호감도 등의 측면을 고려해야 한다(Compton-Lilly, 2007).
- 컴퓨터를 교실에서 활용하면 아동의 동기와 집중도가 향상된다(Baron, 2005). 특히 학습장애아는 컴퓨터를 사용하면 도움이 많이 된다(Spooner, 2004; Stephen & Plowman, 2003).
- 컴퓨터를 활용한 학습은 교사의 설명, 또래와의 상호작용과 함께 진행될 때 가장 효과적이다(Lau, Higgins, Gelfer, Hong, & Miller, 2005; Shillady & Muccio, 2012; Walton-Hadlock, 2008).
- 8~18세 남녀 아동 모두 인터넷 사용의 가장 큰 목적은 또래와의 상호작용과 음악을 다운받는 것이다. 이들은 하루에 10시간 45분을 모바일 미디어에 연결되어 있다(Kaiser Family Foundation, 2010).
- 종이책을 대체하는 것이 아니라 병행하여 경험하는 컴퓨터 텍스트 읽기는 읽기 실력을 향상시킨다(Holum & Gahala, 2001; Tracey & Young, 2007).

이상의 사실들에 놀랐나요? 무엇에 그리고 왜 놀랐나요? 유아를 교육하는 데 이러한 사실들을 어떻게 반영해야 할까요?

미디어 혹은 미디어 문해란 무엇인가

교육표준과 교수
미국학교도서관협회, 국제테크놀로지교육회(www.iste.org/NETS)에서 제시하고 있는 학습자 기준을 검토하라. 또한 미국유아교육협회와 디지털 시대의 부모역할에서 제시하고 있는 디지털시대와 유아교육에 대한 입장을 검토하라.

두말할 것도 없이 21세기 들어 통신 환경은 급격히 변화되었다. "21세기의 가장 큰 영향력은 인터넷에 있다. 지금과 같은 속도를 감안한다면 7년 안에 전 세계 인구의 절반이, 10~15년 내에 전 세계의 모든 인구가 인터넷으로 연결될 것이다. 인류 문명의 역사상 다른 곳에 살고 있는 사람이 이렇게 짧은 시간에 하나의 테크놀로지를 사용한 전례가 없다"(Leu, O'Byrne, Zawilinski, McVerry, & Everett-Cacopardo, 2009, p. 264).

새로운 미디어는 새로운 상징 시스템을 창조하고 사고의 방식을 변화시키며(Chandler, 2007; Danesi, 2007) 그 문화에 소속된 아동들에게 부인할 수 없는 영향력을 행사한다(Genishi & Dyson, 2009). 인쇄술 혹은 인터넷과 같은 테크놀로지가 만연하면 세 가지 측면에서 변화를 낳는다. 첫째, 구성원이 무엇에 대하여 생각하느냐와 같은 흥미를 변화시킨다. 둘째, 구성원이 무엇을 가지고 생각하느냐와 같은 상징 혹은 도구를 변화시킨다. 마지막으로 구성원 간의 상호작용의 양식을 변화시킨다(Innis, 1951). 경제가 개발된 나라의 유아는 그림책, 교과서, TV,

게임기, 영화, 장난감, 인터넷 등 시각 문화에 완전히 둘러싸여 있다. 그러나 주의할 점은 테크놀로지는 유아가 정보를 찾고 문제를 해결하고 개념을 확장하는 영역을 넓히는 것이지 구체적 경험의 대체가 되어서는 안 된다(Copple & Bredekamp, 2009, p. 315).

매스컴에는 다양한 이미지, 상징 그리고 메시지가 내포되어 있다. TV, 라디오, 광고, 인터넷, 디지털 장난감, 잡지와 신문에 표상된 메시지가 매순간 유아에게 전달되어 이들의 생각과 지식을 만들어 간다. 미디어는 유아의 말, 기대, 행동, 신념 혹은 가능성에 대한 믿음 등 이들의 삶에 깊은 영향을 미친다(Strasburger, Wilson, & Jordan, 2009). 기업은 이를 잘 알고 있어서 이들의 주의를 끌어 상품을 팔기 위하여 상점, 포장지, 신문, 잡지, 라디오, TV, 영화 등의 미디어에 강력한 이미지를 새겨 놓는다.

이렇듯 만연한 미디어 시대의 효과는 무엇인가? 눈 깜짝할 사이에 새로운 테크놀로지를 방편으로 하여 새로운 지식과 정보가 출현하는 분위기에서 사람들은 오래 생각하여 문제를 해결하려 하지 않게 되어 집중력, 인내력, 동기 등에 부정적 영향을 준다. 그런데 집중력, 인내력, 동기 등은 효율적으로 듣고 말하고 읽고 쓰는 것을 배우는 데 필요한 특징들이다.

유아교육자들은 이러한 사회에서 문해란 무엇인가에 대하여 다시 생각하기 시작하였다(Comber, 2003; Quintero, 2009; Vasquez, 2003). 듣기, 말하기, 읽기와 쓰기라는 전통적인 언어교육 영역에는 시각 문해, 비평적 사고 혹은 미디어 문해도 포함되어야 한다고 이들은 주장한다(Williams, 2007). 웹 2.0 시대가 오면서 '새로운 문해'를 고려해야 함은 의심할 여지가 없다. 웹 2.0은 정보를 수용하기만 하던 웹 1.0 시대가 막을 내리고 참여와 협력 혹은 상호작용이 가능해진 2004년을 기점으로 한 테크놀로지의 시대를 말한다. 이는 관계적 테크놀로지 혹은 참여적 미디어 혹은 사회적 디지털 테크놀로지라고 불리기도 하는데(Greenhow, Robelia & Hughes, 2009), 웹 2.0은 아직 읽거나 쓰지 못하는 유아도 인터넷에서 참여가 가능하기 때문에 이들의 삶에 큰 변화를 주고 있다.

구체적인 예로 미국에 사는 유아가 스카이프로 다른 나라에 사는 조부모와 통신을 한다고 생각해 보자. 이 방식에는 종이에 적힌 글로만 하는 소통에 비하여 청각, 시각, 공간감, 동작 등의 다양한 방법의 상호작용이 가능하다(Mills, 2010). 먼저 유아는 손을 흔들며(동작) 인사를 할 것이고 어린이집에서 배운 노래를 조부모에게 들려주며(청각, 시각), 자신의 그림을 조부모에게 들어서 보여 줄 수 있다(시각, 공간감). 또한 조부모에게 이메일(시각, 공간감)을 보낼 수 있다. 이렇듯 조부모와 유아의 소통은 다양한 감각 영역이 상호 의존하여 이루어진다.

그림 11.1 유아기 소통의 종류

- 태내에서도 소리를 들을 수 있다.
- 아기도 자동차의 라디오, CD에서 들리는 노래, 이야기를 들을 수 있다.
- 유아는 이어폰으로 자신이 좋아하는 노래, 이야기를 들을 수 있다.
- 좀 더 나이가 들면 비평적으로 들을 수 있다.

- 아주 어린 아기도 사람의 얼굴에 있는 패턴을 알아본다.
- 글을 읽거나 쓰기 전이라도 사진, 그림, 간판, 그림책의 그림, 영화, 인터넷의 시각 정보를 구분할 수 있다.
- 유아는 길에서 볼 수 있는 교통 표지, 글자, 숫자를 볼 수 있다.
- 아동은 이메일 혹은 문자 등에 사용되는 이모티콘을 이해하고 사용할 수 있다.

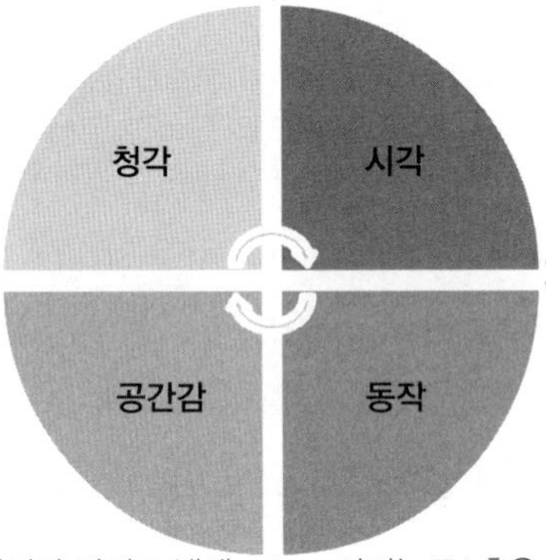

청각　　**시각**

공간감　　**동작**

- 아기는 듣고 보는 것뿐만 아니라 만지고 냄새 맡고 맛으로 사물을 파악한다. 이 시기에 무생물을 마치 살아 있는 것처럼 인식하여 TV의 인물 등에 입을 맞춘다.
- 걸음마기 아기는 손가락으로 그림을 그리는 활동을 통해서 공간감을 익힌다.
- 유아는 터치스크린에 보이는 사물의 크기를 손가락으로 축소 혹은 확대하거나 전자펜을 써서 스크린의 사물을 터치할 수 있다.
- 초등학생이 되면 보이스 스레드와 같은 프로그램을 이용해서 글과 그림을 편집하여 자신의 책을 만들 수 있다.

- 아기는 TV 혹은 라디오에서 나오는 음악에 온몸으로 반응한다. 미디어를 통해 상호작용할 때 아기도 손을 흔들거나 키스를 손으로 날리는 등의 동작을 할 수 있다.
- 걸음마기 아기는 음악에 맞추어 손뼉 치기, 손 흔들기, 몸 흔들기를 할 수 있다.
- 유아는 간단한 동작을 동반하여 의사소통할 수 있다.
- 초등학생이 되면 수화 혹은 마임의 의미를 이해할 수 있다.

새로운 테크놀로지에 의한 다양한 소통방식을 그림 11.1에 정리하였다.

　요즈음의 아동과 교사는 이미 '디지털 원어민'으로 이는 테크놀로지가 없는 세상을 경험해보지 않았다는 의미이다(Prensky, 2001). 2세 아기의 70%가 스스로 TV 전원을 키고, 3세 유아의 45%는 마우스를 사용할 수 있으며, 6세 유아의 34%는 스스로 웹사이트를 찾아본다(Marsh

그림 11.2 미디어 문해의 정의와 이슈

정의

- **미디어 문해** : 종이와 전기를 통해 나타난 이미지, 단어, 소리를 이해하고 분석하고 평가하여 소통의 도구로 삼을 수 있는 능력을 말한다.
- **정보 문해** : 아이디어를 분석하고 종합하기 위하여 정보에 접근하고 사용할 수 있는 능력을 말한다.
- **디지털 문해** : 테크놀로지 자료 분석 도구를 사용하여 학습을 가속화하거나 내용을 학습하는 능력을 말한다.
- **컴퓨터 문해** : 문서편집기, 엑셀, 파워포인트 등 컴퓨터 관련 소프크웨어를 사용할 수 있는 능력을 말한다.
- **컴퓨터 테크놀로지 문해** : 테크놀로지를 구성하는 하드웨어를 조작할 수 있는 능력을 말한다.
- **비평적 문해** : 글, 시각 자료, 말 등에 전제된 가치, 신념 등의 의미와 목적을 이해하고 분석하는 능력을 말한다.

이슈

- **연구** : 테크놀로지가 문해교육에 얼마나 효과가 있는가에 대한 실증적 연구. 효과가 있는 테크놀로지와 그렇지 않은 테크놀로지에 대한 이해
- **실제** : 미래에 유익한 테크놀로지는 무엇인가? 교사는 이를 어떻게 활용하고 있는가?
- **교사 교육** : 테크놀로지는 교사교육에 어떻게 활용되고 있는가? 문해교육에 테크놀로지를 활용하기 위하여 교사가 필요한 기술은 무엇인가?

참고 자료

- 영국의 미디어 문해교육에 대한 정보를 www.ofcom.org/uk 사이트에서 수집해 보라.
- 미디어 문해센터(www.medialit.org/reading_room/article709.html)에서 미디어 문해에 대한 동영상도 보고 유익한 자료도 참고하라.

출처 : Holum & Gahala, 2001.

et al., 2005). 따라서 이들이 웹에서 만나는 메시지와 이미지를 해석할 수 있는 교육과정이 필요하다(Pailliotet, Semali, Rodenberg, Giles, & Macaul, 2000). 즉 정보는 스크린을 터치하면 바로 얻을 수 있으므로 어떻게 정보에 접근하느냐가 중요한 것이 아니라 우리 사회에 만연하여 물밀 듯이 밀려오는 정보를 어떻게 관리하느냐, 또는 정보의 출처와 질에 대하여 판단할 수 있느냐, 혹은 다양한 상징체계를 어떻게 비평적으로 읽고 쓰느냐가 중요한 이슈가 된다(Semali & Pailliotet, 1999, p. 6). 그림 11.2에 다양한 종류의 미디어가 제시되어 있다.

어린 아동이 사람들이 가지고 있는 의도와 겉으로 보이는 것의 차이를 구분하는 것은 인지적으로 어려운 일이다. 그러나 상황에 대해서 생각할 수 있는 기회가 구체적으로 주어지면 아주 불가능한 것은 아니다. 그림 11.3은 미디어 문해센터에서 제시한 미디어 문해에 대한 기초적 원리와 지도를 제시하고 있다(Thoman & Jolls, 2005).

이 과정을 구체적으로 예를 들면, TV에서 아주 많이 본 장난감 혹은 캐릭터 광고에 대하여

그림 11.3 미디어 문해력을 키우는 질문

주체

이 메시지, 이야기 혹은 상품의 뒤에는 누가 있는가?

누가 이런 생각을 홍보하고 있는가?

목표

나에게 주목받기 위하여 무엇을 하고 있는가?

이것은 진실인가, 거짓인가?

방법

다른 사람들은 어떻게 생각할까?

이유

왜 이런 상품, 메시지, 스토리를 만들었을까?

왜 이것을 나에게 팔려고 하는 것일까?

왜 나의 생각을 바꾸게 하려는 걸까?

출처 : Thoman & Jolls, 2005.

생각해 보자. 광고를 하는 사람은 이것을 보는 사람이 물건을 구매하기를 원한다는 것을 아동도 이해할 수 있다. 경험을 돌아보면 광고에서 보이는 그대로 장난감 혹은 상품이 내 손에 들어오지 않는다는 것을 아동도 생각할 수 있다. 예를 들어, 광고에서는 모든 부품이 다 포함된 것으로 보이지만, 실제는 보이는 대로 갖기 위해서는 배터리 혹은 액세서리 등 부가적으로 더 구입해야 광고에서 보았던 것처럼 멋진 모습이 된다는 것을 경험한다. 이때의 실망감을 기

| 그림 11.4 | 유아기 미디어 문해와 관련된 핵심 개념 |

접근성 : 모든 아동은 사회경제적 지위 혹은 지역에 상관없이 미디어 혹은 새로운 테크놀로지를 활용하여 정보를 사용할 수 있어야 한다.

미디어는 아동의 자아개념 혹은 자아의 힘에 어떠한 영향을 미치는가?

분석 : 모든 아동은 시각 문해력을 활용하거나 메시지의 의도, 결과 등 미디어를 통해 받은 메시지가 자신의 삶에 어떤 의미가 있는지 이해하기 위해 노력해야 한다.

미디어는 아동이 보고, 듣고, 말하고, 읽고, 쓰는 것에 어떠한 영향을 미치는가? 또한 미디어는 아동이 일하기, 휴식하기와 같은 일상적인 것과 기록에 대한 관념에 어떠한 영향을 미치는가?

평가 : 모든 아동은 심미적 요소, 실제적 측면, 가치관에 의하여 미디어에 평가를 내릴 수 있어야 한다.

미디어는 힘의 구조, 시민 참여 혹은 사회적 상호작용의 양식에 어떠한 영향을 미치는가?

결과 : 모든 아동은 자신이 속한 집단의 일원으로 다양한 미디어를 통해 자신의 메시지를 창출할 수 있어야 한다.

아동이 미디어에 영향을 미칠 수 있는 기회에는 어떤 것들이 있는가?

출처 : Megee, 1997; Semali & Hammett, 1999; Share, Jolls, & Thoman, 2007.

억하고 모든 상품이 보이는 만큼 멋지지 않을 수 있다는 것을 이해할 수 있다. 이것이 바로 미디어 문해의 한 예이다. 그림 11.4에 유아기 교육에 적용될 수 있는 미디어 문해가 제시되어 있다.

미디어 문해에 대한 개관

미디어 문해는 미디어가 품고 있는 의미 혹은 그 효과에 대하여 평가하는 것을 뜻하는데 이런 점에서 비평적 문해라고도 불린다(Chafel, Flint, Hammel, & Promeroy, 2007; Comber & Simpson, 2001). 비평적 문해의 이론적 근거는 Bakhtin(1981)에 있다. Bakhtin은 문해란 특정의 맥락에 따른 사회 역동적 힘이라고 보았고 비평적 문해는 자아개념 혹은 공동체의 참여에 영향을 미친다고 하였다(Nichols, 2007). 결국 문해란 누가 힘을 가지고 누구의 이야기가 경청될 것인지를 결정한다(Genishi & Dyson, 2009; Semali & Hammett, 1999; Vasquez, 2000).

이러한 이론은 아동의 경험에 적용되어 설명될 때 더 잘 이해될 것이다. 4세 로리는 디즈니 사에서 만든 인어공주 만

뇌와 언어

미디어에 대한 노출이 뇌에 어떤 영향을 주느냐에 대해서 아직도 논쟁 중이다(Courage & Setliff, 2009). 예를 들어, 4세 유아가 빠른 속도의 TV 만화를 9분간 보았을 때 집중력, 기억력, 자기조절력이 감소한다고 한다(Lillard & Peterson, 2011). 이러한 결과가 교육자들에게 의미하는 바는 무엇인가?

화영화를 여러 번 시청하더니 대사를 거의 다 외우게 되었다. 여기에서 끝나지 않고 인어공주가 나오는 그림책도 사고 배경 음악이 녹음된 CD, 아리엘이 그려진 티셔츠와 도시락 가방, 인형 그리고 햄버거 가게에서 덤으로 주는 인형과 소품을 가지고 있다. 소품을 가지고 로리는 가장놀이를 하고 아리엘 인형에 옷을 입히는 인형놀이를 하고 할로윈데이에는 인어공주 복장을 한다. 그러나 로리는 이 영화가 실은 Hans Christian Andersen의 원작에 기초하고 있지만 원작과는 결말이 다르게 되었다는 것을 알지 못한다. 즉 원작에서는 인어공주가 죽지만 만화영화에서는 반대라는 것을 인식하지 못하고 있다. 또한 Andersen이 자신이 자주 읽는 이야기인 미운 오리 새끼를 지었다는 것도 인식하지 못하고, 인어공주가 덴마크 코펜하겐에 동상이 세워져 원작자를 국가적으로 기리고 있다는 것에 대해서는 알고 있지 않기 때문에 인어공주에 대한 로리의 지식 혹은 이해는 제한적이라고 할 수 있다.

로리의 지식은 대중문화에 국한되어 있어서 이 지식과 다른 인어공주에 대한 것은 틀린 것이라고 로리는 주장한다. 즉 대중문화를 대변하는 텍스트는 대상 혹은 현상의 전체를 보여 주기보다는 그 일부를 드러내며 이러한 것의 주요한 목적은 상품을 판매하는 것이다. 따라서 유아 혹은 아동의 지식을 제한하거나 편향시키는 결과를 낳는다.

가족 및 지역사회와의 협력

4세 유아 에이프릴이 헤드스타트 교실에 왔을 때 그녀는 책상 밑에 들어가 숨고 어른이 가까이 오면 소리를 지르면서 무엇인가를 굉장히 두려워하는 듯 보였다. 교사는 에이프릴의 19세 미혼모 어머니와 상담을 하면서 의문이 풀리기 시작하였다. 에이프릴의 어머니는 에이프릴이 하는 행동의 원인을 자신도 모르겠다고 하였으나 상담 도중 자신이 공포영화 보는 것을 즐긴다는 언급을 하면서 혼자 보기가 무서워 딸과 함께 본다고 말하였다. 그러면서 "그렇게 하는 게 안 좋은 걸까요?"라고 질문하였다.

여기에 교사는 다음과 같은 말을 하였다.

처음에 어머니로부터 위와 같은 이야기를 들었을 때 무척 화가 났어요. 어린아이에게 그렇게 무서운 영화를 보여 주었기 때문에 에이프릴은 세상이 무서운 곳이라는 믿음을 갖게 되었을 테니까요. 그런데 어머니가 아주 어리고 주변에 그녀에게 도움을 줄 만한 사람이 없었다는 것을 생각하고 이해하기 시작했어요. 일단 나는 에이프릴과 신뢰관계를 만들어야 그녀의 상황에 도움을 줄 수 있으리라 생각했어요. 에이프릴 어머니에게 어린 에이프릴과 공포영화를 보는 것이 적절한지 의구심을 갖는 것은 당연한 것이라고 말하면서 함께 공포영화를 보는 것을 멈추라고 이야기해 주었어요.

이후 에이프릴은 적응을 하여 학교는 재미있는 곳이고 선생님은 믿을 만한 존재라고 생각하는 듯 변했다. 선생님은 에이프릴의 어머니를 학부모 모임에 나오도록 안내하였고 그녀도 잘 적응하여 이제는 학부모 자원봉사자가 되어 에이프릴 교실에서 여러 도움활동을 하게 되었다.

기여와 결과

- 교사의 기여. 에이프릴 어머니의 이야기에 대한 당신의 초기 반응은 무엇이었는가?
- 가족의 기여. 문제를 해결하기 위하여 부모가 한 역할은 무엇인가?
- 전문가의 기여. 이 문제해결 과정에서 전문가가 준 도움은 무엇인가?
- 협력의 결과. 만약 어른들이 서로를 비난하면서 협력하지 않았다면 어떤 결과가 나왔을 것인가?

교사의 관심과 전략

영아와 어린 유아

미국 소아학회(2012)는 아동기에는 하루에 2시간 이상을 TV 등 스크린 앞에서 보내면 안 되고, 특히 2세 이하의 아기는 TV를 보아서는 안 된다고 하였다. 어린 시절의 과도한 TV 시청은 이후 집중력 저하와 관계가 있다고 한다. 몇몇 유아용 TV 프로그램은 빠른 속도로 전환되는 장면을 넣지 않고 같은 것을 반복하면서 유아의 참여를 유도한다.

1950년대에 TV가 처음 보급되었을 때 교사와 부모는 몇 가지 의문사항이 있었다. "TV가 세상으로 통하는 창문이 될 것인가?", "TV가 다른 더 중요한 것으로부터 아동을 빼앗아 가는 것은 아닌가?", "이것이 가족 간의 관계에 어떠한 영향을 미칠 것인가?", "아동들이 끊임없는 재미를 바라게 되는 것은 아닐까?", "집중력이 떨어지는 것은 아닐까?", "지능에 나쁜 영향을 주는 것은 아닌가?", "창의성, 상상력에는 어떤 영향을 주는가?", "눈에는?" 등 여러 가지 걱정이 있었다.

현대의 TV는 그 당시에 비하여 훨씬 복잡해졌고, 가정에 없어서는 안 되는 사물이 되었으며 심지어 손에 들고 보는 스크린까지 만연해졌다. 그러나 1950년대에 제기되었던 의문사항은 여전히 답을 기다리고 있다. 그림 11.5에서 볼 수 있듯이 미국의 부모들은 다른 나라의 부모들에 비하여 TV 시청에 대한 제한이 약한 편이다. 라토냐 유치원 선생님은 "인종, 민족, 성 역할 혹

그림 11.5 미국 사회에서 TV

TV 앞에서 보내는 시간과 학교에서 보내는 시간

	TV	**학교**
시간/1일	6~7	5~6
날/일주일	7	5
주/1년	52	30

많은 시간과 부적절한 프로그램 : 미국의 아동은 십대 혹은 성인 프로그램을 시청한다(Tomopoulos et al., 2009). 미국 아동의 방에는 TV가 있고 약물, 성, 폭력 등이 나오는 부적절한 프로그램을 일상으로 본다. 식습관에도 좋지 않은 영향을 주는 프로그램 혹은 상품을 사야 행복감을 느끼도록 하는 프로그램을 본다(National Institute on Media and the Family, 2009).

미디어 교육 : 미국은 TV 프로그램의 생산과 소비의 양이 세계적 수준이지만 미디어 교육에서는 다른 나라에 비하여 후진적이다. 예를 들어, 캐나다와 영국은 TV에서 누가 무엇을 위해 말하고 있으며 이것이 어떤 결과를 낳을 것인지에 대하여 미국보다 교육을 많이 한다.

TV 광고 : 미국의 아동은 1년 동안 20,000개의 TV 광고를 보고, TV를 보는 5시간 동안 1시간의 광고를 시청한다. 아동을 대상으로 장난감, 게임, 음식에 대한 직접적인 광고를 허락하는 나라는 미국이 유일하다. 1984년 연방통신위원회는 아동을 위한 TV 통제를 그만두었다.

유아를 대상으로 한 영업 : 6세 미만의 유아는 광고의 목적이 상품을 파는 것에 있다는 것을 이해하지 못할지라도 미국 광고산업은 3세만 되어도 소비하는 데 전혀 문제가 없다고 생각한다.

공영방송에 대한 지원 : 일본은 국민 1인당 매년 17달러를 지원하고, 캐나다는 32달러, 영국은 37달러를 지원하는 반면, 미국은 1달러를 지원한다. 유럽, 아시아, 중남미의 나라에서는 TV 프로그램의 12~15%를 아동 교육용 프로그램으로 편성하고 운영하는 반면, 미국은 1%에 불과하다.

출처 : American Academy of Pediatrics, 2012; Center for Media Education, 2009; Erwin & Morton, 2008; Levin, 1999; Megee, 1997; Moses, 2009.

은 다른 사람에 대한 배려 등 우리가 가르치려고 하는 것을 TV가 다 되돌려 놓는 것이 아닌가 의심이 됩니다."라고 말하였다. TV는 성 역할 고정관념을 어린이들 마음에 심어 놓고 있다. 예를 들어, 이제 막 박사학위를 받은 어머니를 둔 4세 유아에게 엄마가 이제부터 무엇을 하겠느냐고 물으니, "잘 모르겠어요. 우리 엄마는 의사 선생님은 될 수 없을 것 같고 간호사가 될 것 같아요."라고 하였다. 이는 그를 돌보는 베이비시터가 남자는 모두 의사이고 여자는 모두 간호사인 드라마를 매일 보기 때문에 이에 영향을 받은 것이다. 아동용 TV 프로그램의 악당은 백인이 드물고, 어떤 인종인지 애매하며, 여자인 경우 노인이고 독특한 억양으로 말하고 가족이 없이 혼자 사는 것으로 나온다. 이러한 장면을 오랫동안 본 아동은 '정상' 혹은 '비정상'이라는 것에 대한 고정된 관념과 이미지를 갖게 마련이다.

성과 관련된 고정관념 이외에도 비만에 대한 관념도 생각해 볼 거리이다. 비만한 사람은 계속 먹는 장면이 나오거나 엄청난 양의 음식을 먹는 것으로 묘사된다. 대개의 나라에서 비만은

그림 11.6 가정 내 TV 시청과 관련한 가이드라인

시간 : 자녀의 TV 시청 시간을 각고의 노력으로 제한한다. 걸음마 아기는 TV 시청을 아예 하지 않고 유아는 1∼2시간으로 제한한다. TV 시청을 언제, 무엇을 볼지도 자녀와 상의하여 결정한다. 집에서 지내는 시간이 긴 여름방학 동안 TV 시청의 시간제한이 특히 중요하다.

상호작용 : 교육 프로그램이라도 자녀 혼자 보게 하면 의도한 교육적 효과가 나오지 않는다. 자녀가 TV를 볼 때 상호작용이 필요하다. 또한 그림책을 함께 보며 하는 상호작용을 대체할 만큼 의미 있는 TV 시청은 없다.

접근성 : 가족이 함께 모이는 곳에 TV를 배치하지 마라. 또한 TV를 보지도 않으면서 계속 켜 놓는 것은 가족 간 상호작용을 방해한다. 아이들은 늦은 밤 혼자 있을 때 부적절한 TV 프로그램을 볼 수 있으므로 자녀의 방에 TV를 놓지 않도록 한다.

모델링 : 특정 프로그램을 정하지 않고 채널을 이리저리 바꾸는 것이 아니라 부모가 바른 TV 시청의 모델이 되어 미리 보고자 하는 프로그램을 정하고 시청한다.

적합성 : 만화라 하여 무조건 아동에게 적합한 것은 아니다. 심지어 만화에 폭력의 강도가 더 높게 묘사될 수 있다. 발달이 늦은 아동은 실제와 환상을 구분하는 것이 더 느릴 수 있다는 것을 기억해야 한다(Erwin & Morton, 2008). 만화도 교육자들의 평이나 추천을 참고하여 시청하도록 한다.

토론 : 자녀가 보고 듣고 읽은 것에 대하여 질문하고 과장 혹은 허위 광고에 대하여 함께 이야기 나눈다. 특히 장난감을 사고 실망할 때를 과장 광고의 민감성을 높이는 기회로 삼으라.

대안 : TV 혹은 게임을 안 하는 시간에 즐길 수 있는 책, 이야기, 활동을 계획하라.

추가 자료
스마트텔레비전협회(www.smarttelevisionalliance.org)는 비영리 기구로서 아동에게 미치는 TV의 영향을 조절하는 방법과 연령에 맞는 TV 프로그램을 평가하고 소개한다. 스크린 통제센터(www.screentime.org)는 'TV 안 켜는 주간' 같은 운동을 벌여 TV, 컴퓨터, 게임을 조절하는 팁 및 활동을 소개한다.

무언가 놀림감으로 묘사되어, 학교에서 비만한 아동이 놀림의 대상이 되거나 왕따가 되는 것은 놀랄 만한 일이 아니다.

보육교사 마틸다는 "아이들이 보는 것과 행동하는 것과의 관계는 어떤 것일까요? 아이가 공격적 행동을 많이 보면 그러한 행동을 따라 한다고 하는데 다른 행동들은 어떨까요?"라고 궁금해한다.

보편적으로 아이들은 TV에서 본 것을 따라 한다. 의심할 여지없이 TV에서 본 대로 유아는 다른 사람에 대한 지식을 구성할 뿐만 아니라 자신에 대한 것도 구성한다. 따라서 부모와 교육자들이 미디어와 관련하여 전제해야 할 것은 미디어는 분명 유아의 삶에 아무 영향을 주지 않는 것이 아니라 뿌리 깊게 영향을 미친다는 것이다. 따라서 가정과 학교에서는 TV 등 매체를 사용할 때 허락되어야 할 메시지 등을 점검하거나 때로는 금지해야 한다. 그림 11.6에 가정에서 참고할 가이드라인이 제시되어 있다.

웹 2.0 미디어와 교육 자료

American Library Association

www.ala.org

인쇄물 및 전자도서물에 대한 리뷰서인 *Booklist*를 발간하고 아동문학을 교육과정에 통합할 수 있는 자료와 정보를 주는 *Booklinks*를 발간한다. 편집자들이 선정한 추천도서 목록도 있다. 하부 기관인 아동도서관협회 (www.ala.org/alsc)에서는 아동용 웹 리뷰를 발간한다.

Center for Media Literacy

www.medialit.org

이 기구는 미디어 문해에 관련하여 선발 주자이다. 50쪽으로 된 미디어 문해 관련 안내서도 무료로 내려받을 수 있고 미디어 문해에 관련

된 많은 글이 모아져 있는 섹션도 있다.

Children's Technology Review

http://childrenstech.com

이 사이트는 아동 미디어를 리뷰하고 볼로냐가치 디지털 상 등에 대한 정보를 준다. 또한 교육과정에 테크놀로지를 어떻게 활용하는가에 대한 정보도 준다.

Digital Media Literacy — PBS Teachers

http://www.pbs.org/teachers/digital-media-literacy

미국 교육방송에서 운영하는 이 사이트에서는 디지털 미디어를 교육에 통합하는 다양한 교육계획안을 얻을 수 있다. 대부분의 교육계획안은 아동도서를 활용하는 것과 연계되어 있다.

 ## 미디어 문해학습 지원을 위한 교실활동

아동으로 하여금 다양한 형태의 미디어를 활용하여 여러 가지 목적과 기능으로 접근하고, 해독하고, 분석하고, 평가하고 생산하는 소통의 능력을 길러 주는 것이 미디어 문해학습의 역할이다(Robinson, 1996). 어린 유아는 TV 프로그램과 광고, 웹, 비디오 게임 등 이미지를 보고 이해하는 시각 문해로 시작할 수 있다. 그러나 "보는 것이 믿는 것이다."라는 격언과 같이 유아에게 내재화된 아이디어 혹은 이미지는 변하기 쉽지 않으므로 주의해야 한다(Chang, 2000; Yates, 2000).

발달적으로 적합한 미디어 문해교육을 제시할 것이다. 그림 11.7은 미디어 문해교육의 핵심 개념을 제시한다.

동영상 웹사이트. 웹의 동영상을 교육과정에 활용할 수 있다. '손 씻는 법'부터 '과학 아저씨'

까지 youtube.com, teachertube.com, ehow.com, vimeo.com, hulu.com, viddler.com에서 얻을
수 있다(An & Seplocha, 2010).

미디어 멘토. 웹 디자이너, 그림책 작가, 포장 디자이너 등 전문가를 연결하여 그들의 작품 중
유아, 아동교육에 활용될 수 있는 방법을 협의할 수 있다.

상품 평가. 비슷한 크기의 자동차 장난감을 하나는 부서진 것, 하나는 기능이 보통인 것, 마
지막 것은 무언가 훌륭한 특징이 있는 것을 준비하여 유아들과 평가한다. 어떤 점이 좋고 나쁜
것인지 평가하고 자신들의 경험 중 장난감 때문에 실망한 것을 이야기 나눈다.

광고에 대한 이해. 가장 기억나거나 재미있는 광고에 대하여 유아들과 이야기 나눈다(Moore

그림 11.7 테크놀로지를 활용한 언어와 문해발달

환경의 활용 : 컴퓨터를 실습실에 두지 말고 교실로 가져와서 2~3명이 함께 앉아 활동할 수 있도록 의자를 배치
한다. 어린 아이들은 컴퓨터는 또래들과 함께 활동하는 것을 좋아한다는 연구 결과가 있다(National Association
for the Education of Young Children, 1996b).

학습자에 대한 고려 : 인터넷은 학습자들 간에 소통이 가능한 단체방에 접근할 수 있을 때 그 효과가 극대화된
다. 예를 들어 Word Central(Merriam Webster, 2001)과 같은 프로그램을 활용하여 새로운 어휘를 귀로 듣고 자
신의 사전을 만들 수 있는 웹사이트를 활용한다(www.wordcentral.com)

다양한 문화의 고려 : 다른 나라와 문화의 어린이들과 펜팔의 형식 혹은 그들의 작품을 공유할 수 있는 기회를
활용한다. Web Kids' Village(www.ks-connection.org/village/village.html)를 활용하여 어린이들이 경험할 수
있는 지평을 넓혀 준다.

구두언어에 대한 지원 : 컴퓨터 앞에서 활동하면 어린이들의 상호작용이 활발해지고 자연스럽게 말을 많이 하
는 것이 관찰되었다(NAEYC, 1996b).

실제 삶과 관련된 학습에 대한 고려 : 먼저 컴퓨터와 인터넷을 통한 가상세계의 지식에 노출되기 전 어린이들은
먼저 실제의 삶에서 구체적인 경험을 해야 한다. 예를 들어, 동극을 위한 대본을 준비한다면 먼저 모둠으로 함
께 종이에 계획을 잡고 컴퓨터의 문서편집기를 사용하게 한다. 또한 컴퓨터 소프트웨어를 활용하여 인형을 만
들어 내기 전에 종이 혹은 다른 매체를 가지고 인형을 직접 만들어 보는 활동이 어린이들에게는 더 필요하다.

양질의 소프트웨어 : 단순한 동작을 반복하는 것보다는 상호작용을 격려하는 소프트웨어를 선별하고 종이와 같
은 평면적 매체 이상의 장점을 가지고 있는가를 신중하게 검토한다. 또한 흐름도 혹은 마인드 맵 등 종이 위에
서 할 경우 입체성 한계가 있으나 창의적 표현을 다양하게 할 수 있는 소프트웨어를 선별한다.

교육과정에 테크놀로지의 통합 : 교육 내용을 보강하고 그 범위를 확장하는 데 도움이 되는 소프트웨어를 선정
한다(Edwards & Willis, 2000).

균등한 기회에 대한 고려 : 가정의 경제적 수준 혹은 성별에 따라 테크놀로지의 접근성에 큰 차이가 있음을 기억
하여 교육과정을 통해 균등하게 경험될 수 있도록 유념한다.

신중함 : 인터넷을 허용할 때 웹사이트의 내용 등에 대하여 계속적인 모니터링이 필요하다. 학교 차원에서 불건
전한 웹사이트에 대한 차단을 고려해야 한다.

& Lutz, 2000). 광고 중 가장 흥미롭거나 신뢰가 가는 점, 광고가 말하고 있는 것, 말하고 있지 않은 점 등을 분석한다. 광고 문구로 동일한 분석을 해 본다. 같은 광고에 대하여 사람들의 반응이 긍정 혹은 부정, 믿음 혹은 불신의 상반된 반응이 나오는 이유에 대하여 이야기 나눈다.

고정관념에 대한 이해. Vigil과 Robinson(1997)은 '나쁜 늑대와 미디어의 편견'이라는 주제로 연구를 하였다. 초등학교 2학년생들에게 문학에 등장하는 늑대에 대하여 다음과 같은 질문을 하였고 이를 통해 아동의 비평적 관점 혹은 사고기술을 발달시키고자 하였다.

이야기에 등장하는 늑대는 실제인가 혹은 꾸민 것인가?

책, TV, 비디오 혹은 동물원에서 실제 늑대를 본 적이 있는가?

실제 늑대는 어떻게 생겼으며 어떻게 행동하는가?

늑대는 사람을 속이려거나 헤치려 하는가?

늑대와 개의 관계에 대하여 아는 것이 있는가?

소리, 이미지, 말. 미디어는 소리, 이미지 그리고 말로 의미와 정보를 전달한다. *Babe* 혹은 *Gallant pig*와 같은 영화를 보면 농장동물이 내는 소리, 악기 소리 그리고 농장 주인이 양몰이 개를 부를 때 사용하는 휘파람 소리 등을 들을 수 있다. 또한 새끼 강아지의 무리가 뒤뚱거리는 모습을 볼 수 있다. 또한 영화에는 자막 등의 글씨도 있다. 좋은 영화를 어린이들과 함께 보기 전 등에 귀, 눈 그리고 입을 크게 그린 활동지를 모둠별로 준비한다. 모둠들은 영화를 보면서 자신들이 경험하게 될 소리, 이미지, 말을 유의하면서 시청할 수 있도록 안내한다.

문해 자료. 컴퓨터의 문서편집기, 파워포인트 등을 이용하여 시장 간판, 식당 음식 메뉴, 극장 포스터 등 유아의 극놀이 소품을 만든다. 컴퓨터 기기를 이용하면 모양 만들기, 그림 그리기, 색칠하기 등 다양한 문해 자료를 만들고 활용할 수 있다.

그림책과 스크린 문해. TV 혹은 그림책으로 모두 접근이 가능한 작품을 하나 고른다. 예를 들어, *Curious Gerge*를 가지고 책에 나온 것과 TV 프로그램의 것을 벤다이어그램으로 비교한다. 또한 두 종류의 미디어에서 반복적으로 나오는 주제, 인물의 성격 등을 분석해 본다.

비디오 녹화와 되돌아보기. 유아의 활동을 비디오로 찍어서 바로 함께 되돌려 본다. Forman (1999)은 이를 바로 비디오 되돌아보기(instant video revisiting)라고 하였다.

보조 기기. 통합 교실의 특수아가 사용하는 보조기는 일반아의 호기심을 불러 일으킨다. 교사는 이 관심을 기반으로 통합교육을 하면서 일반아에게도 이익이 될 수 있는 활동을 계획한다.

가상체험. 인터넷을 통해 가상체험을 하고 소감문 등을 작성한다. 예를 들어, www.vivabrazil.com을 통해 브라질을 가상체험할 수 있다.

세대 간 만남. 노인들은 인터넷, 웹 등에 관심이 있으나 이것을 배우는 과정에 어려움이 있을 수 있다. 초등학교 고학년과 노인을 짝을 지어 아동이 노인에게 도움을 주게 하면 노인은 큰 부담 없이 배울 수 있다. 미디어를 중심으로 한 세대 간 프로젝트의 예는 www.kidscare.org에서 참고하라.

비평적 사고와 미디어 문해를 위한 앱과 웹사이트

All the Information in the Known Universe (7세 이상)

http://www.kyvl.org/kids/portal.html

켄터키 가상 도서관이 운영하는 상호적 웹사이트로 관심 있는 분야의 연구를 진행할 수 있다.

Gube(3세 이상)
아동에게 적절한 유튜브 동영상 500개 이상을 제공하여 교사들이 사용하기 적절하다.

PBS Kids(3~6세)

http://pbskids.org/

이 사이트의 게임과 활동은 미국 어린이 공영방송 프로그램인 *Sesame Street, Electric Company, Caillou, Curious George, Martha Speaks!, Between the Lions*의 주인공, 에피소드 등의 내용과 연계된다. 게임과 활동의 수준이 우수하다.

Super why(3~6세)
미국 어린이 공영방송(PBS Kids)에서 제공하는 것으로 비평적 사고기술을 키울 수 있는 게임과 활동이 있다.

결론

미국의 평균적인 성인은 70세에 이르면 약 7년을 TV 앞에서 보냈다(American Academy of Pediatrics, 2001). 컴퓨터 앞에서 보내는 시간까지 여기에 더하면 인생의 많은 시간을 미디어 앞에서 보내는 것의 효과에 대하여 진지하게 생각해 보아야 한다. 만약 미국 성인이 미디어 앞에서 보내는 시간의 약 20%를 지역사회를 위하여 사용한다면 이 사회가 더 좋은 방향으로 변화될 수 있지 않을까?

이같은 질문은 교육학자들이 더 진지하게 고민해야 한다. 테크놀로지는 학습을 도울 수 있는 도구임과 동시에 고정관념을 전파하고 상품의 매출을 높이고 비만을 유발하며 사회적 상호작용을 감소시킨다(Blass et al., 2006). 테크놀로지는 인간 사회의 여러 가지 상황을 호전시키는 만병통치약이 될 수도 없고 아동의 문해능력 신장에 마법적인 힘을 발휘하는 것도 아니다.

교육 전문가들은 테크놀로지가 보장할 수 있는 이점을 신봉하지도 않고 그렇다고 테크놀로지의 부정적 효과 때문에 무조건 테크놀로지를 거부하지도 않아야 한다. 교사는 한걸음 물러서서 학습에 미치는 긍정적 효과에 대하여 숙고하고 미디어가 가지고 있는 의미에 대하여 비평적으로 생각해야 한다. 교사는 학생들에게 미디어 문해를 가르치면서 미디어를 통하여 비평적 문해를 연마할 수 있도록 해야 한다.

하드웨어 혹은 소프트웨어를 주문하여 사용하는 것이 아동 개인에게 관심을 주고 피드백을 주며 지역사회의 교사와 부모 등 여러 공동체가 후속 세대의 교육을 위하여 협력하는 것보다 훨씬 쉽다. 유아의 언어 능력을 향상시키기 위하여 노력하는 교사는 유아가 단순히 글을 읽도록 하는 것에만 멈추는 것이 아니라 Freire(1970)가 말했듯이 이들이 세상을 읽고 또한 더 좋은 세상이 되도록 힘을 발휘할 수 있게 교육해야 한다.

> **연구와 보고**
>
> Moses(2009)가 제시한 유아 문해발달에 도움이 된다고 한 TV 프로그램 중 하나를 시청하라. 이들 프로그램이 전제하고 있는 학습의 과정은 무엇인가? 또한 이 프로그램을 지원하는 주체는 누구인가? 유아의 흥미를 끌기 위하여 어떠한 방법을 쓰고 있는가?

문해학습 전략

교육방송과 문해

교육 프로그램이라도 단순히 앞에만 앉아 있는 것은 학습에 도움이 되지 못한다고 많은 연구들이 증거하고 있다. 특히 이것은 문해학습 위험에 처한 아동인 경우 특히 그러하다(Moses, 2009). 그 이유는 무엇인가?

TV 프로그램에 나오는 텍스트 혹은 글자에 유아가 관심을 가지려면 이미 글자에 대하여 어느 정도 친숙함이 있어야 하고 또 그 장면이 흥미로우며 약간 어려워야 한다. TV에 나오는 글자가 유아에게 전혀 경험되지 않은 것이면 이들은 혼란스러워하면서 관심을 두지 않는다 (Linebarger, Kosanic, Greenwood, & Doku, 2004). 또한 이미 글자를 많이 경험하여 스스로 글을 읽을 수 있는 경우라도 역시 TV를 통한 글 읽는 학습에 크게 효과가 없다. 결론적으로 이제 막 글에 대하여 어느 정도 친숙함이 생기기 시작한 유아가 TV 프로그램을 통하여 제일 많은 효과를 본다(Linebarger et al., 2004). TV 교육방송이 학습에 미치는 효과에 대하여 더 알고자 하면 Fisch(2004)를 참고하라.

온라인 그림 그리기와 글쓰기

테크놀로지를 이용하면 그림 혹은 글을 인쇄할 수 있을 뿐만 아니라 자신의 작품을 국제적인 독자와 공유할 수 있다. 자신의 작품을 다른 사람과 공유하면 아동의 자존감과 만족감이 향상되어 글쓰기에 대한 동기를 향상시킬 수 있다(Karchmer, 2001; C. B. Smith, 2003a). 단, 아동의 작품을 온라인에 올릴 경우에는 아동의 개인정보 노출을 막도록 신중한 노력이 필요하다.

아동의 작품을 인쇄하는 과정은 먼저 문서편집기를 사용하여 글과 그림 혹은 형식을 아름답게 만드는 것에서 시작한다. 좀 더 나이가 있는 아동은 맞춤법 체크, 문법 체크 등의 기능을 활용한다. 다문화 가정의 아동이 글쓰기를 온라인으로 할 경우 먼저 자신의 제1언어로 글을 쓰고 다음에 영어로 번역하는 기능을 활용할 수도 있다.

아동의 그림과 글을 올리는 데 믿을 만한 온라인 사이트는 키즈 스페이스(www.kids-space.org)이다. 이곳에서 다른 문화, 다양한 연령의 아동 작가 작품을 보고 읽을 수 있고 상호작용이 가능하다. 5~6세가 되면 이 사이트에 참여할 수 있고, 또래에 비하여 글쓰기가 앞선 아동은 연령과 관계없이 비슷한 능력의 또래와 상호작용할 수 있다.

인터넷 친구

인터넷 친구(e-pals)는 이메일로 소통한다. 대상은 또래나 교사 지망 대학생 혹은 아동의 질문에 답해 주기로 약속한 교육 전문가 등이다(Shandomo, 2009). 자신의 글을 누군가가 읽고 피드백을 줄 때 아동은 글쓰기의 가치, 재미를 느끼며 더욱 쓰고자 하는 의욕을 갖게 된다. 인터넷 친구는 특수아에게도 효과가 큰 것으로 알려져 있다(Salmon & Akaran, 2005; Stanford & Siders, 2001). 세계적으로 잘 알려진 인터넷 친구 사이트는 이팔(www.epals.com)로 이곳은 132개의 언어 사용이 가능하며 191개의 나라에서 460만 명의 교사 혹은 아동이 참여하며 약 십만 개의 교실활동 게시물이 올려져 있다. 교사는 35개의 무료 계정을 받을 수 있고 다른 교사와 정보와 자원을 공유할 수 있다. 인터넷 친구와 관련하여 정보를 더 얻고 싶다면 Donohue, Fox와 Torrence(2007)을 참고하라.

➡✕← 집중탐구 : 타임라인

타임라인 프로젝트(timelines.com)는 아동을 위한 것은 아니지만 교사는 아동과 함께한 다양한 활동을 책의 형태로 만들어서 DVD 혹은 USB에 저장하기도 하고 엽서로 다른 사람에게 소식을 알릴 수 있다. 이 웹사이트(http://socialstudies.mrdonn.org/timelines.html)에서 교육계획안, 세계의 역사 설명 자료 등을 무료로 사용할 수 있다.

어린 유아	유아	독립적 읽기가 가능한 아동
자원봉사자의 도움을 받아 유아의 탄생, 발달, 가족 행사 등 시간의 흐름에 따른 사진 혹은 그림을 타임라인에 입력하여 일대기 형식의 책으로 출력할 수 있다. 유아별로 파일을 만들어서 반 유아끼리 친구의 것을 볼 수 있다.	교사는 반의 행사, 활동을 타임라인 파일로 만들어 출력하여 게시판에 게시한다. 집단별 프로젝트를 시간의 흐름에 따라 유아들이 배치하여 책을 만들 수도 있다. 결석한 유아가 있으면 반의 활동 내용을 엽서로 보낼 수 있다.	교육실습 교사는 자신의 성장과정을 타임라인 파일로 만들어 학급 아동들에게 자신을 소개할 수 있다. 실습 기간 중 수집한 자료도 타임라인 파일로 하여 실습이 끝난 후 감사 엽서로 활용할 수 있다.

문학의 활용

정보 문해

정보 문해란 무엇인가

미국도서관협회(1989, prar. 3)는 정보 문해란 '정보가 필요한 때를 인지하여 필요한 정보를 찾고, 평가하고 사용할 수 있는 능력'이라고 하였다. 아동은 정보 문해 능력을 점차적으로 습득한다.

정보 문해를 왜 가르쳐야 하는가

새로운 정보는 눈 깜짝할 사이에 쌓여 가고 있으므로 팽창 속도를 따라가거나 이에 맞추어 새로운 정보를 매번 사용하는 것이 그리 쉽지 않다. 따라서 과거에는 정보를 찾아서 참고 자료로 사용하는 능력으로 충분하였다면 지금은 디

지털, 시각, 글자, 테크놀로지 등 다양한 미디어를 통한 정보를 찾고 사용하는 능력이 중요해졌다(American Association of School Librarians, 2007, p. 2). 그러므로 다양한 미디어를 기반으로 한 많은 정보 더미를 비평적으로 생각하고 결론을 내리고 문제해결에 적용하여 새로운 정보를 창출하여 타인과 공유하는 능력이 중요해졌기 때문에 정보 문해를 가르쳐야 한다(American Association of School Librarians, 2007).

정보 문해는 어떻게 가르쳐야 하는가

Jukes, Dosaj와 Macdonald(2000)은 다음과 같

은 5개의 방법(5A)을 제안하였다.

1. 핵심 **질문**을 한다(Asking).
2. 정보에 **접근**한다(Accessing).
3. 정보를 **분석**한다(Analyzing).
4. 정보를 문제해결에 **사용**한다(Applying).
5. 과정과 결과를 **평가**한다(Assessing).

  예를 들어, 유아들도 사실과 의견을 구분하는 법과 신뢰할 수 있는 정보인지 판단하는 것을 배울 수 있다.

• 누가 만든 정보인가?

• 정보를 만든 저자 혹은 단체에 대하여 우리가 알고 있는 것은 무엇인가? 단체는 믿을 만한가?
• 왜 이러한 정보를 만들었는가? 물건을 사게 하려고 만든 것은 아닌가?
• 정보는 사실인가 혹은 의견인가?
• 정보는 최근의 것인가? 언제 출판된 것인가? (Reading Rockets, 2012)

  이외에 정보 문해에 관한 다양한 활동을 보고자 하면 MacMillan & Kirker(2012)를 참고하라.

최근 출판된 정보 문해 관련 그림책

Bertram, D., Bloom, S., & Garland, M. (2011). *The best book to read*. New York, NY: Dragonfly Books.
그림책, 챕터북, 논픽션, 옛이야기 등 다양한 장르의 책을 소개하면서 자신에게 맞는 책을 어떻게 고르는가에 대하여 알려 준다. 같은 저자가 쓴 *The Best Place to Read*(2003), *The Best Time to Read*(2005)이 있다. (유치부~초등 3학년)

Boetles, M. (2007). *Those shoes*. Somerville, MA: Candlewick Press.
유행이 지난 신을 신고 다닌다고 친구들에게 놀림을 받는 소년이 최신 유행의 신을 재활용 시장에서 샀으나 그의 발에는 너무 작다. 이 과정에서 삶에서 중요한 것은 가족과 우정이라는 것을 배워 간다는 이야기이다. 이 책을 보면서 광고의 효과, 과장 등에 대하여 이야기 나눌 수 있다. (초등 2~3학년)

Hiils, T. (2010). *How Rocket learned to read*. New York, NY: Schwartz & Wade.
노란 새가 점박이 개를 자신의 날개 아래 품고 책 읽기를 가르친다는 이야기이다. 로켓은 처음에 책읽기에 흥미를 보이지 않았으나 점차 글을 읽게 되면서 신이 난다는 이야기이다. 후속편인 *Rocket Writes a Story*(Hills, 2012)에서 부엉이와 친구가 된 로켓은 함께 이야기를 만든다. (유아~초등 2학년)

Kirk, D. (2007). *Library mouse*. New York, NY: Harry N. Abrams.
생쥐 샘은 낮에는 자고 밤에는 책을 읽는데 글을 적어 자신의 책을 만들고 거울을 보며 자신의 모습을 그려서 도서관 서가에 진열한다. 이 책이 인기가 많아서 도서관에서는 작가와의 만남의 시간을 갖는데 샘은 박스를 만들어 친구들이 안을 들여다보면 자신들이 작가로 보이는 장치를 준비한다. (유아~초등 2학년)

Miller, P. (2008). *We're going on a book hunt*. Chicago, IL: Upstart Books.
사냥을 떠나자를 패러디 한 것으로 도서관에 가서 다양한 자료와 책을 살피는 이야기이다. (유아~초등 1학년)

Raschka, C. (2011). *A ball for Daisy*. New York, NY: Schwartz & Wade.
주인공 강아지의 장난감이 망가지는 이야기인데 이는 모든 어린이가 경험할 법한 이야기이다. 학급 유아들이 장난감이 고장 난 원인과 결과 등을 적어서 책으로 만드는 활동으로 연계할 수 있고 광고와 달라서 실망하는 장난감이 있을 수 있다는 것에 대하여 생각할 수 있는 기회를 준다. (유아~초등 2학년)

Rocco, J. (2011). *Blackout*. New York, NY: Hyperion.
도시에 정전이 되자 주민들이 지혜를 모아 깜깜한 시간을 유익하게 지내게 되는 이야기이다. 아버지들은 보드게임으로 바쁘지 않아도 되고 이웃들은 모여 음식을 나누며 파티를 한다. 미디어를 통제하는 것이 인간이 아니라 미디어가 인간을 통제한다는 점에 대하여 생각하게 하는 책이다. (유아~초등 2학년)

Srinivasan, D. (2011). *Little owl's night.* **New York, NY: Viking.**
사람과 달리 부엉이의 하루는 해거름에 시작된다. 사람은 힘차게 새벽을 맞이하지만 부엉이는 밤을 반갑게 맞이한다. 이 책을 통해 같은 현상에 대하여 정반대의 관점을 가질 수 있고 그 관점은 동등하게 존중되어야 함을 배울 수 있다. 이것은 정보 문해의 가장 기초적인 개념이기도 하다. (영아~유치부)

다문화 유아

환경글자

환경글자란 유아의 삶속에서 자연스럽게 만나게 되는 글자, 표지, 상표, 숫자 등을 말한다. 상품 포장지, 장난감 안내서, 상점의 간판 등 다양한 종류와 형식으로 메시지를 주는 것들이다. 다문화 가정 유아에게 유익한, 환경글자를 활용한 활동을 소개한다(제3장 참조).

1. 좋아하는 음식 포장지 등을 이용하여 콜라주를 만든다.
2. 신문, 상품 포장지에 나와 있는 글자 중 자기 이름과 같은 글자를 다양한 크기와 스타일의 것으로 찾아 모은다.
3. 입고 있는 옷의 로고, 신발 사이즈 등 이미 많은 환경글자를 몸에 지니고 있으므로 이것을 찾아보고 글자는 메시지 혹은 지시 정보가 있다는 것을 알게 한다.
4. 교실 밖의 식당, 주방, 도서관, 교무실, 화장실, 금연 표시 등 다양한 환경글자를 찾아본다. 다문화 가정 유아는 모국어와 영어를 동시에 사용하므로 가정과 연계하여 부모가 환경글자를 활용한 상호작용을 할 수 있도록 돕는다.

환경글자에 대한 부가적 정보는 Xu와 Rutledge (2003)을 참고하라.

어떻게 할까요

다양한 학습자를 지원하는 테크놀로지의 활용

일반아

- 거의 모든 컴퓨터에 있는 파워포인트 프로그램(Parette, Hourcade, Boeckmann, & Blum, 2008)은 다양한 학습 자료를 제작하는 데 사용될 수 있다.
- 듣기 영역에 오디오 카세트 플레이어와 헤드폰을 준비한다.
- 유아의 그림과 글로 학급 신문을 만들 수 있는 스캐너, 문서편집기를 활용한다(Sahn & Reichel, 2008).
- 전자 교탁, 프로젝터 등을 활용한다(Solvie, 2007).

- 아동용 소프트웨어를 활용할 때는 www.
childrenssoftware.com/rating.html#inst에서
상을 받았거나 높은 평가를 받는 프로그램을
선별하여 사용한다.
- 유아용 읽기와 쓰기 컴퓨터 프로그램을 활용
한다.
- 학부모가 자신의 언어 혹은 문화를 나타내는
그림책을 읽거나 이야기를 녹음한 것을 지원
받아 교실에서 활용한다.
- 아동용 웹사이트를 평가하려면 http://school.
discovery education.com/schrockguide/eval.
html을 참고하라.
- 아동용 e-북을 제공하는 사이트를 활용하라.

청각장애아

- 수화로 제작한 노래 혹은 그림책을 유튜브에
서 찾아서 활용하라.
- 특수교육과 학생을 섭외하여 간단한 노래 혹
은 이야기를 수화로 하는 것을 동영상 촬영
을 하여 학급 유아들에게 경험시킨다.

다문화 유아

- 다문화 유아를 위하여 유아의 모국어로 학급
의 일과를 제작하여 들려준다.
- 글 없는 그림책을 다문화 유아의 언어로 읽
는 것을 녹음한 테이프와 영어로 녹음된 테
이프를 가정으로 보낸다(Jalongo, Dragich,
Conrad, & Zhang, 2002).
- 다문화 가정의 부모를 초청하여 그들의 이야
기를 모국어로 이야기하는 것을 녹음하여 활
용한다.
- 고등학생 혹은 대학생 이중언어 사용자의 도
움을 받아 동시, 노래, 이야기를 2개의 언어
로 녹음하여 활용한다.

주의집중장애아

- 책장을 넘길 때마다 벨소리가 나게 하고 빅
북을 읽어 준다. 혹은 아동이 스스로 책장을
넘기거나 포인터로 가리키며 읽게 하거나 토
론을 주도하도록 한다.
- 텍스트 내용 이외에 음악, 소리 효과 등을 함
께 활용하고 저자와의 인터뷰 등의 자료를
활용한다(Mediatore, 2003).
- 학교에서 활동한 내용을 디지털 카메라로
촬영하고 장면을 순서대로 아이가 설명하게
한다.
- 가끔 조용한 음악을 배경에 깔면 유아의 집
중력이 향상될 수 있다.

시각장애아

- 그림책, 특히 장면을 자세하게 묘사하고 다
양한 효과 등을 넣어 구연한 것을 녹음하여
들려준다.
- 점자로 간단한 이야기를 만든다.
- 다양한 질감을 느낄 수 있는 그림책을 준비
한다.
- 시각장애아를 위한 읽기교육 방법을 Erickson
& Hatton, 2007 등에서 참고하라.

신입아

- 학급 소식 등을 문서편집기로 제작하여 게시
한다.
- 영어, 수화 혹은 다른 언어로 학급의 하루 일
과 혹은 학급을 소개하는 동영상을 어린이의
목소리로 제작한다. 이 동영상을 CD 등에 저
장하여 가정에 대여한다.
- 반 친구들이 1명씩 이름표를 들고 자신의 이
름을 말하는 동영상을 찍어 교실이나 가정에
서 볼 수 있게 한다.
- 사진으로 교실의 큰 행사, 활동을 찍어 빅북

을 만들어 새로 오는 친구에게 보여 준다.

전학 가는 유아

* 함께 보낸 시간 중 같이 한 활동 혹은 유아의 활동 결과물을 메모리 책으로 엮어서 새 학교에 가져갈 수 있게 한다.

* 떠나는 친구에 대한 반 친구들의 느낌과 생각을 책으로 묶어 준다.
* 새 학급의 친구, 선생님과 이메일 등으로 소통한다.

출처 : Skouge, Rao, & Boisvert, 2007.

제 12 장

언어 프로그램의 구성과 운영

Iofoto/Fotolia

언어 프로그램에 대한 사실

- 좋은 유아교육 프로그램은 유아의 학습에 장기적이고도 긍정적인 효과를 낳는 것으로 알려져 있다 (Camilli, Vargas, Ryan, & Barnett, 2010; Campbell et al., 2012).

- 3개월 아기도 연습할 기회가 주어지면 2주까지 그 행동을 재현할 수 있다(Rovee-Collier & Cuevas, 2009).

- 아기들은 감각을 이용하여 정보를 모으고 주변의 재료를 활용한다(Pinkham & Jaswal, 2011). 아기가 말하기 전에 손가락으로 가리키는 행동은 하나의 의사소통 방식이다(Tomasello, Carpenter & Liszkowski, 2007).

- 문해교육을 잘하는 교사는 학생 때 배운 지식을 활용하고 언어발달에 대한 연구 결과를 잘 활용한다(Glasgow & Farrell, 2007; Neuman & Wright, 2010; Samuels & Farstrup, 2011; Siraj-Blatchford, 2010).

- 유아교육에서 효과적인 기술로 교사가 숙지해야 할 것 중 하나가 유아에게 적절하게 질문하는 것이다 (Sittner Bridges, Justice, Hogan, & Gray, 2012).

- 유아기의 성공적인 인지학습에 사회 및 정서 관계가 큰 역할을 한다(Shonkoff & Phillips, 2000). 유

아와 좋은 관계를 맺고 유아들끼리 좋은 상호작용을 하도록 하는 교사는 유아의 학습에 좋은 영향을 준다 (Ostrosky, Gaffney, & Thomas, 2006).

- 교사가 유아의 흥미를 중심으로 학습계획을 짜면 유아들의 집중력이 향상되고 이들을 내적으로 동기화시킨다(Vartuli & Rohs, 2008).
- 유아의 문해능력은 놀이 중심 환경과 밀접한 관련이 있다(Saracho & Spodek, 2006).
- 141개의 유치원 교실에서 다문화 가정 유아의 문해학습에 대하여 연구한 결과, 교사의 수준이 이들의 능력과 정적으로 관련이 있고, 비교수적 활동에 투자한 시간과는 부적으로 관련이 있다(Cirino, Pollard-Durodola, Foorman, Carlson, & Francis, 2007).
- 음성학 중심의 언어교육 프로그램을 할 때는 시간과 일정, 교실 운영, 학생의 다양성, 교재, 피드백, 연습과 평가 등의 요소를 고려해야 하는 것으로 알려져 있다(Santi, Menchetti, & Edwards, 2004, p. 196).
- Title I 은 1965년 초등 및 중등교육법, 2001년의 낙오학생방지법에 근거하여 수천만 달러의 돈이 투자되는 사업이다. 이 프로그램은 빈곤층 혹은 학력 미달에 빠질 수 있는 학생들을 후원한다(Phelps Deily, 2009).
- Barton과 Coley(2007)의 연구에 따르면 5명 중 1명의 학생이 한 달에 3일 이상 결석을 한다. 아시아계 학생의 결석률이 가장 낮다. 미국 학생의 출석률은 45개 국가에서 25위이다.

이상의 사실들에 놀랐나요? 무엇에 그리고 왜 놀랐나요? 유아를 교육하는 데 이러한 사실들을 어떻게 반영해야 할까요?

균형적 교육과정이란 무엇인가

뇌와 언어

뇌과학에서는 학습에 영향을 미치는 요인을 다음과 같이 제시하였다. 주의집중력, 낮은 스트레스, 의미 있는 과제, 많은 연습, 피드백, 반복, 잠(Jensen, 2006)이다. 이를 고려한 교육과정 운영은 어떠해야 하는가?

사회의 만연한 문제를 해결하는 해법으로 교육에 거는 기대가 크다. 아동의 문해능력 향상이 의문시될 때 학교와 교육 프로그램은 압박을 받는다. 유아기 교육은 이후 모든 교육의 기초를 쌓는 과정이고 특히 유아기의 경험은 이후 언어발달의 창이 되므로 가족과 사회에서 거는 기대가 크다.

유아기 문해능력이 중요하며 그 이유에 대하여 모든 사람이 다 알고 있다. 그러나 이 목표에 이르기 위한 방법에 대하여는 아직 명쾌한 답이 없다. 모든 유아의 필요와 수준에 맞는 문해발달은 어떻게 지원해야 하는가? 이에 대한 첫 번째 답은 먼저 유아교사가 유아교실을 어떻게 구성하느냐와 프로그램 운영에 대하여 얼마나 잘 이해하느냐에 달려 있다. 유아기 교실은 먼저 언어적으로 풍부해야 한다. 이는 유아가 듣고 말하고 읽고 쓰기 위한 활동이 매일의 일과에서 자연스럽게 일어나는 것이다(Pence, Justice, & Wiggins, 2008 참조). 이러한 교실의 특징이 그

그림 12.1 문해발달을 지원하는 교실 특성

기본 전제

- 문해사회의 모든 어린 세대는 아주 어려서부터 읽기와 쓰기에 노출된다.
- 문해능력은 일상 삶의 맥락에서 발달하므로 문해의 기능 및 목적이 학습의 핵심 요소이다.
- 듣기, 말하기, 읽기와 쓰기는 동시적으로 발달한다.
- 언어에 대한 이해는 삶의 경험을 통해 구성된다.
- 글자를 매개로 한 부모와 자녀 간의 상호작용을 문해사건이라고 하는데 이것이 바로 문해학습의 기초가 된다(Teale & Sulzby, 2003).

일반 특징

- 교재 혹은 학습지 중심의 자료만 있는 것이 아니라 다양한 문해 자료를 풍부하게 구비하고 있다.
- 단순한 색칠하기, 오리기, 붙이기, 빈칸 채우기, 줄 긋기 혹은 옳은 답에 동그라미 치기와 같은 학습지 활동보다는 유아의 흥미에 따라 읽고 쓰기를 할 수 있는 환경으로 구성되어 있다.
- 능력에 따른 집단 구성으로 고정되어 있지 않고 과제 혹은 맥락에 맞게 다양한 집단 구성을 한다.
- 새 어휘 소개, 간단한 토의와 개별 학습지 활동만 있는 것이 아니라 동화시간, 혼자 읽고 쓰기, 짝과 함께 읽기 등이 매일의 일과에 포함되어 있다.
- 유아 개인의 능력, 특징 등을 고려하여 활동을 실시한다.
- 30분 동화, 20분 말소리 수업, 20분 글쓰기처럼 언어의 여러 영역 활동이 구분되어 있는 것이 아니라 듣기, 말하기, 읽기와 쓰기가 통합되어 교육과정을 운영한다.
- 언어, 수학, 과학, 사회 등을 아동문학을 활용하여 통합적으로 운영한다.
- 백인, 중산층 등의 문화와 경험을 중심으로 한 교육과정이 아닌 다양한 계층의 문화를 반영한 교육과정을 운영한다.
- 평가는 유아를 구분하는 데 사용되는 것이 아니라 다음의 수업과 활동을 계획하기 위해 사용된다.

출처 : McGee & Richgels, 2007.

림 12.1에 제시되어 있다.

교육과정이란 유아의 학습을 위한 전체적인 계획을 뜻한다. 라틴어로 '길'이란 뜻을 갖는 교육과정은 교육적 맥락에서 일어나는 모든 종류의 경험과 활동을 포함한다. 교육과정에는 **명문화과정**(기록과 표준), **실행과정**(교사의 해석과 방법론), **평가과정**(유아의 학습과정에 대한 평가 및 프로그램에 대한 평가) 등이 있다(English, 2010).

이외에도 교육과정에는 감추어진 교육과정(hidden curriculum)이 있다. 이것은 조직으로서의 학교에 대한 이해 혹은 사회의 가치 등을 배우게 되는 것을 말한다(Giroux & Purpel, 1983). 예를 들어, 유아교사가 *j* 글자의 소리를 가르치려고 "*jump*처럼 *j*로 시작하는 단어가 무엇일까요?"라는 질문을 하였다. 그러자 페이지(Paige)는 자신의 이름이 /juh/로 소리가 나기 때문에 자신의 이름을 대답했다. 교사는 자신이 원하는 j 글자가 들어가는 답이 아니었으므로 "우리는 지금 *j*

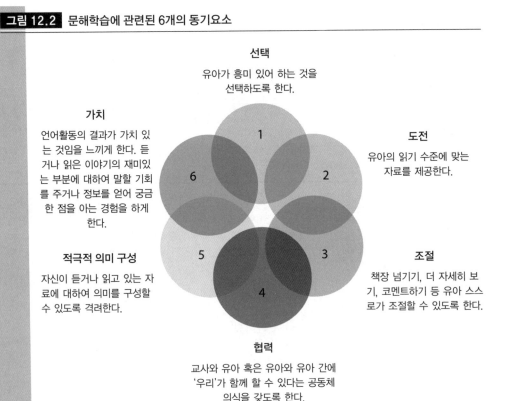

그림 12.2 문해학습에 관련된 6개의 동기요소

선택
유아가 흥미 있어 하는 것을
선택하도록 한다.

가치
언어활동의 결과가 가치 있는 것임을 느끼게 한다. 듣거나 읽은 이야기의 재미있는 부분에 대하여 말할 기회를 주거나 정보를 얻어 궁금한 점을 아는 경험을 하게 한다.

도전
유아의 읽기 수준에 맞는
자료를 제공한다.

적극적 의미 구성
자신이 듣거나 읽고 있는 자료에 대하여 의미를 구성할 수 있도록 격려한다.

조절
책장 넘기기, 더 자세히 보기, 코멘트하기 등 유아 스스로가 조절할 수 있도록 한다.

협력
교사와 유아 혹은 유아와 유아 간에
'우리'가 함께 할 수 있다는 공동체
의식을 갖도록 한다.

출처 : Turner & Paris, 1995; Wang & Han, 2001.

글자에 대하여 공부하고 있어요."라고 하며 페이지의 응답을 답으로 인정하지 않았다.

이 일화에서 페이지는 말소리에 대한 것보다는 좋은 학생이란 선생님의 마음에 기대하는 답을 해야 하는 것 혹은 선생님의 기대에 순응하는 것이 좋은 것이라는 점을 배웠을 것이다. 이런 상황이 반복되면 페이지는 자신이 존중받지 못한다는 느낌을 가질 것이고 결국 학교를 싫어하게 될 것이다. 따라서 학교에서 학생이 배우는 것은 교과 관련 내용에 관한 것뿐만 아니라 학교생활과 관련된 명시적인 것뿐만 아니라 암시적인 규칙과 관련된다.

유아기 문해교육에 효과적인 프로그램은 글의 기능, 형식 그리고 관례 모두를 중시여기는 균형 잡힌 교육과정이다. 이는 음운인식, 글자 지식, 글자와 소리의 관계, 맥락, 문법, 구두점 등을 학습할 수 있도록 하는 것이다(Morrow, 2001, p. 264). 또한 학습자의 관심을 존중하는 것도 포함된다. Cambourne(2001)은 다음과 같은 조건에서 학습자들의 몰입을 보장할 수 있다고 하였다.

- 학습자는 자신이 무언가 할 수 있고 배울 수 있다고 믿어야 한다.
- 학습자는 학습에는 무언가 가치가 있다고 믿어야 한다.
- 불안감이 없어야 한다.
- 자신이 좋아하고 존경하는 사람에게 배워야 한다.

그림 12.2는 스스로 문해능력을 향상시키는 데 관심을 갖도록 하는 요인이 제시되어 있다.

가족 및 지역사회와의 협력

지난 학기 사범대학을 우수한 성적으로 졸업한 이네즈 선생님은 졸업과 동시에 교사로 발령을 받아 취업되었다는 사실에 안도했다. 그러나 이러한 안도도 잠시, 주정부 교육과정 표준에 맞게 교육을 하면서 학생 개개인의 특징과 요구를 어떻게 다 충족시킬 것이냐에 대한 불안감과 걱정이 커졌다. 부임 다음 달에 바로 학부모 면담 일정이 잡혀 있어서 이러한 불안감은 더 커졌다.

이러한 불안감에도 불구하고 이네즈 선생님은 하나씩 문제를 해결하고 준비해 가기로 마음을 다잡았다. 먼저 자신의 교육철학을 점검하고 존경하는 동료교사의 조언을 얻고 부모와 협력할 수 있는 방법과 자료를 구하고 주 정부 교육표준(Common Core State Standards)을 면밀하게 검토하였다. 이네즈 선생님은 평가에도 신경 써야 하지만 자신의 교육철학도 중요한 것이라고 생각하였다.

신입교사로서 교실 환경을 구성하는 것도 만만치 않은 과정이었다. 먼저 영역을 중심으로 교실을 구분하고 교실의 도서관 영역도 만들었다. 교생실습 지도교사 선생님은 반 아이들이 책을 만드는 활동을 많이 하였으므로 이네즈 선생님은 자신의 교실에서도 이 활동을 하기로 하였다(그림 12.3 참조). 이네즈 선생님은 아이들 스스로가 선택할 기회를 갖는 것이 중요하다고 생각하여 각 영역을 시작하고 마치는 과정을 표시할 수 있도록 이름 바구니도 준비하고 '한 영역은 1번에 5명까지 활동함'이라는 학급 규칙도 만들었다. 옆 반 선생님이 개인별 쓰기 지도를 하기 위하여 시간표를 만들어 활용하는 것을 참고하여 자신의 반 활동에도 적용하였다. 같은 연령 학급 동료교사 협의시간에는 주 정부 교육표준을 기준으로 각 교과와 활동의 수준 등을 정했는데, 선생님 한 분이 주 유아교육위원회에서 활동하고 있어서 다른 교육청 산하 학교 등이 어떻게 주 정부 교육표준에 따라 교육과정을 운영하는지에 대한 정보도 얻을 수 있었다.

그림 12.3 책 만들기 영역

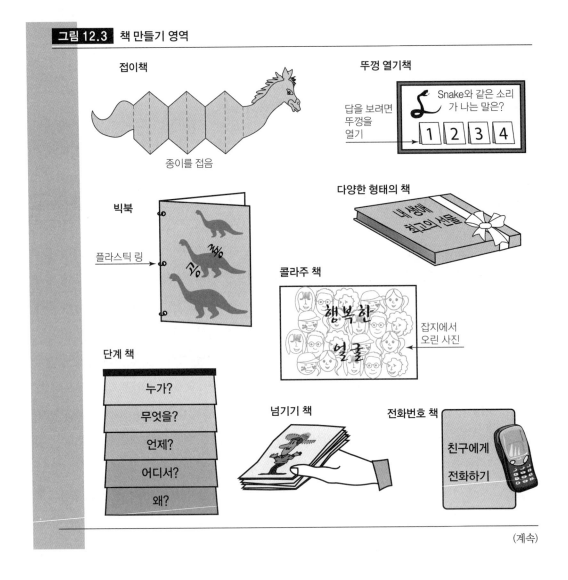

접이책

종이를 접음

뚜껑 열기책

답을 보려면
뚜껑을
열기

Snake와 같은 소리
가 나는 말은?

| 1 | 2 | 3 | 4 |

빅북

플라스틱 링

다양한 형태의 책

내 생애
최고의 선물

콜라주 책

행복한
얼굴

잡지에서
오린 사진

단계 책

| 누가? |
| 무엇을? |
| 언제? |
| 어디서? |
| 왜? |

넘기기 책

전화번호 책

친구에게
전화하기

(계속)

이 과정에서 이네즈 선생님은 "아직 학기가 시작되지도 않았는데 벌써 열심히 일하고 있어요. 정말 바쁜 한 해가 되겠지만 저는 부끄럽지 않게 잘 해낼 수 있을 거예요."라고 하였다.

기여와 결과

- 교사의 기여. 이네즈 선생님이 교육과정을 계획하는 데 있어서 한 역할은 무엇인가?
- 가족의 기여. 이 상황에서 부모와 대화를 한다면 어떠한 점이 도움이 되겠는가?
- 전문가의 기여. 전문 자료 등이 이네즈 선생님이 상황을 이해하고 해결하는 데 어떠한 도움

그림 12.3 책 만들기 영역(계속)

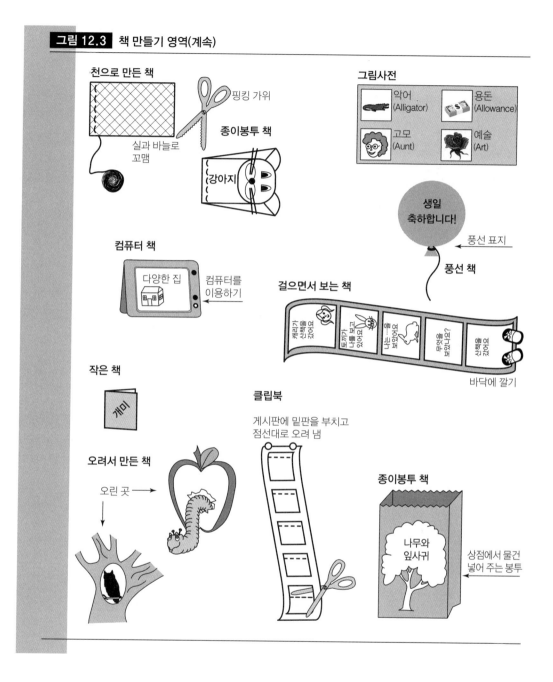

이 되었는가?

- 협력의 결과. 이네즈 선생님이 미리 학급운영과 교육과정에 대한 계획을 세우지 않았다면 결과는 어떻게 되었을 것인가?

유아문해발달위원회(1985)는 높은 수준의 문해 프로그램에는 다음과 같은 특징이 있다고 하였다.

- 유아기 언어발달에서 부모와 가족의 역할의 중요성을 인식한다.
- 유아의 현재 지식과 경험에 기초한 활동을 제공한다.
- 유아 스스로 자신이 가지고 있는 문해 지식의 가치를 자랑스럽게 여기도록 한다.
- 교사가 주도하는 언어적 상호작용뿐만 아니라 유아가 교사와의 상호작용을 주도하거나 유아와 유아 간의 언어적 상호작용을 가치 있게 여긴다.
- 유아가 언어를 사용하는 데 어려워하면 지원한다.
- 유아의 능력에 맞는 듣기, 말하기, 읽기와 쓰기를 경험하게 한다.
- 유아의 현재 수준에서 가장 정교한 표현을 사용할 수 있도록 지원한다.
- 활동을 반복적으로 제공하여 다음의 언어적 반응이 예측 가능하게 하여 유아에게 자신감을 준다.
- 가족을 지원한다.

유아 교육과정 구성의 개관

교사는 자신의 신념과 교육철학을 어떻게 실천하는가? 여기에는 5개의 과정이 포함된다.

- 먼저 자신의 교육철학을 검토한다.
- 물리적 환경을 구성한다.
- 수업에 맞는 집단을 구성한다.
- 유아행동을 지도한다.
- 학습활동을 계획한다.

> **교육표준과 교수**
> 미국영어교사협의회와 국제읽기협회의 언어교육 표준을 검토하라.

교육철학에 대한 검토

교사가 운영하는 언어교육 프로그램은 교사의 신념과 철학에 의해 크게 좌우된다(Villareale, 2009). 대부분 교사들은 특정한 철학, 교육과정 혹은 교수 전략의 유행에 따라 하나를 선택하는데 자신이 절충주의라는 것을 인정하는 것은 꺼린다. 유아교육과 언어교육이라는 도전적 과제를 하는 데 특정한 철학에 대한 신념 혹은 믿음이 없는 교수행동의 문제는 결국 자신의 경험 혹은 습관에 의지하게 된다. 이는 교사 경력이 쌓이면서 효율적이고 유능해지는 것이 아니라 오히려 퇴보하는 결과를 갖게 된다. 따라서 자신이 하고자 하는 것, 가치 혹은 신념을 의식하는 것이 필요하다. 언어교육에 유능한 교사는 여러 가지 현실적인 어려움과 장애가 있더라도 유아의 삶과 교육에 긍정적인 영향을 미친다는 확신이 있다(Bandura, 1997). 수년간의 많은 연구 결과에 의하면 잘 가르치는 교사들은 모든 유아가 학습할 수 있다는 신념을 가지고 있다(Ayers, 2001). 이런 교사들은 학교, 가정 혹은 유아에게 책임을 돌리지 않고 유아가 가진 잠재력을 발휘할 수 있도록 최선을 다한다.

물리적 환경 구성

교실에 비치한 자료, 시설, 비품 및 공간은 언어학습에 영향을 미친다(Morrow, 2008a; Morrow, 2008b). 유아가 매일 경험하는 공간은 교사의 교육철학, 계획, 의도 등을 대변한다. 예를 들어, 연령이 높은 아동이 학습하는 교실은 정면에 있는 교사를 향하여 학생들의 책상과 의자를 배치하는 것과 달리 유아교실은 흥미 영역을 중심으로 공간이 구성된다. 그림 12.4에 유아교실의 공간배치 모형이 제시되어 있다.

비품은 교사의 교수행위에 필요한 품목이다. 그림 12.5에 유아기 언어교육에 필요한 비품이 제시되어 있다.

자료는 유아들이 학습하거나 놀이하면서 사용하는 소모품으로 주제에 따라서 교체되거나 낡아서 교체되는 것들이다. 크레용, 색연필, 사인펜 등이 여기에 포함되는데 그림 12.6에 자료가 제시되어 있다.

집단 구성

교사는 유아 개인의 학습방식, 상호작용 방식, 집중도에 유념해야 한다. 이를 통해 전체 집단, 소집단 혹은 개별 활동을 결정한다. 그림 12.7에 집단 구성에 대한 내용이 제시되어 있다.

행동 지도

교실에서 수용되는 행동과 그렇지 않은 행동을 구분한다. 유아교사는 유아들은 지식을 구성하는 데 놀이하듯이, 즉흥적으로, 창의적으로, 예측이 가능하지 않다는 것을 기억해야 한다. 예

그림 12.4 유아교실 공간 모형

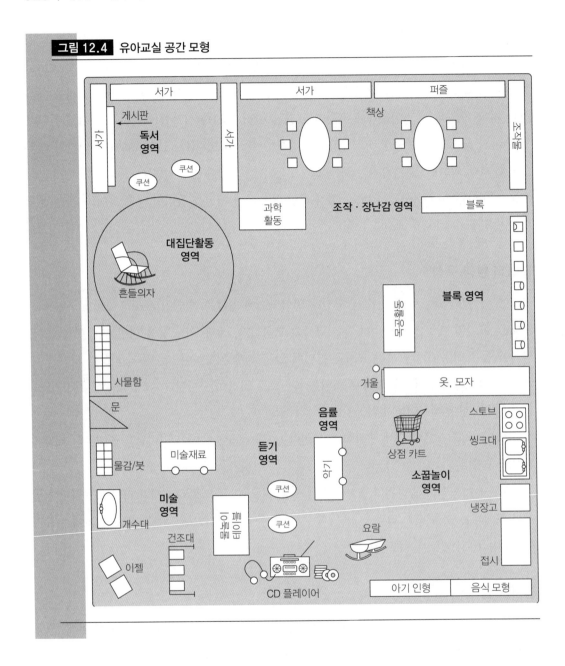

를 들어, 한 유아교사가 포도를 가리키며 "이것의 색깔은 무엇이지?"라고 질문하자 한 유아가 "포보색(graple)"이라고 대답하였다. 이 대답을 틀렸다고 하기 전 이 교사는 유아가 왜 이렇게 대답을 하였을까를 잠시 생각해 보았다. 이 유아는 포도(grape)가 보라색(purple)과 함께 간다고 생각하였기 때문에 포보색이라고 답한 것이라는 추론을 하게 되었다. 만약 교사가 교육과

그림 12.5 유아 언어교육에 필요한 비품

삼면 서가

주머니 차트

접이 게시판

폼글자

자석글자

테크놀로지 기기

교사용 이젤

벽걸이용 알파벳

앞치마 동화

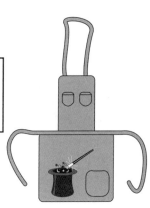

그림 12.6 언어 자료

인형의 집

밀림의 동물

알파벳 게시판

농장 동물

아기인형과 용품

칠판

화이트 보드

교통 표지판

자석 글자판

글자 모음 띠지

알파벳 퍼즐

모형 음식 세트

정은 정확한 사실과 정보를 아는 것에 있다고 믿는다면 유아 나름의 진지한 생각과 노력은 방해, 문제 혹은 수정되어야 할 행동으로 취급할 수 있다. 그림 12.8에 유아교실 언어 지도와 관련된 행동 지도에 관한 내용이 제시되어 있다.

| 그림 12.7 | 집단 종류별 특징 |

전체 집단	• **정의** : 학급의 모든 유아가 함께한다. 집단 공동체 의식을 형성하며 학급 전체의 의견을 모을 수 있다. • **활동** : 아침 모임, 동화시간, 노래, 동시 및 음률활동과 손유희, 교실 이야기 혹은 책 만들기, 놀이계획, 학급 규칙 정하기, 탐구 주제 정하기, 인형극, 평가회 등
교사 주도 소집단	• **정의** : 능력을 기준으로 집단을 나누기보다는 유아 상호 간에 함께할 기회를 주기 위하여 구성한다. 교사가 주도하여 구조화된 활동을 계획한다. • **활동** : 흥미가 같은 집단(공룡 집단, 동시 집단 등), 서로 보완할 수 있는 집단(그림 그리는 유아와 글 쓰는 유아가 함께 책을 만듦), 수학 혹은 읽기기술 연습을 위한 집단 등
유아 주도 소집단	• **정의** : 교사의 지도를 받지만 유아들 스스로 주도한다. 유아들의 적극적 협력, 상호 의존, 개인 책임감 등을 조장한다. 소집단으로 시작되어 개별 활동으로 마무리하기도 한다. • **활동** : 애완동물 연구 집단, 빅북 만들기 집단, 독자 극장 스크립 만들기 집단 등
파트너 혹은 버디	• **정의** : 유아와 유아 혹은 유아와 손윗 유아 혹은 성인으로 짝을 이룬다. • **활동** : 읽기 혹은 쓰기를 서로 봐준다. 다문화 가정 유아의 영어 지도 등
개별 활동	• **정의** : 교사가 1명의 유아를 지도한다. • **활동** : 도움이 필요한 유아를 돕는다. 유아의 흥미 혹은 생각에 대한 면접 등

학습활동의 계획

유아의 언어학습을 위한 활동의 계획은 언어발달에 대한 이해로부터 시작된다. 먼저 유아의 사전 지식의 정도를 파악하고 주제에 대한 흥미 정도와 유아의 학습과정에 대한 이해를 근거로 계획한다. 교사 매뉴얼 등에 자세하게 제시되어 있다 하더라도 자료 등을 현재의 유아의 수준과 맥락에 맞게 수정해야 하며 다음과 같은 요소를 고려해야 한다.

그림 12.8 행동 지도

1. 사전 계획

유아에게 해야 할 행동을 분명하게 알리려면, 교사 자신이 유아에게 어떠한 행동을 기대하는가를 분명하게 해야한다. 또한 교육활동의 내용 중 유아에게 어렵거나 생소한 것이 무엇일지에 대해서도 미리 생각해 보아야 한다.

2. 기대에 대한 분명한 소통

유아를 가르칠 때는 교실 혹은 수업의 절차에 대한 전제가 많아서는 안 된다. 예를 들어, 교사가 "자, 동화시간이다."라는 말을 했을 때, 이 말이 유아에게 어떠한 행동을 기대하고 있는지 모든 유아가 알 수 없다. 이보다는 "멈추고 들어. 놀던 장난감은 치워 두고 카펫트로 모여라." 등과 같은 행동과 기대를 구체적으로 전달한다.

3. 모델링과 연습

우리가 만일 낯선 외국으로 여행을 간다면 불안해하며 가는 것을 좋아하겠는가, 아니면 가이드를 앞세워 함께 가기를 좋아하겠는가? 대부분은 후자를 선호할 것이다. 유아에게도 학습 상황에서 많은 것을 스스로 할 것을 기대하기 전에 구체적으로 어떻게 해야 하는 것인지 모델링을 해 주거나 연습할 기회를 주어야 한다. 예를 들어, 선생님으로부터 개별적인 지도를 받는 시간이면 다른 친구들이 지도받는 모습을 관찰할 기회를 주고 연습할 기회를 준다.

4. 연습 및 일상화 그리고 전이

정리시간의 적절한 행동, 예를 들어 보던 책은 제자리에 갖다 놓고 가지고 놀던 장난감은 선반에 갖다 두어야한다면 이를 매일 반복해서 하면 유아들은 이를 습득한다. 정리시간을 알리는 노래, 종소리 등을 다음 활동으로의 전이를 알리는 신호로 사용한다.

5. 칭찬보다는 격려

"모두 정말 잘한다."처럼 구체적 행동에 대한 언급 없이 일반화된 칭찬은 별 효과가 없다. 이보다는 "이 집단은 인형극을 만들기 위하여 함께 노력하는 모습이 정말 좋구나."와 같은 격려가 효과가 있다.

6. 전체적 관점

한 집단 혹은 하나의 활동에 교사가 몰입하다보면 저쪽 코너에서 일어나고 있는 것을 놓칠 수 있다. 교사는 항상 교실 전체를 볼 수 있도록 깨어 있어야 한다.

7. 말하기 전 주의집중

유아가 말하는 중 교사가 말하거나 같은 지시를 여러 번 반복하면 유아는 듣는다는 것의 가치를 깨닫기 어렵다. 말을 시작하기 전 인형 등을 활용해서 유아의 주의를 집중시킨다. 인형이 교사에게 속삭이면 교사는 메시지를 전하고 혹은 '유아들이 집중하지 않으면 인형은 나오기 싫어한다'는 등의 기술을 사용한다. '조용히 하라' 혹은 '집중하라'고 하는 단순한 외침은 크게 효과가 없다.

8. 목소리와 움직임

유아의 집중력이 떨어지면 목소리에 변화를 주거나 흥미 있는 이야기를 들려준다. 혹은 몸 움직임을 활용하는 방법으로 교사의 움직임 혹은 유아의 움직임을 활용한다. 또한 속도의 완급을 조절하는 것도 효과적이다.

9. 정보의 양

너무 많은 정보는 무엇이 중요하고 아닌지를 구분하기 어렵다.

10. 개별적 지시

유아는 자신이 집단의 일부라는 것을 의식하기가 어려워서 단체를 향한 지시는 유아 자신을 향한 지시라는 것을 이해하기가 어렵다. 따라서 대집단 상황에서 지시를 하더라도 유아 개인의 이름을 호명하며 지시를 해야 유아가 이해한다.

- 핵심 개념은 무엇인가?
- 핵심 개념을 소개하는 좋은 방법은 무엇인가?
- 어떠한 질문을 해야 하는가?
- 학습해야 할 기술은 무엇인가?
- 선행학습 혹은 경험과 연결짓는 시각적 방법은 무엇인가?
- 학습 목표를 달성하기 위한 흥미로운 방법은 무엇인가?
- 듣기, 말하기, 읽기와 쓰기는 어떻게 통합될 수 있는가?
- 이 활동은 전체 학습 목표 혹은 주 교육표준과 어떠한 관련이 있는가?
- 이 활동은 유아들의 문화적 배경 혹은 지역사회와 어떠한 관련이 있는가?

듣기, 말하기, 읽기와 쓰기가 통합된다는 것은 말하기를 통해 쓰기로 전환되고, 쓰기가 읽기

그림 12.9 학습 모드의 전이

보기에서 말하기
동영상을 보고 말하기, 그림책의 그림을 보고 말하기, 친구의 그림을 보고 코멘트하기, 학급 행사 동영상을 보고 평가하기

보기에서 읽기
영화를 보고 관련 책 읽기, 글 없는 그림책을 보고 동일한 주제의 그림책 읽기, 행사 사진을 보고 읽기, 명화를 보고 감상하기

말하기에서 쓰기
말하면 글로 전환되는 프로그램 활용, 유아가 말하는 것을 교사가 받아 적기, 짝 혹은 집단안에서 함께 글쓰기

쓰기에서 말하기
창작 대본을 극화하기, 창작 글에 대하여 교사에게 설명하기, 짝과 함께 글 편집하기, 동시 혹은 이야기를 지어서 소리 내어 읽어 주기, 극대본을 만들어 인형극하기

그림에서 쓰기
그림에 제목 달기, 도표 활용하기, 만화 그리기

읽기에서 말하기
그림책 읽고 토론하기, 이야기 인물과 장면을 극화하기

쓰기에서 읽기
작가의 의자에 앉아서 자신의 작품 읽어 주기, 자기의 글을 쓰고 녹음하기, 학급 소식지 만들기

읽기에서 쓰기
좋아하는 그림책의 스토리를 독자 극장 대본으로 만들기, 편지 및 카드 등에 답장 쓰기, 좋아하는 작가에게 편지 쓰기

그림 12.10 글자 지도 활동

게임

아는 글자가 있는 상표 이름, 박스, 포장지 등을 모아 사람, 장소, 음식 등으로 분류하여 주사위 모양의 상자에 콜라주를 한다. 주사위를 굴려서 나온 면의 글자를 읽는 게임을 한다.

블록

블록에 글자를 붙여 단어 기차를 만든다. 단어 기차가 돌아다니면 다른 친구들은 글자를 소리 내어 읽는다.

언어

a~z로 시작하는 글자로 책을 만든다. 손가락 페인팅으로 자신 이름의 글자를 써 보게 한다. 글자 스탬프를 이용해 자기 이름을 써 본다.

수학

a~z로 시작하는 단어와 그림사전을 만든다. 27개의 글자가 들어가는 사전의 쪽수는 몇 쪽이어야 되는가에 대해서도 생각해 보게 한다.

손글씨

두꺼운 골판지 등에 자신의 이름을 적고 가위로 오린다.

과학

산책하면서 흥미를 끄는 자연물을 찾게 한다. 자연물의 이름을 구성하는 글자를 생각한다. 또한 자연물의 특징을 나타내는 말 혹은 꾸밈말을 생각해 본다.

사회

모둠으로 잡지에서 재미있거나 잘 아는 사물의 사진을 오려 붙인다. 학부모 방문일에 유아의 작품에 부모들이 제목을 지어 준다.

미디어

유아 1명이 글자 하나씩을 가지고 그 글자로 시작하는 사물과 단어를 찾아서 1명씩 동영상을 찍는다.

테크놀로지

컴퓨터를 이용해 반 유아의 이름을 하루에 1명씩 인쇄하여 교실에 게시한다. 반 유아 모두가 이름을 하나씩 소리 내어 읽어 친구를 불러 본다.

로 전환되는 것인데 이를 매체 전이(transmediation)라고 하며 이는 유아가 다양한 상징을 사용하는 데 도움이 된다. 유아기 교육계획 혹은 활동계획은 그림 12.9에 제시된 것과 같이 하나의 학습 모드가 다른 학습 모드로 전이될 수 있도록 한다.

유아기 수업계획에서 중요함에도 불구하고 가볍게 여겨지는 것은 단순한 지식 혹은 기술, 예를 들어 글자 이름을 배우는 것이라 하더라도 다양하고 많은 종류의 활동이 필요하다는 것이다. 유아교사는 언어 지식에서 기초적인 것이라 할지라도 다양한 자료와 활동, 난이도를 제공하여 유아가 목표행동을 성취할 수 있도록 유념해야 한다. 그림 12.10에 글자 지도를 위한 다양한 방법과 난이도에 따라 구분된 활동이 제시되어 있다.

교사의 관심과 전략

유아교사가 교실에서 사용하는 언어는 소통하는 기능을 가져야 한다고 말한다. 그렇다면 이것은 구체적으로 어떻게 해야 한다는 뜻일까? 이에 대한 답으로 1975년 Halliday는 언어의 7개 기능을 제시하였고, 1982년 Goodman은 7개의 기능을 정교화하여 언어 지도에 적용하도록 하였다.

> **영아와 어린 유아**
> 영아의 언어발달은 어린이집 프로그램의 전반적 질적 수준과 교사의 상호작용의 질에 따라 크게 영향을 받는다(NICHD Early Child Care Research Network, 2000; Ridley, McWilliam, & Oates, 2000). 영아를 돌보는 교실에서 기대할 수 있는 영아의 언어발달에 기여하는 긍정적인 보살핌 행동은 무엇인가? 지금까지 학습한 내용에 기초하여 응답하라.

도구적 기능. 언어는 욕구와 필요를 채우기 위해 사용된다. 유아교실에서는 특정한 흥미 영역에의 참여 의사 표시, 도서 대여, 극놀이, 광고 읽기, 식당놀이에서 음식 주문하기 등이 해당된다. 한 3학년 선생님은 학생들에게 "광고지를 활용해서 여러분이 꿈꾸는 방을 꾸며 보세요. 방에 무엇이 있는지 그 이유는 무엇인지를 말하거나 글로 적으세요."와 같은 활동을 하도록 하였다. 브라이언은 '바꾸고 싶을 때마다 바꿀 수 있는 벽지'로 꿈의 방을 만들었다.

조절적 기능. 언어는 타인의 행동을 조절, 통제하기 위하여 사용된다. 교실의 애완동물 혹은 식물을 돌보는 방법을 적거나 교실의 시설을 사용하는 방법 등을 적거나 읽는 것이 이에 해당된다. 블록 영역에서 자신이 만들어 놓은 구조물 옆에 "이 건물을 무너뜨리지 않게 조심하세요." 같은 멘트가 이에 해당된다.

상호적 기능. 언어는 관계를 만들고 유지하기 위해 사용된다. 집단에 속한 구성원이 공동의 목표를 이루기 위해 노력할 때 사용되는 언어가 여기에 해당된다. 또한 병원에 입원한 친구에게 카드를 보내거나 회복을 기원하는 동영상을 보내는 것도 이에 해당된다.

개인적 기능. 언어는 개인의 의견, 감정 혹은 개별성을 나타내기 위하여 사용된다. 함께 노래를 하면서 개별 유아의 이름을 넣어 부르거나 나 혹은 가족을 주제로 하는 그림책을 읽는 것 등이 해당된다. 또한 방학 중 가족과 함께 활동한 그림과 사진에 제목을 붙이는 것 등이 이 기능에 해당된다. 3세 교실에서 유아의 적응을 돕기 위하여 부모님이 일하는 모습을 사진으로 갖고 오게 하여 이 장면의 이름을 유아에게 붙이게 한다. 유아가 부모 생각이 날 때마다 이 사진을 보고 부모는 지금 일하고 있고 일이 끝나면 자신을 데리러 어린이집으로 온다는 것을 인지하게 하여 안심시킨다.

탐구적 기능.   언어는 무엇인가를 탐구하고 알아내기 위하여 사용된다. 궁금한 대상에 대하여 관찰 보고서를 작성하거나 과학 실험 보고서 등을 작성할 때 사용되는 언어이다. 2학년 교실에서 119구조대원을 초청하여 안전과 응급처치에 대하여 학습할 때 구조대원은 여러 응급장치에 대하여 설명해 주고 학생들은 궁금한 것에 대하여 질문하는 맥락에서 사용되는 언어이다.

상상적 기능.   언어는 실재하지 않는 세계를 만드는 데 사용된다. 극놀이, 소꿉놀이, 상상놀이를 할 때 사용되는 언어들이다. 경찰관 모자, 의사 가운, 공원 관리원, 우주 비행사 등이 사용하는 의복과 소품이 준비되면 유아들의 상상력은 언어를 통해 날개를 단다.

정보적 기능.   언어는 정보를 주고받는 데 사용된다. 광고, 메시지 보드, 게시판, 이메일, 알림장, 학급 신문, 날씨 판, 신문, 포스터 등에 사용되는 언어이다. 1학년 아동들이 우정에 대한 주제를 마치면서 각자 민들레의 잎사귀와 줄기만 그리고 꽃잎은 공란으로 남겨 두었다. 꽃잎에는 친구들이 돌아가면서 아동의 좋은 점, 함께했던 경험, 놀이 등을 적는 활동을 하였는데 이러한 맥락에서 사용된 언어는 정보적 기능을 한다.

웹 2.0 교사를 위한 자료

Adobe Education Exchange

  Edex.adobe.com

모든 수준의 교사들에게 필요한 교수 자료 등이 2,000개의 종류나 있다.

Book Adventure

  http://bookadventure.org

학생들 각자의 비밀번호로 등록하여 게임, 퀴즈, 교과 주제 활동을 하고 포인트와 상을 받을 수 있어서 읽기에 대한 동기를 격려한다.

Cel.ly

학급의 모든 학생들이 참여할 수 있는 앱으로

독서 관련 질문을 선생님이 올리면 학생은 답을 혼자 적거나 친구들과 모둠으로 답을 적을 수 있다.

ClassDojo

  www.classdojo.com

테블릿 PC 용으로 학생들의 행동을 모니터링할 수 있다.

Curricki

  www.curricki.org

테크놀로지를 활용한 교육계획안에 대한 정보가 많이 있다.

Edutopia	PBL Online
www.edutopia.org	pbl-online.org
교과 통합 수업계획서와 프로젝트 수업에 필요한 자료가 많이 있다.	문제해결 및 프로젝트 중심의 수업에 필요한 자료와 활동계획안이 있다.

다양한 언어학습자를 위한 교실활동

시범. "내가 보여 주는 대로 해 볼래?"로 요약될 수 있는 시범은 어떤 행위가 되어 가는 과정을 관찰하고 스스로 해 보는 것으로 유아의 몰입을 유도한다(F. Smith, 1983).

수집. 초등학교 1학년 교실에서 수집에 대한 프로젝트를 하였다. 교사는 자신이 모아 놓은 테디베어를 가져와 반 아이들과 테디베어의 옷, 이름, 얼굴 표정, 구조, 역사 등에 대하여 이야기 나누었다. 이후 아이들은 자신이 좋아하는 테디베어를 거수하여 뽑고 자신의 선택에 대하여 설명하였다.

수집가에 대한 개념을 이야기 나눈 후 3~5명의 아동이 한 집단을 이루어 앞으로 2주간 무엇을 수집할 것인지에 대하여 협의하였다. 비싼 것을 모으겠다는 집단은 설득을 통해 다른 것을 수집하게 하여 주로 돌, 꽃, 스탬프, 스티커, 천 조각 등으로 결정되었다. 가정에 알림장도 보내고 교실에는 각 집단별 박스를 두어 물건들을 수집하였다. 2주 후 각 집단 별로 약 2~3분간 수집품을 소개하였다. 수집품을 분류, 서열화하기도 하고 어떤 것을 수집하였는지 맞추기 게임도 하였다. 확장활동으로 지역사회의 수집가를 초청하거나 박물관을 방문하여 수집물을 관찰하였다.

프로젝트. 특정한 주제에 대하여 심화 탐구하거나 조사하는 것이 프로젝트 수업인데(Helm & Katz, 2000), 이는 미리 계획되어 진행되는 것이 아니라 유아의 관심에 의하여 진행되므로 출현적 교육과정이다(Ha, 2009). 학교 리모델링이 진행될 때 유아들이 건축에 대한 프로젝트를 하거나 동네에 설치된 열기구를 보고 프로젝트를 할 수 있다. 프로젝트는 유아들 자신의 흥미와 속도에 의하여 탐구할 수 있다는 이점과 지역사회 전문가를 만날 수 있다는 점이 유익하다

(Carter & Curtis, 2007; Lotherington, Holland, Sotoudeh, & Zentena, 2008). 다음은 유아들이 진행한 다양한 프로젝트가 소개된 사이트이다.

> www.projectapproach.org
>
> www.mothergooseprograms.org
>
> http://illinoisearlylearning.org/project-approach.htm
>
> www.innovativeteacherproject.org

 어린 독자를 위한 앱과 웹사이트

ABCYa

> www.abcya.com

게임을 하면서 문해학습을 하는데 수준에 맞게 이야기 책, 철자 확인, 통글자 활동을 할 수 있다.

Bembo's Zoo

> www.bemboszoo.com

영어 알파벳 글자가 동물 이름과 짝지어 있고 이름은 동물 그림으로 변화된다.

Crickweb

> www.crickweb.co.uk/Early-Years.html

어린 유아와 유치부 아이들에게 15개의 게임이 무료로 제공된다.

Primary Games

> www.primarygames.com

밝고 화려한 그림으로 어린이들의 관심을 끈다. 읽기, 엽서 쓰기, 가상환경 꾸미기 등의 활동을 할 수 있다.

Scholastic

> http://teacher.scholastic.com

언어 지도에 필요한 자료, 계획안 등이 많이 있고 언어활동 관련 게임이 많다.

결론

유아의 언어 및 문해발달에 효과적인 프로그램의 특징은 무엇이라고 생각하는가? Langer (2002)는 5년간 연구를 통하여 문해발달에 효과적인 학교의 특징을 다음과 같이 제시하였다.

1. 교사의 전문성을 존중한다.

2. 교사에게는 연수 등 자기개발의 기회가 주어지고 자료도 풍부하다.

3. 교사는 전문가 집단의 구성원이 되어 활발히 활동한다.

4. 교사는 학교 정책 결정 등에 참여한다.

5. 교사는 교육과정과 학습을 중시 여긴다.

6. 교사는 평생학습자로서 자신의 학습을 위해 열심히 한다(p. 1).

높은 질의 언어교육 프로그램은 유아가 알고 있는 지식에 근거하여 유아의 참여를 독려하며 유아의 생래적 호기심과 놀이성을 자극한다. 또한 유아의 발달적 수준에 맞는 경험과 활동을 제공한다. 이러한 활동은 유아와 어른 모두를 지지하는 환경에서 이루어져 유아는 현재 그리고 미래의 유능한 의사소통자로서 필요한 도전과 어려움에 기꺼이 참여한다.

> **연구와 보고**
>
> 중재반응프로그램(Response to Intervention)은 유아의 약점을 지원해 주는 서비스이다(McMaster, Kung, Han, & Cao, 2008). 유아의 약점이 진단되면 개별화 교육을 제공하고 변화과정을 모니터링하면서 학교에서의 문제행동을 관리해 준다(Lovett et al., 2008; Phelps Deily, 2009). 도서관에서 관련 프로그램에 대하여 더 조사해 보라.

문해학습 전략

환경

학습 환경에 대한 연구 결과에 따르면 언어학습을 지원하는 환경은 다음과 같은 특징을 가지고 있다(McGee & Morrow, 2005; Roskos & Christie, 2007).

1. 글자. 유아 눈높이에 맞게 매력적이고 흥미를 불러일으키는 다양한 모양과 형식으로 제시되어 있다.

2. 적합성. 유아의 신체적 조건에 적합하고 심리적·문화적으로 익숙한 자료, 경험에 적합하다.

3. 생산성. 언어는 유아의 학습을 이끌 뿐만 아니라 읽고 쓰기를 통해 개인의 문제와 과제를 해결하는 데 유익하다.

영역

개인 혹은 집단으로 언어활동을 할 수 있는 영역이 필요하다(Isbell, 2008; Morrow, 2008a; Stuber, 2007).

영역을 효과적으로 구성하기 위해서는 다음과 같은 요인이 고려되어야 한다.

- **목표.** 이 영역에서 무엇을 학습하기를 원하는가? 이 영역은 교육과정과 어떻게 연계가 되는가?
- **수준.** 목표로 하고 있는 수준 혹은 연령은 무엇인가? 더 어린 아이 혹은 더 나이 많은 아이에게도 적당한가? 영재아, 특수아 혹은 다문화 유아에게도 맞는가?
- **영역의 위치.** 교실 내 혹은 교실 밖 어디에 위치해야 하는가?
- **영역 활동시간.** 모든 영역을 하루에 다 참여할 수 있는가, 아니면 며칠이 필요한가?
- **참여표.** 참여한 영역에 대한 기록을 활용하는가? 매일 모든 영역 활동을 해야 하는가?
- **자료.** 자료를 구매하여 사용하는가? 모든 유아에게 돌아갈 만큼 자료가 풍부한가?
- **활동.** 활동에 필요한 미디어는 무엇인가? 개별 활동 혹은 짝을 짓는 활동인가, 아니면 모둠 활동인가?
- **평가.** 활동을 잘 마쳤다는 것을 유아는 어떻게 아는가? 자기 평가표를 제시할 것인가? 평가는 누가 할 것인가? (Miller, 2004, pp. 17-18).

리딩 리커버리

리딩 리커버리(Reading Recovery)는 Clay(1992)가 시작한 일대일 독서교육 프로그램이다. 읽기 정확도, 이해력 향상, 자신감을 높이는 것에 프로그램의 일차적 목표가 있다(Reynolds & Wheldall, 2007). 2007년에 실시한 대규모 연구 결과에 따르면 이 프로그램은 알파벳 습득, 유창성, 이해력 및 일반적 독서력 향상에 효과가 있는 것으로 발표되었다(Phelps Deily, 2009). 리딩 리커버리처럼 효과 있는 일대일 프로그램은 다음과 같은 특징이 있다.

- 튜터 교육이 잘되어 있고 적절한 자료가 공급된다.
- 수준에 맞는 다양한 독서 자료가 있다.
- 유아 개인의 독서에 대한 선택, 흥미, 동기, 자존감, 자신감 등을 지지한다.
- 튜터가 안내, 피드백, 시범으로 학습자를 지원하고 충분한 시간을 준다.
- 학습에 적절한 환경을 제공하고 학습자가 성공할 것이라는 신념을 가지고 있다(Morrow,

Woo, & Radzin, 2000).

집중력이 짧거나 자존감이 낮거나 또래에 비하여 낮은 성취도, 미숙한 영어 실력을 가진 다문화 아동에게 이 프로그램이 특히 효과가 크다. 다음과 같은 구체적 전략이 효과적이다.

- 일반 교실에서 배운 내용을 복습한다.
- 가족, 애완동물, 학교 등 친숙한 소재에 대하여 이야기 나누고 이에 대하여 그림을 그리거나 글을 쓴다.
- 구체적 기술을 학습하기 위한 방법으로 게임을 활용한다.
- 일반 교실에서 활용하는 독서 자료를 읽는다.
- 음운에 대하여도 가르친다.
- 소리 내어 읽기, 속으로 읽기를 한다.
- 어휘의 뜻을 알기 위해 맥락을 활용한다.
- 이야기의 결과를 예측한다.
- 이야기를 요약한다.
- 수준별 도서 자료를 제공한다.
- 만남 때마다 저널에 그림 혹은 글을 쓰게 한다.
- 아동과 회의를 한다.
- 통글자 혹은 새 단어 리스트를 만든다.

→⊗← 집중탐구 : 티처 퍼스트

교육과정에 테크놀로지를 활용하는 아이디어, 교육계획안 등 많은 자료가 있는 교사용 사이트이다. 교사에게 필요한 웹, 앱, 동영상 등이 신속히 업데이트되어 있다.

어린 유아	유아	독립적 읽기가 가능한 아동
Little Bird Tales를 선택하면 유아가 말로 이야기를 할 수 있고 그림 등을 탑재할 수 있다. 가상 인형이 이야기를 구현하는 것도 만들 수 있다.	주제별로 교사에게 필요한 자료, 교육계획안, 블록, 인터뷰 자료 등을 얻을 수 있다. Parents & Children을 선택하여 가정과 관련된 자료를 얻을 수 있고 D. Cronin(2003)의 *Diary of a Worm*의 내용과 관련된 활동을 할 수 있다.	아동들이 안전하게 사용할 수 있는 사이트를 검색한다. 예를 들어, 삼성 슈퍼히로 콘테스트는 아동이 존경하는 인물에 대한 동영상을 찍어 경연하는 것이다. 아동은 존경하는 인물로 변장하여 동영상을 찍을 수도 있다.

문학의 활용
문학통합

문학통합이란 무엇인가

문학통합은 아동문학을 중심으로 교육과정을 통합하는 것이다. 문학을 중심으로 모든 교과를 통합하는 것은 교육과정 통합으로서 효과적인 방법이다(Newman, Roskos, Wright, & Lenhart, 2007). 문학통합 교육과정은 다음과 같은 방법이 있다.

- 장르 중심. 여러 나라의 전래동요를 중심으로 주제를 통합한다.
- 개념 중심. 하나의 개념을 중심으로 통합한다.
- 문학 주제 중심. 인물의 변화와 같은 주제로 통합한다.
- 저자 중심. 특정한 저자의 작품을 중심으로 통합한다.

문학통합은 왜 하는가

- 동화시간에만 문학을 활용하는 것이 아니라 여러 주제, 개념, 형식을 가지고 있는 문학의 활용도를 넓힌다.
- 교과서보다 아동문학이 다양한 주제, 형식, 정보를 전달한다.
- 문학에 대한 관심을 높인다.
- 독서의 양을 늘린다.
- 독서에 대한 태도를 향상시킨다.
- 독서능력을 향상시킨다.

문학통합에 적절한 주제 확인 체크리스트

문학통합이 좋은 활동이 되려면 다음과 같은 특징이 있어야 한다.
_____ 흥미로운 시작
_____ 탐구주제에 대한 학부모와의 소통
_____ 다양한 종류의 그림책과 충분한 시간
_____ 융통성 있는 모둠 구성
_____ 유아가 주도하는 활동
_____ 체험학습의 기회
_____ 풍부한 자료
_____ 그림책 저자와 그림 그린 이를 체험하는 활동
_____ 상호작용이 일어날 수 있는 게시판
_____ 영역 활동
_____ 주제를 확장할 수 있는 다른 종류의 그림책, 동시, 노래 등
_____ 유아로부터의 생각과 표현
_____ 전통적인 교과목 내용뿐만 아니라 심미성을 자극할 수 있는 예술품
_____ 유아들이 탐구한 내용을 다른 사람들에게 소개하고 공유할 수 있는 기회

이외의 주제통합 활동에 대한 보충적인 자료는 TeachNet(www.teachnet.org)와 Online-Offline: Themes and Resources(www.rockhill.com)를 참고하라.

주제 통합활동의 예

우체국 놀이 : 편지를 배달하라

노래. W. Guthrie의 '편지를 배달합니다'

교실 소품. 큰 가전제품 박스를 우체국으로 꾸민다. 우편함, 개인 사서함, 우체국 간판, 시계, 영수증, 우표, 계산기, 저울 등을 준비한다.

문해 자료. 크레용, 연필, 펜, 여러 종류의 봉투, 재활용 엽서, 우표 용 스티커, 스탬프 도장, 가위, 풀, 테이프, 상자 등을 준비한다.

복장 소품. 모자, 우체부 제복, 우편배달 가방을 준비한다.

활동

- 전문가 초청. 우체부 혹은 엽서 파는 사람을 초대한다.
- 편지 교환. 친구들에게 편지를 쓰게 한다. 주 말 혹은 방학 중 직접 우체국을 방문하여 친 구에게 편지를 부친다.
- 주소록. 반 친구들의 주소록을 정리한 책을 만든다.
- 현장학습. 우체국을 방문하여 우편물이 배달 되는 과정을 견학한다.

편지와 통신에 관한 그림책

Bunny wishes: A winter's tale (Morgan, 2008). (유아~유치부). 절친한 토끼 친구들이 서로 편지를 교환하여 추운 겨울을 따뜻하게 보낸다는 이야기이다.

Dear Annie (Caseley, 1991). (유아~유치부). 보여 주며 말 하기 활동에서 애니는 할머니가 보낸 100개의 카드와 편지를 친구들에게 보인다.

Dear Bear (Harrison, 1994). (유치부~초등 저학년). 곰에 대한 두려움을 편지로 표현하며 극복해 가는 소녀에 대 한 이야기이다.

Dear Juno (Pak, 2000). (유치부~초등 저학년). 서울에 사 는 할머니와 편지를 주고받는 한 소녀에 대한 이야기 이다.

Dar Rebecca, winter is here (George, 1993). (유아~초등 저 학년). 할머니가 시적인 표현으로 계절의 변화에 대하 여 손녀에게 전하는 편지 이야기이다.

The jolly postman (Ahlberg & Ahlberg). (유치부~초등 저 학년). 초청장, 환영의 글, 엽서, 공문서 등 다양한 종류 의 편지를 봉투 모양으로 된 책으로 경험할 수 있는 재 미있는 책이다.

Letters from a desperate dog (Christelow, 2007). (초등 저 학년). 곤경에 처한 강아지가 *Weekly Bone*이라는 잡지 칼럼니스트에게 사람과 강아지가 사이좋게 지내는 방 법에 대한 편지를 보낸다는 이야기이다.

최근 출판된 학교에 관한 그림책

Borden, L. (2008). *Off to first grade.* New York, NY: Margaret McElderry Books.
동물이 선생님, 교장, 23명의 학생들로 의인화되어 학 교에서 배우는 활동에 참여하는 이야기가 영어 알파벳 순서로 나온다. (유아~유치부)

Carlson, N. (2006). *Frist grade, here I come!* New York, NY: Viking.
초등학교 1학년 첫날을 보낸 아이가 엄마에게 그 경 험을 들려준다. 유치원에 비하여 초등학교는 '진짜 학 교'이지만 재미있는 시간이 될 것임을 기대한다는 이 야기이다. (유치부~초등 1학년)

Child, L. (2004). *I am too absolutely small for school.* Boston, MA: Candlewick.
학교에 가기 싫은데 오빠의 이야기를 들으며 학교에 가야 하는 이유를 알게 된다는 이야기이다. (유아~초등 1학년)

Danneberg, J. (2000). *First day jitters.* Watertown, MA: Charlesbridge.

전학을 앞두고 긴장하고 있는 주인공에 대한 이야기로 시작하나 끝은 선생님도 새 학교에 오면 무척 긴장한 다는 이야기로 끝이 난다. 학교에 새로 부임한 선생님 은 어린이들과 이 책을 공유하면 좋다. (유치부~초등 2학년)

Dewdney, A. (2009). *Llama llama misses Mama.* New York, NY: Viking.
학교 입학을 앞두고 가질 수 있는 걱정에 대한 동시 모 음집이다. (영아~유치부)

Murray, L., (2011). *The gingerbread man loose in the school.* New York, NY: Putnam.
누군가에 의해 쫓기는 생강빵이 아니라 학교를 둘러보 면서 친구를 만나게 되는 이야기로 학교 교직원의 역 할과 이름에 대하여 알게 한다. (유아~초등 1학년)

Ruurs, M. (2009). *My school in the rain forest.* Honesdale, PA: Boyds Mills Press.
다양한 학교의 모습을 보면서 문화, 지역의 차이를 알 게 한다. (초등 2~3학년)

Shaefer, L. M. (2010). *Frankie Stein starts school.* Tarrytown, NY: Marshall Cavendish Corp. '기괴한', '피가 철철'과 같은 이름의 친구들과 입학하게 된 한 괴물이 걱정한다는 내용이다. (초등 2~3학년)

다문화 유아
교사의 다문화 역량

다문화 역량이란 나와 다른 문화 혹은 민족 집단에 대하여 긍정적으로 상호작용하고 다양성을 인정할 수 있는 능력을 의미한다(Gay, 2000). 교사와 다른 언어를 사용하는 유아를 존중하고 진정으로 소통하고자 하는 교사는 유아의 언어발달에 긍정적인 영향을 미친다(Tabors, 2008). 현실적인 어려움에 굴하지 않고 다문화 유아와 그 가족을 지원하려는 교사의 노력은 해당 유아의 언어발달에 가장 긍정적인 요인이다(Jalongo & Li, 2010). 다문화 역량이 있는 교사와 그 교실은 다음과 같은 특징이 있다.

- 유아, 가족, 교사 그리고 전 교직원 간에 긍정적이고 상호 존중하는 교류가 이루어지는 학교 분위기가 조성되어 있다.
- 교사는 학교언어가 다문화 유아에게 필수적이라고 믿지만 동시에 유아의 가정언어도 유아의 발달에 놓쳐서는 안 되는 자산이라고 믿는다.
- 교사는 연구 및 발달적 적절성, 교육표준 등을 고려한 교육과정을 운영한다.
- 교사는 다문화 유아에게 최선으로 맞는 단 하나의 프로그램이 있다고 생각하지 않고 다문화 유아의 문화, 언어, 가치, 태도 등을 다면적으로 고려한다.
- 교사는 제2언어발달에 대한 연수에 지속적으로 참여한다.

모든 주 정부는 연방 정부로부터 교육재정 지원을 받기 위한 조건으로 교육표준을 제시하며 교사들은 이를 고려해야 한다.

어떻게 할까요
교육표준에 부합하는 아동문학 수업계획안

1. 자신이 속한 주의 교육표준, 언어교육표준을 확인하라(www.corestandards.org).
2. 미국유아교육협회에서 제시한 유아언어 교육표준을 확인하라(www.naeyc.org/standards/standard2/standard2D.asp).
3. 국제읽기협회와 미국영어교사협의회에서 공동으로 제시한 언어교육표준을 확인하라(www.readwritethink.org/aboutstandards.html).

미국영어교사협의회에서 운영하는 웹사이트에 가면 상을 받은 그림책을 이용한 독서 및 쓰기교육계획안이 많이 있다(www.readwritethink.org/lessons). 학년별, 수준별로 검색이 가능하고 학생들에게 유익한 자료도 많이 있다. 사이트에 추천된 그림책을 교사가 먼저 읽고 교육표준과의 관련성을 생각해 보라. 그림책을 활용한 활동에 대하여 생각해 보고 수업계획안을 참고하라(http://hastings.lexingtonma.org/Library/Yes/lessons.htm).

4. 문학을 활용한 교육계획안에 대해 더 많은 자료가 필요하면 다음의 사이트를 참고하라.

A부터 Z까지(http://atozteacherstuff.com)
북하이브(www.bookhive.org)
블루웹엔(www.kn.pacbell.com/wired/bluewebn/search.cfm)
캐롤의 아동문학 사이트(www.carolhurst.com)

제 13 장

언어학습 과정을 평가하고 기록하기

Annie Pickert Fuller/Pearson Education

평가에 대한 사실

- 미국 50개 주 모두 학습 준비도 평가를 한다. 그러나 평가의 결과를 정책 개발 혹은 재정지원에 어떻게 사용하느냐는 주마다 다르다(Burkhauser & Halle, 2010).
- 몇몇 주에서는 2010 핵심교육표준과 연계한 유아 평가를 하고 있다. 그러나 이러한 평가가 유아의 발달에 어떤 기여를 하는가에 대해서는 논란이 있다(Burkhauser & Halle, 2010).
- 오늘날 평가의 대표적 방식은 표준화 검사인데 이를 교사가 학생을 점수를 매기는 것으로 사용하거나 혹은 재정지원의 근거로 사용하는 것은 부적절하다. 왜냐하면 검사 혹은 평가를 이러한 목적으로 사용하면 테스트에 대비한 교육과정 운영을 초래하고 검사 결과를 조작하게까지 한다(Wisnewski, 2012).
- 연방법은 평가와 책무성의 무게를 증가시키고 있다. 유아교사들은 어린 유아의 학습과 진도에 대하여 평가하도록 의무화되어 있다(Rodriguez & Guiberson, 2011).
- 친숙한 성인과 상호작용하면서 친숙한 맥락에서 유아의 일상적 과제수행을 평가하는 것이 강조되고 있다(Barone & Xu, 2008; DeBruin-Parecki, 2008; Downs & Strand, 2006).
- 영어가 모국어가 아닌 유아를 평가할 때 언어 차이로 인한 경우와 언어장애를 혼동하는 경우가 있다.

이런 경우 유아를 특수교육에 배정하는 부적절한 결과를 낳을 수 있다(Espinosa, 2005; Wolf & Leon, 2009).

- 동작은 의사소통에서 걸음마기 아기에게 지금까지 알려진 것보다 훨씬 중요한 역할을 한다(Goldin-Meadow & Rowe, 2009; Iverson & Goldin-Meadow, 2005; Nyland, Ferris, & Dunn, 2008). 다문화 유아와 청각장애아에게도 동작은 의사소통에 중요한 역할을 한다. 따라서 동작언어를 별도로 평가해야 한다(Cabrera & Martinez, 2001; Hoskin & Herman, 2001; Nyland et al., 2008).
- 말하기 능력은 언어 중재를 위한 주요한 잣대이나 듣기능력에 대한 평가를 무시해서는 안 된다(Zhang & Tomblin, 2000).
- 교육발전평가회에 따르면 미국의 4학년 중 37%가 말하기에서 유창한 수준에 미치지 못한다. 3학년이 되면 소수자 배경의 아이들이 모든 장애 영역에서 과도하게 많이 판정받는다(Samson & Lesaux, 2009).
- 5~25세의 언어장애아를 종단연구한 결과 이들은 의사소통, 학력, 직업 등에서 그렇지 않은 또래에 비하여 성취도가 낮았다.

이상의 사실들에 놀랐나요? 무엇에 그리고 왜 놀랐나요? 유아를 교육하는 데 이러한 사실들을 어떻게 반영해야 할까요?

평가란 무엇인가

뇌와 언어

정서적으로 강력한 경험은 유아의 논리적 사고를 방해하고 불안감은 학업 수준에 부정적 영향을 미친다(Amsterlaw, Lagattuta, & Meltzoff, 2009). 이것이 검사과정에 의미하는 바는 무엇인가?

평가는 기본적으로 '가치'로부터 자유로울 수 없다. 평가는 교육과정의 핵심요소로서 교수행동의 기초가 되고 개별 유아의 문제를 찾게 하며 유아의 학습을 향상시키거나 중재 방향에 필요한 정보를 준다.

평가는 발달적으로 적합하고, 문화적·언어적 특징에 민감해야 하며, 유아의 일상적 삶과 관계를 갖고 가족을 포함시켜야 한다(National Association for the Education of Young Children & National Association of Early Childhood Specialists in State Departments of Education, 2003, p. 3). 이 관점은 학습에 대한 평가(assessment of learning)와 학습을 위한 평가(assessment for learning)를 구분한다(Popham, 2006; Stiggins & Chappuis, 2006). 학습에 대한 평가는 이미 진행된 학습에 대하여 평가하는 것이고, 학습을 위한 평가는 평가의 결과를 교수의 방법과 내용을 결정하는 데 기초 자료로 사용하는 것이다(Edwards, Turner, & Mokhtari, 2008; Wortham, 2005). 학습에 대한 평가는 유아와 유아, 학교와 학교, 나라와 나라를 비교하는 데 사용되는 반면 학습을 위한 평가는 유아 개인의 최적의 발달을 위하여 어떻게 지원할 것이냐를 결정하는 데 사용된다. 따라서 유아기에 이루어지는 평가는 교육 과정 결정에 필요한 정보를 모으는 방법으로서 평가를 생각해야 한다(Hill, 2012; Snow & Van Hemel, 2008).

상대적 비교를 위한 대규모 평가나 혹은 각 유아의 향상에 대한 평가 모두 필요하다. 그림 13.1에 유아기에 활용할 수 있는 다양한 평가가 제시되어 있다.

검사는 평가의 일종이지 평가의 유일한 방법이 아니라는 것을 기억해야 한다. 다음에서 유아의 학습을 지원하기 위하여 교사가 평가를 어떻게 활용하는지를 제시하였다.

가족 및 지역사회와의 협력

다이엔은 유치부 교실에서 근무하고 있는 교육실습생이다. 담임교사는 반 유아 첼시아가 선택적 함묵증이 있다고 이야기해 주었다. 다이엔은 학교에서 선택적 함묵증이란 말하기 능력이 충분히 되지만 몇몇 상황에서 의도적으로 말을 하지 않는 것이라고 배웠다.

다이엔은 선택적 함묵증협회(Selective Mutism Foundation)에서 많은 정보를 수집하였다 (www.selectivemutismfoundation.org). 선택적 함묵증에는 두 종류가 있는데, 하나는 듣기와 말하기 장애가 원인인 경우와 다른 하나는 불안증이 원인임을 알게 되었다. 학령 전 함묵증은 언어장애와 관련이 있고 학령기 함묵증은 불안장애와 관련이 있다는 것도 알게 되었다.

함묵증은 맥락에 따라 말하기 행동에 차이가 많으므로 다양한 맥락에서 유아의 말을 관찰하고 기록하는 것이 중요하다. 첼시아의 담임 선생님과 다이엔은 부모에게 가정에서의 첼시아의 말하기 행동관찰 기록을 요청하였다. 가정에서도 첼시아는 그리 말을 많이 하는 편은 아니나 식구, 애완 고양이, 인형에게는 속삭이듯이 말한다.

언어치료사, 심리학자, 첼시아 가족과 소아과 의사와의 협력을 통해 가족치료, 언어치료, 행동수정 등이 모두 필요하다고 의견이 모아졌다. 다이엔은 이 과정에서 언어 중재 혹은 교육을 계획하기 전 통합적인 관점으로 보는 것이 중요하다는 것을 깨달았다.

기여와 결과

- 교사의 기여. 교육실습생 다이엔 선생님이 이 상황에서 한 역할은 무엇인가?
- 가족의 기여. 유아의 상황 개선을 위하여 가정에서 함께한 노력은 무엇인가?

그림 13.1 언어 평가 방법의 연속성

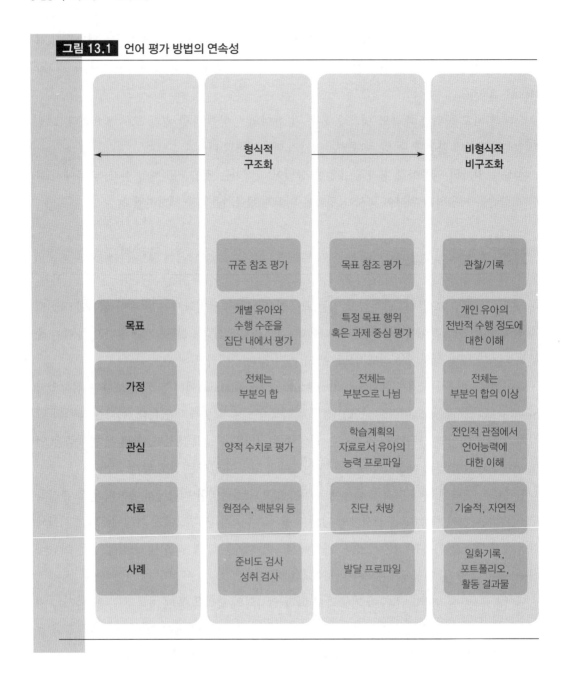

	형식적 구조화 ← →		비형식적 비구조화
	규준 참조 평가	목표 참조 평가	관찰/기록
목표	개별 유아와 수행 수준을 집단 내에서 평가	특정 목표 행위 혹은 과제 중심 평가	개인 유아의 전반적 수행 정도에 대한 이해
가정	전체는 부분의 합	전체는 부분으로 나뉨	전체는 부분의 합의 이상
관심	양적 수치로 평가	학습계획의 자료로서 유아의 능력 프로파일	전인적 관점에서 언어능력에 대한 이해
자료	원점수, 백분위 등	진단, 처방	기술적, 자연적
사례	준비도 검사 성취 검사	발달 프로파일	일화기록, 포트폴리오, 활동 결과물

- 전문가의 기여. 첼시아의 문제해결에 다른 전문가가 한 역할은 무엇인가?
- 협력의 결과. 만약 이 상황에서 어른들이 협력하지 않았다면 첼시아에게는 어떤 결과가 나타났을 것인가?

평가에 대한 개관

Johnson, Guice, Baker, Malone과 Michelson(1995)는 평가
에 대하여 다음과 같이 말하였다.

> **교육표준과 교수**
> 유아교육에서 평가는 논쟁이 많은 영역
> 중 하나이다. 학생 평가원리와 지표에서
> 무엇이 이슈가 되고 있는 것인지 공정한
> 검사 사이트 www.fairtest.org를 검
> 토하라.

> 교사는 가치, 기관의 구조, 책무 등 여러 요인 간 갈등 상
> 황에서 선택의 기로에 서 있다. 이 갈등과 모순의 균열점
> 에 바로 평가가 놓여 있다. 교사는 평가와 관련하여 불안
> 하고 죄의식을 느끼며 좌절하고 분노하고 압도되어 있다. 평가는 단순히 기술적 문제가 아니라
> 사회적이면서도 개인적인 문제이다. (p. 359)

평가는 학생뿐만 아니라 교사의 삶과 교육 프로그램에 직접적인 영향을 준다. 많은 주가 평
가를 교사의 효율성을 측정하거나 학교를 서열화하는 데 사용하고 있다(Guilfoyle, 2006; Meier
& Woods, 2004; Popham, 2006). Berghoff(1997)는 다음과 같이 말하였다.

> 내가 일하고 있는 초등학교의 교사들은 교육청에서 실행하는 표준화 검사에서 아이들이 높은
> 점수를 받아야 한다는 압박을 크게 느끼고 있다. 이런 평가는 교사가 가르치고 있는 것에 대하
> 여 평가하는 것이 아니라 학생들이 발췌된 단원의 글을 빨리 읽고 핵심 아이디어를 추출하고 원
> 인과 결과를 추출하는가를 평가한다. 그런데 실제 교실에서는 교재의 한 부분을 읽으면서 꽤 복
> 잡한 문제에 대하여 토의를 한다. 즉 학급에서 하는 토론을 평가하는 것이 아니라 시험을 통해
> 평가할 수 있는 것을 평가한다. (p. 321)

유아교사는 평가와 관련하여 최소한 6개의 역할을 해야 한다(그림 13.2)(Grisham-Brown &
Pretti-Frontczak, 2011). 그림 13.3에는 평가와 관련한 우려 및 수준과 목표가 기술되어 있다.

표준화 검사

유아교사는 평가와 관련된 논란과 이슈를 잘 이해하고 있어야 하고 유아의 언어발달에 대한
총체적 모습을 보여 주는 다양한 평가 방법을 알고 있어야 한다(Division for Early Childhood,
2007; Galper & Seefeldt, 2009). 특히 평가 맥락에 민감하게 반응하는 위험에 처한 유아는 평가
방법에 더 민감하다(Cabell, Justice, Zucker, & Kilday, 2009). 전통적 검사는 그것이 아무리 잘
구조화되어 있고 적절하게 사용되더라도 유아의 언어발달을 평가하는 데 충분하지 않다. 그
이유는 다음과 같다(Bracken & Nagle, 2006 참조).

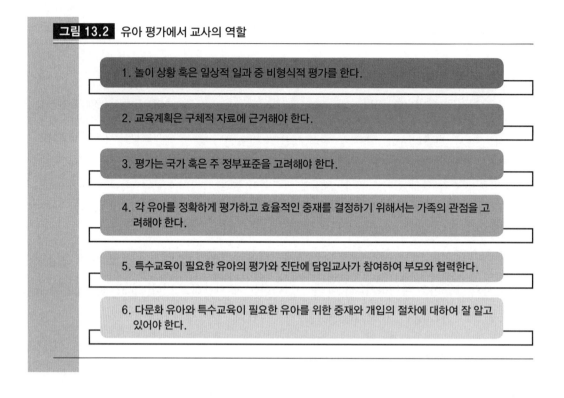

그림 13.2 유아 평가에서 교사의 역할

1. 놀이 상황 혹은 일상적 일과 중 비형식적 평가를 한다.

2. 교육계획은 구체적 자료에 근거해야 한다.

3. 평가는 국가 혹은 주 정부표준을 고려해야 한다.

4. 각 유아를 정확하게 평가하고 효율적인 중재를 결정하기 위해서는 가족의 관점을 고려해야 한다.

5. 특수교육이 필요한 유아의 평가와 진단에 담임교사가 참여하여 부모와 협력한다.

6. 다문화 유아와 특수교육이 필요한 유아를 위한 중재와 개입의 절차에 대하여 잘 알고 있어야 한다.

경험의 부재. 일반적으로 유아는 검사 상황에 익숙하지 않고 검사의 의미를 잘 이해하지 못한다. 일상 삶에서 유아가 질문을 받는 것은 유아만이 답을 알고 있기 때문에 질문을 받는다. 예를 들어, "네 신발은 어디 두었니?" 혹은 "오늘 아침에 무엇을 먹었니?" 등이 그것이다. 그러나 검사 상황에서는 어른이 이미 알고 있는 답을 유아에게 질문하여 유아가 그 답을 하도록 하는 것이다. 다음은 유아 자녀가 검사를 받으면서 보여 준 행동을 그의 어머니가 기술한 것인데 이는 이러한 문제를 잘 묘사하고 있는 예이다.

> 5살 된 내 딸 테리가 유치부에 들어갈 준비가 되었는지 검사받기 위하여 학교에 갔어요. 집에 돌아오는 길에 딸에게 "선생님이 무엇을 물어보셨니?"라고 묻자 딸애는 "선생님이 그림이 그려진 작은 카드를 보여 주면서 이것이 무엇이냐고 물으셨는데 그 그림은 새였어."라고 해서 "그래서 뭐라고 답했니?"라고 제가 묻자 "나 아무 말도 안 했어. 왜냐면 그렇게 큰 어른이 그것이 새라는 것을 모르다니 하는 생각에 답을 안 했어."라고 하더군요.

위의 예를 보면 유아는 검사란 질문에 대한 답을 하는 시간이란 것을 전혀 이해하지 못하는 것이다. 교사는 유아가 향상하고 있다는 것을 검사 결과로 증명해야 하는 압박을 받고 있어서

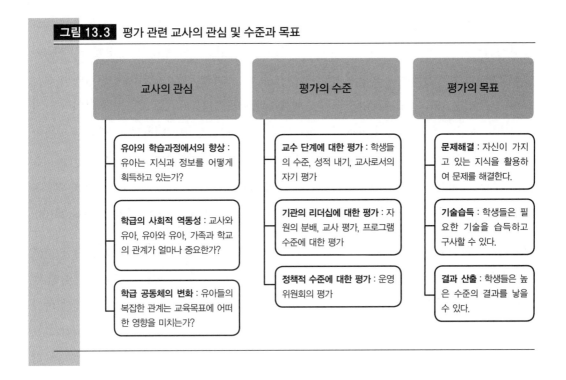

그림 13.3 평가 관련 교사의 관심 및 수준과 목표

아주 어린 아이들에게도 검사에 좋은 점수를 받을 수 있도록 연습을 시키고 있는 실정이다.

무응답. 유아가 질문에 답을 하지 않는다고 하여 그 답을 모른다는 것을 증명하는 것이 아니다. '질문-응답'이라는 절차에 대한 이해가 부족해서 그럴 수도 있고 아니면 실수할까 하는 두려움 혹은 검사를 실시하는 사람이 낯설기 때문에 응답을 안 할 수도 있다.

  말이 많은 유치원생 제니의 예를 들어 보자. 그녀의 부모는 제니가 언어치료 프로그램에 추천되었다는 소식을 들었다. 이후 부모가 제니에게 학교에서 무슨 일이 있었느냐고 묻자 제니가 말하기를, "처음 보는 이상하게 생긴 남자가 와서 교실에서 나를 데리고 작은 골방으로 데려갔어. 그 남자의 머리 뒤에는 구멍을 뚫려 있었어(탈모 현상에 대하여 말하는 것이다!). 그리고 손목에는 미키마우스 시계를 차고 있었어. 내게 많은 질문을 했는데, 나는 그 사람이 낯설어서 아무 대답도 안 했어."라고 하였다. 유아들은 낯선 상황에서는 일상적 모습과 전혀 다르게 행동하고 말도 잘 안 할 수 있는데, 검사에서 무응답은 틀린 답으로 처리된다(Brassard & Boehm, 2007).

문화적 편견. 당신이 낯선 곳으로 가서 마라톤 경주에 참여하려고 하는데 경쟁자들은 이미 마라톤 코스에서 오랫동안 연습을 해 왔다고 가정하자. 이는 명백하게 다른 경쟁자에게 유리하고 당신에게는 불리한 상황이다. 검사 상황에서도 이런 경우가 있는데 이것을 문화적 편견이라고 한다. 극단적인 문화적 편견에 대한 예는 이제 막 미국에 이민 온 아동에게 영어로 검사를 하는 것이다. 1970년대 미국에서 스페인어를 모국어로 하는 이민자 자녀들에게 이러한 일이 그대로 일어나서, 대부분의 아동들이 특수교육을 받도록 진단이 내려졌다. 따라서 다문화 아동에게 검사를 할 때는 결과의 해석에서 특별히 주의가 필요하다(Ballantyne, Sanderman, & McLaughlin, 2008; Gottlieb, 2006; Naughton, 2005; Roseberry-McKibbin & O'Hanlon, 2005). 영어를 잘 못하는 다문화 아동이 특수아로 잘못 진단된 경우가 많다(Huennekens & Xu, 2010).

탈맥락성. 유아가 맞는 그림에 동그라미 표시를 하거나 빈 단어를 맞게 채워 넣는다고 하여 이것이 일상적인 맥락에서 또래와 장난감으로 갈등이 있을 때 잘 해결할 수 있음을 보증해 주는 것은 아니다. 검사는 유아의 언어능력 일부를 보여 주긴 하나 충분히 보여 주는 것은 아니다(Gullo, 2005; Koralek, 2004). 요즘의 유아들은 기계 혹은 대중매체에 둘러싸여 있어서 학교에서 혹은 가정에서의 언어능력에 대한 평가가 기존의 것들에 비하여 더욱 복잡해졌다. 즉 디지털 매체에 많이 노출되어 있는 현대 유아들의 언어능력을 무엇으로 어떻게 평가해야 할 것인가가 새로운 도전이 되었다(Luke, 2008). 예를 들어, 협동적 글쓰기 혹은 디지털 미디어 활용능력 등을 어떻게 평가할 것인가? (Luke, 2008).

언어는 사회적 상호작용의 도구이므로 자연적 상황에서 평가를 해야 한다(Smagorinsky, 2009). 유아는 맥락에 따라서 언어행동의 차이가 크다. 예를 들어, 1학년 폰다는 학교에서는 거의 말이 없지만 집에서는 수다쟁이라고 한다. 폰다가 초등학교 입학 전에 사촌은 "학교에서 말을 많이 하거나 나쁜 행동을 하면 교장 선생님 방으로 가. 선생님 방에는 큰 막대기가 있는데 무지 아프대."라고 말했다고 한다. 폰다는 학교에서 친구들과 기분 나쁜 일이 있어도 크게 저항하지 않고 집에 와서는 화를 내고 말을 폭발적으로 하기도 하고 어린 동생을 괴롭힌다. 폰다의 행동을 여러 맥락에서 관찰하지 않고 검사에만 의존하였다면 폰다는 언어지체로 판정될 가능성이 높다.

검사의 구조. 연필과 종이로 하는 유아가 반응해야 하는 평가는 유아에게 적절하지 않다. 유아는 10~20분을 앉아 있는 것이 최대이므로 검사에 드는 시간도 유아에게는 부담이 된다. 이에 대한 보완책으로 검사를 몇 번에 나누어서 하는데 유아가 결석을 하면 이 또한 문제가 된다. 검사 문항이 적은 것도 문제가 된다.

예를 들어, 당신에게 1개에 10점이 되는 10개의 문항으로 된 검사를 받을 것인가 혹은 1개에 1점이 되는 100개의 문항으로 된 검사를 받을 것인가를 선택하라고 하면 아마도 후자를 선택할 경우가 많다. 전자의 것은 문항 하나가 가지는 비중이 크므로 1~2개 틀려서 낮은 점수를 받을 것에 대한 두려움이 있기 때문이다. 마찬가지로 유아의 부담을 줄이기 위해 검사의 문항을 적게 하면 몇 개 틀리거나 맞는 것이 전체 점수에 미치는 영향이 크다.

응답 형식. 응답 형식이란 답할 수 있는 형식을 뜻한다. 유아 등 어린 아동들은 연필과 종이로 답하는 검사에 숙련되지 않았으므로 요구되는 응답 형식에 융통성 있게 답하기가 어렵다. 예를 들어, 지금까지 맞는 것에 X 표시를 하는 형식에 익숙한 유아는 틀린 답에 X를 해야 하는 문항에서는 혼란스러워한다.

검사 이유. 표준화 검사가 유아에게 사용될 때 단점이 이렇게 많다면 왜 이것을 계속 사용하는가? 그 이유는 4개가 있다.

1. 시간과 비용. 말할 것도 없이 종이와 연필식의 대집단 검사법은 검사 실시, 채점 등 시간과 비용이 절약된다. 그림 13.4에 유아 언어발달 평가에 사용될 수 있는 검사 목록이 제시되어 있다.

2. 신뢰감. 검사는 표준화 과정을 거친 것이므로 공적인 신뢰감을 주는 경향이 있다. 또한 수치로 평균 등 집단 안에서 개인의 위치를 보여 주기 때문에 대중에게 보일 수 있고 프로그램의 효과를 판단하는 데 사용될 수 있다.

3. 익명성. 유아가 특별 프로그램에 배치되어야 한다고 부모에게 말할 때, 교사로서 쉬운 일은 아니다. 그러나 검사 수치는 유아의 위치가 중재 프로그램에 들어간다는 것을 객관적으로 보여 주므로 부모를 이해시키기가 수월하다.

4. 비교 가능성. 표준화검사 결과는 개인과 개인의 비교뿐만 아니라 학교와 학교, 지역과 지역 그리고 국가와 국가 간의 비교를 가능하게 한다. 주에서는 표준화 검사 결과를 기준으로 좋은 학교를 구분하고 주 교육표준을 달성하였는가를 판단한다. 연방 정부는 이 점수를 가지고 재정지원을 결정한다. 점수에 따라서 어떤 학교는 재정지원을 받고 어떤 학교는 개선을 위해 노력하라는 압력을 받고 심지어 어떤 학교는 문을 닫기도 한다. 따라서 이를 고부담 검사라고 한다.

그림 13.4 유아 문해능력 검사 도구

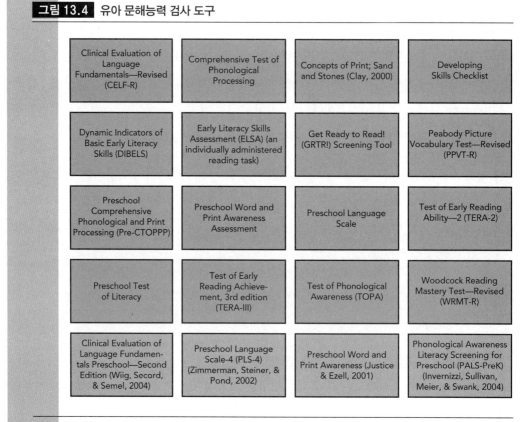

Clinical Evaluation of Language Fundamentals—Revised (CELF-R)	Comprehensive Test of Phonological Processing	Concepts of Print; Sand and Stones (Clay, 2000)	Developing Skills Checklist
Dynamic Indicators of Basic Early Literacy Skills (DIBELS)	Early Literacy Skills Assessment (ELSA) (an individually administered reading task)	Get Ready to Read! (GRTR!) Screening Tool	Peabody Picture Vocabulary Test—Revised (PPVT-R)
Preschool Comprehensive Phonological and Print Processing (Pre-CTOPPP)	Preschool Word and Print Awareness Assessment	Preschool Language Scale	Test of Early Reading Ability—2 (TERA-2)
Preschool Test of Literacy	Test of Early Reading Achievement, 3rd edition (TERA-III)	Test of Phonological Awareness (TOPA)	Woodcock Reading Mastery Test—Revised (WRMT-R)
Clinical Evaluation of Language Fundamentals Preschool—Second Edition (Wiig, Secord, & Semel, 2004)	Preschool Language Scale-4 (PLS-4) (Zimmerman, Steiner, & Pond, 2002)	Preschool Word and Print Awareness (Justice & Ezell, 2001)	Phonological Awareness Literacy Screening for Preschool (PALS-PreK) (Invernizzi, Sullivan, Meier, & Swank, 2004)

주 : 추가 자료가 필요하면 Burke & Hagan-Burke, 2007; Burke, Hagan-Burke, Kwok, & Parker, 2009; Marston, Pickart, Reschly, Heistad, Muyskens, & Tindal, 2007; National Clearinghouse for English Language Acquisition, 2006; Niemeyer & Scott-Little, 2001; 그리고 Rodriguez & Guiberson, 2011 참조하라. 온라인상에서는 www.serve.org를 보라.

수행 평가

유아의 언어능력을 평가할 때 학교생활 중 또래 혹은 성인과 상호작용하는 것을 형식적 · 비형식적 방법을 통해 관찰하는 것뿐만 아니라 가족 혹은 지역사회에서 유아의 언어 사용을 평가해야 한다(Cohen, Stern, Balaban, & Gropper, 2008). 대안적 평가란 전통적으로 행해지던 검사와 다른 평가를 말하는데 수행 평가, 참 평가, 교실 기반 평가 등으로 표현할 수도 있다. 다음에 대안 평가의 전제 혹은 관점이 제시되어 있다.

• 학생은 수동적 존재가 아니라 적극적인 참여자이다.
• 평가와 교육은 동시적이고 계속적 과정이다.

- 결과뿐만 아니라 과정도 평가된다.
- 발달과 학습과정은 인정되고 축하받는다.
- 다양한 정보와 자료를 일정 시간 동안 수집한다.
- 평가는 수업을 계획하고 학생의 학습을 최적화하는 것이 목표이다.
- 평가과정은 부모, 교사, 학생 그리고 다른 전문가와 협력하는 과정이다(Isenberg & Jalongo, 2013; Puckett, Black, Wittmer, & Petersen, 2008; Stiggins, 2007).

수행 평가를 위해서는 관찰, 포트폴리오, 기록화 과정이 필요하다.

관찰

관찰은 계획되거나 혹은 즉흥적으로 일어나는데 유아에 대하여 더 알기 위한 것이 목적이다 (McAfee & Leong, 2006). 관찰을 통하여 유아 개인의 특징, 장점, 능력 등을 알 수 있다(Cohen et al., 2008). 관찰은 유아의 학업적 성취뿐만 아니라 사회, 정서, 신체, 건강, 문화와 학습의 관련성을 알 수 있게 한다. 학교뿐만 아니라 학교 밖의 여러 사정이 유아의 학습에 영향을 미치므로 검사보다는 관찰이 유아에 대하여 많은 정보를 준다.

관찰은 한 시점에 이루어지는 것보다는 시간을 두고 여러 시점에서 이루어질 때(Brassard & Boehm, 2007) 학습자의 필요와 향상을 정확하게 알 수 있게 한다(Enz & Morrow, 2009; Meisels & Atkins-Burnett, 2005). 어린 아이를 돌보는 기관에서는 연속적 관찰을 통해 프로그램 계획, 개인 유아의 발달 등에 대한 가치 있는 정보를 얻는다(Baldwin, Adams, & Kelly, 2009). 그림 13.5에 관찰의 방법과 일화 기록의 예가 제시되어 있다.

엘리는 대학에서 유아놀이 과목을 수강하고 있다. 유아의 부모로부터 동의를 얻은 후 엘리는 3~5세 유아의 놀이를 동영상 녹화하였고 이들이 사용하는 언어의 유형을 10개로 분석하였다(Garvey, 1984). 다음은 엘리가 관찰하여 분석한 자료이다.

1. **상황에 대한 정의** : 2명의 여아가 인형을 가지고 놀다가 "우리 지금 오디션 놀이한다고 하자."라고 말한다.
2. **역할 분배** : 2명의 유아가 역할 분배를 통해 갈등을 해결한다.

   리아 : 내가 엄마 할래.

   말리 : 나도 엄마 하고 싶어.

그림 13.5 일화 기록의 예

일화 기록은 문해과제에 임하는 유아의 행동을 듣기, 말하기, 읽기와 쓰기를 중심으로 관찰 기록한다. 기록할 때 관찰자의 해석과 추론, 예를 들어 "글쓰는 것이 서툴다." 혹은 "자신의 글에 대하여 만족한다."와 같은 표현은 지양하고 유아가 한 말을 "아, 이것 봐! 내가 이야기를 적었어!"처럼 직접 인용한다. 아래에 일화 기록의 실제 예를 참고하라.

시간 : 오전 9:00   학년 : 1학년
일자 : 10월 16일   맥락 : 소집단

선생님이 빅북으로 책을 읽어 주는데 유아가 "저것은 뭐예요?" 하며 문자 끝의 마침표를 가리킨다. 다른 유아가 "점 같은데."라고 하자 교사가 점은 점이지만 "읽는 중간중간에 쉬라는 표시이다."라고 설명해 준다. 선생님이 마침표 없이 문장을 죽죽 읽어서 마침표가 없는 경우를 유아들에게 경험시키면서 이 점이 바로 마침표라고 알려 준다. 이후 몇몇 유아들은 글쓰기를 하면서 문장의 끝에 마침표를 찍었다. 한 유아가 소리 내어 글을 읽으면서 어디에 마침표를 찍어야 할지 궁리한다. "우리집에는 클레오라 불리는 고양이가 있는데 매일 내 침대에서 같이 잔다 어느 날 고양이가… 잠깐, 기다려! 여기 '같이 잔다'와 '어느 날' 사이에 마침표를 넣어야 해."라고 하면서 마침표를 찍는다.

추천자료

Bentzen, W. R. (2008). *Seeing young children: A guide to observing and recording behavior* (6th ed.). Albany, NY: Delmar/ Cengage.

Cohen, D. H., Stern, V., Balaban, N., & Gropper, N. (2008). *Observing and recording the behavior of young children* (5th ed.). New York NY: Teachers College Press.

리아 : 그럼, 우리 자매라고 하자.

말리 : 그래!

3. 장소에 대한 정의 : 5세 남아가 엎드려 배로 바닥을 밀면서 선생님 책상으로 온다. "선생님, 저는 큰 뱀이예요. 무지 나쁜 뱀이예요. 길이는 3.6m이고 무지 커요. (손으로 표시하면서) 아이구, 저 지금 집으로 돌아가야 해요. 심술궂은 개가 쫓아 오고 있어요." 하며 다시 배로 기어서 돌아간다.

4. 행동에 대한 계획 : 엄마, 아기 사자놀이를 하던 중 한 유아가 다른 유아에게 "으르렁 소리를 내 보자. 우리!"라고 말한다.

5. 소품 정의 : 사과 모형을 들고 한 유아가 "백설공주에 나오는 이야기 기억나지? 나는 사람들에게 독을 먹이려는 나쁜 마녀야. 이것이 바로 그 독사과지."라고 말한다.

6. 대본의 수정 및 정교화

> **안나** : 네가 아기해. 내가 엄마 할게.
>
> **셜리** : 사탕 좀 먹어도 돼요?
>
> **안나** : 그래, 마음대로 먹으렴.
>
> **셜리** : 안나야, 네가 엄만데. 사탕말고 다른 좋은 것을 주어야지.
>
> **안나** : 나도 알아. 다른 것도 가져도 돼.

7. 다른 사람의 행위를 부정하기 : 톰과 켄트는 함께 블록으로 공항을 만들어 '비행기를 착륙' 시키려 하고 있다. 공항을 짓는 내내 켄트는 공항에 이제 날아갈 수 있냐고 물었고, 톰은 계속 "아직 아니야."라고 답한다.

> **톰** : 자 이제 착륙이다.
>
> **켄트** : 이제 가도 돼?
>
> **톰** : 그래!
>
> **켄트** : (착륙을 하면서 공항의 일부와 부딪혀 공항을 부순다.)
>
> **톰** : 아니야, 그렇게 하면 안 돼!

8. 실제 세계와 비교하기 : 셀마와 지니는 학교놀이를 하고 있다. 셀마가 음악 선생님이고 지니는 학생이다.

> **셀마** : 막대기로 박자를 칠 테니, 너는 손바닥으로 박수를 쳐. 이 막대기는 요술 막대기여서 이걸로 네 손을 만지면 빨리 박수를 치게 돼.
>
> **지니** : 진짜 선생님들은 요술 막대기 같은 것 없지?

9. 한 주제에서 다른 주제로 전이 : "학교놀이 정말 재미없어! 얘들아 우리 영화에 나오는 것처럼 변신놀이 하자."

10. 사회적 관계에 대한 언급 : 이제 막 우정에 대한 주제를 끝내고, 남아들이 역할극을 하면서 탐구과정에서 배운 기술을 활용한다.

> **커트** : 우리 같이 놀래?
>
> **차드** : 그래! 너 정말 착한 아이구나.

커트 : 나도 네가 좋아. (다른 아이를 바라보며) 너 정말 재미있구나. 너도 함께 놀래? (아이가 고개를 끄덕인다.) (교사를 바라보며) 우리 모두가 친구예요. 함께 놀고 있어요.

엘리는 이 관찰을 통해서 유아의 언어발달 수준을 잘 이해할 수 있었다.

포트폴리오

포트폴리오는 유아가 노력한 결과물을 조직적으로 모아서 유아의 향상과 변화를 보여 주는 수집물이다. 포트폴리오는 연습, 작업지, 표준화 검사의 대안적 평가법이다(Seitz & Bartholomew, 2008).

> **영아와 어린 유아**
> 영아, 걸음마쟁이처럼 어린 아기가 TV 앞에 오래 앉아 있거나 휴대용 디지털 기기를 오래 만져 신체적 활동을 적게 하면 심리적 문제를 야기할 수 있다. 출생부터 3세까지의 종단연구에 따르면 2세 전 아기가 TV 앞에 있는 것은 언어발달과 시각 운동기술을 향상시키지 않는다(Hamer, Stamatakis, & Mishra, 2009).

포트폴리오 평가를 사용하기 전 교사는 먼저 교육 프로그램의 목표를 고려해야 한다. 포토폴리오에는 유아의 작업 결과물, 체계적인 관찰, 일화 기록, 체크리스트, 면담 등 프로그램의 목표를 잘 드러낼 수 있는 다양한 관찰, 기록물이 포함된다(Helm, Beneke, & Steinheimer, 2007; Helm & Katz, 2000). 포트폴리오는 표준화 검사와는 달리 유아의 성장과정을 교사, 부모, 유아 모두가 경험할 수 있는 좋은 평가법이다(Downs & Strand, 2006; Espinosa, 2005; NAEYC & NAECS/SDE, 2003).

기록화

기록화의 개념은 이탈리아 레지오에밀리아 시립 유아교육기관의 프로그램에서 시작되었다(Wurm, 2005). 이 프로그램 창립자들은 어린이들은 자신들 나름으로 표현하는 '수백 가지의 언어'를 가지고 있고 교사와 학교는 각 유아가 배운 것을 다양하게 표현할 수 있는 자료, 기회, 맥락을 제공해야 한다고 주장한다.

유아는 자신이 배우고 있는 것을 다양한 방법으로 표현할 수 있으므로 유아의 미술 작품, 프로젝트에 참여하는 사진, 동영상, 컴퓨터 프로그램을 활용한 결과물 등의 형식으로 유아의 성취물을 기록하고 이것들을 전시한다(Helm et al., 2007; Hendrick, 2004).

언어학습자로서 유아의 성장을 자세하게 기술하는 것뿐만 아니라 다양한 방식의 기록화는 유아의 학습과정을 가시화하여 자신뿐만 아니라 가족에게도 보일 수 있어 고무적이다(Seitz, 2008; Stacey, 2009). 프로젝트와 전시는 학습의 결과를 구체화하므로 자신의 노력에 대하여 유아들은 자부심을 느낄 뿐만 아니라 최고를 위하여 더욱 노력하게 된다.

언어교육 프로그램 평가

평가는 유아 개인의 성장과정을 평가하는 것 이외에도 프로그램의 효과도 평가한다. 프로그램 평가는 한 기관의 유아 언어 지도 프로그램을 평가하는 것에서부터 헤드스타트처럼 특정 프로그램을 평가하여 정책 결정의 근거 자료로 사용된다. 그림 13.6에 프로그램 평가에 대하여 요약되어 있다.

그림 13.6 언어교육 프로그램의 질에 대한 평가

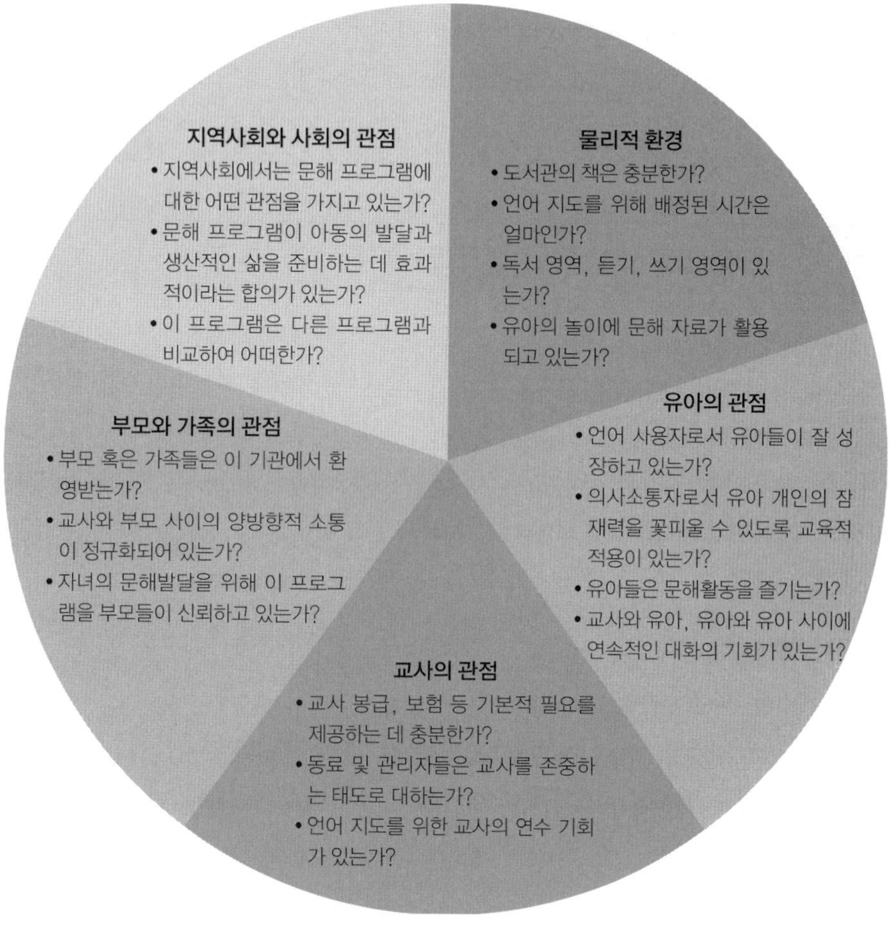

지역사회와 사회의 관점
- 지역사회에서는 문해 프로그램에 대한 어떤 관점을 가지고 있는가?
- 문해 프로그램이 아동의 발달과 생산적인 삶을 준비하는 데 효과적이라는 합의가 있는가?
- 이 프로그램은 다른 프로그램과 비교하여 어떠한가?

물리적 환경
- 도서관의 책은 충분한가?
- 언어 지도를 위해 배정된 시간은 얼마인가?
- 독서 영역, 듣기, 쓰기 영역이 있는가?
- 유아의 놀이에 문해 자료가 활용되고 있는가?

부모와 가족의 관점
- 부모 혹은 가족들은 이 기관에서 환영받는가?
- 교사와 부모 사이의 양방향적 소통이 정규화되어 있는가?
- 자녀의 문해발달을 위해 이 프로그램을 부모들이 신뢰하고 있는가?

유아의 관점
- 언어 사용자로서 유아들이 잘 성장하고 있는가?
- 의사소통자로서 유아 개인의 잠재력을 꽃피울 수 있도록 교육적 적용이 있는가?
- 유아들은 문해활동을 즐기는가?
- 교사와 유아, 유아와 유아 사이에 연속적인 대화의 기회가 있는가?

교사의 관점
- 교사 봉급, 보험 등 기본적 필요를 제공하는 데 충분한가?
- 동료 및 관리자들은 교사를 존중하는 태도로 대하는가?
- 언어 지도를 위한 교사의 연수 기회가 있는가?

출처 : Kartz, 1993.

교사의 관심과 전략

유아의 산출물을 평가할 때 6개의 기준을 고려한다(Potter, 1985).

1. 정확성. 답이 하나인 것을 묻는 과제에 대한 유아의 반응을 본다.
2. 실용성. 결과물이 적절한가를 기준으로 평가한다. 예를 들면, "라일라, 네가 만든 플랩북이 잘 되는구나."와 같다.
3. 심미성. 미를 기준으로 평가한다. "네 그림은 색이 아름답게 칠해졌구나."라고 할 수 있다.
4. 창의성. 독창성, 유연성 등을 기준으로 평가한다. "지니야, 네가 만든 이야기에 나오는 행성에서 사는 것은 어떨지 그림이 그려지는구나."와 같이 말할 수 있다.
5. 속도. 과제를 완성하는 데 드는 시간을 기준으로 평가한다.
6. 모델링. 선생님이 예시로 만들거나 혹은 전년도 아이들이 만든 것을 기준으로 평가한다. "작년 반에서 만든 것처럼 너희 집단이 만든 책 표지는 좋구나."와 같이 말한다.

웹 2.0 교사를 위한 평가 도구

Angelfire

www.angelfire.com/wi/writingprocess/specificgos.html

Angelfire는 웹사이트를 만드는 도구이며 무료로 인쇄 가능한 도표조직지에 대한 자료를 얻을 수 있다.

Edmodo

www.edmodo.com

페이스북과 비슷한 기능인데 교육에 초점이 맞추어져 있다. 교사는 과제와 퀴즈를 저장하고 성적표를 보관할 수 있다.

Eduplace

www.eduplace.com

이해력 등을 평가할 수 있는 도표조직지가 많다. 동화를 읽기 전, 읽는 중 그리고 읽고 난 후 개별 혹은 집단으로 작업지를 할 수 있다.

Kathy Schrock's Guide to Everything

www.shrockguide.net/assessment-and-rubrics.html

바로 인쇄해서 사용할 수 있는 다양한 종류의 평가 지시문을 무료로 사용할 수 있다.

Reading A to Z

www.readinga-z.com

독서 수준, 유창성, 이해도 등을 평가할 수 있는 다양한 자료가 있다. 독서관찰 체크리스트, 일화기록 양식 등을 무료로 사용할 수 있다.

The Reading Matrix www.thereadingmatirx.com	수준별 독서능력 향상을 평가할 수 있는 검사 자료와 읽기 연습 자료가 있다.

문해학습 평가를 위한 교실활동

이 절에서는 교실에서 문해활동을 하면서 평가할 수 있는 방법이 소개된다.

유아 언어발달 연대기. 유아를 장기간 동안 돌본 성인은 유아의 언어발달 과정에 대한 많은 정보를 가지고 있다. 다음과 같은 질문을 해 본다.

1. 말을 처음 시작한 때는 언제인가요? 첫마디가 무엇이었나요? 첫 문장은 무엇이었나요?
2. ___가 한 말 중 가장 기억나는 것이 무엇인가요?
3. ___가 즐겨 했던 손유희, 노래, 이야기, 활동은 무엇이었나요?
4. ___가 반복적으로 듣기를 좋아했던 노래나 이야기는 무엇이었나요?
5. ___가 아기 때 도서관 등에서 제공하는 동화 구연, 인형극에 참여한 적이 있나요?
6. ___는 책을 보며 읽는 듯이 행동한 적이 있나요? ___는 동시, 노래 등을 외웠나요?
7. ___는 책을 읽을 수 있나요? 읽을 수 있다면 몇 살 때 읽기 시작했나요?
8. ___는 무언가를 끄적이나요, 그림을 그리나요, 글을 적나요? ___가 한 것을 보여 줄 수 있나요?
9. 모든 아이들은 도전과 어려움을 만날 수 있습니다. 지금 ___에게 학습에 방해가 되는 요소는 무엇인가요?
10. 모든 아이들은 강점과 재능이 있습니다. ___는 무엇이 강점인가요?

참여 차트. 소집단 유아들과 책을 읽고 토의를 할 때 토의에 참여하는 유아를 표시하고 그들의 말을 기록하라. 같은 책을 반복 읽기를 하고 토의를 할 때 참여 기록을 하면 특정한 유아의 생각의 변화 및 참여의 정도에 대한 평가를 할 수 있다.

빈칸 채우기. 이것은 유아의 이해도를 평가할 수 있는 방법이다. 읽은 책의 내용 중 핵심 인물, 단어 혹은 사건을 빈칸으로 남겨서 빈칸을 채우게 한다.

독서 일지. 유아가 읽은 책을 기록하는데 표의 왼쪽 열에는 날짜를 쓰고 위쪽 행에는 책의 난이도를 체크하거나 책의 내용에 대한 만족도를 평가할 수 있도록 한다(Barone & Xu, 2008).

체크리스트. 교실에서 간단하게 사용할 수 있는 평가 도구가 체크리스트이다. 왼편에는 아동의 이름을 적고 맨 윗줄에는 "자신의 이름에 나오는 글자를 안다.", "아는 글자가 몇 개 있다." "소문자와 대문자를 안다."처럼 기술을 수준별로 적고 해당되는 기술을 아동이 습득한 날짜를 그 아래 줄에 적는다.

 유아를 위한 앱과 웹사이트

Dr. Seuss Books(3~8세)

http://www.seussville.com

닥터 수스 책 시리즈는 녹음되어 있는 것을 듣거나 자신이 읽을 수 있도록 되어 있다.

Learning Game Pack Sampler(2~5세)

http://enapp.appvv.com/1528722.html

무료 앱으로 글자, 색 이름, 모양의 이름을 배울 수 있다.

Mobile Sentence Builder(모든 연령)
100개의 그림, 소리, 다양한 인터페이스로 문장을 만들 수 있는 앱이다.

Time Reading Practice(5~10세)
학년 별로 시간을 정해 놓고 읽기 검사를 할 수 있는 앱이다.

결론

평가와 관련해서 이것 한 가지는 꼭 기억해야 한다. 적은 정보로 큰 결정을 내리지 않는다. 하나의 검사는 무엇인가에 대하여 정보를 주긴 하지만 필요한 정보를 전부 주는 것은 아니다. 하나의 검사 결과를 근거로 유아를 규정하고 그 결과 다른 기회에서 소외되게 해서는 안 된다. 평가는 유아를 이롭게 하는 데 사용되어야 한다(Afflerbach, Kim, Crassas, & Cho, 2011).

이것이 과장된 말이 아님을 다음의 예로 강조하고자 한다. 한 2학년 선생님이 단원이 끝나서 독서 검사를 실시하였다. 이 검사 결과에 따라서 몇몇 아동을 '낮은' 집단에 배치하여 1년을 유지하였다. 학기가 진행되면서 반 아이들은 점점 실력이 향상되는데 이 집단의 아동은 크게 향

상이 없었다. 이 집단의 아이들이 선두 집단의 아이들을 따라
가기가 쉽지 않았다. 1번의 검사 결과로 이 아동들은 여러 기
회에서 소외되었다고 할 수 있다.

따라서 한 유아의 언어능력 혹은 학습과정에 대한 결론은
오랜 기간에 걸쳐 다양한 방법의 관찰과 기록으로 학교와 가
정 및 지역사회에서 교사와 또래와의 상호작용 속에서 관찰과
평가되어 내려져야 한다. 언어능력은 다양한 맥락 속에서 발
견된 양식을 통해 알 수 있기 때문이다.

> **연구와 보고**
>
> 사회적 기술은 학교에 대한 태도가 긍정적이게 하고 학업성취도를 높이며 학교생활 전반에 대한 적응도를 높인다(Jalongo, 2007). 자기조절은 충동을 조절하고 사회적으로 적합하게 행동하는 능력을 말하는데 이와 같은 사회적 기술에 대하여 더 연구해 보라(Boyer, 2008; Post, Boyer, & Brett, 2006). 자기조절은 어떻게 발달되는가?

문해학습 전략

읽기에 대한 태도 및 흥미와 동기

초등학교 저학년까지는 읽기에 대하여 긍정적인 태도와 흥미를 가지고 있다. 그러나 학년이
올라갈수록 읽기에 대한 흥미는 감소한다(Headley & Dunston, 2000). 아동을 관찰하거나 직접
면접을 하여 읽기에 대한 흥미를 평가할 수 있다.

독서흥미검사(Children's Motivations for Reading Scale)는 읽기에 대한 흥미 혹은 태도 검사
를 통합한 것이다(Baker & Scher, 2002).

흥미

1. 나는 읽기를 좋아해요.
2. 나는 누군가 읽어 주는 것을 좋아해요.
3. 나는 혼자 책 읽는 것을 좋아해요.
4. 선생님의 동화시간에 흥미가 없어요.
5. 독서를 하면 시간이 빨리 가요.
6. 선물로 책을 받는 것이 좋아요.
7. 독서는 흥미로워요.
8. 독서는 지루해요.

가치

1. 궁금한 것의 답을 책에서 찾을 수 있어요.

2. 학교 공부를 잘하려면 읽기를 잘해야 해요.

3. 책에서 새로운 것을 배울 수 있어요.

4. 잡지 혹은 신문에서 정보를 얻을 수 있어요.

자신감

1. 내년에는 읽기를 더 잘할 거라고 생각해요.

2. 독서는 쉬워요.

3. 독서는 어려워요.

4. 나는 독서를 잘할 거예요.

도서관

1. 도서관에서 책 빌리는 것을 좋아해요.

2. 학교 도서관에 가는 것을 좋아해요.

컴퓨터를 이용한 평가

독서의 핵심 능력 중 하나인 이해도를 컴퓨터를 이용해 평가할 수 있다(Paris & Stahl, 2004). 이해도를 평가하는 컴퓨터 기반 프로그램이 날로 발전하여, 이해를 묻는 질문에 틀린 답을 하면 즉각 답과 관련된 본문 내용을 알려 주면서 다시 답을 생각하도록 하는 프로그램도 있다. 아동은 집의 컴퓨터에서 스스로의 읽기 이해도를 평가할 수도 있고, 교사 혹은 부모에게 그 결과를 송신할 수도 있다.

읽기 이해도 평가 프로그램에는 질문풀이 있어서 틀린 답을 많이 한 경우에 다시 책을 읽고 다른 유형의 질문으로 답을 하여 완전학습을 할 수도 있다. 아동의 참여와 이해도 평가 결과를 e-포트폴리오로 저장하는 프로그램도 있다.

인쇄글을 말로 전환하는 소프트웨어

인쇄된 글을 말로 전환해 주는(text-to-speech) 소프트웨어 혹은 전자 리더(electronic reader)를 이용했을 때 그렇지 않은 경우보다 이해도가 7% 향상되었고 이 향상의 정도는 읽기능력이 떨어지는 아동에게 더 좋다(Disseldorp & Chambers, 2003).

이런 종류의 소프트웨어를 사용하는 데 유의점은 다음과 같다.

- 이 프로그램은 사용 방법이 복잡하므로 이에 대한 연습이 필요하다.
- 일반 교육과정의 일부로 활용하려면 사전 계획을 한 후 구매한다.
- 디지털화되어 있지 않은 인쇄글을 스캔하는 시간이 많이 든다는 것을 고려한다.
- 처음부터 아동 스스로 이용할 수 없으므로 교사가 사용법을 숙지하여 안내해야 한다.

리드플리즈(ReadPlease)는 글을 목소리 합성기로 들려준다. 텍스트헬프(TextHelp), 코라이터(Co-Writer), 라이트아웃라우드(Write: Outloud), 텍스트리더(Textreader), 톡라이트(TalkWrite) 등이 말로 하는 문서편집기이다. 더 많은 정보는 info@resourcekt.co.uk에서 얻을 수 있다.

 집중탐구 : 글록스터 포스터

R. A. Hirsh 교수가 제공한 자료

포트폴리오 평가는 작업 결과물, 동영상 기록, 체크리스트, 사진 등을 수집하여 평가에 활용한다. 글록스터 포스터(Glogster Posters)는 웹 기반 평가 도구로 언어학습 평가에 활용할 수 있다. 글록스터는 http://edu.glogster.com에서 참고하라.

어린 유아	유아	독립적 읽기가 가능한 아동
유아의 작업물, 사진을 게시한다. 유아 스스로 게시할 자신의 작품을 선택하거나 게시하는 형식을 선택하는 데 참여할 수 있다. 부모는 글록스터 포스터에 게시된 자녀의 포트폴리오를 집에서도 볼 수 있다.	유아 스스로 글록스터에 게시할 자신의 작품 관련하여 주제를 정한다. 교사는 유아가 생각하여 구성한 포스터를 보고 유아의 어휘 수준 등을 평가할 수 있다.	아동 스스로 교과별 활동 결과물을 게시하면 교사는 아동의 수행 정도를 평가한다.

 문학의 활용
평가 도구로 활용되는 글 없는 그림책

글 없는 그림책이란 무엇인가

글 없는 그림책은 그림만으로 사건과 이야기를 전개하는 책이다. 연구에 의하면 아동은 그림을 보고 이야기를 만들거나 적으면 더 자세하게 기술하는 경향이 있다(Norton, 2008). 따라서 글 없는 그림책을 보고 만든 이야기 혹은 글은 좋은 평가 자료이다(Paris & Paris, 2003).

다음은 6세 다니엘이 P. Winter(1976)의 *The Bear and the Fly*라는 글 없는 그림책을 보며 만든 이야기이다. 이 이야기는 곰 가족이 저녁 식사를 하는 중 파리가 들어와서 이 파리를 잡으려고 곰 아빠가 온 집안을 엉망으로 만들지만 결국 파리는 무사하게 집을 빠져나간다는 이야기이다.

> **아빠 곰** : 자, 모두 뒤로 가라. 이제 한 방 때릴테니까.
>
> **딸 곰** : 파리를 죽일 건가요, 아빠?
>
> **아들 곰** : 빨리, 빨리, 죽이세요!
>
> **아빠 곰** : 아차! 놓쳤네!
>
> **아들 곰** : 저기 밥 위에!
>
> **아빠 곰** : 그래!
>
> **엄마 곰** : 놓쳤어요. 내 머리를 쳤네요.
>
> **아빠 곰** : 아빠, 제 코 위에 앉아 있어요.
>
> **아빠 곰** : 파리, 이제 너는 죽었다!
>
> **아들 곰** : 아빠, 나를 때렸어요.
>
> **아빠 곰** : 아이쿠, 짜증 나네. 이제 꼭 잡을 거야.
>
> **엄마 곰** : (넘어지면서) 아이쿠.
>
> **아빠 곰** : 의자로 때려 잡을 테다. 아니지, 의자 위로 올라가서 파리채로 잡아야지. 어이쿠, 넘어질 것 같네….
>
> **파리** : (작은 목소리로) 창문으로 나는 간다. 안녕!

글 없는 그림책은 위의 예처럼 단순한 것에서부터 Weisner(1999)의 구름 공항처럼 상상력이 많이 필요한 추상적인 것도 있다. 다문화 유아는 Lehman(2004)의 *The Red Book*을 이용하여 부모의 도움을 받아 모국어로 이야기를 만들고,

교사나 또래의 도움을 받아 영어로 이야기를 만드는 활동을 한다.

2~3권의 글 없는 그림책을 제시하면 유아가 그중에 한 권을 골라 먼저 그림을 훑어볼 기회를 준다. 그림을 보고 이야기를 만드는 것은 이해력을 요구하므로 유아가 산출한 이야기는 이해도 평가에 아주 좋은 자료이다(Paris & Paris, 2003). 다음의 요소를 고려하여 산출된 이야기를 평가한다.

- 글 없는 그림책을 보고 만든 이야기가 사건의 순서, 중요 사건 등을 잘 나타내고 있는가?
- 글 없는 그림책을 보고 이야기를 만들 때 유아의 사전 지식을 활용하고 있는가?
- 이야기의 관례적 표현, 예를 들어 "옛날에, 옛날에…." 등과 같은 표현이 있는가?
- 이야기를 할 때 인물 혹은 사건의 성격에 따라서 목소리를 달리 하거나 얼굴 표정 등을 표현하는가?
- 유아의 개인 경험과 연결시켜 이야기를 만드는가?
- 이야기에 주제, 동기, 교훈 등이 있는가? (Rasinski, 2004)

글 없는 그림책의 수준별 정보는 www.readinga-z.com/book/wordless-books.php를 참고하라.

평가에 활용될 수 있는 최근 출판된 글 없는 그림책

Fleischman, P. (2007). *Sidewalk circus.* **Somerville, MA: Candlewick.**
서커스에 대하여 상상하게 하는 책으로, *The Red Book* (Lehman, 2004)과 연계해서 활용하기 좋다. (유아~초

등 2학년)

Franson, S. (2007). *Un-brella.* **New York, NY: Roaring Press.**
우산이 펼쳐질 때마다 생명을 탄생시키는 요술 우산에

대한 이야기로서 이야기의 배경에 대하여 가르칠 때 활용하면 좋다. (유아~유치부)

Gammell, S. (2011). *Mudkin*. Minneapolis, MN: Carolrhoda Books.

진흙에서 나온 상상의 생명체가 주인공을 여왕이 되도록 한다. 벤다이어그램을 이용하여 이 이야기와 다른 이야기를 비교하는 활동을 한다. (유아~유치부)

Lee, S. (2008). *Wave*. San Francisco, CA: Chronicle Books.

바닷가에서 파도와 노는 소녀의 이야기이다. 그림책을 보며 코, 눈, 입, 손, 귀 등의 그림 카드를 놓고 유아들이 각각의 감각으로 경험할 수 있는 이야기를 만들어 보게 한다. (유아~유치부)

Lehman, B. (2011). *The secret box*. Boston, MA: Houghton Mifflin Books.

이야기 전반에 걸쳐 미스터리가 있다. 암시를 주는 메시지를 카드에 적어 상자에 넣어 두고 미스터리 풀이 놀이를 할 수 있다. 같은 저자의 *Trainstop*(2008), *Rainstorm*(2007), *Museum Trip*(2006)와 연계하여 활동한다. 혹은 잃어버린 강아지를 단서를 가지고 찾아가

는 'Where's Gumbo?'와 연계하여 활동한다. (유아~초등 2학년)

Mayer, M. (2011). *Octopus soup*. Amazon Children's Publishing.

모험을 격려하는 책으로 유아가 만든 이야기에서 순서, 이해도를 평가할 수 있다. (유아~초등 2학년)

Pinkney, J. (2009). *The lion and the mouse*. New York, NY: Little Brown Books for Young Readers.

이솝 우화로서 작은 생물에 베푼 친절로 인해 큰 존재가 작은 생물로부터 도움을 받는다는 이야기이다. 이 책을 감상한 이후 동극을 하여 유아가 이야기의 주제를 이해하였는가를 평가할 수 있다. 또한 인물의 대사를 유아들이 만들어 본다. (영아~유치부)

Stead, P. C. (2010). *A sick day for Amos McGee*. New York, NY: Roaring Brook Press.

동물을 극진히 돌봐 주는 동물원 사육사가 병이 나서 출근을 하지 못한다. 그가 걱정된 동물친구들이 문병을 와서 동물마다 다른 위로를 한다. 이야기를 감상한 후 유아가 손인형, 마스크 인형 등을 만들어 극활동을 한다(그림 13.7 참조).

다문화 유아

가정 내 언어행동 조사

언어능력 평가는 다문화 가정 유아일 경우 모국어 사용능력이 영어보다 훨씬 뛰어날 수 있으므로 학교에서뿐만 아니라 가정에서도 평가해야 한다(Paez, DeTemple, & Snow, 2000). 교사가 다문화 유아의 언어능력에 대한 이해도를 높이기 위하여 부모에게 간단한 몇 가지 질문을 한다. 연구자는 기관에서의 유아 언어행동을 관찰하고, 부모로부터 자녀의 가정 내 언어행동 자료를 받아 보니 유아의 언어행동에 대한 이해에 큰 도움이 되었다(Paterson, 2000).

가정 내 유아의 언어행동을 조사하려면 Restrepo & Silverman(2001) 혹은 Illinois State Board of Education(2008)에서 제시한 질문을 활용하라.

그림 13.7 *A Sick Day for Amos McGee* 그림책의 동극활동 혹은 재화활동을 위한 소품

1. 코끼리는 체스게임을 했어요.

2. 거북이는 담요 밑에서 숨기놀이를 했어요.

3. 펭귄은 사육사의 발을 따뜻하게 해 주었어요.

4. 코뿔소는 손수건을 가져다주었어요.

5. 부엉이는 차를 끓여 주었어요.

출처 : Stead, P. C. (2010). *A sick day for Amos McGee*. New York, NY: Roaring Brook.

어떻게 할까요

개별화 학습

개별화란 각 유아의 수준에 맞추어 교육과정을 맞춤화하는 것이다(Lapp, Fisher, & Wolsey, 2009). 개별화 교육과정은 연령 통합, 장애-일반 통합(Cook, Klein, & Tessier, 2008), 다문화 유아가 있는 교실(Rothenberg & Fisher, 2007) 등에서 특히 유익하다. 개별화는 학업성취 수준뿐만 아니라 문화, 언어, 사회경제적 다양성을 고려하는 것도 포함된다(Reutzel, 2011; Santamaria, 2009; Tomlinson & McTighe, 2006).

개별화 교육과정을 계획할 때 먼저 유아의 반응을 예상해 보고 기초 활동, 이보다 쉬운 활동 그리고 더 어려운 활동으로 수정한다. 아래의 것을 예를 들어 보자.

반대말 활동

영역 : 언어

대상 : 유치부~초등 저학년

발달 영역 : 인지, 언어, 소근육조절

목표 : 짝과 함께 서로 반대가 되는 말을 찾아보고 이를 그림으로 그린다.

자료 : 종이와 색연필

절차

• 먼저 반대말 찾기 활동을 이해시키기 위하여 학급 유아들 모두 모여 한 유아가 빠른 걸음으로 교실을 걷는다. 다른 유아는 느린 걸음으로 교실을 걷도록 한다.

• 블록을 이용해서 '크다/작다'와 장난감을 이용해서 '헌 것/새 것'의 예를 보인다.

• 선생님이 한 단어를 말하면 유아들이 반대말을 말하는 게임을 시작한다. '행복/슬픔',

'더러운/깨끗한', '더운/추운', '낮/밤', '예/아니요', '위/아래' 등이 좋은 예이다.

• 유아들이 말하는 단어는 화이트보드에 적는다. 짝지어 둘이서 활동하는데 교사가 각 짝에게 종이와 색연필을 나누어 준다.

계획

• 짝 중 1명의 유아가 그림을 그리는 역할을 맡아 단어의 반대말을 그림으로 그린다.

• 활동을 이해하지 못하거나 어려워하는 경우 손을 들게 하여 선생님이 돕는다.

확장

• 학급 유아들이 그린 그림을 책으로 묶는다. 반대말 카드를 만들어 교구로 사용한다.

• 낮/밤을 나타낼 때 그림을 그려도 되고, 잡지 등의 사진과 그림을 오려서 사용한다.

쉬운 수준의 활동

교사가 반대말 여러 짝을 제시하고 유아가 이 중 하나를 골라서 그림을 그린다.

어려운 수준의 활동

반대말 활동의 개념을 잘 이해한 유아는 그림카드를 보고 그것의 반대말 찾기를 한다.

교실의 글자 찾기 활동

영역 : 언어

대상 : 유치부~초등 저학년

발달 영역 : 언어, 소근육조절

목표 : 교실을 다니면서 글자를 찾는다. 찾은 글자, 숫자, 친구의 이름, 문장을 써 본다.

자료 : 종이, 색연필 또는 연필, 클립보드

절차

- 선생님은 교실 책상, 의자, 창문, 개수대, 블록 등 교실 내 비품, 놀이감, 교구 등에 이름을 붙여 놓는다.
- 다문화 유아가 있으면 이 유아의 모국어도 사용한다.
- 대집단으로 유아를 모아 교실에 보이는 글자 찾기 활동을 소개한다.
- 유아들이 돌아가며 알파벳, 친구의 이름, 게시판에 쓰인 문장, 책 제목 등을 말해 본다.
- 하루 동안 교실에서 생활하면서 유아들은 글자를 발견할 때마다 클립보드 혹은 활동지에 적도록 한다.

계획

- 유아마다 결과물이 다를 수 있음을 이해시킨다. 어떤 유아는 끄적일 수도 있고, 다른 유아는 글자 하나만 적을 수도 있고, 누구는 글자를 그림 그리듯이 적을 수도 있다.

확장

- 소집단에서 자신이 찾아 적은 글자를 팀원에게 설명하거나 그림을 그리고 사전을 만든다.
- 학기 초, 중간, 학기말에 큰 종이를 벽에 붙여 놓고, 유아들마다 자신의 이름을 적도록 한다. 이 활동은 각 유아의 글에 대한 지식 혹은 기술 정도를 평가할 수 있게 한다.

쉬운 수준의 활동

글자를 모양대로 따라 쓰기를 어려워하는 유아는 쓰는 척하는 활동 혹은 그림 그리는 활동을 한다.

어려운 수준의 활동

유아가 그린 그림을 단어로 표시하도록 한다.

참고문헌

Adams, M. J. (1990). *Beginning to read: Thinking and learning about print*. Cambridge, MA: MIT Press.

Adomat, D. (2010). Dramatic interpretations: Performative responses of young children to picture book read-alouds. *Children's Literature in Education, 41*(3), 207–221.

Afflerbach, P., Kim, J., Crassas, M. E., & Cho, B. (2011). Best practices in literacy assessment. In L. M. Morrow & L. Gambrell (Eds.), *Best practices in literacy instruction* (4th ed., pp. 319–341). New York, NY: Guilford.

Agapitou, P., & Andreou, G. (2008). Language deficits in ADHD preschoolers. *Australian Journal of Learning Difficulties, 13*(1), 39–49.

Ahn, J., & Filipenko, M. (2007). Narrative, imaginary play, art, and self: Intersecting worlds. *Early Childhood Education Journal, 34*(4), 279–289.

Aiken, J. (1982). *The way to write for children*. New York, NY: St. Martin's.

Aldridge, J., Kirkland, L., & Kuby, P. (2002). *Jumpstarters: Integrating environmental print throughout the curriculum* (3rd ed.). Birmingham, AL: Campus Press.

Allen, J., Fabregas, V., Hankins, K., Hull, G., Labbo, L., & Lawson, H., et al. (2002). PhOLKS lore: Learning from photographs, families, and children. *Language Arts, 79*(4), 312–322.

Allen, N. (2010). Making a difference: The western Australian better beginnings family literacy program. *APLIS, 23*(1), 33–37.

Allington, R. L., & Walmsley, S. A. (2007). *No quick fix: Rethinking literacy programs in American's elementary schools*. New York, NY: Teachers College Press.

Allington, R., & McGill-Franzen, A. (2003). The impact of summer setback on the reading achievement gap. *Phi Delta Kappan, 85*(1), 68–75.

Al-Qahtani, N. H. (2005). Foetal response to music and voice. *Australian and New Zealand Journal of Obstetrics and Gynecology, 45*(5), 414–417.

Alvermann, D. E. (1991). The discussion web: A graphic aid for learning across the curriculum. *The Reading Teacher, 45*(2), 92–99.

American Academy of Pediatrics. (2001). *Kids and television*. Available: www.aap.org

American Academy of Pediatrics. (2012, May 21). *Media and children*. Available: www.aap.org/en-us/search/pages/results.aspx?k=children%20and%20television

American Association of School Librarians. (2007). *Standards for the 21st century learner*. Chicago, IL: Author. Available: www.ala.org/aasl/sites/ala.org

American Library Association (2013). 2013 notable children's books. Available: http://www.ala.org/alsc/awardsgrants/notalists/ncb

American Library Association. (1989). *Presidential committee on information literacy: Final report*. Available: www.ala.org/acrl/publications/whitepapers/presidential

American Psychological Association. (2005). *Violence in the media: Psychologists help protect children from harmful effects*. Available: http://psychologymatters.apa.org/mediaviolence.html

Amsterlaw, J., Lagattuta, K. H., & Meltzoff, A. N. (2009). Young children's reasoning about the effects of emotional and physiological states on academic performance. *Child Development, 80*(1), 115–133.

An, H., & Seplocha, H. (2010). Video-sharing websites: Tools for developing pattern languages in young children. *Young Children, 65*(5), 20–25.

Anderson, A., Anderson, J., Lynch, J., Shapiro, J., & Eun Kim, J. (2011). Extra-textual talk in shared book reading: A focus on questioning. *Early Child Development and Care, 182*(9), 1139–1154.

Anderson, E. M. (2013). Preparing the next generation of early childhood teachers: The emerging role of interprofessional education and collaboration in teacher education. *Journal of Early Childhood Teacher Education, 34*(1), 23–35.

Anderson, R. C., Hiebert, E. H., Scott, J. A., & Wilkinson, I. A. G. (1985). *Becoming a nation of readers: The report of the Commission on Reading*. Washington, DC: United States Office of Education.

Annett, M. M. (2004). Building foundations for literacy: Program trains parents as reading partners. *The ASHA Leader, 9*(1), 12.

Annie E. Casey Foundation. (2005). *Kids count*. Available: www.kidscount.org

Annie E. Casey Foundation. (2010). *Early warning! Why reading by the end of third grade matters*. Available: www.aecf.org/~/media/Pubs/Initiatives/KIDS%20COUNT/123/2010KCSpecReport/Special%20Report%20Executive%20Summary.pdf

Anthony, J. L., & Lonigan, C. J. (2004). The nature of phonological awareness: Converging evidence from four studies of preschool and early grade school children. *Journal of Educational Psychology, 96*(1), 43–56.

Anthony, J. L., Williams, J. M., McDonald, R., & Francis, D. J. (2007). Phonological processing and emergent literacy in younger and older preschool children. *Annals of Dyslexia, 57*(2), 113–137.

Applebee, A. (1978). *A child's concept of story: Ages two to seventeen*. Chicago, IL: University of Chicago Press.

Aram, D., & Biron, S. (2004). Joint storybook reading and joint writing interventions among low SES preschoolers: Differential contributions to early literacy. *Early Childhood Research Quarterly, 19*(4), 588–610.

Aram, D., & Levin, I. (2002). Mother-child joint writing and story book reading: Relations with literacy among low SES kindergarteners. *Merrill-Palmer Quarterly, 48*, 202–224.

Armbruster, B. B., Lehr, F., & Osborn, J. (2003). *A child becomes a reader*. Portsmouth, NH: Heinemann.

Armington, D. (1997). *The living classroom: Reading, writing, and beyond.* Washington, DC: National Association for the Education of Young Children.

Arnold, R., & Colburn, N. (2005). Sound advice: Finger plays, rhymes, and songs help young children become successful readers. *School Library Journal, 51*(8), 33.

Association for Childhood Education International Diversity Committee. (2008). Diversity education: Respect, equality, and social justice. *Childhood Education, 84,* 158–159. Available: www.acei.org/diversityed_84_3_158f.htm

Au, K. (1993). *Literacy instruction in multicultural settings.* Fort Worth, TX: Harcourt Brace Jovanovich.

Aud, S., Hussar, W., Kena, G., Biano, K., Frohlich, L., Kemp, J., et al. (2011). *The condition of education 2011* (NCES-2011-033). Washington, DC: U.S. Department of Education, National Center for Education Statistics.

August, D., & Shanahan, T. (Eds.). (2008). *Developing reading and second-language learners: Lessons from the Report of the National Panel on Language-Minority Children and Youth.* New York, NY: Routledge.

Ayers, W. (2001). *To teach: The journey of a teacher* (2nd ed.). New York, NY: Teachers College Press.

Baghban, N. (2007a). Immigration in childhood: Using picture books to cope. *Social Studies, 98,* 71–77.

Baghban, N. (2007b). Scribbles, labels, and stories: The role of drawing in the development of writing. *Young Children, 62,* 20–26.

Baker, C. (2006). *Foundations of bilingual education and bilingualism* (4th ed.). Clevendon, UK: Multilingual Matters.

Baker, I., & Schiffer, M. B. (2007). The reading chair: All interest areas need books so spread those books around. *Young Children, 62*(3), 44–49.

Baker, L., & Scher, D. (2002). Beginning readers' motivation for reading in relation to parental beliefs and home reading practices. *Reading Psychology, 23*(4), 239–269.

Bakhtin, M. (1981). Discourse in the novel. In C. Emerson and M. Holquist (Eds.), *The dialogic imagination: Four essays by M. Bakhtin* (pp. 259–422). Austin, TX: University of Texas Press.

Baldwin, J. L., Adams, S. M., & Kelly, M. K. (2009). Science at the center: An emergent, standards-based, child-centered framework for early learners. *Early Childhood Education Journal, 37*(1), 71–77.

Ballantyne, K. G., Sanderman, A. R., & McLaughlin, N. (2008). *Dual language learners in the early years: Getting ready to succeed in school.* Washington, DC: National Clearinghouse for English Language Acquisition. Available: www.ncela.gwu.edu/resabout/ecell/earlyyears.pdf

Bamford, A. (2006). *The WOW factor: Global research compendium on the impact of the arts in education.* New York, NY: Waxmann Munster.

Bandura, A. (1997). *Self-efficacy: The exercise of control.* New York, NY: Freeman.

Barbarin, O., Bryant, D., McCandies, T., Burchinal, M., Early, D., Clifford, R., & Pianta, R. (2006). Children enrolled in public pre-K: The relation of family life, neighborhood quality, and socioeconomic resources to early competence. *American Journal of Orthopsychiatry, 76*(2), 265–276.

Barclay, K. (2009). Click, clack, moo: Designing effective reading instruction for children in preschool and early primary grades. *Childhood Education, 85*(3), 167–172.

Barnes, S. (2010). Sign language with babies: What difference does it make? *Dimensions of Early Childhood, 38*(1), 21–30.

Baron, N. S. (2005). Dick and Jane meet HTML. *Language Sciences, 27*(1), 137–142.

Barone, D. M., & Xu, S. H. (2008). *Literacy instruction for English language learners pre-K–2.* New York, NY: Guilford.

Barrett, W. S. (2012). Effectiveness of early educational intervention. *Science, 333*(6045), 975–978.

Barton, B., & Booth, D. (1990). *Stories in the classroom: Storytelling, reading aloud, and role playing with children.* Portsmouth, NH: Heinemann.

Barton, P. E. (2004). Why does the gap persist? *Educational Leadership, 62*(3), 9–13.

Barton, P. E., & Coley, R. J. (2007). *The family: America's smallest school.* Princeton, NJ: Educational Testing Service.

Batt, E. G. (2008). Teachers' perceptions of ELL education: Potential solutions to overcome the greatest challenges. *Multicultural Education, 15*(3), 39–43.

Bauer, C. F. (1983). *This way to books.* New York, NY: H. W. Wilson.

Bauer, C. F. (1987). *Presenting reader's theater.* New York, NY: H. W. Wilson.

Bauer, C. F. (1993). *New handbook for storytellers.* Chicago, IL: American Library Association.

Baumann, J. F., Kaméenui, E. J., & Ash, G. E. (2003). Research on vocabulary instruction: Voltaire redux. In J. Flood, D. Lapp, J. R. Squire, & J. M. Jensen (Eds.), *Handbook of research on teaching in the English language arts* (pp. 752–785). Mahwah, NJ: Lawrence Erlbaum.

Baxendell, B. W. (2003). Consistent, coherent, creative: The 3C's of graphic organizers. *Teaching Exceptional Children, 35*(3), 46–53.

Bayless, K. M., & Ramsey, M. E. (1990). *Music: A way of life for the young child.* New York, NY: Macmillan.

Beals, D. E. (2001). Eating and reading: Links between family conversations with preschoolers and later language literacy. In D. Dickinson & P. O. Tabors (Eds.), *Beginning literacy with language: Young children learning at home and school* (pp. 75–92). Baltimore, MD: Paul H. Brookes.

Bear, D. R., Invernizzi, M., Templeton, S., & Johnston, F. (2007). *Words their way: Word study for phonics, vocabulary, and spelling instruction* (4th ed.). Upper Saddle River, NJ: Prentice Hall.

Beauchat, K., Blamey, K., & Walpole, S. (2009). Building preschool children's language and literacy one storybook at a time. *The Reading Teacher, 63*(1), 26–39.

Beck, I., & McKeown, M. (2007). Increasing young low-income children's oral vocabulary repertoires through rich and focused instruction. *The Elementary School Journal, 107*(3), 251–271.

Beck, I., McKeown, M., & Kucan, L. (2002). *Bringing words to life: Robust vocabulary instruction.* New York, NY: Guilford.

Beck, I., McKeown, M., & Kucan, L. (2008). *Creating robust vocabulary: Frequently asked questions and extended examples.* New York, NY: Guilford.

Becker, K. (2012). 24 hours in the children's section: An observational study at the public library. *Early Childhood Education Journal, 40*(2), 107–114.

Bennett, K. K., Weigel, D. J., & Martin, S. S. (2002). Children's acquisition of early literacy skills: Examining family contributions. *Early Childhood Research Quarterly, 17,* 295–317.

Bennett-Armistead, V. S., Duke, N. K., & Moses, A. (2006). *Literacy and the youngest learner: Best practices for educators of children from birth to 5.* New York, NY: Scholastic.

Berger, E. H. (2007). *Parents as partners in education: Families and schools working together.* Upper Saddle River, NJ: Prentice Hall.

Berghoff, B. (1997). Living a literate life. *Language Arts, 74*(5), 316–324.

Bergman, O. (2005). *Wait for me! Reader control of narration rate in talking books.* Available: www.readingonline.org/articles/art_index.asp?HREF=bergman/index.html

Best, R., Floyd, R., & McNamara, D. (2008). Differential competencies contributing to children's comprehension of narrative and expository texts. *Reading Psychology, 29*(2), 137–164.

Bettelheim, B. (1976). *The uses of enchantment: The meaning and importance of fairy tales.* New York, NY: Knopf.

Bicais, J., & Correia, M. G. (2008). Peer-learning spaces: A staple in English language learners' tool kit for developing language and literacy. *Journal of Research in Childhood Education, 22*(4), 363–375.

Biemiller, A., & Slonim, N. (2001). Estimating root word vocabulary growth in normative and advantaged populations: Evidence for a common sequence of vocabulary acquisition. *Journal of Educational Psychology, 93*(3), 498–520.

Billings, E. S. (2009). Prescriptions to read: Early literacy promotion outside the classroom. *Literacy Teaching and Learning, 13*, 81–101.

Binder, M., & Kotsopoulos, S. (2012). Multimodal literacy narratives: Weaving the threads of young children's identity through the arts. *Journal of Research in Childhood Education, 25*(4), 339–363.

Birbili, M. (2006). Mapping knowledge: Concept maps in early childhood education. *Early Childhood Research and Practice,* Available: http://ecrp.uiuc.edu/v8n2/birbili.html

Bishop, D. V., & Snowling, M. J. (2004). Developmental dyslexia and specific language impairment: Same or different? *Psychological Bulletin, 130*(6), 858–886.

Bissex, G. (1980). *GYNS at work: A child learns to read and write.* Cambridge, MA: Harvard University Press.

Bjorgen, A. M. (2010). Boundary crossing and learning identities: Digital storytelling in primary grades. *Seminaro.Net: Media, Technology, and Life-Long Learning, 6*(2), 161–175.

Blasi, M. (2005). Building literacy traditions: A family affair. *Childhood Education, 81*(5), 297.

Blass, E. M., Anderson, D. R., Kirkorian, H. L., Pempek, T. A., Price, I., & Koleini, M. F. (2006). On the road to obesity: Television viewing increases intake of high-density foods. *Physiology and Behavior, 88,* 587–604.

Blevins, W. (2001). *Building fluency: Lessons and strategies for reading success.* New York, NY: Scholastic.

Blewitt, P., Rump, K., Shealy, S., & Cook, S. (2009). Shared book reading: When and how questions affect young children's word learning. *Journal of Educational Psychology, 101*(2), 294–304.

Bliss, L. S., & McCabe, A. (2008). Personal narratives: Cultural differences and clinical implications. *Topics in Language Disorders, 28,* 162–177.

Block, C. C., & Israel, S. E. (2004). The ABCs of performing highly effective think-alouds. *The Reading Teacher, 58*(2), 154–167.

Bloome, D., Champion, T., Katz, L., Morton, M. B., & Muldrow, R. (2001). Spoken and written narrative development: African American preschoolers as storytellers and story makers. In J. L. Harris, A. G. Kamhi, & K. E. Pollock (Eds.), *Literacy in African American communities* (pp. 45–76). Mahwah, NJ: Lawrence Erlbaum.

Bodrova, E., & Leong, D. (2007). *Tools of the mind: The Vygotskian approach to early childhood education.* Upper Saddle River, NJ: Merrill/Prentice Hall.

Bogart, D. (Ed.). (2013). *Library and book trade almanac 2012: Facts, figures, and reports* (58th ed.). New York, NY: W.W. Bowker.

Bolduc, J. (2009). Effects of a music programme on kindergartners' phonological awareness skills. *International Journal of Music Education, 27*(1), 37–47.

Bond, G. L., Tinker, M. A., Wasson, B. B., & Wasson, J. B. (1994). *Reading difficulties: Their diagnosis and correction* (7th ed.). Boston, MA: Allyn & Bacon.

Bond, M. A., & Wasik, B. A.. (2009). Conversation stations: Promoting language development in young children. *Early Childhood Education Journal, 36*(6), 467–473.

Bonoti, F., Vlachos, F., & Metallidou, P. (2005). Writing and drawing performance of school-age children. *School Psychology International, 26*(2), 243–256.

Booth, D. (2005). *Story drama: Creating stories through role playing, improvising, and reading aloud.* Portland, ME: Stenhouse.

Bornstein, M. (Ed.). (2009). *Handbook of parenting: Biology and ecology of parenting* (2nd ed., Vol. 2). Mahwah, NJ: Lawrence Erlbaum.

Bouchard, M. (2001). *ESL smart! Ready-to-use life skills and academic activities for grades K–8.* Bloomington, IN: Center for Applied Research in Education.

Boyd, D., & Bee, H. (2010). *The growing child.* Boston, MA: Allyn & Bacon.

Boyer, E. (1996). 5 priorities for quality schools. *Education Digest, 62*(1), 4–8.

Boyer, W. (2008). Parental and educator perspectives on young children's acquisition of self-regulatory skills. In M. R. Jalongo (Ed.), *Enduring bonds: The significance of interpersonal relationships in young children's lives* (pp. 23–38). New York, NY: Springer.

Bracken, B. A., & Nagle, R. J. (Eds.). (2006). *The psychoeducational assessment of preschool children* (4th ed.). Mahwah, NJ: Lawrence Erlbaum.

Bracken, S. S., & Fischel, J. E. (2008). Family reading behavior and early literacy skills in preschool children from low-income backgrounds. *Early Education and Development, 19*(1), 45–67.

Bradham, E. G., & Brown, C. L. (2002). Effects of teachers' reading-aloud styles on vocabulary acquisition and comprehension of students in the early elementary grades. *Journal of Educational Psychology, 94*(3), 465–473.

Bradley, B., & Reinking, D. (2011). A formative experiment to enhance teacher-child language interactions in a preschool classroom. *Journal of Early Childhood Literacy, 11*(3), 362–401.

Bradley, L. G., & Donovan, C. A. (2010). Information book read-alouds as models for second-grade authors. *The Reading Teacher, 64,* 246–260.

Branson, D., Vigil, D. C., & Bingham, A. (2008). Community childcare providers' role in the early detection of autism spectrum disorders. *Early Childhood Education Journal, 35*(6), 523–530.

Brassard, M. R., & Boehm, A. E. (2007). *Preschool assessment, principles and practices.* New York, NY: Guilford.

Braunger, J., & Lewis, J. P. (2005). *Building a knowledge base in reading* (2nd ed.). Portland, OR: Northwest Regional Laboratory.

Brent, R., & Anderson, P. (1993). Developing children's classroom listening strategies. *The Reading Teacher, 47*(2), 122–126.

Brittain, W. (1979). *Creativity, art and the young child.* New York, NY: Macmillan.

Bromley, K. (2011). Best practices in teaching writing. In L. M. Morrow & L. Gambrell (Eds.), *Best practices in literacy instruction* (4th ed., pp. 295–318). New York, NY: Guilford.

Brouillette, L. (2009). How the arts help children to create healthy social scripts: Exploring the perceptions of elementary teachers. *Arts Education Policy Review, 111*(1), 16–24.

Brown, G., Scott-Little, C., Amwake, L., & Wynn, L. (2007).

A review of methods and instruments used in state and local school readiness evaluations (Issues & Answers Report, REL 2007–No. 004). Washington, DC: U.S. Department of Education, Institute of Education Sciences, National Center for Education Evaluation and Regional Assistance, Regional Educational Laboratory Southeast. Available: http://ies.ed.gov/ncee/edlabs

Brown, H., & Cambourne, B. (1990). *Read and retell*. Portsmouth, NH: Heinemann.

Brown, L. J., & Jalongo, M. R. (1986). Make parent-teacher conferences better. *PTA Today, 12*(1), 14–16.

Brown, P. M., Rickards, F. W., & Bortoli, A. (2001). Structures underpinning pretend play and word production in young hearing children and children with hearing loss. *Journal of Deaf Studies and Deaf Education, 6*(1), 15–31.

Brown, T. B. H. (2010). Learning to read: The unofficial scripts of succeeders and strugglers. *The Reading Teacher, 64*(4), 261–271.

Bruer, J. T. (1993). The mind's journey from novice to expert. *American Educator, 17*(2), 6–15, 38–46.

Bruner, J. S. (2004). *The process of education* (Rev. ed.). Cambridge, MA: Harvard University Press.

Bryan, T., & Burstein, K. (2004). Improving homework completion and academic performance: Lessons from special education. *Theory into Practice, 43*(3), 213–220.

Bunten, B. A. (2010). Welcome to America: Now speak English. *Multicultural Education, 17*(4), 2–9.

Burgess, S. R. (2011). Home literacy environments (HLEs) provided to very young children. *Early Child Development and Care, 181*(4), 445–462.

Burke, M. D., & Hagan-Burke, S. (2007). Concurrent validity of first grade early literacy indicators. *Assessment for Effective Intervention, 32*(2), 66–77.

Burke, M. D., Hagan-Burke, S., Kwok, O., & Parker, R. (2009). Predictive validity of early literacy indicators from the middle of kindergarten to second grade. *The Journal of Special Education, 42*(4), 209–226.

Burkhauser, D. S., & Halle, T. (2010). *A review of school readiness practices in the states: Early learning guidelines and assessments.* Available: www.childtrends.org

Burnett, C. (2010). Technology and literacy in early childhood educational settings: A review of research. *Journal of Early Childhood Literacy, 10*(3), 247–270.

Burningham, L. M., & Dever, M. T. (2005). An interactive model for fostering family literacy. *Young Children, 60*(5), 87–94.

Bus, A. G. (2001). Joint caregiver-child storybook reading: A route to literacy development. In S. B. Neuman & D. K. Dickinson (Eds.), *Handbook of early literacy research.* (pp. 179–191). New York, NY: Guilford.

Bus, A. G., & van IJzendoorn, M. H. (1999). Phonological awareness and early reading: A meta-analysis of experimental training studies. *Journal of Educational Psychology, 91*(3), 403–413.

Butler, D. (1975). *Cushla and her books*. Boston, MA: The Horn Book.

Butler, D. (1998). *Babies need books* (Rev. ed.). Portsmouth, NH: Heinemann.

Byrne, B., Freebody, P., & Gates, A. (1992). Longitudinal data on the relations of word-reading strategies to comprehension, reading time, and phonemic awareness. *Reading Research Quarterly, 27*(2), 141–151.

Byrnes, J. P., & Wasik, B. A. (2009). *Language and literacy development: What educators need to know.* New York, NY: Guilford.

Cabell, S. Q., Justice, L. M., Zucker, T. A., & Kilday, C. R. (2009). Validity of teacher report for assessing the emergent literacy skills of at-risk preschoolers. *Language, Speech, and Hearing Services in Schools, 40,* 161–173.

Cabell, S. Q., Justice, L. M., Zucker, T. A., & McGinty, A. S. (2009). Emerging name-writing abilities of preschool-age children with hearing impairment. *Language, Speech, and Hearing Services in Schools, 40,* 53–66. doi: 0161-1461/09/4001-0053

Cabell, S., Justice, L., Vukelich, C., Buell, M., & Han, M. (2008). Strategic and intentional shared storybook reading. In L. Justice & C. Vukelich (Eds.), *Achieving excellence in preschool literacy instruction* (pp. 198–219). New York: Guilford.

Cabrera, M., & Martinez, P. (2001). The effects of repetition, comprehension checks, and gestures on primary school children in an EFL situation. *English Language Teachers Journal, 55*(3), 281–288.

Calderón, M., Slavin, R., & Sánchez, M. (2011). Effective instruction for English learners. *Future of Children, 21*(1), 103–127.

Calkins, L. M. (2003). *Units of study for primary writing: A yearlong curriculum.* Portsmouth, NH: FirstHand.

Calkins, L. M., Hartman, A., & White, Z. (2005). *One to one: The art of conferring with young writers.* Portsmouth, NH: Heinemann.

Cambourne, B. (1995). Toward an educationally relevant theory of literacy learning: Twenty years of inquiry. *The Reading Teacher, 49*(3), 182–190.

Cambourne, B. (2001). Conditions for literacy learning: Why do some students fail to learn to read? Ockham's razor and the conditions of learning. *The Reading Teacher, 54*(8), 784–786.

Camilli, G., Vargas, S., Ryan, S., & Barnett, S. (2010). Meta-analysis of the effects of early education interventions on cognitive and social development. *Teachers College Record, 112*(3). Available: www.tcrecord.org/Content.asp?ContentId-15440

Camp, D. (2000). It takes two: Teaching with twin texts of fact and fiction. *The Reading Teacher, 53*(5), 400–440.

Campbell, F. A., Pungello, E. P., Burchinal, M., Kainz, K., Pan, Y., Wasik, B. ., . . . Ramey, C. T. (2012). Adult outcomes as a function of an early childhood educational program: An Abecedarian Project follow-up. *Developmental Psychology, 48*(8), 1033–1043.

Cantin, G., Plante, I., Coutu, S., & Brunson, L. (in press). Parent-caregiver relationships among beginning caregivers in Canada: A quantitative study. *Early Childhood Education Journal, 40*(5), 265–278.

Cappello, M. (2006). Under construction: Voice and identity development in writing workshop. *Language Arts, 83*(6), 482–491.

Carasquillo, A. L., & Rodriguez, V. (2002). *Language minority students in the mainstream classroom* (2nd ed.). Philadelphia, PA: Multilingual Matters.

Carlsson-Paige, N. (2012). Media, technology, and commercialism. In B. Falk (Ed.), *Defending childhood: Keeping the promise of early education* (pp. 133–148). New York, NY: Teachers College Press.

Carnine, D. W., Silbert, J., Kame'enui, E. J., & Tarver, S. G. (2010). *Direct instruction reading* (5th ed.). Upper Saddle River, NJ: Pearson.

Carr, J. F., & Harris, D. E. (2001). *Succeeding with standards: Linking curriculum, assessment, and action planning.* Alexandria, VA: Association for Supervision and Curriculum Development.

Carroll, J. M., & Myers, J. M. (2011). Spoken word classification in children and adults. *Journal of Speech, Language, and Hearing Research, 54*(1), 127–147.

Carter, D. R., Chard, D. J., & Pool, J. L. (2009). A family strengths approach to early language and literacy development. *Early Childhood Education Journal, 36*(5), 519–526.

Carter, M., & Curtis, D. (1994). *Training teachers: A harvest of theory and practice.* St. Paul, MN: Redleaf.

Carter, M., & Curtis, D. (2007). *Learning together with young children: A curriculum framework for reflective teachers.* St. Paul, MN: Redleaf.

Cassady, J. C., Smith, L. L., & Putnam, S. M. (2008). Phonological awareness development as a discrete process: Evidence for an integrative model. *Reading Psychology, 29*(6), 508–530.

Cauchon, D., & Hanse, B. (2011, September 13). Typical US family got poorer during the past 10 years. *USA TODAY.* Available: www.usatoday.com/news/nation/story/2011-09-13/census-household-income/50383882/1

Cavaretta, J. (1998). Parents are a school's best friend. *Educational Leadership, 55*(8), 12–14.

Center for Media Education. (2009). *Plugging in parents: Websites to help mom and dad.* Available: www.cme.org

Center for Media Literacy. (2007). *Five key questions that can change the world: Lesson plans for media literacy.* Available: www.medialit.org/pdf/mlk/02_5KQ_ClassroomGuide.pdf

Center for Technology in Education Technology and Media Division. (2005). *Considering the need for assistive technology within the individualized education program.* Columbia, MD, and Arlington, VA: Author.

Center for the Improvement of Early Reading Achievement (CIERA) (2001). Improving the reading achievement of America's children: 10 research-based principles. Available: http://www.ciera.org/library/instresrc/principles/

Center for the Improvement of Early Reading Achievement. (2001). *Putting reading first: The research building blocks for teaching children to read.* Bethesda, MD: National Institute of Child Health and Human Development.

Centers for Disease Control and Prevention. (2010). *Autism spectrum disorders (ASDS).* Available: www.cdc.gov/ncbddd/autism

Chafel, J. A., Flint, A. S., Hammel, J., & Pomeroy, K. H. (2007). Young children, social issues, and critical literacy: Stories of teachers and researchers. *Young Children, 62*(1), 73–81.

Chagnon, L. T. (2004). *Yes, YOU can teach someone to read.* Bloomington, IN: AuthorHouse.

Chandler, D. (2007). *Semiotics: The basics* (2nd ed.). Abingdon, UK: Routledge.

Chang, N. (2000). Reasoning with children about violent television shows and related toys. *Early Childhood Education Journal, 28*(2), 85–89.

Charlesworth, R., & Lind, D. (2010). *Science and math for young children.* Cincinnati, OH: Delmar.

Chau, M., Kalyani, T., & Wigth, V. (2010). *Basic facts about low-income children, 2009.* New York, NY: National Center for Children in Poverty.

Cheatham, G. A., & Jimenez-Silva, M. (2012). Partnering with Latino families during kindergarten transition: Lessons learned from a parent-teacher conference. *Childhood Education, 88*(3), 177–184.

Cheatham, G. A., & Ostrosky, M. M. (2011). Whose expertise? An analysis of advice-giving in early childhood parent-teacher conferences. *Journal of Research in Childhood Education, 25*(1), 24–44.

Cheatham, G. A., & Ro, Y. E. (2011). Communication between early educators and parents who speak English as a second language: A semantic and pragmatic perspective. *Early Childhood Education Journal, 39,* 249–256.

Chen, J. J., & Shire, S. H. (2011). Strategic teaching: Fostering communication skills in diverse young learners (Spanish). *Young Children, 66*(2), 20–27.

Chiat, S., & Roy, P. (2008). Early phonological and sociocognitive skills as predictors of later language and social communication

outcomes. *Journal of Child Psychology and Psychiatry, 49*(6), 635–645.

Child Care & Early Education Research Connections (2009). Young dual language learners: A key topic resource list. Available: http://www.researchconnections.org/files/childcare/keytopics/Dual_Language_Learners.pdf

Children's Defense Fund. (2008). *The state of America's children.* Washington, DC: Author. Available: www.childrensdefense.org/child-research-data-publications/data/state-of-americas-children-2008-report.html

Children's Defense Fund. (2011). *The state of America's children.* Washington, DC: Author. Available: http://www.childrensdefense.org/child-research-data-publications/data/state-of-americas-children-2011-report.html

Chomsky, C. (2009). Creativity and innovation in child language. *Journal of Education, 189*(3), 37–42.

Chomsky, N. (1988). *Language and mind.* New York, NY: Harcourt Brace and World.

Christ, T., & Wang, X. C. (2010). Research in review. Bridging the vocabulary gap: What the research tells us about vocabulary instruction in early childhood. *Young Children, 65*(4), 84–91.

Christakis, D. A., Zimmerman, F. J., DiGiuseppe, D. L., & McCarty, C. A. (2004). Early television exposure and subsequent attentional problems in children. *Pediatrics, 113*(4), 708–713.

Christian, L. G. (2006). Understanding families: Applying family systems theory to early childhood practice. *Young Children, 61*(1), 12–20.

Ciabattari, T. (2010). Cultural capital, social capital, and educational inequality. *Childhood Education, 87*(2), 119–122.

Ciancolo, P. (1984). Illustrations in picture books. In Z. Sutherland and M. C. Livingston (Eds.), *The Scott Foresman anthology of children's literature* (pp. 846–878). Glenview, IL: Scott Foresman.

Cirino, P. T., Pollard-Durodola, S. D., Foorman, B. R., Carlson, C. D., & Francis, D. J. (2007). Teacher characteristics, classroom instruction, and student literacy and language outcomes for bilingual kindergartners. *Elementary School Journal, 107*(4), 341–364.

Clark, A. (2007). A hundred ways of listening: Gathering young children's perspectives of their early childhood environment. *Young Children, 62*(3), 76–81.

Clark, C. (2005). Father involvement in children's literacy outcomes. *Literacy Today, 42,* 14–15.

Clark, S. K., Jones, C. D., & Reutzel, D. R. (2012). Using the text structures of information books to teach writing in the primary grades. *Early Childhood Education Journal, 41*(4), 265–271.

Clarke, G., & Zagarell, J. (2012). Teachers and technology: A technological divide. *Childhood Education, 88*(2), 136–139.

Clay, M. (1975). *What did I write?* Portsmouth, NH: Heinemann.

Clay, M. M. (1992). *Reading Recovery: A guide for teachers in training.* Portsmouth, NH: Heinemann.

Clay, M. M. (2000). *Concepts about print: What have children learned about the way we print language?* Portsmouth, NH: Heinemann.

Cleaveland, L., & Ray, K. W. (2004). *Writing workshop with our youngest writers.* Portsmouth, NH: Heinemann.

Cleeland, H. (2004). *Glue and go costumes for kids: Super-duper designs with everyday materials.* New York, NY: Sterling.

Clements, D. H., & Sarama, J. (2010). Technology. In V. Washington & J. D. Andrews (Eds.), *Children of 2020: Creating a better tomorrow* (pp. 119–123). Washington, DC: Council for Professional Recognition and National Association for the

Education of Young Children. Available: http://fcd-us.org/sites/default/files/Takanishi%20-%20A%20Paradigm%20Shift.pdf

Clements-Stephens, A. M., Rimrodt, S. L., & Cutting, L. E. (2009). Developmental sex differences in basic visuospatial processing: Differences in strategy use? *Neuroscience Letters, 449*(3), 155–160.

Cliatt, M. J. P., & Shaw, J. M. (1988). The story time exchange: Ways to enhance it. *Childhood Education, 64*(5), 293–298.

Clopton, K. L., & East, K. K. (2008a). A list of books about a parent in prison. *Early Childhood Education Journal, 36*(2), 199–200.

Clopton, K. L., & East, K. K. (2008b). "Are there other kids like me?" Children with a parent in prison. *Early Childhood Education Journal, 36*(2), 195–198.

Coates, E. (2002). "I forgot the sky!" Children's stories contained within their drawings. *International Journal of Early Years Education, 10*(1), 21–36.

Coates, E., & Coates, A. (2011). The subjects and meanings of young children's drawings. In D. Faulkner & E. Coates (Eds.), *Exploring children's creative narratives* (pp. 86–110). New York, NY: Routledge.

Cobb, C. (2007). Training paraprofessionals to effectively work with all students. *The Reading Teacher, 60*(7), 686–689.

Cochran-Smith, M. (1986). Reading to children: A model for understanding texts. In B. B. Scheifflin & P. Gilmore (Eds.), *The acquisition of literacy: Ethnographic perspectives* (pp. 35–59). Norwood, NJ: Ablex.

Cohen, D. H., Stern, V., Balaban, N., & Gropper, N. (2008). *Observing and recording the behavior of young children* (5th ed.). New York, NY: Teachers College Press.

Cohen, L. E. (1997). How I developed my kindergarten book backpack program. *Young Children, 52*(2), 69–71.

Cole, E. B., & Flexer, C. A. (2007). *Children with hearing loss: Developing listening and talking, birth to six.* San Diego, CA: Plural Publishing.

Collins, A., & Halverson, R. (2009). *Rethinking education in the age of technology: The digital revolution and the schools.* New York, NY: Teachers College Press.

Collins, F. M., & Svenson, F. M. (2008). If I had a magic wand I'd magic her out the book: The rich literacy practices of competent early readers. *Early Years: Journal of International Research and Development, 28*(1), 81–91.

Collins, M. F. (2010). ELL preschoolers' English vocabulary acquisition from storybook reading *Early Childhood Research Quarterly, 25,* 84–97.

Coltrane, B. (2003). *Working with young English language learners: Some considerations.* Washington, DC: ERIC Clearinghouse on Language and Linguistics. (ERIC Digest No. 481 690)

Comber, B. (2003). Critical literacy in the early years. In N. Hall & J. Marsh (Eds.), *Handbook of early literacy* (pp. 355–368). London: Sage.

Comber, B., & Simpson, A. (2001). *Negotiating critical literacies in classrooms.* Mahwah, NJ: Lawrence Erlbaum.

Comer, J. (1998). Lunch with Lois . . . James Comer. *Our Children: The National PTA Magazine, 23*(8), 11–12.

Compton-Lilly, C. (2007). What can video games teach us about reading? *The Reading Teacher, 60*(8), 718–727.

Conderman, G., & Strobel, D. (2008). Fluency Flyers Club: An oral reading fluency intervention program. *Preventing School Failure, 53*(1), 15–20.

Conrad, N., Gong, Y., Sipp, L., & Wright, L. (2004). Using text talk as a gateway to culturally responsive teaching. *Early Childhood Education Journal, 31*(3), 187–192.

Conteh, J. (2007). Opening doors to success in multilingual classrooms: Bilingualism, code switching and the profes-sional identities of ethnic minority primary teachers. *Language and Education, 21*(6), 457–472.

Conyers, J. (2012). My very own imagination library. *Childhood Education, 88*(4), 221–225.

Cook, R. E., Klein, M. D., & Tessier, A. (2008). *Adapting early childhood curricula for children in inclusive settings.* Upper Saddle River, NJ: Pearson/Merrill/Prentice Hall.

Cook-Cottone, C. (2004). Constructivism in family literacy practices: Parents as mentors. *Reading Improvement, 41*(4), 208–216.

Cooper, P. (2009). *The classrooms all young children need: Lessons in teaching from Vivian Paley.* Chicago, IL: University of Chicago Press.

Copple, C., & Bredekamp, S. (2009). *Developmentally appropriate practice in early childhood programs serving children from birth through age 8* (3rd ed.). Washington, DC: National Association for the Education of Young Children.

Courage, M. L., & Setliff, A. E. (2009). Debating the impact of television and video material on very young children: Attention, learning, and the developing brain. *Child Development Perspectives, 3,* 72–78.

Coyne, M. D., Kame'enui, E. J., & Harn, D. C. (2004). Beginning reading intervention as inoculation or insulin: First grade reading performance of strong responders to kindergarten intervention. *Journal of Learning Disabilities, 37*(2), 90–104.

Craft Al-Hazza, T., & Gupta, A. (2006). Reading tutor checklist: A guide for supplemental reading support for volunteer tutors. *Preventing School Failure, 50*(4), 15–22.

Cragg, L., & Nation, K. (2010). Language and the development of cognitive control. *Topics in Cognitive Science, 2*(4), 631–642.

Crandell, C. C., Flexer, C. A., & Smaldino, J. J. (2004). *Sound-field amplification: Applications to speech perception and classroom acoustics.* Bel Air, CA: Singular.

Creamer, T. S., & Baker, T. K. (2000). Book access, shared reading, and audio models: The effects of supporting the literacy learn-ing of linguistically diverse students in school and at home. *Journal of Educational Psychology, 92,* 23–36.

Crepeau, I. M., & Richards, M. A. (2003). *A show of hands: Using puppets with young children.* St. Paul, MN: Redleaf.

Črnčec, R., Wilson, S., & Prior, M. (2006). The cognitive and academic benefits of music to children: Facts and fiction. *Educational Psychology, 26*(4), 579–594.

Crosse, K. (2007). *Introducing English as an additional language to young children.* London: Paul Chapman.

Cruger, M. (2005). The parent letter. About our kids: A letter for parents by the NYU Child Study Center. *The Parent Letter, 3*(7), 1–2.

Culham, R. (2005). *6 + 1 traits of writing: The complete guide for the primary grades.* New York, NY: Scholastic.

Cummins, J. (2003). *Bilingual children's mother tongue: Why is it important for education?* Available: www.multiverse.ac.uk/viewarticle2.aspx?contentId=390 and www.iteachilearn.com/cummins/mother.htm

Cunningham, A., & Zibulsky, A. (2011). Tell me a story: Examin-ing the benefits of shared reading. In S. Neuman & D. Dickinson (Eds.), *Handbook of early literacy research* (Vol. 3, pp. 396–411). New York, NY: Guilford.

Cunningham, A., Zibulsky, J., & Callahan, M. (2009). Starting small: Building preschool teacher knowledge that supports early literacy development. *Reading and Writing, 22*(4), 487–510.

Cunningham, P. (2008). *Phonics they use* (5th ed.). Boston, MA: Allyn & Bacon.

Cunningham, P. (2011). Best practices in teaching phonological awareness and phonics. In L. M. Morrow & L. Gambrell (Eds.), *Best practices in literacy instruction* (4th ed., pp. 199–223). New York, NY: Guilford.

D'Angiulli, A., Siegel, L. S., & Serra, E. (2000). The development of reading in English and Italian in bilingual children. *Applied Psycholinguistics, 22,* 479–507.

Dailey, K. (2008). Sharing centers. In M. Jalongo, *Learning to listen, listening to learn: Strategies for young children.* Washington, DC: National Association for the Education of Young Children.

Dale, P. (1976). *Language development.* New York, NY: Holt Rinehart & Winston.

Danesi, M. (2007). *The quest for meaning: A guide to semiotic theory and practice.* Toronto, ON: University of Toronto Press.

Daniels, H. (2002). *Literature circles: Voice and choice in book clubs and reading groups* (2nd ed.). York, ME: Stenhouse.

David, J., Onchonga, O., Drew, R., Grass, R., Stuchuk, R., & Burns, M. S. (2006). Head Start embraces language diversity. *Young Children, 60*(6), 40–43.

Davis, P. (2007). Storytelling as a democratic approach to data collection: Interviewing children about reading. *Educational Research, 49*(2), 169–184.

de Jong, M. T., & Bus, A. G. (2002). Quality of book reading matters for emergent readers: An experiment with the same book in a regular or electronic format. *Journal of Educational Psychology, 94,* 145–155.

De Marrais, K. B., Nelson, P. A., & Baker, J. H. (1994). Meaning in mud: Yup'ik Eskimo girls at play. In J. L. Rooparine, J. E. Johnson, & F. H. Hooper (Eds.), *Children at play in diverse cultures* (pp. 179–209). Albany, NY: SUNY Press.

de Vries, A. C., & Bus, A. G. (2008). Name writing: A first step to phonetic writing? Does the name have a special role in understanding the symbolic function of writing? *Literacy Teaching and Learning, 12*(3), 37–55.

DeBruin-Parecki, A. (2008). Storybook reading as a standardized measurement of early literacy skill development. In A. DeBruin-Parecki (Ed.), *Effective early literacy practice: Here's how, here's why* (pp. 1–14). Baltimore, MD: Paul H. Brookes.

DeBruin-Parecki, A. (2009). Establishing a family literacy program with a focus on interactive reading: The role of research and accountability. *Early Childhood Education Journal, 36*(5), 381–460.

DeBruin-Parecki, A., & Squibb, K. (2011). Promoting at-risk preschool children's comprehension through research-based strategy instruction. *Reading Horizons, 51*(1), 41–62.

DeHaven, E. P. (1988). *Teaching and learning the language arts* (3rd ed.). Boston, MA: Little, Brown.

Dell, A. G., Newton, D., & Petroff, J. (2011). *Assistive technology in the classroom: Enhancing the school experiences of students with disabilities* (2nd ed.). Upper Saddle River, NJ: Pearson.

DeLuzio, J., & Girolametto, L. (2011). Peer interactions of preschool children with and without hearing loss. *Journal of Speech, Language, and Hearing Research, 54,* 1197–1210.

Denton, C., Parker, R., & Jasbrouck, J. E. (2003). How to tutor very young students with reading problems. *Preventing School Failure, 48*(1), 42–44.

Denton, K., West, J., & Walston, J. (2003). *Reading—Young children's reading and classroom experience: Findings from The Condition of Education 2003.* Washington, DC: National Center for Education Statistics.

DeThorne, L., Hart, S. A., Petrill, S. A., Deater-Deckard, K., Thompson, L., Schatschneider, C., & Davison, M. (2006). Children's history of speech-language difficulties: Genetic influences and associations with reading-related measures. *Journal of Speech, Language, and Hearing Research, 49*(6), 1280–1293.

Dickinson, D., & Neuman, S. B. (2006). *Handbook of early literacy research* (Vol. 2). New York, NY: Guilford.

Dickinson, D., & Porche, M. (2011). Relation between language experiences in preschool classrooms and children's kindergarten and fourth-grade language and reading abilities. *Child Development, 82*(3), 870–886.

Dickinson, D., & Snow, C. E. (1987). Interrelationships among prereading and oral language skills in kindergartners from two social classes. *Early Childhood Research Quarterly, 2*(1), 1–25.

Dickinson, D., Darrow, C., & Tinubu, T. (2008). Patterns of teacher-child conversations in Head Start classrooms: Implications for an empirically grounded approach to professional development. *Early Education and Development, 19*(3), 396–429.

Dickinson, D., Darrow, C., Ngo, S., & D'Souza, L. (2009). Changing classroom conversations—Narrowing the gap between potential and reality. In O. Barbarin & B. H. Wasik (Eds.), *Handbook of child development and early education* (pp. 328–351). New York, NY: Guilford.

Dickinson, D., Freiberg, J., & Barnes, E. (2011). Why are so few interventions really effective? A call for fine-grained research methodology. In L. Morrow, L. Gambrell, & N. Duke (Eds.), *Best practices in literacy instruction* (4th ed., pp. 337–357). New York, NY: Guilford.

Dickinson, D., Golinkoff, R., & Hirsh-Pashek, K. (2010). Speaking out for language: Why language is central to reading development. *Educational Researcher, 39*(4), 305–310.

Dickinson, D., Griffith, J., Golinkoff, R., & Hirsh-Pashek, K. (2012). How reading books fosters language development around the world. *Child Development Research,* Article ID 602807, 1–15.

Dickinson, D., McCabe, A., & Sprague, K. (2001). *Teacher Rating of Oral Language and Literacy (TROLL): A research-based tool.* Ann Arbor, MI: Center for the Improvement of Early Reading Achievement, University of Michigan.

Dickinson, D., McCabe, A., & Sprague, K. (2003). Teacher Rating of Oral Language and Literacy (TROLL): Individualizing early literacy instruction with a standards-based rating tool. *The Reading Teacher, 56,* 554–564.

DiSanto, A. (2012). Promoting preschool literacy: A family literacy program for homeless mothers and their children. *Childhood Education, 88*(4), 232–240.

Disseldorp, B., & Chambers, D. (2003). *Selecting the right technology for students in changing teaching environment: A case study.* Available: http://crpit.com/Published-PapersNJS.html

Division for Early Childhood. (2007). *Promoting positive outcomes for children with disabilities: Recommendations for curriculum, assessment and program evaluation.* Missoula, MT: Author.

Dixon, L. Q., Wu, S., & Daraghmeh, A. (2011). Profiles in bilingualism: Factors influencing kindergartners' language proficiency. *Early Childhood Education Journal, 40*(1), 25–34.

Dixon, S. D. (2008). Language is everywhere! Universally designed strategies to nurture oral and written language. *Young Exceptional Children, 11*(4), 2–12.

Doake, D. (1986). Learning to read: It starts in the home. In D. R. Torrey & J. E. Kerber (Eds.), *Roles in literacy learning: A new perspective* (pp. 2–9). Newark, DE: International Reading Association.

Donohue, C., Fox, S., & Torrence, D. (2007). Early childhood educators as eLearners: Engaging approaches to teaching and learning online. *Young Children, 62*(4), 34–40.

Doty, D. E., Popplewell, S. R., & Byers, G. O. (2001). Interactive CD-ROM storybooks and young readers' reading comprehension. *Journal of Research on Technology in Education, 33*(4), 374–384.

Dougherty Stahl, K. (2011). Applying new visions of reading

development in today's classrooms. *The Reading Teacher, 65*(1), 52–56.

Downs, A., & Strand, P. (2006). Using assessment to improve the effectiveness of early childhood education. *Journal of Child and Family Studies, 15*(6), 671–680.

Doyle, B. G., & Bramwell, W. (2006). Promoting emergent literacy and social-emotional learning through dialogic reading. *The Reading Teacher, 59*(6), 554–564.

Dreher, M. J. (2003). Motivating struggling readers by tapping the potential of information books. *Reading and Writing Quarterly, 19*(1), 25–39.

Dreon, O., Kerper, R. M., & Landis, J. (2011). Digital storytelling: A tool for teaching and learning in the YouTube generation. *Middle School Journal, 42*(5), 4–10.

Dugan, J. (1997). Transactional literature discussions: Engaging students in the appreciation and understanding of literature. *The Reading Teacher, 51*(2), 86–96.

Duke, N. (2004). The case for informational text. *Educational Leadership, 61*(6), 40–44.

Duke, N. (2007). Using nonfiction reference materials with young children—Let's look in a book. *Young Children, 62*(3), 12–16.

Duke, N. K. (2003). Reading to learn from the very beginning: Information books in early childhood. *Young Children, 58*(2), 14–20.

Duke, N. K., & Kays, J. (1998). "Can I say 'once upon a time'?": Kindergarten children developing knowledge of information book language. *Early Childhood Research Quarterly, 13*(2), 295–318.

Duke, N. K., Pearson, P. D., Strachan, S. L., & Billman, A. K. (2011). Essential elements of fostering and teaching reading comprehension. In S. J. Samuels & A. Farstrup (Eds.), *What research has to say about reading instruction* (4th ed., pp. 51–92). Newark, DE: International Reading Association.

Dunleavy, D., & Kurisu, J. (2004). *The jumbo book of drama.* Towanda, NY: Kids Can Press.

Dunn, M. W., & Finley, S. (2010). Children's struggles with the writing process: Exploring storytelling, visual arts, and keyboarding to promote narrative story writing. *Multicultural Education, 18*(1), 33–42.

Dunst, C. J., Bruder, M. B., Trivette, C. M., Hamby, D., Raab, M., & McLean, M. (2001). Characteristics and consequences of everyday natural learning opportunities. *Topics in Early Childhood Special Education, 21*(2), 68–92.

Durden, T., & Rainer Dangel, J. (2008). Teacher-involved conversations with young children during small group activity. *Early Years, 28*(3), 251–266.

Duursma, E., Romero-Contreras, S., Szuber, A., Proctor, P., & Snow, C. E. (2007). The role of home literacy and language environment on bilinguals' English and Spanish vocabulary development. *Applied Psycholinguistics, 28,* 171–190. doi:10.1017/S0142716406070093

Dwyer, J., & Neuman, S. B. (2008). Selecting books for children birth through four: A developmental approach. *Early Childhood Education Journal, 35*(6), 489–494.

Dyson, A. H. (1988). *Multiple worlds of child writers.* New York, NY: Teachers College Press.

Dyson, A. H. (1993). *Social worlds of children learning to write in an urban primary school.* New York, NY: Teachers College Press.

Dyson, A. H. (2006). On saying it right (write): "Fix-its" in the foundation of learning to write. *Research in the Teaching of English, 41*(1), 8–44.

Dyson, A. H. (2007). School literacy and the development of a child culture: Written remnants of the "gusto of life." In D. Thiessen & A. Cook-Sather (Eds.), *International handbook of student experiences in elementary and secondary school* (pp. 115–142). Dordrecht, The Netherlands: Kluwer.

Dyson, A. H. (2008a). On listening to child composers: Beyond "fix-its." In C. Genisi & A. L. Goodwin (Eds.), *Diversities in early childhood education: Rethinking and doing* (pp. 13–28). New York, NY: Routledge.

Dyson, A. H. (2008b). Research directions: The Pine Cone Wars: Studying writing in a community of children. *Language Arts, 85*(4), 305–316.

Dyson, A. H., & Smitherman, G. (2009). The right (write) start: African American language and the discourse of sounding right. *Teachers College Record, 111*(4), 973–998.

Early Childhood and Literacy Development Committee. (1985). *Literacy development and pre-first grade.* Newark, DE: International Reading Association.

East, K., & Thomas, R. L. (2007). *A guide to multicultural literature for children.* Englewood, CO: Libraries Unlimited.

Easterbrooks, S. R., Lederberg, A. R., Miller, E. M., Bergeron, J. P., Connor, C. M., & McDonald, C. (2008). Emergent literacy skills during early childhood in children with hearing loss: Strengths and weaknesses. *Volta Review, 108*(2), 91–114.

Ediger, M. (2008). Psychology of parental involvement in reading. *Reading Improvement, 45*(1), 46–52.

Ediger, M. (2011). Shared reading, the pupil, and the teacher. *Reading Improvement, 48*(2), 55–58.

Education Week (2013, April 22). English-language learners. Available: http://www.edweek.org/ew/issues/english-language-learners/

EDUCAUSE. (2009). *7 things you should know about… VoiceThread.* Available: http://net.educause.edu/ir/library/pdf/ELI7050.pdf

Edwards, C. P., & Willis, L. M. (2000). Integrating visual and verbal literacies in the early childhood classroom. *Early Childhood Education Journal, 27*(4), 259–265.

Edwards, P. A. (2009). *Tapping the potential of parents: A strategic guide to boosting student achievement through family involvement.* New York, NY: Scholastic.

Edwards, P. A., McMillon, G. T., & Turner, J. D. (2010). *Change is gonna come: Transforming literacy education for African American students.* New York, NY: Teachers College Press.

Edwards, P. A., Turner, J. D., & Mokhtari, K. (2008). Balancing the assessment *of* learning and *for* learning in support of student literacy achievement. *The Reading Teacher, 61*(8), 682–684.

Egan-Robertson, A., & Bloome, D. (Eds.). (1998). *Students as researchers of culture, language, and their own community.* Creskill, NJ: Hampton Press.

Ehri, L. C., & Roberts, T. (2006). The roots of learning to read and write: Acquisition of letters and phonemic awareness. In D. K. Dickinson & S. B. Neuman (Eds.), *Handbook of early literacy research* (Vol. 2, pp. 113–131). New York, NY: Guilford.

Ehrlich, S. Z. (2011). Argumentative discourse of kindergarten children: Features of peer talk and children-teacher talk. *Journal of Research in Childhood, 25*(3), 248–267.

Eihorn, K. (2001). *Easy and engaging ESL activities and minibooks for every classroom.* New York, NY: Scholastic.

Eisenberg, L. S., Fink, N. E., & Niparko, J. K. (2006). Childhood development after cochlear implantation. *ASHA Leader, 11*(16), 5, 28–29.

Ellis, R. (2007). Educational settings and second language learning. *Asian EFL Journal, 9*(4), Article 1. Available: www.asian-efl-journal.com/Dec_2007_re.php

Elster, C. A. (2010). "Snow on my eyelashes": Language awareness through age-appropriate poetry experiences. *Young Children 65*(5), 48–55.

Engle, S. (1995). *The stories children tell: Making sense of the narratives of childhood.* New York, NY: Freeman.

English, F. (2010). *Deciding what to test and teach.* Thousand Oaks, CA: Corwin.

English-language learners. (2013, April 22). *Education Week.* Available: www.edweek.org/ew/issues/english-language-learners/

Entz, S. (2009). *Picture this: Photography activities for early childhood learning.* Thousand Oaks, CA: Corwin Press.

Enz, B. (2006). Phonemic awareness: Activities that make sounds come alive. In C. Cummins (Ed.), *Understanding and implementing Reading First initiatives: The changing role of administrators* (pp. 18–33). Newark, DE: International Reading Association.

Enz, B. J., & Morrow, L. M. (2009). *Assessing preschool literacy development: Informal and formal measures to guide instruction.* Newark, DE: International Reading Association.

Enz, B. J., Prior, J., Gerard, M. R., & Han, M. (2008). Exploring intentional instructional uses of environmental print in preschool and primary grades. In A. DeBruin-Parecki (Ed.), *Effective early literacy practice: Here's how, here's why* (pp. 15–24). Baltimore, MD: Paul H. Brookes.

Epstein, J. (2010). *School, family, and community partnerships: Preparing educators and improving schools.* Boulder, CO: Westview Press.

Erickson, K. A., & Hatton, D. (2007). Expanding understanding of emergent literacy: Empirical support for a new framework. *Journal of Visual Impairment and Blindness, 101*(5), 261–277.

Erickson, K. A., Hatton, D., Roy, V., Fox, D., & Renne, D. (2007). Early intervention for children with visual impairments: Insights from individual cases. *Journal of Visual Impairment and Blindness, 101*(2), 80–95.

Ernst-Slavit, G., & Mulhern, M. (2003, September/October). *Bilingual books: Promoting literacy and biliteracy in the second-language and the mainstream classroom.* Available: www.readingonline.org/articles/ernst-slavit

Erwin, E., & Morton, N. (2008). Exposure to media violence and young children with and without disabilities: Powerful opportunities for family-professional partnerships. *Early Childhood Education Journal, 36*(2), 105–112.

Espinosa, L. M. (2005). Curriculum and assessment considerations for young children from culturally, linguistically, and economically diverse backgrounds. *Psychology in the Schools, 42*(8), 837–853.

Espinosa, L. M. (2008). *Challenging common myths about young English language learners* (FDC Policy Brief, Advancing PK–3, No. 8). New York, NY: Foundation for Child Development. Available: http://fcd-us.org/resources/challenging-common-myths-about-young-english-language-learners

Espinosa, L. M. (2010). Language and literacy for bilingual and monolingual children. In V. Washington and J. D. Andrews (Eds.), *Children of 2020: Creating a better tomorrow* (pp. 73–80). Washington, DC: Council for Professional Recognition and National Association for the Education of Young Children. Available: http://fcd-us.org/sites/default/files/Takanishi%20-%20A%20Paradigm%20Shift.pdf

Espinosa, L. M., & López, M. L. (2007). *Assessment considerations for young English language learners across different levels of accountability* (Commissioned paper for First 5 Los Angeles and the Pew Charitable Trusts' Early Childhood Accountability Project). Available: www.first5la.org

Essa, E. L. (2006). *Introduction to early childhood* (5th ed.). Belmont, CA: Delmar/Cengage.

Estrem, T. L. (2005). Relational and physical aggression among preschoolers: The effect of language skills and gender. *Early Education and Development, 16*(2), 207–231.

Evans, M. R. D., Kelley, J., Sikora, J., & Treiman, D. J. (2010). Family scholarly culture and educational success: Evidence from 27 nations. *Research in Social Stratification and Mobility, 28*(2), 171–197.

Evers, A. J., Lang, L. F., & Smith, S. V. (2009). An ABC literacy journey: Anchoring in texts, bridging language, and creating stories. *The Reading Teacher, 62*(6), 461–470.

Ezell, H., & Justice, L. (2005). *Shared storybook reading—Building young children's language and emergent literacy skills.* Baltimore, MD: Paul H. Brookes.

Faber, A., & Mazlish, E. (1999). *How to talk so kids will listen and listen so kids will talk.* New York, NY: Collins.

Fahey, J. C., & Forman, J. (2012). The journey toward literacy begins in infancy: The Reach Out and Read innovation. *Childhood Education, 88*(4), 217–220.

Falk-Ross, F., Beilfuss, S., & Orem, S. (2010). Seeking parental input on children's literacy programs: Factoring in diversity. *Journal of Reading Education, 35*(2), 22–29.

Faulkner, D., & Coates, E. (Eds.). (2011). *Exploring children's creative narratives.* New York, NY: Routledge.

Feder, K., & Majnemer, A. (2007). Handwriting development, competency, and intervention. *Developmental Medicine and Child Neurology, 49*(4), 312–317.

Federal Interagency Forum on Child and Family Statistics. (2006). *America's children: Key indicators of child well-being, 2006.* Available: http://childstats.gov/americaschildren/

Federal Interagency Forum on Child and Family Statistics. (2008). *America's children: Key national indicators of well-being, 2008.* Available: http://childstats.gov/americaschildren/

Federal Interagency Forum on Child and Family Statistics. (2012). *America's children in brief: Key national indicators of well-being, 2012.* Available: http://childstats.gov/americaschildren/

Feeney, S., Moravcik, E., & Nolte, S. (2012). *Who am I in the lives of children?* (9th ed.). Upper Saddle River, NJ: Pearson.

Fekonja-Peklaj, U., Marjanovic-Umek, L., & Kranjc, S. (2010). Children's storytelling: The effect of preschool and family environment. *European Early Childhood Education Research Journal, 18*(1), 55–73.

Fellerer, S. (2009). The Playaway: A tool to help make reading fun. *Library Media Connection, 27*(6), 52–53.

Fellowes, J., & Oakley, G. (2010). *Language, literacy and early childhood education.* South Melbourne, Victoria: Oxford University Press Australia.

Fenson, L., Dale, P. S., Reznick, J. S., Bates, E., Thal, D. J., & Pethick, S. J. (1994). Variability in early communicative development. *Monographs of the Society for Research in Child Development, 59*(5), 173.

Ferguson, J., & Wilson, J. (2009). Guided reading: It's for primary teachers. *College Reading Association Yearbook, 2009*(30), 293–306.

Fernald, A., Perfors, A., & Marchman, V. A. (2006). Picking up speed in understanding: Speech processing efficiency and vocabulary growth across the second year. *Developmental Psychology, 42*(1), 98–116.

Field, J. (2001). Finding one's way in the fog: Listening strategies and second-language learners. *Modern English Teacher, 9,* 29–34.

Fields, M. V., Groth, L., & Spangler, K. (2007). *Let's begin reading right* (6th ed.). Upper Saddle River, NJ: Merrill/Prentice Hall.

Fillmore, L. W. (1991). When learning a second-language means losing the first. *Early Childhood Research Quarterly, 6*(3), 323–346.

Fillmore, L. W. (1997). Luck, fish seeds, and second-language learning. In C. P. Casanave & S. R. Schecter (Eds.), *On becoming a language educator: Personal essays on professional development* (pp. 29–38). Mahwah, NJ: Lawrence Erlbaum.

Fillmore, L. W., & Snow, C. E. (2002). What teachers need to know about language. In C. A. Adger, C. E. Snow, & D. Christian (Eds.), *What teachers need to know about language* (pp. 7–54). McHenry, IL and Washington, DC: Delta System/Center for Applied Linguistics.

Fingon, J. (2005). The words that surround us. *Teaching PreK–8, 35,* 54–56.

Fisch, S. M. (2004). *Children's learning from educational television.* Mahwah, NJ: Lawrence Erlbaum.

Fisher, A. (2008). Teaching comprehension and critical literacy: Investigating guided reading in three primary classrooms. *Literacy, 42*(1), 19–28.

Fisher, B., & Medvic, E. (2000). *Perspectives on shared reading: Planning and practice.* Portsmouth, NH: Heinemann.

Fisher, D., Flood, J., Lapp, D., & Frey, N. (2004). Interactive read-alouds: Is there a common set of implementation practices? *The Reading Teacher, 58*(1), 8–17.

Fisher, D., Frey, N., & Lapp, D. (2008). Shared reading: Modeling comprehension, vocabulary, text structures, and text features for older readers. *The Reading Teacher, 61*(7), 548–556.

Fivush, R. (2011). The development of autobiographical memory. *Annual Review of Psychology, 62,* 559–582.

Ford, M. P., & Opitz, M. F. (2012). Guided reading: Then and now. In M. J. Fresch (Ed.), *An essential history of current reading practices.*(2nd ed.). Newark, DE: International Reading Association.

Forman, G. (1999). Instant video revisiting: The video camera as a "tool of the mind" for young children. *Early Childhood Research and Practice, 1*(2). Available: http://ecrp.uiuc.edu/v1n2/forman/html

Fortuny, K., Hernandez, D. J., & Chaudry, A. (2010). *Young children of immigrants: The leading edge of America's future.* Washington, DC: The Urban Institute. Available: www.urban.org/url.cfm?ID=412203

Foster, W. A., & Miller, M. (2007). Development of the literacy achievement gap: A longitudinal study of kindergarten through third grade. *Language, Speech, and Hearing Services in Schools, 38*(3), 173–181.

Foundation for Child Development. (2008). How can we improve the education of America's children? *Foundation for Child Development Newsletter.*

Fountas, I. C., & Pinnell, G. S. (1996). *Guided reading: Good first teaching for all children.* Portsmouth, NH: Heinemann.

Fox, S. (1997). The controversy over Ebonics. *Phi Delta Kappan, 79*(3), 237–241.

Freeman, Y., & Freeman, D. (2002). *Closing the achievement gap: How to reach long term and limited formal schooling English language learners.* Portsmouth, NH: Heinemann.

Freire, P. (1970). *Pedagogy of the oppressed* (M. B. Ramos, Trans.). New York, NY: Continuum.

Friedland, E. S., & Truesdell, K. S. (2004). Kids reading together: Ensuring the success of a buddy reading program. *The Reading Teacher, 58*(1), 76–79.

Friedmann, E., Thomas, S. A., & Eddy, T. J. (2000). Companion animals and human health: Physical and cardiovascular influences. In A. L. Podberscek, E. S. Paul, & J. A. Serpell (Eds.), *Companion animals and us: Exploring the relationship between people and pets* (pp. 125–142). New York, NY: Cambridge University Press.

Friesen, L., & Delisle, E. (2012). Animal assisted literacy: A supportive environment for constrained and unconstrained learning. *Childhood Education, 88*(2), 102–107.

Frith, U. (2006). Resolving the paradoxes of dyslexia. In G. Reid & J. Wearmouth (Eds.), *Dyslexia and literacy: Theory and practice* (pp. 45–68). New York, NY: John Wiley & Sons.

Fromkin, V., Rodman, R., & Hyams, N. (2006). *An introduction to language* (8th ed.). New York, NY: Holt.

Froyen, D. W., Bonte, M. L., van Atteveldt, N., & Blomert, L. (2009). The long road to automation: Neurocognitive development of letter-speech sound processing. *Journal of Cognitive Neuroscience, 21*(3), 567–580.

Fuklova, M., & Tipton, T. M. (2011). Diversifying discourse: The impact of visual culture on children's perception and creation of art. In D. Faulkner & E. Coates (Eds.), *Exploring children's creative narratives* (pp. 131–156). New York, NY: Routledge.

Gadsden, V. L. (2012). Father involvement and family literacy. In B. H. Wasik (Ed.), *Handbook of family literacy* (2nd ed., pp. 151–165). New York, NY: Routledge.

Gadzikowski, A. (2007). *Story dictation: A guide for early childhood professionals.* St. Paul, MN: Redleaf.

Gaffney, J. S., Ostrosky, M. M., & Hemmeter, M. L. (2008). Books as natural support for young children's literacy learning. *Young Children, 63*(4), 87–93.

Galda, L., Cullinan, B. E., & Sipe, L. (2009). *Literature and the child.* Belmont, CA: Wadsworth.

Galinsky, E. (2010). *Mind in the making: The seven essential life skills every child needs.* Washington, DC: National Association for the Education of Young Children.

Gallas, K. (1994). *The languages of learning: How children talk, write, dance, and sing their understanding of the world.* New York, NY: Teachers College Press.

Gallas, K. (1997). Story time as a magical act open only to the initiated: What some children don't know about power and may not find out. *Language Arts, 74*(4), 248–254.

Galper, A. R., & Seefeldt, C. (2009). Assessing young children. In S. Feeney, A. R. Galper, & C. Seefeldt (Eds.), *Continuing issues in early childhood education* (3rd ed., pp. 329–345). Upper Saddle River, NJ: Merrill/Pearson.

García, E. (2007, March 1). *Para nuestros niños: Achievement gaps in early education.* Presentation at English-Language Learners Symposium (ETS-Sponsored), Princeton, NJ. Available: http://fcd-us.org/sites/default/files/PNNExecReport.pdf

García, E. G., & Frede, E. C. (2010). *Young English language learners: Current research and emerging directions for policy.* New York, NY: Teachers College Press.

García, E., & Jensen, B. (2010). Language development and early education of young Hispanic children in the United States. In O. N. Saracho & B. Spodek (Eds.). *Contemporary perspectives in language and cultural diversity in early childhood education.* (pp. 43–64). Charlotte, NC: Information Age Publishing.

García, O., & Kleifgen, J. (2010). *Educating emergent bilinguals.* New York, NY: Teachers College Press.

Gardner, D. (2005, January). Ten lessons in collaboration. *Online Journal of Issues in Nursing, 10*(1), manuscript 1. Available: www.nursingworld.org/MainMenuCategories/ANAMarketplace/ANA Periodicals/OJIN/TableofContents/Volume102005/No1Jan05/tpc26_116008.aspx

Gardner, H. (1980). *Artful scribbles: The significance of children's drawings.* New York, NY: Basic Books.

Gardner-Neblett, N., Pungello, E. P., & Iruka, I. U. (2011). Oral narrative skills: Implications for the reading development of African American children. *Child Development Perspectives.* doi: 10.1111/j.1750-8606.2011.00225.x

Garvey, C. (1984). *Children's talk.* Cambridge, MA: Harvard University Press.

Gathercole, V. C. M., & Thomas, E. M. (2009). Bilingual first-language development: Dominant language takeover, threatened minority language take-up. *Bilingualism: Language and Cognition, 12,* 213–237. doi:10.1017/S1366728909004015

Gavelek, J. R., Raphael, T. E., Biondo, S. E., & Wang, D. (2000). Integrated literacy instruction. In M. L. Kamil, P. B. Mosenthal, P. D. Pearson, & R. Barr (Eds.), *Handbook of reading research* (Vol. 3, pp. 587–608). Mahwah, NJ: Lawrence Erlbaum.

Gay, G. (2000). *Culturally responsive teaching: Theory, research, and practice.* New York, NY: Teachers College Press.

Genesee, F., Lindholm-Leary, K., Saunders, W. M., & Christian, D. (Eds.). (2007). *Educating English language learners: A synthesis of research evidence.* Cambridge, UK: Cambridge University Press.

Genesee, F., Lindholm-Leary, K., Saunders, W., & Christian, D. (2005). English language learners in U.S. schools: An overview of research findings. *Journal of Education for Students Placed at Risk, 10*(4), 363–385.

Genishi, C. (1988). *Young children's oral language development.* Urbana, IL: ERIC Clearinghouse on Elementary and Early Childhood Education.

Genishi, C., & Dyson, A. H. (2009). *Children, language and literature: Diverse learners in diverse times.* New York, NY: Teachers College Press.

Gerbig, K. M. (2009). The public library: What can we do for your students? *Educators' Spotlight Digest, 3*(2), 1–4.

Gerde, H. K., Bingham, G. E., & Wasik, B. A. (2012). Writing in early childhood classrooms: Guidelines for best practices. *Early Childhood Education Journal 40*(6), 351–359.

Gersten, R., Baker, S. K., Shanahan, T., Linan-Thompson, S., Collins, P., & Scarcella, R. (2007). *Effective literacy and English language instruction for English learners in the elementary grades. IES practice guide.* Princeton, NJ: What Works Clearinghouse.

Gest, S. D., Holland-Coviello, R., Welsh, J. A., Eicher-Catt, D. L., & Gill, S. (2006). Language development sub-contexts in Head Start classrooms: Distinctive patterns of teacher talk during free play, mealtime and book reading. *Early Education and Development, 17*(2), 293–315.

Geva, E., & Yaghoub-Zadeh, Z. (2006). Reading efficiency in native English-speaking and English-as-a-second-language children: The role of oral proficiency and underlying cognitive-linguistic processes. *Scientific Studies of Reading, 10*(1), 31–57.

Gibbons, P. (2002). *Scaffolding language, scaffolding learning: Teaching second language learners in the mainstream classroom.* Portsmouth, NH: Heinemann.

Gill, S. (2006). Teaching rimes with shared reading. *The Reading Teacher, 60*(2), 191–193.

Gillanders, C., & Casstro, C. (2011). Storybook reading for young dual language learners. *Young Children, 66*(1), 91–96.

Gillanders, C., & Jiménez, R. T. (2004). Reaching for success: A close-up of Mexican immigrant parents in the USA who foster literacy success for their kindergarten children. *Journal of Early Childhood Literacy, 4*(3), 243–269.

Giorgis, C., & Glazer, J. I. (2008). *Literature for young children: Supporting emergent literacy.* Upper Saddle River, NJ: Prentice Hall.

Gjems, L. (2010). Teachers talking to young children: Invitations to negotiate meaning in everyday conversations. *European Early Childhood Education Research Journal, 18*(2), 139–148.

Gjems, L. (2011). Why explanations matter: A study of co-construction of explanations between teachers and children in everyday conversations in kindergarten. *European Early Childhood Education Research Journal, 19*(4), 510–513.

Glasgow, N. A., & Farrell, T. S. C. (2007). *What successful literacy teachers do.* Thousand Oaks, CA: Corwin.

Glazer, J. I., & Giorgis, C. (2008). *Literature for young children: Supporting emergent literacy, ages 0 to 8* (6th ed.). Upper Saddle River, NJ: Merrill/Prentice Hall.

Glazer, S. M. (1998). *Assessment IS instruction: Reading, writing, spelling, and phonics for ALL learners.* Norwood, MA: Christopher-Gordon.

Goh, C., & Taib, Y. (2006). Metacognitive instruction in listening for young learners. *ELT Journal: English Language Teachers Journal, 60*(3), 222–232.

Golden, O., & Fortuny, K. (2011). *Young children of immigrants and the path to educational success: Key themes from an urban institute roundtable.* Washington, DC: The Urban Institute. Available: www.urban.org/url.cfm?ID=412330

Goldin-Meadow, S., & Rowe, M. (2009). Differences in early gesture explain SES disparities in child vocabulary size at school entry. *Science, 323*(5916), 951–953.

Gollnick, D. M., & Chin, P. C. (2008). *Multicultural education in a pluralistic society* (8th ed.). Upper Saddle River, NJ: Merrill/Prentice Hall.

Gomby, D. S. (2012). Family literacy and home visiting programs. In B. H. Wasik (Ed.), *Handbook of family literacy* (2nd ed., pp. 103–117). New York, NY: Routledge.

Gomez, M. L., & Grant, C. A. (1990). A case for teaching writing: In the belly of the story. *The Writing Instructor, 10*(1), 29–41.

González, N., Moll, L. C., & Amanti, C. (2005). Introduction: Theorizing practices. In N. González, L. C. Moll, & C. Amanti (Eds.), *Funds of knowledge: Theorizing practices in households, communities, and classrooms* (pp. 1–28). Mahwah, NJ: Lawrence Erlbaum.

Gonzalez-Mena, J. (2008). *Diversity in early education programs: Honoring differences* (5th ed.). Boston, MA: McGraw-Hill.

Gonzalez-Mena, J. (2009a). *Fifty strategies for communicating and working with diverse families* (2nd ed.). Boston, MA: Pearson.

Gonzalez-Mena, J. (2009b). *The child in the family and the community* (5th ed.). Upper Saddle River, NJ: Merrill/Pearson.

Gonzalez-Mena, J., & Eyer, D. W. (2008). *Infants, toddlers, and caregivers* (8th ed.). New York, NY: McGraw-Hill.

Good, L. (2005–2006). Snap it up! Using digital photography in early childhood. *Childhood Education, 82*(2), 79–85.

Goodman, K. S. (1982). *Language and literacy: The selected writings of Kenneth S. Goodman* (G. V. Gollasch, Ed.). Boston, MA: Routledge & Kegan Paul.

Goodman, K. S., & Goodman, Y. M. (1979). Learning to read is natural. In L. B. Resnick & P. A. Weaver (Eds.), *Theory and practice of early reading* (pp. 137–155). Mahwah, NJ: Lawrence Erlbaum.

Goodson, B., Layzer, C., Simon, P., & Dwyer, C. (2009). *Learning to talk and listen: An oral language resource for early childhood caregivers.* Washington, DC: National Institute for Literacy.

Gordon, R. G., Jr. (Ed.). (2005). *Ethnologue: Languages of the world* (15th ed.). Dallas, TX: SIL International. Available: www.ethnologue.com

Goswami, U. (2001). Early phonological development and the acquisition of literacy. In S. B. Neuman & D. K. Dickinson (Eds.), *Handbook of early literacy research* (pp. 111–125). New York, NY: Guilford.

Gottlieb, M. (2006). *Assessing English language learners: Bridges from language proficiency to academic achievement.* Thousand Oaks, CA: Corwin Press.

Gou, Y. (2006). Why didn't they show up? Rethinking ESP parent involvement in K–12 education. *TSEL Canada Journal, 24*(1), 80–95. Available: www.teslcanadajournal.ca/index.php/tesl/article/viewFile/29/29

Graham-Clay, S. (2005). Communicating with parents: Strategies for teachers. *School Community Journal, 15*(1), 117–130.

Grammenos, D., Savidis, A., Georgalis, Y., Bourdenas, T., &

Stephanidis, C. (2009). Electronic educational books for blind students. In C. Stephanidis (Ed.), *The universal access handbook* (Chapter 50). Boca Raton, FL: CRC Press.

Graves, D. H. (1994). *A fresh look at writing.* Portsmouth, NH: Heinemann.

Graves, M. F. (2006). *The vocabulary book: Learning and instruction.* New York, NY: Teachers College Press.

Green, C. R. (1998). This is my name. *Childhood Education, 74*(4), 226–231.

Greenhow, C., Robelia, B., & Hughes, J. E. (2009). Learning, teaching, and scholarship in a digital age. Web 2.0 and classroom research: What path should we take now? *Educational Researcher, 38*(4), 246–259.

Gregg, K., Rugg, M. E., & Souto-Manning, M. (2011). Fostering family-centered practices through a family-created portfolio. *The School Community Journal, 21*(1), 53–70.

Gregg, K., Rugg, M., & Stoneman, Z. (2012). Building on the hopes and dreams of Latino families with young children: Findings from family member focus groups. *Early Childhood Education Journal, 40*(2), 87–96.

Gregory, E., Long, S., & Volk, D. (2004). *Many pathways to literacy: Young children learning with siblings, grandparents, peers and communities.* New York, NY: Routledge.

Gregory, G. H., & Chapman, C. (2007). *Differentiated instructional strategies: One size doesn't fit all* (2nd ed.). Thousand Oaks, CA: Corwin Press.

Grieshaber, S., Shield, P., Luke, A., & Macdonald, S. (2012). Family literacy practices and home literacy resources: An Australian pilot study. *Journal of Early Childhood Literacy, 12*(2), 113–138.

Griffith, L. W., & Rasinski, T. V. (2004). A focus on fluency: How one teacher incorporated fluency with her reading curriculum. *The Reading Teacher, 58*(2), 126–137.

Griffiths, F. (2010). Creative conversations: The talking table. In F. Griffths (Ed.), *Supporting children's creativity through music, dance, drama and art* (pp. 45–59). London, UK: Routledge.

Grimshaw, S., Dungworth, N., McKnight, C., & Morris, A. (2007). Electronic books: Children's reading and comprehension. *British Journal of Educational Technology, 38*(4), 583–599.

Grisham-Brown, J., & Pretti-Frontczak, K. (2011). *Assessing young children in inclusive settings: The blended practices approach.* Baltimore, MD: Paul H. Brookes.

Grover, S., & AudioFile Editors. (2011, April–May). Audiobooks on the go: Summer listening for kids and families (Updated 2011 ed.). *AudioFile Magazine,* 23–17. Available: www.audiofilemagazine.com/abotg11.html

Grover, S., & Hannegan, L. (2005). Not just for listening. *Book Links, 14,* 16–20.

Grover, S., & Hannegan, L. D. (2012). *Listening to learn: Audiobooks supporting literacy.* Chicago, IL: American Library Association.

Guccione, L. (2011). Integrating literacy and inquiry for English learners. *The Reading Teacher, 64*(8), 567–577.

Guiberson, M. (2009). Hispanic representation in special education: Patterns and implications. *Preventing School Failure, 53,* 167–176.

Guilfoyle, C. (2006). NCLB: Is there life beyond testing? *Educational Leadership, 64*(3), 8–13.

Gullo, D. (2005). *Understanding assessment and evaluation in early childhood education* (2nd ed.). New York, NY: Teachers College Press.

Gunn, B., Vadasy, P., & Smolkowski, K. (2011). Instruction to help young children develop language and literacy skills: The role of program design and instructional guidance. *NHSA Dialog: A Research-to-practice Journal for the Early Childhood Field, 14*(3), 157–173.

Gupta, A. (2009). Vygotskian perspectives on using dramatic play to enhance children's development and balance creativity with structure in the early childhood classroom. *Early Child Development and Care, 179*(8), 1041–1054.

Guthrie, J. (2011). Best practices in motivating students to read. In L. M. Morrow & L. Gambrell (Eds.), *Best practices in literacy instruction* (4th ed., pp. 177–197). New York, NY: Guilford.

Gutierrez, K., & Larson, J. (1994). Language borders: Recitation as hegemonic discourse. *International Journal of Education Reform, 3*(1), 22–36.

Gutierrez-Clellen, V. F., & Kreiter, J. (2003). Understanding child bilingual acquisition using parent and teacher reports. *Applied Psycholinguistics, 24,* 267–288.

Gutnick, A. L., Robb, M., Takeuchi, L., & Kotler, J. (2011). *Always connected: The new digital media habits of young children.* New York, NY: The Joan Ganz Cooney Center at Sesame Workshop. Available: http://joanganzcooneycenter.org/Reports-28.html

Ha, F. Y. L. (2009). From foot to shoes: Kindergartners', families' and teachers' perceptions of the project approach. *Early Childhood Education Journal, 37*(1), 23–33.

Hadjioannou, X., & Loizou, E. (2011). Talking about books with young children: Analyzing the discursive nature of one-to-one booktalks. *Early Education and Development, 22*(1), 53–76.

Hale-Benson, J. E. (1986). *Black children: Their roots, culture, and learning style.* Baltimore, MD: Johns Hopkins University Press.

Haley, J., & Hobson, C. D. (1980). Interviewing: A means of encouraging the drive to communicate. *Language Arts, 57,* 497–502.

Halgunseth, L. C., Peterson, A., Stark, D. R., & Moodie, S. (2009). *Family engagement, diverse families, and early childhood programs: A integrated review of the literature.* Available: www.naeyc.org/files/naeyc/file/ecprofessional/EDF_Literature%20Review.pdf

Hall, K. M., & Sabey, B. L. (2007). Focus on the facts: Using information texts effectively in early elementary classrooms. *Early Childhood Education Journal, 35*(3), 261–268.

Hall, K. M., Sabey, B. L., & McClellan, M. (2005). Expository text comprehension: Helping primary-grade teachers use expository texts to full advantage. *Reading Psychology: An International Quarterly, 26*(3), 211–234.

Hall, L. J. (2009). *Autism spectrum disorders: From theory to practice.* Upper Saddle River, NJ: Pearson/Merrill.

Halliday, M. A. K. (1975). *Explorations in the functions of language.* London: Edward Arnold.

Halsall, S., & Green, C. (1995). Reading aloud: A way for parents to support children's growth in literacy. *Early Childhood Education Journal, 23*(1), 27–31.

Hamer, M., Stamatakis, E., & Mishra, G. (2009). Psychological distress, television viewing, and physical activity in children aged 4 to 12 years. *Pediatrics, 123,* 1263–1268.

Hamilton, A., Plunkett, K., & Schafer, G. (2000). Infant vocabulary development assessed with a British communicative development inventory. *Journal of Child Language, 27*(3), 689–705.

Hammer, C. S., Davison, M. D., Lawrence, F. R., & Miccio, A. W. (2009). The effect of maternal language on bilingual children's vocabulary and emergent literacy development during Head Start and kindergarten. *Scientific Studies of Reading, 13,* 99–121.

Han, M., Moore, N., Vukelich, C., & Buell, M. (2010). Does play make a difference? How play intervention affects the vocabulary of at-risk preschoolers. *American Journal of Play, 3,* 82–105.

Haney, M. (2002). Name writing: A window into the emergent literacy skills of young children. *Early Childhood Education Journal, 30*(2), 101–105.

Hansen, C. (2004). Teacher talk: Literacy development through response to story. *Journal of Research in Childhood Education, 19*(2), 115–129.

Hardin, B. J., Lower, J. K., Smallwood, G., Chakravarthi, S., Lin, L., & Jordan, C. (2010). Teachers, families, and communities supporting English language learners in inclusive pre-kindergartens: An evaluation of a professional development model. *Journal of Early Childhood Teacher Education, 31*, 20–36.

Harding, N. (1996). Family journals: The bridge from school to home and back again. *Young Children, 51*(2), 27–30.

Hare, J. (2012). "They tell a story and there's meaning behind that story": Indigenous knowledge and young indigenous children's literacy learning. *Journal of Early Childhood Literacy, 12*(4), 389–414.

Harper, S., Platt, A., & Pelletier, J. (2011). Unique effects of a family literacy program in the early reading development of English language learners. *Early Education and Development, 22*(6), 989–1008.

Harris, J., Golinkoff, R., & Hirsh-Pasek, K. (2011). Lessons from the crib for the classroom: How children really learn vocabulary. In S. Neuman & D. Dickinson (Eds.), *Handbook of early literacy research* (Vol. 3, pp. 49–65). New York, NY: Guilford.

Harris, V. (Ed.). (1997). *Using multiethnic literature in the K–8 classroom*. Norwood, MA: Christopher-Gordon.

Hart, B., & Risley, T. R. (1995). *Meaningful differences in the everyday experience of young American children*. Baltimore, MD: Paul H. Brookes.

Hart, B., & Risley, T. R. (2003). The early catastrophe: The 30 million word gap by age 3. *Education Review, 17*(1), 110–118.

Hart, M. (1987). *Fold-and-cut stories and fingerplays*. Belmont, CA: Fearon.

Harvard Family Research Project (2010, October). Logged in: Using technology to engage families in children's education. Available: www.hfrp.org/content/download/3757/103924/file/?

Harvey, B. (2001). Supporting family diversity. *School-Age Notes, 21*(12), 1, 3.

Harvey, S., & Goudvis, A. (2007). *Strategies that work: Teaching comprehension for understanding and engagement*. Portland, ME: Stenhouse.

Hawkins, M. R. (2004). Researching English language and literacy development in schools. *Educational Researcher, 33*(3), 14–25.

Hay, I., & Fielding-Barnsley, R. (2007). Facilitating children's emergent literacy using shared reading: A comparison of two models. *Australian Journal of Language and Literacy, 30*(3), 191–202.

Hayes, D., & Ahrens, M. (1988). Vocabulary simplification for children. *Journal of Child Language, 15*, 457–472.

Headley, K., & Dunston, P. (2000). Teachers' Choices books and comprehension strategies as transaction tools. *The Reading Teacher, 54*(3), 260–269.

Heath, S. B. (1983). *Ways with words: Language, life, and work in communities and classrooms*. New York, NY: Cambridge University Press.

Heath, S. M., & Hogben, J. H. (2004). Cost-effective prediction of reading difficulties. *Journal of Speech, Language, and Hearing Research, 47*, 751–765.

Heckman, J. J. (2010). *Invest in early childhood development: Reduce deficits, strengthen the economy*. Available: www.heckmanequation.org/

Heller, M. F. (2006). Telling stories and talking facts: First graders' engagements in a nonfiction book club. *The Reading Teacher, 60*(4), 358–369.

Helm, J. H., Beneke, S., & Steinheimer, K. (2007). *Windows on learning: Documenting young children's work* (Rev. ed.). New York, NY: Teachers College Press.

Hendrick, J. (Ed.). (2004). *Next steps toward teaching the Reggio way*. Upper Saddle River, NJ: Prentice Hall.

Hendrick, J., & Weissman, P. (2009). *The whole child: Developmental education for the early years*. Upper Saddle River, NJ: Merrill/Prentice Hall.

Hernandez, D. (2011). *Double jeopardy: How third-grade reading skills and poverty influence high school graduation*. New York, NY: The Annie E. Casey Foundation.

Hickman, P., Pollard-Durodola, S., & Vaughn, S. (2004). Storybook reading: Improving vocabulary and comprehension for English-language learners. *The Reading Teacher, 57*(8), 720–730.

Hiebert, E. H., & Raphael, T. E. (1998). *Early literacy instruction*. Fort Worth, TX: Harcourt Brace.

High, P. C., LaGasse, L., Becker, S., Ahlgren, I., & Gardner, A. (2000). Literacy promotion in primary care pediatrics: Can we make a difference? *Pediatrics, 105*(4), 927–934.

Hill, S. (2008). Multiliteracies: Toward the future. In L. Makin, C. J. Diaz, & C. McLachlan (Eds.), *Literacies in childhood: Changing views, challenging practice* (2nd ed., pp. 56–70). Sydney, Australia: MacLennan & Petty.

Hill, S. (2011). Early literacy. In D. M. Laverick & M. R. Jalongo (Eds.), *Transitions to early care and education: International perspectives on making schools ready for young children* (pp. 45–55). New York, NY: Springer.

Hill, S. (2012). *Developing early literacy—Assessment and teaching* (2nd ed.). Victoria, Australia: Eleanor Curtain Publishing.

Hills, T. W. (1987). Hot housing young children: Implications for early childhood policy and practice. Urbana, IL: ERIC Clearinghouse on Elementary and Early Childhood Education. (ERIC Digest No. EDO-PS-87–4)

Hinchliff, G. (2008). Toddling toward technology: Computer use by very young children. *Children and Libraries: The Journal of the Association for Library Service to Children, 6*(3), 47–49.

Hindman, A., Connor, C., Jewkes, A., & Morrison, F. (2008). Untangling the effects of shared book reading: Multiple factors and their associations with preschool literacy outcomes. *Early Childhood Research Quarterly, 23*(3), 330–350.

Hindman, A., Wasik, B. A., & Erhart, A. (2012). Shared book reading and Head Start preschoolers' vocabulary learning: The role of book related discussion and curricular connections. *Early Education and Development, 23*(4), 451–474.

Hipple, M. (1985). Journal writing in kindergarten. *Language Arts, 82*(3), 255–281.

Hirsh, R. (2004). *Early childhood curriculum: Incorporating multiple intelligences, developmentally appropriate practice, and play*. Boston, MA: Allyn & Bacon.

Hodges, A. V., & Balkany, T. J. (2012). Cochlear implants in children and adolescents. *Archive of Pediatric and Adolescent Medicine, 166*(1), 93–94.

Hogan, T. P., Bridges, M. S., Justice, L. M., & Cain, K. (2011). Increasing higher level language skills to improve reading comprehension. *Focus on Exceptional Children, 44*(3), 1–20.

Hohm, E., Jennen-Steinmetz, C., Schmidt, M., & Laucht, M. (2007). Language development at ten months: Predictive of language outcome and school achievement ten years later? *European Child and Adolescent Psychiatry, 16*(3), 149–156.

Holdaway, D. (1979). *The foundations of literacy*. New York, NY: Ashton.

Holum, A., & Gahala, J. (2001). *Critical issue: Using technology to enhance literacy instruction*. Naperville, IL: North Central Regional Educational Laboratory. Available: www.ncrel.org/

sdrs/areas/issues/content/cntareas/reading/li300.htm

Honig, A. S. (2006). What infants, toddlers, and preschoolers learn from play: 12 ideas. *Montessori Life, 18*(1), 16–21.

Hood, M., Conlon, E., & Andrews, G. (2008). Preschool home literacy practices and children's literacy development: A longitudinal analysis. *Journal of Educational Psychology, 100,* 252–271.

Hooper, S. R., & Umansky, W. (2009). *Young children with special needs* (5th ed.). Upper Saddle River, NJ: Merrill/Pearson.

Horning, A. S. (2007). Defining literacy and illiteracy. *Reading Matrix: An International Online Journal, 7*(1), 69–84.

Hoskin, J., & Herman, R. (2001). The communication, speech and gesture of a group of hearing-impaired children. *International Journal of Language and Communication Disorders, 36,* 206–209.

Houck, F. A. (2005). *Supporting English language learners: A guide for teachers and administrators.* Portsmouth, NH: Heinemann.

Howard, S., Shaughnessy, A., Sanger, D., & Hux, K. (1998). Let's talk: Facilitating language in early elementary classrooms. *Young Children, 53*(3), 34–39.

Howes, C., Downer, J. T., & Pianta, R. C. (2011). *Dual language learners in the early childhood classroom.* Charlottesville, VA: National Center for Research on Early Childhood Education.

Huck, C. S., Kiefer, B., Hepler, S., & Hickman, J. (2003). *Children's literature in the elementary school* (8th ed.). New York, NY: McGraw-Hill.

Hudson-Ross, S., Cleary, L. M., & Casey, M. (1993). *Children's voices: Children talk about literacy.* Portsmouth, NH: Heinemann.

Huebner, C. E., & Payne, K. (2010). Home support for emergent literacy: Follow-up of a community-based implementation of dialogic reading. *Journal of Applied Developmental Psychology, 31*(1), 195–201.

Huennekens, M. E., & Xu, Y. (2010). Effects of cross-linguistic storybook intervention on the second language development of two preschool English language learners. *Early Childhood Education Journal, 38*(1), 19–26.

Hughes, M., & Greenhough, P. (2006). Boxes, bags and videotape: Enhancing home-school communication through knowledge exchange activities. *Educational Review, 58*(4), 471–487.

Hughes, T. (1988). Myth and education. In K. Egan & D. Nadaner (Eds.), *Imagination and education* (pp. 30–44). New York, NY: Teachers College Press.

Hunsaker, R. A. (1990). *Understanding and developing skills of oral communication.* Englewood, CO: Morton.

Hunt, P. (2009). The world in pictures. In D. McCorquordale, S. Hallam, & L. Waite (Eds.), *Illustrated children's books.* London, UK: Black Dog.

Hunt, T., & Renfro, N. (1982). *Puppetry in early childhood education.* Austin, TX: Nancy Renfro Studios.

Hurless, B., & Gittings, S. B. (2008). Weaving the tapestry: A first-grade teacher integrates teaching and learning. *Young Children, 63*(2), 40–49.

Hurtado, N., Marchman, V., & Fernald, A. (2007). Spoken word recognition in Latino children learning Spanish as their first language. *Journal of Child Language, 34*(2), 227–249.

Hutchinson, J. M., Whiteley, H. E., Smith, C. D., & Connors, L. (2003). The developmental progression of comprehension-related skills in children learning EAL. *Journal of Research in Reading, 26*(1), 19–32.

Huttenlocher, J., Vasilyeva, M., Waterfall, H. R., Vevea, J. L., & Hedges, L. V. (2007). The varieties of speech to young children. *Developmental Psychology, 43*(5), 1062–1083.

Hye Yeong, K. (2011). Parents' perceptions, decisions, and influences: Korean immigrant parents look at language learning

and their children's identities. *Multicultural Education, 18*(2), 16–19.

Hyland, N. E. (2010). Social justice in early childhood classrooms: What the research tells us. *Young Children, 65*(1), 82–90.

Hyman, S. L., & Tobin, K. E. (2007). Autism spectrum disorders. In M. L. Batshaw, L. Pellegrino, & N. J. Roizen (Eds.), *Children with disabilities* (6th ed., pp. 326–343). Baltimore, MD: Paul H. Brookes.

Hymes, D. (1971). Competence and performance in linguistic theory. In R. Huxley & E. Ingram (Eds.), *Language acquisition: Models and methods.* New York, NY: Academic Press.

Hynes-Berry, M. (2012). *Don't leave the story in the book: Using literature to guide inquiry in early childhood classrooms.* New York, NY: Teachers College Press.

Hyson, M. (2008). *Enthusiastic and engaged learners: Approaches to learning in the early childhood classroom.* New York, NY: Teachers College Press.

Imhof, M. (2002). In the eye of the beholder: Children's perception of good and poor listening behavior. *International Journal of Listening, 16,* 40–56.

Individuals with Disabilities Education Improvement Act. (2004). Available: www.p12.nysed.gov/specialed/idea/

Innis, H. (1951). *The bias of communication.* Toronto, ON: University of Toronto Press.

International Listening Association. (2008). *Facts on listening.* Available: www.listen.org

International Reading Association and the National Association for the Education of Young Children. (1998). Learning to read and write: Developmentally appropriate practices for young children. *The Reading Teacher, 52*(2), 193–216.

Invernizzi, M. A., Sullivan, A., Meier, J. D., & Swank, L. (2004). *Phonological awareness literacy screening: Preschool.* Charlottesville, VA: University of Virginia Press.

Invernizzi, M., Landrum, T., Teichman, A., & Townsend, M. (2010). Increased implementation of emergent literacy screening in pre-kindergarten. *Early Childhood Education Journal, 37*(6), 437–446.

Isbell, C. (2012). *Mighty fine motor fun: Fine motor activities for young children.* Lewisville, NC: Gryphon House.

Isbell, R. (2008). *The complete learning center book* (Rev. ed.). Beltsville, MD: Gryphon House.

Isbell, R. T., & Raines, S. C. (2000). *Tell it again: Easy-to-tell stories with activities for young children.* Beltsville, MD: Gryphon House.

Isenberg, J. P., & Jalongo, M. R. (2013). *Creative thinking and arts-based learning: Preschool through fourth grade* (6th ed.). Upper Saddle River, NJ: Merrill/Pearson.

Israel, S. E. (2008). *Early reading first and beyond: A guide to building early literacy skills.* Thousand Oaks, CA: Corwin.

Iverson, J. M., & Goldin-Meadow, S. (2005). Gesture paves the way for language development. *Psychological Science, 16,* 367–371.

Jackson, V. A., & Back, A. L. (2011). Teaching communication skills using role-play: An experience-based guide for educators. *Journal of Palliative Medicine, 14*(6), 775–780.

Jacobson, J. (2010). *No more: "I'm done!": Fostering independent writers in the primary grades.* Portland, ME: Stenhouse Publishers.

Jalongo, M. R. (1992). 12 answers to parents' questions about their young child's reading. *PTA Today, 17*(4), 16–19.

Jalongo, M. R. (2004b). *Young children and picture books: Literature from infancy to six* (2nd ed.). Washington, DC: National Association for the Education of Young Children.

Jalongo, M. R. (2007). Beyond benchmarks and scores: A reassertion of the role of motivation and interest in academic achievement. Available: http://acei.org/images/stories/motivation.pdf

Jalongo, M. R. (2008a). Editorial: "Enriching the brain": The link between contemporary neuroscience and early childhood traditions. *Early Childhood Education Journal, 35*(6), 487–488.

Jalongo, M. R. (2008b). *Learning to listen, listen to learn: Building essential skills in young children.* Washington, DC: National Association for the Education of Young Children.

Jalongo, M. R. (2011). Listening in early childhood: An interdisciplinary review of the literature. *International Journal of Listening, 24*(1), 1–18.

Jalongo, M. R. (Ed.). (2004a). *The world's children and their companion animals: Developmental and educational significance of the child/pet bond.* Olney, MD: Association for Childhood Education International.

Jalongo, M. R., & Li, N. (2010). Young English language learners as listeners: Theoretical perspectives, research strands, and implications for instruction. In O. Saracho & B. Spodek (Eds.), *Language and cultural diversity in early childhood.* Greenwich, CT: Information Age Press.

Jalongo, M. R., & Ribblett, D. (1997). Supporting emergent literacy through song picture books. *Childhood Education, 74*(1), 15–22.

Jalongo, M. R., & Sobolak, M. (2011). Supporting young children's vocabulary growth: The challenges, the benefits, and evidence-based strategies. *Early Childhood Education Journal, 38*(6), 421–429.

Jalongo, M. R., & Stamp, L. N. (1997). *The arts in children's lives: Aesthetic experiences in early childhood.* Boston, MA: Allyn & Bacon.

Jalongo, M. R., Dragich, D., Conrad, N. K., & Zhang, A. (2002). Using wordless picture books to support young children's literacy growth. *Early Childhood Education Journal, 29*(3), 167–177.

Jensen, E. (2006). *Enriching the brain: How to maximize every learner's potential.* San Francisco, CA: Jossey-Bass.

Johnson, C. J., Beitchman, J.H., Y Brownlie, E. B. (2010). Twenty-year follow-up of children with and without speech-language impairments: family, educational, occupational, and quality of life outcomes. American Journal of Speech-Language Pathology, 19(1), 51–65.

Johnson, D. (2003). Web watch—Audiobooks: Ear-resistible! *Reading Online, 6*(8). Available: www.reading online.org/electronic/elec_index.asp?HREF=webwatch/audiobooks/index.html

Johnson, D. W. (1972). *Reaching out: Interpersonal effectiveness and self-actualization.* Englewood Cliffs, NJ: Prentice Hall.

Johnson, J. E., & Christie, J. F. (2009). Play and digital media. *Computers in the Schools, 26*(4), 284–289.

Johnson, P., Guice, S., Baker, K., Malone, J., & Michelson, N. (1995). Assessment of teaching and learning in literature-based classrooms. *Teaching and Teacher Education, 11*(4), 359–371.

Johnson, S. M. (2006). *Finders and keepers: Helping new teachers survive and thrive in our schools.* San Francisco, CA: Jossey-Bass.

Johnston, S. S., McDonnell, A. P., & Hawken, L. S. (2008). Enhancing outcomes in early literacy for young children with disabilities: Strategies for success. *Intervention in School and Clinic, 43*(4), 210–217.

Jones, D. (2007). Speaking, listening, planning and assessing: The teacher's role in developing metacognitive awareness. *Early Child Development and Care, 177*(6 & 7), 569–579.

Jones, E., & Nimmo, J. (1999). Collaboration, conflict, and change: Thought on education as provocation. *Young Children, 54*(1), 5–10.

Judge, S. (2006). Constructing an assistive technology toolkit for young children: Views from the field. *Journal of Special Education Technology, 21*(4), 17–24.

Juel, C., & Minden-Cupp, C. (2000). One down and 80,000 to go: Word recognition instruction in the primary grades. *The Reading Teacher, 4,* 332–335.

Jukes, I., Dosaj, A., & Macdonald, B. (2000). *Net savvy: Building information literacy in the classroom* (2nd ed.). Walnut Creek, CA: AltaMira Press.

Justice, L. M. (2004). Team-based action plan for creating language-rich preschool classroom environments. *Teaching Exceptional Children, 37,* 2–10.

Justice, L. M. (2006). *Clinical approaches to emergent literacy intervention.* San Diego, CA: Plural Publishing.

Justice, L. M., & Ezell, H. K. (2001). Word and print awareness in 4-year-old children. *Child Language Teaching and Therapy, 17*(3), 207–225.

Justice, L. M., & Kaderavek, J. (2002). Using shared storybook reading to promote emergent literacy. *Council for Exceptional Children, 34*(4), 8–13.

Justice, L. M., Kaderavek, J. N., Xitao, F., Sofka, A., & Hunt, A. (2009). Accelerating preschoolers' early literacy development through classroom-based teacher-child storybook reading and explicit print referencing. *Language, Speech, and Hearing Services in Schools, 40*(1), 67–85.

Justice, L. M., Mashburn, A., Hamre, B., & Pianta, R. (2008). Quality of language and literacy instruction in preschool classrooms serving at-risk pupils. *Early Childhood Research Quarterly, 23*(1), 51–68.

Justice, L. M., Meier, J., & Walpole, S. (2005). Learning new words from storybooks: An efficacy study with at-risk kindergartners. *Language, Speech, and Hearing Services in Schools, 36*(1), 17.

Justice, L. M., Pence, K., Bowles, R. B., & Wiggins, A. (2006). An investigation of four hypotheses concerning the order by which 4-year-old children learn the alphabet letters. *Early Childhood Research Quarterly, 21*(3), 374–389.

Justice, L. M., Pullen, P. C., & Pence, K. (2008). Influence of verbal and nonverbal references to print on preschoolers' visual attention to print during storybook reading. *Developmental Psychology, 44,* 855–866.

Kaczmarek, L. A. (Ed.). (2011). *Early childhood intervention: Shaping the future for children with special needs and their families* (Vol. 3). New York, NY: Praeger.

Kaderavek, J., & Justice, L. M. (2005). The effect of book genre in the repeated readings of mothers and their children with language impairment: A pilot investigation. *Child Language Teaching and Therapy, 21*(1), 75–92.

Kainz, K., & Vernon-Feagans, L. (2007). The ecology of early reading development for children in poverty. *Elementary School Journal, 107*(5), 407–427.

Kaiser Family Foundation. (2010). Daily media use among children and teens up dramatically from five years ago: Big increase in mobile media helps drive increased consumption. Available: www.kff.org/entmedia/entmedia012010nr.cfm

Kalmer, K. (2008). Let's give children something to talk about: Oral language and preschool literacy. *Young Children, 63*(1), 88–92.

Kanaris, A. (1999). Gendered journeys: Children's writing and the construction of gender. *Language and Education, 13*(4), 254–268.

Kangas, M., Kultima, A., & Ruokamo, H. (2011). Children's creative collaboration: A view of narrativity. In D. Faulkner & E. Coates (Eds.), *Exploring children's creative narratives* (pp. 63–85). New York, NY: Routledge.

Kara-Soteriou, J., Zawilinski, L., & Henry, L. A. (2007). Children's books and technology in the classroom: A dynamic combo for supporting the writing workshop. *The Reading Teacher, 60*(7), 698–707.

Karchmer, R. A. (2001, May). Gaining a new, wider audience: Publishing student work on the Internet. *Reading Online, 4*(10). Available: www.readingonline.org/electronic/elec_index.asp?HREF=/electronic/karchmer/index.html

Karrass, J., & Braungart-Rieker, J. (2005). Effects of shared parent-infant book reading on early language acquisition. *Applied Developmental Psychology, 26,* 133–148.

Kasper, L. J., Alderson, R. M., & Hudec, K. L. (2012). Moderators of working memory deficits in children with attention-deficit/hyperactivity disorder (ADHD): A meta-analytic review. *Clinical Psychology Review, 32*(7), 605–617.

Katrusic, S. K. (2009). The forgotten learning disability: Epidemiology of written-language disorder in a population-based birth cohort (1976–1982), Rochester, Minnesota. *Pediatrics, 123*(5), 1306–1313. Available: http://pediatrics.aappublications.org/cgi/content/abstract/123/5/1306

Katz, L. G. (1988). *Early childhood education: What research tells us.* Bloomington, IN: Phi Delta Kappa.

Katz, L. G. (1993). *Five perspectives on quality in early childhood programs.* Urbana, IL: ERIC Clearinghouse on Elementary and Early Childhood Education. (ERIC Document Reproduction Service No. ED 351 148)

Katzir, T., Kim, Y., Wolf, M., O'Brien, B., Kennedy, B., Lovett, M., and Morris, R. (2006). Reading fluency: The whole is more than the parts. *Annals of Dyslexia, 56,* 51–58.

Keat, J. B., Strickland, M. J., & Marinak, B. (2009). Child voice: How immigrant children enlightened their teachers with a camera. *Early Childhood Education Journal, 37*(1), 13–21.

Kendrick, M., & McKay, R. (2004). Drawings as an alternative way of understanding young children's constructions of literacy. *Journal of Early Childhood Literacy, 4*(1), 109–127.

Kenner, C., Ruby, M., Jessel, J., Gregory, E., & Arju, T. (2007). Intergenerational learning between children and grandparents. *Journal of Early Childhood Research, 5*(3), 219–243.

Kersey, K. C., & Masterson, M. L. (2009). Teachers connecting with families—in the best interest of children. *Young Children, 64*(5), 34–38.

Kim, J. (2004). Summer reading and the ethnic achievement gap. *Journal of Education for Students Placed at Risk (JESPAR), 9*(2), 169–199.

Kim, J., & Lee, K. (2011). "What's your name?" Names, naming practices, and contextualized selves of young Korean American children. *Journal of Research in Childhood Education, 25*(3), 211–227.

Kindle, K. (2010). Vocabulary development during read-alouds: Examining the instructional sequence. *Literacy Teaching and Learning, 14*(1 & 2), 65–88.

Kindle, K. (2011). Same book, different experience: A comparison of shared reading in preschool classrooms. *Journal of Language and Literacy Education* [Online], *7*(1), 13–34.

Kindle, K. (2012). Vocabulary development during read-alouds: Primary practices. In R. Robinson, M. McKenna, & K. Conradi (Eds.), *Issues and trends in literacy education* (5th ed., pp. 101–113). Boston, MA: Pearson Education.

Kindler, A. (2002). *Survey of the states' limited English proficient students and available educational programs and services 2000–2001 summary report.* Washington, DC: National Clearinghouse for English Language Acquisition and Language Institution Educational Programs.

King, S., & Saxton, M. (2010). Opportunities for language development: Small group conversations in the nursery class. *Educational and Child Psychology, 27*(4), 31–44.

Kirk, E. W., & Clark, P. (2005). Beginning with names. *Childhood Education, 81*(3), 139.

Kirkland, L. D., & Patterson, J. (2005). Developing oral language in primary classrooms. *Early Childhood Education Journal, 32*(6), 391–395.

Kisilevsky, B. S., Hains, S. M. J., Lee, K., Xie, X., Huang, H., Ye, H. H., … Wang, Z. (2003). Effects of experience on fetal voice recognition. *Psychological Science, 14*(3), 33–42.

Kissel, B. (2008a). Apples on train tracks: Observing young children re-envisioning their writing. *Young Children, 63*(2), 26–32.

Kissel, B. (2008b). Promoting writing and preventing writing failure in young children. *Preventing School Failure, 52*(4), 53–56.

Kletzien, S. B., & Dreher, M. J. (2004). *Informational text in K–3 classrooms: Helping children read and write.* Newark, DE: International Reading Association.

Kliewer, C. (1995). Young children's communication and literacy: A qualitative study of language in the inclusive preschool. *Mental Retardation, 33*(3), 143–152.

Knecht, H., Nelson, P., Whitelaw, G., & Feth, L. (2002). Structural variables and their relationship to background noise levels and reverberation times in unoccupied classrooms. *American Journal of Audiology, 11,* 65–71.

Knobel, M., & Lankshear, C. (2003). Researching young children's out-of-school literacy practices. In N. Hall, J. Larson, & J. Marsch (Eds.), *Handbook of early childhood literacy* (pp. 51–65). London: Sage.

Knopf, H., & Swick, K. (2008). Using our understanding of families to strengthen family involvement. *Early Childhood Education Journal, 35*(5), 419–427.

Kobrin, B. (1988). *Eyeopeners! How to choose and use children's books about real people, places, and things.* New York, NY: Penguin.

Kobrin, B. (1995). *Eyeopeners II.* New York, NY: Scholastic.

Koenke, K. (1988). Handwriting instruction: What do we know? *The Reading Teacher, 40*(2), 214–228.

Kohn, A. (1996). *Beyond discipline: From compliance to community.* Alexandria, VA: Association for Supervision and Curriculum Development.

Konecki, L. R. (1992). *"Parent talk": Helping families to relate to schools and facilitate children's learning.* Bloomington, IN: Phi Delta Kappa. (ERIC Document Reproduction Service No. ED 342 745)

Kontos, S., & Wilcox-Herzog, A. (1997). Teachers' interactions with children: Why are they so important? *Young Children, 52*(5), 4–12.

Koralek, D. (Ed.). (2004). *Spotlight on young children and assessment.* Washington, DC: National Association for the Education of Young Children.

Koskinen, P. S., Wilson, R. M., Gambrell, L. B., & Neuman, S. B. (1993). Captioned video and vocabulary learning: An innovative practice in literacy instruction. *The Reading Teacher, 47*(1), 36–43.

Kostelnik, M. J. (Ed.). (1991). *Teaching young children using themes.* Glenview, IL: GoodYear.

Kostelnik, M. J., Gregory, K. M., Soderman, A. K., & Whiren, A. P. (2011). *Guiding children's social development* (7th ed.). Belmont, CA: Wadsworth.

Kostelnik, M. J., Soderman, A. K., & Whiren, A. (2007). *Developmentally appropriate curriculum: Best practices in early childhood education* (4th ed.). Upper Saddle River, NJ: Merrill/Prentice Hall.

Kostelnik, M. J., Whiren, A. P., Soderman, A. K., & Gregory, A. (2008). *Guiding children's social development and learning.* Belmont, CA: Delmar/Cengage.

Kovach, B., & DaRos-Voseles, D. (2011). Communicating with babies. *Young Children, 66*(2),48–50.

Kraemer, L., McCabe, P., & Sinatra, R. (2012). The effects of read-alouds of expository text on first graders' listening comprehension and book choice. *Literacy Research and Instruction, 51*(2), 165–178.

Krashen, S. D. (1997). *Every person a reader: An alternative to the California Task Force Report on Reading.* Portsmouth, NH: Heinemann.

Krashen, S. D. (2001). More smoke and mirrors: A critique of the National Reading Panel Report on Fluency. *Phi Delta Kappan, 83*(2), 119–123.

Krashen, S. D. (2003). *Explorations in language acquisition and use.* Portsmouth, NH: Heinemann.

Krashen, S. D. (2004). *The power of reading: Insights from the research.* Portsmouth, NH: Heinemann.

Kucan, L. (2012). What is most important to know about vocabulary? *The Reading Teacher, 65*(6), 360–366.

Kummere, S. E., Lopez-Reyna, N. A., & Hughes, M. J. (2007). Mexican immigrant mothers' perceptions of their children's communication disabilities, emergent literacy development, and speech-language therapy program. *American Journal of Speech-Language Pathology, 16*(3), 271–282.

Kupetz, B. N., & Green, E. J. (1997). Sharing books with infants and toddlers: Facing the challenges. *Young Children, 52*(2), 22–27.

La Fontaine, H. (1987). *At-risk children and youth: The educational challenges of limited English proficient students.* Available: www.ncela.gwu.edu/rcd/bibliography/BE018026

Labbo, L. D. (2000). 12 things young children can do with a talking book in a classroom computer center. *The Reading Teacher, 53*(7), 542–546.

Labbo, L. D., Eakle, A. J., & Montero, M. K. (2002, May). Digital language experience approach: Using digital photographs and software and a language experience approach innovation. *Reading Online, 24*–43. Available: www.literacythroughphotography.com/digital_photography.htm

Labbo, L. D., Love, M. S., Prior, M. P., Hubbard, B. P., & Ryan, T. (2006). *Literature links: Thematic units linking read-alouds and computer activities.* Newark, DE: International Reading Association.

Lacina, J. & Mathews, S. (2012). Using online storybooks to build comprehension. *Childhood Education, 88*(3), 155–161.

Lamme, L. L. (1984). *Growing up writing: Sharing with your children the joys of good writing.* Washington, DC: Acropolis.

Lance, K. C., & Marks, R. B. (2008). The link between public libraries and early reading success. *School Library Journal, 54*(9), 44–47.

Lane, H. B., & Wright, T. L. (2007). Maximizing the effectiveness of reading aloud. *The Reading Teacher, 60*(7), 668–675.

Lane, H., Pullen, P., Eisele, M., & Jordan, L. (2002). Preventing reading failure: Phonological awareness assessment and instruction. *Preventing School Failure, 3,* 101–110.

Langer, J. A. (1994). Focus on research: A response-based approach to literature. *Language Arts, 71*(3), 203–211.

Langer, J. A. (2002). *Effective literacy instruction: Building successful reading and writing programs.* Urbana, IL: National Council of Teachers of English.

Laosa, L. M., & Ainsworth, P. (2007*). Is public pre-K preparing Hispanic children to succeed in school?* (Policy Brief No. 13). New Brunswick, NJ: National Institute for Early Education Research.

LaParo, K. M., & Pianta, R. C. (2000). Predicting children's competence in the early years: A meta-analytic review. *Review of Educational Research, 70*(4), 443–483.

Lapp, D., Fisher, D., & Wolsey, T. D. (2009). *Literacy growth for every child: Differentiated and small group instruction, K–6.* New York, NY: Guilford.

Lareau, A. (2003). *Unequal childhoods: Class, race and family life.* Berkeley, CA: University of California Press.

Larson, J., & Peterson, S. (2003). Talk and discourse in formal learning settings. In N. Hall, J. Larson, & J. Marsh (Eds.), *Handbook of early childhood literacy* (pp. 301–314). London: Sage.

Lau, C., Higgins, K., Gelfer, J., Hong, E., & Miller, S. (2005). The effects of teacher facilitation on the social interactions of young children during computer activities. *Topics in Early Childhood Special Education, 25*(4), 208–217.

Laverick, D. M. (2008). Starting school: Welcoming young children and families into early school experiences. *Early Childhood Education Journal, 35*(4), 321–326.

Laverick, D. M., & Jalongo, M. R. (Eds.). Transitions to early care and education: international perspectives on making schools ready for young children. New York, NY: Springer.

LeClair, C., Doll, B., Osborn, A., & Jones, K. (2009). English language learners' and non-English language learners' perceptions of the classroom environment. *Psychology in the Schools, 46*(6), 568–577.

Lee, C. D., & Smagorinsky, P. (2000). *Vygotskian perspectives on literacy research: Constructing meaning through collaborative inquiry.* New York, NY: Cambridge University Press.

Lee, S. (2006). Using children's texts to communicate with parents of English-language learners. *Young Children, 61*(5), 18–25.

Lee, S., Huh, M., Jeung, H., & Lee, D. (2004). Receptive language skills of profoundly hearing-impaired children with cochlear implants. *Cochlear Implants International: An Interdisciplinary Journal, 5,* 99–101.

Lee, T. (2002). *Helicopter resource pack.* London, UK: MakeBelieveArts. Available: www.makebelievearts.co.uk

Leeuwen, C. A., & Gabriel, M. A. (2007). Beginning to write with word processing: Integrating writing process and technology in a primary classroom. *The Reading Teacher, 60*(5), 420–429. doi: 10.1598/RT.60.5.2

Lefebvre, P., Trudeau, N., & Sutton, A. (2011). Enhancing vocabulary, print awareness and phonological awareness through shared storybook reading with low-income preschoolers. *Journal of Early Childhood Literacy, 11*(4), 453–479.

Lehman, B. A. (2007). *Children's literature and learning: Literary study across the curriculum.* New York, NY: Teachers College Press.

Lehr, F., Osborn, J., & Hiebert, E. H. (2004). *A focus on vocabulary.* Available: www.prel.org/products/re_/ES049.htm

Leland, C. H., & Harste, J. C. (1994). Multiple ways of knowing: Curriculum in a new key. *Language Arts, 71*(5), 337–345.

Lemke, M., & Gonzales, P. (2006). *U.S. student and adult performance on international assessments of educational achievement: Findings from the condition of education 2006.* Washington, DC: National Center for Education Statistics.

Lerner, J. W., Lowenthal, B., & Egan, R. W. (2003). *Preschool children with special needs: Children at risk, children with disabilities* (2nd ed.). Upper Saddle River, NJ: Merrill/Pearson.

Leu, D. J., Jr. (1997). Caity's question: Literacy as deixis on the internet. *The Reading Teacher, 51,* 62–67.

Leu, D. J., O'Byrne, W. I., Zawilinski, L., McVerry, J. G., & Everett-Cacopardo, H. (2009). Expanding the new literacies conversation. *Educational Researcher, 38*(4), 264–269.

Leung, C. B. (2008). Preschoolers' acquisition of scientific vocabulary through repeated read-aloud events, retellings, and hands-on science activities. *Reading Psychology, 29*(2),

165–193.

Levin, D. E. (1999, November). Children's play: Changing times, changing needs, changing responses. *Our Children,* 8–11.

Levin, G. (1983). *Child psychology.* Belmont, CA: Wadsworth.

Levin, I., & Bus, A. G. (2003). How is emergent writing based on drawing? Analyses of children's products and their sorting by children and mothers. *Developmental Psychology, 39,* 891–905.

Levy, R. (2009), "You have to understand words ... but not read them": Young children becoming readers in a digital age. *Journal of Research in Reading, 32,* 75–91.

Lewin, C., & Luckin, R. (2010). Technology to support parental engagement in elementary education: Lessons learned from the UK. *Computers and Education, 54*(3), 749–758.

Lewis, B., Freebairn, L., & Taylor, H. (2002). Correlates of spelling abilities in children with early speech sound disorders. *Reading and Writing, 15*(3/4), 389–407.

Lewis, M., & Jackson, D. (2001). Television literacy: Comprehension of program content using closed captions for the deaf. *Journal of Deaf Studies and Deaf Education, 6,* 43–53.

Liebert, R. E. (1991). The Dolch list revisited: An analysis of pupil responses then and now. *Reading Horizons, 31,* 217–227.

Light, J. C., & Kent-Walsh, J. (2003, May 27). Fostering emergent literacy for children who require AAC. Available: www.asha.org/Publications/leader/2003/030527/ftr030527b.htm?

Lightbown, P. (2000). Classroom SLA research and second language teaching. *Applied Linguistics, 21*(4), 431–462.

Lillard, A., & Peterson, J. (2011). The immediate impact of different types of television on young children's executive function. *Pediatrics, 128*(4), 772–774.

Lima, C. W., & Lima, J. A. (2008). *A to zoo: Subject access to children's picture books* (8th ed.). Westport, CT: Bowker.

Lindsey, K. A., Manis, F. R., & Bailey, C. E. (2003). Prediction of first-grade reading in Spanish-speaking English-language learners. *Journal of Educational Psychology, 95*(3), 484–494.

Linebarger, D., Kosanic, A., Greenwood, C., & Doku, N. (2004). Effects of viewing the television program *Between the Lions* on the emergent literacy skills of young children. *Journal of Educational Psychology, 96*(2), 297–308.

Linquanti, R. (1999). *Fostering academic success for English language learners: What do we know?* (Section 5: English language acquisition and academic success: What do we know?). Available: www.wested.org/policy/pubs/fostering/know.htm

Loban, W. (1976). *Language development: Kindergarten through grade twelve.* Urbana, IL: National Council of Teachers of English.

Longori, A. Q., Page, M. C., Hubbs-Tait, L., & Kennison, S. M. (2009). Relationship between kindergarten children's language ability and social competence. *Early Child Development and Care, 179*(7), 919–929.

Lonigan, C. J. (2005). *Development and promotion of early literacy skills: Using data to help children succeed.* Available: www.ncld.org/content/view/485/456246

Lonigan, C. J., & Purpura, D. J. (2009). Conners' teacher rating scale for preschool children: A revised, brief, age-specific measure. *Journal of Clinical Child and Adolescent Psychology, 38*(2), 263–272.

Lotherington, H., Holland, M., Sotoudeh, S., & Zentena, M. (2008). Project-based community language learning: Three narratives of multilingual story-telling in early childhood education. *Canadian Modern Language Review, 65*(1), 125–145.

Love, A., Burns, M. S., & Buell, M. J. (2007). Writing: Empowering literacy. *Young Children, 62*(1), 12–19.

Lovel, K. (1968). Some recent studies in language development. *Merrill-Palmer Quarterly, 14,* 123–138.

Lovett, M. W., DePalma, M., Frijters, J., Steinbach, K., Temple, M., Benson, N., & Lacerenza, L. (2008). Interventions for reading difficulties: A comparison of response to intervention by ELL and EFL struggling readers. *Journal of Learning Disabilities, 41*(4), 333–352.

Lu, M. Y. (2000). *Language development in the early years.* Available: www.vtaide.com/png/ERIC/Language-Early.htm (ERIC Document Reproduction Service No. ED 446 336)

Lugo-Neris, M. J., Jackson, C. W., & Goldstein, H. (2010). Facilitating vocabulary acquisition of young English language learners. *Language, Speech and Hearing Services in Schools, 41*(3), 249–259.

Luinge, M. R., Post, W. J., Wit, H. P., & Goorhuis-Brouwer, S. M. (2006). The ordering of milestones in language development for children from 1 to 6 years of age. *Journal of Speech, Language, and Hearing Research, 49*(5), 923–940.

Luke, A. (2008). *Digital innovation in schooling: Policy efficacy, youth cultures and pedagogical change.* Brisbane, Australia: Queensland University of Technology.

Lukens, R. (2006). *A critical handbook of children's literature* (7th ed.). Boston, MA: Allyn & Bacon.

Lund, J. R. (1991). A comparison of second language listening and reading comprehension. *Modern Language Journal, 75*(2), 196–204.

Lundsteen, S. W. (1993). Metacognitive listening. In A. D. Wolvin & C. G. Coakley (Eds.), *Perspectives on listening* (pp. 106–123). Westport, CT: Greenwood.

Lynch, J. (2000). *A cry unheard: New insights into the medical consequences of loneliness.* New York, NY: Bancroft Press.

Lynch, J. (2005). *Making word walls work: A complete, systematic guide with routines, grade-perfect word lists, and reproducible word cards to help all children master high-frequency words.* New York, NY: Scholastic.

MacArthur, C. A., & Karchmer-Klein, R. A. (2010). Web 2.0: New opportunities for writing. In G. A. Troia, R. K. Shankland, & A. Heintz (Eds.), *Putting writing research into practice: Applications for teacher professional development* (pp. 45–69). New York, NY: Guilford.

MacGregor, D. (2004). Literacy software saves struggling readers. *T.H.E. Journal, 32,* 52–53.

Mackey, B., & White, M. (2004). Conversations, collaborations, and celebrations: How the school library media specialist can shape early literacy instruction. *Knowledge Quest, 33*(2), 30–33.

MacMillan, K., & Kirker, C. (2012). *Kindergarten magic: Theme-based lessons for building literacy and library skills.* Chicago, IL: American Library Association.

Madej, K. S. (2003). Towards digital narrative for children: From education to entertainment, a historical perspective. *Computers in Entertainment, 1*(1), 12.

Magnuson, K. A., & Waldfogel, J. (2005). Early childhood care and education: Effects on ethnic and racial gaps in school readiness. *Future of Children, 15*(1), 169–196.

Malach, D. A., & Rutter, R. A. (2003). For nine months kids go to school, but in summer this school goes to the kids. *The Reading Teacher, 57*(1), 50–54.

Malaguzzi, L. (1994). Tribute to Loris Malaguzzi. *Young Children, 49*(5), 55.

Mallory, B. R., & Rous, B. (2009). Educating young children with developmental differences: Principles of inclusive practice. In S. Feeney, A. Galper, & C. Seefeldt (Eds.), *Continuing issues in early childhood education* (3rd ed., pp. 278–302). Upper Saddle River, NJ: Merrill/Pearson.

Mandell, P. L. (2010). Heard any good books lately? *School Library Journal, 5*(8), 32–38.

Mangen, A. (2010). Point and click: Theoretical and phenomenological reflections on the digitization of early childhood education. *Contemporary Issues in Early Childhood, 11*(4), 415–431.

Manis, F. R., Lindsey, K. A., & Bailey, C. E. (2004). Development of reading in grades K–2 in Spanish-speaking English-language learners. *Learning Disabilities Research and Practice, 19*(4), 214–224.

Mann, V. A., & Foy, J. G. (2007). Speech development patterns and phonological awareness in preschool children. *Annals of Dyslexia, 57*(1), 51–74.

Manning, M. (2005). Reading aloud. *Teaching PreK–8, 35,* 80–82.

Mantzicopoulos, P., & Patrick, H. (2011). Reading picture books and learning science: Engaging young children with informational text. *Theory into Practice, 50*(4), 269–276.

Manyak, P. C. (2008). Phonemes in use: Multiple activities for a critical process. *The Reading Teacher, 61*(8), 659–662.

Marchman, V., & Fernald, A. (2008). Speed of word recognition and vocabulary knowledge in infancy predict cognitive and language outcomes in later childhood. *Developmental Science, 11*(3), 9–16.

Margolis, R. (2001). The best little library in Texas: The Terrazas Branch Library is the winner of the Giant Step Award. *School Library Journal, 47*(1), 54–58.

Marinak, B. A., Strickland, M. J., & Keat, J. B. (2010). Using photo-narration to support all learners. *Young Children,* 35–38.

Marsh, J., Brooks, G., Hughes, J., Ritchie, L., Roberts, S., & Wright, K. (2005). *Digital beginnings: Young children's use of popular culture, media, and new technologies.* Sheffield, UK: Literacy Research Center/University of Sheffield. Available: www.digitalbeginnings.shef.ac.uk/DigitalBeginningsReport.pdf

Marston, D., Pickart, M., Reschly, A., Heistad, D., Muyskens, P., & Tindal, G. (2007). Early literacy measures for improving student reading achievement: Translating research into practice. *Exceptionality, 15*(2), 97–117.

Martin, L. E., & Kragler, S. (2011). Becoming a self-regulated reader: A study of primary-grade students' reading strategies. *Literacy Research and Instruction, 50*(2), 89–104.

Martin, L. E., & Thacker, S. (2009). Teaching the writing process in the primary grades. *Young Children, 64*(4), 30–35.

Martin, W., & Porac, C. (2007). Patterns of handedness and footedness in switched and nonswitched Brazilian left-handers: Cultural effects on the development of lateral preferences. *Developmental Neuropsychology, 31*(2), 159–179.

Martinez, G. (2008). Public libraries—Community organizations making outreach efforts to help young children succeed in school. *School Community Journal, 18*(1), 93–104.

Marulis, L., & Neuman, S. (2010). The effects of vocabulary intervention on young children's word learning: A meta-analysis. *Review of Educational Research, 80*(3), 300–335.

Mason, J., & Au, K. (1998). *Reading instruction for today.* Reading, MA: Addison-Wesley.

Massetti, G. M., & Bracken, S. (2010). Classroom academic and social context: Relationships among emergent literacy, behavioural functioning and teacher curriculum goals in kindergarten. *Early Child Development and Care, 180*(3), 359–375.

Massey, S. (2013). From the reading rug to the play center: Enhancing vocabulary and comprehensive language skills by connecting storybook reading and guided play. *Early Childhood Education Journal, 41*(2), 125–131.

Massey, S., Pence, K., Justice, L., & Bowles, R. (2008). Educators' use of cognitively challenging questions in economically disadvantaged preschool classroom contexts. *Early Education and Development, 19*(2), 340–360.

Matthews, H., & Jang, D. (2007). *The challenges of change: Learning from the child care and early education experiences of immigrant families.* Washington, DC: Center for Law and Social Policy. Available: www.clasp.org/

Maxim, G. (1989). *The very young: Guiding children from infancy through the early years* (3rd ed.). Columbus, OH: Merrill.

Maxwell, K. L., & Clifford, R. M. (2004). School readiness assessment. *Young Children on the Web.* Available: http://journal.naeyc.org/btj/200401/Maxwell.pdf

Mayer, K. (2007). Research in review: Emerging knowledge about emergent writing. *Young Children, 62*(1), 34–40.

McAfee, O., & Leong, D. (2006). *Assessing and guiding young children's development and learning* (4th ed.). Boston, MA: Allyn & Bacon.

McBride, B. A., & Rane, T. R. (1997). Father/male involvement in early childhood programs: Issues and challenges. *Early Childhood Education Journal, 25*(1), 11–16.

McBride-Chang, C., Chow, Y. Y. Y., & Tong, X. (2010). Early literacy at home: General environmental factors and specific parent input. In D. Ararm & O. Korat (Eds.), *Literacy development and enhancement across orthographies and cultures* (Vol. 2, pp. 97–109). New York, NY: Springer.

McCable, P. C., & Meller, P. J. (2004). The relationship between language and social competence: How language impairment affects social growth. *Psychology in the Schools, 41*(3), 313–321.

McCarthey, S. J. (2000). Home-school connections: A review of the literature. *Journal of Educational Research, 93*(3), 145–153.

McCaslin, N. (2006). *Creative drama in the classroom and beyond* (8th ed.). Boston, MA: Allyn & Bacon.

McClelland, M. M., Acock, A. C., & Morrison, F. J. (2006). The impact of kindergarten learning-related skills on academic trajectories at the end of elementary school. *Early Childhood Research Quarterly, 21*(4), 471–490.

McCloskey, E. (in press). Conversations about jail: Inclusive settings for critical literacy. *Early Childhood Education Journal, 40*(6), 369–377.

McCombs, J. S., Augustine, C. H., Schwartz, H. L., Bodilly, S. J., McInnis, B., Lichter, D. S., & Cross, A. B. (2011). *Making summer count: How summer programs can boost children's learning.* Santa Monica, CA: RAND Education. Available: www.rand.org

McConnell, S. (1993). Talking drawings: A strategy for assisting learners. *Journal of Reading, 36*(4), 260–269.

McCormick, L., Loeb, D. F., & Schiefelbusch, R. (2002). *Supporting children with communication difficulties in inclusive settings: School-based language intervention* (2nd ed.). Boston, MA: Allyn & Bacon.

McDevitt, T. M. (1990). Encouraging young children's listening. *Academic Therapy, 25*(5), 569–577.

McGee, C. D., & Hughes, C. E. (2011). Identifying and supporting young gifted learners. *Young Children, 66*(4), 100–105.

McGee, L. (2007). *Transforming literacy practices in preschool: Research-based practices that give all children the opportunity to reach their potential as learners.* New York, NY: Scholastic.

McGee, L. M., & Morrow, L. M. (2005). *Teaching literacy in kindergarten.* New York, NY: Guilford.

McGee, L. M., & Richgels, D. J. (2011). *Literacy's beginnings: Supporting young readers and writers* (6th ed.). Boston, MA: Allyn & Bacon.

McGee, L. M., & Schickedanz, J. A. (2012). Much More Than the ABC's: The Early Stages of Reading and Writing. Washington, DC: *National Association for the Education of*

Young Children.

McGee, L. M., & Ukrainetz, T. A. (2009). Using scaffolding to teach phonemic awareness in preschool and kindergarten. *The Reading Teacher, 62*(7), 599–603.

McInnes, A., Humphries, T., Hogg-Johnson, S., & Tannock, R. (2003). Listening comprehension and working memory are impaired in attention-deficit hyperactivity disorder irrespective of language impairment. *Journal of Abnormal Child Psychology, 31*(4), 42.

McKeough, A., Bird, S., Tourigny, E., Romaine, A., Graham, S., Ottmann, J., & Jeary, J. (2008). Storytelling as a foundation to literacy development for aboriginal children: Culturally and developmentally appropriate practices. *Canadian Psychology, 49*(2), 148–154.

McKeown, M., & Beck, I. (2007). Encouraging young children's language interactions with stories. In S. Neuman & D. Dickinson (Eds.), *Handbook of early literacy research* (Vol. 2, pp. 281–294). New York, NY: Guilford.

McMaster, K. L., Kung, S., Han, I., & Cao, M. (2008). Peer-assisted learning strategies: A "tier 1" approach to promoting English learners' response to intervention. *Teaching Exceptional Children, 74*(2), 194–214.

McMullen, M. B. (1998). Thinking before doing: A giant toddler step on the road to literacy. *Young Children, 53*(3), 65–70.

McMunn Dooley, C., & Matthews, M. (2009). Emergent comprehension: Understanding comprehension development among young literacy learners. *Journal of Early Childhood Literacy, 9*(3), 269–294.

McNair, J. C. (2007). Say my name, say my name! Using children's names to enhance early literacy development. *Young Children, 62*(5), 84–89.

McNair, J. C. (2012). Poems about sandwich cookies, jelly, and chocolate: Poetry in K–3 classrooms. *Young Children, 67*(4), 94–100.

McName, A., & Mercurio, M. L. (2007, Spring). Who cares? How teachers can scaffold children's ability to care: A case for picture books. *Early Childhood Research and Practice*. Available: http://ecrp.uiuc.edu/v9n1/mcnamee.html

McNeill, J. H., & Fowler, S. A. (1996). Using story reading to encourage children's conversations. *Teaching Exceptional Children, 28*(4), 43–47.

McPake, J., Plowman, L., & Berch-Heyman, S. (2008). Learning from the children: Exploring preschool children's encounters with ICT at home. *Journal of Early Childhood Research, 6*(2), 99–117.

McTavish, M. (2007). Constructing the big picture: A working class family supports their daughter's pathways to literacy. *The Reading Teacher, 60*(5), 476–485.

McVicker, C. J. (2007). Young readers respond: The importance of child participation in emerging literacy. *Young Children, 62*(3), 18–22.

Meacham, A. N. (2007). Language learning and the internationally adopted child. *Early Childhood Education Journal, 34*(1), 73–79.

Mediatore, K. (2003). Reading with your ears. *Reference and User Services Quarterly, 42*(4), 318–323.

Meece, D., & Soderman, A. K. (2010). Positive verbal environments: Setting the stage for young children's social development. *Young Children, 65*(5), 81–86.

Meesook, K. (2003). Cultural and school-grade differences in Korean and white American children's narrative skills. *International Review of Education, 49*, 177–191.

Megee, M. (1997). Media literacy: The new basic. *Emergency Librarian, 25*(2), 23–26.

Mehler, J., & Kovacs, A. M. (2009). Cognitive gains in 7-month-old bilingual infants. *Proceedings of the National Academy of Sciences of the United States of America, 106*(16), 6556–6560.

Meier, D. (Ed.). (2009). *Here's the story: Using narrative to promote young children's language and literacy learning.* New York, NY: Teachers College Press.

Meier, D., & Woods, G. (Eds.). (2004). *Many children left behind: How the No Child Left Behind Act is damaging our children and our schools.* Boston, MA: Beacon Press.

Meisels, S. J., & Atkins-Burnett, S. (2005). *Developmental screening in early childhood: A guide* (5th ed.). Washington, DC: National Association for the Education of Young Children.

Melhuish, E. C., Phan, M. B., Sylva, K., Sammons, P., Siraj-Blatchford, I., & Taggart, B. (2008). Effects of the home learning environment and preschool center experience upon literacy and numeracy development in early primary school. *Journal of Social Issues, 64*(1), 95–114.

Melson, G. F. (2003). Child development and the human-companion animal bond. *American Behavioral Scientist, 47*(1), 31–39.

Mendelsohn, D. J., & Rubin, J. (1995). A *guide for the teaching of second language listening.* San Diego, CA: Dominie Press.

Menyuk, P. (1988). *Language development: Knowledge and use.* Glenview, IL: Scott Foresman.

Merritt, S., & Dyson, A. H. (1992). A social perspective on informal assessment: Voices, texts, pictures, and play from a first grade. In C. Genishi (Ed.), *Ways of assessing children and curriculum: Stories of early childhood practice* (pp. 94–125). New York, NY: Teachers College Press.

Michael, M., & Sengers, P. (2003). *Narrative intelligence.* Amsterdam, The Netherlands: John Benjamins.

Millard, E., & Marsh, J. (2001). Words with pictures: The role of visual literacy in writing and its implications for schooling. *Reading, 35,* 54–62.

Miller, C. P. (2010). *Before they read: Teaching language and literacy development through conversations, interactive read-alouds, and listening games.* Gainesville, FL: Maupin House.

Miller, E., Almon, J., Allen, L., Astuto, J., Drucker, J., Franklin, M., … Schecter, B. (2009). The transformation of kindergarten. *Encounter, 22*(2), 6–11.

Miller, M. C. (2009). The importance of recess. *Harvard Mental Health Letter, 26*(2), 8–8.

Miller, P. (2004). *Reaching every reader: Promotional strategies for the elementary school library media specialist.* Worthington, OH: Linworth.

Mills, C. M., Legare, C. H., Bills, M., & Mejias, C. (2010). Preschoolers use questions as a tool to acquire knowledge from different sources. *Journal of Cognition and Development, 11*(4), 533–560.

Mills, K. (2011). I'm making it different to the book: Transmediation in young children's multimodal and digital texts. *Australasian Journal of Early Childhood, 36*(3), 56–65.

Mills, K. A. (2010). A review of the "digital turn" in the New Literacy studies. *Review of Educational Research, 80*(2), 246–271.

Minaya-Rowe, L. (2004). Training teachers of English language learners using their students' first language. *Journal of Latinos and Education, 3*(1), 3–24.

Minkel, W. (2000). Digital audiobooks can help kids learn. *School Library Journal, 46*(10), 24.

Mistrett, S. (2004). Assistive technology helps young children with disabilities participate in daily activities. *Technology in Action, 1*(4), 1–8.

Mistrett, S. G., Lane, S. J., & Ruffino, A. G. (2005). Growing and learning through technology: Birth to five. In D. Edyburn, K. Higgins, & R. Boone (Eds.), *Handbook of special education technology research and practice* (pp. 273–308). Whitefish Bay, WI: Knowledge by Design.

Mogharreban, C. C., & Bruns, D. A. (2009). Moving to inclusive pre-kindergarten classrooms: Lessons from the field. *Early Childhood Education Journal, 36*(5), 381–406.

Mol, S. E., Bus, A. G., DeJong, M. T., & Smeets, J. H. (2008). Added value of dialogic parent-child book readings: A meta-analysis. *Early Education and Development, 19*(1), 7–26.

Mol, S., Bus, A., & de Jong, M. (2009). Interactive book reading in early education: A tool to stimulate print knowledge as well as oral language. *Review of Educational Research, 79*(2), 979–1007.

Moline, S. (1995). *I see what you mean: Children at work with visual information.* York, ME: Stenhouse.

Moll, L., Amanti, C., Neff, D., & González, N. (2005). Funds of knowledge for teaching: Using a qualitative approach to connect homes and classrooms. In N. González (Ed.), *Funds of knowledge: Theorizing practices in households and classrooms* (pp. 71–88). Mahwah, NJ: Lawrence Erlbaum.

Montecel, M. R., & Cortez, J. D. (2002). Successful bilingual education programs: Development and the dissemination of criteria to identify promising and exemplary practices in bilingual education at the national level. *Bilingual Research Journal, 26,* 1–22.

Moore, E. S., & Lutz, R. J. (2000). Children, advertising, and product experiences: A multimethod inquiry. *Journal of Consumer Research, 27,* 31–48.

Moore, R. A., & Ritter, S. (2008). "Oh yeah, I'm Mexican. What type are you?" Changing the way preservice teachers interpret and respond to the literate identities of children. *Early Childhood Education Journal, 35*(6), 505–514.

Moravcik, E. (2000). Music all the livelong day. *Young Children, 55*(4), 27–29.

Morgan, P. L., & Meier, C. R. (2008). Dialogic reading's potential to improve children's emergent literacy skills and behavior. *Preventing School Failure, 52*(4), 11–16.

Morgan, P., & Fuchs, D. (2007). Is there a bidirectional relationship between children's reading skills and reading motivation? *Exceptional Children, 73*(2), 165–183.

Morrow, L. M. (2001). Literacy development and young children: Research to practice. In S. L. Golbeck (Ed.), *Psychological perspectives on early childhood education: Reframing dilemmas in research and practice* (pp. 253–279). Mahwah, NJ: Lawrence Erlbaum.

Morrow, L. M. (2008a). Creating a literacy-rich classroom environment. In A. DeBruin-Parecki (Ed.), *Effective early literacy practice: Here's how, here's why* (pp. 1–14). Baltimore, MD: Paul H. Brookes.

Morrow, L. M. (2009). *Literacy development in the early years: Helping children read and write.* Boston, MA: Allyn & Bacon.

Morrow, L. M., & Gambrell, L. (2000). Literature-based reading instruction. In M. L. Kamil, P. B. Mosenthal, P. D. Pearson, & R. Barr (Eds.), *Handbook of reading research* (Vol. 3, pp. 563–586). Mahwah, NJ: Erlbaum.

Morrow, L. M., Woo, D. G., & Radzin, A. (2000). Implementation of an America Reads tutoring program. *Reading Online, 4*(4). Available: www.readingonline.org/articles/art_index.asp?HREF=/articles/morrow/index.html

Morrow, L., Freitag, E., & Gambrell, L. (2009). *Using children's literature in preschool to develop comprehension—Understanding and enjoying books.* Newark, DE: International Reading Association.

Morrow, L., Tracey, D., & Renner Del Nero, J. (2011). Best practices in early literacy: Preschool, kindergarten and first grade. In L. Morrow, L. Gambrell, & N. Duke (Eds.), *Best practices in literacy instruction* (4th ed., pp. 67–95). New York, NY: Guilford.

Mosco, M. (2005). Getting the information graphically. *Arts and Activities, 138*(1), 44.

Moseley, D., & Poole, S. (2001). The advantages of rime-prompting: A comparative study of prompting methods when hearing children read. *Journal of Research in Reading, 24*(2), 163–173.

Mosenthal, P. (1983). Defining good and poor reading—The problem of artificial lampposts. *The Reading Teacher, 39*(8), 858–881.

Moses, A. M. (2009). Research in review: What television can (and can't) do to promote early literacy development. *Young Children, 64*(2), 62–89.

Moss, B. (2002). *Exploring the literature of fact: Children's nonfiction trade-books in the elementary classroom.* New York, NY: Guilford.

Moss, B., & Loh, V. S. (2010). *35 strategies for guiding readers through information texts.* New York, NY: Guilford.

Moutray, C. L., & Snell, C. A. (2003). Three teachers' quest: Providing daily writing activities for kindergartners. *Young Children, 58*(2), 24–28.

Mui, S., & Anderson, J. (2008). At home with the Johars: Another look at family literacy. *The Reading Teacher, 62*(3), 234–243.

Mundell, D. (1987). *Mental imagery: Do you see what I say?* Oklahoma City, OK: Oklahoma State Department of Education.

Murillo, L.A., & Smith, P. H. (2011). "I will never forget that": Lasting effects of language discrimination on language-minority children in Colombia and on the U.S.–Mexico border. *Childhood Education, 87*(3), 147–153.

Murkoff, H., Eisenberg, A., & Hathaway, S. (2003). *What to expect the first year.* New York, NY: Workman.

Murphy, J. L., Hatton, D., & Erickson, K. A. (2008). Exploring the early literacy practices of teachers of infants, toddlers, and preschoolers with visual impairments. *Journal of Visual Impairment and Blindness, 102*(3), 133–146.

Murray, D. S., Ruble, L. A., Willis, H., & Molloy, C. A. (2009). Parent and teacher report of social skills in children with autism spectrum disorders. *Language, Speech, and Hearing Services in Schools, 40,* 109–115.

Myers, P. A. (2005). The princess storyteller, Clara Clarifier, Quincy Questioner, and the wizard: Reciprocal teaching adapted for kindergarten students. *The Reading Teacher, 59*(4), 314–324.

Nakamoto, J., Lindsey, K. A., & Manis, F. R. (2008). A cross-linguistic investigation of English language learners' reading comprehension in English and Spanish. *Scientific Studies of Reading, 12*(4), 352–371.

Narey, M. (Ed.). (2008). *Making meaning: Constructing multimodal perspectives of language, literacy, and learning through arts-based early childhood education.* New York, NY: Springer.

Nation, K., & Snowling, M. J. (2004). Beyond phonological skills: Broader language skills contribute to the development of reading, *Journal of Research in Reading, 27*(4), 342–356.

National Assessment of Educational Progress. (2009). *The nation's report card.* Available: http://nationsreportcard.gov/

National Assessment of Educational Progress (2012). *The nation's report card: Reading student background age nine.* Available: http://nces.ed.gov/nationsreportcard/pdf/bgq/student/2012BQ_LTT_R_09.pdf

National Association for the Education of Homeless Children and Youth. (2011). *Facts about homeless education.* Available: http://www.naehcy.org/facts

National Association for the Education of Young Children & National Association of Early Childhood Specialists in State Departments of Education (2003). *Early childhood curriculum, assessment and program evaluation: Building* an effective, accountable system for children birth through age 8 (Joint position statement). Washington, DC: National Association for the Education of Young Children.

National Association for the Education of Young Children. (1996a). NAEYC Position Statement: Responding to linguistic and cultural diversity—Recommendations for effective early childhood education. *Young Children, 51*(2), 4–12. Available in English and Spanish: www .naeyc.org/resources/eyly/1996/03.htm

National Association for the Education of Young Children. (1996b). *Technology and young children—Ages three through eight.* Washington, DC: Author.

National Association for the Education of Young Children. (2005). *Where we stand: Many languages, many cultures: Respecting and responding to diversity.* Washington, DC: Author. Available: www.naeyc.org/about/positions/pdf/diversity.pdf

National Association for the Education of Young Children. (2008). Creative teaching with prop boxes. *Teaching Young Children, 2*(4), 5.

National Capital Language Resource Center. (2008). *The essentials of language teaching: Teaching listening.* Available: www.nclrc.org/essentiall/listening/liindex.htm

National Center for Education Statistics (2001). *Entering kindergarten: Findings from The Condition of Education.* Available: http://nces.ed.gov/pubs2001/2001035.pdf

National Center for Education Statistics (2003). *National Assessment of Adult Literacy: Key findings.* Available: http://nces.ed.gov/naal/kf_demographics.asp http://nces.ed.gov/nationsreportcard/pdf/about/schools/2011_2012_teachers_guide.pd

National Center for Education Statistics. (2005). *Learner outcomes: Early childhood (indicator 8).* Available: http://nces.ed.gov/programs/coe/statement/s3.asp

National Center for Education Statistics. (2006). *The condition of education 2006.* Washington, DC: Author. Available: http://nces.ed.gov/programs/coe/2006/section4/indicator33.asp

National Center for Education Statistics. (2007). *National Assessment of Educational Progress (NAEP), 2007 Reading Assessment.* Washington, DC: Author. Available: http://nces.ed.gov/nationsreportcard/nde

National Center for Education Statistics. (2008). *The condition of education 2008.* Washington, DC: Author. Available: http://nces.ed.gov/programs/coe/2008/section1/indicator06.asp

National Center for Education Statistics (2012). *Nation's report card.* Washington, DC: Author. Available:

National Center for Fathering. (2009). *Survey of fathers' involvement in children's learning: Summary of study findings.* Available: www.fathers.com/content/index.php?option=com_content&task=view&id=75&Itemid=109/

National Center on Family Homelessness. (2009). *Help for homeless children to access early childhood education.* Available: www.clasp.org/

National Clearinghouse for English Language Acquisition. (2006). *Which tests are used commonly to determine English language proficiency?* Washington, DC: Author. Available: www.ncela.gwu.edu/files/rcd/BE021790/Which_Tests_Are_Used.pdf

National Council for the Accreditation of Teacher Education. (2013). *Standards.* Available: www.ncate.org/standards/tabid/107/default.aspx

National Council of Teachers of English & International Reading Association. (1996). *Standards for the English Language Arts.* Urbana, IL, and Newark, DE: Authors.

National Council of Teachers of English. (2005). *Early literacy* (Online resources). Available: www.ncte.org/collections/earlyliteracy

National Council of Teachers of English. (2006). *What we know about writing, grades K–2.* Available: www.ncte.org/writing/aboutearlygrades

National Council of Teachers of English. (2008). English language learners: A policy research brief produced by the National Council of Teachers of English. Available: www.ncte.org/library/NCTEFiles/Resources/Positions/Chron-0308PolicyBrief.pdf.

National Council of Teachers of English. (2010). *NCTE/IRA Standards for the English Language Arts* [Outline of NCTE standards]. Available: www.ncte.org/?standards

National Early Childhood Accountability Task Force. (2008). *Taking stock: Assessing and improving early childhood learning and program quality.* Available: www.policyforchildren.org/pdf/Task_Force_Report.pdf

National Early Literacy Panel. (2008). *Developing early literacy: A report of the National Early Literacy Panel.* Jessup, MD: National Institute for Literacy.

National Early Literacy Panel. (2009). *Developing early literacy.* Jessup, MD: National Institute for Literacy. Available: www.nifl.gov/nifl/publications/pdf/NELPReport09.pdf

National Education Association. (2007). *NEA's Read across America program.* Available: http://nea.org/readacross

National Education Association. (2012). Rankings of states and estimates of school statistics. Available: http://www.nea.org/home/44479.htm

National Institute on Deafness and Other Communication Disorders (2008). *Stuttering.* Available: http://www.nidcd.nih.gov/health/voice/pages/stutter.aspx

National Institute on Deafness and Other Communication Disorders. (2009). *Statistics on voice, speech, and language.* Bethesda, MD: Author. Available: www.nidcd.nih.gov/health/statistics/vsl.asp

National Institute on Media and the Family. (2009). *Facts.* Available: www.mediafamily.org/facts/facts.shtml

National Reading Panel. (2000). *Report of the National Reading Panel: Teaching children to read: An evidence-based assessment of the scientific research literature on reading and its implications for reading instruction.* Washington, DC: National Institutes of Health. Available: www.nationalreadingpanel.org/Publications/summary.htm

National Research Council, Committee on Early Childhood Pedagogy. (2001). *Eager to learn: Educating our preschoolers.* Washington, DC: National Academies Press.

National Task Force on Early Childhood Education for Hispanics. (2007). *Para nuestros niños. Expanding and improving early education for Hispanics: Main Report.* Tempe, AZ: Author. Available: www.ecehispanic.org

Neelands, J., & Dickerson, R. (2006) *Improve your primary school through drama.* London, UK: David Fulton.

Nelson, K. (1999). The psychological and social origins of autobiographical memory. In L. E. Berk (Ed.), *Landscapes of development: An anthology of readings* (pp. 97–107). Belmont, CA: Wadsworth.

Nelson, K. (2007). *Young minds in social worlds: Experience, meaning and memory.* Cambridge, MA: Harvard University Press.

Nelson, K. E., Aksu-Koc, A., & Johnson, C. E. (Eds.). (2001). *Children's language: Developing narrative and discourse competence.* Mahwah, NJ: Lawrence Erlbaum.

Nelson, O. (1989). Storytelling: Language experience for meaning making. *The Reading Teacher, 42*(6), 386–390.

Nelson, P., Kohnert, K., Sabur, S., & Shaw, D. (2005). Classroom noise and children learning through a second language: Double jeopardy? *Language, Speech, and Hearing Services in Schools, 36,* 219–229.

Nemeth, K. (2009). Meeting the home language mandate: Practical strategies for all classrooms. *Young Children, 64*(2), 36–42.

Nemeth, K. N. (2012). *Basics of supporting dual language learners: An introduction for educators of children from birth through age 8.* Washington, DC: National Association for the Education of Young Children.

Nessel, D., & Dixon, C. (2008). *Using the language experience approach with English language learners: Strategies for engaging students and developing literacy.* Thousand Oaks, CA: Sage.

Neu, R. A. (2013). An exploration of oral language development in Spanish-speaking preschool students. *Early Childhood Education Journal, 41*(3), 211–218.

Neuman, M. M., & Neuman, D. L. (2012). The role of idiomorphs in emergent literacy. *Childhood Education, 88*(1), 23–30.

Neuman, S. (2011). The challenge of teaching vocabulary in early education. In S. Neuman & D. Dickinson (Eds.), *Handbook of early literacy research* (Vol. 3, pp. 358–372). New York, NY: Guilford.

Neuman, S. B. (2004). Hear, Hear! Listening for the sounds that make up words is an essential step on the road to reading and writing. *Scholastic Parent and Child, 11*(4), 22.

Neuman, S. B. (2006). The knowledge gap: Implications for early education. In D. K. Dickinson & S. B. Neuman (Eds.), *Handbook of early literacy research* (Vol. 2, pp. 29–40). New York, NY: Guilford.

Neuman, S. B. (2009). *Changing the odds for children at risk: Seven essential principles of educational programs that break the cycle of poverty.* Westport, CT: Praeger.

Neuman, S. B., & Wright, T. (2007). *Reading to your child.* New York, NY: Scholastic.

Neuman, S. B., & Wright, T. (2010). Promoting language and literacy development for early childhood educators. *The Elementary School Journal, 111*(1), 63–86.

Neuman, S. B., Caperelli, B. J., & Kee, C. (1998). Literacy learning, a family matter. *The Reading Teacher, 52*(3), 244–252.

Neuman, S. B., Koh, S., & Dwyer, J. (2008). CHELLO: The child/home environmental language and literacy observation. *Early Childhood Research Quarterly, 23*(2), 159–172.

Neuman, S. B., Newman, E. H., & Dwyer, J. (2011). Educational effects of a vocabulary intervention on preschoolers' word knowledge and conceptual development: A cluster-randomized trial. *Reading Research Quarterly, 46*(3), 249–272.

Neuman, S. B., Roskos, K., Wright, T., & Lenhart, L. (2007). *Nurturing knowledge: Building a foundation for school success by linking early literacy to math, science, art, and social studies.* New York, NY: Scholastic.

Neuman, S., & Dwyer, J. (2009). Missing in action: Vocabulary instruction in pre-K. *The Reading Teacher, 62*(5), 384–392.

Neumann, M. M. (2007). *Up downs: A fun and practical way to introduce reading and writing to children aged 2–5.* Sydney, Australia: Finch.

Neumann, M. M, Hood, M., & Neumann, D. (2009). The scaffolding of emergent literacy skills in the home environment: A case study. *Early Childhood Education Journal, 36*(4), 313–319.

New Jersey Education Association. (1997). Making the most of meetings with family members. *NJEA Review, 71,* 24–29.

Newman, A. P., & Beverstock, C. (1990). *Adult literacy: Contexts and challenges.* Newark, DE: International Reading Association.

Newman, K. (2005). The case for the narrative brain. *Proceedings of the second Australasian conference on interactive entertainment* (pp. 145–149). Sydney, Australia: University of Technology, Creativity and Cognition Studios Press.

Newman, R. (1996–1997). Turning catalog clutter into creative learning. *Childhood Education, 73*(2), 103–104.

NICHD Early Child Care Research Network. (2000). The relation of child care to cognitive and language development. *Child Development, 71,* 960–980.

Nichols, S. (2007). Children as citizens: Literacies for social participation. *Early Years: Journal of International Research and Development, 27*(2), 119–130.

Nickel, J. (2011). Early childhood education students' emergent skills in literacy scaffolding. *Canadian Children, 36*(1), 13–19.

Nicolopoulou, A. (2009). Rethinking character representation and its development in children's narratives. In J. Guo, E. Lieven, N. Budwig, S. Ervin-Tripp, K. Nakamura, & S. Ozcaliskan (Eds.), *Crosslinguistic approaches to the psychology of language: Research in the tradition of Dan Isaac Slobin* (pp. 241–262). New York, NY: Routledge.

Nicolopoulou, A., & Richner, E. S. (2007). From actors to agents to persons: The development of character representation in young children's narratives. *Child Development, 78*(2), 412–429.

Nielsen, D. C., & Monson, D. L. (1996). Effects of literacy environment on literacy development of kindergarten children. *Journal of Educational Research, 89*(5), 259–271.

Nielsen, M., & Christie, T. (2008). Adult modeling facilitates young children's generation of pretend acts. *Infant and Child Development, 17*(2), 151–162.

Niemeyer, J., & Scott-Little, C. (2001). *Assessing kindergarten children: A compendium of assessment instruments.* Greensboro, NC: SERVE. Available: www.serve.org

Nieto, S. (2002). *Language, culture, and teaching: Critical perspectives for a new century.* Mahwah, NJ: Lawrence Erlbaum.

Norris, E., Mokhtari, K., & Reichard, C. (2002). Children's use of drawing as a pre-writing strategy. *Journal of Research in Reading, 21*(1), 69–74.

Northwest Regional Educational Laboratory. (2003). *Overview of second language acquisition theory.* Available: www.nwrel.org/request/2003may/overview.html

Norton, D. E. (2012). *Multicultural literature: Through the eyes of many children* (4th ed.). Upper Saddle River, NJ: Prentice Hall.

Nutbrown, C. (2006). *Threads of thinking.* London, UK: Sage.

Nutbrown, C., Hannon, P., & Morgan, A. (2005). *Early literacy work with families: Research, policy and practice.* Thousand Oaks, CA: Sage.

Nyberg, J. (1996). *Charts for children: Print awareness activities for young children.* Glenview, IL: GoodYear.

Nyland, B. (2005). What is the matter with Mary Jane? Or is there an art to listening to young children? *The First Years: New Zealand Journal of Infant and Toddler Education = Nga Tau Tuatahi, 7*(2), 26–29.

Nyland, B., Ferris, J., & Dunn, L. (2008). Mindful hands, gestures as language: Listening to children. *Early Years: Journal of International Research and Development, 28*(1), 73–80.

O'Hara, J. (2010). *Multitasking at home: Simultaneous use of media grows.* Available: http://www.nielsen.com/us/en/newswire/2009/multitasking-at-home-simultaneous-use-of-media-grows.html

O'Toole, J. (2009). Multi-literacies and the arts. In C. Sinclair, N. Jeanneret, & J. O'Toole (Eds.), *Education in the arts: Teaching and learning in the contemporary curriculum* (pp. 29–40). Victoria, Australia: Oxford University Press.

O'Toole, J., & Dunn, J. (2002). *Pretending to learn*. Frenchs Forest, NSW: Pearson Education Australia.

Oakley, G., & Jay, J. (2008). "Making time" for reading: Factors that influence the success of multimedia reading in the home. *The Reading Teacher, 62*(3), 246–255.

Obiakor, F. E., & Algozzine, B. (2001). *It even happens in "good" schools: Responding to cultural diversity in today's classrooms*. Thousand Oaks, CA: Corwin Press.

Oczkus, L. (2009). *Interactive think-aloud lessons: 25 surefire ways to engage students and improve comprehension*. New York, NY: Scholastic.

Odom, S. L., Buysse, V., & Soukakou, E. (2011). Inclusion for young children with disabilities: A quarter century of research perspectives. *Journal of Early Intervention, 33*(4), 344–356.

Ofcom. (2008). *Media literacy audit: Report on UK children's media literacy*. Available: www.ofcom.org.uk

Office for Standards in Education. (2008). *Every language matters. An evaluation of the extent and impact of initial training to teach a wider range of world languages*. London, UK: Author.

Ogbu, J. (1988). Class stratification, racial stratification, and schooling. In L. Weis (Ed.), *Class, race, and gender in American education* (pp. 106–125). Albany, NY: State University of New York Press.

Ogle, D. (1986). K-W-L: A teaching model that develops active reading of expository text. *The Reading Teacher, 36*(9), 564–570.

Ollila, L. O., & Mayfield, M. I. (1992). *Emerging literacy: Preschool, kindergarten, and primary grades*. Boston, MA: Allyn & Bacon.

Olsen, G. W., & Fuller, M. L. (2007). *Home-school relations: Working successfully with parents and families* (3rd ed.). Boston, MA: Allyn & Bacon.

Ostrosky, M., Gaffney, J., & Thomas, D. (2006). The interplay between literacy and relationships in early childhood settings. *Reading and Writing Quarterly, 22*(2), 173–191.

Otaiba, S., Lake, V., Greulich, L., Folsom, J., & Guidry, L. (2012). Preparing beginning reading teachers: An experimental comparison of initial early literacy field experiences. *Reading and Writing, 25*(1), 109–129.

Otto, B. (2008). *Language development in early childhood: Reflective teaching for birth to age eight*. Upper Saddle River, NJ: Pearson.

Ouelette, G. P., & Sénéchal, M. (2008b). A window into early literacy: Exploring the cognitive and linguistic underpinnings of invented spelling. *Scientific Studies of Reading, 12*(2), 195–219.

Ouellette, G., & Sénéchal, M. (2008a). Pathways to literacy: A study of invented spelling and its role in learning to read. *Child Development, 79*(4), 899–913.

Ovando, C. J., Collier, V. P., & Combs, M. C. (2005). *Bilingual and ESL classrooms: Teaching in multicultural contexts* (4th ed.). New York, NY: McGraw-Hill.

Pachtman, A. B., & Wilson, K. A. (2006). What do the kids think? *The Reading Teacher, 59*(7), 680–684.

Paciga, K., Hoffman, J., & Teale, W. (2011). The National Early Literacy Panel and preschool literacy instruction—Green lights, caution lights and red lights. *Young Children, 66*(6), 50–57.

Padak, N., & Rasinski, T. (2007). Is being wild about Harry enough? Encouraging independent reading at home. *The Reading Teacher, 61*(4), 350–353.

Paez, M. M., DeTemple, J. M., & Snow, C. E. (2000). *Home language and literacy exposure index*. Unpublished manuscript, Harvard Graduate School of Education, Cambridge, MA.

Pailliotet, A. W., Semali, L., Rodenberg, R. K., Giles, J. K., & Macaul, S. L. (2000). Intermediality: Bridge to critical media literacy. *The Reading Teacher, 54*(2), 208–219.

Paley, V. (1991). *The boy who would be a helicopter*. Cambridge, MA: Harvard University Press.

Palmer, R., & Stewart, R. (2005). Models for using nonfiction in the primary grades. *The Reading Teacher, 58*(5), 426–434.

Panferov, S. (2010). Increasing ELL parental involvement in our schools: Learning from the parents. *Theory into Practice, 49*(2), 106–112.

Panico, J., Daniels, D. E., & Claflin, M. S. (2011). Working in the classroom with children who stutter. *Young Children, 66*(3), 91–95.

Papalia, D. E., Olds, S. W., & Feldman, R. D. (2007). *A child's world: Infancy through adolescence* (11th ed.). New York, NY: McGraw-Hill.

Paquette, K. (2007). Encouraging primary students' writing through children's literature. *Early Childhood Education Journal, 35*(2), 155–165.

Paquette, K. R., & Rieg, S. A. (2008). Using music to support the literacy development of young English language learners. *Early Childhood Education Journal, 36*(3), 227–232.

Paquette, K. R., Fello, S. E., & Jalongo, M. R. (2007). The talking drawings strategy: Using primary children's illustrations and oral language to improve comprehension of expository text. *Early Childhood Education Journal, 35*(1), 65–73.

Paradis, J., Genesse, F., & Crago, M. B. (2011). *Dual language development and disorders: A handbook on bilingualism and second language learning* (2nd ed.). Baltimore, MD: Paul H. Brookes.

Paratore, J., Cassano, C., & Schickedanz, J. (2011). Support early (and later) literacy development at home and school: The long view. In M. Kamil, P. Pearson, E. Moje, & P. Afflerbach (Eds.), *Handbook of reading research* (Vol. 4, pp. 107–135). New York, NY: Routledge.

Parette, H. P., Blum, C., & Boeckmann, N. M. (2009). Evaluating assistive technology in early childhood education: The use of a concurrent time series probe approach. *Early Childhood Education Journal, 36*(5), 393–401.

Parette, H. P., Boeckmann, N., & Hourcade, J. (2008). Use of writing with Symbols 2000 software to facilitate emergent literacy development. *Early Childhood Education Journal, 36*(2), 161–170.

Parette, H. P., Hourcade, J., Boeckmann, N., & Blum, C. (2008). Using Microsoft PowerPoint to support emergent literacy skill development for young children at-risk or who have disabilities. *Early Childhood Education Journal, 36*(3), 233–243.

Parette, H. P., Hourcade, J., Dinelli, J., & Boeckmann, N. (2009). Using Clicker 5 to enhance emergent literacy in young learners. *Early Childhood Education Journal, 36*(4), 355–363.

Parette, H. P., Peterson-Karlan, G. R., Wojcik, B. W., & Bardi, N. (2007). Monitor that progress! Interpreting data trends for assistive technology decision-making. *Teaching Exceptional Children, 41*(1), 22–29.

Paris, A. H., & Paris, S. G. (2003). Assessing narrative comprehension in young children. *Reading Research Quarterly, 38*(1), 36–76.

Paris, S. (2005). Reinterpreting the development of reading skills. *Reading Research Quarterly, 40*(2), 184–202.

Paris, S. (2011). Developmental differences in early reading skills. In L. Morrow, L. Gambrell, & N. Duke (Eds.), *Best practices in literacy instruction* (4th ed., pp. 228–241). New York, NY: Guilford.

Paris, S., & Stahl, S. (2004). *Children's reading and comprehension assessment*. Mahwah, NJ: Lawrence Erlbaum.

Park, E., & King, K. (2003). Cultural diversity and language socialization in the early years [Electronic version]. *Digest, 3*(13). Available: www.cal.org/resources/Digest/0313park. html

Parke, T., & Drury, R. (2001). Language development at home and school: Gains and losses in young bilinguals. *Journal of International Research and Development, 21,* 117–121.

Parker, E. L., & Pardini, T. H. (2006). *The words came down: English language learners read, write, and talk across the curriculum, K–2.* Portland, ME: Stenhouse.

Parks, S., & Black, H. (1992). *Book 1: Organizing thinking: Graphic organizers.* Pacific Grove, CA: Critical Thinking Press and Software.

Parlakian, R. (2012). Inclusion in infant/toddler child development settings: More than just including. *Young Children, 67*(4), 64–71.

Patera, M., Draper, S., & Naef, M. (2008). Exploring Magic Cottage: A virtual reality environment for stimulating children's imaginative writing. *Interactive Learning Environments, 16*(3), 245–263.

Paterson, J. L. (2000). Observed and reported expressive vocabulary and word combinations in bilingual toddlers. *Journal of Speech, Language and Hearing Research, 43*(1), 121–128.

Patterson, C. J. (2006). Children of lesbian and gay parents. *Current Directions in Psychological Science, 15,* 241–244.

Patterson, E., Schaller, M., & Clemens, J. (2008). A closer look at interactive writing. *The Reading Teacher, 61*(6), 496–497.

Paul, R. (2010). Eight simple rules for talking with preschoolers. *Teaching Young Children, 4*(2), 13–15.

Pearman, C. J. (2008). Independent reading of CD-ROM storybooks: Measuring comprehension with oral retellings. *The Reading Teacher, 61*(8), 594–602.

Pena, D. C. (2000). Parent involvement: Influencing factors and implications. *Journal of Educational Research, 94*(1), 42–54.

Pena, E. D., & Halle, T. G. (2011). Assessing preschool dual language learners: Traveling a multiforked road. *Child Development Perspectives, 5,* 28–32.

Pence, K., Justice, L., & Wiggins, A. (2008). Preschool teachers' fidelity in implementing a language-rich curriculum. *Language, Speech, and Hearing Services in Schools, 39,* 329–341.

Pentimonti, J. M., & Justice, L. M. (2010). Teachers' use of scaffolding strategies during read alouds in the preschool classroom. *Early Childhood Education Journal, 37*(4), 241–248.

Pentimonti, J., Zucker, T., & Justice, L. (2011). What are preschool teachers reading in their classrooms? *Reading Psychology, 32*(3), 197–236.

Pentimonti, J., Zucker, T., Justice, L., & Kaderavek, J. (2010). Informational text use in preschool classroom read-alouds. *The Reading Teacher, 63*(8), 656–665.

Perfetti, C. A. (2007). Reading ability: Lexical quality to comprehension. *Scientific Studies of Reading, 11*(4), 357–383.

Perlmutter, J., Folger, T., & Holt, K. (2009). Pre-kindergartners learn to write: A play on words. *Childhood Education, 86*(1), 14–19.

Petersen, S. (2012). School readiness for infants and toddlers? Really? Yes, really! *Young Children, 67*(4), 10–13.

Peterson, C. R., & Roberts, C. (2003). Like mother, like daughter: Similarities in narrative style. *Developmental Psychology, 39*(3), 551–562.

Petriwskyj, A., & Grieshaber, S. (2011). Critical perspectives on transition to school. In D. M. Laverick & M. R. Jalongo (Eds.), *Transitions to early care and education: International perspectives on making schools ready for young children* (pp. 75–86). New York, NY: Springer.

Pettito, L. A., & Marentette, P. F. (1991). Babbling in the manual mode: Evidence for the ontogeny of language. *Science, 251,* 1493–1496.

Pew Hispanic Center (2011). *Hispanic student enrollments reach new highs in 2011.* Available: www.pewhispanic.org

Pew Hispanic Center. (2008). *Statistical portrait of Hispanics in the United States, 2008.* Washington, DC: Pew Research Center. Available: www.pewhispanic.org/

Peyton, M. R., & Jalongo, M. R. (2008). Make me an instrument of your peace: Honoring religious diversity and modeling respect for faiths through children's literature. *Early Childhood Education Journal, 35*(4), 301–303.

Phelps Deily, M. E. (2009). *The Education Week guide to K–12 terminology.* San Francisco, CA: Jossey-Bass.

Phillips, B. M., & Lonigan, C. J. (2009). Variations in the home literacy environment of preschool children: A cluster analytic approach. *Scientific Studies of Reading, 13*(2), 146–174.

Phillips, L., Norris, S., & Anderson, J. (2008). Unlocking the door: Is parents' reading to children the key to early literacy development? *Canadian Psychology, 49*(2), 82–88.

Piaget, J. (1959). *The language and thought of the child* (M. Gabain & O. R. Gabain, Trans.). London: Routledge & Kegan Paul. (Original work published 1926)

Piaget, J. (1963). *The origins of intelligence in children.* New York, NY: Norton.

Piasta, S. B., Justice, L. M., McGinty, A. S., & Kaderavek, J. N. (2012). Increasing young children's contact with print during shared reading: Longitudinal effects on literacy development. *Child Development, 83*(3), 810–820.

Pierce, K. M. (1990). Initiating literature discussion groups: Teaching like learners. In K. G. Short & K. M. Pierce (Eds.), *Talking about books: Creating literate communities* (pp. 177–198). Portsmouth, NH: Heinemann.

Pilonieta, P. (2011). The expository text primer: A teacher's resource guide for using expository text. *New England Reading Association Journal, 46*(2), 45–51.

Pink, S. (2006). *The future of visual anthropology: Engaging the senses.* Abindgdon, UK: Routledge.

Pinkham, A. M., & Jaswal, V. K. (2011). Watch and learn? Infants privilege efficiency over pedagogy during imitative learning. *Developmental Psychology, 16*(5), 535–544.

Pitoniak, M. J., Young, J. W., Martiniello, M., King, T. C., Buteux, A., & Ginsburgh, M. (2009). *Guidelines for the assessment of English language learners.* Princeton, NJ: Educational Testing Service.

Plourde, L. (1989). Teaching with collections. *Young Children, 44*(3), 78–80.

Plowman, L., McPake, J., & Stephen, C. (2008). Just picking it up? Young children learning with technology at home. *Cambridge Journal of Education, 38*(3), 303–319.

Plowman, L., McPake, J., & Stephen, C. (2010). The technologisation of childhood? Young children and technology in the home. *Children and Society, 24,* 63–74.

Plowman, L., Stephen, C., & McPake, J. (2009). *Growing up with technology: Young children learning in a digital world.* New York, NY: Taylor & Francis.

Polakow, V. (2010). In the shadows of the ownership society: Homeless children and their families. In S. Books (Ed.), *Invisible children in the society and its schools* (pp. 39–62). New York, NY: Routledge.

Pollard-Durodola, S. D., Gonzalez, J. E., Simmons, D. C., Kwok, O., Taylor, A. B., Davis, M. J., ... Simmons, L. (2011). The effects of an intensive shared book-reading intervention for preschool children at risk for vocabulary delay. *Exceptional Children, 77*(2), 161–183.

Popham, J. W. (2006). Assessment for learning: An endangered species? *Educational Leadership, 63*(5), 82–83.

Porter DeCusati, C. L., & Johnson, J. E. (2004). Parents as classroom volunteers and kindergarten students' emergent reading skills. *Journal of Educational Research, 97*(5), 235–246.

Porter, A., McMaken, J., Hwang, J., & Yang, R. (2011). Common core standards: The new U.S. intended curriculum. *Educational Researcher, 40*(3), 103–116.

Post, Y., Boyer, W., & Brett, L. (2006). A historical examination of self-regulation: Helping children now and in the future. *Early Childhood Education Journal, 34*(1), 5–14.

Postman, N. (1982). *The disappearance of childhood.* New York, NY: Dell.

Potok, C. (2012). Inmate mothers bonding with their children through read-alouds. *Childhood Education, 88*(3), 255–257.

Potter, F. (1985). "Good job!" How we evaluate children's work. *Childhood Education, 61,* 203–206.

Potter, G. (2007/2008). Sociocultural diversity and literacy teaching in complex times—The challenges for early childhood educators. *Childhood Education, 84*(2), 64–69.

Powell, D., & Diamond, K. (2012). Promoting early literacy and language development. In R. Pianta (Ed.), *Handbook of early childhood education* (pp. 194–216). New York, NY: Guilford.

Prasse J. E., & Kikano G. E. (2008). Stuttering: An overview. *American Family Physician, 77*(9), 1271–1276.

Pray, L., & Monhardt, R. (2009). Sheltered instruction techniques for ELLs. *Science and Children, 46*(7), 34–38.

Prensky, M. (2001). Digital natives, digital immigrants. *On the Horizon, 9*(5), 1–6.

Proctor, C. P., August, D., Carlo, M. S., & Snow, C. (2006). The intriguing role of Spanish language vocabulary knowledge in predicting English reading comprehension. *Journal of Educational Psychology, 98*(1), 159–169.

Puckett, M. B., Black, J. K., Wittmer, D. S., & Petersen, S. H. (2008). *The young child: Development from prebirth through age eight* (5th ed.). Upper Saddle River, NJ: Merrill/Prentice Hall.

Pullen, P. C., & Justice, L. M. (2003). Enhancing phonological awareness, print awareness, and oral language skills in preschool children. *Intervention in School and Clinic, 39*(2), 87–98.

Puranik, C. S., & Lonigan, C. J. (2011). From scribbles to scrabble: Preschool children's developing knowledge of written language. *Reading and Writing: An Interdisciplinary Journal, 24*(5), 567–589. doi: 10.1007/s11145-009-9220-8

Purcell, K., Entner, R., & Henderson, N. (2010). *The rise of apps culture.* Washington, DC: Pew Research Center's Internet and American Life Project. Available: http://pewinternet.org/Reports/2010/The-Rise-of-Apps-Culture.aspx

Purdy, J. (2008). Inviting conversation: Meaningful talk about texts for English language learners. *Literacy, 42*(1), 44–51.

Puspani, I. (2011). Teaching listening and speaking to young learners through folktales. *Sino-US English Teaching, 8*(8), 499–504.

Putnam, L. R. (Ed.). (1995). *How to become a better reading teacher: Strategies for assessment and intervention.* Upper Saddle River, NJ: Prentice Hall.

Quintero, E. P. (2009). *Critical literacy in early childhood education: Artful story and the integrated curriculum.* New York, NY: Peter Lang.

Quintero, E. P., & Rummel, M. K. (1996). Something to say: Voice in the classroom. *Childhood Education, 72*(3), 146–151.

Rabiger, M. (2008). *Directing: Film techniques and aesthetics.* Burlington, MA: Focal Press.

Ranker, J. (2009a). Learning nonfiction in an ESL class: The interaction of situated practice and teacher scaffolding in a genre study. *The Reading Teacher, 62*(7), 580–589.

Ranker, J. (2009b). Student appropriation of writing lessons through hybrid composing practices: Direct, diffuse, and indirect use of teacher-offered writing tools in an ESL classroom. *Journal of Literacy Research, 41,* 393–431.

Rashid, F. L., Morris, R. D., & Sevcik, R. A. (2005). Relationship between home literacy environment and reading achievement in children with reading disabilities. *Journal of Learning Disabilities, 38*(1), 2–11.

Rasinski, T. V. (2004). *Assessing reading fluency.* Honolulu, HI: Pacific Resources for Education and Learning.

Ratcliffe, C., & McKernan, S. (2010). *Childhood poverty persistence: Facts and consequences.* Washington, DC: The Urban Institute.

Raths, L. E., Wassermann, S., Jonas, A., & Rothstein, A. M. (1986). *Teaching for thinking: Theory, strategies and activities for the classroom.* New York, NY: Teachers College Press.

Ratner, N. K., & Olver, R. R. (1998). Reading a tale of deception, learning a theory of mind? *Early Childhood Research Quarterly, 13*(2), 219–239.

Raver, S.A., Bobzien, J., Richels, C., Hester, P., Michalek, A., & Anthony, N. (2012). Effects of parallel talk on the language and interactional skills of preschoolers with cochlear implants and hearing aids. *Literacy Information and Computer Education Journal, 3*(1), 530–538.

Ray, K. W. (2001). *The writing workshop: Working through the hard parts (and they're all the hard parts).* Urbana, IL: National Council of Teachers of English.

Ray, K. W., & Glover, M. (2008). *Already ready: Nurturing writers in preschool and kindergarten.* Portsmouth, NH: Heinemann.

Read, S., Reutzel, D. R., & Fawson, P. C. (2008). Do you want to know what I learned? Using information trade books as models to teach text structure. *Early Childhood Education Journal, 36*(3), 213–219.

Reading Rockets. (2012). *Developing research and information literacy.* Washington, DC: WETA. Available: www.readingrockets.org/article/50315/

Reeves, A. (1995). Tote bags: An innovative way to encourage parent-child interaction while learning a second language. In M. Matthias & B. Gulley (Eds.), *Celebrating family literacy through intergenerational programming* (pp. 81–84). Olney, MD: Association for Childhood Education International.

Resnick, L. B., & Snow, C. E. (2009). *Speaking and listening for preschool through third grade.* (Rev. ed.). Newark, DE: International Reading Association.

Reutzel, D. R. (2011). Organizing effective literacy instruction: Differentiating instruction to meet student needs. In L. M. Morrow & L. Gambrell (Eds.), *Best practices in literacy instruction* (4th ed., pp. 412–435). New York, NY: Guilford.

Reutzel, D., Fawson, P., & Smith, J. (2006). Words to go! Evaluating a first-grade parent involvement program for "making" words at home. *Reading Research and Instruction, 45,* 119–158.

Reutzel, D., Jones, C. D., Fawson, P. C., & Smith, J. A. (2008). Scaffolded silent reading: A complement to repeated oral reading that works! *The Reading Teacher, 62*(3), 194–207.

Reyes, I., & Azuara, P. (2008). Emergent biliteracy in young Mexican immigrant children. *Reading Research Quarterly, 43*(4), 374–398.

Reynolds, M., & Wheldall, K. (2007). Reading Recovery 20 years down the track: Looking forward, looking back. *International Journal of Disability, Development and Education, 54*(2), 199–223.

Rhodes, J. A., & Milby, T. M. (2007). Teacher-created electronic books: Integrating technology to support readers with disabilities. *The Reading Teacher, 61*(3), 255–259.

Rhodes, R. L., Ochoa, S. H., & Ortiz, S. O. (2005). *Assessing* culturally and linguistically diverse students: A practical guide. New York, NY: Guilford.

Rice, P. S. (2002). Creating spaces for boys and girls to expand their definitions of masculinity and femininity through children's literature. *Journal of Children's Literature, 28*(2), 33–42.

Richardson, M. V., Miller, M. B., Richardson, J. A., & Sacks, M. K. (2008). Literacy bags to encourage family involvement. *Reading Improvement, 45*(1), 1–9.

Riches, C., & Genesee, F. (2007). Literacy: Crosslinguistic and crossmodal issues. In F. Genesee, K. Lindholm-Leary, W. M. Saunders, & D. Christian (Eds.), *Educating English language learners: A synthesis of research evidence* (pp. 64–108). Cambridge, UK: Cambridge University Press.

Richgels, D. J. (2001). Invented spelling, phonemic awareness, and reading and writing instruction. In S. B. Neuman & D. K. Dickinson (Eds.), *Handbook of early literacy research* (pp. 142–158). New York, NY: Guilford.

Richgels, D. J. (2003). *Going to kindergarten: A year with an outstanding teacher.* Lanham, MD: The Scarecrow Press.

Richgels, D. J. (2008). Practice to theory: Invented spelling. In A. DeBruin-Parecki (Ed.), *Effective early literacy practice: Here's how, here's why* (pp. 1–14). Baltimore, MD: Paul H. Brookes.

Richmond, J., & Nelson, C. A. (2007). Accounting for change in declarative memory: A cognitive neuroscience perspective. *Developmental Review, 27*(3), 349–373.

Rideout, V. J., Hamel, E., & Kaiser Family Foundation. (2006). *The media family: Electronic media in the lives of infants, toddlers, preschoolers and their parents.* Menlo Park, CA: Henry J. Kaiser Family Foundation. Available: www.kff.org

Ridley, S. M., McWilliam, R. A., & Oates, C. S. (2000). Observed engagement as an indicator of program quality. *Early Education and Development, 11*(2), 133–145.

Riedinger, K. (2012). Family conversations in informal learning environments. *Childhood Education, 88*(2), 125–127.

Riley, J., & Burrell, A. (2007). Assessing children's oral storytelling in their first year of school. *International Journal of Early Years Education, 15*(2), 181–196.

Ring, K. (2006). What mothers do: Everyday routines and rituals and their impact upon young children's use of drawing for meaning making. *International Journal of Early Years Education, 14*(1), 63–84.

Riojas-Cortez, M., Flores, B. B., Smith, H., & Clark, E. R. (2003). Cuentame un cuento [Tell me a story]: Bridging family literacy traditions with school literacy. *Language Arts, 81,* 62–71.

Ritter, G. W., Barnett, J. H., Denny, G. S., & Albin, G. R. (2009). The effectiveness of volunteer tutoring programs for elementary and middle school students: A meta-analysis. *Review of Educational Research, 79*(1), 3–38.

Roberts, E. (1984). *The children's picture book.* Cincinnati, OH: Writer's Digest Books.

Roberts, K., & Wibbens, E. (2010). Writing first: Preparing the teachers of our youngest writers. In G. Trioia, R. Shankland, & A. Heintz (Eds.), *Putting writing research into practice: Applications for teacher professional development* (pp. 179–205). New York, NY: Guilford.

Roberts, T. A. (2008). Home story book reading in primary or second language with preschool children: Evidence of equal effectiveness for second-language vocabulary acquisition. *Reading Research Quarterly, 43*(2), 103–130.

Robinshaw, H. (2007). Acquisition of hearing, listening and speech skills by and during key stage 1. *Early Child Development and Care, 177*(6–7), 661–678.

Robinson, J. (1996). *Introduction to media literacy education and media literacy bibliography.* Indianapolis, IN: Media Action Council. (ERIC Document Reproduction Service No. ED 403 611)

Rodriguez, B. L., & Guiberson, M. (2011). Using a teacher rating scale of language and literacy skills with preschool children of English-speaking, Spanish-speaking, and bilingual backgrounds. *Early Childhood Education Journal 39*(5), 303–311.

Rogers, C. L., Lister, J. J., Febo, D. M., Besing, J. M., & Abrams, H. B. (2006). Effects of bilingualism, noise, and reverberation on speech perception by listeners with normal hearing. *Applied Psycholinguistics, 27*(3), 465–485.

Rose, J. (2006). *Independent review of the teaching of early reading: Final report.* London, UK: The Rose Review Support Team. Available: www.standards.dfes.gov.uk.rosereview

Roseberry-McKibbin, C., & Brice, A. (2000). Acquiring English as a second language. *ASHA Leader, 5*(12), 4.

Roseberry-McKibbin, C., & O'Hanlon, L. (2005). Nonbiased assessment of English language learners: A tutorial. *Communication Disorders Quarterly, 26*(3), 178–185.

Rosenquest, B. (2002). Literacy-based planning and pedagogy that supports toddler language development. *Early Childhood Education Journal, 29*(4), 241–249.

Roser, N. L., & Martinez, M. G. (Eds.). (1995). *Book talk and beyond.* Newark, DE: International Reading Association.

Roskos, K. A., & Burstein, K. (2011). Assessment of the design efficacy of a preschool vocabulary instruction technique. *Journal of Research in Childhood, 25*(3), 268–287.

Roskos, K. A., & Christie, J. (Eds.). (2007). *Play and literacy in early childhood: Research from multiple perspectives* (2nd ed.). Mahwah, NJ: Lawrence Erlbaum.

Roskos, K. A., & Christie, J. F. (2011). Mindbrain and play-literacy connections. *Journal of Early Childhood Literacy, 11,* 73–94.

Roth, F. P., Paul, D. R., & Pierotti, A. (2006). *Emergent literacy: Early reading and writing development.* Available: www.asha. org/public/speech/emergent-literacy.htm

Rothenberg, C., & Fisher, D. (2007). *Teaching English language learners: A differentiated approach.* Upper Saddle River, NJ: Pearson Education.

Rouse, J. (1978). *The completed gesture: Myth, character and education.* Ringwood, NJ: Skyline Books.

Roush, B. (2005). Drama rhymes: An instructional strategy. *The Reading Teacher, 58*(6), 584.

Rovee-Collier, C., & Cuevas, K. (2009). Multiple memory systems are unnecessary to account for infant memory development: An ecological model. *Developmental Psychology, 45*(1), 160–174.

Rowe, D. W. (2008). Social contracts for writing: Negotiating shared understandings about text in the preschool years. *Reading Research Quarterly, 43,* 66–95.

Rowe, M., & Goldin-Meadow, S. A. (2009). Differences in early gesture explain SES disparities in child vocabulary size at school entry. *Science, 323,* 951–953.

Rubin, R., & Carlan, V. (2005). Using writing to understand bilingual children's literacy development. *The Reading Teacher, 58*(8), 728–739.

Rudd, L. C., Cain, D. W., & Saxon, T. F. (2008). Does improving joint attention in low quality child care enhance language development? *Early Child Development and Care, 178*(3), 1–20.

Ruiz, N. T. (1995). A young deaf child learns to write: Implications for literacy development. *The Reading Teacher, 49*(3), 206–217.

Rule, A. C. (2001). Alphabetizing with environmental print. *The Reading Teacher, 54,* 558–562.

Rule, A. C. (2007). Mystery boxes: Helping children improve their reasoning. *Early Childhood Education Journal, 35*(1), 13–18.

Rule, A. C., & Kyle, P. (2009). Community-building in a diverse setting. *Early Childhood Education Journal, 36*(4), 291–295.

Rushton, S., & Larkin, E. (2001). Shaping the learning environment: Connecting developmentally appropriate practices to brain research. *Early Childhood Education Journal, 29*(1), 25–34.

Russell, D. H., Ousky, O., & Haynes, G. B. (1967). *Manual for teaching the reading readiness program* (Rev. ed.). Boston, MA: Ginn.

Sadik, A. (2008). Digital storytelling: A meaningful technology-integrated approach for engaged student learning. *Educational Technology Research and Development, 56*(4), 487–506.

Saffran, J. R., & Griepentrog, G. J. (2001). Absolute pitch in infant auditory learning: Evidence for developmental reorganization. *Developmental Psychology, 37*(1), 74–85.

Sahinkarakas, S. (2011). Young students' success and failure attributions in language learning. *Social Behavior and Personality: An International Journal, 39*(7), 879–885.

Sahn, L. S., & Reichel, A. G. (2008). Read all about it! A classroom newspaper integrates the curriculum. *Young Children, 63*(2), 13–18.

Salinger, T. (1995). *Literacy for young children* (2nd ed.). Englewood Cliffs, NJ: Merrill/Prentice Hall.

Salmon, A. (2010). Using music to promote children's thinking and enhance their literacy development. *Early Child Development and Care, 180*(7), 937–945.

Salmon, M., & Akaran, S. E. (2005). Cross-cultural e-mail connections. *Young Children, 60*(5), 36.

Saluja, G., Scott-Little, C., & Clifford, R. M. (2000, Fall). Readiness for school: A survey of state policies and definitions. *Early Childhood Research & Practice, 2*(2). Available: http://ecrp.uiuc.edu/v2n2/saluja.html

Samson, J. F., & Lesaux, N. K. (2009). Language-minority learners in special education: Rates and predictors of identification for services. *Journal of Learning Disabilities, 42*(2), 148–162.

Samuels, S. J., & Farstrup, A. E. (2011). *What research has to say about reading instruction* (4th ed.). Newark, DE: International Reading Association.

Samway, K. D. (2006). *When English language learners write.* Portsmouth, NH: Heinemann.

Sanchez, C. (2009). Learning about students' culture and language through family stories elicited by "dichos." *Early Childhood Education Journal, 37*(2), 161–169.

Sandall, S., Hemmeter, M. L., Smith, B. J., & McLean, M. E. (2005). *DEC recommended practices: A comprehensive guide for early intervention/early childhood special education.* Frederick, CO: Sopris West.

Sandoval-Taylor, P. (2005). Home is where the heart is: Planning a funds of knowledge–based curriculum module. In N. González, L. C. Moll, & C. Amanti (Eds.), *Funds of knowledge: Theorizing practices in households, communities, and classrooms* (pp. 153–165). Mahwah, NJ: Lawrence Erlbaum.

Santamaria, L. J. (2009). Culturally responsive differentiated instruction: Narrowing gaps between best pedagogical practices benefiting all learners. *Teachers College Record, 111*(1), 214–247.

Santi, K. L., Menchetti, B. M., & Edwards, B. J. (2004). A comparison of eight kindergarten phonemic awareness programs based on empirically validated instructional principles. *Remedial and Special Education, 25*(3), 189–196.

Santoro, L., Chard, D. J., Howard, L., & Baker, S. K. (2008). Making the *very* most of classroom read-alouds to promote comprehension and vocabulary. *The Reading Teacher, 61*(5), 396–408.

Saracho, O. N. (2008a). A literacy program for fathers: A case study. *Early Childhood Education Journal, 35*(4), 351–356.

Saracho, O. N. (2008b). Fathers' and young children's literacy experiences. *Early Child Development and Care, 178*, 837–852.

Saracho, O. N. (2010). Children's play in the visual arts and literature. *Early Child Development and Care, 180*(7), 947–956.

Saracho, O. N., & Spodek, B. (2006). Young children's literacy-related play. *Early Child Development and Care, 176*(7), 707–721.

Saracho, O. N., & Spodek, B. (2007). Oracy: Social facets of language learning. *Early Child Development and Care, 177*(6/7), 695–705.

Saracho, O. N., & Spodek, B. (Eds.). (2010). *Contemporary perspectives on language and cultural diversity in early childhood.* Charlotte, NC: Information Age Publishing.

Sawyer, R. (1998). *The way of the storyteller: A great storyteller shares her rich experience and joy in her art and tells eleven of her best-loved stories.* New York, NY: Penguin.

Sawyer, R. K. (2011). Improvisation and narrative. In D. Faulkner & E. Coates (Eds.), *Exploring children's creative narratives* (pp. 11–38). New York, NY: Routledge.

Schaller, A., Rocha, L. O., & Barshinger, D. (2007). Maternal attitudes and parent education: How immigrant mothers support their child's education despite their own low levels of education. *Early Childhood Education, 34*(5), 351–356.

Schappe, J. (2005). Early childhood assessment: A correlational study of the relationships among student performance, student feelings, and teacher perceptions. *Early Childhood Education Journal, 33*(3), 187–193.

Scharer, P. L., & Zutell, J. (2003). The development of spelling. In N. Hall, J. Larson, & J. Marsh (Eds.), *Handbook of early childhood literacy* (pp. 271–286). London: Sage.

Scheele, A. F., Leseman, P. P. M., & Mayo, A. Y. (2010). The home language environment of monolingual and bilingual children and their language proficiency. *Applied Psycholinguistics, 31,* 117–140.

Scheinfeld, D., Haigh, K., & Scheinfeld, S. (2008). *We are all explorers: Learning and teaching with Reggio principles in urban settings.* Available: www.childcareexchange.com/eed/view/2130/

Schickedanz, J. A., & McGee, L. M. (2010). The NELP report on shared story reading interventions: Extending the story. *Educational Researcher, 39*(4), 323–329.

Schickedanz, J. A. (2008). *Increasing the power of instruction: Integration of language, literacy, and math across the preschool day.* Washington, DC: National Association for the Education of Young Children.

Schikendanz, J. A., & Casbergue, R. M. (2009). *Writing in preschool: Learning to orchestrate meaning and marks.* Newark, DE: International Reading Association.

Schimmel, N. (1978). *Just enough to make a story: A sourcebook for storytelling.* Berkeley, CA: Sisters' Choice Press.

Schmidt, R. G., & Lazar, A. M. (2011). *Practicing what we teach: How culturally responsive literacy classrooms make a difference.* New York, NY: Teachers College Press.

Schultz, K. (2003). *Listening: A framework for teaching across differences.* New York, NY: Teachers College Press.

Schulz, M. M. (2009). Effective writing assessment and instruction for young English language learners. *Early Childhood Education Journal, 36*(1), 57–62.

Schulze, A. C. (2006). *Helping children become readers through writing: A guide to writing workshop in kindergarten.* Newark, DE: International Reading Association.

Schwanenflugel, P. J., Meisinger, E. B., Wisenbaker, J. M., Kuhn, M. R., Strauss, G. P., & Morris, R. D. (2006). Becoming a fluent and automatic reader in the early elementary school years. *Reading Research Quarterly, 41*(4), 496–522.

Schwartz, R. M. (2005). Decisions, decisions: Responding to primary students during guided reading. *The Reading Teacher, 58*(5), 436–443.

Schwartz, S., & Bone, M. (1995). *Retelling, relating, reflecting: Beyond the 3R's.* Toronto, ON: Irwin.

Schwartz, W. (1996). *Hispanic preschool education: An important opportunity.* New York, NY: ERIC Clearinghouse on Urban Education. (ERIC/CUE Digest No. 113; Report No. EDO-UD-96-2)

Scollon, R., & Scollon, S. W. (2000). *Intercultural communication: A discourse approach* (2nd ed.). New York, NY: Wiley-Blackwell.

Scully, P., & Howell, J. (2008). Using rituals and traditions to create classroom community for children, teachers, and parents. *Early Childhood Education Journal, 36*(3), 261–266.

Seifert, K., & Hoffnung, R. (1999). *Child and adolescent development* (5th ed.). Belmont, CA: Wadsworth.

Seitz, H. (2008). The power of documentation in the early childhood classroom. *Young Children, 63*(2), 88–93.

Seitz, H., & Bartholomew, C. (2008). Powerful portfolios for young children. *Early Childhood Education Journal, 36*(1), 63–68.

Semali, L. M., & Hammett, R. (1999). Critical media literacy: Content or process? *Review of Education Pedagogy/Cultural Studies, 20*(4), 365–384.

Semali, L. M., & Pailliotet, A. (Eds.). (1999). *Intermediality: The teachers' handbook of critical medial literacy.* Boulder, CO: Westview.

Sénéchal, M. (2012). Child language and literacy development at home. In B. H. Wasik (Ed.), *Handbook of family literacy* (2nd ed., pp. 38–50). New York, NY: Routledge.

Sénéchal, M., Pagan, S., Lever, R., & Ouellette, G. (2008). Relations among the frequency of shared reading and 4-year-old children's vocabulary, morphological and syntax comprehension and narrative skills. *Early Education and Development, 19*(1), 27–44.

Shafer, R. (1981). Narration on the psychoanalytic dialogue. In W. T. J. Mitchell (Ed.), *On narrative.* Chicago, IL: University of Chicago Press.

Shagoury, R. (2009). Nurturing writing development in multilingual classrooms. *Young Children, 64*(2), 52–57.

Shamir, A., & Korat, O. (2006). How to select CD-ROM storybooks for young children: The teacher's role. *The Reading Teacher, 59*(6), 532–543.

Shandomo, H. M. (2009). Getting to know you: Cross-cultural pen pals expand children's world view. *Childhood Education, 85*(3), 154–159.

Share, J., Jolls, T., & Thoman, E. (2007). *Five key questions that can change the world: Deconstruction.* Malibu, CA: Center for Media Literacy.

Shaw, J., Chambless, M., Chessin, D., Price, V., & Beardain, G. (1997). Cooperative problem solving: Using K-W-D-L as an organizational technique. *Teaching Children Mathematics, 3*(9), 482–486.

Shea, M. (2011). *Parallel learning of reading and writing in early childhood.* New York, NY: Routledge.

Shillady, A., & Muccio, L. S. (Eds.). (2012). *Spotlight on young children and technology.* Washington, DC: National Association for the Education of Young Children.

Shonkoff, J. P., & Phillips, D. A. (Eds.). (2000). *From neurons to neighborhoods: The science of early childhood development.* Washington, DC: National Academies Press.

Shuler, C. (2009). *iLearn: A content analysis of the iTunes App Store's education section.* New York, NY: The Joan Ganz Cooney Center at Sesame Workshop.

Shulevitz, U. (1985). *Writing with pictures.* New York, NY: Watson-Guptill.

Shulevitz, U. (1989). What is a picture book? *The Five Owls, 2*(4), 49–53.

Shuy, R. (1981). A holistic view of language. *Research in the Teaching of English, 15,* 101–111.

Siemens, L. (1994). "Does Jesus have aunties?" and "Who planned it all?" Learning to listen to big questions. *Language Arts, 71*(5), 358–360.

Silverman, R., & Crandell, J. (2010). Vocabulary practices in pre-kindergarten and kindergarten classrooms. *Reading Research Quarterly, 45*(3), 318–340.

Sinclair, D. (1996). *Media literacy: Elementary, my dear TL.* (ERIC Document Reproduction Service No. EJ 536 240)

Singh, L., & Singh, N. C. (2008). The development of articulatory signatures in children. *Developmental Science, 11*(4), 467–473.

Sipe, L. (2008). *Storytime: Young children's literacy understanding in the classroom.* New York, NY: Teachers College Press.

Siraj-Blatchford, I. (2010). A focus on pedagogy. In K. Sylva, E. Melhuish, P. Sammons, I. Siraj-Blatchford, & B. Taggart (Eds.), *Early childhood matters—Evidence from the Effective Pre-school and Primary Education Project* (pp. 149–165). London, UK: Routledge.

Sitarz, P. G. (1997). *Story time sampler: Read alouds, booktalks, and activities for children.* Englewood, CO: Libraries Unlimited.

Sittner Bridges, M., Justice, L., Hogan, T., & Gray, S. (2012). Promoting lower- and higher-level language skills in early education classrooms. In R. Pianta (Ed.), *Handbook of early childhood education* (pp. 177–193). New York, NY: Guilford.

Skiffington, S., Washburn, S., & Elliott, K. (2011). Instructional coaching: Helping preschool teachers reach their full potential. *Young Children, 66*(3), 12–19.

Skouge, J. R., Rao, K., & Boisvert, P. C. (2007). Promoting early literacy for diverse learners using audio and video technology. *Early Childhood Education Journal, 35*(1), 5–11.

Slavin, R. E., Lake, C., Chambers, B., Cheung, A., & Davis, S. (2009). Effective reading programs for the elementary grades: A best-evidence synthesis. *Review of Educational Research, 79*(4), 1391–1466.

Smagorinsky, P. (2009). The cultural practice of reading and the standardized assessment of reading instruction: When incommensurate words collide. *Educational Researcher, 38*(7), 522–527.

Smart Television Alliance. (2009). *TV gone wrong.* Available: www.smarttelevisionalliance.org

Smith, C. (2008). *How can parents model good listening skills?* Available: www.rusd.k12.ca.us/parents

Smith, C. B. (2003a). *The importance of expository text: Reading and writing.* Bloomington, IN: ERIC Clearinghouse on Reading, English, and Communication. (ERIC Document Reproduction Service No. ED 480 886)

Smith, C. B. (2003b). *Skills students use when speaking and listening.* Bloomington, IN: ERIC Clearinghouse on Reading, English, and Communication. (ERIC Document Reproduction Service No. ED 480 895)

Smith, F. (1983). *Essays into literacy.* Portsmouth, NH: Heinemann.

Smith, F. (2003). *Unspeakable acts, unnatural practices: Flaws and fallacies in "scientific" reading instruction.* Portsmouth, NH: Heinemann.

Smith, F. (2006). *Reading without nonsense* (4th ed.). New York, NY: Teachers College Press.

Smith, L., Borkowski, J., & Whitman, T. (2008). From reading readiness to reading competence: The role of self-regulation in at-risk children. *Scientific Studies of Reading, 12*(2),

131–152.

Smith, S. (2008). The library has legs: An early childhood literacy outreach program in Victoria. *APLIS, 21*(4), 154–156.

Smolkin, L., & Donovan, C. (2000). *The contexts of comprehension: Information book read alouds and comprehension acquisition.* Ann Arbor, MI: Center for the Improvement of Early Reading Achievement. (ERIC Document Reproduction Service No. ED 450 351)

Sneddon, R. (2008a). Magda and Albana: Learning to read with dual language books. *Language and Education, 22*(2), 137–154.

Sneddon, R. (2008b). Young children learning to read with dual language books. *English Teaching: Practice and Critique, 7*(2), 71–84.

Snedeker, J., & Trueswell, J. C. (2004). The developing constraints on parsing decisions: The role of lexical-bases and referential scenes in child and adult sentence processing. *Cognitive Psychology, 49*, 238–299.

Snow, C. E., & Ninio, A. (1986). The contracts of literacy: What children learn from learning to read books. In W. Teale & E. Sulzby (Eds.), *Emergent literacy: Writing and reading* (pp. 116–138). Norwood, NJ: Ablex.

Snow, C. E., & van Hemel, S. B. (Eds.). (2008). *Early childhood assessment: Why, what, and how.* Washington, DC: National Academies Press.

Snow, C. E., Burns, M. S., & Griffin, P. (Eds.). (1998). *Preventing reading difficulties in young children.* Washington, DC: National Academies Press.

Snow, C. E., Griffin, P., & Burns, M. S. (2005). *Knowledge to support the teaching of reading: Preparing teachers for a changing world.* New York, NY: John Wiley.

Snow, K. (2011). Developing kindergarten readiness and other large-scale assessment systems: Necessary considerations in the assessment of young children. Washington, DC: *National Association for the Education of Young Children.* Available: http://issuu.com/naeyc/docs/assessment_systems?mode=window&backgroundColor=%23222222

Snyder, T., & Hoffman, C. (2003). *Digest of educational statistics 2002* (NCES 2003–060). Washington, DC: National Center for Education Statistics, U.S. Department of Education.

Soderman, A. K., & Farrell, P. (2008). *Creating literacy-rich preschools and kindergartens.* Boston, MA: Allyn & Bacon.

Soley, G., & Hannon, E. E. (2010). Infants prefer the musical meter of their own culture: A cross-cultural comparison. *Developmental Psychology, 46*(1), 286–292.

Solvie, P. (2007). Leaping out of our skins: Postmodern considerations in use of an electronic whiteboard to foster critical engagement in early literacy lessons. *Educational Philosophy and Theory, 39*(7), 737–754.

Song, H., & Fisher, C. (2005). Who's "she"? Discourse prominence influences preschoolers' comprehension of pronouns. *Journal of Memory and Language, 52*, 29–57.

Sonnenschein, S., Baker, L., Serpell, R., & Schmidt, D. (2000). Reading is a source of entertainment: The importance of the home perspective for children's literacy development. In K. A. Roskos & J. F. Christie (Eds.), *Play and literacy in early childhood: Research from multiple perspectives* (pp. 125–137). Mahwah, NJ: Lawrence Erlbaum.

Sorgen, M. (1999, June). *Applying brain research to classroom practice.* Materials presented at the University of South Florida Brain/Mind Connections Conference, Sarasota, FL.

Soto, L. D., Smrekar, J. L., & Nekcovei, D. L. (2001). Preserving home languages and cultures in the classroom: Challenges and opportunities. *Directions in Language and Education, 13.* Available: www.ncbe.gwu.edu/ncbepubs

Souto-Manning, M. (2007). Immigrant families and children (re)

develop identities in a new context. *Early Childhood Education Journal, 34*(6), 399–405.

Souto-Manning, M. (2009). Acting out and talking back: Negotiating discourses in American early educational settings. *Early Child Development and Care, 179*(8), 1083–1094.

Spandel, V. (2008). *Creating writers through 6-trait writing assessment and instruction* (5th ed.). Boston, MA: Allyn & Bacon.

Spodek, B., & Saracho, O. N. (1993). *Language and literacy in early childhood education* (Yearbook in Early Childhood Education, Vol. 4). New York, NY: Teachers College Press.

Spooner, S. A. (2004). Preschoolers, computers, and school readiness: Are we on to something? *Pediatrics, 114,* 852–853.

St. George, C. (2009). How can elementary teachers collaborate more effectively with parents to support student literacy learning? *Delta Kappa Gamma Bulletin, 76*(2), 32–38.

Stacey, S. (2009). *Emergent curriculum in early childhood settings: From theory to practice.* St. Paul, MN: Redleaf.

Stadler, M., & Ward, G. (2005). Supporting the narrative development of young children. *Early Childhood Education Journal, 33*(2), 73–80.

Staehr, L. (2008). Vocabulary size and the skills of listening, reading and writing. *Language Learning Journal, 36*(2), 139–152.

Stahl, S. A. (2003). How words are learned incrementally over multiple exposures. *American Education, 27*, 28–29.

Stanford, P., & Siders, J. A. (2001). E-pal writing! *Teaching Exceptional Children, 34*(2), 21–24.

Starbuck, S., & Olthof, M. R. (2008). Involving families and community through gardening. *Young Children, 63*(5), 74–79.

Stauffer, R. (1975). *Directing the thinking-reading process.* New York, NY: Harper & Row.

Stead, T. (2002). *Is that a fact?* York, ME: Stenhouse.

Stelmachowicz, P. G., Hoover, B. M., Lewis, D. E., Kortekaas, R. W., & Pittman, A. L. (2000). The relation between stimulus context, speech audibility, and perception for normal-hearing and hearing-impaired children. *Journal of Speech, Language, and Hearing Research, 43*, 902–914.

Stephen, C., & Plowman, L. (2003). Information and communication technologies in preschool settings: A review of the literature. *International Journal of Early Years Education, 11*, 223–225.

Stephens, K. E. (2008). A quick guide to selecting great informational books for young children. *The Reading Teacher, 61*(6), 488–490.

Stephenson, A. (2009). Stepping back to listen to Jeff: Conversations with a 2-year-old. *Young Children, 64*(1), 90–95.

Stevens, L., Watson, K., & Dodd, K. (2001). Supporting parents of children with communication difficulties. *International Journal of Language and Communication Disorders, 36*(Suppl.), 70–74.

Stewig, J. W. (1994). *Dramatizing literature in whole language classrooms* (2nd ed.). New York, NY: Teachers College Press.

Stiggins, R. J. (2007). *Introduction to student-involved assessment for learning* (5th ed.). Upper Saddle River, NJ: Prentice Hall.

Stiggins, R. J., & Chappuis, J. (2006). What a difference a word makes: Assessment FOR learning rather than assessment OF learning helps students succeed. *Journal of Staff Development, 27*(1), 10–14.

Stipek, D. (2006). No Child Left Behind comes to preschool. *Elementary School Journal, 106*(5), 455–465.

Stobbart, C., & Alant, E. (2008). Home-based literacy experiences of severely to profoundly deaf preschoolers and their hearing parents. *Journal of Developmental and Physical Dis-*

abilities, 20(2), 139–153.

Stockall, N., & Dennis, L. R. (2012). The daily dozen: Strategies for enhancing social communication of infants with language delays. *Young Children, 67*(4), 36–41.

Stojanovik, V., & Riddell, P. (2008). Expressive versus receptive language skills in specific reading disorder. *Clinical Linguistics and Phonetics, 22*(4/5), 305–310.

Strasburger, V. C., Wilson, B. J., & Jordan, A. B. (2009). *Children, adolescents, and the media* (2nd ed.). Thousand Oaks, CA: Sage.

Strauss, S., & Altwerger, B. (2007). The logographic nature of English alphabetics and the fallacy of direct intensive phonics instruction. *Journal of Early Childhood Literacy, 7*(3), 299–319.

Strickland, D. (2004). Working with families as partners in early literacy. *The Reading Teacher, 58*(1), 86–89.

Strickland, D. S., & Morrow, L. M. (1989). Interactive experiences with storybook reading. *The Reading Teacher, 42*(4),322–324.

Strommen, L. T., & Maters, B. F. (1997). What readers do: Young children's ideas about the nature of reading. *The Reading Teacher, 51*(2), 98–107.

Strother, D. B. (1987). Practical applications of research on listening. *Phi Delta Kappan, 68,* 625–628.

Stuber, G. M. (2007). Of primary interest. Centering your classroom: Setting the stage for engaged learners. *Young Children, 62*(4), 58–59. Available: www.journal.naeyc.org/btj/200707

Suarez, D. (2003). The development of empathetic dispositions through global experiences. *Educational Horizons, 81,* 180–182.

Suddendorf, T. (2010). Linking yesterday and tomorrow: Preschoolers' ability to report temporally displaced events. *British Journal of Developmental Psychology, 28*(2), 491–498.

Sulzby, E. (1985). Children's emergent reading of favorite storybooks: A developmental study. *Reading Research Quarterly, 20,* 458–481.

Sundem, G., Krieger, J., & Pikiewicz, K. (2009). *Ten languages you'll need most in the classroom: A guide to communicating with English language learners and their families.* Thousand Oaks, CA: Corwin.

Swanborn, M. S. L., & de Glopper, K. (2002). Impact of reading purpose on incidental word learning from context. *Language Learning, 52*(1), 95–117.

Swick, K. J. (2007). Empower foster parents toward caring relations with children. *Early Childhood Education Journal, 34*(6), 393–398.

Swick, K. J. (2009). Promoting school and life success through early childhood family literacy. *Early Childhood Education Journal, 36*(5), 403–406.

Sylva, K., Scott, S., Totsika, V., Ereky-Stevens, K., & Crook, C. (2008). Training parents to help their children read: A randomized control trial. *British Journal of Educational Psychology, 78*(3), 435–455.

Tabors, P. O. (2008). *One child, two languages: A guide for early childhood educators of children learning English as a second language* (2nd ed.). Baltimore, MD: Paul H. Brookes.

Tabors, P. O., & Snow, C. E. (2001). Young bilingual children and early literacy development. In S. B. Neuman & D. K. Dickinson (Eds.), *Handbook of early literacy research* (pp. 159–178). New York, NY: Guilford.

Teale, W. H., & Sulzby, E. (2003). Emergent literacy: New perspectives. In R. D. Robinson, M. C. McKenna, & J. M. Wedman, *Issues and trends in literacy education* (3rd ed., pp. 129–144). Boston, MA: Allyn & Bacon.

Teale, W. H., Paciga, K. A., & Hoffman, J. L. (2007). Beginning reading instruction in urban schools: The curriculum gap ensures a continuing achievement gap. *The Reading Teacher, 61*(4), 344–348.

Temple, C., MaKinster, J., Logue, J., Buchmann, L., & Mrvova, G. (2005). *Intervening for literacy—The joy of reading to young children.* Boston, MA: Allyn & Bacon.

Temple, C., Martinez, M., Yokota, J., & Naylor, A. (2001). *Children's books in children's hands: An introduction to their literature.* Boston, MA: Allyn & Bacon.

Terry, C. A. (1989). Literature: A foundation and source for learning to write. In J. Hickman & B. E. Cullinan (Eds.), *Children's literature in the classroom: Weaving Charlotte's web* (pp. 49–57). Norwood, MA: Christopher-Gordon.

Thal, D. J., & Flores, M. (2001). Development of sentence interpretation strategies by typically developing and late-talking toddlers. *Journal of Child Language, 28*(1), 173–193.

Thal, D. J., O'Hanlon, L., Clemmons, M., & Fralin, L. (1999). The validity of a parent report measure of vocabulary and syntax for preschool children with language impairment. *Journal of Speech, Language, and Hearing Research, 42,* 482–496.

Thesen, A., & Kara-Soteriou, J. (2011). Using digital storytelling to unlock student potential. *The NERA Journal, 46*(20), 93–100.

Thoman, E., & Jolls, T. (2005). *Literacy for the 21st century: An overview and orientation guide to media literacy education.* Santa Monica, CA: Center for Media Literacy. [Also available in Spanish]

Thomas, M. S. C. (2003). Limits on plasticity. *Journal of Cognition and Development, 4*(1), 99–125.

Thomas, W. P., & Collier, V. P. (2002). *A national study of school effectiveness for language minority students' long-term academic achievement.* Santa Cruz, CA: Center for Research on Education, Diversity & Excellence. Available: http://crede.berkeley.edu/research/llaa/1.1pdfs

Thompson, C. M. (2009). Mira! Looking, listening, and lingering in research with children. *Visual Arts Research, 35*(1), 24–34.

Tizard, B., & Hughes, M. (1984). *Young children learning.* Cambridge, MA: Harvard University Press.

Toe, D. M., & Paatsch, L. E. (2010). The communication skills used by deaf children and their hearing peers in a question-and-answer game context. *Journal of Deaf Studies and Deaf Education, 15*(3), 228–241.

Tomasello, M., Carpenter, M., & Liszkowski, U. (2007). A new look at infant pointing. *Child Development, 78*(3), 705–722.

Tomlinson, C. A., & McTighe, J. (2006). *Integrating differentiated instruction and understanding by design: Connecting content and kids.* Alexandria, VA: Association for Supervision and Curriculum Development.

Tomopoulos, S., Valdez, P., Dreyer, B., Fierman, A., Berkule, S., Kuhn, M., & Mendelsohn, A. (2009). Is exposure to media intended for preschool children associated with less parent-child shared reading and teaching activities? *Ambulatory Pediatrics, 7*(1), 18–24.

Tompkins, G. E. (2012). *Language arts: Patterns of practice* (8th ed.). Boston, MA: Allyn & Bacon.

Torgesen, J. K. (2002). The prevention of reading difficulties. *Journal of School Psychology, 40*(1), 7–26.

Torrance, N., & Olson, D. R. (1985). Oral and literate competencies in the early school years. In D. R. Olson, N. Torrance, & A. Hildyard (Eds.), *Literacy, language and learning: The nature and consequences of reading and writing* (pp. 256–284). London, UK: Cambridge University Press.

Tracey, D. H., & Young, J. W. (2007). Technology and early literacy: The impact of an integrated learning system on high-risk kindergartners' achievement. *Reading Psychology, 28*(5), 443–467.

Trawick-Smith, J. (2009). *Early childhood development: A multicultural perspective* (5th ed.). Upper Saddle River, NJ: Prentice Hall.

Trehearne, M. (2011). *Learning to write and loving it!* Thousand Oaks. CA: Corwin.

Trepanier-Street, M. L., & Romatowski, J. A. (1999). The influence of children's literature on gender role perceptions: A re-examination. *Early Childhood Education Journal, 26*(3), 155–159.

Tsao, Ya-Lun. (2008). Using guided play to enhance children's conversation, creativity and competence in literacy. *Education, 128*(3), 515–520.

Tullis, P. (2011). Preschool tests take time away from play and learning. *Scientific American*. Available: http://scientificamerican.com/article.cfm?id=the-death-of-preschool

Tunks, K. W. (2011). Exploring journals as a genre for making reading-writing connections. *Childhood Education, 87*(3), 169–176.

Tunks, K. W., & Giles, R. M. (2009). Writing their words: Strategies for supporting young authors. *Young Children, 64*(1), 22–25.

Turbill, J. (2003). Exploring the potential of the digital language experience approach in Australian classrooms. *Reading Online, 6*(7), 41–52. Available: www.readingonline.org/international/inter_index.asp?HREF=/International/Turbill7/index.html

Turner, J. C. (1997). Starting right: Strategies for engaging young literacy learners. In J. T. Guthrie & A. Wigfield (Eds.), *Reading engagement: Motivating readers through integrated instruction* (pp. 183–204). Newark, DE: International Reading Association.

Typadi, E., & Hayon, K. (2012). *Supporting children's creativity through music, dance, drama and art: Creative conversations in the early years*. New York, NY: Routledge.

Typadi, E., & Hayon, K. (2010). Story telling and story acting: Putting positive interaction into action. In F. Griffths (Ed.), *Supporting children's creativity through music, dance, drama and art* (pp. 69–88). London, UK: Routledge.

U.S. Bureau of the Census. (2003). Language use and English-speaking ability: 2000. *Census 2000 brief*. Washington, DC: Author. Available: www.census.gov/prod/cen2000/doc/sf3.pdf

U.S. Census Bureau. (2009). *State and county quickfacts*. Available: http://quickfacts.census.gov/qfd/states/04/0423620.html

U.S. Census Bureau. (2012). *Statistical abstract of the United States*. Available: www.census.gov/compendia/statab/2012/tables/12s0053.pdf

U.S. Department of Education, Institute of Education Sciences. (2006). *What works clearinghouse: Dialogic reading*. Available: ies.ed.gov/ncee/wwc/pdf/WWC_Dialogic_Reading_020807.pdf

U.S. Department of Education, National Center for Education Statistics. (2000). *America's kindergartners*. Washington, DC: Author.

U.S. Department of Education. (2007). *Digest of education statistics*. Washington, DC: Author. Available: http://nces.ed.gov/programs/digest/d07

U.S. Department of Health and Human Services. (2012). *2012 HHS poverty guidelines*. Available: http://aspe.hhs.gov/poverty/12poverty.shtml/

Uribe, M., & Nathenson-Mejia, S. (2008). *Literacy essentials for English language learners: Successful transitions*. New York, NY: Teachers College Press.

Van Allen, R. (1976). *Language experience in communication*. Boston, MA: Houghton Mifflin.

van Kleeck, A. (2003). Research on book sharing: Another critical look. In A. van Kleeck, S. A. Stahl, & E. B. Bauer (Eds.), *On reading books to children: Parents and teachers* (pp. 271–320). Mahwah, NJ: Lawrence Erlbaum.

van Kleeck, A. (2008). Providing preschool foundations for later reading comprehension: The importance of and ideas for targeting inferencing in book sharing interventions. *Psychology in the Schools, 45*(7), 627–643.

van Kleeck, A., Vander Woude, J., & Hammett, L. (2006). Fostering literal and inferential language skills in Head Start: Preschoolers with language impairment using scripted book-sharing discussions. *American Journal of Speech-Language Pathology, 15*(1), 85–95.

Van Steensel, R., McElvany, N., Kurvers, J., & Herppich, S. (2011). How effective are family literacy programs? Results of a meta-analysis. *Review of Educational Research, 81*(1), 69–96.

Vandergrift, L. (2006). Second language listening: Listening ability or language proficiency? *The Modern Language Journal, 90*(1), 6–18.

Vandewater, E. A., Rideout, V. J., Wartella, E. A., Huang, X., Lee, J. H., & Shim, M. (2007). Digital childhood: Electronic media and technology use among infants, toddlers, and preschoolers. *Pediatrics, 119*(5), e1006–e1015.

Vanobbergen, B., Daemsa, M., & Van Tillburg, S. (2009). Book babies, their parents and the library: An evaluation of a Flemish reading programme in families with young children. *Educational Review, 61*(3), 277–287.

VanSchuvver, J. M. (1993). *Storytelling made easy with puppets*. Phoenix, AZ: Oryx Press.

Varley, P. (2002). As good as reading? Kids and the audiobook revolution. *Horn Book Magazine, 78*(3), 251–263.

Vartuli, S., & Rohs, J. (2008). Selecting curriculum content that stimulates thought. *Early Childhood Education Journal, 35*(5), 393–396.

Vasquez, V. M. (2000). Negotiating a critical literacy curriculum with young children. *Research Bulletin of Phi Delta Kappa International, 29*, 7–10.

Vasquez, V. M. (2003). *Negotiating critical literacies with young children*. Mahwah, NJ: Lawrence Erlbaum.

Vesely, C. K., & Ginsberg, M. R. (2011). Strategies and practices for working with immigrant families in early education programs. *Young Children, 66*(1), 84–89.

Vestergaard, H. (2005). *Weaving the literacy web: Creating curriculum based on books children love*. St. Paul, MN: Redleaf.

Viadero, D. (2004, May 5). Reading books is found to ward off "summer slump." *Education Week, 23*(34), 12.

Viard, A., Desgranges, B., Eustache, F., & Piolino, P. (2012). Factors affecting medial temporal lobe engagement for past and future episodic events: An ALE meta-analysis of neuroimaging studies. *Brain and Cognition, 80*(1), 111–125.

Vick Whitaker, J. E., & Pianta, R. C. (2012). Assessing early childhood classrooms. In B. H. Wasik (Ed.), *Handbook of family literacy* (2nd ed., pp. 401–416). New York, NY: Routledge.

Vigil, C., & Robinson, J. (1997). *The big bad wolf and stereotype and bias in the media*. (ERIC Document Reproduction Service No. ED 403 613)

Viguers, R. H. (1974). *Storytelling and the teacher*. Washington, DC: National Education Association.

Villareale, C. (2009). *Learning from the children: Reflecting on teaching*. St. Paul, MN: Redleaf.

Visu-Petra, L., Cheie, L., & Benga, O. (2008). Short-term memory performance and metamemory judgments in preschool and early school-age children: A quantitative and qualitative analysis. *Cognitie, Creier, Comportament/ Cognition, Brain, Behavior, 12*(1), 71–101.

Vygotsky, L. S. (1962). *Thought and language*. Cambridge, MA:

MIT Press.

Vygotsky, L. S. (2004). L. S. Vygotsky on children's imagination and creativity. *Journal of Russian and East European Psychology, 42*(1), 4–84.

Wallis, C. (2010). *The impacts of media multitasking on children's learning and development.* Available: http://multitasking. stanford.edu/MM_FinalReport_030510.pdf

Walsh, B. A., Rose, K. K., Sanchez, C., & Burnham, M. M. (2011). Exploration of how Spanish and English noneliciting questions affect the novel vocabulary acquisition of Hispanic dual language learners enrolled in Head Start. *Early Childhood Education Journal,36*(6), 383–390.

Walsh, B., & Blewitt, P. (2006). The effect of questioning style during storybook reading on novel vocabulary acquisition of preschoolers. *Early Childhood Education Journal, 33*(4), 273–278.

Walton-Hadlock, M. (2008). Tots to tweens: Age-appropriate technology programming for kids. *Children and Libraries: The Journal of the Association for Library Service to Children, 6*(3), 52–55.

Warren, S. F., Gilkerson, J., Richards, J. A., Oller, D. K., Xu, D, Yapanel, U., & Gray, S. (2010). What automated vocal analysis reveals about the vocal production and language learning environment of young children with autism. *Journal of Autism and Developmental Disorders, 40*(5), 555–569.

Washburn-Moses, L. (2006). 25 best internet resources for teaching reading. *Reading Teacher, 60*(1), 70–75.

Wasik, B. A., Bond, M. A., Hindman, A. H., & Jusczyk, A. M. (2007, April). The impact of a teacher professional development intervention on Head Start children's language and pre-literacy development. In M. McKeown (Chair), *Fostering development among teachers and children in literacy, math, science, and social skills.* Paper symposium presented at the biennial meeting of the Society for Research in Child Development, Boston, MA.

Wasik, B. A. (2010). What can teachers do to promote preschoolers' vocabulary development? Strategies from effective language and literacy professional development coaching model. *The Reading Teacher, 63*(8), 621–633.

Wasik, B. H.., & Herrmann, S. (2004). Family literacy programs: Development, theory, and practice. In B. H. Wasik (Ed.), *Handbook of family literacy* (pp. 3–22). Mahwah, NJ: Lawrence Erlbaum.

Wasik, B.H.., & VanHorn, B. (2012). The role of family literacy in society. In B. H. Wasik (Ed.), *Handbook of family literacy* (2nd ed., pp. 3–18). New York, NY: Routledge.

Wasserman, L. H. (2007). The correlation between brain development, language acquisition, and cognition. *Early Childhood Education Journal, 34*(6), 415–418.

Watanabe, L. M., & Hall-Kenyon, K. M. (2011). Improving young children's writing: The influence of story structure on kindergartners' writing complexity. *Literacy Research and Instruction, 50*(4), 272–293.

Watts, E. H., O'Brian, M., & Wojcik, B. W. (2004). Four models of assistive technology consideration: How do they compare to recommended educational assessment practices? *Journal of Special Education Technology, 19*, 43–56.

Webster, P. (2009). Exploring the literature of fact. *The Reading Teacher, 62*(8), 662–671.

Weigel, D. J., Martin, S. S., & Bennett, K. K. (2006a). Contributions of the home literacy environment to preschool-aged children's emerging literacy and language skills. *Early Child Development and Care, 176*, 357–378.

Weigel, D. J., Martin, S. S., & Bennett, K. K. (2006b). Mothers' literacy beliefs: Connections with the home literacy environment and pre-school children's literacy development. *Journal of*

Early Childhood Literacy, 6(2), 191–211.

Weitzman, C. C., Roy, L., Walls, T., & Tomlin, R. (2004). More evidence for Reach Out and Read: A home-based study. *Pediatrics, 113*, 1248–1254.

Wells, G. (2009). The social context of language and literacy development. In O. Barbarin & B. Wasik (Eds.), *Handbook of child development and early education* (pp. 271–303). New York, NY: Guilford.

Wells, G. (2009). *The meaning makers: Learning to talk and talking to learn* (2nd ed.). Clevendon, UK: Multilingual Matters.

Welsch, J. G. (2008). Playing within and beyond the story: Encouraging book-related pretend play. *The Reading Teacher, 62*(2), 138–148.

Wermke, K., Mampe, B., Friederici, A. D., & Christophe, A. (2009). Newborns' cry melody is shaped by their native language. *Current Biology, 19*(23), 1994–1997.

West, S., & Cox, A. (2004). *Literacy play: Over 300 dramatic play activities that teach pre-reading skills.* Beltsville, MD: Gryphon House.

Whitin, D. J., & Piwko, M. (2008). Mathematics and poetry: The right connections. *Young Children, 63*(2), 34–39. Available: www.journal.naeyc.org/btj/200803

Wiener-Margulies, M., & Rey-Barboza, R. (1996). Toddlers' speech and cognitive effort. *Journal of Genetic Psychology, 157*(1), 65–76.

Wigfield, A., & McCann, A. D. (1996–1997). Children's motivations for reading. *The Reading Teacher, 50*(4), 360–362.

Wiggins, D. G. (2007). Pre-K music and the emergent reader: Promoting literacy in a music-enhanced environment. *Early Childhood Education Journal, 35*(1), 55–64.

Wiig, E. H., Secord, W. A., & Samuel, E. (2004). *Clinical evaluation of language fundamentals preschool* (2nd ed.). San Antonio, TX: Harcourt Assessment.

Wilcox-Herzog, A., & Ward, S. L. (2009). Measuring teachers' perceived interactions with children: A tool for assessing beliefs and intentions. *Early Childhood Parenting Collaborative, 6*(2). Available: http://ecrp.uiuc.edu/v6n2/herzog.html

Wiles, J. (2004). *Curriculum essentials: A resource for educators* (2nd ed.). Boston, MA: Allyn & Bacon.

Wilford, S. (2008). *Nurturing young children's disposition to learn.* St. Paul, MN: Redleaf.

Williams, A. (2007). Storytime model for large groups: Implications for early literacy. *Children and Libraries: The Journal of the Association for Library Service to Children, 5*(2), 27–29.

Williams, C. (2006). Teacher judgments of the language skills of children in the early years of schooling. *Child Language Teaching and Therapy, 22*(2), 135–154.

Williams, C., & Pilonieta, P. (2012). Using interactive writing instruction with kindergarten and first-grade English language learners. *Early Childhood Education Journal, 40*(3), 145–150.

Williams, J. P., & Pao, L. S. (2011). Teaching narrative and expository text structure to improve comprehension. In R. E. O'Connor and P. F. Vadasy (Eds.), *Handbook of reading interventions* (pp. 254–278). New York, NY: Guilford.

Williams, L. M., Hedrick, W. B., & Tuschinski, L. (2008). Motivation: Going beyond testing to a lifetime of reading. *Childhood Education, 84*(3), 135.

Willingham, D. T. (2012, Spring). Ask the cognitive scientist: Why does family wealth affect learning? *American Educator,* 33–39.

Wilson, K. M., & Trainin, G. (2007). First-grade students' motivation and achievement for reading, writing, and spelling. *Reading Psychology, 28*(3), 257–282.

Wise, J., Sevcil, R., Morris, R., Lovett, M., & Wolf, M. (2007). The relationship among receptive and expressive vocabulary, listening comprehension, pre-reading skills, word identification skills, and reading comprehension by children with reading disabilities. *Journal of Speech, Language, and Hearing Research, 50*(4), 1093–1109.

Wiseman, A. (2011). Interactive read alouds: Teachers and students constructing knowledge and literacy together. *Early Childhood Education Journal, 38*(6), 431–438.

Wiseman, A. (2012). Resistance, engagement, and understanding: A profile of a struggling emergent reader responding to read-alouds in a kindergarten classroom. *Reading and Writing Quarterly, 28*(3), 255–278.

Wisneski, D. (2012). U.S. campaign to save our schools. *Childhood Education, 88*(2), 116–117.

Wohlwend, K. E. (2008). Kindergarten as nexus of practice: A mediated discourse analysis of reading, writing, play, and design in an early literacy apprenticeship. *Reading Research Quarterly, 43*(4), 332–334.

Wohlwend, K. E. (2009). Dilemmas and discourses of learning to write: Assessment as a contested site. *Language Arts, 86*(5), 341–351.

Wohlwend, K. E. (2011). *Playing their way into literacies: Reading, writing and belonging in the early childhood classroom.* New York, NY: Teachers College Press.

Wolf, M., & Leon, S. (2009). An investigation of the language demands in content assessments for English language learners. *Educational Assessment, 14*(3/4), 139–159.

Wolfe, M. W., & Woodwyk, J. M. (2010). Processing and memory of information presented in narrative or expository texts. *British Journal of Educational Psychology, 80*(3), 341–362.

Wolk, S. (2008). Joy in school. *Educational Leadership, 66*(1), 8–15.

Wood, R., Rawlings, A., & Ozturk, A. (2003). Towards a new understanding: The "Books Alive! Multimedia Project." *Reading: Literacy and Language, 37*(2), 90–93.

Woods, C. S. (2000). A picture is worth a thousand words: Using photographs in the classroom. *Young Children, 55*(5), 82–84.

Wortham, S. C. (2005). *Assessment in early childhood education* (4th ed.). Upper Saddle River, NJ: Merrill/Prentice Hall.

Wright, C., Bacigalupa, C., Black, T., & Burton, M. (2008). Windows into children's thinking: A guide to storytelling and dramatization. *Early Childhood Education Journal, 35,* 363–369.

Wright, C., Diener, M. L., & Kemp, J. L. (2013). Storytelling dramas as a community building activity in an early childhood classroom. *Early Childhood Education Journal, 41*(3), 197–210.

Wright, S. (2011). Meaning, mediation and mythology. In D. Faulkner & E. Coates (Eds.), *Exploring children's creative narratives* (pp. 157–176). New York, NY: Routledge.

Wrobleski, L. (1990). A tip from a teacher: The writer's briefcase. *Young Children, 45*(3), 69.

Wurm, J. (2005). *Working in the Reggio way: A beginners' guide for American teachers.* St. Paul, MN: Redleaf.

Xu, S. H., & Rutledge, A. L. (2003). Chicken starts with ch! Kindergartners learn through environmental print. *Young Children, 58*(2), 44–51.

Xu, Y., Park, H., & Baek, Y. (2011). A new approach toward digital storytelling: An activity focused on writing self-efficacy in a virtual learning environment. *Educational Technology and Society, 14*(4), 181–191.

Yaden, D. B. (1988). Understanding stories through repeated read-alouds: How many does it take? *The Reading Teacher, 41*(6), 556–560.

Yaden, D. B., & Paratore, J. R. (2002). Family literacy at the turn of the millennium: The costly future of maintaining the status quo. In J. E. Flood, D. Lapp, J. Jensen, & J. Squire (Eds.), *Research in English and the language arts* (pp.

532–545). Mahwah, NJ: Lawrence Erlbaum.

Yates, B. L. (2000). Media literacy and attitude change: Assessing the effectiveness of media literacy training on children's responses to persuasive messages within the framework of the Elaboration Likelihood Model of persuasion. *Dissertation Abstracts International, 61*(08A), 2976.

Yeoman, E. (1999). "How does it get into my imagination?" Elementary school children's intertextual knowledge. *Gender and Education, 11*(4), 427–440.

Yokota, J. (Ed.). (2001). *Kaleidoscope: A multicultural booklist for grades K–8* (3rd ed.). Urbana, IL: National Council of Teachers of English.

Yokota, J., & Martinez, M. (2004). Authentic listening experiences: Multicultural audiobooks. *Book Links, 13*(3), 30.

Yopp, H. K., & Yopp, R. H. (2006). *Literature-based reading activities* (4th ed.). Boston, MA: Pearson.

Yopp, H. K., & Yopp, R. H. (2009). Phonological awareness is child's play! *Young Children, 64*(1), 12–21.

Yopp, R. H., & Yopp, H. K. (2004). Preview-predict-confirm: Thinking about the language and content of informational text. *The Reading Teacher, 58*(1), 79–83.

Yopp, R., & Yopp, H. (2006). Informational texts as read-alouds at school and home. *Journal of Literacy Research, 38*(1), 37–51.

Yopp, R., & Yopp, H. (2012). Young children's limited and narrow exposure to informational text. *The Reading Teacher, 65*(7), 480–490.

Young, S. (2011). Children's creativity with time, space, and intensity: Foundations for the temporal arts. In D. Faulkner & E. Coates (Eds.), *Exploring children's creative narratives* (pp. 176–199). New York, NY: Routledge.

Zack, E., Barr, R., Gerhardstein, P., Dickerson, K., & Meltzoff, A. N. (2009). Infant imitation from television using novel touch screen technology. *British Journal of Developmental Psychology, 27,* 13–26.

Zager, D. (2004). *Autism spectrum disorders: Identification, education, and treatment* (3rd ed.). Mahwah, NJ: Lawrence Erlbaum.

Zaslow, M., & Martinez-Beck, L. (2006). *Critical issues in early childhood professional development.* Baltimore, MD: Paul H. Brookes.

Zeece, P. D., & Wallace, B. M. (2009). Books and good stuff: A strategy for building school to home literacy connections. *Early Childhood Education Journal, 37*(1), 35–42.

Zeece, P., Harris, B., & Hayes, N. (2006). Building literacy links for young children. *Early Childhood Education Journal, 34*(1), 61–65.

Zelasko, N., & Antunez, B. (2000). *If your child learns in two languages: A parent's guide for improving educational opportunities for children acquiring English as a second language.* Washington, DC: National Clearinghouse for Bilingual Education.

Zhang, X., & Tomblin, J. B. (2000). The association of intervention receipt with speech-language profiles and social-demographic variables. *American Journal of Speech-Language Pathology, 9*(4), 345–357.

Zhou, S. (2008). Interactive storytelling. *Innovation, 8*(3), 14–15.

Zimmerman, F. J., Gilkerson, J., Richards, J. A., Christakis, D. A., Xu, D., Gray, S., & Yapanel, N. (2009). Teaching by listening: The importance of adult-child conversations to language development. *Pediatrics, 124*(1), 342–349.

Zimmerman, I. L., Steiner, V. G., & Pond, R. E. (2002). *PLS-4: Preschool Language Scale-3.* San Antonio, TX: The Psychological Corporation.

Zucker, T. A., & Invernizzi, M. (2008). My eSorts and digital extensions of word study. *The Reading Teacher, 61*(8), 654–658.

Zucker, T. A., Justice, L. M., & Piasta, S. B. (2009). Prekindergarten teachers' verbal references to print during classroom-based, large-group shared reading. *Language, Speech, and Hearing Services in Schools, 40,* 376–392.

Zucker, T., Justice, L., Piasta, S., & Kaderavek, J. (2010). Preschool teachers' literal and inferential questions and children's responses during whole-class shared reading. *Early Childhood Research Quarterly, 25*(1), 65–83.

Zygouris-Coe, V., Wiggins, M. B., & Smith, L. H. (2004). Engaging students with text: The 3–2–1 strategy. *The Reading Teacher, 58*(4), 381–384.

찾아보기

지은이

M. R. Jalongo

교사, 저술가, 편집자인 Jalongo 박사는 3세부터 초등학교 2학년까지
어린아이들을 가르친 교사였었다. 그녀가 가르친 유아들은 이주민 자
녀도 있었고 톨레도대학교 부속 유아원 아이들도 있었다. 현재는 미
국 인디애나대학교 유아교육과 교수이다.

유아교육 분야에서 약 35권이 넘는 책을 혼자 혹은 공동 저술하였
으며, 저서로는 *Creative Thinking and Arts-Based Learning*(6th ed.),
Exploring Your Role: An Introduction to Early Childhood Education(4th
ed.), *Major Trends and Issues in Early Childhood Education*(2nd ed.)
등이 있다. 유아교육기관 현장 교사들을 위한 책으로는 미국유아교
육협회(NAEYC)에서 출판한 *Learning to Listen, Listening to Learn*와
*Young Children and Picture Books*가 있다. 또한 국제유아교육협회
(ACEI)가 출간한 *The World's Children and Their Companion Animals:
Developmental and Educational Significance of the Child/Pet Bond*를 편
집하였다.

1995년부터 지금까지 유아교육학회지(*Early Childhood Education
Journal*)의 편집장이며 2005년부터는 스프링거출판사의 유아교육 이
론과 실제에 관한 시리즈 출판물의 편집위원이다. 이외에도 세계의 여
러 곳에서 유아교육과 관련한 다양한 이슈에 대하여 강연을 하고 있
다. 현재 작업 중인 저서는 *Teaching Compassion: Humane Education in
Early Childhood*와 *Young Children and the Electronic Media: Integrating
Information Literacy and Technology in Early Childhood Settings*로 스
프링거출판사에서 준비하고 있다.

옮긴이

권민균

고려대학교 사범대학 가정교육과에서 학사를, 동대학원에서 아동학으로 석사를 취득하고 미국 U.C. Berkeley에서 박사학위를 취득하였다. 교수로 임용된 초기에는 거의 모든 노력을 연구에 기울였으나 교수의 경력이 쌓여 갈수록 교사를 꿈꾸는 학부생 및 유아교육기관에 근무하는 대학원생들을 만나고 이들과 소통하는 것에 큰 즐거움이 있음을 깨닫고 있다. 또한 학교법인 계명대학교 계명유치원에 원장으로 파견근무를 하면서 유아, 유아교사 및 학부모들과의 만남을 통해 학문으로 배울 수 없는 것들에 대하여 성찰하는 기회를 가졌을 뿐만 아니라 열정과 헌신의 가치를 체험하였다. 그리고 대구시 중구 및 달서구 보육정책심의위원과 대구시교육청 컨설팅장학 요원으로 활동하면서 지역사회 유아교육의 발전에 참여하는 기회를 누리게 되었다.

현재 계명대학교 사범대학 학장, 교육대학원 원장, 유아교육대학원장 직을 수행하면서 유아교육과에 재직 중으로 현장감 있는 교원양성에 참여하고 있다.

저서로는 아동발달(공저, 2012), 보육학개론(공저, 2012), 보육과정(공저, 2014)이 있으며 역서로는 아동과 발달(2008), 어린이를 위한 생활글 읽고 쓰기 가이드(2008), 도덕성과 문화: 사회, 맥락 그리고 갈등(공역, 2009), 아동문학을 활용한 읽기.쓰기 교육: 이야기 장르(공역, 2009), 영유아 문해 발달과 교육(2012)이 있다.